高等院校工商管理核心课程精品教材
上海市教委重点课程

现代企业理论

（第二版）

贺小刚　刘丽君　曾鸣晔　主编

上海财经大学出版社

图书在版编目(CIP)数据

现代企业理论/贺小刚,刘丽君,曾鸣晔主编. —2 版 . 上海:上海财经大学出版社,2019. 12
(高等院校工商管理核心课程精品教材)
ISBN 978-7-5642-3432-4/F・3432

Ⅰ. ①现… Ⅱ. ①贺…②刘…③曾… Ⅲ. ①企业管理-经济理论-高等学校-教材 Ⅳ. ①F272-0

中国版本图书馆 CIP 数据核字(2019)第 289001 号

□ 责任编辑 王 芳
□ 封面设计 张克瑶

现代企业理论
(第二版)
贺小刚 刘丽君 曾鸣晔 主编

上海财经大学出版社出版发行
(上海市中山北一路 369 号 邮编 200083)
网 址:http://www.sufep.com
电子邮箱:webmaster@sufep.com
全国新华书店经销
上海新文印刷厂有限公司印刷装订
2019 年 12 月第 2 版 2025 年 6 月第 4 次印刷

787mm×1092mm 1/16 22 印张 563 千字
印数:10 501—11 500 定价:56.00 元

第二版前言

企业作为市场经济活动的主要参与者，作为社会生产力最普遍、最基础的组织形式，从古典经济学开始就已经成为一个重要的研究范畴。现代企业理论是在经济学的基础上，由经济学与管理学两大学科交叉形成的新型理论体系。现代企业理论的主要研究内容包括：一是要深入分析企业的本质，即企业与市场的边界在哪里？企业组织形式存在的逻辑框架是什么？二是分析企业内部等级制的出现与运作机制，探讨在企业内部如何激发雇员进行积极的人力资本投资、如何设计竞赛与晋升规则、如何防止雇员“搭便车”的行为，等等。三是要分析企业的资本结构，即探讨在企业资本构成中，股权和债权的比例是如何确定的、它对经营者的决策有何影响等问题。四是要分析企业所有权与控制权的分离导致的委托代理关系，即探讨在两权分离的情况下，市场（包括资本市场、劳动力市场和产品市场）如何制约经营者、不同类型的所有者的利益如何协调等问题。五是要分析企业成长的理论基础。企业成长与竞争力的提升是企业组织的重要功能之一，探讨企业成长的源泉是企业经济学与战略管理理论的重要研究领域。六是要分析企业内部的决策行为，尤其是市场战略与非市场战略的表现形式与社会影响是重要的研究内容。

如何结合中国的实践编写一本既合乎理论框架、又结合实践的现代企业理论教材，对许多中国学者而言是一个很大的挑战。为使本教材中的理论与实践能有效地融合，每章的撰写体现如下特征：(1)每章开篇提出本章节需要理清的学习问题，帮助读者将注意力专注于重要的内容与思路，使读者带着问题去阅读、思考；(2)每章有案例导读与案例分析，案例编写过程中既考虑到了海外公司的现状，同时更强调以中国本土企业实践为主，采纳了不少优秀的本土案例，这样便于学生联系自己的环境背景与工作经验及感受，对知识点有更好的理解和把握；(3)每章中插入了许多阅读材料，以便读者能加深对相关理论的理解，并开阔其学习的视野；(4)每章末的复习思考题和案例分析讨论是为了读者进一步巩固对本章内容的理解及对现实企业中各种问题与现象的深刻反思。

本教材的编写是团队合作的成果。其中，贺小刚教授担任主编，承担了拟定大纲和写作思路、书稿总纂与审定工作；同时，上海财经大学浙江学院的一批优秀青年教师参与了本教材的撰写工作，包括刘丽君（第二章、第六章），曾鸣晔（第四章、第五章），李景瑜（第一章），吕蔚起（第三章），盛乐（第七章），范昕俏（第八章），王正（第九章），商军（第十章），鲍华江（第十一章），叶文洁（第十二章）。刘丽君、曾鸣晔老师在教材编写过程中协调了各位教师的编写进度，组织了相关案例讨论等工作。

本教材在编写的过程中，学习、借鉴并参考了国内外大量相关文献资料及研究成果。我们对所引用的数据及资料，通过加注释及参考文献的方式尽可能详尽地加以标注。在此，谨向这些作者表示诚挚的感谢！

本教材的编写工作得到了上海财经大学浙江学院精品课程建设基金的资助；在教材第二版修改过程中又得到了2017年度上海市教委重点课程建设项目的资助。上海财经大学出版社王芳老师一直关心本教材的出版，在她的热心帮助下，我们的教材才得以顺利出版。在此一并表示感谢！

贺小刚

2019年12月12日于上海

目 录

第二版前言 …… 1

第一章 导论 …… 1
学习目标(知识点、技能点) …… 1
案例导读 …… 1
第一节 企业理论的核心:制度 …… 2
第二节 现代企业理论的兴起 …… 11
复习思考题 …… 17
案例分析 …… 17

第二章 人性与人类行为假设 …… 19
学习目标(知识点、技能点) …… 19
案例导读 …… 19
第一节 人的理性、有限理性及其拓展 …… 20
第二节 人的社会性 …… 39
第三节 制度与人类行为的关系 …… 45
复习思考题 …… 48
案例分析 …… 48

第三章 科斯及科斯以前的企业理论 …… 50
学习目标(知识点、技能点) …… 50
案例导读 …… 50
第一节 科斯以前的企业理论 …… 51
第二节 新古典企业理论及其影响 …… 65
第三节 科斯的企业理论 …… 68
复习思考题 …… 71
案例分析 …… 71

第四章 契约与完全契约的企业理论 …… 72
学习目标(知识点、技能点) …… 72
案例导读 …… 72
第一节 契约 …… 74
第二节 道德风险、逆向选择与科层选择 …… 81
第三节 团队生产理论 …… 87
第四节 完全契约框架下的企业融资理论 …… 90
复习思考题 …… 93
案例分析 …… 94

第五章 交易成本理论 …… 97
学习目标(知识点、技能点) …… 97
案例导读 …… 97
第一节 交易和交易的特性 …… 98
第二节 交易费用的含义及其存在的原因 …… 99
第三节 交易费用的测量 …… 103
第四节 交易费用理论的应用 …… 113
复习思考题 …… 117
案例分析 …… 117

第六章 产权与新产权企业理论 …… 120
学习目标(知识点、技能点) …… 120
案例导读 …… 120
第一节 产权概述 …… 120
第二节 产权与科斯定理 …… 131
第三节 新产权学派的企业理论 …… 137
第四节 参照点契约理论 …… 145
复习思考题 …… 149
案例分析 …… 149

第七章 寻租理论:产权理论的一个扩展 …… 151
学习目标(知识点、技能点) …… 151
案例导读 …… 151
第一节 寻租概述 …… 152
第二节 寻租理论与产权理论的关系 …… 163
第三节 寻租与腐败 …… 168
复习思考题 …… 173
案例分析 …… 173

第八章 现代公司治理 …… 175
学习目标(知识点、技能点) …… 175
案例导读 …… 175
第一节 公司与公司治理 …… 176
第二节 公司科层契约与治理体系 …… 187
第三节 公司治理边界及其原理 …… 194
第四节 公司治理的目标 …… 202
第五节 公司治理机制的类型与设计原则 …… 206
复习思考题 …… 211
案例分析 …… 211

第九章 比较公司治理 …… 214
学习目标(知识点、技能点) …… 214
案例导读 …… 214
第一节 公司控制权与所有权比较 …… 215
第二节 企业资本与企业融资比较 …… 221
第三节 公司治理机制的主要类型 …… 236
第四节 路径依赖、公司治理与国有企业改革 …… 243
复习思考题 …… 246
案例分析 …… 247

第十章 企业家理论 …… 251
学习目标(知识点、技能点) …… 251
案例导读 …… 251
第一节 英、法的古典企业家理论及马歇尔综合 …… 252
第二节 奥地利学派的企业家理论 …… 255
第三节 当代企业家理论的主要观点 …… 259
第四节 企业家人力资本与作用 …… 264
第五节 新企业的创立与成长 …… 271
复习思考题 …… 276
案例分析 …… 276

第十一章 资源与能力理论 …… 279
学习目标(知识点、技能点) …… 279
案例导读 …… 279
第一节 资源基础理论 …… 280
第二节 企业的核心竞争力 …… 295
第三节 动态能力理论 …… 303
复习思考题 …… 307

案例分析…… 308

第十二章 战略选择与企业价值 …… 311
学习目标(知识点、技能点) …… 311
案例导读…… 311
第一节 企业战略选择的受制因素…… 312
第二节 企业市场战略与非市场战略…… 319
第三节 战略选择对企业财务价值创造的影响…… 330
复习思考题…… 335
案例分析…… 335

参考文献…… 337

第一章　导　论

学习目标(知识点、技能点)

1. 理解现代企业理论起源以及形成的理论背景；
2. 掌握企业理论的定义及本质特征；
3. 掌握企业理论的构成及功能；
4. 了解现代企业理论的学术地位；
5. 弄清现代企业理论的分析框架。

案例导读

制度的力量

故事一:合格率的检查制度

第二次世界大战期间,美国空军降落伞的合格率为99.9%,这就意味着从概率上来说,每1 000个跳伞的士兵中会有一个因为降落伞不合格而丧命。军方要求厂家必须让合格率达到100%才行。厂家负责人说他们竭尽全力了,99.9%已是极限,除非出现奇迹。这时军方改变了检查制度,每次交货前从降落伞中随机挑出几个,让厂家负责人亲自跳伞检测。从此,奇迹出现了,降落伞的合格率达到了100%。

故事二:付款方式

英国将澳洲变成殖民地之后,因为那里地广人稀,尚未开发,英国政府就鼓励国民移民到澳洲,可是当时澳洲非常落后,没有人愿意去。英国政府就想出一个办法,把罪犯送到澳洲。这样一方面解决了英国本土监狱人满为患的问题,另一方面也解决了澳洲的劳动力问题,还有一条,他们以为把坏家伙们都送走了,英国就会变得更美好了。

英国政府雇用私人船只运送犯人,按照装船的人数付费,多运多赚钱。很快政府发现这样做有很大的弊端,就是罪犯的死亡率非常高,平均超过了10%,最严重的一艘船死亡率达到了惊人的37%。政府官员绞尽脑汁想降低罪犯运输过程中的死亡率,包括派官员上船监督、限制装船数量等,却都实施不下去。

最后,他们终于找到了一劳永逸的办法,就是将付款方式变换了一下:由根据上船的人数付费改为根据下船的人数付费。船东只有将人活着送达澳洲,才能赚到运送费用。新政策一出炉,罪犯死亡率立竿见影地降到了1%左右。后来,船东为了提高生存率,还在船上配备了医生。

故事三:粥的分配制度

七个人住在一起,每天分一大桶粥。要命的是,粥每天都是不够的。一开始,他们抓阄决定谁来分粥,每天轮一个。于是乎,每周下来,他们只有一天是饱的,就是自己分粥的那一天。后来他们开始推选出一个声称道德高尚的人出来分粥。

大权独揽,没有制约,也就会产生腐败。大家开始挖空心思去讨好他,互相勾结,搞得整个小团体乌烟瘴气。然后大家开始组成三人的分粥委员会及四人的评选委员会,互相攻击扯皮下来,粥吃到嘴里全是凉的。

最后想出来一个方法:轮流分粥,但分粥的人要等其他人都挑完后拿剩下的最后一碗。为了不让自己吃到最少的,每人都尽量分得平均,就算不平均,也只能认了。大家快快乐乐、和和气气,日子越过越好。

故事四:互助与共赢的天堂

有一位行善的基督教徒,去世后向上帝提出一个要求,要求上帝领他去参观地狱和天堂,看看究竟有什么区别。到了地狱,他看到一张巨大的餐桌,摆满丰盛的佳肴。他心想:地狱生活不错嘛?过了一会儿,用餐的时间到了,只见一群骨瘦如柴、奄奄一息的人围坐在香气四溢的肉锅前,只因手持的汤勺把儿太长,尽管他们争着抢着往自己嘴里送肉,可就是吃不到,又馋又急又饿。上帝说,这就是地狱。他们走进另一个房间,这里跟地狱一般无二,同样飘溢着肉汤的香气,同样手里拿着的是特别长的汤勺。但是,这里的人个个红光满面,精神焕发。原来他们个个手持特长勺把肉汤喂进对方嘴里。上帝说,这就是天堂。

同样的人,不同的制度,可以产生不同的文化和氛围以及差距巨大的结果。

资料来源:光明新闻网,news.gmw.cn/2016—05/。

第一节 企业理论的核心:制度

一、制度的起源

(一)制度的稀缺性

所谓"制度的稀缺性",是指相对于人类行为的差异性、多样性和发散性而言,作为规范人类行为的制度安排总是不足的,不可能对每种行为都制定相对应的制度安排加以约束,总有一些行为没有制度安排予以规范。制度的稀缺性是制度的根本特征之一,如果没有制度的稀缺性,对制度的研究就没有必要。

在经济学中,土地、信息、劳动等生产要素相对于人们的需求和欲望而言,都是稀缺的。制度作为人们相互行为的知识载体,用来传递行为信息,因此,制度同样具有稀缺性。制度的稀缺性也可以理解为人们对这类信息的需要而言,制度所能传递的信息总是不足的。

新制度经济学家认为,制度稀缺性来源于制度供给的约束条件。在社会生活中,制度资源非常丰富,而且人们可以根据自己的需求和意愿进行选择,但是制度变革需要的条件和成本制约了其发生,因此,现存的制度往往无法达到最优水平。一类制度的稀缺性根源于制度安排的非专利性。一种制度安排很容易被模仿利用而无须付费,这会减少创新的动力。制度的非专利特征使其他群体或个人可以模仿别人的制度创新成果而大大降低他们自己的组织和设计成本，尤其是风险成本，因而创新的密度和频率将会少于整体的社会最佳需求量。另一类的制度稀缺是指制度比技术具有更强的“资产专用性”，因此也会导致制度稀缺。新技术的使用使没有国界的、不同国家和地区的不同企业都可以使用同一种新技术；而新制度的使用或传播是受到利益获益方、价值观和意识形态等因素制约的。在一个国家适应很好的制度，到了另一国家可能根本行不通。另外，制度稀缺的程度还与国家经济发展水平、制度创新的环境等因素有关。在经济受到严格限制的国家，自由贸易都不可能，就更无法实现制度的创新。

制度稀缺性最根本的原因是资源的稀缺。制度的建立和实物产品的生产一样，都是需要消耗资源、产生成本的过程。制度有三大主要特征：第一，制度是集体行动的产物，需要组织拥有统一的目标，在此过程中需要消耗大量资源。第二，在制度实施过程中，需要一定的强制手段，任何违反制度的行为都会受到相应惩罚。这同样体现了制度的约束性特征，同样需要消耗资源。第三，制度的创新需要知识的增加、技术的进步或利益集团的相互斗争，从而打破现有平衡状态。正如人类社会自古以来朝代的更替是利益集团相互斗争的结果，资源的稀缺性导致制度创新无法摆脱社会资源的约束。

(二)制度的形成

制度的形成是由地理、种族、国家的政治环境决定，还是由国家制度选择的历史性决定？制度是如何起源的是现代企业理论讨论的一个重要问题，主要回答制度为什么存在、制度产生的根源是什么的问题。目前，经济学家们没有给出一致的意见，主要观点有以下几种：

1.“囚徒困境”模型与制度的起源

“囚徒困境”是现代博弈论(game theory)的经典模型。从“囚徒困境”模型可以透视人类合作中的诸多问题。警方逮捕甲、乙两名嫌疑犯，但都没有足够证据指控两人有罪。于是警方分开囚禁嫌疑犯，分别和两人见面，并向双方提供以下相同的选择：若一人认罪并作证检控对方(相关术语称“背叛”对方)，而对方保持沉默，此人将即时获释，沉默者将判监 10 年；若两人都保持沉默(相关术语称相互“合作”)，则两人同样判监 1 年；若两人都相互检举(相关术语称相互“背叛”)，则两人同样判监 8 年。具体如表 1－1 所示。

表 1－1 “囚徒困境”模型

	甲沉默	甲背叛
乙沉默	两人同服刑 1 年	乙服刑 10 年，甲即时获释
乙背叛	甲服刑 10 年，乙即时获释	两人同服刑 8 年

从这个模型中我们可以得出一个人力社会运行的基本原则，即社会经济生活需要合作。在“囚徒困境 ”模型中，当囚犯都选择监控对方(“背叛”)时，用博弈论术语是“纳什均衡”。通过合作或利他主义行事，双方达到最好结果。在一定条件下，每个人的“自私”不一定就“自利”，“恶性竞争”的结果可能是“两败俱伤”。在“囚徒困境”的模型多次重复后，囚犯会发现“合作”才是互利共赢的办法。在经济社会中也是同样，大家遵守一定的合作准则比彼此“陷害”“算计”更有利于企业发展壮大，这时制度便会自发产生。经济社会中的“利他主义”不是道德范畴中的说教，它也是基于经济原则形成的。所谓制度，就是市场交换中的合作规则及习惯。

从量化的角度出发，两人是在给定的价格参数和收入的条件下，如何使个人的效用最大化。个人效用函数只依赖于他个人的选择，而不依赖于其他人的选择。在做出决策时，他面对的是非人格化的东西，而不是另外一个人。他既不需要考虑自己的选择对别人的影响，也不需要考虑别人的选择对自己的影响。比如,在超市购物时,我们仅需考虑自身需要进行购买,而不会考虑别人购买什么会对我们自身需要产生影响。

博弈论进入主流经济学中后,开始越来越重视人与人之间的关系,特别是人与人之间行为的相互影响和作用、人与人之间的利益冲突与一致、竞争与合作的研究。在传统经济学中,价格可以使个人理性和集体理性达到一致,而现代经济学开始注意到个人的理性行为可能会导致集体非理性。传统的政府干预并不能真正解决问题,因此解决个人理性与集体理性之间的矛盾的办法,不是否定个人理性而是设计一种机制(或进行相应的制度安排),在满足个人理性的前提下达到集体理性。个人理性与集体理性的冲突是制度起源的重要原因。①

2. 诺思的制度起源理论

在诺思的理论中,人类交换形式经历了两个发展阶段:一类是简单的交换。这类交换形式基于个人的交易受到市场和区域范围的局限,专业化程度不高,生产费用高,交易参与者少,彼此之间信息完全对称,不需要通过建立制度来约束人们的交易行为。随着分工及专业化程度的提高、交换次数和参与者增多、市场规模扩大,另一类非个人交换形式形成。在这类交换形式中,交易极其复杂,信息不完全对称,交易存在违约、欺骗等风险,于是产生了“囚徒困境”和“搭便车”(free rider)现象,制度应运而生。

专业化分工的提高,一方面会使生产费用降低,另一方面又使市场交易费用增加。从图1—1可以看出,生产费用曲线的弹性小于交易费用曲线的弹性,也就是说,每提高一个单位的专业化水平,生产费用的减少额小于交易费用的增加额。在图中体现为,pc 曲线比 tc 曲线陡。因此,制度的作用是使专业化程度提高的所节约的费用大于或等于交易费用的增加值,两条线的交点 A 就是制度出现转折的点。

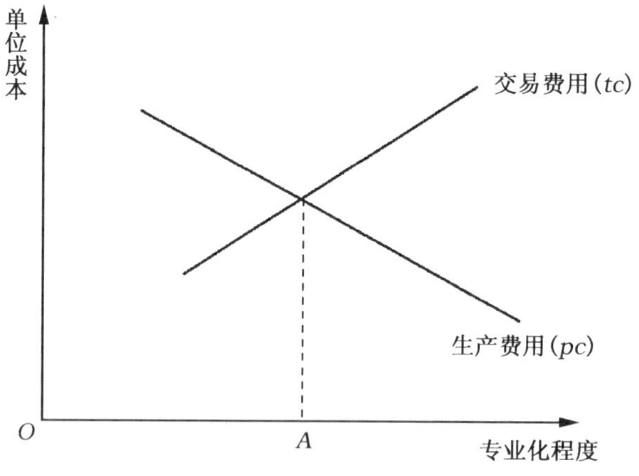

图1—1 单位成本与专业化程度关系

3. 科斯的制度起源理论

科斯的《企业的性质》一文是分析制度(企业制度)起源的经典之作,开创了新制度经济学对企业制度起源探讨的先河。探索经济系统中制度因素的重要性一直是科斯孜孜以求的目标,从他的著作中可以看出:不论是企业起源、产业组织和外部性问题,还是研究法律制度的效率和财产权的界定,其目的都是从实证角度搞清楚“经济关系到底是如何运转的”。科斯认为,

① 青木昌彦:《比较制度分析》,上海远东出版社2001年版,第2页。

“经济学家如果不具体说明进行交易的制度环境，讨论交换程度就没有多大的意义，因为这种制度环境影响着生产的动力和交易的成本”。由此可见他对制度的重视。

科斯的贡献在于将制度因素纳入经济分析。既然交易费用是不为零的正数，那么它也是节约的对象，制度的主要功能是实现这一节约，这就是制度的效率性质，而不仅仅具有收入和财富的分配作用，由此得出了制度存在的理由、制度选择的标准和制度演进以及创新的动因，从而建立了一个具有操作性和实证性的制度分析理论。

二、制度的定义及其本质

(一)制度的定义

制度可以理解为与具体行为有关的规范体系，即约束人们行为的一整套规则，包括正式的规则(如法律规范)和非正式的规则(如伦理道德)。其中，那些一般性的规则，即通行于全社会的基础性规则，称为制度环境。而那些约束特定行为和关系的规则，称为制度安排。制度结构则是一个社会中正式和非正式制度安排的总和。人们通常说的制度，指的是制度安排。例如，企业的各种形态即是企业制度的不同安排。由于现实中技术是参差不齐的，环境是复杂多样的，因而制度安排不可能是统一的。即使是同一种制度安排，也不可能只有一个均衡点，而是存在多种选择和多重均衡。

制度的多样性有三个层面：不同体制间的多样性、同一体制内的多样性和同一企业组织内的多样性。不同层面的多样性，其效率含义是不一样的。任何特定组织都生存于一定制度环境中，制度安排必须与制度环境相适应。撇开技术不谈，有什么样的制度环境，就有什么样的组织形式。制度环境的复杂化，必然带来制度安排的多样性。反过来，由技术决定的制度安排又决定和影响着制度环境。与制度环境不适应的制度安排是不会有效率的，而与制度安排不协调的制度环境则是终究要改变的。

新制度经济学中给制度下过定义的有诺思、舒尔茨和拉坦等。在诺思看来，制度是社会的“游戏规则”，是为决定人们的互相关系而人为设定的一些制约，它构成了人们在政治、社会或经济方面进行交换的激励结构，以减少人们日常生活的不确定性。从实际效果看，制度定义的是社会，特别是经济的激励结构。按照诺思的观点，制度是经济单元内涵至少应当包括以下几点内容：(1)习惯性。制度开始可能是少数人认为有利可图的规则，后经过多次重复，最终坚持下来被更多人所接受，最终成为一种固定的习惯。(2)确定性。一个有效的规则从两方面看都是确定的：必须是可知的、透明的，必须能够对未来提供可靠的指导。制度要告诉人们能干什么、不能干什么，给人们的行为划定界限。(3)公理性。从纵向看，只要是统一行为，昨天、今天和明天进行，一般都会按照相同的规则；从横向看，无论是你、我还是他，只要是相同性质的事件，一般都遵从相同的规则，素有制度都有所指，都是针对确定行为讲的。只要是这样的行为，基本上都应当遵守同样的规则。(4)普遍性。任何制度都有它的适应范围，在这个范围内所有社会成员、所有社会组织都应当遵守。普遍性还说明没有人能凌驾于制度之上，每个人在制度面前是平等的。所以，人们把普遍性看成公平的一个部分。例如，不同收入阶层的人具有不同的道德水平标准，但如果违反了交通规则，都要受到相关法律的处罚，不会因为社会地位或收入的不同而有所区别。因此，普遍性是指在没有特殊理由的情况下，对所有人都是同样适用的，没有区别对待，没有歧视性，适用于所知和未知的环境与人员。舒尔茨在《制度与人的经济价值的不断提高》一文中将制度定义为管束人们行为的一系列规范，制度是为经济提供服务的。他对制度做了经典性的分类：(1)用于降低交易费用的制度，如货币、期货市场等。(2)用于影响生产要素的所有者之间配置风险的制度，如合约、合作社、公司、保险、社会安全计划等。(3)用于提供职能组织与个人收入流之间的联系的制度，如财产，包括遗产法、资历和劳动者的其他权利等。(4)用于确定公共产品和服务的生产与分配的框架的制度，如高速公路、飞机场、学校等。舒尔茨关于制度的定义被以后研究制度的学者广泛接受。拉坦在《诱致性制度变迁理论》一文中也将制度定义为一套行为规则，它们被用于支配特定行为模式与相互关系。

(二)制度的本质

从制度的定义可以看出，制度具有以下本质：

1. 制度和组织不同

组织是社会中为了实现共同目标而结合在一起的群体，包括政治团体(政党、议会)，经济团体(企业、贸易组织、合作社等)，社会团体(俱乐部、教会等)，教育团体(学校、培训机构等)。制度是人们创造用以约束人们相互交流的框架和规则。

2. 制度与人的动机、行为有着内在的联系

根据马克思主义基本原理，社会的生产力发展水平及经济基础决定上层建筑、意识形态及制度的形成。这与制度形成中的成本收益理论并不冲突。实际的人是在现实制度所赋予的制约条件中活动的。人们的任何社会经济活动都离不开制度，什么事能做、什么事不能做，实际上就是一个制度问题。在企业理论范畴看来，人理性地追求效用最大化是在一定的制约条件下进行的。如果没有制度的约束，那么人人追求效用最大化的结果只能是社会经济生活的效率低下。

3. 制度的公共性

公共性为某个人消费这些产品或服务不会有损其他任何人的消费。制度是一种公共规则，是一种行为规则，不针对某一个人或某一个群体和阶层。但在制度的产生过程中，开始时时为少数人制定的规则后来适用于所有人，与公共服务类服务性(公交或广播等)有一定区别。主要体现在：第一，一般公共性是有形的，如公交车、公共厕所等；而制度是无形的，它是人的观念的体现以及在既定利益格局下的公共选择，或表现为法律制度。第二，一般公共性不具有排他性，但作为制度公共性具有排他性，如对大多数人有益的制度可能对少数人不利，因为制度具有少数服从多数的原则。

(三)制度的构成

对制度的构成或制度结构的剖析，是制度分析的基本理论前提。制度种类繁多，概括地讲可分为两大类，即硬制度(正式制度)和软制度(非正式制度)。硬制度包括政治制度、经济制度等。这几种制度相互联系、互相影响。一方面，政治制度决定并保证经济制度的实施；另一方面，经济制度所决定的经济利益结构也将影响政治制度。从短期看，每个时期的各种利益集团都会插手政治“舞台”，使政治制度的调整有益于自己；从长期看，经济的发展也影响着政治制度的更替。软制度主要是社会习俗、习惯行为、道德规范、思想信仰和意识形态等。如果用一个较为准确的概念来界定软制度，则软制度是人们对其他人行为方式的稳定预期，这种预期不是基于硬制度，而是来源于社会共同知识。传统文化可以说是软制度的主要来源。软制度可以分为两类：一是作为外力的社会群体对个人施加约束，二是个人自我实施的约束。

诺思认为，制度的一系列规则由社会认可的非正式约束、国家规定的正式约束和实施机制所构成。这三个部分就是制度构成的基本要素。

1. 非正式制度

非正式制度是指人们在长期的社会生活中逐步形成的习惯习俗、伦理道德、文化传统、价

值观念、意识形态等对人们行为产生非正式的约束规则，是那些对人的行为不成文的限制，是与法律等正式制度相对的概念，诺思常用非正式规则来表达。诺思认为，在人类行为的约束体系中，非正式制度具有十分重要的地位，即使在最发达的经济体系中，正式规则也只是决定行为选择的总体约束中的一小部分，大多数的行为是由非正式制度约束的。诺思把非正式制度分为三类：(1)对正式制度的扩展、丰富和修改；(2)社会所认可的行为准则；(3)自我实施的行为准则。非正式制度来自社会所传达的信息，是我们称为文化的一部分。非正式制度的建立早于正式制度，后者是对前者的逐渐替代，但是，由于非正式制度的文化特征，它们具有对正式制度的强大排斥能力。非正式制度也是集体选择的结果，它们的产生带有集体的目的。

在非正式制度中，意识形态处于核心地位。因为它不仅蕴含价值观念、伦理规范、道德观念和风俗习惯，而且形式上构成某种正式制度安排的"先验"模式。对于一个用于创新的民族或国家来讲，意识形态有可能取得优势地位或以"指导思想"形式构成正式制度安排(或正式约束)的"理论基础"。意识形态可以被定义为关于世界的一套信念，它倾向于从道德上判断劳动分工、收入分配和社会现行制度结构。长期以来，意识形态一直是马克思主义经济学家关心的主题。在他们看来，意识形态是减少提供其他制度安排的费用最重要的指标。

意识形态的制度性作用可概括为：(1)它是个人与其环境达成"协议"的一种节约费用的工具，它以世界观的形式出现从而简化决策过程。"好"的意识形态能降低社会运行的费用。(2)意识形态内在的公平、公正相关的道德和伦理评价明显有助于减少人们在相互对立的理性之间进行非此即彼的选择时所耗费的时间和成本。(3)当人们的经验与意识形态不一致时，他们便试图发展一套更"适合"于其经验的合理解释，即新的意识形态来节约认识世界和处理相互关系的费用。

在人们的日常生活中，行为约束更多地来自软制度。这是因为，面对庞大的信息量和有限的计算能力，人们不可能对经济行为的所有方面都进行深思熟虑，往往是按照习惯，在某种程度上不假思索地做出决策。习惯实际上沉淀了人们对过去实践中的成功经验。因此，遵从习惯处理问题，往往是最佳选择。同时，再详尽的硬制度，也不可能穷尽人们相互交往中的所有细节，因此，只靠执法部门强制实施契约是不够的。这些需要软制度进行补充。软制度的特点主要包括：(1)无论如何演变，我们都能看到传统文化的巨大影响力。在任何一个特定的历史时期，软制度都是当时人们集体学习的结果，使人们充分交流后共同形成的一套规则。(2)软制度的变化小于硬制度。习惯一旦确定，使具有一定的稳定性，一般不受硬制度变化的影响。(3)软制度往往决定社会和文明的差异。经验和学习、习俗和习惯，往往是形成不同社会文明的重要原因。软制度的起始往往依赖于特定的初始条件，不同的人群面对的初始环境不同，所要解决的问题也不同。

2. 正式制度

正式制度是人们有意识建立起来的并以正式方式加以确定的各种制度安排，包括政治规则、经济规则和契约，以及由这一系列规则构成的一种等级结构。从宪法到成文法和不成文法，再到特殊的细则，最后到个别契约等，它们共同约束着人们的行为。人们常常将正式制度称为正式规则或硬制度。其中，政治规则与有效产权的关系非常密切。只有在设计产权的预期收益大于其成本的情况下，才能出现产权。这种规则的等级结构中，政治规则的有效性是产权有效的关键。如果有明确的政治规则制约当事人的活动，政治交易成本很低，有效产权就会产生；反之，就会出现无效产权。例如，如果人们都只想着如何追逐政治社会地位，那么生产性活动就会受到抑制，农业生产、工业生产无人去做，结果在分配社会财富时政治社会财富分配更多。在这种情况下，只有有效的政治规则才能纠正这种扭曲的资源配置。

正式制度具有强制性特征。虽然这类制度也是人们自己制定或集体选择的结果，但这类制度明确以奖罚和惩罚的形式规定其所作所为。因此，社会中是需要相关正式制度维护秩序的，而且这种强制性还在于利益的差别性，常常会使一部分人获益，另一部分人受损，因而需要强制性实施。

3. 正式制度与非正式制度的关系

在现代社会，正式制度总是与国家权力和组织联系在一起。在国家层面上，法律是正式制度的代表；在社会层面上，各种组织的章程也是正式制度的一种。我们要深入地研究和把握正式制度与非正式制度，就应该弄清楚非正式制度与正式制度的各自特点及其相互关系。

(1)就表现形式而言，非正式制度是无形的，它一般没有正式地形成文字，也不需要正式的组织机构来实施，它存在于社会的风气和人们的内心信念之中。正是这种无形的表现方式，使得非正式制度可以渗透到社会生活的方方面面，同时，也增大了认识和研究非正式制度的难度，特别是很难把它纳入一定的固定模式中进行分析。而正式制度都有其相应明确的具体存在和变现形式，它通过正式、规范、具体的文本来确定，并借助于正式的组织机构来实施或保障。

(2)从实施机制来看，非正式制度不具有外在的强制约束机制，而是内在的心理约束；不依靠外界的压力，而是内心的自省和自觉，即使违反也不会受到法律的制裁，一般为内心的自责。而正式制度具有外在的强制约束机制，只要生活在一定组织机构内，其行为都受到某种正式制度规则的制约，无论是否愿意，都必须遵守行为规则，否则就可能受到组织纪律或国家法律的制裁。

(3)从实施成本来看，由于非正式制度的实施依靠人们的自觉自愿，或社会的风尚和习惯，既不需要设立专门的组织机构，也不需要聘请特别的人员监督执行，社会成本较低。而正式制度的制定和执行是一个公共选择的过程，需要建立一套专门的组织，通过一定的工作程序，这都要耗费一定的社会资源，运营成本较高。

(4)从制度的可移植性来看，一些正式制度尤其是那些具有国际惯例性质的正式规则是可以从一个国家移植到另一个国家的。如我国在市场改革过程中移植了一些西方国家的市场规则，这就大大降低了正式制度创新和变迁的成本。与正式制度不同，非正式制度由于内在的传统性和历史性，其可移植性就差得多。非正式制度是否被移植，不仅取决于所移植国家的技术变迁状况，而且取决于其文化遗产对移植对象的相容程度。

(5)从表达和传导方式看，非正式制度形成和运行所依据的是心照不宣的默认的知识，一般不能被表达，也不能通过编码化的知识进行传递，只能通过传递双方的共同理解和信任。而正因为制度的依据和表现是编码化的显性知识，它可以通过语言或以符号形式表述和传递。

正式制度和非正式制度同属于社会规则体系，两者存在紧密联系、相互依存的关系。两者的关系主要体现在以下几个方面：

(1)两者是相互生成的。从产生顺序上，先产生非正式的风俗习惯、伦理道德等，然后在此基础上形成正式法律、政治制度。非正式制度是正式制度产生的前提和基础，一定的正式制度常常是依据一定的价值观念、意识形态建立起来的。反之，一定的正式制度确立以后，必将约束人们的行为选择，并逐步形成一种新的行为习惯和伦理观念，形成一种新的非正式制度。

(2)两者是相互依存、相互补充的。任何正式制度作用的有效发挥，都离不开一定的非正式制度的辅助作用，就像法律，如果没有相应的伦理观念作为基础，人人都在观念上缺乏自我约束意识，法律就不可能有效实施，甚至会形同虚设。同时，任何正式制度安排都是有限的，只有依靠各种不同形式的非正式制度的必要补充，才能形成有效的社会约束体系。同样，非正式制度作用的有效发挥，也依赖正式制度的支撑。非正式制度的约束是非强制性的，只有借助于一定的强制性的正式制度的支持，才能有效地实现约束力，特别是在涉及面广泛的各种复杂经济关系和社会问题上，离开了正式制度的强制作用，非正式制度就是软弱无力的。

总之，正式制度与非正式制度作为社会制度体系的两个组成部分，是不可分割、互相依存、互为条件、相互补充的。在研究和运用制度创新来促进社会经济发展的过程中，两者的作用同样重要。

(四)制度的功能

制度是在一定历史条件下满足人类社会生活的社会规范体系。它直接构成社会整体的结构——功能单位，是分析不同社会关系和研究不同社会领域问题的概念工具。

1. 指导人们的行为并提供激励系统

制度规定人们能做什么、不能做什么、该做什么、不该做什么，也就等于告诉了人们关于行动的信息。借助制度提供的信息，人们可以确定自己的行动，只要行动是符合规则的，一般就能达到目的。借助制度提供的信息，人们也可以预期他人的行动。人的行动是与他人发生关系的，是和他人的行动互动的，因而获悉他人的行动信息就显得尤为重要。只有知道他人的行动，知道他人对自己行为的反应，才能决定自己的行动，才能合理地调节与他人的关系，从而达到自己的目的。在现实生活中，人们从事一项活动，不担心该活动没有做过，而担心没有制度，即没有程序、没有模式、没有尺度。在这种情况下，人们无法得知他人的反应，从而也不知道自己的活动会产生什么结果。这会导致两种情形：一是无所适从，二是产生从众心理。这两种情况在新旧制度交替时期表现得尤为突出，这会使社会上的一些特殊阶层抓住制度空白和比较混乱的时机，获取不义之财。在存在制度的情况下，人们担心的是该程序、模式或尺度能否像规定的那样得到执行。如果一种看上去很好的制度得不到严格的执行或者根本就没有被执行，这种信息就会对人们产生强烈的刺激：或冷眼旁观、静观其变；或大肆谴责；或干脆同流合污。无论哪种情况，对社会的危害都是巨大的。[①]

在现实生活中，收益最大化的努力和人们希望的结果之间的差距越来越小。这一现象的产生，主要是制度方面的原因，即制度是否对人们的行为给予激励以及激励程度的大小。制度的激励功能通过提倡什么、鼓励什么或压抑什么的信息传达出来，借助奖励或惩罚的强制力量得以执行。制度可以规定人们行为的方向，改变人们的偏好，影响人们的选择。任何制度都有激励功能，但不同的制度产生的激励效应不一样，因此才有不同国家或统一国家不同时期，人们的价值观念、生活态度、工作学习积极性和创造性的不同。对社会来说，制度激烈程度的大小差异，足以决定发展的快慢。

如果特定的制度安排鼓励人们从事发明创造和产生性活动，经济就会持续增长；如果这种制度为人们提供的是不良刺激，那么非生产性活动就会盛行不衰，经济也会走向停滞和衰退。据此，个人不仅可以预知行为的后果，而且可以计算采取何种方式实现自己的目标最为合适。所以，制度的有效性决定着个人选择的有效性，从而决定着经济绩效。一个社会如果没有实现经济增长，那就是因为没有为经济方面的创新活动提供激励，也就是说，没有从制度方面保证创新活动的行为主体得到一定的好处。假如没有专利制度，那么我们今天的技术进步将会变得缓慢。社会激励机制只有形成制度化，才能有利于社会的进步。

---

① 霍奇逊：《现代制度主义经济学宣言》，北京大学出版社1993年版，第158页。

2. 约束主体的机会主义行为

制度的约束或限制是必要的，有了约束，社会才会稳定，秩序才可能形成。如果每个人都凭个人喜好或个人利益而损人利己，社会必然陷入混乱。“没有社会秩序，一个社会就不可能运转。制度安排或工作规则形成了社会秩序，并使它运转和生存。”制度可以在一定程度上约束机会主义行为。以科斯等为代表的新制度经济学派认为，在既定的制度下，“每个人不过是一只拴在树上的狗”。制度就是“拴着狗的绳子”，正如绳子的长度决定了狗活动的范围一样，制度也决定了人的行为选择空间。狗总会试图挣脱绳子获得更大的活动范围；在既定的制度下，人的选择也会达到制度允许的边界，使自己的效用最大化。①

制度告诉并强制人们可以做什么、不可以做什么，从而限制人们的活动范围，在制度规定的范围内，人的活动具有选择自由，超出一定范围就要受到惩罚。由此，制度决定了人们活动的选择集。尽管制度是后天的，依生产方式、交往方式的变化而变化，但对特定时代的人来说，他们一出生就面对既定的制度，因而是无法选择的。人们只有在它提供的范围内或设计的框架中活动，不能脱离它。所以科斯认为，现代经济学研究的重点应该是制度设置，也就是“拴着狗的绳子”。因为在现有条件下，制度设置更合理，制度建设更好，人们获得的效用就更大。

3. 降低交易成本，实现互利共赢

制度可以降低交易成本，这是制度的基本功能之一。许多制度被制定出来的目的就是降低交易成本，有效的制度能降低市场中的不确定性，抑制人的机会主义行为倾向，从而降低交易成本。科斯最早提出企业制度的存在就是为了降低交易成本。科斯的制度起源理论揭示了交易费用与制度形成的内在联系：交易费用的存在必然导致制度的产生，制度的运行有利于稳定有序的秩序形成，从而能实现交易费用的节约。

经济活动具有高度复杂的相互关联性，因此对他人行为的预测就成为个人选择的必要前提，但信息不完全、有限理性及道德判断的分歧使人的行为往往难以确定，唯有在一定的制度框架下，人的行为才具有可预知性。因为一定的制度框架作为行为人责、权、利的明确划分和强制规范，使每个行为人的目的、手段之间具有客观的因果关系，因此每个行为人的行为不仅具有最大程度的可预知性、可计算性，而且具有相对的稳定性，给主题间的合作创造了条件。

4. 减少外部性

市场秩序混乱，实际上是一种负的外部性，只有明确产权，才能消除或减少这种外部性带来的危害。在明确产权的基础上，引入市场价格机制，就能有效地确认相互影响的程度及应承担的责任。

在新古典经济学中，经济学家假定一个人会完全承担他的行动所引起的成本或收益。而如果存在外部性，一个人的行动所引起的成本或收益就不完全由他自己承担；反过来，他也可能在不行动时，承担他人的行动引起的成本或收益。科斯在《社会成本问题》中指出外部性问题具有相互性。如果一个工厂“有权”污染环境，污染所引起的成本是由被污染者造成的，因此污染不是它的“个人成本”；如果“无权”污染，就必须为污染付费，因而污染就是它的“个人成本”。“有权”或“无权”没有界定清楚，那么成本和收益界定的制度范围也没有结果。在科斯看来，许多负外部性的产生都与产权界定不清有关。有些经济学家根据这一观点，将产权制度的功能界定为引导人们将外部性进行内化的动力。建立排他性产权制度是人类社会经济发展史上的一个伟大转变。建立排他性产权制度的过程也是外部性内在化的过程。

---

① 布罗姆利：《经济利益与经济制度：公共政策的理论基础》，上海人民出版社1996年版，第55页。

第二节 现代企业理论的兴起

一、一种新的经济学理论

现代企业理论最成熟的形态是马克思经济学和西方古典经济学。虽然它们各自在新的条件下都面临着不同的问题或挑战，但同其他经济学流派相比，毕竟是一个理论渊源深厚、内容丰富、方法先进、逻辑严密和观点一以贯之的经济学体系。然而，无论是马克思经济学，还是新古典经济学，都没有包含专门的企业理论。所以，上述经济学最成熟的形态中没有企业理论。马克思经济学主要是研究资本主义经济运动的科学。马克思把资本作为一个整体进行研究，揭示资本的本质，考察剩余价值怎样生产出来、怎样被分配和进行再生产，但也只是考察个别资本的内部构造及其内部的运作方式。当然，马克思还是深入揭示了资本主义企业内部的劳资关系。就这一点来说，比新古典经济学更多地涉及了企业。新古典经济学虽然有系统的微观经济理论，但并没有企业理论。正如钱颖一所说："传统的新古典微观经济学，无论是'局部均衡理论'，还是'一般均衡理论'，都是研究市场交易的理论，其主题是价格在平衡供求关系中的作用。为了这一目的，企业则被简化为一个假定，即'利润最大化'，正如消费者使用价值最大化一样。在这种研究传统下，企业本身是个'黑匣子'。"[①]当然，也有不同意见。例如，美国企业理论家德姆塞斯就认为，新古典理论虽然没有探讨"企业组织"，但它探讨了"企业存在"，它已经包含着"一个简单的工商企业模式"。

经济学家真正地探讨企业并把它理论化，开始于 20 世纪 30 年代。这是一个由古典企业向现代企业大规模转换的年代。根据美国企业史研究专家钱德勒的考察，1840 年以前，现代企业在美国"尚不存在"，可是，到 1917 年，大部分的美国工业都已具备了自己的现代机构。又根据贝利和米恩斯的统计，19 世纪初，美国制造业几乎全部为古典企业，20 世纪 30 年代，"由股份公司经营的制造业已经超过全数 94%以上"。古典企业的组织相对简单，西方经济学完全可以把它假定为一个追逐理论的厂商，不影响其经济行为的分析。马克思经济学的任务主要是揭示资本的本质，对于一般企业的本质和制度也可以不做专门考察。然而，现代企业已经今非昔比，规模如此庞大，组织更加复杂，其运行机制和制度已从根本上进行了创新。

贝利和米恩斯于 1933 年出版《现代公司与私有财产》一书，用丰富的数据和资料阐明了企业财产权的日趋分散和控制权的大量集中，以及在此基础上发生的新的企业制度结构的本质变化。科斯于 1937 年发表《企业的性质》的经典论文，以新的概念和理论解释了企业的产生、本质和边界。这三位作者对企业理论进行了开场性的工作。科斯的那篇论文的价值在长达半个多世纪的时期里没有被人们所发现，他在写作这篇论文时还是一位 20 多岁的青年人，富有戏剧性的是，在他 80 岁那年(1991 年)，这一著作竟然成了诺贝尔经济学奖的主要依据。20 世纪 70 年代以来，在科斯理论的影响和推动下，企业理论又有了新的发展，威廉姆森、阿尔钦、德姆塞斯、哈特、奈特、克莱因、张五常、杨小凯等经济学家都做出了新的贡献。在他们的企业理论分析中，采用新的方法，建立起一系列诸如产权、交易费用、契约、委托代理、道德风险、控制权、剩余索取权、资源的唯一性、可塑性、复合准租金等新的范畴。这足以证明，企业理论是一种新的经济学理论，是微观经济学的新发展。

---

① 钱颖一:《现代经济学前沿专题》，商务印书馆 1989 年版，第 3 页。

二、企业的本质:企业理论的主要学派与观点

自20世纪30年代企业理论产生以来,特别是近30年,企业理论的研究取得了显著的成绩。通常认为,企业理论开始于科斯1937年的《企业的性质》一文。这一看法不够全面,有些绝对化。专门以企业组织和企业制度为研究对象的著作至少应当从贝利和米恩斯1932年出版的《现代公司与私有财产》一书算起。钱颖一就曾经指出:"对企业理论来说,科斯、贝利和米恩斯的上述著作'当称开创性的工作'。"这一提法是比较适当的。

(一)科斯的交易费用理论

科斯(R. H. Coase)认为,企业不同于企业的"显著特征就是作为价格机制的替代物"。在企业之外,市场是一个典型的契约组织,资源配置由价格机制来协调,而企业是一个不同于市场的"层级"组织,企业内不存在市场交易,生产要素的分配由行政或计划机制来协调。这就是说,在科斯看来,企业是一个由行政和权威控制的生产组织。他提出并使用"交易费用"范畴来解释企业的产生,认为企业之所以能够替代市场,是因为它能节省交易费用。当然,企业的边界也不可能无限扩大,以至于替代全部市场。其界限的确定取决于组成企业所节省的交易费用与企业的组织协调所支付的费用之间的对比关系。①

(二)威廉姆森的资产专用性理论

威廉姆森(Oliver E. Williamson)进一步发展了科斯的交易费用理论。他的研究发现,在市场交易中,如果涉及专用性资产,就会提高交易费用,而且资产的专用性愈强,交易费用愈高。专用性资产的交易会增强机会主义,甚至"套牢"。交易双方,买方或卖方可能利用资产的专用性剥削对方的"准资金"。这样,就会大大增加交易费用,甚至会阻碍专用性资产的投资。为了解决这样的问题,最好的办法就是交易双方组成一个企业,如果交易双方原来就是两个企业,那么它们就将合成一个大企业。这就是所谓的"纵向一体化"。这使科斯关于企业存在原因,即节省交易费用的解释更加深入了。克莱因也有同样的观点,他指出:"在一项专用性投资之后,这种准租就产生了,机会主义行为的可能性也变成了现实。沿着科斯的分析框架,这一问题可以有两种解决方法:纵向一体化或契约。"然而,科斯却引用A. O. 史密斯车体制造商同通用汽车公司能够在50多年中保持和谐关系而未一体化的材料,对所谓资产专用性导致"一体化"的规则提出了疑义。

在一体化方面,还应提到格罗斯曼(Grosman Sanford J.)和哈特(Oliver D. Hart)的"有成本的契约理论"。他们比威廉姆森更加明确地把企业看作一个"产权集",他们对企业下的定义是:"一个企业由它所拥有或它所控制的那些资产构成。"他们认为,一体化也是有成本的,它是一枚硬币的两面。对一方有利可图,对另一方必定带来损失,而且会引起投资的扭曲②。所以,一体化只有在如下条件下才能实施:"当企业甲对企业乙的管理的控制权所提高的生产率大于企业乙失去管理的控制权所减少的生产率时,企业甲就购入企业乙。"

(三)克雷普斯的"声誉"观点

克雷普斯(Kreps)认为,由于市场契约的不完全性,常常使交易双方失去信誉,造成摩擦、争执和欺诈,从而使交易费用过大,甚至不能成交。但是,如果有一方是"长寿"的,这时,任何

---

① 科斯:《企业、市场与法律》,上海三联书店1990年版,第4页。

② 陈郁:《企业制度与市场组织》,上海三联书店、上海人民出版社1996年版,第41~44页。

人都统一同“长寿”的一方签订契约，接收其权威指令，不必担心受到欺骗；“长寿”的一方也不会滥用权威，因为它要维护自己的“声誉”。这所谓“长寿”的一方就是企业。

(四)阿尔钦和德姆塞斯的团队理论

阿尔钦(Alchian A.)和德姆塞斯(Demsetz H.)1972 年发表文章，不同意科斯把企业作为“权威组织”看待，认为企业内的交易同一般的市场交易没有什么区别，产品交易的契约同劳动交易的契约也没有本质不同。他们把企业看作一个团队生产(team production)，或者团队式的“合约组织”。团队的优点在于它的总产出大于它的总投入的产出之和。用公式表示，即$Z>z+z=aX+bX$。所以，团队之所以能够产生，就在于它比单个生产更有效率。他们得出结论说：“如果通过团队生产所获得的产出大于 Z 的分生产之和加上组织约束队生产成员的成本，就会使用团队生产。”他们像科斯一样，考虑到了企业组成后的组织成本，但不是把企业同市场相对比，而是同单个生产者相对比。应当说，在企业生产的原因解释上，他们拓展了科斯的思路。

然而，阿尔钦和德姆塞斯并没有着力说明团队同单个生产相比何以会有更高的效率，而把主要笔墨用于分析团队内部的监督机制。他们指出，团队生产不可避免会产生队员“偷懒”或“搭便车”现象。由于无法准确计量每个队员在团队总产生中的贡献，队员便会尽可能以闲暇替代努力。这就需要监督，但监督是有成本的。只要这个监督成本不为零，偷懒队员付出的私人成本就会低于团队为此付出的总成本。如何解决监督问题呢？最好的办法是设置专职的监督者。但是，谁来监督监督者呢？如果把企业剩余索取权交给监督者，并且把一系列权利，其中包括决定队员资格、出售企业的权利也交给监督者，也就是使他成为企业的所有者，这个问题就可以解决。

(五)奈特的风险分配理论

奈特(Knight F. H.)以研究风险和不确定性理论而著称。他的企业理论是在其论述风险问题时得到发挥的。由于奈特关于企业的观点比较分散，所以他的企业理论长期以来并不为人们所注意。德姆塞斯对奈特给予企业理论的贡献曾进行高度评价，甚至这样指出：“虽然科斯于 1937 年对此问题做出了经典性的贡献，但我们不得不略带歉意却毫不迟疑地指出，奈特早在 1921 年就创立了现代企业理论。”奈特把企业视为一种在雇员和所有者之间有效分配风险的制度。他从人的本性出发，把人对待风险的态度分成两类：作为企业家的本性是敢于直面风险，不回避风险，而作为雇员的本性是厌恶风险。这就需要有一种制度安排，能使两者在合作中各得其所，才更有效率。这就是：成为企业家的所有者以获得利润作为补偿，并且可以指挥后者，但必须给后者以保险，即后者任何时候都可以获得固定的报酬，但要以接受指挥为条件。他还进一步从风险角度论述了从古典企业向公司制企业转变的理由，即公司可以更好地处理风险和减少败德行为。同时，他也发现了公司制带来的所有权与控制权的矛盾，指出：“制定决策者领取固定薪水，且不承担风险；而承担风险者——即股东——则获得利润但并不进行决策，不实施控制。”

(六)詹森、麦克林、张五常的契约理论

詹森(Jensen Michael C.)和麦克林(Meckling Welliam H.)不同意科斯的企业定义，明确提出：“契约关系是企业的本质。”

张五常也对科斯的企业定义提出异议。他认为，企业不是市场的替代物，它只是以要素市场替代产品市场。更确切地说，是“一种类型的合约取代了另一种类型的合约”。简而言之，企业就是要素之间的一种合约。这样,张五常就从根本上混淆了企业与市场的区别:第一,要素交易,无论是资本与生产资料,还是与劳动力的交易,同产品的市场交易没有任何区别,都是市场交易行为,不是生产组织,因而不能称之为企业。第二,企业需要通过合约作为中介才能建立起来,并且合约的履行就是契约关系在企业的延续。但企业不等于一般的典型的合约,它是一种特殊的合约关系。要素间的签约是一种市场上的行为,而一旦签约结束就进入企业组织。在企业内部通行的是行政决策机制,是命令与服从的关系。而合约的本质特征是自由人之间的平等交易关系。第三,由于把企业看作一般的合约,即同市场上买卖双方合约无区别,其结果是,企业必然也像市场一样,成为一个没有边界的组织。

由于经济学家对企业总概念的不同认识,所以形成了各种学派。其实按大类来分,就是两大学派,即交易费用学派(科斯、威廉姆森、克莱因、克雷普斯等)和契约学派(张五常、阿尔钦和德姆塞斯、奈特、哈特和格罗斯曼等)。前者把企业看作科层组织替代市场,它之所以可以产生是因为它能节省市场交易费用。至于为何可以节省交易费用,解释理由很多;后者把企业视作一种契约组织,它在本质上同市场没有什么差别,企业之所以能够出现是由于团队的生产效率高于单个生产,或者由于风险的重新分配,或者由于管理劳动交易的特殊性等。

三、企业边界理论

(一)企业边界起源

1. 演化经济学的企业边界理论

在演化经济学的视阈里,企业作为一种组织形式是为了知识交换,而不是缓解机会主义,"一体化是正面效应的创造者(creator of a positive),而不是负面效应的回避者(avoider of a negative)"(Conner,1991)。基于演化思维的企业边界理论摈弃了将企业作为市场替代物的交易费用经济学分析范式,从企业能力、知识和竞争力角度研究企业边界决定及动态演化过程。

理查德森(1972)开创了利用"能力"概念分析企业边界问题的先河。将对企业的分析融入产业分析和市场分析,他认为产业是由研发、制造、销售和服务等不同经济活动组成的,这些经济活动的完成需要企业具备相应的能力(恰当的知识、经验和技能)。对相同生产活动(需要相同或相似能力的活动)和不同生产活动的抉择决定企业的边界。因为受规模经济和范围经济的影响,企业将相同生产活动纳入边界以内,不同的生产活动则被推向市场(企业)。继理查德森以后,部分经济学家(Foss,1993; Langlois and Robertson,1993; Silver,1984)主要从知识角度关注能力对边界的影响。企业在拥有和控制的生产性知识上的差异性及生产性知识本身具有的意会性(tacitness)和路径依赖性,导致不仅企业之间难以相互理解对方的知识和能力,就连企业自身知道的知识也远远多于契约规定的内容。意会知识(tacit knowledge)的可系统化(codifiability)和可教性两个维度(Winter,1987),共同决定企业能力的意会性和沟通的难度(Zander&Kogut,1995)。福斯认为,企业决定制造而不是购买,"其原因必定是,在实际操作上,一体化企业不可能准确地向供应商(至少是以合理的成本)传达有关购买的信息。市场(其他企业)中缺乏有能力的接收者"。由于缺少具有适当规范、价值观和目标的共同企业文化,企业主体的实践和认知结构之间存在不可调和的差异,所以交易中会缺乏沟通能力(Foss,1993)。因此,与潜在的合作伙伴或供应商之间进行沟通的成本也会影响企业的有效边界。

2. 企业资源与企业边界

企业资源论(Resources-Based View,RBV)最早出现在企业战略的研究文献中,主要研究企业资源和企业可持续竞争力的关系。20世纪80年代以来，企业资源逐渐发展（Wernerfelt，1984；Rumelt，1984；Barney，1991），并开始与产权、交易费用理论融合，研究企业边界和内部结构（Foss，2003；Zingales，1998）。企业资源论遵循"资源—战略—绩效"的分析模式，将企业边界决策融合在企业战略分析中。该理论分析的逻辑是不同企业在可控制性生产资源占有的异质性，企业资源占有是服从企业战略需要的。

企业资源论从企业战略角度对企业边界的研究，对于交易费用分析范式可资借鉴之处，首先表现在对企业边界内生性的考察。在RBV中，企业边界不再取决于资产专用性等外生设定的交易属性，而是内生于企业战略。借鉴RBV将企业界定为要素或资源的集合的观点，从产权角度研究企业关键资源和专有性资源的权利配置，将深化我们对交易费用边界理论的认识。

3. 企业家与企业边界

由于企业家理论和企业理论长期隔离，在现有企业家理论中鲜有对企业边界问题的论述。无论是从交易费用角度还是从演化和资源角度对企业边界的分析，都理所当然地为在企业边界理论中融入企业家因素留下了空间。现有的企业家理论分别为将企业家定义为协调者（Say，1803）、套利者（Kirzner，1973）、创新者（Schumperer，1934）及不确定者（Knight，1921），我们发现无论上述哪一个定义都能顺利引入现有企业边界理论分析中。将企业家定义为协调者，可以深化我们对科斯企业边界理论的认识。显然，企业家要素会影响企业组织一项交易的成本，进而影响企业边界。赋予企业家"套利者""创新者"的角色和"发现市场机会"的能力，有利于改进交易费用经济学的比较静态分析思路，从"过程"（process）角度对企业边界迁移进行动态分析。

顺应企业家的企业理论和企业的企业家理论彼此逐渐融合，企业理论在研究组织设计、企业流程再造、一体化和外包等有关企业边界变迁问题中，大量融合了企业家这一分析要素。前述分析表明，企业家与企业边界关系的分析能够更多地体现企业边界决定中的"主观因素"，也能从认知、知识角度深化对有限理性、治理结构设计、企业间接定价功能等现有企业边界理论的分析，极大地增进我们对企业边界的认识。

（二）几种企业边界理论

1. 科斯的企业边界理论

科斯（1937）将企业抽象为以企业家行政命令为特征的资源配置方式，并认为单纯从资源配置角度考察，企业应该是价格机制的替代物（企业和市场的相互替代）。基于对企业的本质的上述界定，科斯对奈特（1993）"企业规模问题不可能从科学角度分析，只是一个个性和历史偶然实践"的观点发起挑战。

企业的存在是因为利用价格机制配置资源并不是免费的，市场的存在同样说明所有资源由企业配置并不是最优的。在资源数量既定的前提下，是采用价格机制配置资源还是采用企业配置资源取决于两者相对成本的高低。根据"等边际成本"原则，资源最优配置的条件要满足利用市场价格机制配置的最后一单位资源的边际成本（交易费用）等于利用企业配置的最后一单位资源的边际成本（组织成本）。由此可见，市场交易费用和企业组织成本的相对大小决定了企业可以配置的资源数量的多少，从而决定企业规模的大小（企业的边界）。当追加的交易由企业家组织时，企业就变大；当企业家放弃对这些交易的组织时，企业就变小。

科斯基于企业和市场作为替代性资源配置方式的假设，对企业边界问题进行了原则性分析。由于只是从资源配置角度阐述企业的本质及边界，企业的"生产属性"难以进入科斯的视野;即使仅仅将企业作为"以行政命令"配置资源的资源配置方式的代名词,科斯对影响企业资源配置成本的分析也还存在大量需要拓展的空间。①

2. 测度成本和企业边界理论

巴泽尔运用测度成本的分析框架重新解读了纵向一体化,纵向一体化的本质是企业之间的交易转化为企业内部交易,巴泽尔认为导致这种转化的原因在于测度成本的差异。企业内部交易代替企业之间交易的实质是用对雇员绩效的测度代替对中间产品的测度。中间产品越复杂,属性测度成本越高,企业越有可能实施纵向一体化;如果对雇员绩效考核的成本降低,企业也愿意将更多的生产活动纳入企业内部进行,企业纵向一体化程度将随着雇员监管成本的降低而提高。巴泽尔(2001)认为企业的纵向一体化水平依赖于企业利用自身权利实施交易的程度。任何一项交易的实施都是混合实施,即使企业内部的交易也并不是完全依靠企业权利实施的,比如受劳动法管辖的雇佣合同条款就是国家实施的。因此,企业规模扩大,企业交易活动增加,并不意味着企业纵向一体化水平提高。

巴泽尔(2006)认为企业所提供的公共物品的生产水平决定企业的横向边界。企业需要的与生产和交换相关的公共物品主要包括有关市场条件和技术创新的公共信息、产品生产标准、新的会计方法等。在无法通过市场或其他组织获取这些公共物品时,企业只能自己组织生产。企业自己生产公共物品导致企业的横向扩张,与生产其他产品相同,公共物品生产也受制于规模经济原理。"U"形长期平均成本曲线的最低点确定公共物品的最优产量,进而确定企业的"宽度"(width of the firm),即企业的横向边界。

3. 威廉姆森的企业边界理论

威廉姆森采用"离散结构选择分析方法"(discrete structural choice analysis)分析了"市场—混合组织(hybrid)—科层组织(hierarchy)"三种主要的治理机制。企业作为一种科层的治理结构而存在,威廉姆森(1985)在对纵向一体化进行分析的过程中,综合考察了资产专用性和生产成本对企业边界的影响,从激励强度、管理制度、契约法(contract laws)等维度进一步考察企业的边界。

在假定产出水平不变的前提下,威廉姆森建立了一个"启发式模型"分析交易费用(用资产专用性表示)和生产成本与企业边界的关系。用 $H(k)$ 代表科层组织成本,$M(k)$ 代表相应的市场治理成本,其中 k 是资产专用性指数。由于假设市场能够提供高能激励,当资产专用性很低时,市场能够更有效地减少治理成本,从而 $H(0)>M(0)$。令 $G=H(k)-M(k)$,用以反映市场和企业两种治理机制的治理成本差异。再考虑生产成本,令 c 为企业自己生产所需要产品的生产成本和从市场购买同样产品的生产成本的差异,且是 k 的减函数。由于存在规模经济和聚集经济,显然 $c>0$。威廉姆森认为最优的治理结构应该能够实现交易费用和生产成本之和最小化,因此,$c+G=0$ 应该成为企业和市场边界的临界点。

通过上述分析,威廉姆森只是解释了交易采用企业治理或市场治理的原因,但是并没有解释为什么随着资产专用性程度的提高,企业并未出现规模无限扩张的趋势。威廉姆森曾经尝试用"控制损失"解释企业不能无限扩张的原因。所谓控制损失,是指随着企业规模扩大,企业内部管理层次增加,从而导致企业内部因为信息传递偏差而产生的损失。后来威廉姆森认为如果允许企业采用选择性干预,则可化解控制损失问题。当然,即使采用了选择性干预也不可能使企业规模无限扩大,原因在于不可能在企业内部引入高效激励。因为企业内部高能激励

① 马歇尔:《经济学原理》(上卷),商务印书馆 1997 年版。

会导致两类问题：一是会导致代理人过度使用委托人的资产，因为代理人无须为资产损害负责；二是委托人会利用自己的权威剥夺代理人的利润。因此，威廉姆森认为企业只适宜采用虽然有较高的科层成本但适应性较强的低能激励机制。

复习思考题

1. 请描述解释什么是制度并举例说明。
2. 新制度经济学与新古典经济学有何异同点？
3. 现代企业理论兴起的根源是什么？

案例分析

中华老字号如何新发展——建立现代企业制度

根据《"中华老字号"认定规范（试行）》的定义，中华老字号是指"历史悠久，拥有世代传承的产品、技艺或服务，具有鲜明的中华民族传统文化背景和深厚的文化底蕴，取得社会广泛认同，形成良好信誉的品牌"。我国拥有众多的老字号企业，如全聚德、同仁堂、胡庆余堂、楼外楼等，这些中华老字号往往都传承了独特的产品、技艺或服务，具有中华民族特色和鲜明的地域文化特征，具有历史价值和文化价值。同时经过长时间的历史检验，具有良好信誉，得到了广泛的社会认同和赞誉，很多在国内外都享有盛誉。但是，在当今经济全球化的条件下，技术进步日新月异，市场竞争日趋激烈，许多中华老字号由于企业体制、管理经营等多种原因，不能适应市场发展，逐步丧失了可持续发展的能力。我国众多老字号的生存危机的根本原因就在于没有建立现代企业制度，而向现代企业制度靠近的老字号企业往往都获得了高速发展。现代企业制度是指产权清晰、权责明确、政企分开、管理科学的现代公司制度。

现代企业制度主要由三个部分组成：法人财产制度；有限责任制度；科学的组织和管理制度。现代企业制度使所有权与经营权的分离建立在公司法和公司章程的基础之上，公司各行为主体的权、责、利由法律和章程明确规定，使产权清晰。国家与企业之间产权边界是明确的，这可以真正实现政企分开、两权分离。有限责任制度是人类制度文明的优秀成果，它对出资者和经营者都有利，对投资者来说，它减少了投资风险，增大了获利机会；对经营者来说，可以放开手脚，独立自主经营、自负盈亏。

老字号要持续发展，就必须逐步建立现代企业制度，把优秀传统与现代企业机制、管理方法结合起来，使老字号变为以先进的现代企业制度为基础的老字号品牌企业，以适应市场竞争。例如1996年，胡庆余堂因种种原因当年亏损700多万元，负债近1亿元。当年10月，胡庆余堂加入青春宝集团使企业制度改变后，此后3年，胡庆余堂利润年递增率均超过100%。

建立于1938年的新华书店于2004年通过改制引入民营和外国资本也是经典案例之一。新华书店总店与人民出版社等7家国有出版单位、北京博恒投资有限公司等2家国内有限责任公司，以及英国派可多投资有限公司共同组建新华出版物流通有限公司，投资总额和注册资本3亿元，中方投资占总额的73%。该公司经营范围为国内版的图书、报纸、期刊和电子出版物的批发零售业务（不含港澳台版），经营期限为30年。新华书店的改制，使其成功地获得了新发展。所以，我国老字号要长久持续地发展，和其他企业一样，关键是要确立现代企业制度。

从目前的成功经验来看，主要是在产权上实行股份制或者引进新的投资者，在管理经营上引进高级管理人才或者引进管理方法。

资料来源：上海商业网，http://www.commerce.sh.cn。

【讨论】

1. 中华老字号建立现代企业制度的重要性体现在哪些方面？
2. 中华老字号如何建立现代企业制度？

第二章　人性与人类行为假设

学习目标(知识点、技能点)

1. 理解理性、有限理性的含义、特征及表现形式;
2. 掌握行为经济学对有限理性的分析;
3. 掌握非理性行为的类型和特征;
4. 了解社会资本的含义、特征和作用;
5. 了解互惠的类型和特征;
6. 学会分析人类行为和制度之间的关系。

案例导读

从谷歌的“有限理性”看企业的“创意未来”

创意是社会发展的重要推动力。中航工业发展研究中心经济管理所的三位研究人员分别从企业、企业家(精神)、资本市场的角度解读“创意经济”,指出企业的未来在于基于有限理性并发挥无限创意,弘扬企业家精神是推动创意经济发展的当务之急。

2013年下半年至2014年4月,谷歌公司连续收购了9家机器人公司,同时与富士康商议合作,开始实施其机器人计划。这一系列的动作揭示了谷歌的理性策略——通过收购拥有核心技术的公司从而快速进入,整合产业链资源、建立商业共生关系从而发展壮大。谷歌收购的9家公司的相对专业领域各不相同,例如,Schaft的机器人是为了解决目前机器人普遍“不够强壮”的问题;Boston Dynamics以生产动物外形的机器人闻名。谷歌通过收购这些公司并进行整合占据了产业链高端。谷歌与富士康的合作也是合乎情理。近年来,富士康加速实现工厂自动化的诉求越来越迫切,多次重申在工厂中大量使用机器人的计划。富士康能为谷歌的新机器人技术提供良好的试验田,而成功的机器人应用则能强化谷歌在机器人产业中的地位。

通过一系列看起来“理性”的运作,谷歌似乎已搭建好完美的“机器人帝国”。然而,未来一定会是这样的吗?人们对未来可以预测,但不能掌控。谷歌也不例外。尽管谷歌可以利用数量大到超乎想象的数据去预测并规划未来,但未来巨大的不确定性仍会超出它的“理性”规划。回顾一下谷歌迄今为止最大的一起收购——对摩托罗拉移动的收购。2011年8月,谷歌以125亿美元现金收购摩托罗拉移动,这起收购主要看中摩托罗拉移动数量庞大的专利和完善的售后、渠道。收购之后,问题却不断涌现。专利产品组合价值与当初估值相去甚远,摩托罗拉在全球发起的专利诉讼大多以失败告终;硬件产品无法与苹果、三星抗衡。2014年1月,谷歌便宣布以29.1亿美元将摩托罗拉移动出售给联想。以上案例表明，谷歌其实和大家一样，理性都是有限的。对于未来，对于某些业务和企业自身的发展，都无法真正掌控。

否定过分依靠理性，并不是否定理性在企业演化中的主导作用。究竟应该如何运用理性呢？对此，可以借鉴演化经济学、制度经济学和实验经济学的相关思考。演化经济学和制度经济学都认为，人们做事的方法和工具都是通过长期的试错演化而逐渐形成的。实验经济学则以可犯错误、有学习能力的行为人取代“理性经济人”假说，以不断改变实验参数的“试错”检验作为主要分析方法。“试错”是人们在有限理性约束下追求正确的有效途径。所谓创意，是基于对现实存在事物的理解以及认知所衍生出的一种新的抽象思维和行为潜能。从某种程度上来看，创意可视为一种“非理性”，因为创意的产生经常脱离常规的理性逻辑。面对不确定的未来，我们应该基于有限理性，发挥无限创意。

谷歌之所以引领时代潮流，“窍门”正在于创意。谷歌有一个神秘的创意部门——Google X，这一部门孵化着许多天马行空的具有战略意义的“射月项目”(Moonshot)，无人驾驶汽车、谷歌眼镜、机器人等都是这一项目的内容。可以说，世界上有两个谷歌：一个是“传统Google”，以市场为导向强化当下的盈利模式和扩大份额；另一个则是Google X，用于勾勒未来的多种可能性。

资料来源：根据 http://www.cannews.com.cn/2014/0527/95035.shtml 整理而得。

传统经济学研究的重点是“生产什么、生产多少、如何生产”等问题，但忽视了对行为的主体——人的分析及其行为决策。马歇尔认为：“经济学是一门研究财富的学问，同时也是一门研究人的学问。”①诺斯的制度理论建立在人类行为的理论和交易费用的理论基础之上。这样我们可以更清晰地理解人类行为和制度之间的关系，以及它们在企业和社会中的作用。本章主要介绍人类行为及其与制度之间的关系，以及这种关系在企业及社会中的作用。

第一节 人的理性、有限理性及其拓展

传统主流经济学把“完全理性”视为一个不证自明的前提假定，将其理论大厦建立在这一假定之上。由于“完全理性”假设超脱于现实，遭到许多质疑和批判。人类行为并非总是以财富最大化为目标的，人类行为更多地体现了“有限理性”的特点。现代经济学从现实的人出发来研究人，提出了“有限理性”假设。他们认为，在不确定的情况下，人们的判断和决策会系统地偏离“完全理性”，从而无法实现效用最大化，这种偏离是行为人的“有限理性”造成的。随着行为经济学的兴起与发展，“有限理性”假设实际地应用到经济学的各个分支和领域。

一、理性

(一)理性的经济学含义

理性假设是传统经济学的逻辑起点和核心概念。这里的假设是所有决策制定者具有一致的、稳定的偏好——无论他们是消费者，还是企业家，或者官僚。换句话说，我们能够设想出这样一个理性情形，在这种情形下，所有个体表现出来的是一种有目的、有理性的最优化行为。正如克瑞普斯(Kreps,1990)指出，一个完全理性的个体有能力预测到可能发生的所有事件，

① 马歇尔：《经济学原理》(上卷)，商务印书馆1997年版，第23页。

并可以在各种可行的行为中进行评价和做出最佳选择，所有这一切都可以在一眨眼的时间内完成，不存在任何成本。[①] 这种完全个人理性在代理理论、法律的经济分析以及公共选择理论中仍然占据着主导地位。

理性的经济学含义主要从以下三个层面来理解：(1)人的自利性假设。人具有与动物一样的求生本能，由于人的物质欲望大大超过稀缺资源所能满足的程度，每个人都从利己心(self-love)出发，争相选择一个对自己最有利的经济行为。(2)极大化原则。假定个体总能够充分利用其无界的智力资源，经过精确的计算，观察到他们自身的利益，并在现存的制度结构下追求自身利益，并使其效用最大化。一个决策制定者，无论他是一个企业的管理者，还是一个政府官僚、政客等，都被假定为是在他所处的制度结构约束下做出选择，并追逐目标。在理想状态下，个体的选择总能在"边际效用(收益)＝边际成本"时停止下来。(3)每个人的自利行为与群体内的其他人的自利行为之间存在一致性，在与社会中其他的自利人发生相互作用的前提下，每个人的自利行为才得以完成。因此，经济学和社会学面临着共同的基本问题，即存在博弈均衡等问题。

(二)理性的表现形式

理性有着不同的表现形式，这是基于经济学家对理性概念不同的理解和解释的基础之上的。

1. 价值理性与工具理性

价值理性也称实质理性，即"通过有意识地对一个特定的行为(如伦理的、美学的、宗教的或做任何其他阐释的行为)无条件的、固有价值的纯粹信仰，不管是否取得成就和效率"。也就是说，人们只赋予选定的行为以"绝对价值"，而不管它们是为了伦理的、美学的、宗教的，或者出于责任感、荣誉和忠诚等方面的目的。价值理性相信的是一定行为的无条件的价值，强调的是动机的纯正和选择正确的手段去实现自己意欲达到的目标，而不管其结果如何。人类在追求理想目标时，把善恶、好坏、美丑等作为评价尺度，价值理性所追求的目标必须符合正确的价值取向。工具理性就是通过实践的途径确认工具(手段)的有用性，从而追求事物的最大功效，为人的某种功利的实现服务。工具理性是通过精确计算功利的方法最有效达到目的的理性，是一种以工具崇拜和技术主义为生存目标的价值观，所以，工具理性又称功效理性或者效率理性(根据理性与目标选择无关原则，"行为目标无所谓理性与非理性")。

2. 本质理性与程序性理性

本质理性是人特殊行为的最大化。西蒙认为个人不具备本质理性，因为人类经常面临复杂多变的决策环境，不能做出最令人满意的决策。程序理性即组织理性，是指由于人类在知识、预见、技巧和时间上的有限性，需要借助理性组织中形成的规则与惯例实现选择过程的效率。他认为，人类具备程序理性，也就是组织理性，组织中形成的规则与惯例可以帮助人类摆脱固有的有限性，使决策具有效率。

3. 构建理性与演进理性

构建理性认为人类可以设计秩序，立法者的意志就是法律的起源，极大地夸大了理性的作用。演进理性认为理性是自然选择的进化过程的产物，而不是立法者理性设计的结果。

4. 适应性理性与创新理性

适应性理性认为人类并非无所不知地最大化他们的既定目标，而是根据经验(通过干中学)进行调整，其实质就是一种有限理性。创新理性是指企业家打破已知限制(如资源、技术和

---

① Kreps, D. M. 1990 b. *A Course in Microeconomic Theory*. New York: Harvester. P. 745.

制度等方面的约束),做出发现并利用这些发现。

(三)理性概念的历史演化

早在1714年,伯纳德·蒙德维尔就在《蜜蜂的寓言:或个人劣行即公共利益》中提出,利己是人类自然特征,是增进全社会繁荣的因素。其后,在西方的不同时代,古典经济学派、新古典经济学派和20世纪下半叶经济学各分支学科都对理性的内涵进行了不同的解释,诠释了理性的不同内容。

1. 古典经济学的"经济"观

亚当·斯密在《国民财富的性质和原因的研究》(1776)中首次提出了"经济人"这一概念,他不仅比较系统地展开了"经济人"假定的思路,并把它同其所建立的古典经济学连接起来。亚当·斯密对"经济人"假说的内涵做了这样的阐述:"每个人都力求运用他的资本,生产出最大的价值。一般而言,他既不打算促进公共利益,也不知道促进多少,他只考虑自己的安全,自己的所得。正是这样,他被一只看不见的手引导,实现着他自己并不打算实现的目标。通过追求他自己的利益,他常常能够,与有意去促进相比,更加有效地促进社会的公益。"[①]斯密的"经济人"假定思路主要体现在以下四个方面:(1)每个人天然是自己利益的最好判断者,因此应该让他有按照自己方式行动的自由。假如他不受到干预,他不仅能达到自己的最高目的,也能不自觉地增进社会公共利益。(2)每个人都在寻求个人利益最大化,然而在这个过程中,他只能遵守自然的社会秩序前进。分工使他不再是脱离社会而独立的。为了达到自己的目的,他必须激发别人的自爱之情。(3)交换使得双方的个人利益可能同时得到满足。每个人在利用自己的财产或劳动达到自己的利益目标时,不得不为了交换而生产,不论他是否愿意这样做。(4)人类的各种动机(自爱、同情、正义感等)会自然平衡,每个人在追求自身利益最大化的自由行动都被一只"无形的手"(价格机制)引导着去促进社会公共利益。

虽然亚当·斯密没有明确提出"理性经济人"假说,但其"经济人"假定思路中明确表述了追求自身经济利益是人的本性。正是追求个人利益的强烈愿望,成为推动人类社会经济活动发生和发展的动力。只要有适当的制度和规范,个人自由地追逐自身利益的行为,受市场这只"无形的手"的调节,就会促使整个社会的利益增加。而后约翰·穆勒(J. Mull)对斯密关于人类行为的观点做了分析,明确提出了"理性经济人"假说。他在《经济学上若干未解决问题》(1844)中提出人类诸多行为动机中抽象出来的主要指"追求财富最大化",不包括以非经济动机为出发点的行为。古典经济学就是建立在这样的假定前提下分析市场经济活动中人们的行为的理论体系。

2. 新古典经济学的"理性"观

新古典经济学家们完成了"经济人"理论抽象的第二次飞跃。"经济人"假设不断被抽象化和理想化,"理性"被极端化地理解为只是一种数学的计算,即追求效用最大化的工具。这个过程大致可以划分为三个阶段:第一阶段,依据戈森定律,新古典经济学家杰文斯(Stanley Jevons)、瓦尔拉斯和马歇尔(A. Marshall)等提出了消费者的理性假说,推导出消费行为的效用最大化原则,消费者的理性选择使消费行为在某种预算约束下扩大到边际平衡点。精通数学的萨缪尔森(P. Samuelson)给出了对经济行为者的理性选择进行经济分析的方法,他认为,经济学本身就意味着最大化行为,消费者使效用最大化,生产者使利润最大化。萨缪尔森对均衡理论的完善和发展,使理性假设更为经典和简约。第二阶段,开始于阿罗的一般均衡分析至20

① 亚当·斯密:《国民财富的性质和原因的研究》,商务印书馆1979年版。

世纪 80 年代后期。在本阶段,新古典经济学家们以理性假设为前提,探讨了“效率”“福利”和“国民生产总值”等问题。例如,弗里德曼等人提出了一个简单的随机模型,证明一个按照随机游动花钱的、完全非理性的消费者,他的消费行为最终会被迫停止于预算线与无差异曲线的切点。因此,可以假设消费者都是效用最大化的理性经济人。第三阶段,从博弈论方法开始到 20 世纪末,这一阶段的经济学家使用大量的数学工具来理解人的行为,并抽象掉人的主观心理、伦理道德等描述,变成一部理性的“机器”。

可以看出,新古典经济学中的“经济人”理论仍集中在人对物质利益的追求上,却比古典经济学更为系统和深刻,使经济学从道德层面的描述学科彻底转变为工具性质的分析学科。这种理性研究把“经济人”置于完全竞争的市场环境中,假定“经济人”掌握完全的信息,通过成本—效益分析,具有精密的计算和最优的选择能力,揭示个人追求自身利益与如何增加公共利益的内在联系机制,在一定程度上使个人和整体利益最大化有机结合起来,使经济学的理论基础得以巩固和发展。

3. 20 世纪下半叶对“理性”的再认识

20 世纪后半叶,为了维护和捍卫“经济人”假定这一现代经济学的基石,以科斯、诺斯、加里·贝克尔、约翰·纳什和斯蒂格勒等学者为代表的经济学家,在前古典经济学和新古典经济学对理性的两次抽象的基础上,吸收同时代最新的科研成果,重新解释了“理性人”的内涵,使经济学更加贴近现实。

科斯认为,现实中的人沿袭了新古典经济学的成本—效益分析方法,借助于交易费用和产权等概念,认为经济主体是在制度的框架下活动的,人们之间的交易活动存在着成本,经济主体是有限理性的。诺斯也认为人是有限理性的,并且人的学习和经验对决策产生重要影响、成为路径依赖,许多非正式制度的因素(如历史文化传统、宗教信仰、政治观点等)也会影响人们做出判断和选择,从而使他们的行为变得非理性。随着精神需求纳入经济学的分析范围,效用除了包括物质效用,范围更加广泛,还包括尊严、名誉、社会地位等纯经济尺度难以衡量的效用。贝克尔(G. Becker)等人分析了种族和性别歧视、犯罪问题、自杀原因、利他主义行为、婚姻问题、子女教育抚养等传统上属于社会学、人口学、教育学、政治学、法律学等其他社会科学领域的问题,从而大大扩展了微观经济学的研究范围。他们把“理性经济人”的行为假设运用到非传统经济学的领域,使经济学在逐步向心理学、社会学和法学等学科渗透及结合的过程中产生了法经济学、信息经济学、委托代理理论等对现实问题有更强解释力的、带有浓重交叉学科特点的新的经济学理论分支,开启了经济学的“帝国主义”时代。约翰·纳什等人将数学中的博弈论引入经济分析中,指出人类的决策收益不仅取决于自身效用最大化的理性选择,还受制于相关行为人的行为。博弈模型揭示了竞争中的“经济人”相互作用、互动的特点,使人与人之间的关系更加鲜活。

实验经济学和以卡尼曼为代表的行为经济学对认为行为的研究更加全面,不仅包括理性,还包括非理性,填补了传统经济学对非理性研究的空白。他们认为,人们在生活中除了会发生自利行为,有时也会产生非理性的行为(如利他行为)。实验经济学希望在可控的实验环境下,观察和分析被实验者的决策行为并分析实验结果。他们认为人们的经济行为并不完全是理性的,有时甚至是非理性的,只有运用期望理论、锚定心理等来分析被试者的非理性行为,才能很好地解释其实验结果。

通过分析理性概念演化的三个不同阶段,经济学家对理性的理解经历了从完全理性到有限理性再到非理性的演变过程,未来理性研究的重点方向将是认知规律对人们理性程度的影响机制。

二、有限理性

有限理性、非财富最大化和机会主义行为倾向是新制度经济学关于人的三大行为假定。有限理性力图从现实的人类行为出发来研究经济现象，是对新古典经济学范式的重要改变。

(一)有限理性的内涵

当代经济学家为了更接近真实世界的情况，提出了不完美的个人理性(imperfect individual rationality)，人们在做决策时是不完全的，并且会随着时间发生变化，诺斯尤其强调这一点。以下分别介绍西蒙、诺斯、阿罗和威廉姆森对有限理性内涵的理解。

1. 西蒙

有限理性概念最早是由诺贝尔经济学奖得主西蒙提出来的。西蒙(1961)认为，“人在主观上追求理性，但只能在有限的程度上做到这一点”。他指出，决策制定者并非无所不知，而是在信息的加工方面存在着实际上的困难。因此，尽管人们可以被看作意欲理性，但是他们并非是超级理性的。他认为应将不完全信息、处理信息的费用和一些非传统的决策者目标函数引入经济分析。同时，西蒙也明确要保留适当的有限理性，虽然当事人不可能达到整体最大化决策，但是能在一个小概率上集中做出理性的决策。人在主观上追求理性，但只能在有限的程度上做到这一点。由于知识和计算能力有限，在不可能大量处理为达到最大化所需要的所有信息的情况下，企业和消费者并不是追求最大化，而是追求“满意化”。例如，在稻草堆中寻针，“经济人”企求找到最锋利的“针”，即寻求最优，从可为他所用的所有备选方案中，选择其中的最优者。“经济人”的堂弟——“管理人”找到足以缝衣服的“针”就满足了，即寻求满意，寻求一个满意的或者足够好的行动程序。

2. 诺斯

诺斯认为，人的有限理性包括两方面的含义：一是人们面临的环境具有复杂性和不确定性，在非个人交换形式中，人们面临的是一个复杂的、不确定的世界，而且交易越多，不确定性就越大，信息也就越不完全；二是人们对环境的计算能力和认识能力也是有限的，人不可能无所不知。此外，诺斯尤其强调的是，在很大程度上，由于受到环境的影响、时间和情境的变化，人们使用大脑的“第一系统”进行加工，理性根本不能发挥作用。

3. 阿罗

阿罗认为，人的有限理性指的是人的行为“既是有意识地理性的，但这种理性又是有限的”。决策者追求理性，但又不是最大限度地追求理性，他只要求有限的理性。

4. 威廉姆森

威廉姆森(1985)把有限理性分为三个层次：强理性、中等理性和弱理性。他一直强调交易费用在经济关系中的重要性。他认为，有限理性就是关于领悟能力的一个假定，有了这一条，交易成本经济学才能成立。并且只要不确定性达到一定程度，有限理性就会产生，而正是因为有限理性(以及交易费用不为零)，所有经济交易无法由市场合约来组织。因为面对复杂的世界，在合约所有相关的地方做到面面俱到是不可能的，所有合约都是不完备的。

正如克瑞普斯所说：“一个有限理性的个体试图实现最大化，但这样做的成本太高；刻意在事前做出规定以应对事后(几乎不可避免地)出现的不可预见的或然事件，但是他无法预期所有的可能时间，而且他也知道没有这种能力。”考虑到这种情况，不完全合约理论的出现就是一件不可避免的事情了。

(二)有限理性产生的根源

我们主要从外在约束和内在约束两个方面来论述有限理性产生的根源。外在约束主要指人类的理性程度受到信息不完全或不确定等外在因素的影响。内在约束指的是人脑处理信息的能力是有限的,从而约束人们的理性水平。即使人类可以收集到大量的、相应的信息,但是也不可能对所有的选择方案做出理性的选择。例如,大学生找工作时,总是投放很多的简历,但也只能从有限的几家公司中选择其中的一两家参加面试。我们更进一步进行分析,即使信息处理能力不受限制,人们有时也会保留无知,因为在做出合理选择时,对个体方案信息进行比较的资源和时间成本是昂贵的,宁可保留无知,否则人类会因分析而麻痹衰亡。①

(三)有限理性的形式

根据有限理性产生的根源不同,可以将有限理性分为不同的形式。哈耶克认为,有限理性可分为有约束型有限理性和理性节约型有限理性。"不仅存在着'理性不及'的约束型有限理性,还存在着以'理性无知'或'理性非理性'为表现形式的理性节约型有限理性。"哈耶克正确地指出了当事人现实决策的理性状态:理性不及和理性无知。知识的局限性导致当事人理性决策的局限性,进而产生理性不及;当事人认识到知识在社会中的分散性,有意识地放弃对部分知识的理解,甚至有意识地采取一种直觉的或冲动的方式,这就是理性无知。也就是说,各种行为异常实际上是理性的结果。因此,传统意义上,理性假设经过演变从贝叶斯规则发展到理性不及和理性无知(或称为非理性)。②

我们认为,有限理性可以分为两种形式:一种是约束型有限理性,另一种是选择型有限理性。约束型有限理性又可以分为内在约束型与外在约束型有限理性。具体又可以分为五类不同的形式:生理限制、不确定性、信息成本、制度、心智成本(如图 2—1 所示)。

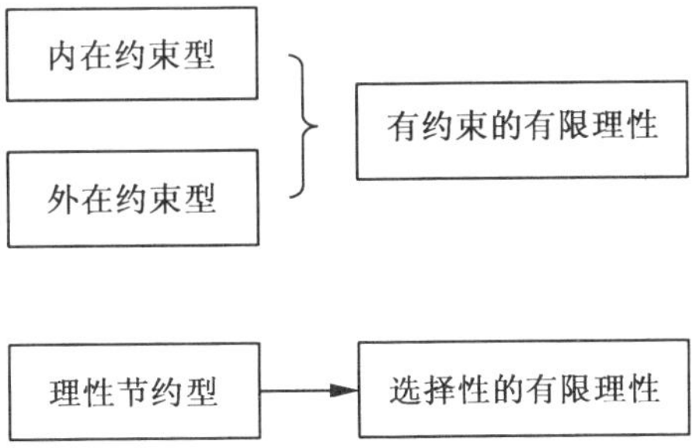

图 2—1　有限理性的形式

1. 生理限制角度

这一角度也称为内在约束角度,主要指从人脑的生理结构出发所决定的生活条件对人类认知能力,如计算和推理能力的限制。美国心理学家、生物反馈学说的创始人弥勒的研究认为,行为人的生理限制,也就是人在生理方面固有的计算和推理能力不足。行为人对信息和知识的利用受到来自大脑记忆的天生限制。他发现行为人的快速短时记忆的容量只能是 5～9 项,从短时记忆向长时记忆存入一项需要 5～10 秒钟,记忆组织是一种表列等级结构(类似于

① 柯武刚、史漫飞:《制度经济学:经济秩序与公共政策》,商务印书馆 2000 年版,第 64 页。

② 于全辉:《给予有限理性假设的行为经济学分析》,《经济问题探索》,2006 年第 7 期,第 22 页。

计算机的有限内存,从内存到外存的存取需要时间,以及计算机的储存组织形式)。这些是大脑加工所有任务的基本生理约束,这些约束使思维过程表现为搜索状态,即在同一时间考虑的问题是有限的,也就限制了人们注意的广度和信息获得的速度。正是因为注意广度和知识范围的限制,从而引起价值偏向和目标认同,如人们的宗教信仰。生理限制方面的约束是客观存在的,很难克服,也是人类在认知道路上必须承担的成本。

2. 不确定性角度

奈特派以研究风险和不确定性著称。他坚持用"根本不确定性"来解释有限理性。奈特于1921年指出,风险是一种人们可知其客观概率分布的不确定,而不确定性则意味着人们不知道变量有几个可能的值,更不知道每个可能的值发生的概率,甚至对未来将要发生的一切一无所知,这些将来事件对决策者而言是全新的、唯一的、过去从来没有出现过的。因此,奈特认为有限理性的根基是"根本的不确定性"。杨小凯则具体指出,不确定性是每个决策者不但不知道他人的生产和效用函数,并且对有不确定性的参数个数、取值范围及概率分布等一无所知。[①] 他认为,人们对组织的信息总是有限的,在这种信息不够的情况下,人们不应该对经济理性过于迷信,而应对看似无理性的组织实验充分开放头脑,不要有预先的成见。

3. 信息成本角度

西蒙认为,信息成本、交易成本等限制了人类行为的理性程度。他认为,"人在主观上追求理性,但只能在有限的程度上做到这一点"。这一角度的另一代表人物是科恩里斯克。他认为:"存在丰富的经验证据证明有限理性是重要的,在大量有影响的文献中,有限理性模型已经证明了它们自身的存在;标准分析中假设的完全理性是不充分的,它们的逻辑是模棱两可的;一项经济决策的做出是一种成本高昂的活动,一个好的经济学要求我们接受所有的成本。"从这段话可以反映出科恩里斯克认为要达到完全理性是不可能的,因为需要支付高昂的成本,并且事实上,人们支付不起完全理性的成本,因而只能从属于有限理性了。限制决策者信息处理能力的约束主要来自三个方面:一是不完全信息或知识的不完备性;二是处理信息的成本;三是一些非传统的决策者目标函数或经验决策。

4. 制度角度

新制度学派是这一观点的主要倡导者。新制度经济学派的科斯在批判理性人假设时指出:"应该从人的实际触发来研究人,实际的人在由现实制度所赋予的制约条件中活动",在现实制度赋予的制约条件下,人们的理性也会受到制约。哈耶克主要强调历史、风俗、习惯、价值观念和惯例等非正式制度对理性的限制。哈耶克认为,人们在自发秩序面前只能拥有有限理性,导致人类明白遵循抽象规则的重要性。而规则源于传统,个人遵循抽象规则进行决策符合理性标准。行为经济学家卡尼曼和特维尔斯基等通过行为心理学的实验方法,进一步证实了有限理性的假设,他们指出:"个体的行为除了受利益的驱使,同样受自己的灵活偏好和个体特征、价值观、信念等多种因素的影响。"此外,阿玛蒂亚·森也认为人们并不是完全因为自利而行动,公正、正义等伦理价值观念、制度层面的因素也影响人类的行为决策。

5. 心智成本角度

心智成本包括理性计算的思维成本、对信息理解和处理的成本、认知协调以及与情感、动机、偏好、价值观相关的心智成本。人们秉着理性经济的天性,当遇到复杂的外在环境时,需要动用很大的脑力去计算与推理的时候,往往选择理性捷径来做出决策,有意地避免心智耗费。

---

① 杨小凯:《不完全信息与有限理性的差别》,《开放时代》,2002年第3期,第77页。

在人们的心智资源稀缺的情况下，为了追求心智成本的最小化，人们依据直觉、情绪、路径依赖、经验判断等捷径做出决策。例如，在网络信息化时代，人们可以借助互联网获得大量的信息，理性的约束条件不是表现为信息太少而是信息太多，决策的成本更多地被信息分析所占用。事实上，理性思维是一种成本高昂的心智活动。

哈耶克认为，不仅存在着"理性不及"的约束型有限理性，还存在着"理性无知"或"理性非理性"等理性节约型有限理性。理性节约型有限理性正是出于心智成本的考虑，因而心智成本是有限理性的重要根源，决定了人类理性和非理性运用的状态和程度。西蒙的心理资源稀缺理论和哈耶克的心智认识论观点相似。西蒙指出，一切管理决策都有一个内在约束，即可用资源的稀缺性，这种约束可能就是生物自身的生理、心理限度。马赫等心智成本论或理性节约论学者将心智视为稀缺资源。他认为人类的信息处理能力是决策的稀缺资源，心理资源是稀缺的，这就决定了人的心理活动或精神现象必定是节约的，人们必须有效地配置心理资源，将有限的脑力资源配置到最需要的用途上。因此，人们在进行决策时应遵循两个原则：一是经济性原则，即人类的策略选择总是在决策的逻辑准确性与付出的认知努力之间进行权衡；二是适应性原则，即人类可以通过适应、协调、学习，不断对环境变化做出能动的反应，使自身的心智模式与情景达到平衡与匹配。

(四)有限理性的拓展

即使有限理性存在很多内、外部的约束，但是人类仍然可以通过努力来扩展自己的有限理性。在不确定性盛行、信息分散且不完全和知识分立的情况下，有限理性的个体必须借助于信念、意识形态和制度来弱化不确定性、稳定预期、协调社会行为和提高人类认识环境的能力。具体来说，行为人在有限理性的限制下将简化所面临的选择，具体措施有开设智力账户、有序地组织各种选择、进行选择性感知、形成习惯和标准操作程序使之为感知到的环境模型提供线索，并确定次要目标。

其中，可以通过资源互补，如开启潜在资源，以解决心智资源的稀缺问题。扩展内在机制的主要形式有直感、认知图式、简洁启发式等。① 另一种途径是通过制度、组织、秩序、技术等节约交易成本和心智成本，降低思维负担，这些方法都扩展了人类的有限理性。除此之外，人们还可以通过发明更易操作、安全、简便的技术以减少学习的时间和心智资源来节约人类的思维成本，扩展有限理性。例如，傻瓜照相机的发明。

(五)有限理性的局限性

有限理性也存在着局限性，有限理性假设并没有对有意识过程与无意识过程做出清晰而有说服力的区分。有限理性也没有充分认知到信息不是没有经过加工就能够进入决策者的头脑的；忽视了感觉、认知和概念的形成过程。

阅读材料 2－1

有限理性假设与周宁钢贸的衰败

福建山城周宁有 20 多万人，10 万人在上海，上海的钢贸商 80%是周宁人。每年春节，山

---

① 张茉楠：《从有限理性到适应性理性》，《经济社会体制比较》(双月刊)，2004 年第 6 期。

城周宁俨然就是一个豪车展，见过的没见过的、叫得出名的叫不出名的豪车绵延几十里。然而2014年的春节，这里已然没有了往日的繁华，豪车少了，人也少了。多家钢贸企业因还不起银行贷款被银行告上法庭，许多钢贸商因偿付不了高昂的高利贷跑路，更有甚者因信用卡违约被通缉。坐拥4亿多元资产的"钢贸大王"的轰然溃败更是震动了上海钢贸商圈脆弱的神经，周宁钢贸企业正经历着前所未有的资金困局。人们不禁要问，周宁钢贸商到底怎么啦?

"系统性的判断错误几乎在所有市场上都可能出现"，不同的信息储备、进入时机和关注角度都有可能引起人们对市场认知和把握出现偏差，最终引起投资行为并不具备严格的理性。在上海钢贸界，最早在上海打拼的周宁商帮已在上海钢贸圈摸爬滚打了30多年，他们能说一口流利的上海话，他们拥有自己的上市公司、钢贸市场。在他们的引领下，周宁人实现了从农村往城市的大迁移，创造了周宁往上海的移民奇迹。他们帮助家乡人民摆脱了贫穷，是名噪一时的一方功臣。2011年在整个钢贸界已出现产能过剩、整个行业呈现"微利"的背景下，作为理性的企业家应寻求突破钢贸"瓶颈"的新思路，为实现钢贸信贷的"软着陆"寻找新平台。然而，由于"企业家"存在着有限理性，由于经历、经验与认知的不同，他们收到的信息存在不完全性与不确定性，同时对信息的处理能力也确实是有限的，因而对形势的不同分析与信息的不同过滤形成了不同的决策。2008～2012年期间，有个别企业家卖掉了自己的钢贸市场、担保公司，可依然有许多企业家正初尝担保公司带来的甜头，肆意扩大规模，开辟新的钢贸市场，成立担保公司，以所拥有的市场向银行申请贷款。在融资盛宴之下，原来踏踏实实做生意的观念早已被抛弃，投资变成了投机。当能力远远不足以驾驭金钱的时候，钱越多，越悲剧。

虽然有限理性是不可避免的，但由于投资者过于自信，大量积极交易者共存于一个收益预测被系统性乐观估计的投资市场上。由于这种乐观估计导致较大的正偏差，当大量的交易者聚集于某一信息并发生极端反应时，在从众行为和思想的影响下，就产生"羊群效应"，这种"羊群效应"正如医学疾病传染模型和心理学家关于谣言流行的模式描述的那样，以立体形式在市场中得以快速地扩散、蔓延和传染。于是，市场中的一部分投资交易者，所有参与者观察到在自己之前的这部分投资者的决策行为取得成果后就参与交易，这种盲目逐利交易战略最终导致自毁。

资料来源：兰绍清，《从有限理性分析钢贸危机——以周宁钢贸为例》，《天津中德职业技术学院学报》，2014年第1期，第117～118页。

三、行为经济学的研究

20世纪80年代，理查德·萨勒认为，大多数人在做决策时并非完全理性，也不都是从个人利益出发的。他们以此为基础研究人类行为，特别是以研究非理性行为的行为经济学就此诞生。行为经济学是心理学的研究融入经济学理论中的科学，试图使人们对理性的认识从有限理性层面发展到非理性层面。行为经济学认为，人是异质的人，是充满人性的，他们注重公平、互惠、名誉、声望等许多方面，而并不是经典理论中假定的人那么理性、不懂感情。

(一)行为经济学关于有限理性的看法

行为经济学家认为理性并非唯一的行为方式，他们运用心理学实验充分地证明，人类会存在很多非理性的行为，如情绪化行为、冲动行为、从众行为等，因为大脑不仅信息处理能力有限，而且大脑的各个模块具有某种独立地影响人类行为的能力。例如，杨国超和徐浩萍(2011)以股票市场换手率衡量投资者情绪，研究发现：当股票市场投资者情绪乐观时，这种乐观情绪会“传染”到债券的投资中，即争相购买债券，最终导致债券的发行成本降低。

行为经济学家在西蒙的有限理性观点的基础上，认为大脑的两个特点(有限的信息处理能力和大脑各个模块具有独立地影响人类性的能力)决定了人类行为和决策的范围。他们认为，大脑的不同模块导致了人的多重自我和有限的自我控制能力，从而带来了人类的有限理性，而并非像理性人那样具有超强的自制力。

阅读材料 2－2

有限理性视角下的企业危机决策——基于三鹿事件

三鹿奶粉事件回顾：2007 年，事件显露端倪时，三鹿的决策是“悄悄”沟通、“拿钱堵嘴”，压制消费者投诉，避免声势扩大。2008 年 5 月，面对病例数量上升，三鹿成立问题奶粉处理小组，主要决策是：技术攻关寻找问题症结，加强奶源监管，继续压制消费者投诉。6 月，发现产品“非乳蛋白态氮”高，初步认定是产品问题，三鹿的措施是自行研究并送检，试图找出原因，检验结论为合格，三鹿也就没有作为。7 月，病例高发，基本确认是产品问题，三鹿做出的决策是封锁媒体，继续压制消费者投诉。7 月下旬至 8 月初，在检测出产品确含三聚氰胺并了解到三聚氰胺的危害后，三鹿的决策是：开发三聚氰胺检测方法、奶粉停产并封存问题奶粉、以合格产品换回问题产品、加强奶源监管，同时向政府报告产品受到污染。当时石家庄市政府的决策却还是压制消费者投诉，继续封锁媒体，同时对上级政府瞒报。8 月 3 日，因为液态奶使用问题原奶没有发生病例，为了保证奶源供应，三鹿将问题原奶调配到液态奶生产中。同时以自己的三聚氰胺检测方法，开始生产合格的奶粉产品。8 月中旬，由于市场销售压力大，三鹿采用欧盟食品中含三聚氰胺的标准，以三聚氰胺含量少的产品换回含量高的产品；另外，从问题产生到真相被揭露，三鹿一直采取保密策略，不向社会公开，以期维持企业声誉。

在三鹿事件中，决策者有限理性对决策的影响主要体现在以下几个方面：

(1)三鹿上报时并未向政府隐瞒，体现出三鹿已经基本认清了问题的性质，遂决定召回产品，向政府求援。然而，石家庄市政府出于对事故责任和保护地方纳税大户的考虑，反对产品召回并压制消息。决策群体内部的利益冲突和妥协导致了决策目标的偏离。在调动内部资源应对危机方面，由于后期市场销售和换货的压力，三鹿的产能遇到“瓶颈”，导致三鹿将问题奶继续投入生产和销售。内部资源的缺失，也导致决策层的赌博式非理性行为。

(2)在整个事件中，三鹿决策层一直抱有强烈的侥幸心理。出现病例时认为是个案。病例爆发时，因为得到多家检验机构的“合格”认定，加强了侥幸心理。政府官员的侥幸心理又起到了推波助澜的作用，进而使得他们产生了过度自信的心理(用三聚氰胺含量少的换回含量多的产品)。对此，田文华的解释是“不能让企业受到太大的损失”，表现出决策者患得患失的心理状态。最后，对权威检验机构的迷信、对政府错误决策的妥协，都是迷信权威的心理状态。可见，侥幸心理、过度自信、患得患失、迷信权威贯穿于整个危机决策过程中。案例证明，错综复杂且快速变化的决策环境，使得决策者疲于应付，限制了决策者的理性思维；决策的基础薄弱，难以形成有效的应对方案。

(3)信息不对称主要体现在三聚氰胺这种物质的技术信息的缺失、滞后和失真方面。对于三鹿决策层来说，从出现病例到最终真正认识三聚氰胺，花了近 1 年时间，信息滞后明显。而对三聚氰胺的信息处理，三鹿决策层又经过了夸大和缩小两个阶段：一开始了解到三聚氰胺的危害，产生恐慌心理，后来按照欧盟标准主动将其放行到市场上，这一转变表明信息受到传递者主观的影响。案例证明，对于问题核心要素的信息不对称，大大限制了决策者的理性范围，从而导致恶果。

(4)三鹿在2004年阜阳“毒奶粉”事件中，曾经陷入类似危机，却成功避过了声誉之灾，并成就一个企业危机公关的著名案例。但此次危机和阜阳“毒奶粉”事件的情况差异很大。首先，阜阳“毒奶粉”事件，三鹿产品不是问题的中心；其次，三鹿只是受到外围的影响，并没有得到证实，媒体起到主导作用，那么封锁媒体确实是有效手段。但此次问题的中心就在三鹿自己，的确是自身产品出了问题，压制媒体却不解决问题本身，无异于用纸包火。但是因为有了之前的成功经验，决策者认为遇到类似情况，出于经验惯性，采取了相同的办法。人们往往习惯于沿用原有经验去解决新问题，在原有经验的基础上设计组织决策和预测决策的实施。这不是基于理性的基础，从而直接影响了组织决策和预测。

资料来源：张侃，《有限理性视角下的企业危机决策——基于三鹿事件的案例研究》，《管理观察》，2011年第428期，第7～9页。

(二)行为经济学关于人类行为目标的看法

行为经济学家提出了更贴近现实的人类行为目标，认为人们在很大程度上是追求“幸福最大化”的，而非更多的金钱，即“财富最大化”。人们乐于奉献，喜欢做慈善事业，行为中更多地体现了利他主义的倾向。

在过去的几十年里，美国的人均GDP翻了几番，但是许多研究发现，美国人的幸福程度并没有太大的变化，反而感到生活压力的加大。英国智囊机构新经济基金会针对178个国家进行的“快乐排名”(综合考虑生活满意度、平均寿命和环境承受能力等多项指标)显示，世界上感觉自己生活得最幸福的人既不在美国，也不在日本或欧洲这些经济发达、人均收入水平高的国家或地区。2017年联合国发布《世界幸福指数报告》显示，挪威高居第一，得分是7.54，表明挪威人对自己幸福程度的平均主观打分是10分中打7.54分；紧随其后的依次是丹麦、冰岛、瑞士、芬兰，得分也都接近于7.5分。全世界垫底的是中非共和国，得分只有2.69，往上是布隆迪、坦桑尼亚等非洲国家，处于战乱中的叙利亚位居倒数第四。中国人的幸福指数是5.273，位列79位，处于中游水平。这个指数的统计周期是2014年到2016年，比起2005年到2007年的统计，中国人的幸福指数10年来提升了0.552分，进步幅度在所有国家中位居第21名，算是不错的成绩。

行为经济学家认为应以幸福最大化取代财富最大化，并且人们的行为目标是追求满意而不是最优，以下从这两个方面加以论述：

1. 以幸福最大化取代财富最大化

边际效用递减规律在幸福和财富的关系方面同样适用。如图2—2所示，横轴代表财富，纵轴代表财富给人们的幸福感。在初期，随着财富的增加，人们的幸福感是急速上升的，但是随着财富达到一定的程度，如M时，在边际效用递减规律的影响下，幸福感与财富不再成正比。

客观现实也支持了这个规律。近年来，许多经济学家关注幸福，研究收入水平与幸福程度之间的关系，一些经济学家做了动态研究，即看一个人收入提高与幸福感程度增加之间的关系。以20世纪90年代美国为例。当个体年收入从不足1万美元提高至3万美元时，幸福感随之快速增加；当个体年收入从3万美元提高至4万美元时，幸福感极其微小增加；当个体年

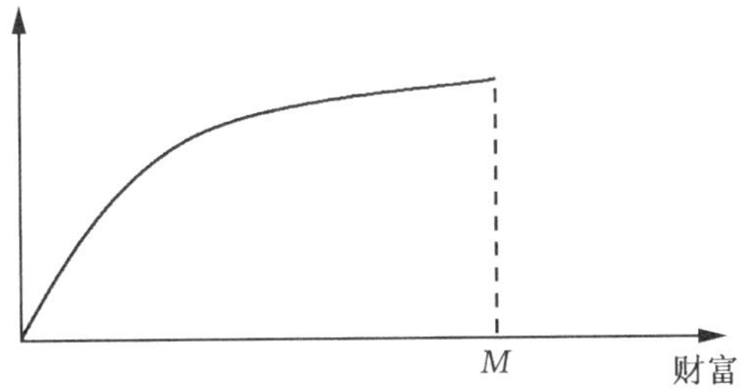

图 2—2　幸福最大化目标函数

收入从 4 万美元增加到 6 万美元时，幸福感几乎没有变化；当个体年收入增加到 7 万美元时，幸福感再度有显著增加；但个体年收入为 7 万美元以上高收入者，幸福感再度几乎与收入增加没有什么关系。从经济学家关于个人收入与幸福程度之间关系的研究中，我们应该可以得出这样的启示：对于个体来说，为了个人及家庭幸福，必须挣得一定的经济基础，但如果收入已经进入中产，则不必把追求幸福维系在增加收入上。对于国家来说，为了最大限度地提高百姓幸福感，关键是要提高低收入者收入，并且做好社会保障①。

2. 追求满意而不是最优

由于心智资源是有限的，因此人们做出最优决策需要花费很高的成本，并且有限理性也决定了人们不可能做出最优的决策。因此，行为经济学家认为人类的决策行为应该定位为最令人满意而不是最优化，即运用拇指规则(rules of thumb)寻找可行的解决方案。

阅读材料 2－3

拇指规则的起源

关于拇指规则的起源，据说是来源于木工工人，他们不用尺子，而是伸出拇指来测量木材的长度或者宽度。还有一种说法，在早期英国普通法中，有一条“拇指规则”(rule of thumb)，意即只要用一根不比大拇指粗的棍子殴打妻子，便不属虐待妻子行为。这后来被证明是不可信的，虽然在查理二世之前的英国普通法允许一名男子给他的妻子“温和的纠正”，但是没有相关的条文指定尺度是“拇指规则”。相信这条法律存在的人可以追溯到 1782 年，詹姆士·吉尔雷(James Gillray)出版了他的讽刺漫画 *Judge Thumb*(《拇指法官》)，里面描述了一个英国法官弗兰西斯·布勒(Francis Buller)，他宣告，依据法律，一个男人可以合法地殴打妻子，前提是打人的棍子不能比拇指粗。而布勒是否真的实施过这样的宣判，也是没有证据可考的。在美国，有关一个男人可以用不比拇指粗的棍子殴打妻子的古代“老规矩”和“古代法”，在密西西比州(1824 年)和北卡罗来纳州(1868 年和 1874 年)的法律裁决中被驳回并宣布无效。1976 年，女权主义者黛尔·马丁(Del Martin)使用了短语“拇指规则”来描述古代的“老规矩”。1982 年，美国公民权利委员会发表了题为“Under the Rule of Thumb”的报告，使得“拇指规则”一词流行开来。

还有一种流行的说法，说农业播种时，为了达到合适的种子深度，拇指经常被用来快速地

① 根据 http://epaper.ynet.com/html/2014—01/25/content_37789.htm? div=—1 整理而得。

测量种子掩埋的深浅。久而久之，就把有经验的简单的测量都称为“拇指规则”。

生活中的“拇指规则”：卖肉师傅手里掂掂就知道肉有几斤几两，靠的是经验和直觉。

项目管理中的“拇指规则”：使用专家的经验或者直觉来判断项目的持续时间或者预算。

(三)行为经济学关于行为规律的研究

行为经济学认为，因为受到人脑的局限及人类认知规律的约束，人类甚至产生非理性行为。在不确定性情况下，人的思维过程会系统性地偏离理性法则而走捷径，会使人出现系统性偏见。人们经常采用简捷启发式原则做出决策，以应对不确定条件。

简捷启发式原则告诉我们，有限理性已足以使我们在现实环境中做出合理判断和决策。现实环境并不苛求人类和动物，也就是说，并不要求人类和动物时时处处都做出最优化选择和决策，所以任何人都不必为自己理性资源的有限而忐忑不安。我们对理性的最低要求是：能够与现实环境(包括自然和社会环境)的要求相匹配，当它能够做到这一点时，这种理性被称为“生态理性”。只有当与环境的现实要求结合起来考察人类和动物理性时，才能找到评判理性的合理标准，这个标准就是“生态合理性”。① 如果说人类和动物的理性是有限的，那么当面临诸多现实任务时，他们就应该且必须采用简捷而“精明”的方法来配置和使用其资源；如果说人类和动物的理性具有生态合理性的话，那么也只有在他们“精明地”配置和使用其有限理性资源时，才能够做到这一点。所以，“有限理性”和“生态理性”这两个术语成了适应行为与认知研究组的中心概念，它们双双携手，使得有机体在现实环境中采用“快速节俭”的简捷启发式成为必要。

人们运用简捷启发式的基本原则包括：(1)代表性启发原则。当人们在做决策时，人们经常根据以往的经验，确定某一事件是否符合某种代表性的特征，从而判断“代表性特征”是否出现做决策，而不会根据准确的概率做出理性的判断。(2)可得性启发原则。由于受到人脑记忆效应的影响，人们认为自己熟悉的信息更真实、可靠，因而在做决策时，会对熟悉的信息加以更高的权重，从而忽视其他印象不深刻的信息。(3)小数定律。小数定律(law of small numbers)又称小数定理，是阿莫斯·特沃斯基(Amos Tversky)和丹尼尔·卡纳曼(Daniel Kahneman)在其研究中对“赌徒谬误”的总结。在统计学中，随着样本数不断增加，样本均值的方差趋于零。在现实中，大多数人在判断不确定事件发生的概率时，往往会违背概率理论中的大数定律，人们决策时更偏向小数定律，即滥用“典型事件”，忘记“基本概率”。小数定律是人有把从大样本中得到的结论错误地移植到小样本中的倾向。比如人们知道投硬币是两面各50%的概率，于是在连续掷出6个正面之后，人们就倾向于判断下一次出现反面的概率较大。这一点已被大量的实验和证券市场上的错误预测所证实。而这显然是不科学的，会使人们的行为偏离理性层次。(4)锚定与调整原则。人们在做决策时会根据一些典型特征或显著经验对这些事件的发生形成一个锚定值，以此为参照点调整对事件的估计。例如，股票价格经常以过去一周的价格为锚。

(四)行为经济学关于心理规律的研究

很多行为经济学家对人的心理规律展开了大量的调查，并形成了很多有价值的研究成果。(1)人们对行动后果与某一参照物的相对差异很敏感，而对这一后果本身的绝对水平不敏感。

① [德]哥德·吉戈伦尔、[德]彼得·M.托德：《简捷启发式让我们更精明》，华东师范大学出版社2002年版。

(2)人们对损失比对收益更加关注,人们拥有某物品后,其放弃该物品时要求获得的赔偿比他们没有该物品时对该物品支付的价格要高很多。(3)人们经常过于自信、反应过度与反应不足;人们在做出判断时通常过于自信,而过于自信则会引发错误,一旦错误多次发生,人们的判断则会表现为反应过度或反应不足。(4)人们在失误后常常会后悔,过于自责。认知失谐论又称认知不和谐或认知失调论。这一理论由雷昂·费斯廷格(L. Festinger)在 1957 年出版的《认知失谐理论》一书中首先提出,费斯廷格认为,人总是无穷尽地追求认知协调或和谐,认知一致的需要是一种影响我们行为的强大动力因素。如果我们觉察到信念、态度或行为的不一致,我们就会有强烈的不安感(认知失谐),它会驱使我们采取行动,改变所作所为,以恢复认知一致。(5)人们具有社会动机和公平意识。行为经济学家们以垄断价格为例,指出消费者一般认为垄断价格是不公平的,所以即使物超所值,人们也不愿购买该物品。(6)人们具有"非替代性"的心理账户系统。芝加哥大学著名行为金融和行为经济学家理查德·萨勒(Richard Thaler)首次提出心理账户概念,他认为,小到个体、家庭,大到企业集团,都有或明确或潜在的心理账户系统。心理账户有两个最本质的特征:一是非替代性;二是具有不同于经济学的特定运算规则。心理账户可用于解释个体在消费决策时为什么会受到"沉没成本效应"(sunk cost effect)的影响。金钱经常被归类到不同的心理账户,且它们之间不能相互替代。例如,对于辛苦上班得来的 200 元与马路上捡到的 200 元,同样是 200 元人民币,人们花这笔钱的方式会完全不同,因为人们把这两笔钱归入了不同的心理账户。

阅读材料 2-4

"最后通牒"实验

"最后通牒"实验始于 1982 年的德国柏林洪堡大学,在该校经济系的古斯等三位教授的支持下,42 名学生每两人一组参加了一项"最后通牒"的有趣的博弈论实验。实验发现,在大多数情况下提议者给响应者的分配比例的平均数不到 70%,大约 20%的提议会遭到拒绝。

在"最后通牒"博弈中,双方要瓜分一笔钱,其中一方是提议者,只有一次机会提出分配方案;另外一方是回应者,决定接受或者拒绝方案。如果回应者接受分配方案,则按照提议者提出的方案进行分配;如果回应者拒绝接受分配方案,则博弈双方都得不到任何钱,且博弈结束。此次实验分别采用了 100~1 000 元不相等的金额数量进行,并选用了标准玩法、随机玩法、通过随机选定角色玩法三种,2/8 分和 5/5 分两种分配方案,以通过大量的实验使结果准确化。结束之后,实验结果显示大多数提议者会选择 2/8 分配方案,只有少数提议者会选择 5/5 分配方案。相应地,作为回应者,他们的选择通常就是拒绝提议者对于 2/8 分配方案的提议。

"最后通牒"博弈的实验结果及其分析:按照"最后通牒"博弈论理性经济人的假设,"最后通牒"博弈论中的提议者提供最低数目的分配方案。例如,在 500 元的资金中,提议者获得 400 元,而回应者获得 100 元。如果回应者接受这样的方案,自己就可以获利 100 元从而使自己收入的绝对数增加;若他拒绝了这个方案,则连 100 元也得不到。但在"最后通牒"博弈中,人们的实际反应很少如理性经济人假设所预测的那样,通常典型的反应是:提议者会选择一个相对公平的分配方案,在此次试验中,超过 20%的提议者选择了 5/5 的分配方案,多数给对方的金额只占了总金额的20%，通常被回应者拒绝，即使瓜分钱的总数由100元上升到了1 000元，也是如此，80%的回应者会拒绝，宁愿放弃那20%的收入来惩罚不公平的提议者。

事实上，“最后通牒博弈悖论”的产生恰恰说明了“经济人假设”的局限性。在这些实验中，经济学家通过实验还原了社会生活中人的理性能力对人的行为的影响，并通过实验结果分析出人的有限的推理能力对于自身利润目标最大化所表现出来的量化程度。在各种不同的实验下都指向一个结论：在一对一的情况下，我们不会只纯粹地从自己的角度考虑问题，而会将对方的情况也纳入考虑范围；我们不会只看重自己所获得的报酬，也会和对手进行比较，并要求获得公平待遇。为什么大家会这么重视公平待遇呢？难道仅仅是因为对方是80%，而自己是20%？可能更重要的是每个人心里存在的私欲，大家都希望自身的利益最大化，人性的私欲在一定程度上导致了最后结果的发生。

(五)行为经济学关于非理性行为的研究

非理性一般是指人的情感、感觉、幻想、习惯等不通过理性思维进行的主观活动和倾向。经济学中的非理性，指的是不去计算和追求收益最大、成本最小的行为倾向。人生充满了很多的非理性的行为。例如，一个原本不认识的人成为你的朋友，建立了很好的友谊。当你们组建团队后发现合作效率低下，但散伙却非常不容易。这是因为人们总是受到情感的影响。又如，生活中会出现很多“迷恋小概率”事件，即对预期结果的主观概率赋予权重的时候，总是会对小概率事件赋予更高、更大的发生权重，而对发生概率更大的事件赋予更小的权重。以下介绍几类人们最典型的非理性行为。

1. 前景理论

行为经济学家卡曼尼提出了“前景理论”，即预期理论。人们对损失和获得的敏感程度是不同的，对损失比对获得更敏感，损失时的痛苦感要大大超过获得时的快乐感(Kahneman and Tversky，1979)，在面对失去时会很不甘心，容易冒险(如图2—3所示)。

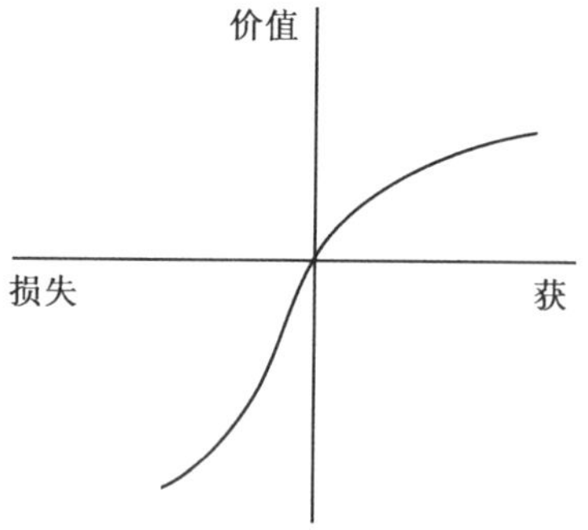

图2—3 前景理论

前景理论的特点主要包括：一是大多数人在面临获得时是风险规避的；二是大多数人在面临损失时是风险偏爱的；三是人们对损失比对获得更敏感。因此，人们在面临获得时往往是小心翼翼，不愿冒风险；而在面对失去时会很不甘心，容易冒险。人们对损失和获得的敏感程度是不同的，损失时的痛苦感要大大超过获得时的快乐感。

实验 2－1

反射效应实验

A. 假设先给你 1 000 元，你面临两种选择：第一种选择保证你肯定能再得 500 元；第二种选择是让你抛一枚硬币，正面朝上再得 1 000 元，正面朝下不再得 1 分钱。

B. 假设给你 2 000 元，你面临两种选择：第一种选择保证你肯定会损失 500 元；第二种选择是让你抛一枚硬币，正面朝上损失 1 000 元，正面朝下不损失 1 分钱。

你将如何选择？

厌恶损失（反射效应）：当一个人在面对两种都损失的抉择时，会激起他的冒险精神。在确定的坏处（损失）和“赌一把”之间做一个抉择，多数人会选择“赌一把”；在确定的收益和“赌一把”之间，多数人会选择确定的好处。

生活中我们会不断地提出一些问题：为什么我们有更多的钱，却没有更多满足，甚至更加不满意？为什么我们失而复得会特别高兴，而得而复失却特别难过？其实这些问题都揭示了一个现象，那就是人们处事时往往会去寻找参照的依赖，以参照水平为标准，更加看重的是实际情况与参照水平对比的差异，而可能忽略了实际发生时的绝对值这个重要的因素。

早期的心理学对这一现象有这样的解释：目标期望水平是一个人对其正常能力的评估，是一个让人可以感知的理想业绩之间的某个值。它是可变动的，并在取得成功之后会上升，但它在不成功时则会下降。而当代心理学理论将这个“个体决策中的目标期望水平”的概念描述为“能够给决策者带来满意的最小产出”，于是相对于目标期望水平的业绩，就可以作为可感知到的成功或失败的近似值。“期望水平”的概念由 Simon（1955）引入，他认为决策者一般将结果解释为“满意”或“不满意”，所谓期望水平就是两者之间的分界线。在实际运用中决策者到底要不要基于最大化利润目标去求解具体的决策方案？这往往取决于企业的实际经营状况与某一期望水平或参考值相比较的结果来界定自身处于成功还是失败、有利还是不利、满意还是不满意的状态中，并基于此反馈信息进而调整其决策行为。而在决策中已经被描述为“心理上中性的参考点”，或者为决策者认可的最低满意程度均类似于交易中的保留价格。至于所谓“比较的维度”，一是进行历史比较，与“过去的自己”相比较；二是进行社会比较，与其他参考对象（如标杆企业）相比较。所谓“相应的历史期望水平”，主要是由企业自身的业绩历史决定的，其中企业近期的业绩历史也可以作为期望水平。

其他有关前景的适应性学习的研究也表明：历史的数据经常用于形成期望，其中社会期望水平是由类似的其他人或组织的业绩决定的。而人们为了自我评估或自我提高，却总是将自己与参考的人进行比较，包括参考集团的规模、产业结构、企业业绩、企业的产品、市场或生产方法、相似的年龄、性别、宗教信仰、教育背景等要素。由此，相关企业只能在经验积累的同时不断地去学习并不断地去演化。去学习的一个主要途径是不断地进行比较，进行比较的参考点又形成了决策者的期望水平，即决策中的“心理上中性的参考点”，或者为决策者认可的最低满意程度，这类似于交易中的保留价格，也使理性的决策者通过将连续业绩测量转化为成功或失败的离散测量而极力去简化决策评价的结果。

2. 禀赋效应

禀赋效应（endowment effect）是指当一个人将要获得一样东西时，他会认为这样东西比自己尚未拥有时更加有价值。禀赋效应的存在会导致买卖双方的心理价格出现偏差，交易成本上升，从而影响市场效率。

阅读材料 2－5

塞 勒

理查德·塞勒 1945 年出生于美国新泽西州，曾先后在凯斯西储大学取得学士学位(1967)，在罗彻斯特取得文学硕士(1970)和哲学博士(1974)学位。先后执教于罗彻斯特大学(1971～1978)和康奈尔大学(1978～1995)，1995 年起任芝加哥大学商业研究生院行为科学与经济学教授、决策研究中心主任至今，同时在国民经济研究局主管行为经济学的研究工作。现为美国经济学会会员、美国艺术与科学研究院院士。塞勒的主要研究领域是行为经济学、行为金融学与决策心理学，是行为金融学领域的创始人之一，研究认知限制如何影响金融市场。

在行为金融学方面，塞勒研究人的有限理性行为对金融市场的影响。他的主要学术观点是：完全理性的经济人不可能存在，人们在现实生活中的各种经济行为必然会受到各种“非理性”的影响。很多从传统经济学角度看来是“错误”的行为，经常被忽视，但往往正是这些行为导致了那些“看起来很美”的决策最终失效乃至酿成恶果。1980 年，塞勒提出禀赋效应，他认为人们在决策过程中对“利害”的权衡是不均衡的，对“避害”的考虑远大于对“趋利”的考虑。由于害怕损失，人们在出卖商品时会索要过高的价格。

2017 年 10 月，塞勒因行为经济学方面的贡献获得 2017 年诺贝尔经济学奖。宣布获奖后，瑞典皇家科学院这样描述塞勒的研究：理查德·塞勒将心理上的现实假设纳入到经济决策分析中。通过探索有限理性、社会偏好和缺乏自我控制的后果，他展示了这些人格特质如何系统地影响个人决策以及市场成果。

此外，塞勒开创了精神会计理论，解释了人们如何通过在自己的头脑中创建单独的账户来简化财务决策，重点关注每个决策的狭隘影响，而不是整体效应。他还表明，如何厌恶损失可以解释为什么人们在拥有它时比其他人更重视同一项目。其代表作有《赢者的诅咒》(1991)、《准理性经济学》(1991)和《助推》(2008)等。

实验 2－2

禀赋效应实验

实验者先发给第一组学生(卖者)每个人一个价值 5 元的杯子，并规定这些学生已经完全拥有他们的杯子，且这些学生有权力将这个杯子以自己能够接受的价格卖掉，或者将杯子带回家。另外一些没有得到杯子的学生(买者)则有权力选择一个杯子或一笔钱。

结果：卖者可以接受的最低价格为 7.22 元，而买者能够接受的最低价格为 3.22 元。

原因是被试者受到参考系的影响。卖者的参考系是那个已经得到的杯子，失去是一种损失，由于我们厌恶损失，自然出价就高。

3. 锚定效应

锚定效应(anchoring effect)是指当人们需要对某个事件做定量估测时,会将某些特定数值作为起始值,起始值像锚一样制约着估测值。在做决策的时候,会不自觉地给予最初获得的信息过多的重视。看重那些显著的、难忘的证据,将其作为参考系。锚定效应使人类基于表面特性、将特定的事件区别对待,没有看到更宽泛的大场景,而只是看到个体的、分别的小范围(Thaler,1987)。例如,我们总是认为下雨的时候没有带伞,带伞的时候没有下雨,这是锚定效应在起作用。

阅读材料 2-6

锚定效应的运用

商业上一个很现实的例子就是当新产品推出时,产品推广计划里如何对其进行定位:商品摆放在哪一个货架,放在哪一种商品的旁边。比如,一种新饮料面世,如果它被放在货架上与我们目光平视的高度上,它的左边是可口可乐、右边是百事可乐,那么,十有八九它的高价政策可能会被消费者接受。相反,如果它被放在一个不起眼的位置,与价格低廉的商品摆在一起,则即使质量超群、功能强大,也很难被判定为是一个好的产品。

最近几年,有一家皮具制造商就成功地进行了这样的尝试,它不断地在机场和高端百货商店扩展自己的专卖店体系,并且常常与名牌店比邻而居。这使其产品的价格相当不菲。一方面,它在不知情消费者心目中至少建立了一个高端品牌的形象;另一方面,它与邻居相比又具有一定的价格优势。从它这几年的增长势头上看,应该是一个有效利用"锚定效应"的好例子。

4. 拖延症

拖延症(procrastination)是非必要的、后果有害的推迟行为。目前这个词并不是一个严格的心理学或医学术语,但严重或经常的拖延行为,常常是一些深层问题的表现。拖延现象现已成为管理学家和心理学家研究的一个重要课题。

5. 瘾

荣格(Carl Gustav Jung)认为任何形式的瘾都是不好的,不管上瘾的是酒精、吗啡还是唯心主义。他认为人的意志力是有限的。习惯、传统、嗜好和生理欲望暂时性地起到主导作用,极有可能不符合行为人的整体或长期效用的最大化,即"感情战胜了理智",所以克制力很重要。他还认为要戒瘾的一种方法叫突然停止法。当一个人找到了使自己的长期收益远远高于短期成本的途径,他才会做出某些改变。

6. 自负

自负是指人们在风险面前普遍高估自己的能力,一个公司的CEO更是如此。自负产生的原因是人类缺乏处理大量不确定性事件的能力,如"坐井观天"。自负行为在内部资本市场主要表现在以下几个方面:(1)多元化战略水平将影响内部资本市场配置的效率,如过度多元化对于资本配置可能并不有利。(2)由于认知有限性,经理人员对于内部信息也并不详细,甚至还有可能会虚夸业绩。(3)非理性投资,为证明自己原先所选择的业务是正确的,从而继续做出无谓的投资(承诺的逐步升级)。

7.“羊群效应”(从众心理)

“羊群效应”(the effect of sheep flock)也称从众心理,是管理学上一些企业的市场行为的一种常见现象。它是指由于对信息缺乏充分的了解,投资者很难对市场未来的不确定性做出合理的预期,往往是通过观察周围人群的行为而提取信息,在这种信息的不断传递中,许多人的信息将大致相同且彼此强化,从而产生的从众行为。“羊群效应”是由个人理性行为导致的集体非理性行为的一种非线性机制。

关于“羊群效应”的形成,有以下几种解释:哲学家认为是人类理性的有限性,心理学家认为是人类的从众心理,社会学家认为是人类的集体无意识,而经济学家则从信息不完全、委托代理等角度来解释。

实验 2-3

阿希从众实验

如果你发现周围的人都犯了错误,你敢跳出来坚持真理吗?阿希(Solomon Asch)在1951年设计的从众实验会告诉你,很可能你也会随大流地将错就错了。

阿希在校园中招聘志愿者,号称这是一个关于视觉感知的心理实验。实验在一间房间内进行,形式非常简单,就是给被试者呈现两张纸,一张纸上印着一条线段,被试者需要在另一张印有几条线段的纸上找出与刚才那条长度相同的。实验需要测试多组不同的被试者,7~9人一组,每组人要做18次测试。

当被试者来到实验房间时会发现,屋子里的七个座位已经坐了6个人,只有最后一把椅子空着。他会以为别人都来得比他早,但是他肯定没想到那6个人其实都是阿希的助手,来当托儿的。接着好戏就上演了,如同下图显示的那样,测试的答案都是极其简单的,只要是智商正常没有喝多的人都不太可能答错。在回答问题的过程中,被试者们是按座位顺序一个接一个回答问题的,这样每次被试者总是最后一个回答。在18次测试中,实验助手有12次故意出错,当然他们是一起给出相同的错误答案。

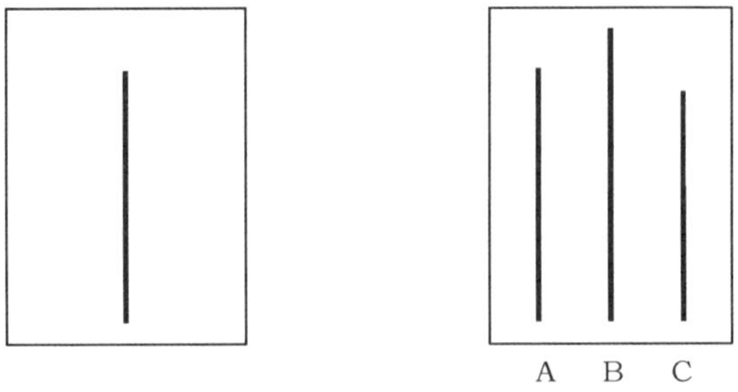

结果,这项测试被试者们的最终正确率为63.2%,而没有干扰单独测试的对照组的正确率是99%。而且,75%的人至少有一次从众行为,也就是选择了与助手们相同的错误答案。有5%的人甚至从头到尾跟随着大部队一错到底。只有25%的人可以一直坚持自己的观点,同时也是正确的观点。

阿希认为,人们从众的行为应该还和人群数量有关,所以他又进一步改进了实验,分别将被试者同一名到多名实验助手组成小组。当只有被试者和实验助手组成的两人小组进行测试时，即使助手故意回答错误，被试者的最终成绩也几乎和单独回答时一样好。但是当助手增加到 2 个人时，被试者的错误率上升到 13.6%。当助手增加到 3 个人时，被试者的错误率就达到了 31.8%。再继续增加助手数量，被试者的错误率已经没有显著改变。

阿希做这项研究在当时是有现实意义的，因为 20 世纪 50 年代人们还在对第二次世界大战进行反思，不明白为什么整个德国可以在纳粹的带领下做出那么多令人发指的反人类罪行。阿希的实验证明个人会屈从于集体的压力，即便他明白集体的行为是错误的。人的从众行为对于文化的形成和文化认同感的建立是有益处的，但是在进行决策时，从众行为很可能会导致集体决议成为个人意见的结果，而正确的意见却在盲从中被掩盖。

阅读材料 2－7

顾客非理性行为对企业发展的影响

“北汽福田”近年来以轻型商用车在全国同业中的最高增长率，逐步站稳了轻型车销量第一的地位。但是，福田车并不代表中国轻型商用车的技术水平，在开发、制造技术上领先一筹的仍然是东风轻型商用车。

那么，为什么用户总是偏爱福田车？我们可以找到许多原因。例如，当用户需要购买 3T 车时，福田车推销员就特意领着用户观察“东风小霸王”和“福田 3T”的底盘大梁。由于“福田 3T”的大梁采用模压造型，虽然钢材薄，但整体显得宽大厚实，给用户的感觉很结实。而“东风小霸王”的大梁则是老老实实根据汽车超载强度来匹配板材，虽然钢材厚、成本高，但显得单薄扁平。多数用户在经过两种“形象感觉”的比较后，均选择了购买“福田 3T”。

当东风企业发现上述问题后，有人建议技术中心更改设计，也用模压造型，让大梁感觉厚实点。但是，技术中心的汽车专家们是这样回答的：“底盘大梁的设计，是经过材料强度的科学计算和高强度抗疲劳实验数据分析最后确认的，改是没有道理的！”应该承认，专家们的话，不仅是科学的、权威的，而且是严格遵循概念规则和专业技术知识所表现出来的高度的理性智慧。

问题在哪里呢？问题不在于理性决策本身是对还是错，而在于没有掌握材料科学概念的用户，完全有权对材料科学和相关的理性判断规则弃置不顾。如果你不适应它，也就等于丢了市场。有人说，非理性经济行为的存在，是由于科学不发达。恰恰相反，科学越发达，人类的非理性行为越多。我们已经进入知识爆炸的时代，社会分工越细，专业知识越多，科学知识就越无法普及。每个人终其一生最多只能在两三个领域成为专家（极少数），而在其他领域仍然要当门外汉。当他熟练掌握了某些科学概念系统，他将在某些范围自觉遵循理性判断规则；而在除此之外的更广泛领域（尤其是不必事事请专家指导的生活领域），他的优势响应方向就不再是概念系统，而是感官感觉。

资料来源：根据 http://www.360doc.com/content/07/1006/21/43414_792846.shtml 整理而得。

第二节　人的社会性

人类的相互依赖性及合作关系产生了大量的互惠制度，而互惠制度则是制度分析的微观基础。在行为中自私自利的作用和社会合作的基础等互相交织在一起，不仅在经济学中，而且在社会科学、生物学中都是基础性的。

一、相互依赖性

人们之间的相互依赖性是有效利用资源的一种基本形态。相互依赖性既可以产生效率，产生合作，也可能形成低效、内耗，甚至冲突和对抗。正如阿兰·斯密德所指出的那样："一个人的行为影响另一个人的福利，这就需要解决和给定秩序，否则就会发生残忍的暴力与战争。"①

分工既提高了效率，同时也形成人类之间的相互依赖性。新古典经济学不重视分工的研究，不考虑个人的专业化水平和社会的分工水平。但是，主流古典经济学派却认为分工的发生提升了生产活动的专业化水平，进而促进了生产率的提高。亚当·斯密对分工和市场容量之间的良性循环做了重要的解释。随后，马歇尔、黑格尔等人也对分工促进技术进步、经济发展做了阐述。杨小凯认为分工使规模收益递增，但同时也使交易成本增加。

随着专业化和社会分工的提高，人们之间的相互依赖性增强，一个人的行为对其他人福利影响的可能性是产品和服务的物理过程和生物过程的函数。相互依赖性有可能会产生高效率及合作，同时也不可避免地会产生低效、内耗、冲突与对抗、机会主义行为等现象。而正式制度和非正式制度都有助于解决利益群体中潜在的相互依赖性问题，并为其提供秩序和预测能力。相互依赖性需要制度的规范，而制度又在极大程度上促进了人们之间的相互依赖性。

二、社会资本

制度经济学方法认为，社会相互作用不仅可用制度进行分析，而且也可以从社会资本的角度进行分析。

（一）社会资本的界定

1980年，法国社会学家皮埃尔·布迪厄(Pierre Bourdieu)在其关系主义方法论的基础上率先提出"场域" 和"社会资本"的概念。场域是由不同的社会要素连接而成的，社会不同要素通过占有不同位置而在场域中存在和发挥作用。位置是人们形成社会关系的前提，"社会成员和社会团体因占有不同的位置而获得不同的社会资源和权利"。布迪厄认为场域作为各种要素形成的关系网，是一个动态变化的过程，变化的动力是社会资本。

布迪厄把资本划分为三种类型：经济资本、文化资本和社会资本，集中研究了资本之间的区分及相互作用。布迪厄认为，社会资本是"实际或潜在的资源的集合体，那些资源是同对某些持久的网络的占有密不可分的。这一网络是大家共同熟悉的、得到公认的，而且是一种体制化的网络，这一网络是同某团体的会员制相联系的，它从集体性拥有资本的角度为每个会员提供支持，提供为他们赢得声望的凭证"。② 社会资本以关系网络的形式存在。

罗伯特·帕特南(Robert D. Putnam)在科尔曼的基础上，将社会资本从个人层面上升到集体层面，并把其引入政治学研究中，从自愿群体的参与程度角度来研究社会资本。他认为社会资本是对社区生产能力有影响的人们之间所构成的一系列横向联系，这种联系包括公民约束网、社会准则。

---

① 阿兰·斯密德：《制度与行为经济学》，中国人民大学出版社2004年版，第100页。

② 李惠斌、杨雪冬：《社会资本与社会发展》，社会科学文献出版社2000年版，第3页。

(二)社会资本的性质

社会资本主要有以下四个特性:第一,帕萨·达斯古普特(2005)认为社会资本是一种达成的共识,它在一定程度上是产生凝聚力、认知力和共同意志的纽带。第二,社会资本是关系网的集合,是一种社会组织,人们可以同时从属于很多社会组织,且这些组织可以具有不同的规则。第三,社会资本是声誉的聚集和区分声誉的重要途径。个人投资声誉是因为这将有助于打破进入各种生产和交易的障碍。第四,社会资本包括管理者通过他们的管理风格、动机和支配权、工作实践、雇用决定、争端解决机制和营销体系等发展起来的组织资本。①

(三)社会资本的作用

社会资本的作用主要包括:一是共享信息。各种基于社会资本组织的建立,有利于相互之间的信息共享和合作行动。社会资本加速传播信息,使市场参与者做出合适、有效的决定。二是协调行动。经济代理人不协调或者机会主义行为会导致市场失灵。社会资本能通过促进市场经济主体间的合作来提高社会的效率。在有效社会资本的运作下,人们可以通过交流平台的建立进行频繁的接触,提高相互间的信任度,并减少机会主义行为的发生。三是集体决策。集体决策的水平,不仅取决于他们如何较好地提出信息共享问题,而且取决于公平普遍存在的程度②。

(四)社会资本的培育

企业可以通过各种方式培育自身的社会资本。企业内部社会资本的培育途径有:扁平化的组织结构有利于企业内部社会资本的生成;激励机制培育社会资本;重视企业文化对企业社会资本的影响;重视非正式组织对企业社会资本的培育。企业外部社会资本的培育途径有:塑造良好的企业形象构建企业社会资本;履行社会责任培育社会资本;强化企业能力,企业能力指企业实施战略活动中的所有力,如企业与外部组织建立关系的能力、处理冲突能力、交流技巧能力等,这些能力强的企业就拥有更多的社会资本。

(五)社会资本与制度的关系

制度是关键的社会资本,引导着人际交往和社会发展。同时,制度和社会资本一样,都会影响经济绩效。帕特南指出,社会资本与经济绩效有密切的关系,社会资本少,其经济绩效也会受到损害。非正式制度是制度和社会资本中重要的组成部分。例如,多尔(1983)研究发现,日本的相对效率和技术推动力有相当一部分来自"责任关系联盟",这不同于契约中格式化的条款,而是长期贸易关系中的责任、信任和互让精神。在契约内外建立这种联系是日本工业成功的重要原因之一。③

三、合作

传统经济学强调当事人之间的竞争分析,却忽视了经济活动中的合作,事实上,合作能够带来效率与和谐。在社会分工与协作过程中,制度为人们在社会分工中的合作构建了一个框架,为实现人们相互之间的合作创造了条件,减少了信息成本和诸多不确定性。

(一)合作的出现条件

合作的进化可以分为三个阶段:(1)起始阶段。合作有可能在一个无条件背叛的世界里产

① 李惠斌、杨雪冬:《社会资本与社会发展》,社会科学文献出版社 2000 年版,第 76～77 页。

② [美]帕萨·达斯古普特:《社会资本——一个多角度的观点》,中国人民大学出版社 2005 年版,第 59～60 页。

③ 霍奇逊:《现代制度主义经济学宣言》,北京大学出版社 1993 年版,第 248 页。

生。如果个体之间很少有交往的机会,合作也就很难产生。然而,一旦以相互回报合作为宗旨的小群体之间有交往的可能,合作便会出现。(2)中间阶段。以回报为基础的策略能够在许多不同类型的策略组成的环境中成长起来。(3)最后阶段。基于回报的合作一旦建立之后,就能防止其他不太合作的策略的侵入。

合作出现的条件有两个:一是合作双方认为合作比不合作更加有利,能给双方带来利益;二是信息与知识完全。双方都知道合作大于零,并且双方都明白对方也具有这种知识,双方具有沟通的共同文化。

(二)制度与合作

一些因素促进了合作的产生,如团体的关系链越长,则越有助于合作;参与者关注长期利益而不是短期利益时,参与者就越有耐心,从而有利于合作的产生;合作各方发现对方背离行为是快而准确的,则合作维系时间也就越长;通过对背离者进行惩罚,提高背离行为的代价,以促成双方合作。

合作各方在交换时间和空间上越复杂,为实现合作结果需要的制度就越复杂,成本也就越高。在经济活动中,相比于个人通过努力获得的收益,合作使潜在的团体总收益增加了。制度要保证合作的产生,必须有两方面的要求:一是形成一种交流的机制,用于提供惩罚的信息。制度能够节约获取信息的成本,起着监察的功能。二是惩罚是一种公共品。制度能够提供一种激励的功能,使合作各方在获取收益时也承担成本。合理的制度安排应为市场中和组织中人们之间的相互合作提供一套框架,并使合作具有可预见性和信赖性。

四、互惠制度

互惠是指双方承担义务,一方做出给予行动后,被给予的另一方必须给予相应的回馈。反之,一方不正当的欺骗行为将导致另一方与之断绝关系。互惠的出现,可以支持大量的合作行为。自从人类社会开始有交换活动以来,就开始了人类的互惠活动。马林诺夫斯基认为:“所谓互惠制就是一种双方承担义务的制度,一方做出给予行动后,被给予的另一方必须给予相应的回馈。同理,一方不正当的欺骗行为也会导致另一方与之断绝关系。”互惠行为是人类的本性,如果自己得到礼物或帮助,一定会以某种方式加以报答。

(一)关于互惠的几个基本观点

一个人在做经济决策时,不仅考虑到自己的物质利益,也会表现出一种互惠倾向,即对于友善的人,愿意牺牲他们的物质利益去帮助他们;对于刻薄的人,则会牺牲他们的物质利益去惩罚他们。这与新制度经济学中有关人的双重动机相同,即人不仅追求物质利益最大化,而且还追求非物质利益最大化。人类的互惠倾向这种偏好,对于经济行为中的双边谈判、对于市场和激励功能的发挥、对于产权与合约结构、对于合作与集体行动的规律,都非常重要。

对于互惠是如何形成的,学者们提出了不同的观点。马歇尔·莫斯在《礼物》一书中用物的灵魂来解释交换或回报等现象。他认为礼物之灵“豪”(hau)总是希望返回原地,所以要回赠。英国学者马林诺夫斯基提出了反对莫斯的观点,他指出经济义务的约束力在于任何一方都有可能通过诉诸制裁,以中断交换关系。交换中还包含很多感情和社会责任等因素。萨林斯也批判了莫斯对于礼物之灵的解释,他认为互惠程度取决于亲属关系的远近、合群度和慷慨度,并且互惠是可以算计的。经济人类学家卡尔·波朗尼认为人们产生互惠行为的原因是担心在社会上受到轻视、排斥,降低声誉、丧失身份,而不是为了维护个人的私利。

（二）互惠和交易的区别

互惠与交易都是一种交换行为，但两者有着本质的区别。首先，相比较而言，交易双方的地位是平等的，交易完毕后关系即告结束，维护关系的目的简单，因而比较脆弱；而互惠的双方地位不一定是平等的，但关系牢固，交换后的关系更加强化。其次，交易是商品的等价交换，但互惠的双方往往是不等价的，甚至难以衡量。再次，交易双方的交易行为是同时进行的，而互惠中的帮助与回报往往不是同时进行的。最后，交易的目的是为了获得个人收益，但互惠行为不完全是为了个人的利益，有时甚至是不图回报的，互惠行为还涉及社会性、个人的感情和道德等其他因素。

（三）互惠的四种类型

1. 亲缘利他

有血缘关系的生物个体为自己的亲属提供帮助或做出牺牲，如父母与子女、兄弟与姐妹之间的相互帮助。一般情况下，这种以血缘和亲情为纽带的利他行为不含有功利的目的，因此有人把它称为“硬核的利他”（hard-core altruism）。亲缘利他不仅在人类社会，而且在整个生物世界都是一种非常稳定、非常普遍的行为模式。例如，当幼鸟遭受攻击时，许多鸟类父母都会挺身而出，用伪装受伤的方法把猛禽引向自己，使子女得以逃脱。

亲缘利他对生物个体来说并非没有回报。根据亲缘选择理论，生物的进化取决于“基因遗传频率的最大化”，能够提供亲缘利他的物种在生存竞争中具有明显的进化优势（Hamilton，1963）。无论在人类社会或生物世界，亲缘利他在父母与子女关系上表现得尤为动人和充分。而随着亲缘关系的疏远，亲缘利他的强度也会逐步衰减。生物学家甚至设计出所谓的“亲缘指数”，并根据它来计算“亲缘利他”行为的得失和强弱。

2. 互惠利他

互惠利他即没有血缘关系的生物个体为了回报而相互提供帮助。生物个体之所以不惜降低自己的生存竞争力帮助另一个与自己毫无血缘关系的个体，是因为它们期待日后得到回报，以获取更大的收益。从这个意义上说，互惠利他类似某种期权式的投资，所以有人把它称为“软核的利他”（soft-core altruism）。

特里维斯假设提出：如果一个溺水者在没有得到营救的情况下有 0.5 的死亡概率，而如果救援者营救溺水者，两者都会死亡的概率为 0.05。基于个体的选择将不会出现利他行为的倾向，但如果溺水者许诺会在将来的某个时间进行回报，那么冒生命危险营救他人对于每个救援者而言是有利可图的。所以，如果人们愿意为了别人而牺牲自己，并且如果他们为了某个行为目标花费的成本相对较小而收益相对较高，此时就可能出现为了别人牺牲自己的可能。

根据边际效用递减规律，当施惠者与受惠者互相换位时，同样数量的恩赐（如血液）将产生更大的边际效用。不过，由于施惠与回报存在着时间差，从而使这种期权式的投资具有很大的不确定性。因此，互惠利他必然存在于一种较为长期的重复博弈关系中，而且还要求形成某种识别机制，以便抑制道德风险和个体的机会主义倾向。例如，一种生活在非洲的蝙蝠，以吸食其他动物的血液为生，如果连续两昼夜吃不到血就会饿死；一只刚刚饱餐一顿的蝙蝠往往会把自己吸食的血液吐出一些来反哺那些濒临死亡的同伴，尽管它们之间没有任何亲属关系。生物学家发现，这种行为遵循着一个严格的游戏规则，即蝙蝠们不会继续向那些知恩不报的个体馈赠血液（Wilkinson，1984）。

3. 纯粹利他

纯粹利他是不追求任何针对其个体的客观回报。例如，汤姆逊瞪羚（Thomson's gazelles)的利他主义行为：当狮子或猎豹接近时，往往会有一只瞪羚在原地不停地跳跃向同伴们发出警告。生物学家观察到，这是一种非常特殊的行为方式，它只发生在最早发现危险的汤姆逊瞪羚身上。按照一般的行为原则，最早发现危险应该最早逃跑才是最佳生存策略。但汤姆逊瞪羚的“英雄主义”却放弃了第一时间逃生的机会，并以此代价向同伴报警，使自己暴露在捕食者面前。这一行为看上去颇似我们前面提到的母鸟保护幼鸟的行为，但它们的内涵却有明显的差别。

4．强互惠

强互惠概念的提出者是鲍尔斯(Bowles)和金蒂斯(Gintis)，他们给强互惠做出的定义是：“在一群体中，当所有的成员都可以从相互遵守规范中获益时，个人会遵守规范并惩罚那些违反规范的人，即使他们的适应性与那些不遵守规范或不惩罚违规者的人相比会承担一定的损失，他们也会如此行事。”

强互惠理论认为，人类之所以能维持比其他物种更高度的合作关系，在于许多人都具有这样一种行为倾向：在团体中与他人合作并不惜支付个人成本去惩罚那些违反群体合作规范的人(即使背叛不是针对自己)，甚至在预期这些成本得不到补偿时也这样做。这实际上具有纯粹利他的性质(而不是一种亲缘利他、互惠利他)。强互惠能抑制团体中的背叛、逃避责任和“搭便车”行为，从而有效提高团体成员的福利水平，但实施这种行为需要个人承担成本。恩斯特·费尔(2004)认为人类之所以会产生强互惠行为，是因为人类在长期进化过程中形成了一种能够启动纯粹利他行为的自激励机制，是因为人类中脑系统的尾核可以确保行为主体从利他行为过程中获得某种满足，从而无须依赖外界的物质报偿和激励。

阅读材料2－8

方太创始人茅理翔的“口袋论”

利他主义是指行为主体出于亲情、血缘、友谊或未来利益的考虑，牺牲自己的利益而做出有利于提高他人福利行为的思想观念。研究者根据行为主体的出发点和目的的不同，将利他主义分为纯粹利他主义和互惠利他主义。对于利他主义的来源，学者提出了本能论或生物论、社会交换和公平理论、社会规范理论。

家族成员之间的利他主义和行为更多是出于亲情、血缘的考虑，属于纯粹的利他主义，其来源更多的是生物论或本能论。当然我们不能排除即使在家族成员之间，利他主义行为可能是出于本身未来利益、互惠的考虑，受到社会规范和社会交换与公平的影响。但是，相对来说，在家族成员之间的利他主义行为更多的应该是前者。

在家族企业发展的初期，由于家族成员之间的利他主义是对等的，他们之间的合作也是有效的，此时家族企业实行企业家族化的管理模式。尽管家族企业可能没有正式的规章制度，甚至没有职位责权的说明，但是由于利他主义的存在且有效，此种管理模式反而给家族企业带来好处和优势。利他主义给家族企业带来有效激励、高度依赖和信任、非正式契约的约束、信息的有效传递等好处，利他主义在家族中由于个人和家族集体的目标一致，给家族带来巨大的利益，同时两权分离而导致的标准代理问题也就基本不存在了，企业能够高效地运转。这也是改革开放之后为什么中国的民营企业虽然没有先进的管理经验和优秀的管理人才却依然能够快速发展，并取得举世瞩目的成就的重要原因之一。

当第二代家族成员结婚生子，家族中形成多个"房"之后，原来第二代成员的利他主义行为就发生了方向性和阶段性的变化和调整。各个"房"之间形成不同的利益集团，利他主义的有效性和家族企业的生产能力都随之降低。此时家族企业就要在组织和管理方面进行创新。在明确各个家族成员或者各个"房"的利益之后，企业实行规范化的管理，制定规章制度规定各个岗位的职责和权力、家族成员进入企业的资格等。这样可以很好地利用家族中的管理资源，又可以对参与企业管理的家族成员有效地约束，保证未参与企业管理的家族成员的利益，避免以后因为利益冲突给家族企业造成严重的威胁，这也为引入家族外管理资源打下了基础。以下用方太创始人茅理翔的"口袋论"为案例进行分析。

浙江宁波方太厨具有限公司是近几年来备受国内行业和传媒关注的家族企业。该公司成立于1996年，在当时宏观经济不景气、厨房家电行业竞争激烈的情况下，方太在短时间内迅速崛起。截至2002年年底，方太公司资产已达3.13亿元，总部拥有1 000名员工，在全国有2 500个销售人员，连续三年保持销售额5亿元左右。

方太公司取得如此大的成功，与创始人茅理翔先生的"口袋论"不无关系。茅理翔董事长在浙江大学举办的第一届家族企业国际研讨会上对这个理论进行了解释，他认为，兄弟姐妹可以在一起吃苦，但是不能在一起享福；可以共同参股，但是不能共同经营。所以，要把钱装在一个口袋里，否则就给家族企业留下了隐患，最后可能导致家族企业的分裂。为此，茅董事长没有让女儿和女婿参与方太的经营管理，只是让他们持有方太14%的股份，同时给他们一笔钱让他们自己创业，为方太厨具提供配套产品。这就相当于把钱和权都装在自己或儿子的口袋，或者把不同的家族成员分在了不同的口袋，把儿子、自己老两口装在一个口袋，而把女儿、女婿装在另一个口袋。这些举措消除了家族内部利益的争夺隐患，为家族企业的成长打下了良好的基础。

方太成功的原因是有多方面的，但是和茅董事长的"口袋论"的提出和实施是分不开的。从利他主义的角度分析，把不同的家族成员分装在不同的"口袋"里，就很好避免了在家庭内出现不同的核心家庭之后导致的利益冲突，保证家族、家族企业的稳定与成长。

资料来源：李建升、李巍，《分与合：家族企业的策略选择——基于利他主义的思考》，《重庆大学学报》(社会科学版)，2007年第13卷第3期。

第三节　制度与人类行为的关系

人类的行为与制度的起源和发展有着密切的关系。由于客观的成本障碍、人脑认知能力的局限性及主观的智力资源稀缺等因素的影响，人类只能基于有限理性行事，因此制度不可或缺。

一、制度与人类行为的关系

新制度经济学认为，"在社会过程的舞台上，制度与人类行为互补与对比，永远相互塑造。"[①]青木昌彦认为，认知能力有限的个体与制度之间存在正负反馈机制。制度为个体行为提供信息，同时又对个人的行动决策施加"人为约束"；参与人相互作用共同再生和印证着制度，或在外部冲击和内部累积性影响下调整主管认知寻求新的行动可能性，使原有制度陷入危

① 阿兰·斯密德：《制度与行为经济学》，中国人民大学出版社2004年版，第372页。

机，从而产生制度变迁和新的制度均衡。[①]

(一)制度具有改变人的行为、塑造人的功能

新制度经济学认为，人与人之间并不存在本质的不同，而是社会组织不同。人类行为在本质上可以用两种方式来规范：一是直接凭借外部权威，它靠指示和指令来计划和建立秩序以实现一个共同目标；二是间接地以自发自愿的方式进行，因各种主题都服从共同承认的制度。现实中，存在着好的制度和坏的制度，而不是好人和坏人的区别。好的制度能释放人性的善和美，抑制人性中的恶与丑，使个人行为向促进社会进步的方向发展。

(二)制度能够拓展人的有限理性

制度不仅具有改变人的行为、塑造个人的功能，还能扩展人的有限理性。人类具有自利、机会主义等行为倾向，有时甚至产生"搭便车"、损人利己的行为。制度有助于为了长期有效的合作而抑制人们的固有本能，增强逃避义务的风险，增强互利合作的习惯。罗伯特·海纳确定了一个能力——困难差距，当不完全和不完善的考虑将导致错误时，人们可以依赖标准操作程序。[②] 因此，制度能节省人们的认知过程和认知资源。

制度使他人的行为变得可以预见，使人们之间建立起相互信任的关系，并有利于协调各方的行动。科尔奈在 1982 年指出，稳定的、惯例化的行为建立并再造了一套法则与规范，后者由"习惯、习俗固定下来，默契地或合法地支持社会共识或一致性"。通过制度可以帮助人们预测他人的行为。制度可以弥补知识的不足，知识的不足可以靠恰当的制度来缓解。因为制度能够在一个复杂的、不确定性的世界中引导个人决策者，并减少对信息的依赖，从而扩展人的有限理性。

(三)人类行为会影响制度的构建

个人在塑造制度方面发挥着非常重要的作用，人类对制度的塑造主要体现在人类行为对制度构建的影响，而不是人类对制度的设计。比如，人类的价值观念、认知特点都会在很大程度上影响制度的构建。例如，社会福利为什么在欧洲国家占到其 GDP 的 45%，而在美国仅为 30%，我们认为这是因为各个国家对于贫穷的价值认知是不同的。在欧洲，大多数人认为贫穷是因为环境造成的，只有少部分人认为贫穷是由于懒惰而形成的。而在美国恰好相反，只有 29%的美国人认为贫穷是环境造成的。由于价值观念的不同，欧洲和美国的福利制度也截然不同。

(四)人性的演变影响制度变迁的方向

人性假设是不断演变的，制度也随之发生了变迁。在原始社会时期，人类是单纯的，人与人之间缺乏交流，因而不会产生约束人类行为的制度。随着社会的发展，人们之间产生了交换的需要，于是物物交换的制度随之产生。随着环境的日益复杂，人性自私、贪婪的一面展现出来，于是国家制定的强制性法律条例及习惯等非正式制度产生。到了经济发展高度发达的社会，人们追求的目标逐渐向爱与利他、合作共赢、可持续发展等方面转变，侧重于激励功能的制度应运而生。

---

① 卓越、张珉：《新制度经济学的新发展与政治学新制度主义：比较与启示》，《经济学家》，2008 年第 4 期。

② 阿兰·斯密德：《制度与行为经济学》，中国人民大学出版社 2004 年版，第 76～77 页。

二、人类认知与制度

认知科学是一门试图将心理学与经济学理论相融合的科学，它使人们对理性的认识从有限理性发展到非理性层面。诺斯认为："在经济变革的长期趋势中，制度或认知模式的变化往往起源于不同个人群体面临的初始条件的改变。正如不同群落因其所处物质环境的不同而具有不同经验，在此基础上逐渐形成不同语言，并用不同思维模式来解释周围世界。语言和心智模式形成非正式约束力，它们限制了该群体的制度框架，并被当作习俗、禁忌或是神话，世代传承下去，产生了我们所谓的文明，从而形成了路径依赖的关键部分。随着劳动分工和专业化的不断发展，群落演化出不同政治和经济形式。随着在解决稀缺性这一根本经济问题上取得各种不同程度的成功，经验和学习的多样化逐渐产生出差异日益扩大的社会和文明。随着人类变得越来越相互依赖，环境的复杂性增加，为了从交易中获得潜在收益，就需要更加复杂的制度结构。"①

根据认知科学的研究，人类行为可分为无意识行为、潜意识行为、意识行为和直觉行为。新古典经济学的理性假设属于意识行为，除此之外，人类还有无意识、潜意识和直觉行为，这些都属于半理性甚至是非理性的行为。在有限理性和非理性的情况下，人们会依赖于惯例、模仿等方式来节约心智资源，因而在这一层面，许多非正式制度（如习惯、风俗、宗教信仰）等对人们的行为引导方面起着非常重要的作用。斯密德认为，完整的制度经济学应包括本能、习惯、有意识和无意识的推理。个人需要知道大量的信息以便做出最优决策，但是这是超出人脑的信息处理能力的。习惯特征的固有学习在人类和高级动物中无处不在。渐渐地，心态和意识知觉都得到提升，并能熟练掌握较基本的学习方法。精神、身体和环境相互依赖，行动引起反馈和所谓信仰，而信仰提供了行动基础。②

不同的认知层次导致人们产生不同的行为模式，而不同的制度结构则与不同的行为模式相对应。认知科学对制度研究的意义主要体现在认知科学为研究制度提供了一个更完整的视角。新制度经济学认为，人们往往只能在许多不确定因素下做出选择，这些选择受到了制度环境的影响。诺思认为，认知科学应用到经济学方面的方法是建立如下假定：和合理性原理及其演绎推理暗示相比，人有一个相当不同的智能。用认知科学可以更好地解释制度的起源，认知结构也可以更好地解释制度的多层次性。

三、遵守规则的原因

凡伯格（1988）和科尔曼（1990）指出，有各种各样的方式可以使得个人因遵循规则或规范，而不是尝试根据每一具体情况做出调整来获利。③ 在许多情况下，人们会出于各种原因在做决策时通常是规则的遵循者。人们遵循规则的原因主要有四个方面：一是减少信息和决策成本；二是人们受到认知和信息处理的约束；三是可以躲避因尝试方案调整而出错的风险；四是个人由于其行为被规则决定而得到某种利益。

理性选择模型要求人们在做出选择时收集所有的信息，进行计算的工作会导致人们只能

① 诺思：《新制度经济学及其发展》，载孙宽平主编《转轨、规制与制度选择》，社会科学文献出版 2004 年版，第 7～8 页。

② 阿兰·斯密德：《制度与行为经济学》，中国人民大学出版社 2004 年版，第 75～76 页。

③ 马尔科姆·卢瑟福：《经济学中的制度——老制度经济学和新制度经济学》，中国社会科学出版社 1999 年版，第 67 页。

做出少量决策，而把大量的问题放在一边。大多数人是通过习惯或惯例来做出日常决策的。虽然决策的质量有所下降，但是收集信息和决策成本却节约了下来。哈耶克认为，人们使用规则是因为人脑的认知和信息处理的约束，即“因为我们的理性不足以把握复杂现实的全部细节”。西蒙也同样认为，人的认知是有限的，理性也是有限的。人们在做决策时，所要求的信息量和计算能力远远超出了人们的能力，因而完全理性是不可能的，而规则可以简化人们的决策过程。然而，特定的规则遵循行为也有可能带来非最大化。例如，个人或企业遵循某项运作良好但有时却达不到最优结果的决策规则。许多学者指出，规则遵循还需要对人类行为做更广泛的探讨。

复习思考题

1. 解释下列名称：理性；有限理性；社会资本；互惠。
2. 简述人类行为与制度之间的关系。
3. 试论述费孝通社会资本理论的基本内容。
4. A、B同时落水。假定她们都还有能力向河岸上的你发出求救声。由于人的自利程度、利他程度不一样，可能同时要求对岸的你来救援，可能只有一方要求你来救援，也可能出于担心你的安危都不要求你来救援。谈谈你的选择。（提示：可以基于新古典经济学的知识进行分析，也可以基于新制度经济学如博弈等理论进行分析）

案例分析

缓解血荒需要打消“血疑”和“制度性贫血”

近年来，中国临床血液需求快速增长，而无偿献血基础却越发薄弱。据卫生部数据，中国人口献血率为8.7‰，低于世界卫生组织推荐的10‰的标准。为什么会出现缺口越来越大的“血荒”？相关部门的说法是中国人的奉献精神不足，认识上有误区。

无论是汶川地震还是温州动车事故之后，“献血队伍长龙”击碎了奉献不足的说辞，中国人是非常具有社会责任感的。更真实的原因是，一部分民众对献血非常疑虑，所谓“血疑”：害怕献血不安全，过程中针头不干净，可能会造成感染；又担心血站暗中倒卖血浆，从中牟利；另外，对献血是否对身体完全无恙甚至有益也心存疑虑。的确，有体质因素造成献血后身体长期不舒服的例子，但在献血过程中却没有被充分知会。

除了献血前的“血疑”，还有“制度性贫血”的问题，比如现行《献血法》规定，献血之后可以终身免费输血，但现在的情况是，血浆可以免费，但输血前的检测、存储、分离和运输是收费的，而且价格很高，与血浆不是免费的情况相比，总体费用相差甚小，即血浆费用在输血总成本中的比重不高，造成“献血证”的保险功能并不十分明显。另外，“献血证”虽然全国通用，但很多省份之间却不通行。比如，广东献血、安徽输血，最终还要去广东报销血浆费用，这种不方便也足够让人打退堂鼓。

所以，要解决“血荒”问题，不仅要打消“血疑”，更要修复“制度性贫血”。要知道“血荒”最终还是依赖无偿献血机制，而不能通过“有偿”的价格机制来提高供应。社会学家迪特马斯已经分析过所有国家的献血历史，得出的结论是“自愿无偿献血是最优的”。我们从经济学角度来复述他的分析：献血最大的问题是信息不对称，即无法将那些需要钱但血浆有问题的人用低成本的方式剔除出去，而自愿无偿献血则解决了这一点，“自愿”意味着对身体的自信，“无偿”则意味着没有扭曲激励的可能，大致能够维护血浆的干净。

献血者这方面的信息不对称大致解决了，但献血者面对的是抽血方面的信息不对称，这就是“血疑”问题。我们提出一种创新思路来设计合理的献血方式。比如，献血不仅会得到“献血证”，有时候也能得到象征性的几百元营养费(这不是血浆的报酬)。那么，是否可以用“礼物模型”的方法论将后者实施一定的转化？我们认为，为了感谢无偿献血，可以在献血时提供一次免费套餐体验，设定为较高等级的套餐，抵消掉营养费。这相当于对献血的“礼物交换”。

首先，它解决了“血疑”中的场所疑虑，因为这意味着献血不是在封闭的血站车上，而是在有标准设备的医院，献血者不用担心设备的干净程度。另外，身体有不适，可以实施相应的护理，献血者的心情会安定很多。而在献血车上，一般会观察 10 分钟，就让献血者走人。其次，将献血同体检捆绑，会让献血者觉得，自己是在做检查的时候顺便献血。尽管人们每年都会例行体检，但很多体检是很常规的，献血使得每年体检的密度上升，并比例行体检有更多的项目，人们不会觉得这是“多此一举”。更重要的是，体检的过程可以预先查出 ALT 升高的情况，降低献血之后的血液报废，从而提高了献血的效率。再次，这还改变了血站的管理链，让血站驻医院体检部，重新构造了血站的业务流程。这其实是符合目前的用血流程的，因为大量的血浆都是输送给医院的临床治疗。“献血和体检捆绑”的方案，使得血站直接派驻到医院，血库与医院合作，这降低了输血前的检测、存储、分离和运输费用，也就是说，它实质性地降低了用血成本。

资料来源：《20 世纪经济报道》，http://gongyi.sina.com.cn，2011 年 12 月 15 日。

【讨论】

1.“血荒”产生的根本原因是什么？

2. 什么是“制度性贫血”？主要体现在哪些方面，应如何解决？

第三章 科斯及科斯以前的企业理论

学习目标(知识点、技能点)

1. 了解企业理论发展的逻辑思路;
2. 了解科斯前企业理论的主要贡献者及其主要思想;
3. 了解亚当·斯密的企业理论的主要内容和产生背景;
4. 了解新古典经济学的基本研究方法;
5. 了解企业理论的新发展。

案例导读

扣针制造业的劳动分工

在科斯 1937 年发表那篇著名的论文《企业的性质》以前,以及在其后的三十多年里,企业理论并不是经济学中的主要论题,而是散布在古典经济学的著作和新古典经济学所构造的厂商理论中。比如,亚当·斯密的《国富论》中就以三章的篇幅对劳动分工这一主题进行了详细描述——斯密提出的"市场范围限制劳动分工"定理(简称"斯密定理"),被认为是"关于厂商、产业功能的理论的核心,并且还可以用来说明许多其他经济问题"。在新古典光环的掩盖之下,企业理论被大大忽视了。随着 20 世纪 70 年代新的研究方法和范式的逐步确定,企业理论才逐渐成为一个流派并在经济学中占据重要位置。但是,从这些被淹没的文献中,人们仍然能够发现那些对企业的深刻见解,许多论题在现代经济学方法的重新阐释下,焕发了新的活力。

扣针制造业是一个极微小的行业,但它的分工往往引起人们的注意。一个劳动者,如果对于这个职业(分工的结果,使扣针的制造成为一种专门职业)没有受过一定的训练,又不知如何使用这个职业上的机械(使这种机械有发明的可能的,恐怕也是分工的结果),那么纵使竭力工作,也许一天也制造不出一枚扣针,要做二十枚,当然是绝不可能了。但按照现在经营的方法,不但这种作业全部已经成为专门职业,而且这种职业分成若干部门,其中有大多数也同样成为专门职业。一个人抽铁线,一个人拉直,一个人切截,一个人削尖线的一端,一个人磨另一端,以便装上圆头。要做圆头,就需要有两三种不同的操作。装圆头,涂白色,乃至包装,都是专门的职业。这样,扣针的制造分为十八种操作。有些工厂,这十八种操作,分由十八个专门工人担任。固然,有时一人也兼任两三种操作。我见过这么一家小工厂,只雇用十个工人,因此在这个工厂中,有几个工人担任两三种操作。像这样一个小工厂的工人,虽很穷困,他们的必要机械设备虽很简陋,但如果他们勤勉努力,一日也能成针十二磅。以每磅中等针有四千枚计,这十个工人每日就可成针四万八千枚，即一人一日可成针四千八百枚。如果他们各自独立工作，不专习一种特殊业务，那么，他们不论是谁，绝对不能一日制造二十枚针，说不定一天连一枚针也制造不出来。他们不但不能制出今日由适当分工合作而制成的数量的二百四十分之一，就连这数量的四千八百分之一，恐怕也制造不出来。不难看出，分工细化之后，同数量的劳动者就能完成比过去多得多的工作量。

第一节　科斯以前的企业理论

一、亚当·斯密的企业理论

在《国民财富的性质和原因的研究》这一经典著作中，亚当·斯密将劳动分工、专业化与劳动生产力的增进联系起来，为企业理论提供了一个重要的研究视角。围绕劳动分工这一主题，马克思、马歇尔、杨格等人分别从不同侧面进行了阐述，形成了企业理论的重要分支。[①]

（一）劳动分工与专业化

斯密的企业理论是关于劳动分工与专业化的理论。斯密研究劳动分工的目的在于找到劳动生产力改良的原因。对斯密来说，劳动分工是生产力的主要来源："劳动生产力上最大的增进，以及运用劳动时所表现的更大的熟练、技巧和判断力，都是劳动分工的结果。"[②]劳动分工导致了专业化生产，这种专业化生产的优势在企业内部表现得最为明显。劳动分工使得原来作为整体的工艺和制造过程分立为各种专门职业，这种专门职业的形成与发展使工人获得了更大的熟练、技巧和判断力。通过各种专门职业的合作生产，使得企业能够完成单个人无法完成或无法大量完成的工作。斯密著名的扣针制造业的例子对此进行了形象的描述。扣针制造业操作环节众多，将这些操作分由专门工人担任后，比他们各自独立工作时大大提高了劳动生产率。

斯密认为，劳动分工有三个好处[③]：增加每个工人的技能和熟练程度；节省工作转换的时间；发明简化和节省劳动的机器。这意味着，劳动分工可以通过专门的技能、专门的职业、专门的工艺和专门的机器等实现专业化生产，提高劳动生产率。从这个角度看，企业无非是将那些具有专门技能、分属于各种职业的人集中在一个作坊里，利用专门机器实现某些特殊工艺的社会经济组织，它们存在的意义在于能够利用劳动分工和专业化的优势促进劳动生产力的提高。

（二）市场范围限制劳动分工：斯密定理

至少从表面上来看，斯密的劳动分工和专业化可以理解为一种企业内部经济的专业化。当然，斯密也注意到了由劳动分工所带来的产业的分立现象，如农业和制造业的分工，但他总是不自觉地回到产品的制造流程和工序中去考察其内在的劳动分工和专业化意义。这一点并不奇怪。在斯密所处的年代，手工工场是制造业的主要组织形式，手工工场的出现对劳动者的技能、诀窍和熟练程度都提出了更高的要求，而且工场里的工作环节较多，工艺也比较复杂，如果没有劳动者的协作和专业化分工是根本没法完成的。然而，手工工场并不是一开始就有的，在纺织技术还不发达的年代，织布的工作一般由单个劳动者独立完成。在那个年代，流行的组

---

① 杨瑞龙：《企业理论：现代观点》，中国人民大学出版社 2005 年版。

② 亚当·斯密：《国民财富的性质和原因的研究》，上海三联出版社 2011 年版。

③ 杨瑞龙：《企业理论：现代观点》，中国人民大学出版社 2005 年版。

织形式是家庭作坊式的，一张织布机就可以完成织布的大部分工作。手工工场和家庭作坊这两种组织生产的形式有助于解释企业形成的原因，前者接近于现代制造企业的组织，后者则类似于市场组织①。那又是什么促进手工工场的形成呢？

斯密对此的解释是著名的“斯密定理”，即“市场范围限制劳动分工”。斯密认为，劳动分工来源于人类的交换倾向。它不是以个人效用为目标的一种人类倾向所缓慢而逐渐造成的结果，这种倾向就是互通有无、物物交换、相互贸易。由于我们所需要的互相帮忙，大部分是通过契约、交换和买卖取得，所以，当初产生分工也是人类要求互换这个倾向。分工起因于交换能力、分工的程度，因此总要受到交换能力大小的限制，换言之，要受市场广狭的限制。对此，斯密列举了苏格兰高地劳动分工的情况。在那些偏远地区，由于受到市场范围的限制，无法维持一项专门的工作，他们只能亲自动手做许多事情，而在人口众多的地方，这些事情一定会雇佣专业工厂帮忙。②

由于人们具有交换的倾向，劳动分工得以产生。市场范围的扩大为劳动分工提供了更为广阔的空间，使分工的程度不断加深。市场范围的扩大和劳动分工的深入使得人们有可能终生专务一业，于是，就出现了专门的职业。分工继续扩大，单个人的生产已经满足不了市场需要，因此，就出现了以专业化协作为特征的手工工场。它们具有互通有无、物物交换的相互交易的一般倾向，把依据各种才能所产生的各种不同的产物，结成一个共同的资源，各个人都可以从这个资源随意购取自己需要的别人生产的物品。这种产物，不仅包括物质产品，还包括各种不同的资质才能，而企业就是这样一个资源的联合体。它就像一架庞大的机器，在这里，专门职业、专门机器、专门工艺、专门技能为着交换的目的互相协作，不自觉地满足着市场对产品的需求；同时，不断膨胀的市场使得这个机器越来越复杂，当不能满足市场需要的时候，就会被新的组织形式所代替——这就是斯密对企业组织的解释。③

斯密定理为研究企业提供了重要的线索，然而，并不意味着斯密已经建立了一套严密的企业理论体系。在斯密生活的时代，工业生产还不是很发达，企业组织尚处于萌芽阶段。在这个阶段，斯密观察到的是以内部劳动分工为基础的工场手工业，它是劳动分工、专业化和协作的产物，随着市场范围的扩大，这种劳动分工的程度也随之加深，因此，斯密所研究的企业只能算作一种“初级”企业形态。

简要地说，亚当·斯密的企业理论具有如下特征④：

第一，它特别重视各种工序和环节的分工，这体现在斯密著名的扣针制造业的例子中。劳动分工促进了职业的专业化，并提高了劳动者的熟练程度和工作技巧，提高了企业的劳动生产率，通过劳动分工，将分工、专业化和劳动生产率的提高联系起来。

第二，它特别强调市场范围对劳动分工的限制作用，这体现在苏格兰高地的例子中。劳动分工起源于人类的交换倾向，因此，劳动分工的程度也受到交换范围的限制。市场的扩大，使分工更加细密，从而影响专业化的程度和生产的组织形式。这是一个动态的过程，劳动分工随市场的变化而变化。

第三，斯密主要关注企业内部经济。虽然斯密也注意到各行业的分立，但由于斯密研究的劳动分工集中于工序和环节上，因此，那些劳动分工所带来的好处主要是促进了企业经济。

---

① 杨瑞龙：《企业理论：现代观点》，中国人民大学出版社 2005 年版。

② 杨瑞龙：《企业理论：现代观点》，中国人民大学出版社 2005 年版。

③ 杨瑞龙：《企业理论：现代观点》，中国人民大学出版社 2005 年版。

④ 杨瑞龙：《企业理论：现代观点》，中国人民大学出版社 2005 年版。

应该说，斯密定理触及了企业的本质这一重要的主题，但是他没有对此进行深入的研究。这或许是由于企业并不是斯密研究的主题。企业之所以进入斯密的研究视野，是因为分工在这里表现得更为明显。然而，斯密研究分工却具有更宏观的目的，即一国国民财富及其必需的制度与条件。为着这个目的，对制造业的微观层的考察是必要的，但是这种考察却是以企业的存在为前提的——通过企业来研究劳动分工。因此，斯密实际上是间接地接触到企业的主题，并没有解释，存在于企业内部的劳动分工和专业化是否比市场更有效率？这种专业化生产如果不是在一个作坊而是分散到家庭，由具有专业技能的手工业者分别完成，又会是怎样的状况？企业内部的组织分工和外部经济性的关系是什么？等等诸如此类的问题。这些问题为后续研究者提供了广阔的研究空间，为多方面扩展斯密定论、发展企业理论奠定了基础。[①]

阅读材料 3－1

亚当·斯密

亚当·斯密(1723～1790 年)是经济学的主要创立者。1723 年亚当·斯密出生在苏格兰法夫郡(County Fife)的寇克卡迪(Kirkcaldy)。亚当·斯密的父亲是律师，也是苏格兰的军法官和寇克卡迪的海关监督，在亚当·斯密出生前几个月去世；母亲玛格丽特(Margaret)是法夫郡斯特拉森德利(Strathendry)大地主约翰·道格拉斯(John Douglas)的女儿，亚当·斯密一生与母亲相依为命，终身未娶。1723～1740 年间，亚当·斯密在家乡苏格兰求学，在格拉斯哥大学(University of Glasgow)时期，亚当·斯密完成了拉丁语、希腊语、数学和伦理学等课程；1740～1746 年间，亚当·斯密赴牛津大学(Colleges at Oxford)求学，但并未获得良好的教育，唯一的收获是大量阅读许多格拉斯哥大学缺乏的书籍。1751 年后，亚当·斯密在格拉斯哥大学不仅担任过逻辑学和道德哲学教授，还兼负责学校行政事务，一直到 1764 年离开为止；这时期中，亚当·斯密于 1759 年出版的《道德情操论》获得学术界极高评价。而后于 1768 年开始着手著述《国家财富的性质和原因的研究》(简称《国富论》)。1773 年时认为《国富论》已基本完成，但亚当·斯密多花三年时间润饰此书，1776 年 3 月此书出版后引起大众广泛的讨论，影响所及除了英国本地，连欧洲大陆和美洲也为之疯狂，因此世人尊称亚当·斯密为“经济学之父”和“自由企业的守护神”。

亚当·斯密并不是经济学说的最早开拓者，他最著名的思想中有许多也并非新颖独特，但是他首次提出了全面系统的经济学说，为该领域的发展打下了良好的基础。因此完全可以说，《国富论》是现代政治经济学研究的起点。该书的伟大成就之一是摒弃了许多过去的错误概念。亚当·斯密驳斥了旧的重商学说。这种学说片面强调国家贮备大量金币的重要性。他否决了重农主义者的土地是价值的主要来源的观点，提出了劳动的基本重要性。亚当·斯密(分工理论)重点强调劳动分工会引起生产的大量增长，抨击了阻碍工业发展的一整套腐朽的、武断的政治限制。

《国富论》的中心思想是看起来似乎杂乱无章的自由市场，实际上是一个自行调整机制，自动倾向于生产社会最迫切需要的货品种类的数量。例如，如果某种需要的产品供应短缺，其价格自然上升，价格上升会使生产商获得较高的利润，由于利润高，其他生产商也想要生产这种

① 杨瑞龙:《企业理论:现代观点》，中国人民大学出版社 2005 年版。

产品。生产增加的结果会缓和原来的供应短缺，而且随着各个生产商之间的竞争，供应增长会使商品的价格降到“自然价格”，即其生产成本。谁都不是有目的地通过消除短缺来帮助社会，但是问题却解决了。用亚当·斯密的话来说，每个人“只想得到自己的利益”，但是又好像“被一只无形的手牵着去实现一种他根本无意要实现的目的，……他们促进社会的利益，其效果往往比他们真正想要实现的还要好”。(《国富论》，第四卷第二章)

但是如果自由竞争受到阻碍，那只“无形的手”就不会把工作做得恰到好处。因此，亚当·斯密相信自由贸易，为坚决反对高关税而申辩。事实上，他坚决反对政府对商业和自由市场的干涉。他声言这样的干涉几乎总要降低经济效率，最终使公众付出较高的代价。亚当·斯密虽然没有发明“放任政策”这个术语，但是他为建立这个概念所做的工作比任何其他人都多。

有些人认为亚当·斯密只不过是一位商业利益的辩护者，这种看法是不正确的。他经常反复用最强烈的言辞痛斥垄断商的活动，坚决要求将其消灭。亚当·斯密对现实商业活动的认识也并非天真幼稚。《国富论》中记有这样一个典型观察：“同行人很少聚会，但是他们会谈不是策划出一个对付公众的阴谋就是炮制出一个掩人耳目提高物价的计划。”

亚当·斯密的经济思想体系结构严密、论证有力，使其他经济思想学派在几十年内就被抛弃了。实际上，亚当·斯密把他们所有的优点都吸收进了自己的体系，同时也系统地披露了他们的缺点。亚当·斯密的接班人，包括像托马斯·马尔萨斯和大卫·李嘉图这样著名的经济学家对他的体系进行了精心的充实和修正(没有改变基本纲要)，今天被称为经典经济学体系。虽然现代经济学说又增加了新的概念和方法，但这些大体说来是经典经济学的自然产物。从一定意义上来说，甚至卡尔·马克思的经济学说(自然不是他的政治学说)都可以看作经典经济学说的继续。

在《国富论》中，亚当·斯密在一定程度上预见到了马尔萨斯人口过剩的观点。虽然李嘉图和卡尔·马克思都坚持认为人口负担会阻碍工资高出维持生计的水平(所谓的“工资钢铁定律”)，但是，亚当·斯密指出在增加生产的情况下工资就会增长。事实已经十分清楚地表明亚当·斯密在这一点上正确，而李嘉图和马克思是错的。

除了亚当·斯密观点的正确性及对后来理论家的影响之外，就是他对立法和政府政策的影响。《国富论》一书技巧高超，文笔清晰，拥有广泛的读者。亚当·斯密反对政府干涉商业和商业事务、赞成低关税和自由贸易的观点在整个19世纪对政府政策都有决定性的影响。事实上，他对这些政策的影响今天人们仍能感觉出来。

自亚当·斯密以来，经济学有了突飞猛进的发展，以致他的一些思想已被搁置一边，因此人们容易低估他的重要性。但实际上他是使经济学说成为一门系统科学的主要创立人，因而是人类思想史上的主要人物，对之后的学者如马尔萨斯、李嘉图、密尔、凯恩斯、马克思、恩格斯等人都产生了深远影响。

资料来源：根据 https://en.wikipedia.org/wiki/Adam_Smith 整理而得。

二、马克思的企业理论

在亚当·斯密之后，马克思也展开了对企业性质的研究。在马克思经济学中，企业本质上是在商品经济发展的一定时期，在资本的组织下提高私人劳动社会性的经济形式。企业的产生根源于私人劳动与社会劳动的分离，企业组织的存在能够在一定程度和范围内使私人劳动的社会性内涵在更高层次和更直接意义上显现。在生产同种商品的部门内市场竞争中，企业组织形式相对于独立劳动者生产方式的优越性，是通过马克思对两者劳动时间在量上的差异的比较得以显现的。

(一)分工与协作

独立手工业者生产中,所应用的技术在存在形式上表现为手工业者在以往生产过程中积累起来的经验、技术,在生产中的应用是通过生产者自身所拥有的狭隘的生产资料实现的,十分有限的生产资料是手工业者技术得以应用的要素载体;而在工场手工业中,由于社会分工,原来手工业者所拥有的形成完整产品的技术在生产流程上发生了分离,代之以总体工人的各个组成部分操作不同的生产资料,分别完成统一技术在各流程上具体要求。因此,工场手工业中私人劳动在具体表现形式上与独立手工业时期完成完整产品的劳动不同,尽管劳动还是由私人劳动者提供,但此时私人劳动是作为总体工人协作劳动的一个有机组成部分发生作用。马克思认为,正是这种私人劳动在具体存在形式上的变革提高了劳动在抽象层面上的社会内涵。①

首先,工场手工业生产使处于不同生产环节的工人操作规范化,使私人劳动时间达到协作体内部的平均劳动时间。

工场手工业内部的分工协作体系构成一个有机的生产整体,不同的生产流程之间相互依赖、相互制约,上一生产环节中完成的中间产品构成下一生产环节的原料,因此,上游环节在时间、质量等方面传送符合规定技术要求的中间产品,是保证下游环节顺利进行生产的前提。在工场手工业中,当整个生产体系的物质资本和劳动力按照某种生产技术要求,在质、量上实现适当的设计组合以后,在进行实际生产的过程中就要求各生产环节的劳动者必须严格按照既定的技术准则操作,保证在规定时间内生产出质量上符合要求的产品,否则就可能造成劳动力、劳动资料的闲置,或者原材料的浪费。"很明显,各种劳动因各个工人之间的这种直接的互相依赖,迫使每个工人在自己的职能上只使用必要的时间,因此在这里形成了和独立手工业中,甚至和简单协作中完全不同的连续性、划一性、规则性、秩序性,特别是劳动强度。在一种商品上只应耗费生产该商品的社会必要劳动时间,这在商品生产的条件下表现为竞争的外部强制,因为肤浅地说,每一个生产者都必须按商品的市场价格出售商品。而在工场手工业中,在马克思经济学与新制度经济学的比较一定劳动时间内提供一定量的产品,成了生产过程本身的技术规律。"工场手工业的生产方式在一定程度上克服了独立手工业者生产时的随意性和在技术上的差异性,使不同形式私人劳动的社会性内涵"在企业内部"实现代表该企业技术水平的平均,企业又以这种内部的平均技术水平作为其个别劳动时间,参与占有市场份额、参与社会必要劳动总量的部门内竞争。②

其次,工场手工业的内部分工增进了每一生产环节上局部工人的经验积累和技术传承,提高了他们的操作熟练程度。

在工场手工业内部,由于分工,每个技术工人不再独立完成整个产品的完整生产过程,而是将自身的劳动集中于生产的某一技术环节,在长期的重复劳动实践中,局部工人在该操作环节上不断进行经验积累,熟练程度大大提高。"终生从事同一种简单操作的工人,把自己的整个身体变成这种操作的自动的片面的器官,因而他花费在这一操作上的时间,比循序地进行整个系列的操作的手工业者要少。但是,构成工场手工业活机构的结合总体工人,完全是由这些片面的局部工人组成的。因此,与独立的手工业比较,在较短时间内能生产出较多的东西,或

---

① 郭毅:《企业理论研究——马克思经济学与新制度经济学的比较》,厦门大学博士论文,2004年。

② 郭毅:《企业理论研究——马克思经济学与新制度经济学的比较》,厦门大学博士论文,2004年。

者说，劳动生产力提高了。”同时，工场手工业的集中生产方式使从事同一操作技术水平高低不一的工人生产、生活在一起，为彼此之间的经验交流与技术传承创造了条件，并且协作劳动容易激发同种工人的竞争心，有利于新技术的掌握与应用。因此，与同样数量从事同种操作的独立手工业者相比，工场手工业生产方式形成等量产品所耗费的劳动时间要少得多。①

再次，工场手工业使得复杂的技术在生产中的应用成为可能，能够生产在技术流程上更为繁杂的产品。

独立手工业者从事的一般是较为简单的商品的生产，这类商品的生产技术要求不高，可以生产者的经验作为其存在形式，另外，商品生产的工序也不多，对生产资料量的需要较少，因此可以由独立手工业者以家庭或者以手工作坊的形式组织生产。但对于那些技术要求较高、工序繁多的商品而言，小手工业者的感性经验就无法成为技术的存在形式，简单的生产条件和狭隘的生产规模也不能成为技术得以实现的要素载体。然而，无法在小手工业者经验中存在的复杂生产技术，却可以作为“总体工人”的生产技能，工场手工业内部分工中的工人只需掌握整体技术中的某一局部，他们的生产经验结合就可以使复杂技术在现实生产中存在，并且“总体工人”掌握的生产技能不受劳动者生理能力的局限；另外，工场手工业在形成时就是以一定规模的社会财富归单个所有者统一支配为前提，特定的生产技术要求通过生产资料和劳动力（资本的存在形式）在质与量上的具体组合得以实现，它们是复杂技术应用于生产的要素载体。服从统一支配的资本规模越大，资本对于复杂技术的“容纳”能力就越强，生产等量商品所耗费的劳动时间就可能越少。随着现代生产技术的精深化发展，形成某一产品的操作已经远远脱离了独立生产者通过“学习”“模仿”“提高熟练程度”可以进行的范围，它在根本上超越了个人生产力，只能以企业组织分工协作的方式进行。所以，“这里的问题不仅是通过协作提高了个人生产力，而且是创造了一种生产力，这种生产力本身必然是集体力。”②

综合以上所述，马克思指出：“在所有这些情形下，结合工作日的特殊生产力都是劳动的社会生产力或社会劳动的生产力。这种生产力是由协作本身产生的。劳动者在有计划地同别人共同工作中，摆脱了他的个人局限，并发挥出他的种属能力。”等量私人劳动在采取工场手工业的局部工人劳动形式时，与采取手工业作坊的独立工人劳动形式相比，能够代表更多和更直接的社会必要劳动，私人劳动的社会性内涵随着企业形式由工场手工业向机器大工业、股份公司的发展，随着企业规模的扩大而不断得到提升。③

（二）所有制的含义

1. 所有制的两重含义

马克思对所有制和所有权的分析包含了企业理论的重要内容。在马克思看来，所有制范畴包含了两重含义：一层含义是作为经济关系的所有制范畴，另外一层含义是作为法律关系的所有制范畴。前者通过一定生产方式下的生产、分配、交换、消费活动表现出来，体现了经济主体对客观生产条件的占有关系。后者表示占有主体对占有对象所具有的一种任意支配的权利，体现了一种一致关系和法权关系。在马克思看来，一定的生产方式会产生一定的占有方式，经济上的占有关系产生以后，就会有法律上的所有制上的独占或垄断在法律上的表现，即所有权是所有制的法律形态。对于所有制而言，具有决定意义的是具有排他性的独占权。占

① 郭毅：《企业理论研究——马克思经济学与新制度经济学的比较》，厦门大学博士论文，2004年。
② 郭毅：《企业理论研究——马克思经济学与新制度经济学的比较》，厦门大学博士论文，2004年。
③ 郭毅：《企业理论研究——马克思经济学与新制度经济学的比较》，厦门大学博士论文，2004年。

有关系是一种客观存在的事实，只有在法律上承认了实际占有，才能使其成为具有实质意义的私有财产，正如马克思曾经提出的那样，垄断就是财产权利。私有财产的真正基础，即占有，是一个事实，是不可解释的事实，而不是权利。只是由于社会赋予实际占有以法律的规定，实际占有才具有合法占有的性质，才具有私有财产的性质。

所有制范畴的两重含义之间具有内在的相互联系。一方面，所有制的性质和内容决定所有权的性质和内容。所有制关系的变动必然会反映到作为上层建筑的法律制度中来，使所有权的法律制度和所有权关系相适应。另一方面，所有权制度的变化又反过来为所有制关系的变化创造一定的条件。马克思认为，意志关系和法权关系的内容是由这种经济关系本身决定的。在流通领域或商品领域，买卖双方可以根据各自的所有权，支配自己的东西，通过让渡自己的商品，占有他人的商品，这是法权关系，包括劳动力的买卖都是在这个领域以内进行的。“这个领域确实是天赋人权的真正伊甸园。那里占统治地位的只是自由、平等、所有权和边沁。”然而，“这种具有契约形式的(不管这种契约是不是用法律固定下来的)法的关系，是一种反映着经济关系的意志关系”。在资本主义的占有关系条件下，表面平等的契约关系实际上包含了资本主义的不平等的占有关系。

因此，一方面，资本主义赋予了资本家的实际占有以法律上的规定，从而取得了私有财产的合法地位；另一方面，又通过劳动力的买卖这种具有契约形式的法权关系，取得了占有劳动者剩余价值的权利。而在马克思看来，这些意志关系和法权关系在本质上都是资产阶级生产关系的体现。马克思的这些论断对于理解企业的性质无疑具有重要的意义。

2. 所有权各项权能的分离

在马克思看来，所有权是确定物的最终归属，表明主体对确定物的独占和垄断的财产权，是同一物上不依赖于其他权利而独立存在的财产权利。马克思并没有把所有权看作单一的权利，而是看作一组权利的结合体，它概括和赋予了所有者能够实际享有的占有、使用、收益和处分等权能。在自然经济状态下，占有权、使用权、收益权、处分权集中于同一主体，随着自然经济向商品经济的过渡，所有权的各项权能会发生不同程度的分离。这种分离的程度是与商品经济的发展水平密切相关的。在资本主义社会以前，由于商品经济发展水平的限制，分离的程度比较低，只有所有者与所有权诸项权能的个别分离。例如，在封建社会，直接生产者不是所有者，而是占有者，并且他的全部剩余劳动实际上依照法律都属于土地所有者，进入资本主义社会以后，随着生产社会化程度的提高和商品经济的发展，所有权的各项权能有了更大程度的分离。这种分离大体上可以分为以下两种类型：

第一种类型表现为资本的法律所有权与经济所有权的分离。这种分离实际上是借贷资本家和职能资本家的分离。马克思把这种两权分离概括为“资本的法律上的所有权同它的经济上的所有权分离”。马克思认为，借贷资本家和职能资本家，“实际上是伙伴；一个是法律上的资本所有者，另一个，当他使用资本的时候，是经济上的资本所有者”。利息与企业主收入分别是法律上所有权与经济上所有权的实现形式，职能资本家只要按其付息，就对借入资本获得了排他性的占有、使用、收益、处分权。表现在股份制经济中，就是股东与公司法人的分权关系或委托代理关系。

第二种类型表现为资本职能和管理、监督职能的分离。马克思在考察企业主收入时指出：“资本主义生产本身已使那种完全资本所有权分离的指挥劳动比比皆是。因此，这种指挥劳动就无须资本家亲自进行了。”这里的所有权各项权能的分离，实际上是“管理劳动作为一种职能”“同自有资本或借入资本的所有权相互分离”。如果职能资本家同时又是资本所有者，那他就享受资本利息和企业主收入两份收益。

马克思指出："在股份公司内，职能已经同资本所有权相分离。"这样，"实际执行职能的资本家转化为单纯的经理、别人的资本的管理人，而资本所有者转化为单纯的所有者、单纯的货币资本家"，由于股份公司的成立，管理权与资本所有权发生了分离。"这个资本所有权这样一来现在就同现实再生产过程中的职能完全分离，正像这种职能在经理身上同资本所有权完全分离一样""经理的薪金只是，或者应该只是某种熟练劳动的工资"。这实际上使私人资本采取了社会化的形式，是对"资本所有权的潜在的扬弃"。

马克思又进一步从资本主义的基本矛盾出发分析了股份公司产生的必然性。19世纪30年代开始掀起了第一次产业革命，使机器大工业得到了迅速发展，生产的社会化程度大大提高，生产的社会化和资本的私人占有构成了资本主义的基本矛盾。随着企业规模的扩大与资本有机构成的提高，以及由于投资规模扩大所导致的投资风险的增加，单个资本难以突破进入壁垒，同时也无力承担投资风险。股份公司由于既能分散出资本风险，又能很快集中资本，因此迅速成为资本主义企业的主要形式。马克思还对资本主义的信用制度进行了分析，当时资本主义的信用制度已十分发达，这就有可能通过银行信用这一中介，使单个资本在全社会范围内大规模联合起来，组成股份公司。因此，马克思得出了这样的结论："信用制度是资本主义的私人企业逐渐转化为资本主义的股份公司的主要基础。"

马克思的企业理论深刻揭示了资本主义企业的内在规律。与西方经济学的企业理论相比，既有共同点，又有不同点。马克思对企业的研究是从劳资双方达成买卖协议进入生产过程开始的。在资本主义企业中，资本雇佣劳动，资本家为了攫取更多的剩余价值，不断采用新的生产方式以提高劳动生产率，协作成为资本主义生产方式的基本形式。在马克思的企业理论中，对分工与协作的研究占据了大量的篇幅，从中引出了集体生产力的概念，并认为劳动者的分工与协作促进了生产率的提高，这与西方经济学家的研究不谋而合。阿尔钦和德姆塞茨在1972年发表的论文中也提出了团队生产的概念，完全延续了马克思的企业理论。然而不同的是，阿尔钦和德姆塞茨等人没有对资本主义的所有制规律进行研究，而是从团队生产中引出了度量问题。由于难以准确衡量每个劳动者的贡献，因此就需要赋予其一定的剩余索取权，从而解决了"企业为什么会存在"的难题。然而，在马克思看来，这种权利的获得并不是由于团队生产方式而产生的，而是由资本主义的所有制关系决定的，这就从本质上揭示了资本主义企业存在和发展的内在规律。

三、马歇尔的企业理论

马歇尔在著名的《经济学原理》中，用整整六章的篇幅来讨论企业问题，这些研究是如此全面而深刻，以至于我们经常可以从现代企业理论文献中看到它们。在这些文章里，马歇尔试图回答分工经济能达到什么程度，哪些组织形式更适合于从环境中得到好处，以及报酬递增和报酬递减的关系等问题。与斯密劳动分工的研究视角不同，马歇尔将组织作为企业理论的研究中心，提出了内部经济与外部经济的概念，并对组织特征与绩效以及知识、分工和组织演进等进行了卓有成效的研究。

(一)分工、知识与组织演化①

在讨论分工问题时，马歇尔首先提出"经济组织"这个概念，他认为自柏拉图时代以来的社

① 杨慧：《马歇尔的组织结构理论分析》，中国《资本论》，2011年，第420～424页。

会科学学者，都喜欢细论组织增加劳动效率的问题，并认为斯密用严密的逻辑论证和现实例证使“组织增加效率”这个理论更加向前进了一步，也就是马歇尔一开始就把分工作为经济组织的特征或元素看待，这是他将从经济组织的系统性和整体性角度研究分工问题的信号。

马歇尔以生存竞争中生物组织总是从低级向高级演进这个重大发现做了类比，讨论了经济组织的内涵。他说：“经济学家从许多奥妙的类似之点学得了很多知识，这些类似之点即存在于社会的特别是产业组织，与较高级动物的身体组织之间。”“这种中心的同一性可归纳为一个通则，即是有机组织的发展，无论是社会的或身体的，都会一方面增加各个部分之间功能的分工，另一方面则促进各个部分更密切的联系……每一个部分自立的程度越来越小，而仰赖于其他部分者越来越多，所以一个高度发展的有机体组织，其任何一个部分的失调都会影响其他的部分。”可见，马歇尔一开始就把分工与协作当作是相生相依、构成经济组织的基本因素。

马歇尔用专门的文字揭示了分工和协作的基本含义，他说产业分工就是功能的分化，表现为专门化技术、知识和机器的发明与发展；而协作，就是产业组织各个部分之间联系不断紧密，“其表现方式则为商业信用安全的增加，以及利用海、陆、铁路、电报、邮政和印刷机而使交通的工具与习惯增加”，很显然，他认为产业组织内部不断分化的各个部分之间逐渐形成一种有序的联系，也就是协作关系。

马歇尔之所以突出经济组织的重要性，因为他要论证组织结构演进史获得报酬递增的长久动力。“自然在生产中所扮演的角色是报酬递减倾向，而人类所扮演的角色则是报酬递增倾向。所谓报酬递增规律可以述之如下：劳力与资本的增加，一般会引起组织的改善，转而提高劳动力与资本的工作效率。”

要取得报酬递增，就要依赖于组织结构演进来提高分工协作水平，这是提高资源使用效率的永恒途径。虽然马歇尔认为组织结构的改进很多时候都必须以生产规模的扩大为条件，但这里的核心在于他始终强调组织结构才是效率源泉，如果仅仅是规模扩大而没有组织结构的改善，在马歇尔看来最终会引起报酬递减。

马歇尔明确指出，经济组织结构演进是经济体自身的必然运动过程，直接鲜明地将经济组织结构纳入经济学研究的基本范畴中，这无疑是对斯密研究思路的继承和强化。“协作”在马歇尔这里已经成为“分工”的“孪生姐妹”，“分工”和“协作”对于经济组织而言就好比是一个硬币的两面，经济组织结构不仅包括“分工”水平，还包括与分工互为因果的“协作”水平，分工为协作创造了条件，协作又是分工的内在要求。斯密只是单方面地从技术角度讨论了分工的效率，重点在于熟能生巧的经济效应，但他忽视了另一方面的问题，那就是作为有机整体的不可缺失部分，每个因分工而相对独立的单位之间并不是真正独立的，反而它们之间因为天然的内在联系而需要协调，分工越细化，这种内在联系越错综复杂，协调的重要性越明显，如果协调不到位，那么单纯分工的效率就会有所损失，所以协调各个单位使它们尽可能地顺应其内在联系，不仅会“抢救”分工挣来的效率，也会获得一加一大于二的协作效率。这在马克思那里被表述为“协作力”，马克思讨论分工经济时强调“社会生产力”。到马歇尔这里，又明确将“协作”作为组织结构的内容。至此，理论的进展为进一步从协作效率入手来研究组织结构演进和报酬递增开辟了路径。

(二)组织特征和绩效[①]

马歇尔通过比较不同形式的组织，认为每一特色的组织形式都具有相应的优点和缺点，如

① 杨瑞龙：《企业理论：现代观点》，中国人民大学出版社2005年版。

果按照生产规模分，那么大企业的优势在于专门机械的使用与改良、采购与销售、专门技术和企业经营管理工作的进一步划分，而小企业的优势在于监督。大企业有利于技术创新、分工细化和专业化发展，有利于形成规模经济、内部管理程序简单等特点，尤其是媒体的发展加速了信息的流动，更有利于形成规模经济，并有利于通过管理上的分工提高决策效率；而小企业则具有责任明确、监督到位、内部管理流程简单等特点，尤其是媒体的发展加速了信息的流动，更有利于小企业提高竞争力。

马歇尔还谈到不同企业制度的特征。私人合伙组织通过两个或者更多的具有大约相同的财产和能力的人的分工和协作而获得了生命力及灵活性。股份公司组织则使许多没有特殊营业知识的人有了投资的渠道。虽然管理权掌握在拥有部分甚至很大股份的董事手中，并且由他们监督经理人完成日常管理工作，但与私人企业相比，承担主要风险的股东由于对企业缺乏充分了解而容易产生代理问题。不过，马歇尔相信商业道德的进步有助于推广这种共同的和民主的企业组织形式。他认为最理想的组织是合作社，股东即雇员，具有努力工作的良好动力，便于监督和同时合作等。然而，人类自然的本性及工作性质的差异实际上常常带来摩擦，并且无法选出能干的经理。因此，马歇尔同样认为，合作制度的理想在很大程度上有损于道德的动机。

马歇尔很明确地指出，“富不过三代”现象恰恰反映了一个动态过程中，个人财产并不能完全反映个人经营能力，更无法判定个人财产与个人经营能力之间存在绝对的正相关关系。在马歇尔看来，经营者可以从有产者中产生，但还有相当一部分是从雇员中产生，即雇主缺乏必要的经营能力使雇员拥有了实际的企业控制权。因此，一个面向现实的企业理论应该既可以解释原始状态，又可以解释原始状态的动态演化过程。

（三）内部经济与外部经济①

工业组织为什么是一个生产要素？马歇尔认为，是由于工业组织的变化会影响产量，这种影响，可以用“内部经济”和“外部经济”这两个概念来加以说明。

什么是内部经济和外部经济？马歇尔在《经济学原理》第九章曾有专门说明。大体上说来，所谓“内部经济”，是指由于企业内部的各种因素（如劳动者的工作热情、工作技能的提高、内部分工协作的完善、先进设备的采用、管理水平的提高和管理费用的减少等）所导致的生产费用的节省；所谓“外部经济”，是指由于企业外部的各种因素（如企业离原料供应地和产品销售市场的远近、市场容量的大小、运输通信的便利程度、其他相关企业的发展水平等）所导致的生产费用的节省。马歇尔提出的这两个概念，为西方经济学家所普遍接受，并成为产业经济学的重要分析工具。例如，产业经济学家在讨论产业集聚成因时，首先运用马歇尔的外部经济理论，认为产业集聚必然会带来各种形式的外部经济利益。

与内部经济和外部经济相联系，马歇尔还专门对大规模生产的利益做了分析，并提出了大规模生产的主要利益有技术的经济、机械的经济和原材料的经济。例如，大工厂可以使用和改良专门的机械，组织大批量采购和销售，使用专门技术，管理职能也可以细化等。

马歇尔对企业理论的研究是深刻而又宽泛的：一方面，他以产业组织为专门的研究对象，比较系统地探讨了企业组织的演变及组织特征和绩效的关系，从中我们可以发展适应性效率标准、报酬递增、组织多元化、人力资本的重要性等许多后来被广泛关注的问题；但是另一方面，马歇尔并没有找到一种适用的工具来规范这些思想，而是迁就于当时的微积分，把企业简

① 杨瑞龙：《企业理论：现代观点》，中国人民大学出版社 2005 年版。

化成一个生产单位，以便于局部均衡求解和比较静态分析。在马歇尔之后，新古典传统经济学逐渐兴起并占据了主流地位，马歇尔思想中的外部经济、组织分工等理论由于难以运用主流分析技术进行研究，逐渐被人们忽视。因此，在新古典理论最为流行的时期，有学者这样评价：虽然马歇尔、斯密的观点至今还常常被提及并受到赞扬，但这只不过是象征性地表示敬意而已，并不意味着他们的观点已和厂商理论、竞争产业理论融为一体。但是，随着现代企业理论的兴起，马歇尔等人的观点已不仅仅是因为对他们的敬意而成为现代企业理论的源泉，这是需要我们加以重视的。

四、奈特的企业理论

弗兰克·奈特是美国芝加哥大学经济学教授、芝加哥学派奠基人之一，他在《风险、不确定性与利润》一书中对于利润存在及其性质的讨论，在一定程度上涉及企业的存在及企业组织问题，被认为是自 1776 年现代经济学问世以来，改变了企业理论专业视野的两篇文章之一。

（一）利润的来源及其与风险和不确定性的关系①

传统经济学对利润的认识在早期有英国分析与法国分析的区别。英国分析将利润视为是对资本的回报，法国分析则将利润看作工资的一种形式。英国分析发端于李嘉图，发展于庞巴维克，其核心是遵从劳动创造价值学说，在生产领域中探讨劳动与劳动时间在价值形成方面的作用以及为资本带来利润的过程。20 世纪初，新古典主义通过竞争而达于均衡的分析框架遭到质疑，疑问的要点在于，在竞争性均衡的过程中，不可能存在利润。为了解释在竞争性均衡的过程中利润的存在，其后又出现了用“动态论”和“风险论”分析利润的观点。动态论的观点由 J. B. 克拉克提出，风险论则由 F. B. 霍利提出。按照克拉克的观点，在静态条件下，每个要素都获得了自己生产的东西，又因为成本总是与销售价格相等，所以对企业家的日常管理工作来说，除了工资，不可能有利润存在。因此，利润是经济过程动态变化的结果。

奈特不同意上述脱离完全竞争来论述利润的逻辑。奈特首先不同意的是关于生产与资本的理论。奈特认为，从现实生产的角度看，企业家是在上一个时间购买生产要素，并通过一个生产期间将它转换为在下一个时间里出售的产品。这里的重点就是生产期间，这也是与李嘉图乃至庞巴维克相区别之所在。李嘉图是通过劳动来论述资本的增值，即利润的出现；庞巴维克是通过一定时间的生产期的等待来说明利润的起源；奈特是通过生产期间之前的预期，以及生产期间之后预期的实现与否来说明利润的出现；克拉克的动态理论之所以不能解释利润的出现，是因为这种将一定条件下的变化过程作为利润产生的原因，并以此来解释利润的做法，忽视了一个根本的问题，即在一段适当的时间里预见到的变化与没有预见到的变化的差别。

奈特对完全竞争条件下利润的解释如他的书名表述的逻辑一样，是通过风险与不确定性的区别来说明利润的出现的。按照奈特的说法，风险是可度量的，其事实中的结果分布是已知或是可确定概率的。因为可以确定概率，所以风险可以通过保险转移给保险公司承担。不确定性是不可度量的，不确定性问题的存在在于经济过程的前瞻性，即人们生产商品是为了满足欲望，但商品的生产需要时间，因此，这里出现了两种不确定性因素：第一，生产经营的目的必须从一开始就进行评估。也就是说，要根据给定的资源评估出产量和商品的质量。第二，商品要去满足的欲望，是否在现在与将来具有相同的程度，对欲望的这种预测也同样涉及不确定性。因此，生产者必须评估他努力要去满足的未来需求，以及在努力满足这一需求的过程中，

① 杨瑞龙：《企业理论：现代观点》，中国人民大学出版社 2005 年版。

他的经营行为的未来结果。正是因为这两种“不确定性”的存在，企业家才可能在完全竞争与长期静态均衡的条件下，仍然取得作为企业预期收益和实际收益之间以外差额的正值（或负值）利润。

通过对完全竞争进行精确的推理后，奈特指出，只有在所有未来时间完全可以预见的静态完全竞争条件下，利润才会消失。但是，现实经济中存在大量的没有先例的风险，这样，在企业家于生产之前以固定比率签好了生产服务的合约并通过一段生产期间创造出产品之后，其市场出售价格与合同固定的生产服务价格质检就会出现一个差额。因此，从最基本的角度讲，利润的出现取决于预期，所以，对生产服务的竞争也取决于预期。由于生产服务的价格就是生产的成本，所以，生产条件发生变化所引致的利润，是通过打破预期，从而使成本和销售价格间产生出一个差异而出现的。据此推论，只有在对未来和对变化的结果的不完全知识条件下，利润才可能出现。而可预测的风险与成本是没有根本区别的，因此通过完全竞争，承担风险的服务已经得到了报酬。服务的价格在竞争条件下正好与提供这种服务所花费的成本相等，在这种条件下，不可能产生真正的利润。如果要获得利润，就需要有某种不可预测或量度的风险，即不确定性。只有那种因人的知识有限性，对未来发生什么事情的概率一无所知的条件下，发生的独一无二的事件，才具备不确定性性质。因为，谁也无法把这种不确定性转化成能影响资源配置的生产成本。所以，利润只是一种以无法预见的方式表现这种不确定性遗留后果的事后的剩余。因此，可度量的风险不产生利润，不可度量的风险才能产生利润。

（二）企业组织：一种规避不确定性的制度安排①

由于奈特之利润的出现必须通过一个充满不确定性的生产过程，因此讨论一种应对不确定性的组织和职能就成为理论的逻辑必然。这就是《风险、不确定性与利润》一书在讨论风险与不确定性的同时出现的企业组织理论。事实上，奈特是将企业视为经历史演变而成的制度，广义上讲是一种满足人类欲望的制度安排，狭义上则是在雇员与所有者之间有效分配风险的制度安排。

在奈特看来，人类经济生活中的不确定性要通过有组织的经济活动加以解决。而这种有组织的经济活动的实质，就是某些人从事用来满足他人欲望的商品的生产。这样面对未来需要满足的欲望进行预测的任务，不可避免落在了这些生产者的身上。表面上看，让消费者自己对自己的欲望进行预期，似乎比生产者帮他进行预期更为有利。但现实并非如此。从经济史看，在经济组织或企业的初级阶段，企业就没有按照消费者的指令进行生产，企业只是为一般的市场从事商品生产。在不存在不确定性的条件下，商品的交换是先于还是依从于实际的生产，都无关紧要。但在存在不确定性的条件下，人们或许会用生产服务的交换来替代产品的交换。但不确定性这一事实还是引出了不同的结果。现代社会是依据这样一种理论组织起来的：一旦生产的结果会给他们带来好处，而不是他们为其他人带来好处，人们就会对未来进行预测，并让自己的行为更有效地适应这一预测。因此，控制生产的责任就落在了生产者身上。

奈特就人们对不确定性可能产生的反应进行了分类，并对人类如何处理这种不确定性进行了讨论。从讨论中可以看出，尽管处理这些问题的社会结构在很大程度上是相互重叠的，但处理不确定性无外乎以下几种方法：第一，通过对事实进行归组的方式，从量上减少不确定性的可能性，这就是企业组织的产生；第二，实际面对不确定性时人与人的差异，引致对不确定性的职能集中在某些人和阶级手中的趋势。遵循这个思路，可以发现企业制度的确定过程就是

① 杨瑞龙：《企业理论：现代观点》，中国人民大学出版社 2005 年版。

解决不确定性的发展过程。

虽然奈特创造性地从新的角度认识企业的本质，但同时也存在一定的不足。奈特的理论将不确定性作为利润的唯一来源削弱了企业存在的解释，并且这种由风险解释企业的存在，实则在某种程度上削弱了奈特理论的一致性。奈特在讨论不确定性时，将企业家与资源所有者的角色混淆了。不确定性是由资本家承担的，企业家并非是不确定性的必然承担者，市场上各种资源所有者也能成为不确定性的承担者。奈特认为在确定性世界里，为了使每个工人在正确的时间内做正确的事情，也需要某种协调者，但这一协调者只是承担一种常规职能，没有任何形式的责任，而这一协调者在促使企业取代市场中的作用是模糊不清的。

五、伯利和米恩斯对企业性质的分析①

1932 年，伯利和米恩斯在《现代公司与私有财产》中提出：随着公司财富的所有权变得更加广为分散，对这些财富的所有权与控制权已经变得越来越少集中于同一个人之手。在公司制度下，对行业财富的控制可以而且正在被以最少的所有权利益来完成。财富所有权没有相应的控制权，而财富的控制权没有相应的所有权，这似乎是公司演进的逻辑结果。之后的学者将上述问题诠释为伯利—米恩斯命题，这一命题实际包含两项结论：现代公司所有权分散问题以及所有权与控制权分离的问题。根据伯利和米恩斯的统计，20 世纪 30 年代初，在美国最大的 200 家公众公司中，由大股东拥有并控制的公司不到 5%，而超过 23%和 44%的公司由所有权相当分散的少数股东和管理者所拥有，大众公司的股东如此之多，以至于没有哪一个股东或哪一部分股东拥有显著比例的公司股份；在对现代公司所有权与经营权分离情况的研究中，伯利和米恩斯对“所有者主导型企业”（OM：Owner-Manager）和“经理主导型企业”（MM：Manager-Manager）做出了区分，他们发现，1929 年美国最大非金融公司中，有 88 家是 MM 型，68 家是 OM 型，41 家是借助立法手段实施所有者控制的企业，其余 3 家不明，大众公司所有权与控制权分离已经相当普遍。他们认为：拥有公司财富的那些人，不再是享有公司巨额利润的所有者。控制典型现代公司命运的那些人所拥有公司股票的比例如此之小，以至于他们从有效管理公司中所应得的收益只是微不足道的一小部分。相反，得到公司利润的股东却把公司财产的全部处置权交给那些控制公司的人。伯利—米恩斯(1932)的研究在一定程度上揭示了现代公司在产权安排和内部控制上的特征，现代公司的组织形式不仅让职业经理能够发挥专业特长，同时也能让股东运用资本市场的保险机制分散风险。决策功能的分离和对职业经理的依赖（源于分工的专业化优势）迫使股东必然要给予经理更大的管理选择权（managerial discretion）；管理决策的自由一方面可以发挥专业化分工的比较优势，另一方面也导致了分散化股东与职业经理之间的利益冲突，这一理论往前继承了凡勃伦(1904)的思想，往后为公司治理基本理论代理理论奠定了基石。

六、切斯特·巴纳德的企业理论②

在新古典经济学看来，企业只是一个投入产出的转换器，是一种没有制度内涵的抽象符号，因而对于企业内部组织问题从未投入更多目光。从巴纳德起，人们才开始对组织进行全面深入的研究。开创交易费用经济学的威廉姆森更是受到巴纳德的很大影响，并将新组织经济

① 安凡所：《“伯利—米恩斯命题”：公司控制理论的衍生与演化探析》，《广东财经职业学院学报》，2008 年。

② 杨瑞龙：《企业理论：现代观点》，中国人民大学出版社 2005 年版。

学作为交易费用经济学的另一个代名词。虽然巴纳德的代表作《经理人员的职能》初版于1938年，时间上后于科斯开创性的文章《企业的性质》，但其思想肯定已经比较成熟了。所以，为了逻辑和历史上的一致，我们有必要了解巴纳德对于组织理论的主要研究成果。

亚当·斯密的“看不见的手”原理，其实阐述了自利即公益的道理。在“看不见的手”的引导下，所有资源都会最终配置到最有价值的用途上，所以互利的交换都会穷尽。作为所有交换基础的是来自贸易的收益，这种收益是通过理性个人对利益的自发追求得以实现的。但巴纳德对自发合作并不感兴趣，他所感兴趣的是诱致的合作。这种诱致合作的载体，就是正式组织。在他那里，正式组织被定义为“人们之间的那种有意识的、深思熟虑的、有目的的合作组织”。正式组织包含三种要素，即协作的意愿、共同的目标及信息交流。所以，与新古典经济学高度抽象的假设不同，正式组织是重要的，而且被低估了。

那么，组织的主要职能优势是什么呢？巴纳德认为，组织应主要关注对变化不定的环境的适应，稳定状态中的问题倒是可以忽略不计，因为可通过例行公事解决。对于环境的适应和调整主要由组织来承担；市场调节供求关系变动进而引导资源配置的功能被他忽略了。组织又是如何随环境变化而进行调整呢？巴纳德认为，这需要各种类型的组织行为的平衡。做出这些调整的能力是一个制约因素，因为如果合作不能调整到对环境中的新限制发起进攻，它就必定失败，调整过程变成管理过程，而专门机构则是行政部门和行政组织，除了异常的巨变之外，这样的过程和机构事实上是大多数合作系统尤其是复杂的合作系统中最重要的限制。所以，组织的维系必须包括内部平衡和外部调节两个方面。

在巴纳德建立的组织理论里，有以下几个方面比较重要①：

（一）权威

通常的权威概念建立在某种等级系列或组织地位的权力之上，认为权威就是基于社会利益的自上而下的强制或者一个集团剥削另一个集团的工具；巴纳德却认为权威是组织解决复杂的协调或适应问题的一种方法，而且权威来自下属的接受或同意。也就是说，权威的基础是相互同意，即使是最低层次的同意。如果过于悖逆其意愿，下属就会采取各种形式不遵守命令。权威也会因时而变，在较长时间内经济参与人的自由选择空间较大，因而短期有效的命令可能会因环境的变化及经济参与人相应的行为调整而不再具有约束力。也就是说，没有永恒的权威，权威的行使会受到经济参与人相互同意的组织安排可能集合的制约，而这一可能集合是随着环境变化而变化的。

（二）雇佣关系

巴纳德认为，个人选择加进某个组织和继续留在该组织的决策反映了一种比较净收益的评估。雇佣关系的显著特征在于，为使组织内部的契约关系更具有适应性，雇员含蓄或者明确地同意在一个可接受范围内服从权威。可接受范围是较宽还是较窄，取决于个人忠于组织的激励超过负担和牺牲的程度。所以，个人对于组织契约的接受，是基于收益成本比较分析的结果：因为加入组织有净收益，所以选择加入组织；因为留在组织的收益超过机会收益，所以继续留在这一组织。

（三）非正式组织

巴纳德认为，非正式组织与正式组织并存；非正式组织不属于正式组织的一部分，且不与

① 杨瑞龙：《企业理论：现代观点》，中国人民大学出版社2005年版。

它管辖的“个人以及有关的人们、集团解除和相互作用”，非正式组织没有正式结构，往往也不能自觉地认识到其共同目的，而是通过长期的工作之中的解除而产生的，并因此确立了一定的态度、习惯和规范等。非正式组织有三个功能：一个是非正式组织不可或缺的功能，沟通功能；另一个功能是通过调控服务的意愿与客观权威的稳定来维持正式组织的凝聚力；第三个功能是个人的完整感、自尊感和独立选择的维持。对于第一个功能，相对容易理解。第二个功能，巴纳德论述到，既然组织的效率受个人同意命令的程度的影响，否定组织沟通的权威就是对所有从其与组织的联系中获取净利的个人的威胁，除非这些命令是他们所不能接受的。因此，在任何给定的时刻，维持所有在可接受范围内的命令的权威，对大多数参与者来说，是符合其积极的个人利益的。这种利益的维持主要是非正式组织的功能。第三个功能，巴纳德认为会破坏正式组织，是一种保持个人的个性以抗拒正式组织的某些区域完结个性的影响的手段。

(四)激励的节约

巴纳德提出了组织“效率”和“效力”的著名两分法。如果协作成功，组织目标实现了，就说组织是有效力的；如果个人动机得到满足，就说组织可能是有效率的。因为个人动机的满足是组织目标实现的基础。人们加入某一组织而不加入另一组织，就做出了某种牺牲，组织必须在物质方面和社会方面提供适当的诱因来弥补这些牺牲。巴纳德认为非物质激励非常重要，可以作为物质激励的替代。他认为，个人的、非物质的激励，对于确保合作的努力超过维持基本生活的基本报酬是非常重要的。在商业组织里，出名的机会、声望、个人努力和达致显赫地位比物质回报重要得多。所以，非物质激励的存在，节约了物质激励的使用。

(五)经理人员的职能

巴纳德认为，经理人员的工作不是组织的工作，而是维持组织运转这一特殊的工作。经理人员的职能在于维持一个协作努力的系统。他所提出的经理人员的三项职能是：提供一个信息交流系统、获得必要的个人努力及制定和规定目的。由于巴纳德认为组织应包括其投资者、供应商、顾客及其他不被看作公司本身的成员，但对公司做出贡献的人，所以他也就认为组织必须既提供物质收益，又提供社会收益。作为经理人员，他必须具有某种道德规范，表现出承担责任的高度能力，并从组织成员身上激发出一种道德力量，从而把人们的一致和干劲引向实现超越最近时期和即期任务的目标。

由上可见，巴纳德认为正式组织重要的观点，与新制度经济学关于制度重要的观点一样，使人们开始对以前视为理所当然或加以忽略的东西进行更深入的研究。为此，学界认为，至少巴纳德的如下思想对后来的企业理论有所影响：第一，巴纳德将正式组织理解为人们之间的那种有意识的、深思熟虑的、有目的的合作组织。其建立的基础在于人们之间的互利协作。即使权威对于一个正式组织是必不可少的，它也是建立在某一可以接受的无差异区内。第二，巴纳德在论述雇佣关系时，显然考虑到了随环境变化的所有负担与收益对于经济参与人预期的影响，并以此为基础缔结雇佣契约。换句话说，巴纳德实际上以一种相互同意的方法处理事前的讨价还价与事后的签约问题，而这正是威廉姆森的切入点。威廉姆森的交易费用经济学就是研究如何对契约关系进行治理，以使不同的治理结构与不同的交易相匹配，从而减弱有限理性，规避机会主义行为，使交易费用最小。

第二节　新古典企业理论及其影响

对于古典企业理论的不足，新古典企业理论做出了一些修正。首先，古典企业理论是从微观上来把握个体交易，把研究重点放在满足个体之欲望需求和效用需求上，改变了古典企业理论将研究放在宏观交易活动中。其次，新古典企业改变了古典企业无视法律作用的观点，而认为双方发生纠纷，当事人首先谋求内部解决，如果解决不了再付诸法律，因此它强调一种包括第三方在内的规则结构。再次，新古典企业理论发展到后来，开始关注契约的不完全性，发展为现代契约理论。

新古典经济学观把当事人看作是理性预期的，把交易和契约看作是连续可分的和一次性的，把未来的变化看作是可通过概率估计的和可保险的，把社会经济的发展看作是一系列连续的现货合同的延伸。为此，在此背景下的新古典企业理论对企业行为的分析在下述两个前提条件下展开：厂商被认为具有经济理性，它们具备有用的信息，精于计算，孜孜不倦地追求利润最大化目标；厂商被看作是在市场经济中业已存在的、完全有效运转的、为赚取利润而从事商品生产活动的一个完整的经济单位，它可以是一个个体生产者，也可以是一家规模巨大的公司。

新古典企业论是一种一般均衡理论，主要从技术的角度（在新古典企业理论中，消费者被理解为效用函数，企业被理解为生产函数）对企业的短期和长期行为进行分析来探讨企业的最优规模，对于短期来说，厂商的边际成本 MC 与边际收益 MR 的交点所对应的产量 Q 就是该厂商最优的生产规模。对于长期来说，在行业达到长期均衡时，留存下来的每个厂商都选用在当时技术条件下效率最高的规模，用最低的成本生产产品，并且只能赚取正常利润，也就是说，在完全竞争的假定前提下，市场机制能够使一个社会的生产资源实现最有效率的配置。它的形成过程中有三个基础理论，分别是瓦尔拉斯的卖者喊价模型、埃奇沃斯的重定契约理论以及阿罗—德布鲁范式。

一、瓦尔拉斯的卖者喊价理论

在瓦尔拉斯看来，企业与个人都能满足自身"最大化"而处于均衡的状态中，市场机制成为最大限度地满足社会全体需要的保证。在这一前提下，各经济主体都在所给定的价格体系的基础上，选择能实现自身利益最大化的目标函数。在瓦尔拉斯的卖者喊价理论中，基于完全竞争市场，所有人都是价格的接受者，拍卖者随即报出各种价格，直到报出均衡价格为止，在供给和需求不平衡时，由于保留了交易者重新签订契约的权利，交易者就可以按照不同的价格重新签订契约，这样一直到所有商品的价格都相等为止，市场就能实现均衡。

二、埃奇沃斯的重定契约理论

在埃奇沃斯的体系中，虽然没有瓦尔拉斯的拍卖者，但是他却假设在交易者之间签订契约后，又可以寻找更好的签订契约的机会，一旦获得了较好的签订合同的机会，交易者又可以放弃原有的契约而重新签订，这种反复的签订契约过程一直到供求双方对契约达到满意为止，这时，整个市场体系达到了均衡，所有的交易也同时完成。不难看出，埃奇沃斯看出了契约的不确定性，这对契约经济学发展的贡献是巨大的。

三、阿罗—德布鲁范式[①]

阿罗和德布鲁的一系列重要文献中，新古典经济理论的两个最古老和最重要的问题，即市

① 朱光华、曾小龙：《从新古典交易契约到不完全契约——现代契约理论发展述评》，《河北学刊》，2001年第1期。

场体系的活力和效率，被证明是可以阐述的。这种阐述是在一个完全忠实于新古典主义方法论的前提下（个人理性、市场出清等），对一般均衡交易理论进行严密论证和建模。阿罗—德布鲁范式就是在一般均衡交易模型基础上建立的一套交易理论体系，认为在一系列严格的假设条件下，价格机制的充分运行可以实现资源配置的帕累托最优。由于阿罗—德布鲁模型是一个十分庞大的体系，在此仅对其中有关契约部分进行论述。

在阿罗—德布鲁范式中，商品概念很重要，因为市场交易就是各种不同商品交易。一般而言，商品的区别不仅在于商品物质特征以及获得和使用商品的地点与日期，而且在于获得和使用商品的环境。例如，西北沙漠中可获得的饮用水与东南地区可获得的饮用水就是两种不同商品。商品的种类定得越精细，可供行为者交易的范围就越大，也就是市场契约集越大。当商品描述精细到如此程度，以至于进一步的加工难以产生可以想象得出来的种类，能够提高行为者满足程度的配置时，这种商品就是阿罗—德布鲁商品[①]。在阿罗—德布鲁范式中，基本契约就是若干具体数量单位的指定商品在指定的日期和地点进行交易，按照商品—地点—日期—事件组合的具体报价，实现这种现货交易。许多商品交易可以通过适当组合基本契约来实现。

就整个经济体系而言，存在生产者和消费者两种经济行为。生产者选择生产计划，消费者选择消费计划。生产者和消费者在各自计划中按照给定的价格确定他们每一交易中商品投入产出净价值之和或净财富现值。整个经济体系的均衡就是由这种价格集、生产计划集和消费计划集构成的，使得每个生产者在生产可能集中有最大现值，每个消费者在预算约束下达到偏好极大化，对于每一次交易中每种商品达到总需求与总供给相等，即达到一般均衡。

一般均衡交易理论的最大特点是目标和资源的多样性相互协调并存。每个消费者的每一要求都可以由某个生产者给予满足。而且，这一点对于所有的市场和消费者同时都成立。由此可见，市场中单个消费者与生产者之间的交易契约就是帕累托意义上的最优契约，而整个市场交易契约的集合则是完全市场中单个交易均衡的扩展。

前面说过，阿罗—德布鲁模型在分析经济体系时很具有基础性意义，但是，纯粹的阿罗—德布鲁商品市场即完全市场，在现实中很难找到。因为商品描述越是细致，商品市场中买卖成交可能性就越小。较为普遍的是，许多商品都是以不可分离形式组合，并按“次优”契约进行交易。阿罗—德布鲁范式忽视了很多外生因素的影响。对外生条件或环境最显著的漠视就是，在纯粹的阿罗—德布鲁范式中不存在不确定性和信息的影响，换言之，模型是完全和对称的。这种假设显然脱离了经济现实的本质，因而模型对现实经济现象的解释力有限。

新古典企业理论不把企业看作一种组织，而是把它看作一个可行的生产计划集。它主要从技术角度出发，运用边际分析的方法，研究了在完全竞争的市场条件下一个产业最佳产出水平和市场均衡价格的决定问题，还研究了与此相应的最优生产规模和最佳生产范围的决定问题。它在一般意义上强调技术的作用，在特定意义上强调规模经济和范围经济作为企业规模的重要决定因素。新古典契约理论虽然对古典契约的假设做出了部分的修正，使经济学上的契约更加符合现实经济生活中的契约。但是，新古典契约理论的一般交易均衡理论也是建立在一系列的假设之上的，一旦其条件发生变化或者不成立，新古典契约理论的不足与缺陷就会表露出来，而这种不足主要来源于对完全竞争市场的假设。具体来说：首先，市场均衡是新古典交易模型中最核心的思想，在新古典经济学家的数学推导中，市场均衡是通过完全的市场竞

① 阿罗—德布鲁商品又称为或有商品。一种商品配置于一种生产是否比配置于另一种生产好，既取决于商品的特性，同时又取决于生产的不同环境。当两种不同的环境事件出现时，同一种商品在两种不同环境中是很不同的。

争瞬间达成的，而完全竞争市场的假设在现实中是不可能的。其次，新古典交易对市场均衡的假设和完全竞争的假设所导致的经济行为的深一层次的影响是对完全信息的假设，而这也是不显示的。再次，新古典契约理论认为制度是可以忽略的，因为市场交易过程的最后结果，并不会因为某种特别的制度构造而有所改变。因此，整个交易都是既定的、无成本的，这种零交易费用在现实的经济生活中也是不可能的。由于新古典契约理论的种种不足，在 20 世纪二三十年代资本主义经济陷入空前危机时，新古典企业理论也面临着巨大的挑战，经济学家慢慢开始对完全竞争市场的假设进行修正，开始重视政府的作用。而这种理念的转变，最终导致了现代企业理论的产生。

科斯于 1937 年发表著名的《企业的性质》一文，被公认为是现代企业理论的开山之作。在文中，科斯明确地指出，新古典企业理论存在着非常明显的缺陷。第一，它在关注价格体系的时候，忽略了市场，或者说忽略了制约交换过程的制度安排，忽略了与交易相关的(如获得信息)对贸易条件讨价还价的费用。而经济学的研究已表明，如果没有适当的制度，安排任何意义的市场经济都是不可能的。第二，它在强调企业功能的同时，忽略了企业的制度结构，所以不能解释生产活动为什么和如何被组织在企业内进行、许多社会经济资源为什么和如何在企业内按行政决策使用等这样一些问题。第三，它并未令人满意地解决企业的边界及其决定的问题。

第三节　科斯的企业理论

一、理论背景①

自亚当·斯密提出“看不见的手”的著名论断以来，西方经济学家致力于研究价格机制的最优资源配置问题。阿罗—德布鲁范式则是新古典经济学家分析经济现象的理论框架。在此框架之下，新古典经济学家试图论证，在一系列严格的假设条件下，价格机制的充分运行可以实现资源配置的帕累托最优。他们将企业视为纯粹的投入产出转换器，没有任何制度内涵，因而是忽略企业内部组织关系及其所有参与人员利益协调和分配关系的“黑箱”。这种零交易费用的假定对于简化理论分析是必要的，但对于复杂多变的社会现实却缺乏足够的解释力度。因为现实世界远非交易费用为零的世界，在这个世界中，任何进行资源配置的组织或制度都有运作成本，不同的制度安排或产权结构可能具有不同的效率，所以在现实中，制度是至关重要的，是进行经济分析必须予以考虑的因素。

科斯认为，新古典经济学零交易费用假定基础之上的理论构建是一种“黑板经济学”，没有直面活生生的现实。科斯在 1937 年的经典论文《企业的性质》中首先将交易作为分析的基本对象，试图从不同企业之间签约的角度解释企业的本质，即企业是一种契约关系的联结，从而标志着现代企业的契约理论的肇始。

在《企业的性质》中，科斯提出：“考虑到如果生产是由价格变动来调节的，那么生产就可以在没有任何组织机构存在的情况下进行，于是便要问：为什么还会存在组织机构?”科斯的解答是：在现实中，市场机制的运作是有摩擦和成本的，市场价格制度的交易费用大于零，而企业正是为了节约交易费用而存在。“企业的显著特征就是作为价格机制的替代物”，在企业中资源

① 杨瑞龙：《企业理论：现代观点》，中国人民大学出版社 2005 年版。

配置是通过“权威”和“命令”来进行的，而在市场上资源配置则是通过价格机制调节完成的。企业中的资源配置产生组织成本，而市场上的资源配置会产生交易费用，企业的边界就决定于这两者的边际相等。但是，企业和市场并无完全的区别。在企业内部之所以“允许某个权威来支配资源”，不过是因为企业用一个长期契约取代了市场上的一系列合约。

所以，需要先弄清交易费用的概念，然后才能洞悉科斯对于企业的本质和企业的边界的深入见解。

阅读材料 3－2

科　斯

罗纳德·哈里·科斯(Ronald H. Coase)，英国新制度经济学家。科斯“因为对经济的体制结构取得突破性的研究成果”，荣获 1991 年诺贝尔经济学奖。他的杰出贡献是发现并阐明了交换成本和产权在经济组织和制度结构中的重要性及其在经济活动中的作用。科斯于 1937 年发表的《企业的本质》一文，独辟蹊径地讨论了企业存在的原因及其扩展规模的界限问题，科斯创造了“交易成本”这一重要概念来予以解释。其思想被概括为“科斯定理”。

二、企业的本质①

交易费用的出现导致了对新古典的市场理论和相应的企业理论的基本修正。但新古典经济学假定交易是无摩擦和无成本的，所以并没有交易费用的概念。如果现实市场机制的运作是有摩擦和成本的，那么在技术约束下进行利润最大化计算的纯粹的生产者也将改变其行为方式，必须将市场运行成本纳入决策之中。正是交易费用的引入，使其对企业性质的理解与新古典企业理论分道扬镳。那么，什么是交易费用?

交易费用的含义，可谓众说纷纭、莫衷一是。按照科斯在《企业的性质》中的阐述，交易费用就是利用价格机制的成本。包括：第一，发现价格的成本。在新古典经济学中，价格机制成为沟通拥有分散信息的个人使市场协调有效运行的最神奇的工具，人们只需要对相对价格做出反应，即可实现最优的资源配置，同时又可提供哈耶克所说的关于知识的节约。而科斯认为，“利用价格机制组织生产的最显而易见的成本就是去发现到底确定定什么价格的成本”。专业人士可以买卖信息，从而改进信息收集效率，但却无法消除这种成本。第二，谈判和签约成本。这包括寻找交易对象并就有关交易条款达成一致的成本。科斯认为，在某些市场上，如鲜活产品市场，人们设计出一些技术来降低这些成本，但也无法消除这种成本。第三，利用价格机制的机会成本。科斯认为，与企业内部的契约不同，市场契约多为短期契约。因此，企业内部条款固定的长期契约，对未来不确定性的适用性收益，就是利用价格机制的机会成本。

明确了交易费用的概念之后，就可以来理解企业的奥秘了。正是为了降低发现价格的成本、单个交易时谈判和签约的成本以及更好地应对未来的偶然因素，所以才由企业组织各种生产。如科斯所说，“通过建立一个组织并承认某种权威(企业家)来指挥资源的分配，会节省某些市场成本”。而在企业内部低交易费用的原因可能在于：第一，企业存在时，某一生产要素可以充当其中心签约人，同与其合作的所有其他生产要素(或其所有者)签订一系列契约。这样

① 杨瑞龙：《企业理论：现代观点》，中国人民大学出版社 2005 年版。

一个长期契约就替代了一系列的短期契约，从而可以节省一部分签约成本。第二，企业家可以按照地域被替代的市场交易的价格得到生产要素。第三，企业内部契约的特征是，生产要素（其所有者）为了得到一定的报酬而在一定的限度内服从企业家的指挥，同时契约也限制了企业家的能力范围。这样当环境发生变化时，企业家可以根据这种不完全的契约，将各种生产要素配置到最优价值的用途上。所以，企业的存在就是为了节省交易费用，是在企业内部组织交易比在市场之中组织交易费用更低的结果。

科斯认为，市场是协调经济活动的一种组织形式，企业是协调经济活动的一种组织形式。市场是一种配置资源的机制，企业是一种配置资源的方式。不同之处在于，在市场体系中，专业化的经济活动由“看不见的手”协调，分散的资源由价格机制配置；在企业内部，专业化的经济活动由“看得见的手”协调，分散的资源由行政指令协调，企业最著名的特征就是价格机制的替代物。在企业内部，生产要素所有者之间的交易被取消了，资源配置决策由企业内部的权威来行使。

科斯把计划和雇佣关系中的权力看作企业的本质，把没有这种权力和通过独立的契约订立活动进行的治理看作市场的本质。在科斯之前，马克思认为工厂内的劳动分工意味着资本家对人的绝对权力而社会内的劳动分工使独立的商品生产者相互发生关系，他们只承认竞争的权力。不同于马克思，科斯并不认为雇主的权力是绝对的，但是他同样强调了雇佣关系中的权力，并把它作为企业的本质特征。科斯写道，“通过分析通常称之为主人和仆人或雇主和员工的关系，可以最好地探讨企业的构成问题”，而“控制权或干预权，是这一关系的本质特征，它把仆人和一个独立承包商区别开来”。

那么，降低市场交易费用的机会是否无限存在从而企业可以无限替代市场，或者说为什么不在一个大企业内部进行所有的生产活动呢？科斯的回答是：在企业内部组织生产会产生组织成本。组织成本的存在决定了企业规模不可能无限扩张，最终会形成企业与市场的均衡。下面简单看看企业的边界问题。

三、企业的规模①

在新古典经济学中，企业规模是由生产技术决定的。而在科斯看来，企业之所以不能无限扩张，是因为：第一，当更多的交易由一个企业家来组织时，交易倾向于不同种类和不同空间的分布，从而使企业的效率下降。第二，当企业规模扩大到一定程度时，企业家将不能把各种生产要素配置到最有价值的用途上，也就是说，他无法最好地利用生产要素。这就是通常所谓的“控制损失”，即信息或决策在组织中传递时会发生扭曲，并且无法完美地监督下级的行为和业绩。第三，一种或多种生产要素的供应价格可能上升，因为小企业可能具有不同于大企业的特殊优势，所以需要对大企业中的企业家提供更多的报酬，以补偿其在经营小企业中的非货币性收益损失。

所以，企业是市场的替代机制，但替代有一定的限度。交易费用和组织成本的相对大小是决定企业规模的主要因素。科斯给出了均衡企业规模的边际条件：“一个企业将扩大到在厂商内部组织一笔额外交易的成本等于利用公开市场的交换进行这笔交易的成本，或等于另立一家企业的成本为止。”这个边际条件不仅对不同的产品成立，而且对生产的不同阶段也同样成立。

① 杨瑞龙：《企业理论：现代观点》，中国人民大学出版社 2005 年版。

复习思考题

1. 简述马克思的企业理论与西方企业理论的异同。

2. 试述生产成本和交易费用之间的区别。

3. 马克思认为生产决定交易，这对你理解企业的生产性质和企业的交易性质之间的关系有何启发？

4. 简述马歇尔的企业理论对现代企业理论的影响。

案例分析

一个工厂周围有5户居民户，工厂烟囱排放的烟尘因为使居民户晒在户外的衣物受到污染而使每户损失75美元，5户居民总共损失375美元。解决此问题的办法有三种：一是在工厂的烟囱上安装一个防尘罩，费用为150美元；二是每户居民使用一台除尘机，除尘机价格为50元，总费用为250美元；第三种是每户居民户有75美元的损失补偿，补偿方是工厂或者居民户自身。假定5户居民户之间，以及居民户与工厂之间达到某种约定的成本为零，即交易成本为零，在这种情况下：如果法律规定工厂享有排污权（这就是一种产权规定），那么，居民户会选择每户出资30美元去共同购买一个防尘罩安装在工厂的烟囱上，因为相对于每户拿出50元钱买除尘机，或者自认了75美元的损失来说，这是一种最经济的办法。如果法律规定居民户享有清洁权（这也是一种产权规定），那么，工厂也会选择出资150美元购买一个防尘罩安装在工厂的烟囱上，因为相对于出资250美元给每户居民户配备一个除尘机，或者拿出375美元给每户居民户赔偿75美元的损失，购买防尘罩也是最经济的办法。因此，在交易成本为零时，无论法律是规定工厂享有排污权，还是相反的规定即居民户享有清洁权，最后解决烟尘污染衣物导致375美元损失的成本都是最低的，即150美元，这样的解决办法效率最高。

【讨论】

1. 以上案例说明了一个什么思想？

2. 谈谈你对上述案例的看法。

第四章 契约与完全契约的企业理论

学习目标(知识点、技能点)

1. 了解契约的产生与发展及契约的内涵;
2. 了解不同阶段的契约理论及企业的契约性质;
3. 了解信息不对称及其后果;
4. 了解道德风险、逆向选择及其在企业中的表现;
5. 了解团队生产理论以及团队生产中的激励机制;
6. 了解企业的资本结构以及融资理论。

案例导读

"暴力退房"与契约精神

之前,由于一些楼盘大幅降价,上海数百名老业主近日在开发商售楼处聚集。随着房市调控政策的加强,调控效力逐渐显现,一些开发商顶不住资金压力,开始进行大幅打折促销。然而,在外界一片叫好之声中,有一批人不干了,那就是一些已经买房的老业主,他们眼看房价下降,资产缩水,便要求开发商赔偿,并且打砸售房部。一些业主打出横幅,要求"开发商还我血汗钱",表达对销售方的不满,甚至与保安发生冲突。这事不仅在北京、上海发生了,在杭州等地也发生了;不仅现在发生了,在2008年金融危机时也发生了。按照商品交换的契约精神:交易自由、风险自负,房价下跌的风险应该由买者承担,开发商没必要承担。就像在股市中,难道股票跌了,还要找上市公司、证券机构赔钱吗?房价下跌,业主们去退房维权,房价上涨时,业主们为什么不去和开发商分享溢价收益,把酒言欢呢?只能涨,不能跌,只能赚,不能赔,天下有这样的好事吗?房地产市场也会有升有降,中国人必须树立契约精神,否则市场经济和社会文明就无从谈起。

"楼市有风险,入市要谨慎",在当前的大环境下,应该成为人所共知的公益广告。楼价上涨时期,已购房者莫不欢欣雀跃,期待房价还能涨得高点、再高点,一者显得自己有眼光,二者可以收获投资浮盈。而业主们因为所在楼盘降价心态失衡,或要求退房,或要求开发商退差价,这种现象早在2008年年底房价松动时就已经出现过。希望自己所购买的商品房不断升值,这是包括一些投资者在内的所有业主的共同心态。

"暴力退房"为何理直气壮?上海业主抗议房价下跌,有评论者分析,抗议者非常明白,按照合同条款,他们不可能得到补偿,他们的行为简直可以称作"无理取闹"。可"取闹"绝不是

"无理"的，相反，"取闹"之后，原本属于市场领域的纠纷开始逐渐演变成社会领域的"群体性事件"，而随着事件性质的改变，事件的相关主体也开始变得多元。一个显而易见的事实是，在如今"维稳重于泰山"的背景下，只要事情闹得足够大，政府便要基于维护社会稳定的出发点"安抚"抗议者。这样一来，事情就有了转机。

愿赌服输，政府尊重契约精神

著名经济学家许小年说："维权？什么权？签了合同不认账的权利？您买的冰箱、电视机要是降价了，也打上门去维权？炒的股票跌了呢？您是不是觉得这世界上的物价只能涨，不许跌？"作为买卖房屋的投资行为，房价最高点买入是很正常的事情，现在房价降了，却要求开发商帮着承担损失，那为什么房价涨的时候投资者不与开发商分享一些收益呢？如果说买房的目的是投资，那么自己就应该愿赌服输。市场只遵从于经济规律，没有同情失败者之心，这或许很残酷、很现实，却能保证必要的公平。冬天菜贵，夏天菜贱，冬天买菜的人怎么不在夏天掀起"退菜潮"？原因很简单：菜价是由市场控制的嘛！你闹没有道理。那么，为什么在衣服、饮食等行业能遵守"契约精神"，到房地产市场就不行了？有人说是因为利益太大；而汽车、电子产品也在降价，为什么不掀起"退车潮""退电潮"？与其他商品不同，在中国，住宅有其特殊的属性：必要且昂贵。有人说，买衣服，跌价了怎么不见你去找卖家退款？有人说，股票亏钱了怎么不见你去砸证券公司？对待业主抗议开发商的情况，政府部门应该根据法律规定加以制止，要让消费者在损失中学到投资风险意识，而不是用逆市场的手段给其托底，致使非理性的要求肆意蔓延，影响市场机制的周期调整，损害市场经济的公平基石。

合同的责任与义务

从法律上讲，商品房和其他商品一样，都是受合同法和其他相关法律的约束的，所以，购房者与开发商签订了商品房购买协议之后，购房者就应当有面对涨跌的心理承受能力。与其他商品生产销售一样，除非在购房之初的合同上就有列明，若遇到房价下跌，开发商需要补偿购房者差价损失，否则开发商没有为购房者包底的义务和责任。市场经济所遵循的就是双方自愿交易，各自承担属于自己范围之内的风险。在一桩愿买愿卖的住宅交易中，双方都需要遵守交易契约，不能因为价格的涨跌而随意毁约，否则就要付出相应的代价。

为什么买房的第一件事是签合同？合同代表的是业主与开发商签下的一份契约：用若干钱，买某一套指定的房子。契约精神是西方文明社会的主流精神，"契约"一词源于拉丁文，原意为交易，其本质是一种契约自由的理念。所谓契约精神，是指存在于商品经济社会，而由此派生的契约关系与内在的原则，是一种自由、平等、守信的精神。缔约者内心之中存在契约守信精神，缔约双方基于守信，在订约时不欺诈、不隐瞒真实情况、不恶意缔约，履行契约时完全履行，同时尽必要的管理、照顾、保管等附随义务。

市场经济的灵魂——契约精神

契约精神是市场经济之魂，其重要性不亚于稳定。在"退房潮"事件中，绝大多数评论表达出对于国人缺乏契约精神的忧虑。如果将契约精神归结为西方文明的产物，认为中国社会历来缺少契约、缺少契约文化的资源，则是一种常识性的误解。孔子在《论语》中说："人而无信，不知其可也。"中国俗语里，也有"君子一言，驷马难追"的说法。中国晋商在经营实战中也把信誉视为命根，坚持信誉第一。这些都有一个明确的价值取向，即在中国文化最底层，向来没有排斥诚信，没有违背契约精神。

自卢梭的《社会契约论》起，契约精神成为法国人最为推崇和骄傲的美德。所谓契约精神，就是平等、尚法、守信。随着商品经济的发展,尊重并履行契约精神变成普世价值观。作为一种价值观,契约精神很容易为人所接受,中国社会亦不例外,但“能接受”和“愿意恪守”是两回事情。现实商业活动中,之所以潜规则大行其道,之所以商业贿赂案件畸多,之所以还将不按规则出牌视为智慧,就是因为在文化深处,人们没有真正尊重契约精神,缺少对法治精神的真正信仰。

契约精神的一个重要特征就是公平与平等。商业现实中契约容易被破坏,即是因为公平与平等这样的基本价值诉求也常常被漠视。正在发生的开发商与业主间的纠葛,不是什么大事。但在契约面前,无所谓大事、小事,正如在规则面前,强者、弱者应当一律平等。契约精神的核心,是更好地保护人们的自由和利益,每个人想要自己的合法权益得到保护,就必须尊重契约,而不是靠“闹”取胜。梅因在《古代法》中提到:迄今为止,人类最伟大的进步就是从身份到契约。是的,市场经济最讲究的契约精神,是对合同的遵守、对承诺的遵守。

资料来源:根据 http://blog.ceconlinebbs.com/BLOG_ARTICLE_89284.HTM 整理而得。

第一节 契 约

一、契约的产生与发展

所有人们生活中的市场交易,包括长期的和短期的、显性的和隐性的,都是一种契约关系,毫不夸张地说,我们生活在一个契约社会。

契约的产生与发展是随着人类交易发展的需要而产生的,从人情式的交易(以交易者的宗亲关系为核心而展开)、礼仪式的交易(基于礼仪的、习俗的、宗教的、个别市场的偶然性交易,往往是半强制下的行为)到正式交易(依照法律订立的正式的证明、出卖、抵押、租赁等关系的文书),到了现代市场经济,每个人的多重需要以及由此决定的社会财富的再分配,决定了基于宗法血缘关系上的非平等、非自由的交往已远远不能满足人们的需求,人们需要进行自由平等的交往,即一种协议性质的、合作性质的交往。所以,19 世纪英国法学家亨利·梅因说,人类的进步史是一部从基于身份的义务向基于契约或自由协议的义务发展的历史。甚至有人说,在市场经济中,各种利益关系均可以通过契约设计来实现。

《罗马法》最早概括和反映了契约自由的原则。《罗马法》对契约的定义、契约的分类和契约的执行均做了明确的规定。13 世纪至 15 世纪的法国,在商业领域已经极为广泛地使用契约了。15 世纪中叶,法国最著名的麦第奇银行已经有了使用契约的高超的专门技术。麦第奇银行签订过许多设置分行的契约,它们是在某个时期内以合伙经营的方式达成的协议。这些协议中详细载明了合伙人的资本股份、分行经理的报酬、业务范围的限制,以及有资格处理所有有关纠纷的法庭。1803～1804 年公布的《法国民法典》中释义:“契约为一种合意,依此合意,一人或数人对于其他一人或数人负担给付、作为或不作为的债务。”“从本质上说,契约是双方当事人的合意。双方当事人以发生、变更、担保或消灭某种法律关系为目的的协议,就叫契约。”

在中国古代典籍中,“契约”一词出现较少,而“契”之概念则多次出现,古汉语中的“契”字,已相当于契约这个概念了。在中国古代,“契”既指一种协议过程,又指一种协议的结果。《说文解字》中释义:“契,大约也。”所谓“大约”,是指邦国之间的一种盟约、要约。为保证盟约的效力，还要辅之以“书契”，即用来证明租赁、借贷、出卖、抵押等关系的文书，以及法律条文、案卷、总账、具结等。另外，“契”还表示一种券证。“契，券也。”“掌稽市之书契。”“书契，取于市物之券也。其券之象，书两札，刻其侧。”《魏书·鹿悆传》中提到：“契约既固，未旬，综果降。”唐白居易《与执恭诏》：“欲求契约，固合允从。”宋司马光《涑水记闻》卷九：“武宁节度使王德用自陈所置马得于马商陈贵，契约具在。”茅盾《右第二章》四中写道：“旧职工应得的退职金，公司因为困难而牺牲，不能按照原定契约付给了。”可见，在中国古代和近代，契约作为一种盟约和约定的媒介已经出现。

阅读材料 4－1

坟墓的契约

在美国纽约哈德逊河畔，离美国第 18 届总统格兰特陵墓不到 100 米处，有一座孩子的坟墓。在墓旁的一块木牌上，记载着这样一个故事：1797 年 7 月 15 日，一个年仅 5 岁的孩子不幸坠崖身亡，孩子的父母悲痛欲绝，便在落崖处给孩子修建了一座坟墓。后因家道衰落，这位父亲不得不转让这片土地，他对新主人提出了一个特殊要求：把孩子坟墓作为土地的一部分永远保留。新主人同意了这个条件，并把它写进了契约。100 年过去后，这片土地辗转卖了许多家，但孩子的坟墓仍然留在那里。1897 年，这块土地被选为总统格兰特将军的陵园，而孩子的坟墓依然被完整地保留了下来，成了格兰特陵墓的邻居。又一个 100 年过去了，1997 年 7 月，格兰特将军陵墓建成 100 周年时，当时的纽约市长来到这里，在缅怀格兰特将军的同时，重新修整了孩子的坟墓，并亲自撰写了孩子墓地的故事，让它世世代代流传下去。

二、契约的概念

契约是指当事人（两个以上）在地位平等、意念自由的前提下，各方为了自己的经济状况（至少理性预期）而在交易过程中确立的一种权利流转关系。因此，契约应包含以下几个特征：一是许诺，这种诺言可以是成文的，也可以是口头的。许诺就是要承担相当或相应的责任和义务。这种责任和义务完全是为着对方的，为对方实现其已设定的经济目标提供不可缺少的条件，反之亦然。二是信赖，许诺的直接目的就是要在当事人双方之间建立一种信赖关系。一方面，由于交易活动与简单的交换活动不同，交易双方所预期的价值最大化，常常是在交易活动进行中和结束时才出现的，所以在契约中必有一种对将来出现的价值最大化的信赖和期待，这种期待被称为合理的期待。另一方面，信赖除了表示一种合理的期待之外，还用来表示人们对契约活动是实现价值最大化的有效方式的坚信。三是义务，遵守诺言和执行诺言就是承担义务。许诺、信赖和义务构成了契约活动的基本特征，它们贯穿于整个契约过程中，这也正是契约得以实现的关键所在。

契约有以下几种类型：

（一）完全契约与不完全契约

完全契约是指双方都能完全预见契约期间可能发生的重要事件，愿意遵守双方所签订的契约条款，当缔约方对契约条款产生争议时，第三方（如法院）能强制其执行。不完全契约是指由于个人的有限理性、外在环境的复杂性、不确定性、信息的不对称性和不完全性，当事人知道契约条款是不完全的，同时知道需要协调不同的激励约束机制来填补契约中的缺口，纠正扭曲的契约条款和更加有效地适应意外的干扰。

（二）隐性契约与显性契约

隐性契约是指用于阐述雇主与雇员之间各种心照不宣的复杂协议的契约，隐性契约没有法律效力，没有书面文本，但在一定范围内能约束各成员的行为，它是一个长期性的、建立在信任基础上的契约关系。契约双方对自己的权利义务都心照不宣，契约双方自觉遵守合作协议并相互信任。隐性契约的存在有效地降低了契约双方交易时的不确定性，抑制了机会主义。显性契约则通常指正式契约，是可以写明，并可以由当事人以外的第三方验证且在法律上可以强制执行的契约。显性契约的缔结是为了降低市场利益主体的交易成本，相关的法律法规是契约得以履行的基本保证。

企业的成长与员工的发展虽然没有通过一纸契约载明，但企业与员工却依然能找到决策的各自“焦点”，如同一纸契约加以规范。即企业能清楚每个员工的发展期望，并满足之；每一位员工也为企业的发展全力奉献，因为他们相信企业能实现他们的期望。生活中有很多隐性契约的例子，比如：甲的朋友答应赠送甲一条牧羊犬，但很快又收回了这一承诺，对朋友的信任却使甲丧失了一次低价购买牧羊犬的机会。那么，甲能否起诉他的朋友并要求法院强制执行他的承诺？当甲接受朋友承诺的时候，他和朋友之间的隐性契约就开始生效了。你请客，我请你去看一场电影——我欠了你一个“人情”，“人情”是隐性契约下的债务，意味着在适当的时候，我必须回赠给朋友价值相当的物品或劳务。

（三）激励契约

激励契约是指委托人采取某种激励机制（如持股计划、计件工资、绩效工资等）以诱惑代理人按照委托人的意愿行事的一种条款。制定一个激励契约，意味着较高的工资支付给了具有较高效率的工人，并由此吸引一大批有能力的工人。巴纳德指出，组织的一个本质就是团队中的个人或整个团队应具有将个人的或团队的努力贡献给组织的意愿，因此，为成员提供恰当的激励是任何组织的关键任务。

（四）自我履行协议与第三方履行契约

自我履行协议是指一方违反契约，另一方的唯一追索权是终止协议。在自我履行协议中，由于合同标的价值较低，即便一方违约，也没有追索的必要；其次，双方由于合作的互补性，并且更换合作者很昂贵，即便有违约情况发生，双方也能够互相沟通从而达成谅解，确保今后继续合作。自我履约机制的关键是利益关系因素。

当自我履约机制失效时，契约的履行就依赖于第三方机构。包括以下几种情形：交易环境不确定、交易包含很高的专用资产或同标的物价值很高（如购买住房、购买大型家电、国际贸易大额合同等）。第三方监督的介入方式可以私人秩序方式介入，如消费者协会、仲裁委员会；也可以公共秩序方式介入，如司法机构。

（五）关系性契约

过去、现在和预期的未来的关系在契约各方之间具有重要作用，契约往往是隐性的、非正式、非约束性的，它的执行机制是基于合作与威胁、交流与策略①。员工与组织之间的关系契约包括长期工作保障、职业发展、培训等与社会情感交换有关的契约项目，这种无形规约能使

① 埃里克·弗鲁博顿：《新制度经济学——一个交易费用分析范式》，上海人民出版社 2006 年版。

企业与员工在动态的条件下保持良好、稳定的关系，使员工视自己为人力资源开发的主体，将个体的发展充分整合到企业的发展之中。

人们订立和执行契约是为追求双方的价值最大化。在契约订立、执行和解除等契约活动中，人们必须遵循契约实现的原则。第一，契约订立中的自由与责任原则。契约得以订立的根本前提，是订立契约的双方必须是平等、自由的，所以，契约活动乃是一种自主自愿的活动。第二，契约执行中的诚信原则和无偿承诺义务原则。在契约执行过程中，先前的责任心和义务观被具体转化为诚信品质。诚信一般被定义为忠于事实或在此基础上再加上遵守公平交易的合理商业标准。无偿承诺义务原则是指在没有合理的理由更改契约的情况下，契约双方中的任何一方不得擅自更改或中止契约，他只有无偿地执行契约的义务，如全力克服各种不利于执行契约的因素、积极主动地采取防范措施等。第三，违约中的损害赔偿原则。契约的中止有两种：一种是合理中止，即契约双方均履行了契约规定的义务，双方获得了可期待的利益，从而结束了契约；另一种是不合理中止，即一方当事人未能履行义务而中止契约。不合理终止契约给对方造成了一定的损失，依照法律规定，必须对违约一方实施损害赔偿原则。

三、契约理论及企业的契约属性

契约理论是近 30 年来迅速发展的经济学分支之一，也因为如此，一直处于不停的整合过程之中。契约理论经历了古典契约理论、新古典契约理论和现代契约理论三个主要发展阶段。

古典契约理论的代表人物包括斯密、李嘉图、穆勒、门格尔、杰文斯、瓦尔拉斯。这一时期的学者认为契约只有双方，且以追求个人利益最大化为目标；契约双方完全自由选择，以当事人的协商为基础，不受外力的控制、干预（包括政府和立法机构）；契约是个别的、不连续的。只有单纯的物品交易关系，且所签订的契约把交易者事前和事后的其他事情分离开；契约将全部的契约行为，无论是过去的还是未来的，都归结于或转化为当前的事情处理，即在签订契约时，经过讨价还价双方将交易条件协商好，将交易内容明确地写入条款，包括对争端的协调；履约主要是基于交易者的信誉，出现不履约就依赖法律解决问题。古典契约理论在一定程度上忽视了外部性，即契约对第三方或公众的影响；过于强调个别性，忽视了长期契约关系的重要性；其所强调的自由选择和平等地位，过于理想化。

新古典契约理论源起于 19 世纪 60 年代的库恩范式革命及 19 世纪 70 年代的边际革命，尤其是 19 世纪 70 年代开始的边际革命，使经济学建立起了基本框架和分析范式，并发展出了有别于古典契约理论的新古典契约理论。该理论认为：第一，契约是实现交易均衡的手段，是交易主体反复摸索、谈判、调整的结果；第二，契约具有完全性，契约的签订、履行、对不测事件的预期、争议的解决等事项，契约当事人均能在契约中详细规定且完全可以执行，契约当事人认为他可以将将来的事情考虑得很周全；第三，契约的效力仅及于缔约双方，对第三者不存在外部性，这一点与古典契约理论相似；第四，契约当事人对所选择的条款和契约结果具有完全信息，契约签订和执行的成本为零①。

现代契约理论是在古典契约理论和新古典契约理论的基础上发展起来的。它具有两大分支：一是完全契约理论，二是不完全契约理论。现代契约理论的基础概念是完全契约，即缔约双方都能预见契约有效期内发生的主要事件，而且契约能够被第三方（如法院）无成本地强制实施，因此，关键的问题是如何在事前设计精细的激励机制。但在现实经济生活中，由于信息

① 郭锋：中国资本市场法律前沿系列学术讲座，2005 年 3 月。

不对称现象的存在，契约条款的设计就有不完全的可能，由此催生了一个新的经济学分支——不完全契约理论。从企业契约的角度来思考，当契约不完全时，我们需要理清当没有在契约中清楚规定的情况发生时，由谁来负责？怎样负责？谁享有这部分剩余权力？比如企业的员工与企业签订劳动合同后，当因为合同没有规定清楚的事项而产生纠纷时，谁来决定？经济学家认为，应当由资产的所有者如股东来决定。也就是说，当企业契约不完全时，没有详细规定的那部分权力（即剩余权力）必须归属于资产的所有者[①]。

公司作为一种以营利为目的的组织，其性质是什么？各国学者有不同的观点，具体如下：首先，公司仅仅是一种契约，是股东之间就设立公司、分享权利和承担义务等内容所订立的协议；其次，公司仅仅是一种共有关系，是股东之间就公司股东的出资额所共同享有的共有权关系；再次，公司是法律对人的组织加以调整的产物，是法律所拟制的法人；最后，公司并非法律所拟制的人，而是社会生活中现实存在的实体，有自己的思维，有自己的躯体，可以从事各种商事活动。

虽然主张各种理论的人都有，但是，大多数学者还是主张对公司性质采取契约理论，认为企业是股东之间、股东与经理人、雇员之间的一种契约，是利益相关者通过协商所达成的一种协议，是要素市场取代产品市场的契约集合。而现代企业理论的核心观点就是：企业是一系列（不完全）契约的有机组合，是人们之间交易产权的一种方式，因此，一般会将现代企业理论称为“企业的契约理论”。

我们可以把公司契约中签约的双方按照委托代理关系（委托代理关系是一种契约关系，通过这个契约，委托人授权代理人为其利益从事某项活动）来分析。委托代理关系的产生是由社会经济和管理发展的客观需要和条件所决定的，随着生产社会化程度的日益提高、企业规模的扩大，企业资产所有者越来越受到自己的精力、专业知识和时间的限制，客观上要求委托职业经理人员代理执行经营企业的职能。以委托代理关系为基础的现代公司制企业克服了业主制企业和合伙制企业成本高、风险大等弱点，在推动企业快速发展壮大、分散出资者的投资风险以及优化财产所有者的产权组合等方面发挥了重要作用，在商业中逐渐居于主导地位。因此，委托代理关系的存在和发展是社会化大生产对所有权社会化和管理专业化这种客观要求的必然反应，这样一种契约关系也是促进企业发展的持久力量。

委托代理理论是基于上述委托代理关系产生的，并构成了现代企业理论的重要组成部分，主要研究所有权和控制权分离的现代公司中，经济主体之间在信息不对称的情况下的激励约束问题。在现代公司中，实际的生产决策通常是由经理（代理人）而不是由所有者（委托人）做出的。委托代理理论的基本假设包括：第一，委托人与代理人之间存在信息不对称和目标冲突。第二，契约必须以可证实的条款为内容。所谓可证实，就是可以被第三方（通常是法庭）证明并强制实施。有效的契约都不把不可证实的变量（如法院很难断定一个在网上搜索资料的员工到底是因为工作需要还是纯粹个人娱乐）写入契约中。第三，合同各方只需谈判一次，并且凭借这唯一的一次就解决了一切问题。第四，在签订合同以后，双方在履行各自的义务上不存在任何问题。第五，契约的设计目标是在满足代理人参与约束和激励相容约束条件的同时最大化委托人的利益。激励相容约束，就是代理人干得好要比干得不好时获得更多的收入，这样才有上进的动力。第六，在当事人之间信息不对称的情况下，完全理性的委托人总是可以设计一个最佳契约，该契约充分考虑了所有可能出现的或然状态，且能够无成本地被第三方强制执行。

---

① 郭锋：中国资本市场法律前沿系列学术讲座，2005 年 3 月。

前面涉及的主要是股东与经理人员之间的关系，事实上，除英美国家以外，大多数其他国家的股权是集中的，公司治理的最主要冲突已由所有者与管理者之间的代理冲突演化为所有者之间，即控股股东与外部中小股东之间的代理冲突。控股股东主要利用契约的不完全性，通过关联交易、裙带关系将一部分公司资源转移到自己手中，从而对契约的其他当事人进行剥削。同时，委托代理关系也普遍地存在于所有的组织和合作性活动中，存在于每一个管理层级上。

阅读材料 4－2

契约精神经典案例：国美胜诉，陈晓返还 1 000 万元

作为 2010 年“国美控制权之争”所留下的尾巴，国美诉陈晓违反协议不当披露公司信息案也直指职业经理人的“契约精神”，将契约精神之于商业社会的重要性在国内提到了史无前例的高度。

2014 年 11 月 19 日，北京市二中院判决国美胜诉，同时亦支持了国美要求陈晓返还 1 000 万元对价的诉讼请求。从审理情况来看，契约的重要性被给予了高度重视，而当事人因为违反契约的行为可能需要支付沉重的代价。这是一场以“契约精神”为名义的长达 3 年的诉讼。

2011 年 5 月，也就是“国美控制权之争”结束，陈晓去职仅仅两个月时，《21 世纪经济报道》头版刊登了记者郎朗撰写的题为《国美事件再露面　陈晓大爆国美财务漏洞》的文章，引发媒体迅速而广泛的转载。随后，《北京青年报》《商界》杂志也分别刊登了《陈晓揭黑　国美一日三变》《陈晓是与非》的文章。在上述文章中，涉及了一些非常敏感的提法，比如陈晓表示“那些股票我很快就会卖掉，因为国美电器的股价在我看来不可能再涨了，而很多机构已经选择了撤出，从机构云集的热门股票到现在成为散户的集中营，这样的股票在投资价值上是没有前途的”等，披露信息同时包括了对国美供应商关系、财务问题提出的质疑。一时间，本该尘埃落定的控股股东与职业经理人的权力斗争再次风雨满城。一方面，国美股价受到影响；另一方面，国美内部、外部的各种关系也面临各种不确定性。国美随即做出反应，一方面在官方回应中强调报道中陈晓的观点与国美实际情况出入很大；另一方面，国美对陈晓违反当初约定一事提起诉讼。在陈晓通知国美控股公司辞去董事、董事会主席、执行委员会主席职务的当日，也就是 2011 年 3 月 9 日，国美控股公司与陈晓曾签订了一份《协议》，明确约定陈晓向国美控股公司做出“包括不得泄露商业秘密在内”的各项承诺，同时约定国美控股公司向陈晓支付税后人民币 1 000 万元，作为陈晓履行《协议》项下各项承诺的全部对价。

从《中国经营报》记者获得的《协议》部分内容来看，陈晓向国美控股公司无条件及不可撤销地做出以下承诺、确认及保证：即“陈晓不会，及促使其关联人士不会：无论以口头或者书面的方式，使用或泄露给任何人，或发表或披露或允许发表或允许披露集团任何成员的非公开资料”。《协议》同时对“资料”一词做出了解释，即“包括但不限于以下内容：(1)关于集团任何成员业务或财产的资料。(2)关于集团任何成员经营策略的资料(包括业务、价格及/或销售战略)竞争业务：在中国(包含港澳台地区)经营家用电器及电子消费类产品的零售业务以及无论以口头或者书面的方式，对集团任何成员、集团成员的任何股东、董事、高级管理人员，其各自的关联人士及其各自的联系人本身，及/或陈晓与他们中的任何人之间的关系，对任何人发表任何国美控股公司合理认为对集团成员、集团成员的任何股东、董事、高级管理人员、其各自关

联人士可能造成负面影响的言论、评论或做出任何不利行动……”《协议》规定：“陈晓如果违反相关承诺，应退还国美控股公司已支付的协议对价税后1 000万元。”

2011年3月14日，国美控股有限公司通过其附属的一家外商合资公司采用电子转账的方式分两笔各500万元，向陈晓个人工资账户支付了人民币1 000万元的款项。然而，虽然签订有保密协议，并为承诺的保密义务获取了高达1 000万元的对价，但仅仅两个月，铺天盖地的媒体报道将陈晓与国美再次推向风口浪尖。在国美方面看来，陈晓违反《协议》披露国美“资料”的行为属于背信弃义，采访报道违背协议条款，公然披露、指责国美及相关人士，其中非常详细地点评了国美的种种问题，包括有可能影响国美股价的多种因素，有违职业经理人的“契约精神”，遂向北京市第二中级人民法院提起了诉讼。2012年12月19日，北京市二中院民事判决国美胜诉。此后，陈晓不服提出上诉，2013年12月20日，北京市高级人民法院裁定该案发回重审。在对案件进行了将近一年的审理之后，2014年11月19日北京市二中院再次判决国美胜诉，对国美要求陈晓返还1 000万元对价的诉讼请求予以支持。

在本案一审和二审的法庭审理中，争议的焦点一是国美控股公司是否按《协议》约定向陈晓支付了1 000万元对价，二是陈晓是否因违反其在协议中的承诺而负有向国美控股公司返还1 000万元对价的义务。

法院判决认为：“不论陈晓与记者的谈话是朋友聊天还是记者采访，陈晓的本意是对朋友说出真实想法还是揭黑国美，陈晓均已构成向他人泄露国美集团成员的非公开资料，对他人发表国美集团成员股东的评论，且该行为在客观上产生的后果足以使国美控股公司合理认为系对集团成员、股东可能造成负面影响的言论，不利行动，故本院认为国美控股公司关于陈晓违反了《协议》第二条承诺的主张成立。”

伴随国美的二次胜诉，这一案件的台前幕后也有必要重新予以审视。应该说，三年以前的国美，遭遇控制权之争以及行业的整体变迁，内外工作千头万绪，是否应就这一事件提起诉讼，社会上有多种观点。比如一种比较强烈的呼声就认为，“国美现在最需要的不是官司”，而家电业内专家刘步尘也认为“国美此举并不明智，即使官司赢了，公司也输了品牌”。

尽管这些评论各有各的视角，但是，国美董事会授权负责本次诉讼的执行董事邹晓春表示：“本次起诉，就是要通过正当的法律途径来依法维护公司与全体股东的利益，维护契约精神和市场经济的正常秩序，从而进一步提升国美的治理水平。”

而来自劳动法方面的专家也表示：“伴随中国市场经济的不断发展，中国需要成熟的职业经理人市场。而陈晓受股东方信任管理公司，与大股东争夺控制权未果，又在离任后诋毁公司的行为有违市场信用，给国内职业经理人市场做出了不好的范例，如果听之任之，没有人要求其为自己的违约行为承担相应的法律后果的话，整个社会将最终为这些违约行为买单。”

看看这一案件的判决，法院最终的判决依据非常简单，就是《中华人民共和国合同法》中的一条规定，即“当事人应当按照约定全面履行自己的义务”。这也意味着，遵守合同的守约精神在现行法律中已经有了很重要的强调。为什么有法律规定，又有契约在先，还会有违背契约信用的情况发生呢？

与此同时，整个社会更需要反思的是：为什么对于陈晓这么高职位的职业经理人，还会出现契约违背的情况。陈晓在国美公司的职务曾经是董事、董事会主席、执行委员会主席，也曾经有自己创办的公司，身份如此显要的职业经理人，为什么会犯如此错误呢？法治专家告诉记者：“法治精神的实践，往往需要经历一个较长的时间过程。这个时间过程，需要一系列案件的积累和强化，需要人们认识的不断深化，最终才能形成思想上的共识。当然，契约精神的遵守，也将标志着中国商业社会的发达与完善。”的确，在此案之前，职业经理人违反约定泄露企业商业秘密或者违反竞业禁止义务的案件不胜枚举，其中很多企业可能并没有选择诉讼，或者即使诉讼也悄无声息，一方面与当事人的态度有关，比如担心影响企业声誉，另一方面也与时代背景有关。伴随契约精神的重要性不断提升，守约的价值以及违约需要付出的成本不断增加，国美诉陈晓案势必也将被赋予更多的社会价值。这一社会价值，就是对契约精神的强调，同时违约者要为此付出代价。

资料来源：根据中国经营网资料整理而得，有所删减。

第二节 道德风险、逆向选择与科层选择

阅读材料 4－3

保险合约中的困境

1998 年，美国某州立大学校园自行车被盗率为 10%。一群青年企业家经调查发现，校园无人购买自行车保险。经细心核算，他们推出了 15 美元保险费的自行车盗险计划，并卖出了 100 张保险单。按照 10%的赔偿概率和 100 美元的赔偿额计算，保险收入为 1 500 美元，毛利润为 500 美元。但是结果却大大令他们失望：1999 年年底，前来领取保险费的有 20 人，总体亏损了 500 美元。何以如此？这是因为自行车投保后学生们对自行车安全防范措施明显减少。在这个例子中，投保的学生由于不完全承担自行车被盗的风险后果，因而采取了对自行车安全防范的不作为行为。

保险合约中利益受损者不仅仅只有保险公司，被保险人遭遇道德风险的现象也屡见不鲜。央视一个节目曾报道，一位父亲在启动汽车时意外将自己才 20 个月的孩子轧死了。夫妻俩陷入了极度的痛苦。交警勘察后认定为交通事故。在一位律师的提醒下，说可以按交强险找保险公司理赔。于是，夫妻俩走上了索赔之路。很快，保险公司就受理了，各项手续也办得很快，一段时间后，却没有理赔的消息。一拖再拖，事主到公司去询问，说是要调查、了解。再过一段时间后还是没有结果，原来保险公司不想赔了。无奈，夫妻俩将保险公司告上了法庭。后来才知道，保险公司迟迟不理赔的原因是他们考虑到这起案子存在道德风险。

那么，保险公司认为这起案子存在的道德风险是什么呢？简言之，他们怀疑这位父亲故意把自己的孩子轧死后骗取保险金。

也许有人会说，大千世界无奇不有。但是，把自己的孩子轧死了再骗取保险金，这样的父亲相信不会有。也许会有因养不活把自己的孩子送人的父亲，也许会有把自己的孩子卖掉的父亲，但是，绝不会有把自己的孩子活生生地轧死了来骗钱的父亲。为什么？虎毒还不食子呢！这个案子的结果是保险公司后来与事主协商，在交强险的范围内与原告和解，赔付了 11 多万元，从表面上看，保险公司还是履行了自己的职责。其实，从这个案子中也不难看出，保险公司的道德风险不得不引起人们的思考。

近年来，客户对银行(信用社)的投诉显著增加，近一半是投诉银行员工骗卖保险、基金和理财产品。客户反映，银行(信用社)员工不把风险告诉他们，一味地承诺高收益，造成他们上当。比如曾有一位 59 岁的妇女，她投诉××银行，自己准备将多年积蓄 13 万元转存三年期定

期存款，该行一员工反复向其推销所谓的“保险理财产品”，介绍说这个产品收益好、能分红，还免费送意外保险。她强调：“我没文化，让她死缠硬劝就做了这个。回家后，子女一看气恼了，一是家里明后年要盖房等用钱，这保险要到6年后才能取出来，银行的人不为我考虑，当时也没说要到6年后才能取。”

资料来源：根据宋继军博客及河北金融网相关内容整理，有所删减。

一、信息不对称及其后果

由于人的有限理性、机会主义及技术的限制，很多时候，人们生活在一个信息不对称的世界。所谓信息不对称，是指契约当事人一方持有另一方不知道的，尤其是他方无法检验的信息或知识(亦称私人信息)。消费者和商家、律师和客户、股东和职业经理人、债权人与债务人之间，就属于信息不对称关系。

信息不对称导致的结果首先是在契约执行的过程中，代理人的目标偏离委托人的目标，代理人在追求效用最大化时无法实现委托人的效用最大化；均衡契约、最优契约难以实现，因为机会主义的交易者会利用这种不对称逃避风险，将交易成本转移给他人。因此，将产生一系列代理成本，包括监督费用——观察代理人行为、测量代理人产出的费用；保证费用——代理人承担的保证契约履行的费用，如支付给委托人的保证金；剩余损失——在存在交易成本情况下，委托人实际实现的剩余与“新古典利润最大化”剩余的差额。由于信息不对称，企业组织内部经常出现高能力者偷懒或者低能力者滥竽充数等问题。

信息不对称包括两种情形：一种是事前信息不对称，另一种是事后信息不对称。在第一种情况下，具有信息优势的一方有事前机会主义倾向，导致逆向选择；在第二种情况下，具有信息优势的一方具有事后机会主义倾向，带来道德风险问题。

二、逆向选择问题

生活中老百姓找银行“理论”的现象屡见不鲜，往往是因为银行员工在营销保险产品时拍着胸脯保证“保本高收益”，而对保险产品作为投资所具有的风险则尽量淡化，或不告知，有的工作人员则误导客户，介绍说产品连续交3年或5年后就可以取，事实是10年期满后才能保证预期收益，而提前取收益会受很大影响。上述例子中表现的就是在签订契约中的事前信息不对称。

事前信息不对称将导致逆向选择问题，即当事人的行动只有他自己知道，或只被契约中所有人知道而局外人不能观察到，是一种外生性信息不对称，是客观事物本身具有的。阿克洛夫(Akerlof，1970)最早以一个二手车的“柠檬市场”为例，分析了逆向选择问题。

阅读材料4－4

“柠檬市场”及其在现实生活中的应用

著名经济学家乔治·阿克洛夫以一篇关于“柠檬市场”的论文摘取了2001年的诺贝尔经济学奖，并与其他两位经济学家一起奠定了“非对称信息学”的基础。

“柠檬”在美国俚语中是“残次品”或“不中用的东西”，因此，“柠檬市场”也称“次品市场”，是指信息不对称的市场，即在市场中，产品的卖方对产品的质量拥有比买方更多的信息。在极端情况下，市场会止步萎缩和不存在，这就是信息经济学中的逆向选择。

乔治·阿克洛夫在其发表的《柠檬市场：产品质量的不确定性与市场机制》的论文中举了一个二手车市场的案例。他指出，在二手车市场，显然卖家比买家拥有更多的信息，两者之间的信息是非对称的。买者肯定不会相信卖者的话，即使卖家说得天花乱坠。买者唯一的办法就是压低价格，以避免信息不对称带来的风险损失。买者过低的价格也使得卖者不愿意提供高质量的产品，从而低质品充斥市场、高质品被逐出市场，最后导致二手车市场萎缩。

"劣币驱逐良币"是"柠檬市场"的一个重要应用，也是经济学中的一个著名定律。该定律是这样一种历史现象的归纳：在铸币时代，当那些低于法定重量或者成色的铸币——"劣币"进入，构成"柠檬市场流通领域"之后，人们就倾向于将那些足值货币——"良币"收藏起来。最后，"良币"将被驱逐，市场上流通的就只剩下"劣币"了。当事人的信息不对称是"劣币驱逐良币"现象存在的基础。因为如果交易双方对货币的成色或者真伪都十分了解，"劣币"持有者就很难将手中的"劣币"用出去，或者，即使能够用出去，也只能按照"劣币"的"实际"而非"法定"价值与对方进行交易。简单来说，货币是作为一般等价物的特殊商品，当货币的接受方对货币的成色或真伪缺乏信息的时候，就会想办法提供价值更低的交易物，而交易物的需求方（也就是支付货币的一方）相应地也会想办法用更不足值的货币来进行支付，最终导致整个市场充斥劣币。

"柠檬市场效应"同样可以对就业歧视问题进行解释。有些雇主拒绝在一些重要岗位上雇用有色人种或少数民族，因为在缺乏充足、可信的信息的情况下，在这些雇主看来，一个人的种族、肤色便成为其社会背景和素质能力的一个信号。当然，对一个人的素质、能力、教育体系可以给出一个更好的衡量指标。它可以通过诸如授予学位等方法给出更好的信号。而我们知道，由于在美国，有色人种或少数民族接受良好教育的机会很少，大多是在贫民窟学校完成学业。来自贫民窟学校的鉴证的可信度比起一些正规的名牌学校来说要低得多，这使有色人种或少数民族的就业处于一个不利地位。因为当雇主不信任一些学校的"鉴证"时，对他而言，在重要的岗位上雇用有色人种或少数民族，这类似于购车者花费较多的金钱在信息不完全的"二手车"市场上买车。正如购车者会去买一辆新车一样，雇主会在那些他认为"可能能力较强者较多"的市场中挑选人才。也正因如此，加强对落后地区的教育投资显得尤为必要，因为它可以提高一个群体的素质，提高其"鉴证"的可信性，最终改善一个群体中成员的就业机会和生存状况。总之，在许多市场领域，"柠檬市场"的理论是十分有用的，只要存在着信息不对称，就会形成次品市场，从而使得次品驱逐优品，达到次品充斥整个市场。

在企业里，与雇佣合约有关的签约前信息不对称往往带来逆向选择问题，因为寻找工作的人要比大多数潜在的雇主更了解他们自身的真实能力。为了克服这种度量问题，信号机制可以提供帮助，比如雇员所获得的教育水平可能对于他在工作上的潜在生产力提供了某种有用的信息。正如舒尔茨 1964 年写道："教育开发一个人的潜能，启迪人的智慧，也只有通过接受教育，一个人的能力才可被发现和挖掘，才能够获得社会的认可。"当然，一个没有接受到任何训练的工人完全可能有很好的潜质，但在一个公司接纳其以前，这种才能一定要经过教育体系的鉴证，这个鉴证的体系一定要有权威、具有可信度，这样才能传递出生产力潜能的有效信息。

在债务合约中，事前信息不对称也是一直存在的。一般而言，潜在的债务人要比他的潜在债权人更了解自身的经济前景和诚实情况，在这里，信号传递机制和自选择机制也可能有助于问题的解决，比如债权人为不同类型的客户提供不同类型的信贷规模、利息率以及担保等级，这样每个潜在的债务人有激励从中选择自己认为合适的甚至是专门为他这种质量等级的客户设计的合约。另外一种方法是通过信息技术来克服逆向选择中的信息缺乏,这就需要客户专用性的信息,因此,需要债权人建立长期客户关系①。

前面所提到的信号传递和信号筛选工具在很多领域都是适用的。例如,在劳动力市场中,教育水平是一个信号,工资水平也是一个信号;在信贷市场中,企业家持有的资本份额是一个信号,信贷配给(在所有的贷款申请人当中,一部分人的贷款申请被接受,而另一部分人即使愿意支付高利率也得不到贷款;贷款人的贷款申请只能部分被满足,例如,100 万元的贷款申请只能贷到 50 万元)是一个信号筛选工具;在商品市场中,质量认证和生产者责任等是信号筛选工具②。

三、道德风险

当事人签订合约后,一方拥有隐藏信息和隐藏行为,而另外一方无法观察到、无法监督,这时另外一方就会遭遇道德风险。

道德风险存在于企业的许多关系中,如债权人和债务人、雇主和雇员、人力资本所有者和物质资本所有者等。在企业内部管理中,由于雇员不是剩余索取者,不会像自己经营企业那样追求效率,在偷懒与努力工作之间,他可能选择偷懒。如果他的努力程度无法无成本地观测,或企业的奖惩机制缺乏有效性,那么偷懒的好处由他个人得到,而成本则由全体人员分摊。解决这类问题,在思想层面上要培养员工的主人翁意识;在制度层面上,可以考虑让雇员分享剩余,如可以通过职工持股计划,让职工拥有股份,或约定分红协议,在这个基础上形成雇员相互监督的机制。另一种办法是实行计件工资,通过对员工劳动成果的考核代替对人的监督,把劳动成果与报酬联系起来。对不能量化到个人的团队劳动,也应尽可能划小核算单位。此外,形成竞争性的内部劳动力市场也非常重要③。股东与高管之间的道德风险在公司治理中是尤为关注的,如何解决这一道德风险问题,最优契约理论认为高管薪酬应随企业业绩变化正向波动,通过一个激励相容的契约设计将高管薪酬与企业业绩相结合,这样可以有效缓解股东与高管之间的委托代理问题。最优契约的有效设计必须具备 3 个条件:(1)规范运作的董事会。董事会必须具备较强的谈判能力,其必须保持独立性和客观性,而现实是,受专业素养、董事会文化培育等因素影响,部分企业董事会在开拓精神、贯彻股东意图等方面还存在一些需要改进的地方,企业董事会对高管考核力度不够,企业高管差异化考核工作仍需进一步细化。(2)有效的市场化约束机制。(3)股东权利的有效行使。信息不对称和股权分散可能影响股东正常行使权力,股东有效行使权力的条件是:双方共同分担风险、利用一切可能利用的风险、报酬结构因信息性质的不同而不同。

企业中的道德风险还存在于股权合约与债权合约中。企业的资金来源除了股权资本外,发行债券、银行贷款和被动负债(如拖欠工资、税款和客户货款等)都是企业资金来源的渠道,而且,在企业的长期资金来源中,有相当一部分是债务。股权的所有者和债权的所有者之间也存在道德风险。由于法律规定股东是企业的所有者,而股东的责任是有限的,因此,股东比债权人更愿意冒险,因为冒险成功的收益是股东的,而失败的成本一部分转嫁给了债权人。股东

① 埃里克·弗鲁博顿:《新制度经济学:一个交易费用分析范式》,上海人民出版社 2006 年版,第 176～181 页。
② 埃里克·弗鲁博顿:《新制度经济学:一个交易费用分析范式》,上海人民出版社 2006 年版,第 326 页。
③ 刘汉民:《企业理论、公司治理与制度分析》,上海人民出版社 2007 年版,第 45～49 页。

或其代理人可能利用负债增加自己的效用，而债权人特别是贷款者，由于信息不对称，可能会受到剥削，债权人意识到这一点，往往通过债务合约寻求法律保护。债务合约最基本的特征就在于，一旦债务人不能按期偿还债务，企业的控制权就会发生转移，由债务人转移给债权人。但合约本身并不是完备的，并不能摆脱道德风险。于是，债权人要么提高门槛，要么拒绝放款①。

在股权结构中，除英美国家以外，大多数其他国家的股权是集中的，企业委托代理契约中的最主要冲突已由所有者与管理者之间的代理冲突演化为所有者之间，即控股股东与外部中小股东之间的代理冲突。控股股东主要利用契约的不完全性，通过关联交易、裙带关系将一部分公司资源转移到自己手中，从而对契约的其他当事人进行剥削。市场操纵、内幕交易、虚假陈述的存在和泛滥，更凸显了普通投资者在获取信息资源方面的法律困境。鉴于信息在资本市场资源配置中的核心作用，立法和政府机构应当致力于解决市场信息不对称和信息不完全的问题，为投资者创造获取真实、准确、充分、及时的信息的市场环境和法制环境。

四、企业的科层安排

除了个体户外，现实中的企业往往是多级科层结构，通过层层委托—代理关系，遵照命令完成企业内部交易。比如，最上面是董事长，其次是总经理，再次是部门经理，最下面才是员工。通常情况下，科层制指的是一种权力根据职能和职位进行分工和分层、以规则为管理主体的组织体系和管理方式，它既是一种组织结构，也是一种管理方式。高效率的生产要求企业能够有效地协调企业内各部门的工作，调动全体雇员的积极性，而这都要依托一个良好的组织结构、合适的科层安排。

威廉姆森(1967)认为，企业越大，等级层数越多，上级对下级的监督就越困难，科层组织内各级别信息搜集、传递中势必出现累计式的信息损失，甚至各级人员可能故意扭曲信息来优化自身的利益，由此企业内部职员偷懒造成的费用就越高，所以企业不能无限地扩大。决策者的有限理性限制了科层组织配置决策的有效信息量，控制损失问题难以避免(如果不存在控制损失，则企业层级和规模可以无限大，即企业的规模只取决于生产技术、市场需求、要素成本)，从中也可以理解，一个企业，如果在它的内部组织能力(信息传递效率)还很弱的时候就急于扩张企业规模，那将是非常危险的行为。

因此，我们需要研究最优的组织设计方案、等级的层数、每人管辖的范围和奖惩的大小，使得每个成员都能最大限度地为企业的整体目标努力。这就是激励理论，它在科层制里的应用包括：一是企业内部监督，假如劳动本身不受到监督，或者从劳动的结果无法精确判断个人的贡献，个人就不会努力工作。所以，企业管理人员的重要职责是监督下级的工作并实施奖惩。二是企业内部的竞赛，比如评选“最佳工作者”，评选“一等奖”等。这种激励方式按照“序数”而不是“基数”决定奖金的发放。除了评选名次外，提职晋升也属于这一类激励方式。罗森发现，在体育竞赛中，第一名与第二名的奖励差距比第二名与第三名的差距大得多。他用类似的模型证明了在企业中最优的工资分配应具有如下特征：越高的职位，工资差距越大。这是因为越往上，上升的机会越小，非得提高奖励，才能有足够的刺激②。

---

① 刘汉民：《企业理论、公司治理与制度分析》，上海人民出版社2007年版，第45～49页。
② 钱颖一：《现代经济学前沿专题(第一集)》，商务印书馆1989年版。

阅读材料 4－5

宝钢集团的管理体制

宝山钢铁集团公司(以下简称宝钢)是一家已有30多年建厂历史的、我国现代化水平最高、规模最大的特大型钢铁联合企业。建厂30年来,其管理经验一直在国内外广受赞誉,而且钢铁行业通常被认为是需要依靠"权威服从"体系才能保证生产连续进行的具有典型意义的行业。如果这种传统行业中的先进企业可以采取与"权威服从"体系不同的组织模式来运作而依然能在长时期内取得卓越的经营绩效,那么其经验就具有可借鉴价值。

宝钢建立时从日本新日铁公司引进了原料工序和炼铁、炼钢、初轧工序管理模式,在引进模仿中进行创造性改造。受主张"凡没有职能机构的组织才算是基层单位"的新日铁在君津大分厂内实行机构精干化和强化基层的管理模式的启发,宝钢抛弃了我国钢铁联合企业长期以来一直实行的分级管理、分散经营的管理模式,率先实行生产、计划、设备物资采购、产品销售都集中到总部的纵向的集中管理以及由总部职能部处从头管到尾、服务到现场的横向的"一条龙"管理体制,并在基层推行了管理重心下移的作业长制,使仅相当于工段长级别的作业区管理者成为能发挥半个厂长加半个工程师作用的一线指挥官。

宝钢建厂于我国改革开放初期,其分级管理向集中统一管理体制的转变经历了一个过渡性阶段。在此过程中,宝钢各组织层级内设立的职能机构逐渐在上移到总部中缩减乃至取缔,在宝钢将全厂的计划编制、财务管理、能源管理、产品销售、厂内外运输、物资供应、备品备件供应、安全环保、人事教培等主要管理工作集中到总部统管后,其二级厂的职能管理机构曾在20世纪80年代中后期精简为"四科一室"(生产技术科、机械动力科、劳资科、保卫科和办公室)。而后又逐渐减少到了只保留定员2～3人的办公室,并且基层中与生产主线作业关系不大的作业内容、工种等也被以"归口管理"方式归并到对口专业部门统管。公司层面对业务实施的集中管理,使二级厂变成了车间型的生产作业单位,既保持了整个企业在各项业务上的统一及规模化处理,同时又便于下层管理人员摆脱负担,集中精力搞好生产与各项专业管理工作。

与在纵向维度上向企业总部的"集中"相匹配的是,宝钢规定了业务工作开展的横向维度上的"一贯"管理原则,并采取了以下方面的组织措施予以落实:

一是设立职能综合化的机构,将相关性强的业务管理职能合并归属于同一部门。宝钢虽然在总部机关按职能分工实施专业管理,但强调能由一个部门或一个人管理的业务,就不设多个部门或多人去管,这种以简化职能工作中的专业化分工原则设立的总部机构,通称为"大部"。以这样的"大部"制来推动专业部门职能的综合化,不仅有利于精简机构和人员,而且能够在关联及配合中改进和加强各项职能工作。

二是在"大部"内部的机构设立和工作安排中以体现产品分工原则的"一贯科"取代惯常的工艺专业分工。钢铁企业的生产流程是序贯式相依的关系,生产厂及现场作业通常需要按照生产流程的不同工艺阶段进行组织,相应地,许多企业也在总部的职能管理中实行工艺专业化的原则,导致"铁路警察,各管一段"。宝钢实行横向上"一贯"管理的原则,按照产品类别设置钢板科、钢管科、条钢科等"一贯科",且科内职员工作也尽量按品种分工来安排,如条钢科内就按硬线、软线、焊条钢等品种来划分工作,以便根据各类产品用户对质量的特定要求进行从头到尾的全过程"一条龙"管理。

三是鉴于各职能部门间可能出现职责不清、业务脱节、关系不顺等问题,宝钢除了设立各种常设性的专业委员会促进跨系统的协调外，还通过“牵头科”和“专业搭接”制度确保业务交接处或结合部之工作的衔接。比如，在技术部内指定由质量标准科作为“牵头科”，负责部内各技术或质量科、室及检验站之间各项业务的协调，而总部各管理子系统之间的职能协调则指定由企管部来负责牵头。另外，与传统责任制形成对照的“专业搭接”制度，也被广泛用来强化业务部门之间的横向协调。

由于生产规模大，宝钢基层管理中设有 4 个组织层次，即二级厂—车间或分厂—作业区—作业组。与国内传统企业将生产作业管理重心放在总厂调度及二级厂厂长身上的“头重脚轻”体制不同，宝钢将指挥、组织生产操作和现场管理的权利委托给了作业长，由此使生产作业管理的重心下移到了基层管理者身上。同是基层管理者，与传统企业中的工段长只是接受上头命令的被动执行者不同，宝钢的作业长虽然在地位上与其他企业工段长等同，但在生产作业指挥和管理中拥有了人员管理、作业管理和车间运营三大方面的权力：(1)人员管理权。作业长对所管辖作业区内的人员在工作分派、奖金管理、工资提升上都具有“说了算”的决定权。(2)作业管理权。宝钢打破“谁大听谁的”纵向权力体制，提出横向关系上体现“谁重要听谁的”工序服从原则，包括上道工序服从下道工序、一般工序服从核心工序、辅助作业服从主体作业，以及全分厂听从首席作业长的指挥等。这样，根据各工序在生产流程中的地位和作用，关键、重要工序的作业长就像“小厂长”一样有权调动同级别的其他作业长来共同解决现场出现的问题。(3)车间运营权。宝钢在精简或撤销了基层单位的副职及职能机构设置后，作业长可接受车间主任的授权，以“车间运营委员会”主任或委员的身份对整个车间某一方面管理工作行使相应的权限。

宝钢各级的中层管理者在向基层的作业长做了以上 3 方面授权后，车间主任、二级厂厂长和总部有关人员的角色作用也发生了重大变化。这种变化，概括地说就是由传统的身居一线的指挥命令、监督控制，转变为退居二线提供指导帮助，从“指挥者”变为“领导者”。为了鼓励得到授权的作业长大胆行使权力，宝钢提倡车间主任对接受了权力委让的作业长“授权不授责”。而鉴于作业长的成长周期通常需要 6～7 年乃至 10 年的时间，从在岗培养人才的角度，宝钢提出了对作业长实行“允许出决策的错误，但不允许出不执行决策的错误”的政策，使作业长能够解除心理负担，在行使原来基层管理者所没有的三大方面权力中锻炼和提高自己的管理能力，尤其是果断地处理流程化生产中需以“救场如救火”方式解决现场存在问题的决断能力，这样就在基层管理者的决策力的在岗培养中，促进了以作业长制为中心的“管理重心下移”体制的落实和制度化。

资料来源：王凤彬，《科层组织中的异层级化趋向——基于宝钢集团公司管理体制的案例研究》，《管理世界》，2009 年第 2 期。

第三节 团队生产理论

阅读材料 4－6

三个和尚

中国美术片《三个和尚》诞生于 1980 年，凭借其生动活泼、别具一格的画面和深刻的故事寓意荣获丹麦第四届欧登国际童话影展银质奖、第三十二届柏林国际电影节银熊奖、葡萄牙国际电影节最佳影片奖、第一届中国电影"金鸡奖"最佳美术片奖及1980年文化部优秀美术片奖。

山上有座小庙，庙里有个小和尚。他每天挑水、念经、敲木鱼，给观音菩萨案桌上的净水瓶添水，夜里不让老鼠来偷东西，生活过得安稳自在。不久，来了个瘦和尚。他一到庙里，就把半缸水喝光了。小和尚叫他去挑水，瘦和尚心想一个人去挑水太吃亏了，便要小和尚和他一起去抬水，两个人只能抬一只水桶，而且水桶必须放在扁担的中央，两人才心安理得。这样总算还有水喝。后来，又来了个胖和尚。他也想喝水，但缸里没水。小和尚和瘦和尚叫他自己去挑，胖和尚挑来一担水，立刻独自喝光了。从此谁也不挑水，三个和尚就没水喝。大家各念各的经，各敲各的木鱼，观音菩萨面前的净水瓶也没人添水，花草枯萎了。夜里老鼠出来偷东西，谁也不管。结果老鼠猖獗，打翻烛台，燃起大火。三个和尚这才一起奋力救火，大火扑灭了，他们也觉醒了。从此三个和尚齐心协力，水自然就更多了。

该美术片通过展现一个和尚挑水喝、两个和尚抬水喝、三个和尚没水喝的故事，讽刺了那些相互推诿、斤斤计较、唯恐自己吃亏的人，并启发我们只有团结合作、互谅互让、齐心协力、勇于承担责任，把个人的智慧融入集体之中，才能克服困难，取得成功，才能换来幸福生活的道理，是非常经典的关于团队生产与合作的美术片。这种现象几千年来也一直在我们身边演绎，也是所有企业无法避而不谈的问题。

美国经济学家阿尔奇安和德姆塞茨(1972)等人提出"团队生产理论"，认为企业的实质是团队生产，其产品生产要素的投入不是简单的组合，产品也不是由各个生产要素简单地相加，团队生产所使用的所有资源不属于一个人。团队生产的意义在于多项投入在一起合作生产的产出要大于各项投入分别生产的产出之和。然而，一个团队向市场提供的是整个团队的产品，而不是每个成员的边际产品，因此在团队生产中，参与合作的队员的边际产出并不是可以直接和分别地观察到的。这时人的机会主义倾向便会诱致偷懒行为，导致团队生产的道德风险。怎样减少并抑制这种机会主义倾向？我们需要设计合适的机制。

(1)市场机制，从原则上讲，市场竞争可以监督一些队生产，那些不是队成员的投入所有者会作为对队的一个较小份额的报酬的回报，来替代那些过度(即要支付过量的补偿)偷懒的成员。

(2)专门的监督者，减低偷懒的一种方式是，由某人专门作为监督者来检查队员的投入绩效。但这里又有一个问题，即由谁来监督监督者呢？对监督者的一种约束是我们上面所提到的由其他监督者所提供的市场竞争，但市场也不是完全有效的。另一种约束是对监督者施加影响，授予他对于队的净收入及向其他投入支付报偿的权力。如果合作投入的所有者同意监督者可以获取规定的数额以上的剩余，这样监督者就获得了一种作为监督者不再偷懒的追加的激励。监督的专门化加上他对作为一个残余权利者身份的依赖，将使偷懒减少。

(3)合伙制，由相对少的有活力的合伙者组成，成员相互之间能进行更为有效的监督，因而监督不需要全部专业化，当投入的所有者能自由地做出适合于他们的合约安排时，利润分享很适合合伙制企业。

(4)忠诚，它是企业家实行团队生产、达到高于队员单独生产的产出的优势而诞生的根本保证。阿尔奇安和德姆塞茨指出："公司和商业企业都试图灌输一种忠诚精神……它促进了雇员潜在的生产与闲暇的替代率更加接近，并能使每个队员实现一个文明的境况""当然，要创造一种经济的团队的忠诚精神是很困难的，它可能要鼓吹道德行为准则"。团队精神对于团队生产是必不可少的，而且也必须有意识去培养、有意识地用道德手段去灌输。

阅读材料 4－7

逃离城堡

相传，在古希腊时期的塞浦路斯，有一座城堡里关着7个小矮人，传说他们是因为受到了可怕咒语的诅咒，才被关到这个与世隔绝的地方。他们住在一间潮湿的地下室里，找不到任何人帮助，没有粮食，没有水。这7个小矮人越来越绝望。小矮人中，阿基米德是第一个受到守护神雅典娜托梦的。雅典娜告诉他，在这个城堡里，除了他们待的那间房间外，其他的25个房间里，一个房间里有一些蜂蜜和水，够他们维持一段时间，而在另外的24个房间里有石头，其中有240块玫瑰红的灵石，收集到这240块灵石，并把它们排成一个圈的形状，可怕的咒语就会解除，他们就能逃离厄运，重归自己的家园。

第二天，阿基米德迫不及待地把这个梦告诉了其他6个伙伴。其他4个人都不愿意相信，只有爱丽丝和苏格拉底愿意和他一起努力。开始的几天里，爱丽丝想先去找些木材生火，这样既能取暖，又能让房间里有些光线；苏格拉底想先去找那个有食物的房间；阿基米德想快点把240块灵石找齐，好快点让咒语解除。3个人无法统一意见，于是决定各找各的，但几天下来，3个人都没有成果，反而耗得筋疲力尽，更让其他4个人取笑不已。

但是3个人没有放弃，失败让他们意识到应该团结起来。他们决定，先找火种，再找吃的，最后大家一起找灵石。这是个灵验的方法，3个人很快在左边第二个房间里找到了大量的蜂蜜和水。在经过了几天的饥饿之后，他们狼吞虎咽了一番；然后带了许多分给特洛伊、安吉拉、亚里士多德和梅里莎。温饱的希望改变了其他4个人的想法。他们后悔自己开始时的愚蠢，并主动要求与阿基米德他们一起寻找灵石，解除那可恨的咒语。

为了提高效率，阿基米德决定把7个人兵分两路：原来3个人继续从左边找，而特洛伊等4人则从右边找。但问题很快就出来了，由于前3天一直都坐在原地，特洛伊等4人根本没有任何的方向感，城堡对他们来说就像个迷宫。他们几乎就是在原地打转。阿基米德果断地重新分配：爱丽丝和苏格拉底各带一人，用自己的诀窍和经验指导他们慢慢地熟悉城堡。

提高效率，尽快完成团队的目标，是任何一个团队所追求的。知识是生产力，是提高效率的重要手段。而经验是知识的有机组成部分，也可以通过有意识的学习获得。

当然事情并不像想象中那么顺利，先是苏格拉底和特洛伊那组，他们总是嫌其他两个组太慢。后来，当过花农的梅里莎发现，大家找来的石头里大部分不是玫瑰红的；最后由于地形不熟，大家经常日复一日地在同一个房间里找石头。大家的信心又开始慢慢丧失。

团队的阻力来自于成员之间的不信任和非正常干扰。尤其在困难时期，这种不信任以及非正常干扰的力量更会被放大。因此，在团队运作时，建立一个和谐的环境非常重要。

阿基米德非常着急。这天傍晚，他把6个人召集在一起商量办法。可是，交流会刚刚开始，就变成了相互指责的批判会。

性子急的苏格拉底先开口："你们怎么回事，一天只能找到两三个有石头的房间？"

"那么多的房间，门上又没有写哪个有石头，哪个是没有的，当然会找很长时间了！"爱丽丝答道。

"难道你们没有注意到，门锁是圆孔的都是没有的，门锁是十字型的都是有石头的吗？"苏格拉底反问道。

"干吗不早说哪？害得我们做了那么多的无用功。"其他人听到这儿，似乎有点生气。经过交流，大家才发现，原来他们有些人可能找准房间很快，但可能在房间里找到的石头都是错的；而那些找得非常准的人，往往又速度太慢。他们完全可以将找得快的人和找得准的人组合起来。

相互指责只会使问题更加严重，对问题的解决没有丝毫的作用。

一个团队里，具有专业素质的人非常关键。但是一个团队的运作，需要的是各种类型的人才，如何搭配各类人才，是团队管理要解决的重大问题。

于是，这7个小矮人进行了重新组合。并在爱丽丝的提议下，大家决定开一次交流会，交流经验和窍门。然后把很有用的那些都抄在能照到亮光的墙上，提醒大家，省得再去走弯路。

吃一堑，长一智，及时总结经验教训，并通过合适的方法将其与团队内的所有成员共同分享，是团队走出困境、走向成功的很好做法。

在7个人的通力协作下，他们终于找齐了所有的240块灵石，但就在这时，苏格拉底停止了呼吸。大家震惊和恐惧之余，火种突然又灭了。

没有火种，就没有光线；没有光线，大家就根本没有办法把石头排成一个圈。

本以为是件简单的事，大家都纷纷地来帮忙生火，哪知道，6个人费了半天的劲，还是无法生火——以前生火的事都是苏格拉底干的。寒冷、黑暗和恐惧再一次向小矮人们袭来。灰暗的情绪波及了每一个人，阿基米德非常后悔当初没有向苏格拉底学习生火。

分工有利于提高效率，但分工会使得团队成员知识单一。在一个团队里，不能够让核心技术掌握在一个人手里，应通过科学的体制和方法对核心知识进行管理。

在神灵的眷顾下，最终火还是生起来了。小矮人们胜利了。通过对团队的有效管理，团队的目标终将实现。

资料来源：http://www.360doc.com/content/14/0420/10/16873394_370499499.shtml。

第四节　完全契约框架下的企业融资理论

企业是一个通过一系列契约将各种稀缺资源联结起来的经济组织。在企业里，人力资本和物力资本都是非常重要的资本构成要素，但要推动这些资本的运作，则离不开一定数量的货币资本的积累和投入，这就需要进行企业融资。能否融到企业发展所需的资金、融资的来源渠道以及融资成本的大小直接影响企业的发展，现实中因资金链断裂而"跑路"的经营者也屡见不鲜。

企业资金的来源总的来说有两个：一是内源融资，即企业通过自己的经营活动取得了一定的利润收入，扣除税收等项目后，剩余的部分利润留存形成企业的自我积累，这种积累转化为企业的后续投资就形成了企业的内源融资；二是外源融资，即企业吸收社会其他经济主体的剩余资金以形成企业的资金，现代企业由于规模较大，单靠企业自身的积累无法满足发展的需要，因此相当一部分资金依赖于外源融资。

外源融资根据所提供资本的性质，主要划分为股权融资和债务融资，它们对于企业内外的利益关系、企业成本和经营效益都有不同的影响，主要表现在：一是两种融资方式对企业控制权状态的影响不同。债权人只有当企业不按时还本付息时，才有权按照法律程序向企业追索债务；而股权融资的出资者不仅有经营收益的索取权，而且有企业决策的控制权，大量的股权融资对于夺取企业控制权有决定性的影响，而债务融资在一般情况下对其没有任何威胁。二是融资成本不同。债务资本利息计入企业成本并免征所得税，而股权资本收益则在企业净利润中提取并上交企业所得税。三是对经营者形成的压力不同。债务资本对企业的约束是刚性的，一旦企业无法按期偿还债务，企业将可能面临破产，因此对经营者的压力比较大。股权资本一旦进入企业就成为企业的永久性资金，按照法律规定，只有企业终止经营活动后，股权所有者才有可能从企业抽回投资；此外，股权资本的收益也是不确定的，它由企业的收益水平和发展战略决定，这里面的变数又是相当大的，因此，股权资本给经营者造成的压力相对较小。四是由于存在严重的信息不对称，较大的债务资本更容易刺激那些拥有所有权的经营者冒险经营。由于上述两种融资方式分别以不同的方式影响着企业，如何确定两者的合理比例，对企业经营具有重要意义。

融资问题是企业理论中一个重要分支，直接决定了企业的资本结构（企业股权资本和债务资本的比例），涉及企业内部人（经理/企业家）与外部投资者（外部股东/债权人）的关系。与其说股权和债务是融资手段，不如说是不同的治理结构。从项目融资角度来看，公司是发行股票还是发行债券的决策，与自制还是市场采购的决策类似。威廉姆森（1996）认为，在资产专用性程度比较低的时候，人们偏好“市场模式”（债券、外部采购），而在资产专用性程度比较高的时候，偏好“企业模式”（股票、自己制造），并且股权与债务不能完全兼顾。现代资本结构理论的基石是由莫迪利安尼和米勒奠定的，他们认为，在完美的资本市场中，资本结构的改变不影响公司价值，这就是著名的 MM 理论，但该理论并不是现实中的标准答案，如存在破产、交易成本、税收和非对称信息等情形的时候。其他学者为完善企业融资理论，从不同角度做了阐释。

一、詹森和梅克林基于代理成本的企业融资理论

詹森和梅克林（1976）用代理理论分析了公司资本结构。在一个既有债权融资又有股权融资的公司中，外部股东、债权人和经营者的目标是不一致的，他们各自追求自身利益的最大化，这样就产生了所谓的代理成本。

外部股权的代理成本包括：(1)委托人（股东）对代理人（经理）的激励和监督支出；(2)代理人对委托人的保证支出，即保证若代理人采取损害委托人的利益的行为，委托人可以获得补偿；(3)由于代理人和委托人的决策存在偏差而导致的委托人福利的货币损失。

与债权有关的代理成本包括：(1)由于债权对公司投资决策的影响而导致的机会财富损失；(2)由债券持有者和经营者承担的监督支出和约束支出；(3)破产和重组成本，包括支付给律师、评估师、会计师、拍卖行等的费用；(4)企业的财产在清理变现时，由于产权市场不完善，往往以低于自身价值的价格出售，或破产后的重组使原有的营销网络受到破坏，致使企业的价值降低；等等[①]。

公司代理成本将决定公司价值（即代理成本越低，公司价值越高，反之越低）。而代理成本的大小取决于对经理绩效的考核和评估成本、经理对非货币收益的偏好、经理市场和产品市场的竞争，以及资本市场的发育程度等。在其他条件不变的情况下，内部股权（经理拥有的股份）越少，代理成本越高，若股份全部由经理拥有，即所有者兼经营者，则代理成本为零。因此，为了避免代理成本，尤其是在外部投资者不能完全预知企业家/经理事后行为的情况下，应给予他们较多的股权激励，弱化代理问题。在企业规模一定时，如果融入债权资本，虽然经理的激励会增加，股权的代理成本会减少，但同时会带来债权的代理成本。最优的资本结构是由股权的代理成本和债权的代理成本之间的平衡关系决定的。

① 刘汉民：《企业理论、公司治理与制度分析》，上海人民出版社 2007 年版，第 131～140 页。

詹森和梅克林的融资理论有助于解释企业家的初期融资活动，对于那些主要由领薪经理人控制的大公司的融资安排不太具有解释力。

二、信号显示模型

利兰和派尔(1977)的信号显示模型，又称LP模型。企业家通过保留持有的企业股权比例向外界传递他们对企业前途的信息，企业家越是对自己的项目有信心，就越有动力去持有股份。外部投资者对特定项目的评价与企业家的持股比例正相关。项目(企业)的风险越大，或企业家越是厌恶风险，则企业家将降低最佳自有股权比例，企业家所选择的最佳债务水平也越低。因此，质量高的企业，其企业家往往持有较多的股份，同时外部融资的债务—权益比例比较高。按照这个模型，对于高质量的投资项目，企业家应该通过增持公司股票或者增加负债比例来提高持股比例，然而，利兰、派尔认为，由于增加持股数量会使得风险厌恶的企业家的效用下降，因此，唯有提高负债数量，也就是提高负债比例，来相对提高企业家的持股比例，从而向市场传递好信息。因此，这个理论预测，具有高质量项目的公司，负债比例应该更高。LP模型假定企业家始终按照无风险利率发行债务，没有说明企业家自有股份所显示的信号是否足够有效以确保被外部投资者所采用，这是该理论的不足之处。

罗斯(1977,1978)的激励—信号显示—融资均衡模型研究什么样的薪酬安排才能够使非企业所有者的经理有动力选择恰当的融资结构(关注普通的经理如何一边选择融资结构，一边传递信息)。罗斯对公司资本结构给出了另外一种解释，其创新之处在于将经理人的激励方案引入信号传递模型中。模型假设经营者比投资人更了解公司的情况，经营者对公司的未来收益和投资风险有内部信息，投资者没有这些信息，经营者会使用企业的负债比例向投资者传递企业利润分布的信息。由于破产概率与企业质量负相关、与企业负债率正相关，而低质量企业无法用高负债的办法模仿高质量企业，因此，投资者把较高的负债率看作企业高质量的表现，企业经营状况越好，负债率越高，资本结构通过传递内部信息对企业的市场价值产生影响。这样，公司将面临两难选择，公司愿意承担债务的极限是所冒的破产倒闭的风险与提高公司市场价值所得收益相等。为了防止低质量的企业模仿高质量的企业，就必须加大经理的破产成本、破产处罚力度。

波特文(1989)把债的发行作为一种信号机制，该模型讨论了在位者和潜在进入者之间的竞争。在均衡状态下，低成本的进入者通过发行债券来显示信号以便获得较高的市场评价，虽然这会增加其破产风险；在位者和高成本的进入者则仅仅发行股票。

戴蒙德(1989)的声誉模型，是从重复博弈的角度来审视融资安排。假设一个企业可能属于如下几种类型中的一种：(1)只做安全项目；(2)只做风险项目；(3)两种项目都可以做。对此贷方并不知道，仅仅通过考察一个企业的拖欠史来判断。该模型认为，出于对股东利益的考虑，企业往往有做风险项目的动机。企业为了以低成本获得贷款，就要使贷方相信他只做安全项目，也就是要建立不拖欠的声誉。较老的、基础更好的企业选择安全项目，以免丧失良好声誉。那些具有良好声誉的年轻企业却可以选择风险项目，因此较难获得贷款，以至于债务—权益比例较低，而且它们即使获得了贷款，其成本也较高。

三、啄序的企业融资模型

代理成本的企业融资理论、信号显示模型关注外部融资的最佳债务—权益比例，却没有明确讨论企业对不同外部融资工具的选择是否存在先后次序问题。迈耶斯和马吉勒夫(1984)在罗斯的基础上提出了"啄食"顺序理论，在一定程度上弥补了不足。他们的研究发现，由于外部人处于信息劣势，这导致他们对投资对象的风险评价过高，从而要求"过高的"投资佣金。为了避免让渡过多的利益给外部投资人，内部人将优先采取内源融资（比如企业留存盈余），而不是外源融资，即便寻求外源融资，也首先考虑无风险债务融资，最后才会选择股权融资（不对称信息可能导致一种社会成本，即由于投资者低估可能导致企业放弃一个正净现值的投资机会）。增发股票导致企业的股价下跌，因为增发股票向资本市场传递了一种不好的信息；即使要发行股票，也应该在信息劣势较小的情况下发行，且发行股票不应该支付股利，这可以向投资者传递经理看好投资前途的信息。在该理论中，不存在一个清晰定义的目标债务—权益比例，因为存在着内源的和外部的两种权益资本来源，而且企业将最先使用内源的权益资本，而只有在万不得已的情况下才使用外源的权益资本。也就是说，企业融资的顺序是：先选择内部融资，然后是外部融资；在外部融资时，优先选择发行债务，然后是混合债券，最后才是权益。

在20世纪70～80年代完全契约理论大发展时期发展起来的企业融资理论，注定了它具有一个先天的缺陷，即仅仅关注与融资契约中的价格问题（如利率、股价等），而忽视了融资契约中的其他变量（如投票权、控制权）的分析，因为完全契约没有为这些变量留下多少存在的空间。阿洪和博尔顿（1992）用不完全合约分析了债务融资，假设有一个有资金需求的企业家向投资者筹措资金，两者在市场上相遇后自愿合作并签订契约。模型假定未来是不确定的，企业家的行为可以概括为三种选择：一是按常规运作；二是革新；三是关闭，且企业家与投资者的利益并不完全吻合。企业关闭有损于企业家的声誉，因此，企业家不愿意做第三种选择。如果契约是完全的话，契约上就应该明确写明在何种情况下企业家应做出何种选择。这样虽然企业家与投资者有利益冲突，但在给定的完全竞争的条件下，这种冲突在签订契约时就可以化解。而现实中的契约往往是不完备的，这个时候，剩余控制权的分配就变得很重要。模型阐述了三种情形：(1)如果筹资方式是发放带有投票权的股票，即普通股，则投资者掌握剩余控制权；(2)如果筹资方式是发放不带投票权的股票，即优先股，则企业家拥有剩余控制权；(3)如果筹资方式是发放债券，则在企业家能按期偿还债务的情况下剩余控制权由企业家拥有，否则，剩余控制权便由企业家转移到投资者手中。这最后一种情况便是破产①。

复习思考题

1. 你所了解的企业的激励机制有哪些？

2. 请列举委托代理的例子，并试述企业的契约属性。

3. 如何减少信息不对称？你能想到哪些机制设计？

4. 结合道德风险和逆向选择的概念，回顾你曾遭遇的事件。

5. 你有过团队合作吗？结合团队生产理论，试论述如何解决你在团队合作中遇到的问题。

6. 什么是企业的资本结构？企业家如何向资本市场传递企业高价值信号？

7. 请列举生活中信息不对称的例子。

① 钱颖一：《现代经济学前沿专题（第一集）》，商务印书馆1989年版。

案例分析

雷士照明创始人败走资本“局中局”

雷士照明创立于1998年年底，是中国最具影响力的照明产品和应用解决方案提供商之一，产品涉及商业照明、办公照明、户外照明、光源电器等领域，先后领导了中国照明行业的“品牌革命”和“渠道革命”。2006年以来，雷士开创了中国照明行业资本运作先河，先后引进软银、高盛等国际知名机构的投资，引发照明行业“资本革命”。通过十多年的努力，“雷士”商标被国家工商行政管理总局认定为中国驰名商标，并于2010年5月20日在我国香港联交所主板上市。

2012年5月25日，雷士照明发布公告：吴长江“因个人原因”辞去公司的董事长、执行董事、CEO，以及下属所有企业的一切职务。此条犹如晴天霹雳的消息一出，不亚于一颗重磅炸弹砸在资本市场，投资者还没反应过来究竟是怎么回事，伴随而来的便是雷士股价即刻暴跌超过三成。

接替吴长江出任董事长的是来自于软银赛富基金——雷士第一大股东——的阎焱；而出任CEO的，则是来自于法国施耐德——雷士第三大股东——的张开鹏。

从这种人事调整来看，是非常典型的“疑似”两大投资人股东联合向创始人股东发难。虽然，相关当事方在第一时间均发布微博进行澄清，坚称股东之间没有任何矛盾分歧：阎焱在其微博表示“按上市规则要求，董事会早就安排把董事长和CEO职务分开，吴总本人非常支持”；吴长江也在其微博表示“由于我近期身心疲惫，想休整一段时间，所以辞职，并不是外界猜疑的赌输了出局，也与董事间、股东间没有任何分歧矛盾”。但是，吴长江紧接着发布了第二条微博称：“等我调整一段时间以后，我依然会回来的，我为雷士倾注了毕生的心血，我不会也永远不会放弃，请大家相信我。”这条只存在几分钟随即被他删除的微博，引发了外界无限的猜想。

如果细究一下上位者的身份背景，便会发现某种必然的逻辑：软银赛富基金——知名的风险投资者，施耐德——全球知名的跨国产业“大鳄”。当追求财务回报的风险投资者与寻求行业整合的产业投资者，联合控制了一家企业的董事会，并且创始人股东蹊跷地从企业董事会出局了，这意味着什么呢？

2011年7月21日，雷士引进法国施耐德电气作为策略性股东，由软银赛富、高盛联合吴长江等六大股东，以4.42港元/股（较当日收盘价溢价11.9%）的价格，共同向施耐德转让2.88亿股股票。施耐德耗资12.75亿港元，股份占比9.22%，因此而成为雷士照明的第三大股东。

与此同时，施耐德与雷士照明签订了为期十年的“销售网络战略合作协议”，据此施耐德的电气产品可以通过雷士照明旗下的3 000家门店渠道进行销售。在吴长江的设想中，与施耐德达成战略合作关系，非常有利于原本就是靠商业照明起家的雷士在大型商业照明工程领域的项目推进。因为，施耐德作为电气领域的全球500强企业，其楼宇以及住宅电力解决方案是五大核心业务之一，施耐德每接一个电气工程项目，雷士照明就可以配套上相应的照明解决方案，这种协同效应非常明显。

而施耐德最为中意的便是雷士的3 000家销售网络门店，因为施耐德在中国并没有自建零售渠道，雷士照明现成的渠道正好可以拿来“为我所用”。

施耐德得以入股雷士照明，背后的推手及撮合者，是身为雷士第一大股东的软银赛富合伙人阎焱。站在投资人的角度，引进施耐德似乎拥有非常正当的理由，介绍各种资源给企业并且实现资源整合，原本就是 VC/PE 投资人给企业提供的增值服务之一。

可谁也没有意识到，这种看似光鲜的“美满姻缘”，对于吴长江而言，却可能是一个资本“局中局”。

当财务投资人股东引荐大鳄型的产业投资人进入企业时，其中暗含的含义已经相当清晰了。以黑石、凯雷、KKR 等为代表的 PE 机构，专门猎食性地入股一些价值被低估或者暂时陷入困境的企业，经过一番整合之后，再将企业打包或者分拆出售给产业“大鳄”，而 PE 投资人则借此一进一出获得超额暴利。

从雷士照明的股权结构来看，创始人吴长江早已失去第一大股东地位，而软银赛富在雷士上市以前就俨然已是相对控股的第一大股东。而失去第一大股东地位的吴长江，并未意识到自己面临局势的危险性。

吴长江非但不担心自己的控制权旁落，反而在上市以后还大幅减持股票，直到转让部分股权给施耐德之后，吴长江（包括其个人及通过全资公司 NVC 合计）的持股比例下降到了 17.15%的最低点。而软银赛富则还拥有 18.48%的持股比例。

而反观软银赛富及高盛两位投资人，直到施耐德入股之前，两家的持股数量(6.81 亿股、2.08 亿股)依然与两者在雷士上市初期的持股量并无二致。换句话说，软银赛富及高盛在雷士上市以后从来就没有套现一股股票。

这背后有两点令人难以理解的地方：

其一，按照香港的上市规则，VC/PE 投资人在企业上市后 6 个月即可自由套现，而且雷士照明上市满 6 个月后(2010 年 11 月 20 日)其股价一直在 4 港元以上的高位徘徊，此时已经较 2.1 港元的 IPO 价格翻了一倍，如果那时软银赛富陆续套现退出的话，将可获得超过 10 倍的回报。面对如此诱人的回报诱惑，为什么软银赛富与高盛硬是一股都不卖呢？

其二，软银赛富最早在 2006 年向雷士照明投资入股，截至 2011 年已经长达 5 年时间，按照一般 VC 基金 6～10 年的存续期规则，到期就必须将基金清盘结算并将收益分配给 VC 基金的出资人。因此，到了第 5 年，投资人是非常迫切急于套现退出的，况且软银赛富投向雷士照明的该只基金未必是刚一募集就投给了雷士，因而 5 年之后就更加急迫套现了。如此急迫之下，在二级市场上大规模套现本身就不是短时能完成的，为什么软银赛富与高盛就是一股都不卖呢？

因此，从这种不合常理的现象来推测，不排除施耐德与软银赛富及高盛有某种程度“合谋”的嫌疑。也许软银赛富及高盛吃了“定心丸”，事先知悉有人会高位“接盘”，不用担心自己套现退出不易，只要施耐德达到了控制雷士照明的目的，软银赛富就能顺利高位套现退场。

这不，2011 年 7 月，施耐德以溢价 11.9%的 4.42 港元/股高价，从软银赛富、高盛等股东手中受让了 2.88 亿股(占比 9.22%)的股权。遗憾的是，当施耐德入股雷士照明时，吴长江非但没有应有的警惕，竟然还跟随软银赛富及高盛出让了 3.09%的股权给施耐德，可谓“引狼入室”而浑然不知。

果不其然，2012 年 5 月 25 日，吴长江被毫无征兆地“因个人原因”而辞去了雷士照明一切职务，而接替他出任董事长的则是软银赛富的阎焱，接替他出任 CEO 的则是来自于施耐德并在施耐德工作了 16 年的张开鹏。而据雷士照明内部人士透露，张开鹏与阎焱是南京航空航天大学的校友。

谁也不曾想到，吴长江会如此毫无征兆地从自己一手创办的企业出局。曾经，他借助资本的力量，完美地解决了创业股东之间的纠纷，而今，他却几乎栽在了资本的手上。

回顾吴长江这一路来跟资本打交道的历程，在这场资本“局中局”的“盛宴”中，我们看到的是创业者的无奈，以及与资本博弈的稚嫩。

如果说当年雷士照明三位创业股东迫不得已的分家，导致风险资本介入是无可避免的话，后续的事件发展，则令豪放而缺乏心计的吴长江一再陷入被动局面。最早向吴长江提供融资的毛区健丽，运用精准的心理算计，以超低估值获得大比例股权，第一次就稀释了吴长江高达30%的股权；后续待软银赛富及高盛陆续进来以后，吴长江的股权再次招致巨幅稀释，第一大股东地位荡然无存；在自己已经不再拥有企业绝对控制权时，对于软银赛富引荐的产业“大鳄”背后的企图，吴长江仍然没有丝毫的戒备心理。

对资本毫无防范的心理，终于令吴长江付出惨重代价。吴长江只知资本的逐利性，却不知资本为了逐利可以放弃任何的“江湖道义”。开始资本似乎是以“救世主”的身份出现，而当资本知道将企业卖给产业“大鳄”可以获得比让吴长江掌控企业更高的回报时，便会毫不犹豫将吴长江“牺牲”掉，毕竟董事会是投资人在掌控着。

就吴长江本人而言，教训是刻骨铭心的。相较于吴长江应对资本的稚嫩，百度的李彦宏则要老练许多。李彦宏曾说过一句名言：“不要轻易将主动权交给投资人，在创业的过程中没有人会乐善好施。”李彦宏在百度创业过程中，同样因为多轮融资而导致自己在IPO时仅持股20%，甚至还低于雷士照明IPO时吴长江的持股比例。但是，李彦宏持有的1股股票所包含的投票权是10票，而其他股东仅仅是1股1票，因而纵然他持股比例仅有20%，但拥有的投票权超过半数，依然牢牢控制着企业。

吴长江本可以按百度的模式设计投票权，以强化自己的控制权，但由于雷士照明选择在香港上市，香港交易所不允许“同股不同权”存在，因而在关键时刻，吴长江无法保全自己对企业的控制。

对于创业者而言，融资稀释股份也许在所难免，但对董事会席位的控制绝不能掉以轻心，这是落实控制权的关键中的关键。否则，一旦资本掌控董事会，创始人则变成了任人摆布的“工具”。君不见土豆网因被资本控制而被出售，创始人王微也面临黯然离开的结局。

资料来源：张立峰，《雷士照明股权连环局》，《新财富》，2012年7月。

【讨论】

1. 你如何看待雷士创始人与外部股东之间的博弈？

2. 创始人要在融资契约中保持对公司的控制权，这会影响到融资要约的签订吗？为什么？

第五章　交易成本理论

学习目标(知识点、技能点)

1. 了解交易的内涵、类型与特征；
2. 了解交易费用的含义、类型及其产生的原因；
3. 了解影响交易费用大小的维度，以及交易费用的测量方法；
4. 了解交易费用理论的目的及其基本构成；
5. 了解交易费用理论的基本应用以及对我国经济体制改革的借鉴作用。

案例导读

“请出价”—— 架起生产者与消费者之间的高效“桥梁”

“请出价”是什么？是网站还是APP?

事实上，“请出价”既不是网站，也不是APP，而只是一个微信服务号，是一种新型的C2B电商模式。在这个模式里，由“请出价”发布商品，让用户先出价，然后再公布一个合理的价格区间，用户出价符合这个价格区间的，将购得这件商品。“请出价”的逆向C2B模式开创了国内电子商务新领域，让用户在博弈与中签过程中体验前所未有的购买乐趣。就是这个简单的微信服务号，已成为京东股权众筹平台上线的5个明星产品之一。更爆出融资额度1 000万元，出让股权10%。也就是说，这个服务号被估值1亿元人民币！毋庸置疑，它将成为有史以来最值钱的微信服务号之一。

为什么它值1亿元?

首先，C2B模式颠覆传统。“请出价”是一座在生产者和消费者之间架起的最高效的“桥梁”，因为它颠覆了现在所有电商平台的售卖模式——将定价权交给买家！

从用户角度来讲，“请出价”缩短了消费者寻找海量商品的时间。消费者只需要向其提供相关需求信息，如期望产品、期望价格，剩下的就由“请出价”来完成，这样就解决了由于买卖双方信息不对称给消费者带来的困扰，极大地缩减了用户的交易成本。对卖家来说，“请出价”提供的平台剪掉了买卖双方的讨价还价环节，平台为卖家提供的购买信息有效地节约了卖家大量的时间、精力、人力、物力等成本。“请出价”可将节约下来的这部分成本让利给买家，使买卖双方共赢。

其次，“请出价”的逆向C2B模式很好地保护了商业品牌。事实上，“请出价”平台中，往往是像“苹果”这样的顶级数码产品销售居于主导地位，因为普通人也有可能在这里以低价购买到平时无法实现的奢侈商品。在相对私密的一对一的微信服务号里，大众看不到任何报价信息，只有成功出价的买家，才能够知道自己在这次逆向拍卖中是否中签。在这种模式中，既不会赤裸裸地降价损害品牌形象，又能促成交易。所以，没有哪种销售模式能比"请出价"更好地满足大品牌又要形象、又要销量的梦想了！

"请出价"在国外也有两个参考模式：一个是 Priceline（基于 C2B 商业模式的旅游服务网站），另一个是 greentoe（美国在线杀价购物网站）。其中最值得瞩目的是目前市值约为 313.1 亿美元的 Priceline。Priceline 的核心也是用户出价，当用户出 100 美元的定价希望入住酒店的时候，即使这家酒店不提供服务，也总有其他酒店提供服务，尤其是酒店和航空公司。Priceline 利用其闲置资源为消费者提供物美价廉的服务（如超时未入住的客房、临近起飞却未售出的机票等），这也正是"请出价"的未来发展方向。

greentoe 则更接近目前"请出价"的模式。greentoe 通过录入在线零售商，并且公布网上售价的方式来让消费者自主定价。greentoe 认为，有零售商愿意以更低价格来出售商品，比如清理库存的时候。当然，两者也有显著的区别，"请出价"没有录入太多在线零售商，因为它不仅是用户出价平台，还充当"时尚买手"的角色，能否选到合适的商品，将决定其最终销量。例如，"请出价"曾经上线的定制版 iPhone6，就取得了数百万元的交易额。

Priceline 现在已经是欧美最大的旅游网站之一，先后收购了多家传统订票、租车网站，greentoe 的发展也不错。而"请出价"只是刚刚开始，它的市场空间有多大？值得期待！

资料来源：根据 http://it.sohu.com/20150331/n410607354.shtml 整理而得。

第一节　交易和交易的特性

一、交易的含义

交易是买卖双方在自愿让渡的基础上，提供给对方商品或货款，在达成一致意见的基础上进行的交换活动。一项交易产生的价值是交易双方从该活动中获得的利益减去交易所耗费的成本。

古希腊哲学家亚里士多德最先使用"交易"这一概念，将其定义为"人与人之间的关系"，为交易及交易费用理论的发展奠定了坚实的基础。但将交易引入比较严格的经济学范畴的是近代制度经济学家康芒斯，他把交易的概念和生产的概念相对应，将生产活动看作人与自然之间的关系，将交易活动看作人与人之间的关系，是人们之间对物的所有权的让渡和取得，这两者共同构成了人类的全部经济活动。康芒斯从哲学、法学、社会学、心理学的角度对交易的性质进行分析，无数次的交易合在一起就构成了运行机制或制度。但是康芒斯并没有从新古典经济学成本—效率的角度进行分析，忽视了交易是需要成本的，而零成本的交易与经济现实大相径庭，它也不是以资源配置为核心内容，而是带有浓厚的伦理学色彩。

而新制度经济学鼻祖科斯则基于资源配置的效率角度研究交易性质，与康芒斯相同之处在于他们都认为交易是分析单元，交易关系是法律上所有权的转让。不同之处在于他认为交易是存在费用的，交易是指狭义的市场交换或交易，企业内部通过管理职能进行资源配置过程，企业是替代市场的一种途径，并且交易是稀缺性的、可计量的，交易的成本与收益也是可以计量的。

新制度经济学的集大成者威廉姆森以"交易"为分析单位的理论方法直接来源于康芒斯，

但他同时沿袭了新古典分析范式，将交易的成本和效率作为核心内容，发展起了较为明显和严密理论思路和逻辑体系。威廉姆森所指的交易是“某种商品或服务在技术上可分的界面上转移”的过程，在转移的过程中将会产生摩擦，这种摩擦力就是威廉姆森所说的交易费用，他在科斯交易成本理论的基础上，提出了专用资产的概念，并阐述了交易费用产生的原因。根据这一内涵，企业之间、车间之间以及同一车间的不同程序之间都普遍存在交易。

二、交易的类型

一项交易就是两个或两个以上当事者通过自愿合作创造价值的过程。康芒斯将交易分为三种类型：一是买卖交易，即法律上平等的人们之间自愿转移财富所有权的交换关系，主要表现为市场上人们之间平等的竞争性买卖关系。二是管理交易，即长期合约规定的上下级之间的不平等交易，主要表现为企业内上下级之间的命令与服从关系。这种交易以雇佣关系为代表。三是限额的交易，这也是一种上级对下级的关系，只是上级是一个集体的上级或它的正式代表如政府、董事会，它依赖于统治者的权威来完成，主要表现为政府对个人的关系。

三、交易的性质

交易本身影响交易费用水平的性质主要有三个：一是交易商品或资产的专用性，二是交易的不确定性，三是交易的频率。交易商品或资产的专用性是指在不牺牲生产价值的条件下，资产可用于不同用途和由不同使用者利用的程度。一项资产用于不同用途和由不同使用者使用，价值损失越大，资产专用性越强，反之越弱。交易不确定性是指交易过程中各种风险的发生概率。交易不确定性的升高会伴随着监督成本、议价成本的提升，使交易成本增加。交易频率的升高使得企业会将该交易的经济活动内部化，以节省企业的交易成本。这三个性质形成的三个维度影响交易成本的高低，我们将会在第三节中具体论述。

第二节　交易费用的含义及其存在的原因

一、交易费用的含义

生活中，不少女士会办理美容美发的会员卡，往卡里充入一定数额的资金后可以获得一定折扣的服务，但与此同时，人们也遇到了办完卡后发现公司搬迁甚至倒闭的状况，很多人也因此走上了艰辛的维权道路，付出了较大的代价。现代城市中，一个家庭每个月需缴纳水费、电费、煤气费、电话费、上网费、暖气费、有线电视费、房租等，如果政府公用事业部门分别对这些交费规定了不同的时间、地点、时限、方式，将给居民带来很大的麻烦，完成这些交易不是无偿的，而是要付出代价的，这就是交易费用。再试想在大学生找工作的整个过程中，他需要撰写并制作多份个人履历表，取得各种有关证明自己素质的有效法律文件，支付获得与自己专业有关的各种工作信息的费用以及参加各类招聘会费用、各种交通和联系费用；耗费精力与用人单位谈判协调并正式签订工作合同；工作合同的执行与监督费用；发生纠纷的解决费用。所有这些，都是生活中人们能够体会到的交易费用。

交易费用概念由科斯创立并成为新制度经济学的核心范畴，科斯在其经典论文《企业的性质》(1937 年)中指出“使用价格机制是有代价的”。后来，在《社会成本问题》(1960 年)中，科斯把这一概念具体化了——“为了执行一项市场交易，有必要发现要和谁交易、告诉人们愿意交易以及交易条件是什么，要进行谈判、讨价还价、拟订契约、实施监督以保证契约的条款得以履行，等等”。从最广泛的意义上讲，交易成本包括一切不直接发生在物质生产过程中的成本，而狭义的交易成本则是指单纯履行契约所付出的时间和努力。交易费用越低，交易就越容易进行。科斯的核心思想是：提出零交易成本的局限性；研究存在交易费用的社会；主张通过比较制度分析可行的组织形式之间的相互替代①。

威廉姆森将交易费用分为两部分——一是事前的交易费用，即为签订契约，规定交易双方的权利、责任等花费的费用。二是事后的交易费用，包括四个方面：一为当交易偏离了所要求的准则而引起的不适应成本，二为为了纠正事后的偏离而做出双边的努力及由此引起的成本，三为建立和运作管理机构而付出的成本，四为保证契约生效的抵押成本②。威廉姆森和科斯之间重要的区别在于威廉姆森特别强调交易费用是由人的机会主义行为所产生的，而科斯的观点则是即使人们是诚实的，也可能因为对事物认识的不一致导致摩擦而产生交易费用。

作为一般均衡理论的证明者，阿罗认为交易费用是经济制度的运行费用，他使交易费用的概念更具一般性。学者张五常在《新帕尔格雷夫经济学大词典》中定义交易费用为一切不直接发生在物质生产过程中的成本，主张人类任何制度都能够用交易费用来分析。委托代理学派的詹森和麦克林强调代理成本，认为“委托人的监督支出，代理人的保证支出，以及由于代理人的决策与使委托人福利最大化的决策之间存在某些偏差而导致委托人的福利受损构成了委托代理分析中的交易费用”③。

这里要注意的是，不要将交易费用和生产费用混淆。交易费用是仅与交换有关的成本，它是在交易过程中所损耗的资源，而这种损耗既不创造产品，也不增加产品的效用，如商业贿赂。生产费用则主要是指购买、利用各种生产要素的直接费用，如工资、利息、企业家分红、运输费用等。交易费用与生产费用是属于两个不同领域的概念，有着严格且明显的不同。人类社会经历了三种交易形式：一是简单的人格化的交易形式，市场范围小，专业化程度低。此形式下的交易费用不高，但生产费用比较高。二是非人格化的交易形式，市场范围扩大，出现跨距离、跨文化的交易。此形式下的交易费用明显上升，但生产费用有了下降。三是由第三方实施的非人际交易形式，市场范围、专业化分工程度大幅提高。此形式下的生产费用下降，但交易费用增加。

二、交易费用的性质

首先，交易费用是对稀缺资源(如时间、金钱、精力等)的损耗。其次，高额的交易费用可能减少或消除本来可能有利的交易，例如，当贸易受到第三方的威胁、经济处于高速通货膨胀时，交易费用将会提高，使得许多本来有利于交易双方的交易活动受阻。当然，政府可以人为地提高交易费用，来限制有害的交易，比如政府打击毒品交易，以提高其交易费用，就具有减少和阻止有害交易发生的积极作用。再次，虽然交易费用无法彻底消除，但却是可以通过制度的设计(如法律、契约、货币、组织等)和技术的利用(如交通、信息技术、监控等)来降低的。

三、交易费用的类型

我们将交易费用分为市场型交易费用、管理型交易费用和政治型交易费用三种类型。

① 卢现祥：《新制度经济学》，武汉大学出版社 2011 年版，第 42 页。

② 卢现祥：《新制度经济学》，武汉大学出版社 2011 年版，第 43 页。

③ 格罗斯曼、哈特、威廉姆森等：《市场制度与市场组织》，上海人民出版社 1996 年版，第 11～23 页。

市场型交易费用，包括搜寻和信息费用、讨价还价和决策费用、监督和执行费用。搜寻和信息费用的产生可能是因为广告和拜访潜在的客户的支出，或者因创造有组织的市场（如股票交易中心、展览会等）而间接产生的费用，还包括为达成交易所付出的沟通费用。讨价还价和决策费用主要与签约时相关各方就合约条款谈判和协商必须支付的费用有关，这一过程不仅需要时间，还可能涉及昂贵的法律工具。监督和执行费用包括交货时间以及产品质量和数量等方面的监督费用。

管理型交易费用，即组织内部的交易费用，包括建立、维持或改变一个组织设计的费用，组织运行的费用，信息费用（即与制定决策、监督命令的执行、度量工人的绩效有关的费用，代理费用，信息管理费用），与有形成品和服务在可分的技术界面之间转移相关的费用（如在企业内的运输费）等。

政治型交易费用，即与某一政治实体的制度结构的运作和调整相关的费用，包括建立、维持、改变一个体制中的正式与非正式政治组织（如法律框架、军事、教育体制、司法体制）的费用，政治运行的费用。

四、交易费用存在的原因

不管是在生活中还是在工作中，在企业中还是在市场中，都存在交易费用。交易费用之所以存在，取决于五个因素：一是交易的稀缺性，二是人类的有限理性，三是机会主义和信任环境，四是资产专用性，五是人类行为的不确定性。

正如产品、服务或其他资源具有稀缺性一样，交易活动也是稀缺的，不是随时随地可以自动实现的，交易的进行必须具备一定条件，为满足这些条件要花费的资源以及阻止这些条件形成造成的损失就是交易的代价。

人的有限理性是指由于时间、精力和智力等的限制，个人在交易的过程中不可能考虑到所有的意外因素，这就增加了事前起草合约的成本以及事后解决意外情况的成本。人的有限理性包括两层含义：一是环境是复杂的、具有不确定性的，交易双方均将未来的不确定性及复杂性纳入契约中，使得交易过程增加不少签订契约时的议价成本，并使交易困难度上升。二是人对环境的认识能力是有限的，人对信息的搜寻也不可能达到最佳状态，因此，我们需要设定一系列规则来减少环境的不确定性。

机会主义是指个人可能会违反合约以谋取自己的最大利益，如虚假广告、专利剽窃、偷税漏税、违约现象、偷懒行为等。信息不对称和人的有限理性给机会主义行为的存在提供了活动空间，在这种情况下，一些人就可能利用某种有利的信息条件向对方说谎和欺骗，或者利用某种有利的谈判地位背信弃义，要挟对方以谋取私利。这些机会主义行为使得交易成本增加，因为人们在进行交易时不得不考虑如何防范这种行为，保险和公证就是这样的一种预防行为，而这种预防措施就成为交易成本。与此同时，交易双方若互不信任，且又处于对立立场，无法营造一个令人满意的交易关系，将使得交易过程过于重视形式，徒增不必要的交易成本。

资产专用性是指为支持某项特殊交易而进行的耐久性投资，它一旦形成便很难转移到其他用途上。资本专用性主要有五种类型：一是资产本身的专用性，如只能加工某种原料的特殊设备；二是资产地理区位的专用性，如为了节省运输费用，加工设备一般坐落在原料产地附近，一旦建成，移动较为困难；三是人力资本的专用性，即由人力资本投资而掌握的某种特定的技能和知识的拥有，如专注于某一领域的专家，企业的管理者、注册会计师等，试想一个会计师如果去当出租车司机，那么他之前所掌握的会计知识将不能转移到司机这一工作中，由此他之前的知识投资将大大贬值；四是奉献性资产，是指根据特定客户的紧急要求而在工厂中特意进行的投资；五是品牌资本等无形资产的专用性，资产专用性越强，资产拥有者越要花代价去保护这种资产的价值，因此费用也就越高。

人类行为的不确定性包括原发的不确定性，即随机发生的问题；继发的不确定性，即由于信息沟通的缺乏而产生的不确定性，包括由于交易双方对事物的认知不同而导致的成本。

阅读材料 5－1

张震将军的煮鸡蛋理论

张震将军任军委副主席时，要求保证士兵一天吃一个鸡蛋，并规定必须是煮鸡蛋，炒、蒸、煎均不行。这个故事对我们理解交易费用的概念有何启发？

(1)在分配时，相对于煮鸡蛋，炒、蒸、煎却很难精确地度量，无法做到绝对的平均分配，这实际上造成每个士兵每天吃一个鸡蛋的权利受到侵害。倘若厨师为提高分配水平而花时间、精力、财力去学习和培训的话，就必然会增加学习成本。一句话，炒、蒸、煎使契约执行过程花费的时间费用增加，执行的结果是分配的或多或少，不均衡。

(2)“委托—代理”与机会主义行为。张震将军与干部、干部与士兵之间，存在上下等级之分，也存在利益的冲突。发生在多人世界中，由于人们利益冲突而存在的成本是交易成本或代理成本。

在损人利己的行为中，机会主义行为是利用他人“轻信”的机会，掩盖真实信息或提供虚假信息谋取个人利益的行为。信息不对称下的委托代理关系，常常会发生机会主义行为。同样，若将炒、蒸、煎的完整性度量的困难看作模糊产权的话，会给代理人(干部或厨师)实施机会主义行为提供条件，即对“整体完整性难以度量”的炒、蒸、煎鸡蛋(作为模糊的公共领域)拥有更大处理权利的空间。

在社会道德水准不太高的情况下，代理人(干部或厨师)本身就是一个利益实体，就有可能因为个人偏好某个士兵或与某些士兵存在亲缘关系而出现不公正的分配；再者，更有可能偷工减料，克扣士兵的鸡蛋，达到中饱私囊的目的。若要防止此种行为发生而实行监督，必然会带来监督成本。一般情况下，监督成本会很高，而倘若监督人与代理人(干部或厨师)达成共谋，就会事与愿违。

(3)信息成本的存在。比如张震要搜寻代理人(干部或厨师)的个人资料情况，如信誉、能力、人际关系等，以确定优秀的代理人。

(4)产权维护的费用。假如士兵发现干部或厨师的勾当或侵权行为，有可能向张震将军申诉，坚决要求维护自己的每天吃一个鸡蛋的权利，并要求惩罚侵权人，这就构成交易费用中的产权维护的费用。

(5)随着交易参与人数的增加，交易本身的复杂化会使交易费用增加。在炒、蒸、煎蛋中，若干部或厨师同时参与到分配中，必然会增加人与人之间打交道的费用(即交易费用)；相对来说，煮鸡蛋时，鸡蛋同质，士兵甚至可以自由选择自己想要的鸡蛋，即交易本身变得容易，交易费用得以降低。

资料来源：根据 http://www.ycwb.com/gb/content/2004—03/10/content_655028.htm 整理而得。

第三节　交易费用的测量

一、影响交易费用大小的维度

影响交易费用大小的维度主要有三个：一是资产专用性，二是交易的不确定性，三是交易频率。资产专用性实际上是测量某一资产对交易的依赖性。资产专用性怎样增加交易费用？资产专用性越强，资产拥有者越要花代价去保护这种资产的价值，因此费用也就越高。专用性资产由于没有竞争，在议价过程中容易出现"要挟"行为。这种情况可以通过某种方式解决，但是一般都有代价，如签订长期合约、第三方仲裁等。资产根据其专用性程度的高低可以分为三类，分别是专用性资产、混合性资产和通用性资产。

阅读材料 5－2

通用汽车公司兼并案

最初的汽车制造是使用木料加工的单个、独立的开放型构件。到 1919 年，生产汽车开始使用大量封闭型的金属车身构件，因而需要专用性压铸机械。通用汽车公司为了鼓励供给配件的费舍公司进行专用性资产投资，与它签订了为期 10 年的购买封闭金属车身的契约，其中规定通用公司在十年内必须从费舍公司购买所有密封金属车身。同时，为了防止发生费舍公司利用上述排他性交易条款谋利的机会主义行为，契约对价格做了限定，当时规定的价格是成本加上 17.6%的盈利；此外还规定，费舍公司供给通用汽车公司的车身价格的变化幅度不能超过它供给同类汽车制造商的价格变化幅度，并且车身价格不能超过费舍公司以外的其他配件公司生产同类车身的市场平均价格。契约还订有在一方破坏价格契约的条件下可以强制性地诉诸仲裁的条款。

后来的事实表明，这些契约条款虽然限制了通用汽车公司的机会主义行为，但却增加了费舍公司"敲竹杠"的可能性。费舍公司通过使用较多的劳动密集型技术，并拒绝把它的车身加工厂建在通用汽车装配厂附近，从而提高了车身生产成本以及供给价格。另外，在契约签订几年后，市场对金属汽车的需求大幅度增长，加重了通用汽车公司对费舍公司金属车身的依赖性，这使得费舍公司的"敲竹杠"行为也变得有利可图。到 1924 年，通用汽车公司已无法忍受同费舍公司的契约关系，开始谈判收购它的股权，最终于 1926 年正式兼并了费舍公司。

其实类似的情况，在中国市场也屡见不鲜。仅以煤电交易市场为例。以前，电力企业可以用比较低的价格购买煤炭，盈利能力远远高于煤炭企业。两类企业之间的力量不均衡，煤炭企业面临着电力企业的敲诈。在煤炭价格飞涨的情况下，煤炭企业开始处于强势地位；电力企业的发电成本剧增，受到煤炭供给和价格的制约非常大。双方之间激烈的博弈从最近几年全国煤炭订货会的僵局可以看出。电力企业为了应付剧增的发电成本，降低与煤炭企业协商的交易费用，开始与煤炭企业进行合作投资或者兼并。"煤电联营"的现象越来越普遍了。

交易的不确定性的意义在于使人们的选择成为必要。当交易受到不确定性影响时，人们会在交易成本尽量低的情况下对不同的合约安排进行选择。库普曼斯把不确定性分为原发的和继发的两类,原发的不确定性是由自然无序的行为和无法预测的消费者偏好变化造成的,继发的不确定性则是由信息不对称造成的。威廉姆森进一步强调了行为的不确定性的特殊重要性。当交易过程中的不确定性很高时,交易双方对未来可能发生的事件就无法预期到,因而也就很难把未来的可能事件写入合约中。在这种情况下,就必须设计一种交易当事人双方都能接受的合约安排,以便在事后可能的事件发生时保证双方能够平等地进行谈判,做出新的合约安排,这就必然会增加交易成本。交易的不确定性有三种:一是来自环境的不确定性,主要是市场未来状况的不确定性,如人们难以准确预测产品未来的价格、数量和质量等;二是来自交易双方行为的不确定性,即由于策略性地隐瞒、掩盖或扭曲信息等机会主义行为而引起的不确定性;三是由于交易双方缺乏沟通而造成的不确定性。

交易频率是指同类交易重复发生的次数。交易频率越高,双方就会建立一个一般性的治理结构以降低交易费用。交易频率越低,降低交易费用就要建立一个专门的治理结构,虽然设立一个专门治理结构可以对交易关系做更加灵活的调整,但任何的合约安排和专门治理结构的设立和维护都需要更高的费用。例如,婚姻的交易费用就比日常用品的交易费用高得多。为了解决婚姻交易中可能出现的问题,媒人、酒席、结婚证等介于其中,这就形成一套专门的治理结构,来解决婚姻中的信息沟通、欺骗及各种不确定性。一般来说,资产专用性越强,不确定性越高,交易规模越大,则建立专门治理结构就越具有经济性。图 5-1 说明了交易费用与交易频率之间的关系,交易频率越高,单个交易费用越低,反之越高,如房地产的交易成本就比日常用品的交易成本要高很多。

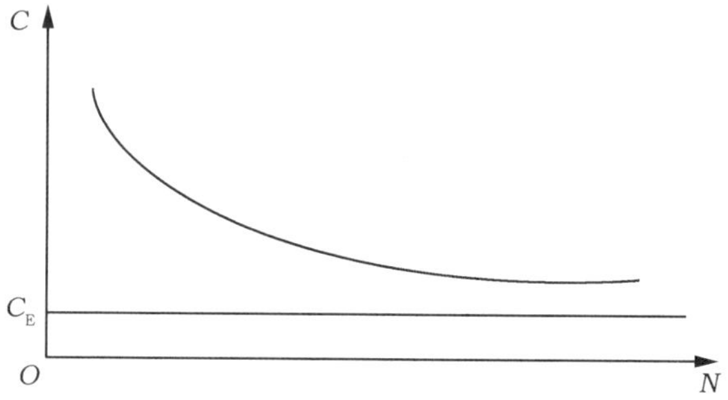

图 5-1 交易费用与交易频率之间的关系

二、交易费用的测量

对交易费用进行测量,就是要对交易过程中发生的费用进行直接的测度,这方面学界一直存在争议。有学者认为交易费用中搜集信息、谈判和签约等费用会涉及人的时间和精力的耗费,很难用货币衡量,要准确地计算交易费用是不可能的。另一些学者则认为,虽然不能够精确地计算交易费用,但还是可以通过间接的方法对交易费用进行近似计算。目前,对交易费用的直接测量已在微观和宏观两个层次取得了一定的进展。

(一)微观层次的交易费用测量

微观层次的交易费用测量可以分为市场型交易费用的测量、管理型交易费用的测量和政治型交易费用的测量。

1. 市场型交易费用的测量

为了降低测度的代价，学者们已经找到了一种方法，即只对市场型交易的双方即产品和服务的消费者和提供者分别测度其各自承担的交易费用。首先，对消费者承担的交易费用的测量。众所周知，消费者在购买产品和服务之前，要投入时间和精力获取有关产品质量和价格的信息，而对于类似或甚至相同的商品，价格可能会存在很大的差别。例如，对于一个特定的数码产品，其价格可能会在平均价格的上下10%范围内波动。即使消费者知道某个产品的价格差异非常大，大部分人也并不会花时间和精力寻找最低价格的供给者，否则的话，我们就不应该看到同样的产品会存在如此大的价格差异，因此，我们所观察到的相对于平均价的价格差异，可以被理解为消费者的自身交易活动的费用的近似度量。其次，对产品和服务提供者承担的交易费用的测量。从产品和服务提供者的角度来说，交易费用或销售费用是指推销掉某一商品的费用减去由生产者将该商品送到最终消费者手中的运费。推销费用是用最终消费者支付商品的价格和生产费用之差来度量的。比如在金融领域，人们将其交易费用界定为在金融市场上投资的成本（主要包括经纪人费用和买卖差价），这一界定已经达成广泛共识，同时，由于金融数据比较容易获得，因此对金融领域的交易费用的研究与计量非常之多。斯托尔(Stoll)和威利(Whaley)用价差加上佣金的方法来测量交易费用，他们发现在纽约证券交易所，交易费用占到了市场价值的2%，而在小型证券交易所该比例则达到了9%。巴德瓦杰(Bhardwaj)和布鲁克斯(Brooks)研究发现，交易费用在售价高于20美元的公债中占到了2%，而在售价低于5美元的公债中则占到了12.5%[①]。

阅读材料 5-3

医药行业的内幕

此前，央视调查发现，一种药物从药厂出厂价到医院的终端价格，中间各环节利润高达2 000%以上。实际上，之所以药价出厂价与中标价之间相去甚远，源于中间环节交易费用过高。交易费用，说白了，就是为了促成某项交易而花去的费用和成本。在普通交易中，交易双方付钱交货，交易完成。但在药品交易过程中，为了打通各个环节，厂家或者药品销售机构需要对各方进行打点，就会产生交易费用，而交易费用作为成本最终必会转嫁到消费者身上。交易费用越高，意味着成本越高，最终的产品价格也就越高。目前，药品采购实行招投标政策。药品招标是指招标采购机构发出药品招标通知，说明采购的药品名称、规格、数量及其他条件，邀请药品投标人在规定的时间、地点按照一定的程序进行投标的一种交易行为。

这种制度实际上造成医院在用药时掌握很大权力。医药企业为了实现自身利益，必须打开医药市场，而药品的最大需求市场便是医院。而交易费用也就是在这个过程中产生的。根据一些药企的说法，药品中间环节产生的利润被称为"返费"，这些所谓的"返费"医药代表拿走10%左右，其他的都作为回扣给了医院和医生，而这当中开药医生的回扣所占的比例是最高的，一般要占到药品中标价的40%左右。表面来看，这些吃回扣的人和医院实在可恶。然而稍微了解一下情况，便可明了：一方面，这些人吃回扣有条件，监管制度缺失，让这些能够买卖医药之人手中具有莫大权力。也正因为如此，医药企业、医药代表不得不对他们进行贿赂。另

① 胡浩志：《交易费用计量研究述评》，《中南财经政法大学学报》，2007年第4期。

一方面，虽然强调市场化，实际上医院的钱大部分来自财政拨付，这意味着医院要想获得高额利润，只能在药品上“做文章”。而财政拨付也注定医生的工资不可能高出其他职业太多，为此医生注定会在药品上吃回扣。

因此，要解决药品价格过高，就必须减少交易费用。减少交易费用意味着，首先需要减少药品交易的中间环节，环节越多，交易费用自然越高；其次，扩大市场化规模，减少财政拨付范围；再次，提高医生的待遇，这并非出于道德，而是医生职业所决定的。其实，药品市场之所以混乱不堪，就是因为市场没有充分发挥作用，而政府又没有完全包揽，才造成各方利益分配不均，这些问题引起的后果就只能由患者承担了。

资料来源：根据 http://news.ifeng.com/opinion/gundong/detail_2011_11/15/10650420_0.shtml 整理而得。

2. 管理型交易费用的测量

管理型交易费用近些年来在被称为“作业成本”的会计核算中的重要性越来越大。这类交易费用的测量可以间接费用的测算为基础进行估计。间接交易费用包括生产费用(如折旧、维修、水和保险费)以及内部交易费用。间接费用与总成本或总价值之比在最近一个世纪的时间里增加得非常快。在美国，它已经升至35%～60%。如果假设交易费用在总间接费用中的份额达到50%，那么企业内交易费用将会介于18%～30%(包括企业的推销费用)。

3. 政治型交易费用的测量

政治性交易费用是建立、维持和改变一个体制中的正式和非正式政治组织的费用以及整体运行的费用。科尔比(Colby)(1990)研究了水资源从农业领域转向其他用途中的政策诱致型交易费用。所谓政策诱致型交易费用，指的是一项政策的实施所产生的交易费用，包括律师费、工程和水文研究费、法院诉讼费以及支付给政府机构的费用，但是不包括水资源的使用费。科尔比的研究表明，完成每英亩—英尺(灌溉的水量单位)水的转让平均所需的政策诱致型交易费用为91美元，但是每个州之间又有很大的差异：在科罗拉多州完成同样的交易需要政策诱致型交易费用为187美元，在犹他州为66美元，而在新墨西哥州则仅需54美元。另外一种计量政策诱致型交易费用的方法是计算等待政府机构审批所需的时间。

阅读材料 5－4

员工维权的交易费用

在我国，每年都有“十一”黄金周，企业由于生产安排，仍需要员工在法定假期内上班，但是部分企业以值班的名义规避加班工资，而员工往往不会选择维权。为什么漠视自己的权益呢？因为员工要去维权，就要去和工会沟通、和劳动仲裁部门交涉，如果打官司，时间和精力更是耗费不起，高额的交易费用阻碍了职工的维权行动。

2015年3月27日上午，福州市首批十家企业劳动争议调解委员会成立，同时，原“福州市劳动争议基层调解组织”更名为“福州市劳动争议基层调解委员会”。

据了解，十家企业劳动争议调解委员会是继福州市劳动争议基层调解委员会成立后，由企业自行申请，基层调解委员会推荐，经市人社局、市劳动争议仲裁委员会研究成立的。企业劳动争议调解委员会是劳动争议基层调解组织的重要组成部分，将劳动争议仲裁工作关口继续向前推移，是解决劳动争议、构建和谐劳动关系的重要平台，使仲裁传统办案逐渐脱离烦琐的程序，让员工维权既便捷又低成本，既有利于企业更有利于劳动者，是福州市仲裁工作具有里程碑意义的举措。

企业劳动争议调解机构的成立，使用人单位与劳动者之间的劳资纠纷解决显现得更早、更快、更方便，企业预防和处理劳动争议的能力逐步提高，劳动争议协商和调解工作水平不断增强，最大限度地把劳动纠纷化解在企业，解决在萌芽状态，促进企业稳定健康发展、社会更加安定稳定。

下一步，福州市将分批分期地在工业集中行业、协会及企业中建立劳动争议调解委员会。同时，市人社局将加强对委员会工作人员的业务指导，帮助他们提高争议预防和处置能力，提升他们对争议协商和调解水平，让和谐劳动关系在企业当中生根发芽、开花结果。

资料来源：根据 http://news. fznews. com. cn/fuzhou/20150327/5515349564fc5. shtml 整理而得。

（二）宏观层次的交易费用测量

在宏观层次的交易费用的测量上，沃利斯和诺思（新制度经济学开创者之一）1986 年提出的交易行业测量法具有一定的开创性。在沃利斯和诺思看来，与交易有关的资源的总和便构成了总量交易费用的大体估计。沃利斯和诺思首先将国民经济各部门区分为私人交易部门、私人非交易部门和公共部门三个部门，然后分别测算了这三个部门中投入与交易有关的资源总量，得到了总量交易费用的估计。

1. 私人交易部门的测量

私人交易部门包括金融业、保险业、批发业和零售业等。这些部门的主要功能是为市场交易服务。投入这些部门的资源都可以看作交易费用（市场型交易费用）。

阅读材料 5－5

建立和完善互联网金融监管框架

2014 年 11 月，中国人民银行副行长潘功胜出席中国支付清算与互联网金融论坛并发表讲话。潘功胜表示，中国的互联网金融有着广阔的发展前景，鼓励互联网金融的创新和发展，营造良好的政策环境，是金融管理部门工作的基本基调。目前，人民银行正在牵头制定促进互联网金融健康发展的指导意见。我们将按照“适度监管、分类监管、协同监管、创新监管”的原则，建立和完善互联网金融的监管框架。

近年来，随着科技的创新与进步、互联网信息技术的广泛运用，互联网金融呈现出爆发式增长。截至 2014 年 9 月末，我国共有第三方支付机构 269 家，前三季度共发生支付金额 24.1 万亿元；全国 P2P 网络借贷平台约 1 400 余家、融资余额超过 1 100 亿元，全国范围内活跃的股权众筹平台超过 20 余家。互联网金融在提高金融服务效率，降低交易成本，满足多元化的投融资需求，提升微型金融、农村金融的普惠性水平方面，发挥了积极作用。2014 年《政府工作报告》明确提出促进互联网金融健康发展。李克强总理在与出席首届世界互联网大会的代表进行座谈时强调，中国政府高度重视、大力支持互联网发展，以拥抱的姿态对待互联网，用市场的思维培育互联网。中国的互联网金融有着广阔的发展前景，鼓励互联网金融的创新和发展，营造良好的政策环境，是金融管理部门工作的基本基调。

近年来，支付市场及互联网金融在中国的快速发展，与金融管理部门科学开放的包容态度是分不开的，同时金融管理部门也需要时间去观察、认知这个发展的过程。在鼓励创新发展的同时，规范监管，保证互联网金融的健康、可持续发展已成为社会各界的共识。适度监管，建立一个健康、运行有序的市场，防止市场上“劣币驱逐良币”，也是业界有识之士的共识。

资料来源：牛娟娟：《建立和完善互联网金融监管框架》，《金融时报》，2014 年 11 月 27 日，第 001 版。

2. 私人非交易部门的测量

私人非交易部门包括农业、建筑业、采掘业、制造业、交通业、仓储业及餐饮业等。虽然私人非交易部门主要进行产品的转换活动，但这些部门的企业内部同样存在交易活动，这些活动都存在交易费用(市场型和管理型交易费用)。为了测算私人非交易部门企业的交易费用，沃利斯和诺思区分了企业内部的两种不同职业，即主要提供交易服务的职业和主要提供转换服务的职业，并以主要提供交易服务的职员的工资加总(即资源的耗费)来估计私人非交易部门中交易费用的大小。

3. 公共部门的测量

仅有少量的政府部门(如法院和警察系统、国防和军队等)可看作是为交易服务的。政府提供的商品和服务的非交易活动，包括教育、交通和市政服务，市政服务包括消防、公共设施、城市修缮、公共建房、公共保健体系。政府提供的这些非交易活动要完成转换功能，需花费大量的交易费用。沃利斯和诺思采用了两种方法测量。第一种方法对公共交易部门和公共非交易部门分别计算。公共交易服务部门的交易费用的规模由政府的交易活动的支出价值来测量。非交易活动中的交易费用规模的计量与计算私人非交易部门的方法相同。第二种方法简单地把整个政府都视为非交易部门，然后计算与交易相关人员的酬金。第二种估算方法的结果比第一种估算方法的结果低。

最后，对私人交易部门、私人非交易部门和公共部门的三个测量结果进行合并，即获得总量的或宏观的交易费用估计量。

沃利斯和诺思用上述方法对美国 1870～1970 年的交易费用进行了测算，结果发现，美国国民收入的 54%以上被用于交易，这一比例比 1870 年增加了近 28%，这样，在 100 年的时间里，美国交易部门的规模扩大了一倍多。他们得出一个一般性的结论，即经济越发达，交易部门的规模也越大，交易费用占 GNP 的比重也越大。表 5－1 记录了不同国家的学者借鉴沃利斯和诺思提出的方法分别测量的各自国家的交易费用比重。

表 5－1　　宏观层次交易费用测量相关文献梳理

作　者	测量国家	测量年份	交易费用占 GDP 比重
B. Dollery & W. H. Leong(1998)	澳大利亚	1911～1991 年	由 1911 年的 32%上升至 1991 年的 60%
M. Ghertman(1998)	美国 日本 德国 法国	1960～1990 年	由 1960 年的 55%上升至 1990 年的 62% 由 1960 年的 40%上升至 1990 年的 56% 由 1960 年的 38%上升至 1990 年的 52% 由 1960 年的 34%上升至 1990 年的 63%

续表

作　者	测量国家	测量年份	交易费用占 GDP 比重
J. M. Dagnino-Pastore & P. E. Farina(1999)	阿根廷	1960～1990 年	由 1960 年的 29%上升至 1990 年的 35%
T. Hazledine(2001)	新西兰	1956～1996 年	由 1956 年的 36%上升至 1991 年的 86% 由 1991 年的 86%下降至 1996 年的 68%
G. Chobanov, H. Egbert & A. Giuredzheklieva(2007)	保加利亚	1997～2003 年	由 1997 年的 37%上升至 2003 年的 52%
缪仁炳、陈志昂(2002)	中国	1978～2000 年	非交易部门交易费用从 13.5%上升至 23.1%，交易部门从 28.4%上升至 43.2%
金玉国、张伟(2005)	中国	1991～2002 年	各年份交易费用围绕 20.13%上下波动

资料来源：沈满洪、张兵兵，《交易费用理论综述》，《浙江大学学报》（人文社会科学版），2013 年 3 月。

此外，我国学者汪大海利用沃利斯和诺思的交易费用测算方法，对 2007～2011 年我国社会组织的绝对交易费用和相对交易费用进行了测算，如表 5—2、表 5—3 所示。

表 5—2　　我国社会组织总量交易费用

年份	绝对交易费用(亿元)				相对交易费用(%)			
	全国	东部	中部	西部	全国	东部	中部	西部
2007	307.58	171.22	84.60	28.78	0.115 7	0.103 6	0.129 4	0.058 9
2008	372.40	187.88	82.45	42.49	0.118 6	0.096 8	0.104 7	0.070 8
2009	493.09	237.07	91.74	47.29	0.144 8	0.111 9	0.106 1	0.071 1
2010	531.15	300.08	93.03	43.00	0.133 5	0.119 8	0.088 5	0.053 2
2011	660.00	—	—	—	0.140 0	—	—	
年平均增长率(%)	16.50	15.06	2.40	10.56	3.89	3.70	−9.06	−2.51

注：全国范围内社会组织交易费用不仅包括东中西部社会组织交易费用，而且还包括中央级社会组织交易费用。

资料来源：汪大海，《中国社会组织交易费用测算的实证研究——基于 2007～2011 的数据分析》，《中国地质大学学报》（社会科学版），2013 年 1 月。

表 5—3　　2007～2010 年省际社会组织交易费用测算结果

地区	绝对交易费用(亿元)					相对交易费用(%)				
	2007 年	2008 年	2009 年	2010 年	均值	2007 年	2008 年	2009 年	2010 年	均值
北京	13.107 0	14.175 3	17.133 5	30.558 5	18.743 6	0.133 1	0.127 5	0.141 0	0.216 5	0.154 5
天津	2.561 2	3.064 9	3.498 7	3.712 4	3.209 3	0.048 8	0.045 6	0.046 5	0.040 2	0.045 3
河北	2.833 8	3.210 4	3.842 5	4.103 9	3.497 6	0.020 8	0.020 0	0.022 3	0.020 1	0.020 8
山西	3.729 1	4.770 9	4.221 4	4.409 1	4.282 6	0.061 9	0.065 2	0.057 4	0.047 9	0.058 1
内蒙古	1.027 7	3.244 5	3.503 0	2.168 3	2.485 9	0.016 0	0.038 2	0.036 0	0.018 6	0.072
辽宁	2.698 7	5.727 2	6.047 2	26.139 0	10.153 0	0.024 2	0.041 9	0.039 8	0.141 6	0.061 9
其他省份略。										

资料来源：汪大海，《中国社会组织交易费用测算的实证研究——基于 2007～2011 年的数据分析》，《中国地质大学学报》（社会科学版），2013 年 1 月。

沃利斯和诺思的总量交易费用测量方法也有其不足之处，因为他们所谓的交易费用总额在实质上是市场上可计价的各种交易性产业的价值加总，而没有将各种非市场化的资源损失包括在内。因此，他们的总量交易费用的测量显然是不全面的。诺思也指出交易费用中一部分是一些难以度量的成本，如获取信息、排队等候的时间、贿赂，以及由不完全监督和实施所导致的损失。这些难以度量的成本部分使得要准确地评价由一种具体的制度所导致的总交易成本是多少更为困难。不过，我们在这方面所做的程度有多大，我们就在衡量制度的有效性方面取得了多大进展。

值得注意的是，笼统地说要降低交易费用是不准确的，因为这里有总量交易费用和每一笔交易的费用这两个不同的概念。总量交易费用上升，即为交易服务的部门不断增加，而这意味着社会分工和专业化达到一定的程度，当交易部门实现了规模经济以后，整个社会的交易费用也会达到一定的规模，但是社会成员用于每一笔交易的交易费用会下降。如有的地区，由于有比较好的制度环境，尽管总量交易费用高，但每一笔交易费用并不高。因此，社会总量交易费用的上升与每一笔交易费用的下降这两者并不矛盾。

三、不同制度下的交易费用比较

在合同执行费用非常高的地方，交易将集中发生在那些相互认识并且相互信任的人们之间。在费用低的地方，交易的边界可以从高度人格化扩展到非人格化，从而将家庭成员、社会群体、国家群体甚至外国人都包括进来，整个社会的经济绩效得到增加。制度经济学判断制度机制（institutions）优劣的最重要标准，是看它们是否有利于市场交易的发生与深化。如果一国的制度有利于交易市场的容量最大化、有利于经济的深化，那么我们就说该国具有高的制度资本。不利于市场交易的制度，则使交易费用变高，这种成本通常称为制度成本。

不同制度下交易费用比较的意义在于它可以在一定程度上测量一种制度的绩效，并为制度的创新或改革提供一种客观的依据①。发展中国家与发达国家差距形成的一个重要原因是发展中国家的制度成本高。一个好的制度就是办事容易的制度，而一个坏的制度的典型例子就是“印度病”，即政府无处不在，为企业的行为设置重重关卡，印度不缺乏创新性的人才，但是在印度成功的企业家却并不是进行技术和组织创新的企业家，而是获得了大量政府许可证的企业家。

我国经济的未来增长，一不缺动力，二不缺机会，关键是要通过改革，降低我国经济运行的制度成本。我国政府部门出台了相关政策条例来降低制度成本。例如，国务院 2014 年 8 月颁布的《企业信息公示暂行条例》于 2014 年 10 月 1 日起正式施行。该条例就建立企业信息公示制度、构建企业信用监管体系、实现社会共治，提供了制度保障，旨在进一步夯实我国市场经济体系的信用基石。在市场经济运行中，竞争作用的正常发挥、经营利润的获取，都需要公平交易的秩序，使市场行为在知情、平等、守信和互利的基础上进行。失信只会造成运行成本增加，市场风险加大，市场秩序混乱，效率和质量低下。夯实信用基石，既有利于发挥市场在资源配置中的决定性作用、规范市场秩序、降低交易成本、增强经济社会活动的可预期性和效率，也是推动政府职能转变、简政放权、更好做到“放”“管”结合的必要条件②。

---

① 卢现祥：《新制度经济学》，武汉大学出版社 2011 年版，第 54 页。

② 《学习时报》，2014 年 12 月 1 日，第 004 版。

阅读材料 5－6

诺斯试验

20 世纪 90 年代初，诺斯应邀参加一个由世界银行举办的会议，并做了交易成本对经济发展所具有的重要意义的演讲。会议主持人不相信交易成本会如此之高，于是诺斯和主持人打了一个赌：做一个非常简单的调查，看看一个经济体系在世界不同的地方是如何有效运行的。采取的办法是：实际完成一个对纺织品下订单的全过程。当他们下了订单后，就根据各国生产产品、按照他们的要求完成订单的质量和完成订单的时间等打出分数。数据表明，通过与不同收入国家进行对比，结果发现与他们预想的一致：像美国和中国香港这样的地方按照效率来分类排在名单的前列，而诸如莫桑比克、也门、柬埔寨等这样的地方则排在了名单的最下方。

莱索托试验

莱索托在实验中开创性地对非市场交易费用进行了研究，他考察了在秘鲁依法开办新企业所需的成本。他和他的研究小组试图在不行贿、不利用政治关系的情况下完成所有的法定程序，结果，按照正常手续完成所有设立企业的程序总共花了 289 天的时间。但是，他在美国佛罗里达重复该试验仅花了 2 个小时。在秘鲁花费的时间相当于佛罗里达的 1 000 多倍，这反映了发展中国家与发达国家之间普遍存在的交易费用差距。

詹科夫试验

詹科夫等人继承了莱索托的开创性工作，比较不同国家通过正规渠道创办新企业需要经过的几道程序和完成这些程序所需的时间和费用大小。他们对 85 个国家对商业进入的管制进行了调查，结果发现，各国对商业进入的管制存在很大差别。例如，在加拿大创办新企业只需 280 美元和 2 天，经过 2 道程序即可；而在意大利，则需要花费 3 946 美元和 62 天，经过 16 道程序。

以上案例从不同侧面表明，在不同制度下交易费用的差异是巨大的。制度成本就是一种制度运行的费用。在这种制度下，单个交易的费用越低，那么这种制度就越有效。发展中国家与发达国家存在差距的一个重要原因是发展中国家的制度成本高。这种高的制度成本（指单个交易的费用）使发展中国家的分工、交易等经济发展的因素大大地受到影响。

资料来源：卢现祥，《新制度经济学》，武汉大学出版社 2011 年版。

试想某市要盖一栋特别的仿古中国戏曲大院，用料全部是传统的青砖、青瓦，并且要用全国最好的泥土烧出的青砖、青瓦。建筑公司决定从江西景德镇买 1 000 万吨泥土，每吨售价为 100 元，共 10 亿元。假设大家对法院解决合约纠纷的能力都不放心，由此导致的局面是，景德镇卖方在没有收到付款之前不肯发货，而该市建筑公司又声明在没有收到货之前绝不放款，原因是在没有可靠的正式司法的情况下，双方都不相信书面销售合约能值几个钱。怎么办呢？有两种选择：双方要么选择绝对不跟陌生外地人交易（那么跨地区交易无法进行，全国经济的发展会因此受阻），要么通过某些运作上的安排来规避“交易制度风险”。一种规避交易合约风险的办法是把这笔“大交易”分成 100 份“小交易”，每次运 10 万吨泥土，等两天将泥土运到该市之后，该公司立即付给景德镇卖方 1 000 万元。这样，即使哪一次买方不能付款，卖方最多损失掉 1 000 万元，而不是整个交易的 10 亿元。如果分 100 次交货，而每次“小交易”又需要两天时间才能完成,那么整个交易需要200天才能完成。相比之下,如果正式司法能够非常可靠地处理合约纠纷,那么双方就能以交易合约为准,签约即可发货,整个交易可在两天里完成,而不是要等200天。

在上述例子中,制度成本包括以下几项:第一,该市的中国戏曲大院工程被拖延200天,而不是立即就可以开始。如果整个经济的市场交易环境都是如此,那么人们在单位时间里创造的价值就会在整体上很低,也就是生产率很低,每人每年能完成的交易次数和交易量都会很少,经济增长就慢。也正因为如此,许多市场(如跨区域市场)可能根本不会发展。第二,本来两天可以做完的交易被拖延到200天完成,在中国或许还能接受,原因是劳动力成本低,而且劳动力数量也多。相比之下,如果是在劳动力成本高的国家,这种规避交易风险的安排显然在经济上不可行。换言之,正是由于廉价的劳动力,我们才有对冲高制度成本的可能性。第三,正因为制度资本的欠缺才使人们的生产率不可能高,每天能创造的价值低,反过来又使人们的收入不可能高,迫使劳动收入只能很低。因此,制度成本的最终表现形式是人们的低收入水平。制度障碍也可以体现为那些各式各样的行业准入审批、对市场的行政管制,还有许多灰色和朝令夕改的规章。这些都拖延了创业时间与交易速度。

阅读材料5-7

降低中国经济的制度成本

"中国经济未来的增长,第一不缺动力,第二不缺机会,关键是要通过改革,系统地降低中国经济运行的制度成本。"北京大学国家发展研究院教授周其仁提醒中国经济的决策者,"如果没有系统的改革把制度运行的成本大幅度降下来,中国经济的国际竞争力、长期增长的活力就会损失。"

周其仁是在中国发展高层论坛2015年年会的经济峰会上做上述表述的。同时,他举了以下几个方面的例子说明制度成本给中国经济造成的压力。

2014年中国进出口增速未能完成年初目标,海关总署的报告中指出,中国的成本优势丢失得很快。中国的劳动力成本近两年快速上升,但劳动力成本当中有一块是社会保障的提取,通常占我们工资总额的40%,发达国家的同样数据则要低得多,有15%的,有17%的,也有20%的。这40%不是市场决定的,不能根据经济形势的好坏变动,是法定的,带有强制性,这就是制度成本。

"我们通过什么样的一套游戏规则形成了这个40%?为什么在现在这个发展阶段收比较高的带有强制性的社会保障税?这个税提取以后怎么用?劳动者未来需要的时候,是否确实能够返还回来?这些问题是中国经济当中很关键的东西。"

土地成本是整个经济建设投资当中一个很大的成本约束项。中国一线城市的一个建筑,土地成本占70%以上,全国平均大概是50%左右;中国企业到澳大利亚去投资,发现土地成本只占建筑的13%。周其仁进一步指出,土地成本的占比高,会影响各行各业。"香港模式是土地成本高,其他税很低,我们是双管齐下,土地也贵,税也不便宜,你各行各业要增长就遇到很大的问题。"

"中国没有机会吗?有很多机会,大城市多少人为出行问题焦虑,民间很快有创新,利用新的互联网技术可以打车,但要合法化难度很高,不能容纳到这个体制里面来。"

周其仁呼吁，中国的决策层要高度注意经济制度成本。"因为这个东西没有办法通过市场供求解决，只有通过改革把它解决。我们早年是要素成本很低，体制运行成本很高。改革以后就把制度运行的成本降下来了，所以取得了中国过去二十多年高速增长的成就。现在的局面很不同了，我们的要素价格偏高，体制运行成本也高，两边都高。如果没有系统的改革把制度运行的成本大幅度降下来，中国经济的国际竞争力和长期增长的活力就会损失。"

资料来源：http://economy.caixin.com/2015－03－22/100793565.html。

第四节　交易费用理论的应用

一、交易费用理论的目的及其基本构成

交易费用理论将人与人的权利关系纳入经济学分析框架，为经济分析从"黑箱"操作向现实性转化提供了工具，使人类在进行制度安排等方面跨出了重大的一步。

交易费用经济学的目的在于探讨企业与市场之间的关系。市场是一种能够将买卖双方联系起来的机制，它可以是一个网站、一个集市、一个商店或者一个拍卖，有限理性、机会主义、不确定性、资产专用性使得市场交易费用高昂，为了节省这种交易费用，代替市场的新的交易形式应运而生，这就是企业，企业的不同组织结构也是为了交易费用节省的必然结果。

交易费用理论的基本论点有：(1)市场和企业是两种可以相互替代的交易机制，企业取代市场实现交易有可能降低交易费用。(2)市场交易费用的存在决定了企业的存在。(3)企业在内化市场交易的同时也会产生额外的管理费用。当管理费用的增加与市场交易费用节省的数量相当时，企业的边界趋于平衡(企业规模稳定)。(4)交易费用经济学认为交易费用的存在及企业节省交易费用的努力，是企业经济组织演变的根本动力。交易费用理论仔细区分了市场交易和企业内部交易。市场交易双方利益并不一致，但交易双方地位平等。企业内部交易一般通过长期合约规定(如企业主和雇员)，交易双方利益比较一致，但地位不平等。企业经营活动的范围包括造市和组织活动，企业通过增加市场交易与组织交易，从而扩大了边界。企业市场交易是企业与个体或自身之外的其他企业之间进行的交易活动，同时，企业将通过设计交易机制来建立市场；企业的组织交易则是企业与经理人、员工以及各业务单位之间的交易活动，企业监督管理者和员工的绩效，并设计相应的激励约束机制。企业的经济作用在于它提供了比消费者从事直接交易更有效的交易效率，消费者的交易成本是在沟通、信息处理、搜索、匹配、讨价还价、道德风险、逆向选择、搭便车以及缔结契约中形成的。表5－4说明了企业是如何处理消费者在直接交易中所面临的交易成本问题的。

表5－4　企业通过市场与组织的建立和管理提高交易效率

消费者交易成本	企业交易机制	
	市场交易	组织交易
沟通与信息处理	沟通网络与平台	组织层级与信息技术
搜索与匹配	集中化的市场	内部协调
	中间商	任务分派
	中介机构	内部配置

续表

消费者交易成本	企业交易机制	
	市场交易	组织交易
讨价还价	公示价格、拍卖	关系契约
道德风险	监督与激励	监督与激励
逆向选择	激励契约与质量鉴定	激励与质量管理
搭便车	激励契约	激励与协调
缔结契约	缔约市场	垂直一体化

资料来源：[美]丹皮尔·F. 史普博著、贺小刚等译，《企业理论——企业家、企业、市场与组织内生化的微观经济学》，格致出版社 2014 年版，第 12～13 页。

二、交易费用理论的现实意义

在简单商品经济条件下，交易的信用建立在熟人之间的道德约束之上，随着交易范围的不断扩展，交易信息的不充分性不断增加，导致交易成本大幅上升，在这种情况下，由人际关系产生的道德约束将不再能支持交易的进行，因此，在契约基础上形成的一整套适应商品交易的信用制度就成为保障交易的工具。在现代市场经济中，信用关系已经渗透到经济活动中的每个部门和每个环节，信用制度的完善与否直接关系到企业与市场经济的成败。

交易中存在可预见和不可预见的各种风险，这些风险增加了缔结合约的费用，而法律制度存在的一个重大意义就在于它能节约交易费用，调整和稳定社会关系，帮助社会成员建立合理的交易预期，使之安全、快捷、有序地进行交易。交易费用决定了经济运行的效率，在很大程度上政府及相应的制度决定了交易费用，因此，在现代市场经济中，政府如何定位、如何管理企业，也即如何确定政府职能直接关系到经济效益，这要求在职能上政府对企业进行适当的控制以防市场失灵，同时要提供公平竞争的规则体系。

三、交易费用理论的应用

无论能否准确测度，交易成本都有很大的启发意义。科斯是在对新古典经济学的反思的基础上才“发现”交易费用的（在新古典经济学的世界里，交易活动是不稀缺的，交易费用为零），交易费用理论的提出大大拓展了新古典经济学的研究领域，特别是人的有限理性概念的提出改变了新古典范式的假定。交易费用理论的革命意义还表现在，它有广泛的应用，较有成效的有以下三个领域：纵向联合理论、技术转让理论和跨国公司理论。

（一）纵向联合理论

纵向联合理论探讨的是导致企业纵向扩张的原因。纵向联合是指企业将许多纵向生产阶段（如研发设计、原料、生产加工、组装成品到市场销售的各个阶段）之一内化为企业的一部分，是企业在“买”或“做”之间选择“做”。“买”就是依赖市场，是市场上的买卖双方关系；“做”就是纵向扩大生产范围，是企业各部门、各业务单位之间的关系。

在交易费用理论问世之前，纵向联合理论可以归为两大类：“技术决定论”和“市场缺陷论”。“技术决定论”认为，许多生产阶段在技术上紧密相连，属于同一企业经营范畴是技术经济的需要，是顺理成章的事。技术上的需要使两个生产阶段同属一个企业更为合理、更为经济。市场的“缺陷”包括垄断、寡头、不完全竞争等市场模式。其中，最典型的是“变量比例”说。

比如，一家纺织公司需要两种原料织布：化纤和棉纱。假定化纤和棉纱各占50%比例混合织出的布质量最佳，市场利润最高。但化纤的生产控制在一家垄断集团手中，化纤的垄断价格大大高出生产成本。纺织公司为了控制成本，只好忍痛割爱，重新确定化纤与棉纱的比例，比如棉纱80%、化纤20%。20%的化纤只能使产品达到最低强度要求，但增加比例则会大大增加成本，这是一种经济上不合理、无效率的现象。解决的办法：一是化纤公司纵向化纺织公司，恢复棉纱、化纤各50%的比例，提高成本价格，把垄断势力推向成本市场；二是纺织公司纵向扩大，自己生产化纤，绕过垄断市场。无论哪一种方式的纵向联合都使生产更为合理，经济中的扭曲现象减少，社会经济效益提高。

威廉姆森从交易费用的角度来解释纵向联合现象，认为纵向联合的基本动力仍是现有的和潜在的交易费用，用交易费用理论可以重新解释上述两类理论。他认为，纵向联合问题的关键在于"资产专用性"，资产专用性越高，市场交易的潜在费用越大，纵向联合的可能性就越大。

比如，如果一座炼油厂设计成只能加工墨西哥原油，而不能加工其他来源的石油，因为它们含硫和蜡的成分不同，那么这座炼油厂就对墨西哥石油有很大的依赖性，或者说这座炼油厂是"特定"为墨西哥原油而设计的，其资产专用性就很高，一旦墨西哥原油供应商"卡脖子"，要高价供应原油，炼油厂的老板要么忍气吞声，接受高价，要么重新设计炼油设备，以使其能加工其他来源的石油，要么关闭。后两者都会给炼油企业造成很大的经济损失。换言之，炼油企业由此随时处于被讹诈的地位，这就是潜在的交易费用。另一方面，如果炼油设备设计成可以加工各种来源的石油，炼油厂资本的专用性就很低，依赖市场的风险、潜在交易费用就很小，炼油企业可以按竞争价格购买任何来源的石油，任何供应商都无法"卡脖子"——但存在质量问题。如果资产专用性达到一定高度，市场交易的潜在费用就会阻止企业继续依赖市场。这时纵向联合就会出现。炼油企业就会去"内化"石油生产这个环节。当石油生产成为企业内部的一个生产过程，炼油设备的原料供应得到保障时，被人"卡脖子"或讹诈的潜在损失也就消失了。

我们再来看一下铁矿石供应商与钢铁公司之间的关系。由于铁矿石的地理分布特点，目前其供应商主要为巴西的淡水河谷、澳大利亚的力拓集团和必和必拓集团三大巨头，其他国家的钢铁公司在很大程度上依赖于它们的供应。在谈判中这三大巨头具有很强的议价能力，因此，钢铁公司的资产对于铁矿石"三巨头"来说有很高的资产专用性。基于这种状况，日本的钢铁企业就在一定程度上进行了向上游的纵向一体化，即日本的钢铁公司在三大巨头中均持有一定股份，以此来提高对上游供应商"敲竹杠"行为的"免疫力"。

因此，资产专用性越高，纵向联合的现象就应该越普遍。反之，如果一个工业中的资产专用性越低，纵向联合的现象应该越少。从这个逻辑推下来，工业标准化的进程应促使纵向联合解体，竞争增加，从而增加社会的经济效益与财富。

(二)技术转让理论

蒂斯(Teece,1976)用大量的统计实证推翻了技术具有"公共品"特征的假设。在蒂斯之前，经济学中一般假设技术是一种"公共品"，被发明出来之后，只要不制造出新的竞争对手，转让技术不会影响原技术使用人的价值。既然技术的国际转让因贸易和其他自然壁垒的关系而很少可能造成新的竞争，而转让的交易费用几乎是零，转让的形式并不直接影响转让者的价值。但蒂斯研究了大量技术转让的案例，发现国际技术的交易费用并非可以忽略不计。恰恰相反，技术越复杂，转让本身的交易费用就越高。

技术有两种：一种为物化技术，如先进的设备，容易转让，交易费用也低。另一种为非物化技术，如操作设备、使用软件的方法。但如果技术拥有者自己去操作，他在哪里操作都是一样的，无须支付更多的“交易费用”。正如一个会开车的人到哪里都会开车一样。蒂斯认为，技术转让交易费用的高低取决于跨国公司转让技术的组织方式。技术越复杂，越难文字化，转让的交易费用越高，跨国公司就越有可能以直接投资设厂的方式转让技术。如果技术很简单，容易文字化，转化交易费用低，跨国公司就很有可能以出让技术使用权的方式将技术“卖”给其他企业。总之，技术转让的组织形式——利用市场交易还是企业内部转移——是由技术转让的交易费用高低决定的。

(三)跨国公司理论

用交易费用理论解释跨国公司的组织结构和行为是近年来跨国公司理论发展的主要方向。与跨国公司直接相关的现象是国际投资，跨国公司是国际投资的决策者和执行者。为什么跨国公司要到国外投资呢？传统的投资理论认为跨国公司是资本流动的工具，而资本的流动又是由利润率的差别引起的，资本流向利润率高的地方。资本和其他商品一样，供大于求，价格就下跌；供小于求，价格就上涨，而资本的价值就是利率。工业化国家资本相对富足，竞争激烈，投资机会相对少，利率就低。不发达国家资本缺乏，竞争不激烈，投资机会相对较多，盈利的机会就大。因此，像水往低处流一样，资本流向利率高的地方。

这个投资理论听起来合乎逻辑，但它无法解释一些最基本的现象。比如，海莫尔(Hymer,1960)发现，国际投资的对象大多是与投资国经济发展水平相近的工业化国家，如美国对外投资大多集中于加拿大和西欧；另外，国际投资的走向以多向为主，即美国到西欧投资，而西欧的企业却到美国投资，如果国际投资是向利率高的地方流动，这种双向流动就难以解释了。很显然，跨国公司的产生是纯粹竞争理论无法解释的。

对外直接投资与跨国公司几乎是同义语。跨国公司以投资的方式将自己的业务扩大到本国边境之外。直接投资有两种，即吞并现有的外国企业和新建业务。近年来，跨国公司在国外直接投资问题的研究几乎为交易费用经济学派所垄断。跨国公司之所以能在国际市场上竞争是因为它自身所拥有的竞争优势，包括先进技术、有效率的组织形式、集资手段、对市场信息的掌握、经营经验等。跨国公司将业务范围扩大到海外的目的在于充分发挥自身的优势以求盈利，而每一个跨国公司又拥有独特的优势，因为这些优势的来源是多向的(各国跨国公司)，所以跨国公司海外投资也是多向的。

跨国公司所具有的优势大多体现在它所拥有的无形资产方面。这些无形资产包括上述的先进技术、掌握信息能力、知名度、公众关系、市场经验等。但无形资产在市场上的转让充满困难和风险。除了如蒂斯所述转让的交易费用问题外，无形资产的价值也难以确定。譬如劳力士手表牌子的名气，没有市场价格可供参考，也很难确立一个“名气”的价值。再有，许多无形技术、信息、经验之所以秘不示人，是因为天机一泄漏，就一文不值了。但世界上的事情又很矛盾，不知道无形资产的内容，购买者无从衡量它的价值，价值不成立，买卖就做不成。这就是所谓“缄默型信息”。正因为无形资产具有这些无法建立市场价值的特性，市场作为交易管理机制在转让无形资产时往往无能为力，因此企业将选择自己直接投资。

在经济生活中，交易费用分析问题的方法已经得到了广泛的应用，交易费用理论为新制度经济学奠定了理论基础，推动了经济学理论的发展，丰富了经济学分析的“工具箱”。同时，交易费用理论对我国经济体制改革也有一定的借鉴价值。科斯交易费用理论最先试验的场所，就是我国的改革开放，即通过引入市场交易构建“市场＋政府”的双轨制，降低计划经济下形成的“超级国家公司”的巨额“组织成本”，探索政府的最优规模。科斯经济学的社会成本理论，则是我国市场化改革的理论基础，而科斯坚持“真实世界的经济学”，是对我国学界最大的启示。

另外，就我国而言，在环境资源产权制度的构建上仍存在着产权关系模糊不清、政府监管不力、体制不完善等问题，在水权、林权、矿业权、排污权、碳权等初级市场和二级市场的建立和完善的过程中，特别需要廓清交易费用的构成、影响交易费用的因素、降低交易费用的途径等问题，结合交易费用理论和产权理论对资源环境产权制度进行研究不仅意义重大，也很可能在理论研究及实践中带来突破①。

复习思考题

1. 交易费用和生产费用的区别是什么?
2. 列举交易费用的类型。
3. 试论述总量交易费用和每笔交易费用之间的关系。
4. 交易费用存在的原因是什么?
5. 试分析我们可以从哪些途径降低交易费用。
6. 试论述交易费用的应用领域。

案例分析

互联网金融的竞争力

越来越多的人认识到，中国的互联网金融一定会在某种程度上颠覆现有的中国金融秩序。这种颠覆并不是因为互联网技术的颠覆性，而是由于现有中国金融秩序存在诸多不尽合理的成分。

在中国，“互联网金融”概念一出现，就处于被热炒的状态，各路觊觎金融业丰厚利润的诸侯，在IT专家的带领下，挑战金融权威，都想从金融“暴利”中分一杯羹。于是乎，自以为在做颠覆性事业的IT专家，前呼后拥地开发各种电子金融平台软件、开设各种P2P网站，试图利用第三方网上支付等手段，复制余额宝一夜暴富的“神话”。其结果当然也是必然的，真心信任互联网信用链的创业者纷纷亏光跑路，剩下的多是传统小贷公司的“换汤不换药”。

于是央行正式发文，暂停了支付宝公司线下二维码的支付业务，同时也暂停了支付宝、腾讯的虚拟信用卡产品。央行给出的原因，是“线下条码(二维码)支付突破了传统受理终端的业务模式，其风险控制水平直接关系到客户的信息安全与资金安全。虚拟信用卡突破了现有信用卡业务模式，在落实客户身份识别义务、保障客户信息安全等方面尚待进一步研究”。

此消息一出，市场的反应比起之前众口一词攻击“专家呼吁取缔余额宝”截然不同，主流研究机构暧昧地不直接表态，而互联网金融的拥趸者则继续将央行的新规定纳入“既得利益阶层的反击”。这些拥趸者是否真懂金融？是否明白金融行业的利润从何而来呢？是否真的想探求在互联网金融时代，什么会发生根本的变化？什么又是不变的呢？

先说说不应该变的。

互联网金融也是金融，其盈利的核心在于风险定价能力——银行之所以盈利，其根本在于“交易”风险，通过对货币和金融资产买卖盈利。从严格的监管意义上讲，国内的商业银行还处于“钱庄”阶段，在现阶段并没有太多的风险交易业务，利润主要来自于存贷款息差收入，政府

① 沈满洪、张兵兵:《交易费用理论综述》,《浙江大学学报》(人文社会科学版),2013年3月。

通过立法对其利润空间进行保护，造成了金融业发展严重滞后于制造业发展，造成了人民币国际化迟迟不能破题，更造成了国内市场多方面的不满。

最大的不满，来自中国民间的市场派。官办金融的最大缺陷在于风险厌恶，也就是不愿意把资金贷款给没有政府信誉担保的小微企业，致使广大私有部门的金融服务明显不足。于是，过去五年间中国的民间金融体系发展迅速，成为具有中国特色影子银行体系的重要组成部分。虽然监管机构试图通过发放小贷公司、农村商业银行等牌照，"阳光化"这些影子银行，可惜官办金融的阻力使得民间金融市场一直难以挺直腰杆，被迫介入房地产泡沫以寻求解脱。恰逢此时，互联网金融的概念宛如一股春风，让民间银行家看到了阳光化的希望。

但是，民间金融体系的合理性，在于中介机构对信用风险的内生性把握，即发放信贷者"了解客户"，也就是互联网金融热捧的"社区银行"概念，而这一点恰恰又和所谓的"大数据"甄别贷款客户的互联网技术背道而驰。

将现有业务通过互联网化，解决金融牌照的民间银行类组织，并非真正的互联网金融，而是 20 年前国有商业银行逐渐铺开的"金融电子化"的延续。这也就是为什么国有大型银行并不在意今天 IT 界的金融亢奋，如今互联网金融涉及的网络支付安全等技术问题正是他们过去十年来一直在花巨资投入研究的领域。

互联网技术特别是移动互联网技术在金融领域的广泛应用，到底改变了什么呢？已经发生的，以及未来将要发生的改变，是深刻的，套用互联网金融拥趸者的词汇——是具有"颠覆性"的。

首先，互联网技术大大降低了金融交易成本，在中国加速了利率市场化的节奏，余额宝的成功就基于此。余额宝有些像活期储蓄产品的团购，是互联网把这些零散的资金聚集起来，又不需要像现有的商业银行一样开物理网点、做海量广告、雇用优秀销售人员。其实，商场购物中心一直是商业银行的优质客户和低成本资金来源，淘宝无外乎就是网上的大商场、巨型购物中心而已。在现代金融体系中，商业银行是零售银行业务领域的经营者，必须依附在实体经济的现金流上生存。

其次，互联网技术深刻地缩短了融资方和投资方的距离，加速了中国金融市场的混业经营节奏。现在，连计算机技术专家都开始讨论余额宝 6%的预期收益合理性问题了，这真是比任何官方组织的投资者教育活动都要效果显著。其实，在中国金融市场上销售的各类理财产品，宣传自己 10%、15%收益的，又何止千万呢？通过信托、项目融资等批发银行投资手段，利用的却是零售银行的融资方资源，这不就是标准的"现代银行业混业经营"模式吗？在这个意义上，中国金融市场的实际"混业化"被社会发现，互联网功不可没。

最后，互联网技术颠覆了金融机构风险管控不足的安稳，加速了不同风险评级下中国收益率曲线的形成。由于官办、垄断金融，金融机构之间都有着"国有兜底"的潜规则，自然不会投入"大钱"去构建现代金融的风险评估体系。如今各大主流金融机构的合规部门和风控部门，都是拿着监管部门的各类条文来审查业务的技术性风险。

金融机构的最大风险来自于金融市场价格风险、交易对手方信用风险和各类资产的流动性风险。不同信用评级和代偿期限的金融资产，都需要金融机构能有独立自主的定价能力，用专业术语叫作形成"久期"概念下的"利率期限结构"，进而发现不合理的价值"洼地"，通过买方业务"做多"或"做空"牟取利润。互联网金融的未来，就在于通过价值洼地的准确判断，利用显著降低的交易成本，把投资方和融资方尽可能地对接，真正实现"直接融资"。监管机构和金融中介的责任在于构筑交易平台和制定游戏规则，通过类似于存款保证金制度的金融保险安排，鼓励中国金融进一步市场化。

资料来源：许维鸿，《互联网金融的本质是降低交易成本》，《财经》，2014 年。

【讨论】

1. 传统的金融机构的交易成本主要体现在哪些方面？

2. 互联网金融对交易成本的节约主要体现在哪些方面？

3. 思考对金融业交易成本的测量方法。

第六章　产权与新产权企业理论

学习目标(知识点、技能点)

1. 理解产权的概念、功能和特点；
2. 了解德姆塞茨、安德森和黑尔、诺斯的原始产权模型；
3. 掌握科斯定理的内涵及特点；
4. 掌握并运用新的企业产权理论；
5. 学会区分完全契约理论、交易成本理论和新产权企业理论的区别。

案例导读

公地的悲剧

1968 年 12 月 13 日，美国《科学》杂志发表了美国人类生态学家加勒特·哈丁的《公地的悲剧》一文。几十年来，它成为生态学界一篇经典性的文章。哈丁在文章中讨论了公共牧场的使用与管理问题。他说，假定有一个向所有牧人开放的牧场，那么，每个牧民都将在此牧场上放牧尽可能多的牲畜。这种情况，如果因天灾人祸使人和牲畜的数量不超过此公共牧场养活那么多人与牲畜的能力，就可以继续保持。否则，这种公地共享的逻辑便会产生悲剧。因为，每个牧人都会通过增加牲畜头数以尽可能地扩大自己的利益，而每增加一头牲畜，都会有正、负两种后果：对增加牲畜者而言，他得到增加牲畜的全部收益；如果增加牲畜属于过分放牧性质，其所造成的危害则由全体牧人分担，他自己只承担全体牧民每人平均分担的一小部分。这样一合计，他就决定增加牲畜。然而，他这样做，别的牧人也会这样做。其结果是，全体牧民落入一个在面积有限的公共牧场上无限增加牲畜的"陷阱"。换句话说，大家都利用自己使用公共牧场的自由，奋勇奔向毁灭之途，这就是他所称的"公地的悲剧"。

第一节　产权概述

产权制度是所有制度中最基本、最重要的制度。本章先界定产权的内涵、分类、功能和特征，然后分析产权的起源、科斯定理及新企业产权理论、参照点理论。

一、产权的内涵

产权界定问题是产权理论中的一个核心部分。产权，是现代经济理论研究和现实经济生活中使用频繁、应用广泛的一个重要概念。从产权理论的形成和发展过程来看,西方经济学家、法学家及有关学者根据自己的理解和研究需要,从不同角度和层面对产权概念做了各种各样的定义和描述。

德姆塞茨(Demsetz,1997)认为,产权是一种社会工具,其意义在于使一个人在与其他人交易时形成合理的预期,这些预期通过社会的法律、习俗和道德得到表达。产权包括一个人或其他人受益或受损的权利,也就是说,产权是界定人们如何受益及如何受损,因而谁必须向谁提供补偿以修正人们所采取的行动。

现代产权理论的创立者科斯(Coase,1990)则认为,"产权不是人与物之间的关系,产权体现的是由于物的存在及关于它们的使用所引起的人们之间相互认可的行为关系"。[①] 产权不仅是人们对财产使用的一束权利,而且确定了人们的行为规范,是一些社会制度。他说:"人们通常认为,商人得到和利用的是实务(一亩土地或者一吨化肥),而不是行使一定行为的权利。但这是一个错误的概念。我们会说某人拥有土地,但土地所有者实际上拥有的是实施一定行为的权利。"

阿尔钦(Alchian,1994)把产权视为人们在资源稀缺条件下使用资源的权利与规则。他指出:"产权是一个社会所强制实施的选择一种经济物品的使用的权利。"[②]产权授予特定个人某种权威,利用这种权威,可从不被禁止的使用方式中,选择任意一种对特定物品的使用方式。

在科斯对产权理论开创性研究的基础上,张五常对私有产权的结构进行了划分,认为产权就是一组包括使用权、收入权和转让权的权力束,并且具有可分割的属性。产权是人们对财产使用的一束权利,由所有权、使用权、收益权、让渡权共同构成,形成产权结构。所有权是指排他、对所有权进行分析、利用所有权收取收益。使用权是指产权主体使用财产的权利。收益权是指获得资产收益的权利。让渡权是指将上述的部分或全部权利(所有权、使用权、收益权)有偿或者无偿转让给他人的权利,包括出售、赠与、继承权等。

在市场经济下,产权制度中的权能结构可以合一,即集中于某个主体;同时也可以分离,即分属于不同的主体。掌握所有权的主体,可以掌握其他几个产权,自己进行生产经营。所有者也可自己不亲自经营,而以取得一定的利益为条件,将占有、支配、使用权能合称为经营权的部分或全部转让给别人,把生产资料交给别人去经营。这样,产权就发生了各种不同情况的分离。例如,在现代银企关系中,企业向银行贷款,所贷货币资本的所有权是银行的,但支配使用权却是企业的,其中收益权的一部分以利息形式归于银行,另一部分以利润方式归属于企业。个人财产的分解也是有必要的,产权的分解有利于资源的有效利用。例如,个人的住房产权,可以集所有权、使用权、收益权、让渡权于一身,也可以只拥有房屋所有权,而将房屋出租以获取租金收入。产权的各种权利是集中还是分离,主要取决于三大因素:一是社会经济制度环境,二是企业制度的性质,三是产权主体个人的意愿和动机。

---

① [美]R. 科斯、A. 阿尔钦、D. 诺斯等著,胡庄君译:《财产权利与制度变迁——产权学派与新制度学派译文集》,上海三联书店、上海人民出版社 1994 年版,第 97 页。

② A. A. 阿尔钦:《产权:一个经典注释》,载[美]R. 科斯等著:《财产权利与制度变迁》,上海三联书店 1994 年版,第 166 页。

阅读材料 6－1

解读阳光产权[①]

2002 年年底，一座大楼拔地而起，遮住了原有住户的阳光。一些市民高举“还我阳光”的牌子，迫使施工不得不停止。住户的理由很简单：原来的住所每天可以享受阳光的普照，如果大厦建起，他们将始终“暗无天日”。大厦的经理出示了自己施工的合法批复文件和可行性报告。双方争执不下。

按照我们的理论，这里关键是产权的界定存在问题，公共物品的产权界定远要麻烦于私人物品。科斯定理为我们提供了一个解决问题的视角。按照高鸿业对科斯定理的解释：“只要交易成本为零，财产的法定所有权的分配不影响经济运行的效率。”[②]

二、产权的分类

在现实生活中，由于产权主体范围和构成的不同，产权形式具有多样性。我们从产权的排他性程度对产权进行划分，主要分为以下三种形式：

(一)私有产权

“私有产权是对必然发生的不相容的使用权进行选择的权利的分配。”[③]私有产权是指对物品可能的用途进行选择的排他性权利分配，其所有者可以排除他人行使这种权利。其中需要说明一点，私有产权可以由两人或两人以上拥有这种权利，而并不是将某种资源的所有权利都集中于一个人身上。比如房东和承租人的例子，房东和承租人各自拥有的住房的权利是私有产权。房东可以阻止承租人或者其他任何人改造住房，或者转租给其他人(当然，除非承租人从房东那里购买了转租的权利)。承租人也可以阻止房东出自私人目的擅自使用住房。因此，产权是一个权利束，不同的人可以拥有不同的权利，只要每个人拥有的权利互不重合，并且一个人权利的行使不会影响其他人权利的行使，那么多个人同时对某一资源或资产行使的权利仍然是私有产权。

(二)共有产权

共有产权是指相对于共同体外的任何成员，共同体内的每一个成员都有权分享同样的权利，把权利分配给共同体内的所有成员。例如，学生在图书馆看书、坐座位的权利是共有的；公园的景观是大家共同拥有的，每个人都可以享用它，但是每个人都没有权利声明这个资源是属于他的财产。因此，共有产权的一个基本特征是某个人对一种资源行使某项权利时，并不排斥他人对该资源行使同样的权利，它与私有产权相比，共有产权在个人之间是完全不可分的。正因为如此，共有产权也常常带来一些负的外部性。比如，图书馆的座位是共有的，但结果是同学们占座位却没有有效利用；草原是共有的，个人却无须对过度放牧承担责任。

(三)国有产权

国有产权是指国家按可接受的政治程序来决定谁可以使用或不能使用这些权利，以此排

---

① 贺卫、伍山林：《制度经济学》，机械工业出版社 2003 年版，第 108 页。

② 高鸿业：《私有制、科斯定理和产权明晰化》，载《当代思潮》，1994 年第 5 期。

③ A. A. 阿尔钦：《产权：一个经典注释》，载[美]R. 科斯等著《财产权利与制度变迁》，上海三联书店 1994 年版，第 167 页。

除任何人使用这一权利。产权的多元化是世界性趋势。我国是以公有制为主导的多种所有制形式并存的社会主义国家。主导的产权决定了国家社会制度的性质，主导产权的选择并不限于效率，它还要考虑到社会的公平、分配以及意识形态等。

三、产权的功能

产权并不是人类社会一开始就有的，只有当社会经济资源的稀缺程度达到了必须由社会的强制力量来组织和规范其财产关系的时候，产权及产权制度才起作用。

美国经济学家萨缪尔森(P. A. Samuelson)在20世纪50年代曾预言，经济发展最快的地区将是南美洲，因为南美洲资源丰富，劳动力受教育程度高。但是事实证明他错了，因为他忽略了产权制度，第二次世界大战后欧洲和太平洋地区经济发展最快。由于产权制度安排合理，尽管这些国家和地区资源相对匮乏，其经济也得到了快速发展。因此，产权作为一种社会工具，其产生的功能和作用是非常强大的，主要表现在以下三个方面：

(一)激励与约束功能

产权经济学强调了产权、激励与经济行为的内在联系。"对未来产权的确信程度，决定人们对财富种类和数量的积累。"[①]清晰界定的产权确定了生产劳动和产品分配的规则，而这种规则能够确保生产和创新的收益归生产者，使人们形成了"谁劳动谁受益"的预期，从而对人们生产和创新的行动产生了激励作用。如果产权受到威胁或者没收，人们对未来的预期就产生不确定性。例如，在中国改革开放前的人民公社时期，农民有土地使用权，却没有收益权。农民生产付出的劳动成本是自己的，而收益却属于大家，收益被外在化了。在这种情况下，人们缺乏生产激励，总是消极怠工，从而使劳动力资源和土地资源都得不到充分利用。

与激励相对应的是约束，约束和激励是相辅相成的。产权关系既包含了利益关系，也包含了责任关系。利益产生激励，责任产生约束。约束作为一种负激励，包括了对产权主体自身和非产权主体的约束，即自律和他律。清晰界定的产权限制产权主体使用资产的方式，对他们的不良行为进行约束，同时通过对产权主体以外其他人的排斥，使资源得以有效利用而不至于被浪费。产权模糊，当事人的责任就无法明确，人们的错误行为也无法得到有效约束。在这种情况下，人们就会产生负外部性的行为。例如，在"公地的悲剧"这个例子中，每个牧民多放养一只羊的收益是牧民自己的，但造成的成本却由全体牧民共同承担，也就是成本被外在化了，每个牧民不会考虑羊群对牧场造成的破坏，因为这里只有利益没有责任，牧民对自己的过度放牧行为缺乏约束，从而造成了公地的悲剧。因此，在界定产权时，要明确产权主体的利益和责任，如此才会有自我约束。

(二)外部性内在化功能

外部性是产权理论的一个重要概念。外部性是指企业或个人向市场之外的其他人所强加的成本或利益，亦指一个经济主体的行为直接影响他人的福祉，却没有承担相应的义务或获得回报，亦称外部成本、外部效应或溢出效应(spillover effect)。

外部性可分为两类：一是造成成本的负外部性，比如造纸厂给环境造成污染，但污染环境的成本并没有计入生产纸张的成本之中；二是造成利益的正外部性，比如你打了乙肝疫苗就减

---

① 阿兰·鲁福斯·华特斯：《经济增长与产权制度》，载[美]詹姆斯·A.道、史迪夫·H.汉科、[英]阿兰·A.瓦尔特斯编著《发展经济学的革命》，上海三联书店2000年版，第131页。

少了别人得乙肝的概率，养蜂人饲养的蜜蜂使周围的果园产量提高，学习刻苦的学生为其他同学树立了榜样等。

外部性问题造成市场的失灵，给整个社会带来效率的损失。人们应该如何处理外部性呢？传统经济学认为外部性的治理应引入政府干预力量，对外部性生产者课税或给予补贴，从而解决市场失灵，实现社会福利最大化。假设造纸厂和钢铁厂每年向河中倾倒500吨液体废物，环保部门希望减少污染量，用庇古税解决的方法就是对每个工厂每排出一吨废物征收5万美元的税收。

阅读材料 6－2

市场失灵

20世纪初的一天，列车在绿草如茵的英格兰大地上飞驰。车上坐着英国经济学家A.C.庇古。他边欣赏风光，边对同伴说："列车在田间经过，机车喷出的火花（当时是蒸汽机车）飞到麦穗上，给农民造成了损失，但铁路公司并不用向农民赔偿。"这正是市场经济的无能为力之处，称为"市场失灵"。

1971年，美国经济学家乔治·斯蒂格勒（1982年诺贝尔经济学奖得主）和阿尔钦（产权经济学创始人，张五常的老师）同游日本。他们在高速列车（这时已是电气机车）上想起了庇古当年的感慨，就问列车员，铁路附近的农田是否受到列车的损害而减产。列车员说，恰恰相反，飞速驰过的列车把吃稻谷的飞鸟吓走了，农民反而受益。当然，铁路公司也不能向农民收取赶鸟费。这同样是市场经济无能为力的，也称为"市场失灵"。

而科斯等产权经济学家认为在解决因外部性而造成的市场失灵问题上，市场机制并非无能为力，只要通过产权谈判和产权的清晰界定，内在化的所得大于内在化的成本时，个人经济行为对他人的影响转变为对自己的影响，从而产生激励，最终达到节约交易成本、提高资源配置效率的目的，使得外部性问题内在化。德姆塞茨认为："产权的一个主要功能是引导人们实现将外部性较大地内在化的激励"。[①] 例如，在一个产权不清的共同体内，一个人努力的成果为全体成员所分享，其个人耗费为全体成员所分担。为了调动其工作积极性，识别其工作业绩，就必须增加监察、辨别、谈判等成本，这些成本可能非常之高，以致无法进行。通过承包、实行计件工资或产权私有等方式，可使其个人努力的外部性亦即给共同体内其他成员带来的经济影响变成自己的成本，从而转变为一种内在化的激励，最终达到降低共同成本的目的。因此，产权的明确界定是实现外部性内部化功能的关键所在。

阅读材料 6－3

排污权交易制度

排污权交易，是指管制当局制定总排污量上限，并据此上限发放可转让的排污许可证

① ［美］德姆塞茨：《关于产权的理论》，载［美］R.科斯等著《财产权利与制度变迁》（中译本），上海三联书店1991年版，第98页。

(transferable emissions permits)。排污许可证可以在市场上买卖，每张许可证明确规定了厂商可以排放的数量。在这一制度下，每个厂商都必须有许可证才能排放污染物。任何厂商排放了许可证没有允许的污染时，都将遭受到足够的罚款。

具体做法：

(1)首先由政府部门确定出一定区域的环境质量目标，并据此评估该区域的环境容量。

(2)推算出污染物的最大允许排放量，并将最大允许排放量分割成若干规定的排放量，即若干排污权。

(3)政府可以选择不同的方式分配这些权利，并通过建立排污权交易市场使这种权利能合法地买卖。在排污权市场上，排污者从其利益出发，自主决定其污染治理程度，从而买入或卖出排污权。

排污交易权制度在国际、国内的产生与发展

1. 排污交易权在国际的发展历程

1960 年，英裔美国经济学家科斯[Coase，Ronald (Harry)]提出排污权交易理论概论。

1968 年，美国在《空气清洁法案》中对此做出立法性规定，并将其应用于实践中，取得了很好的效果。

美国 1977 年通过并于 1990 年修改的《清洁空气法》中鼓励公司参与市场买卖污染权，并首先在控制二氧化硫排放方面实施排污权交易，取得了成功。而后德国、澳大利亚、英国等国家相继进行了排污权交易政策的实践。

2. 排污交易权在国内的发展历程

20 世纪 90 年代，我国引入排污权交易制度，最初是为了控制酸雨。

2001 年 9 月，在多方努力下，江苏省南通市顺利实施中国首例排污权交易。

2003 年，江苏太仓港环保发电有限公司与南京下关发电厂达成二氧化硫排污权异地交易，开创了中国跨区域交易的先例。

2007 年 11 月 10 日，国内第一个排污权交易中心在浙江嘉兴挂牌成立，标志着我国排污权交易逐步走向制度化、规范化、国际化。

此项制度目前在我国还只是处于探索实施阶段，全国仅有少数几个省份开始实施。2010 年 6 月，陕西环境权交易所揭牌。

(三)资源配置功能

在原始社会，如果一棵果树属于公有，人人都可以采摘长在上面的苹果，那么还没等苹果成熟，就会被采摘完，结果谁都吃不上成熟的苹果，这就是“苹果树的故事”。可见，产权的另一个重要功能是对资源的配置功能。

产权的资源配置功能是指产权安排或产权结构推动资源配置状态的形成及变化，是影响资源配置的重要调节机制。产权的界定明确产权主体与客体之间的行为权力关系后，就确定了一种稳定的产权结构，并继而形成一种资源配置的客观状态。在产权清晰界定和流动保障的前提下，经济资源和生产要素通过市场个体的分散决策就可以自由地向高收益的方向流动，从而优化产权结构，最终提高资源配置效益。明晰的产权界定是产权交易的前提条件，也是整个经济活动和经济运行的基础，更是资源进行配置或重新配置的根本，或者说，产权的明晰度达到最优也是资源配置效率最优的根本。

不同形式的产权，资源配置的效率是不同的。在国有产权下，国家选择代理人代为行使权利，而他作为代理人，不能充分地对资源的使用、转让及分配行使权能，并且代理成本（如监督成本）较为高昂，因而国有产权下的外部性比较大。在共有产权下，共同体内的成员都有权享用共同体内的权利，但每个人都会追求个人私欲，在没有监督的情况下，每个人在追求个人价值时所产生的成本则由共同体内其他成员共同承担，并且所有成员达成一个最优行动，达成集体共识的成本也很高，因此，共有产权也产生了很大的外部性。相比较而言，产权经济学家认为，通常情况下，私有产权的资源配置效率要高于共有产权。阿尔钦认为："除私有产权以外的其他产权都降低了资源的使用与市场所反映的价值的一致性。"[①]在私有产权下，产权所有者的决策成本很低，在使用资源时，收益和成本由他一人承担，会做出有利于资源有效配置的安排，因此，外部性被内在化，相对于共有产权和国有产权，其资源配置的效率更高。但是，私有产权也并非绝对优于共有产权和国有产权，不同性质的资源应该配以不同的产权形式，因此人们设计了一些其他的产权形式，如中国的混合所有制形式。

四、产权的特征

（一）完整性与残缺性

完整的产权是指包括了资源利用的所有权利，也称为权利束，是权利所有者对他所拥有的权利有排他性的使用权、收入的独享权和自由的转让权。产权的完整性只是一种理想的状态，事实中任何产权都不会是完整的。

阿尔钦与卡塞尔在1962年较早地研究了"权利的残缺与行为之间可能遵循的相互关系"。产权的残缺指的是那些用来确定完整的所有制权利束中的一些私有权的删除。产权的残缺性主要表现为两种情况：一是产权主体的界定，权利的行使费用过高，以至于产权主体主动放弃部分权利束。二是来自于外来的干预或侵犯，一些代理者（如国家）的干预和管制，其获得了允许其他人改变所有制安排的权利。德姆塞茨认识到，国家有一种特殊的权利，它可以对私人所有权的权利束施加限制。他说："权利之所以常常变得残缺，是因为一些代理者（如国家）获得了允许其他人改变所有制安排的权利。对废除部分私有权利束的控制已被安排给了国家，或已由国家来承担。"当国家对私有产权加以限制时，就会引起私有产权的残缺。平乔维奇认为政府的行政干预会造成产权残缺，"假设政府为某一商品的价格设了上限，或者发行票证的人给予获得票证的人以获得一定数量该商品的权利，或者决定处于一定年龄以外的人不能购买这种商品……政府通过对所有者选择用其财产做什么的权利（即产权的排他性）或者对其以共同商定的价格将之转让给他人的权利（即产权的可转让性）进行干涉而削弱了产权。"[②]

正如巴泽尔所说："除非产权得到完全界定——在交易成本为正的情况下，这是永远做不到的——部分有价值的产权将总是处于公共领域中。"[③]

（二）排他性

所谓"产权的排他性"，实质上是产权主体的对外排斥性或对特定权利的垄断性。人与人

---

① A. A. 阿尔钦：《产权：一个经典注释》，载[美]R. 科斯等著《财产权利与制度变迁》（中译本），上海三联书店1991年版，第174页。

② 斯韦托扎尔·平乔维奇：《产权经济学》，经济科学出版社2000年版，第46页。

③ 约拉姆·巴泽尔：《产权的经济分析》，上海三联书店1997年版，第17页。

之间对财产的权利构成竞争，对特定财产的特定权利只能有一个主体。如果没有这种排他性，不管是不是某一财产的主人，都可以一样地占有、支配或使用该财产，就无所谓产权，说明有无财产权利对大家没有什么差别。虽然特定财产的排他性对于特定主体来说可能是有益的，但是排他是需要付出代价的，即存在排他成本。只有在排他成本低于排他的可能性收益时，特定主体才认为排他是必要的。反之，人们只能暂时容忍产权的模糊。我国乡镇企业早期的模糊产权问题就是排他成本远远大于可能性收益的结果。

排他性是所有者自主权的前提条件，也是使私人产权得以发挥激励作用的前提条件。只有当其他人不能分离产权所界定的收益和成本时，这些收益和成本才能被“内部化”，即才能对财产所有者的预期和决策产生完全的、直接的影响。

产权完全排他是很少的。因为有些所有者行动的潜在权利具有无限性，比如说由私人、共同体或者是国家拥有。例如，汽车的所有者在正常情况下，未经所有者同意时可以排除他人使用，但是一旦发生战争，政府可以被授权征用这辆车。因此，完全的私有权、完全的共有权和国有权这些概念相对于它们所包含的实质的权利束具有很大的弹性。

（三）可分割性

产权的可分割性，是指对既定财产的各项产权可以分属于不同主体的性质。另一方面，产权的可分割性还体现在不同的层次上。首先，可以分解出狭义所有权、占有权、支配权和使用权；其次，占有、支配和使用的各项产权又可以分解，由不同的主体行使。由于产权由权能和利益组成，所以，产权的可分割性包含着两方面的意义，即权能行使的可分工性和利益的可分割性。前者指产权的不同权能可以从由同一主体行使转变为由不同主体分工行使，后者指相应的利益分属于不同的权能行使者。例如，土地的狭义所有权、占有权、支配权和使用权可以分解开来，分属于不同的主体。又如，津巴布韦大象私有制后，游客向大象所有者付费获取参观甚至狩猎的权利。产权的可分割性使得大象所有者将不同权利分派给参观的游客和狩猎者。

产权的可分割性可以增加价值，增进专业化和知识积累，使资源得以更有效的利用。例如，企业家才能和财产的结合。在公司制的现代企业制度中，股东拥有资金，但是有可能不太善于经营。而另一些人，他们拥有良好经营能力和创意却没有财产。如果产权是可以分割的，那么股东就可以在市场上找到职业经理人以获得他人的才能。而合伙制企业正是因为产权的不可分割性导致企业容易受个人因素或人为因素而夭折。产权只有在可分割的情况下，才能有效地利用大规模集中的财产。在股份制企业中，股权可分割为若干部分，投资者可以购买这些股权，这样，许多大型工程项目和基础设施所需巨额资金才能集聚起来。

（四）可转让性

产权的可转让性是产权的另一重要的属性。产权的可转让性意味着所有者有权按照双方共同约定的条件将其财产以出售或捐赠的方式转让给他人。在制度禁止出售处置产权的地方，如禁止出售产权的地方，产权被束缚于一个既有的所有者，而其他人尽管因具备更好的知识和技能可能对该财产定价更高，却不能对该财产进行更好的利用。产权的可转让性为资源流向具有最高生产力的所有者提供激励，即产权的可转让性促使资源从低生产力所有者向高生产力所有者转移。

股份公司的股份代表了典型的可转让的集体产权。可转让的集体产权是保证公司效率的重要制度安排。例如，由于股票价格的行情反映了公司的经营状况，公司经营差的股票价格将会下跌，股东可以将该公司的股票抛售出去以保障自身的权益，而该公司就有破产甚至面临被兼并的风险。

（五）可交易性

产权交易是指买卖行为实质上就是商品的所有权与货币的所有权的交换，是产权在不同主体之间的转手和让渡，即交易行为本身就是产权的交易，这是一种广义的理解；狭义的理解是特指的，如企业的买卖（兼并）、股票的买卖、房地产的买卖、生产要素的买卖等。产权的可交易性是资源优化配置的必要条件。

产权的交易性，按交易内容或对象可以分为整体交易和部分交易；按交易时限或产权的让渡时限可以分为无限期交易和有限期交易；按交易原则可以分为买卖的交易、管理的交易和限额的交易。在产权经济学的观点中，将三种交易方式结合在一起，就构成所谓“运行中的机构”，即所谓的经济制度。产权的可交易性是产权的内在属性。它是以产权的排他性和有限性为前提的，即由产权的排他性和有限性决定的。

（六）永久性

永久性也称为安全性。一旦产权不能确保个人安全获得其所能创造的净收益，人们将失去创造这些净收益的动力。例如，农民种庄稼，辛苦劳作，眼看庄稼要成熟时，却被别人收割并出售。如果土地的产权安排是农民不能获取其耕种所得，那么该农民将放弃耕种该土地。也就是说，如果人们在利用一种资源的权利得不到保护时，他会改变对该资源的使用方式或者放弃对其投入。

在历史上，一旦不注意产权的保护以及产权的延续性和稳定性的建立，社会经济的发展就会遭受重大损失。例如，在“大锅饭”时代，人们干多干少一个样。财产积累必须有财产保护制度。例如，西班牙皇室为了维持庞大的军力，除了没收私人财产外，还向人民大量举债，导致政府无力负担利息，并单方面提出延长债期和减低利息，最后宣布破产，人民的财产权无法得到保障。在当时的西班牙，人们不愿付出劳动，不愿生产和工作，因为其财产积累得不到保护，财产的价值也大大下降。

阅读材料 6－4

房屋产权 70 年，引爆中国的“定时炸弹”

最近，深圳被曝出所谓“全国首例无偿收回土地到期房产”案——金桃园大厦一期业主被告知土地出让年限期满后，政府将无偿收回土地，土地上的建筑及其他附着物，将被政府无偿取得。后来政府方面的澄清，越发让普通人看不懂。作为普通人要问：70 年之后我的房子会不会被收走？这种奇怪的土地制度是怎么形成的？

1998 年，原深圳市规划国土局同意原南山区建设局以零地价的方式，将这块土地转让给深圳市罗沙工程有限公司，同时规定：土地期限届满，政府不仅无偿收回土地使用权，土地上的建筑物及其他附着物，也由政府无偿取得。“无偿收回”的事被抖了出来，媒体做了报道，才有了“全国首例无偿收回土地到期房产”的新闻。

回溯历史，新中国成立之后我们一直在追求“一大二公”，对于私有化特别是土地私有化一直非常“警惕”。在改革与保守的博弈中，政策往往是摸石头过河式的“机会主义”。1978 年十一届三中全会决定改革开放之后，1979年出台了《中外合资经营企业法》，其中使用了"场地使用权"的说法，明显是临时租地的意思，没有土地使用权的含义。之后随着改革的发展，土地日益成为重要的生产要素，于是1990年国务院的《城镇国有土地使用权出让和转让暂行条例》规定了土地使用权有偿出让制度，其中规定居住用地的使用权最高年限为70年。

这就是所谓"70年"的最早出处。土地使用权期满以后怎么办？该条例第40条规定"土地使用权期满，土地使用权及其地上建筑物、其他附着物所有权由国家无偿取得"，到期连房子一起无偿收回，这也是当年深圳出让金桃园地块时，合同所明确要求的。

同时作为"例外"，第41条还规定，土地使用权期满，土地使用者"可以"申请续期，并重新签订合同，支付出让金。这只是"可以"而不是政府"必然"续期。原则上要收回，例外情况下可以延期，这是在1990年的环境下做出的"机会主义"决策。

1995年施行的《城市房地产管理法》中，不再提"无偿收回"，第21条规定年限届满后，土地使用者可申请续期，除根据社会公共利益需要收回该幅土地的，应当予以批准。经批准准予续期的，重新支付土地使用权出让金。

居住用地的使用权最高年限为70年带来了很多问题，其中"以房养老"就难以推行。当老年人将房产抵押时，商品房的使用年限大多已经不多，而当老人身故后，房子的使用年限更是所剩无几。保险公司或银行依靠剩下的使用年限来补偿已支付的养老金成本，一方面所能承受的给付能力有限，另一方面风险也较大。因为保险公司或银行将房产收回后无非出租或出售，以获得相对稳定的现金流，但在房价泡沫破灭的时候，租不出去或卖不出高价的情况也是可能发生的。

"房屋随它的主人一起就墓"，这是对我国房屋"大限"形象而生动的描述。当然，它还不完全准确，因为据统计，我国居民平均寿命为71岁(2011年8月30日《北京晨报》)，如果再扣除建房时间，事实上房屋的实际产权年限肯定不到70年。如果"以房养老"的话，等于人还没"走"，房屋早已就墓。

如何改革我国土地制度？周天勇提出，第一，延长土地使用年限，比如说耕地一千年，住宅五百年，企业用地三百年，沙漠、盐碱地一千年。土地性质还是国有，就是一千年以内归你所有。第二，确立近似产权，土地房屋可以交易，抵押、入股、出租、继承都行。一万年归你就相当于给你，这个时候就可以征收财产税了。第三，各种土地平等进入市场，不要政府一家卖地，政府一家卖地就没有竞争者，所有的地都进入市场，就形成竞争性的土地供应市场，地价就能降下来。第四，废除土地招拍挂。农民的土地、宅地、林地、耕地都应该允许交易、继承、抵押、入股、出租。我国台湾地区的宅地、耕地、林地就是这样交易的：如果这个地增值100%，"政府"40%，自留60%；如果增值200%，各拿50%；如果增值300%，"政府"60%，自留40%。涨价的部分按比例累计归公。

资料来源：根据沈彬《房子产权70年，"引爆中国"的定时炸弹》，http://blog.sina.com.cn/guangying-shijie(2011年8月4日)；《周天勇：延长土地使用年限到1 000年》，http://news.dichan.sina.com.cn,《中国房地产报》，2011年8月15日；《中国推行以房养老遇6大障碍　70年房屋产权引忧》，http://www.sina.com.cn,《工人日报》，2011年10月15日等改写。

阅读材料 6-5

共享经济的产权结构:以共享单车为例

共享经济中的典型案例莫过于共享单车了。自 2016 年以来,共享单车就以迅雷不及掩耳之势在国内各大城市发展起来。校园、居民区、商业区等地随处可见五颜六色的共享单车。由于出行便捷,交易成本低廉,共享单车越来越受到人们的青睐。作为一种新型共享经济的商业模式,其不仅符合低碳出行的理念,而且在互联网技术的支持下,实现了 O2O 的交易模式,向人们展示了这种新经济模式所代表的社会意义和经济价值。我们将按照共享单车的产权结构与其主体的匹配关系来分别予以论述,这三种关系分别是:所有权与供给端的匹配,管理权与互联网共享平台的匹配,收益权与供给端和用户收益的匹配。

1. 所有权与供给端的匹配

在共享经济形态中,物品或服务的所有权属于提供这些资源的供给端,他们才是这些物品或服务的终极所有者。例如,共享单车的所有权毫无疑问是属于这些单车的供应商。他们提供资金购买单车,投资建设相应的网络软件和平台,以及提供线下的实际服务。谁出资,谁所有。仅仅是使用者而非所有者,并不能对单车进行完整占有。按照相关规定,个人使用共享单车的时间有限,一般只会"占用"半小时、一个小时或更长,而且是需要付费的;个人使用共享单车的过程并不是完全"自由的",其位置和行动路径都被所有者所记录,可以说个体是"被监控的"。而当前共享单车使用中存在的各种不文明行为,如加私锁、蓄意破坏单车、篡改车身二维码等,把共享单车的使用权当作了所有权,都是对共享单车所有权的侵犯,是对相关经济规则的严重破坏。严格来说,这属于侵权违法行为。

2. 管理权与互联网共享平台的匹配

管理权源于所有权,供给端要保证产品和服务的持续性和效益性,即需要依靠某种具体的技术或物质载体来对其实行有效管理。共享经济履行管理权的重要技术就是互联网共享平台。他们要利用网络技术的参与,借助网络共享平台,实行有效监管,降低交易成本,形成规模效益,使"让渡使用权"成为可能。当然,从本质上讲,管理权依然归属于供给端,互联网共享平台的权限只可以视为产权所有者委托的管理权。在共享单车的管理过程中,其信息交互主要由两类共享平台来完成:一类是公司自己建设的 APP 平台,另一类是第三方的共享平台。第一类平台是公司自建的,将每一辆共享单车纳入到 APP 共享平台上,公司通过其平台随时发布共享信息,对车辆位置、道路情况、用户足迹等进行全方位掌控,同时扣取费用,进行统计,安排管理人员;而需求者则可以在平台上查询所需信息,定位最近的可用单车。第二类平台就是由单车公司与第三方合作赋予其一定的管理权限,如支付宝、微信等。

3. 收益权与供给端和用户收益的匹配

收益权是商品或服务的价值和使用价值的统一,可以分为盈利权和使用权。盈利权属于所有者,即供给端;使用权属于使用方,即需求端。所有者通过转移使用权而获得报酬,其收益是产品的价值所带来的利润;而需求者通过付费获取使用权,其收益是产品的使用价值所带来的实用满足。需求者以低成本解决了现实问题,实现了他们的目的。共享经济中的"共享"理念核心就在于此:所有人都能获得实际利益,都能得到满足。共享单车的供给端——单车公司,是以营利为目的的企业组织,而非慈善机构。他们依靠共享经济这种新形态,借助互联网技术，不断扩大规模而营利。作为需求端的使用者，一方面总是存在机动车无法涉足的地方；另一方面，每个人都会遇到紧急情况，即那种"当你需要却不在身边"的困境。共享单车很大程度上帮助用户解决了"最后一公里"的困境。而且，这种点对点式交易也极大地降低了交易成本，给人们带来极大便利的同时，也让人们享受到低成本、高收益的快乐。共享单车的风靡盛行，背后原因正在于"收益共享"，即供求双方都能从收益权中得到自己想要的。

可见，共享单车所展现出来的是一种新型的产权结构关系，这种新型的产权结构关系正好对接了围绕这一商品和服务的不同参与主体，不同主体各自承担了不同的角色，分担了不同的职能，获得不同的收益，最终达到一种收益共享的共赢结局。

资料来源：根据刘圣中、汤齐山：《共享经济的产权结构及意义——以共享单车为例》，《长白学刊》2017 年第 5 期，有所删减。

第二节　产权与科斯定理

一、产权的起源与保护

产权的起源是产权理论的核心问题之一。麦克罗斯基(1985)指出，20 世纪初期美国的制度主义学派和德国的历史学派指责现代经济学缺乏有关财产起源的理论，从而不能真正地理解长期的经济发展。从 20 世纪 60 年代后期开始，一些学者开始使用新古典主义的研究方法研究财产的起源问题。人们把这些早期的理论称为原始产权理论，因为他们在研究排他性产权的发展时，并没有建立有关社会制度和政治制度模型。

(一)德姆塞茨的原始产权模型

原始产权理论中的经典之作是德姆塞茨 1967 年发表的《关于产权的理论》一文。书中描述到："新的产权的形成是相互作用的人们对新的收益—成本的可能渴望进行调整的回应。当内部化的收益大于成本时，产权就会产生，将外部性内在化；内部化的动力源于经济价值的变化、技术变革、新市场开辟、对旧的不协调的产权的调整。在社会偏好既定的条件下，新的私有或国有产权的出现总是根源于技术变革和相对价格的变化。"①德姆塞茨利用这一理论解释了加拿大北部印第安部落土地私有产权的产生。

阅读材料 6－5

海狸狩猎区的划分

德姆塞茨运用产权理论解释了加拿大北部印第安部落土地私有权的产生。18 世纪早期，这些印第安部落之间通过划分狩猎区的方式逐步确立了获取海狐皮毛的排他性产权。因为由此带来的收益大于以前的收益，而确立排他性产权成本很低廉（他们只需在所选择的狩猎地带的树顶上烧一个痕迹作为标记），所以印第安人才有这一权利的安排。

① 科斯等：《财产权利与制度变迁：产权学派与新制度经济学派译文集》，上海三联书店 1991 年版，第 100 页。

在此之前，印第安人猎取海狸主要是为了自己消费，排他性权利并没有出现，因而土地使用的机会成本几乎为零。随着毛皮贸易的发展，需求的增加大大刺激了狩猎活动，这就要求增加保护资源的投资(如对野生动物的驯养)，以实现财富现值最大化。但对资源的最优化利用需要对狩猎者的行为加以限制。在没有排他性权利的条件下，野生动物的私人价值为零。正因为排他性权利的确立可以提高社会的净财富量，所以，印第安人才有了确立私有产权的激励。

德姆塞茨(1967)进一步指出，美国西南部的印第安部落之所以没有发展起相似的产权，是因为那里的动物是不具有重要商业价值的海狸、活动范围很广的食草类动物，这导致界定产权的成本非常高昂，建立私有狩猎区对他们来说成本太高而收益较小，而且这些动物的市场价值并不大。

利科克的经典论文《关于山区的狩猎区域与皮革贸易》证实了土地私有权的发展与商业性皮革贸易发展之间无论在历史上或地理上都存在着密切的关系。在论文中，他揭示了产权对动物的过度狩猎所起的作用。

麦克马纳斯(1972)在德姆塞茨(1967)之后继续研究了北美印第安部落排他性产权的产生："我所接触的几乎所有研究毛皮贸易的历史学家都指出，在毛皮贸易兴起之后，这一地区的海狸数量急剧减少。"但是，根据德姆塞茨(1967)的理论，随着排他性权利的产生，海狸的数量会趋于稳定，甚至还会有所增加。麦克马纳斯(1972)还发现：哈德森湾公司曾是皮毛的唯一买方，它为维持海狸的数量曾承担了费用。而根据德姆塞茨(1967)的理论，当狩猎者拥有了自己狩猎区的排他性权利之后，维持海狸的数量是根本没有必要的。在皮毛贸易开始之后，并没有出现相对价格和技术的变化，根据德姆塞茨(1967)的理论，印第安人应该不会有激励发展排他性产权的制度安排。为什么会出现上述矛盾？产权的确立为什么未能保持海狸的数量？

麦克马纳斯通过更仔细的研究发现，加拿大东部的印第安人狩猎者一般聚集为一个小部落，"部落的成员有权阻止其他部落的成员从他们的领地取得肉或皮毛来出售，但是他们无权阻止其他人猎杀海狸用于个人消费"。即，印第安社会"直接消费的权利是大家所共有的，只有用于交换的权利是排他的"。这是因为，印第安人生活在一个很不确定的环境中，经常面临饥饿的威胁，共有的猎取海狸用于消费的权利，可以视为一种社会保险制度。这种社会保险制度并非是没有成本的，这里的成本表现为"不负责任、懒惰以及海狸资源的耗竭……"。

麦克马纳斯(1972)指出：这种乐善好施型的产权界定方法，降低了用于交易的排他性权利的界定成本。如果这种界定成本的降低和保险所带来的收益大于相关的成本(假定不存在其他成本更低的保险方式)，那么，这种特定的产权结构就实现了财富极大化。

(二)安德森和黑尔的原始产权模型

安德森和黑尔(1975)通过增加考虑了界定排他性产权的费用因素，进一步扩展了原始产权模型，并用于解释19世纪后半叶美国西部大平原的土地、水和牛的排他性权利的演变。

他们使用一个图示模型，包括界定产权的投入的边际成本函数和边际收益函数，并分析了影响这两个函数的关键参数的变动情况(具体见图6—1)。

当界定产权的投入品价格降低或技术改进时，边际成本下移。当一种资产的价值上升或外界侵权的可能性增加时，边际收益曲线向上移动，致使增加了排他性的行为。这类原始理论的典型特征是产权决策仅仅与私人的成本收益相关，没有考虑"搭便车"等团体决策问题及政治过程。

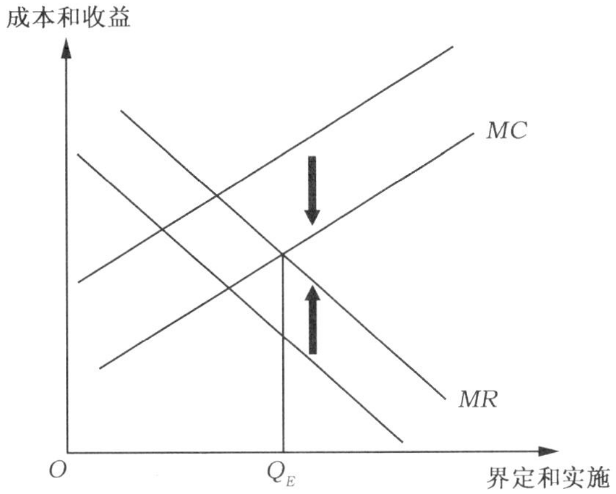

说明：MC 为排他成本，MR 为排他收益，Q_E 为排他性行为的均衡数量。

图 6—1 安德森和黑尔的原始产权模型

(三)诺斯的原始产权模型

原始理论适用于政治过程不重要的情况，也适用于远古时期产权的产生与演变。托马斯(1977)和诺思(1981)就用上述原始理论"对史前农业的发展提供了一个新的解释"。诺思—托马斯模型的外生变量是人口压力。在动植物相对丰裕的条件下，确立这些资源的排他性权利的成本大于收益，此时的自然资源被作为公共财产。

当人口相对于不变的自然资源增加时，部落间的竞争就开始增加。自由狩猎的规模收益递减，定居农业逐渐比狩猎更有吸引力，尽管农业生产需要支付权利排他性产权的费用。诺思和托马斯认为，第一个定居农业社会是建立在排他的公社土地所有制基础上的，部落内的成员则拥有同样的权利，在每一块公地上，传统和习俗限制了对于资源的过度开发。第一次经济革命发生在约一万年前，从定居农业的出现一直到罗马帝国的衰亡，历经大约 8 000 年。与其他动物相比，人类在地球上居住了约 100 万年。即，农业出现以前的历史占整个人类历史 99.3%的时间。

诺思和托马斯(1977)指出，农业的产生之所以被称为一场革命，根本原因在于它极大地改变了对人的激励，这种对人的激励的改变，来自于产权制度的变革。在资源共有的条件下，没有任何对于技术和学习的激励。但排他性产权却能对所有者产生提高效率与生产能力直接激励作用。产权的产生要求更多的知识和更新的技术。正是这种激励的变迁，使人类在经历了漫长的、发展缓慢的原始狩猎和采集活动之后，在最后的 1 000 年，实现了经济的迅速增长。

原始产权模型的特点可以概括为以下几个方面：(1)原始模型是最符合产权效率的标准模型。在原始模型里，资源配置可以达到帕累托最优。这类似于新古典经济学所描述的完全竞争市场。(2)参与者还没有形成相对固定的集团，参与者相互之间进行博弈，根据不断变化的外部力量来选择产权形式。所以，原始模型主要是分析人类社会的初始产权界定或产权的形式。(3)原始产权模型重点分析了排他性产权的建立过程。在建立排他性产权的过程中，由于测量或其他方面的原因，一些产权界定的费用太高就会成为公共产权。(4)在原始模型里不存在国家，因而政治、法律对产权形成的影响可以不考虑。在原始产权理论中政府的作用不甚明了，模型假设政府会创造一个一般的产权框架，使个人能够通过劳动分工和市场交易使社会净财富最大化。在存在较高的交易费用的情况下，政府或者将产权分配给个人，或者重新用其他方式界定产权使财富最大化。

在人类社会发展历史上，对产权的界定（实质上是建立产权的排他性）经历了由“易”到“难”、由“简单”到“复杂”、由“外”到“内”的过程。从历史来看，产权的演变首先是不准外来者享用资源，然后是制定规章制度限制内部人员开发资源的程度。可以说，建立排他性的产权制度是人类经济发展史上的一次伟大革命。排他性弱的地方也就是外部性严重的地方。一些“公共品”和“公共产权”存在的重要原因之一就是建立排他性产权的成本太高。外在性内在化的首要问题就是内在化成本高低的问题。人类社会发展过程中产权及其制度的产生、演变、发展大体经历了三个阶段：一是建立排他性的产权制度，人类社会早期的历史在某种程度上讲就是一个建立排他性的产权制度的历史；二是建立可转让的产权制度，产权的交易、转让是与社会分工、市场经济制度的发展联系在一起的；三是与各种组织形式创新联系在一起的产权制度，如股份公司制度的建立使产权的分割、转让、交易等更加容易，从而使产权制度效率不断提高。

二、科斯定理及相关定理

（一）科斯定理

科斯认为市场交易的前提是权利的初始界定，没有这种权利的初始界定，就不存在产权的转让和重新组合的市场交易。科斯在《论生产的制度结构》一文中对科斯定理做过如下概括：“在交易费用为零的世界中，当事人各方之间的谈判将会导致带来财富最大化，而这种状况与权利的初始配置是无关的。”“交易费用为零”是一个假定，它意味着所有的交易活动包括价格机制运作、制度结构变迁等完全是无成本、没有任何耗费的。一位西方经济学家曾经形象地将交易费用比喻为自然界的摩擦力，一个没有交易费用的社会，就像自然界没有摩擦力一样，是非现实的。科斯认为，重要的是权利界定本身，至于把权利界定给谁在此是无关紧要的。正是在这个意义上，如果交易费用为零，则“最终的结果（产值最大化）是不受法律状况影响的”。这就是说，**在零交易成本的条件下，无论法律初始界定的权利如何配置（只要是清楚、明确的），通过市场机制，当事人的谈判都会导致财富最大化的结果。这是在最广泛意义上科斯定理的实质。有些学者将其概括为“科斯第一定理”。**

科斯定理中交易费用为零的假定是整个分析的逻辑起点。实际上科斯对此类分析并没有显示出更多的兴趣，他倾向于认为，科斯第一定理是研究具有正交易费用的经济问题的基础，因此，对于交易费用大于零的世界的资源配置的解释、产权结构的揭示才真正构成科斯定理的核心。正如科斯所说的，“如果我们从一个零交易费用的世界走向一个正交易费用的世界时，法律制度在这个新世界中的至关重要性立刻清楚地呈现出来了”。在正交易费用的情况下，任何交易方式都是要耗费成本的，而且不同的交易方式，其交易成本的高低也不同。因此，产权的初始配置（不同的产权制度安排）对资源配置的影响，进而对最终效益的影响也会相差甚远。于是我们可以得出这样的结论：有效的产权制度安排能够促进资源的有效配置，无效的产权制度安排会妨碍资源的有效配置。**这些思想称为“科斯第二定理”，即在交易成本大于零的世界里，产权制度安排或合法权利的初始界定以及经济组织形式的选择将会对资源配置的效率产生影响。**两个科斯定理中关于权利的初始界定的含义存在着微妙而又重要的区别。在科斯第一定理中，权利的初始界定所强调的是权利本身的界定，否则市场交易无法进行，但权利界定给谁并不影响最终的结果。而在科斯第二定理中，不仅对权利本身的界定仍是重要的，而且它影响资源配置的效率。

阅读材料6－6

科斯定理的运用

假定一个工厂周围有5户居民户，工厂烟囱排放的烟尘因为使居民户晒在户外的衣物受到污染而使每户损失75美元，5户居民总共损失375美元。解决此问题的办法有三种：一是在工厂的烟囱上安装一个防尘罩，费用为150美元；二是每户居民使用一台除尘机，除尘机价格为50元，总费用是250美元；三是每户居民户有75美元的损失补偿，补偿方是工厂或者是居民户自身。

假定5户居民户之间，以及居民户与工厂之间达成某种约定的成本为零，即交易成本为零，在这种情况下：如果法律规定工厂享有排污权(这就是一种产权规定)，那么，居民户会选择每户出资30美元去共同购买一个防尘罩安装在工厂的烟囱上，因为相对于每户拿出50元钱买除尘机，或者自认了75美元的损失来说，这是一种最经济的办法。如果法律规定居民户享有清洁权(这也是一种产权规定)，那么，工厂也会选择出资150美元购买一个防尘罩安装在工厂的烟囱上，因为相对于出资250美元给每户居民户配备一台除尘机，或者拿出375美元给每户居民户赔偿75美元的损失，购买防尘罩也是最经济的办法。

因此，在交易成本为零时，无论法律是规定工厂享有排污权，还是相反的规定即居民户享有清洁权，最后解决烟尘污染衣物导致375美元损失的成本都是最低的，即150美元，这样的解决办法效率最高。此为科斯第一定理的运用。

还是上述的例子。现在假定5户居民户要达到集体购买防尘罩的契约，需要125美元的交易成本，暂不考虑其他交易成本。在这种情况下，如果法律规定工厂享有排染权，那么居民户会选择每户自掏50美元为自己的家庭购买除尘机，不再会选择共同出资150美元购买防尘罩了。因为集体购买防尘罩还需要125美元的交易成本，意味着每户要分担55美元(买防尘罩30美元加交易成本25美元)，高于50美元。如果法律规定居民户享有清洁权，那么，工厂仍会选择出资150美元给烟囱安排一个防尘罩。由此可看出，在存在125美元的居民户之间交易成本的前提下，权利如何界定直接决定了资源配置的效率。如果界定工厂享有排污权，那么消除外部性的总成本为250美元(即每户居民选择自买除尘机)；而如果界定居民户享有清洁权，那么消除外部性的总成本仅为150美元。在这个例子中，法律规定居民户享有清洁权，资源配置的效率高于法律规定工厂享有排污权。此为科斯第二定理的运用。

(二)其他相关定理

1. 霍布斯定理

霍布斯定理是法经济学中的一个基本定理。规范的霍布斯定理是国家通过建立法律结构，使私人协议难以达成所造成的损失最小。其本质是在不受法律框架约束的谈判中，出现威胁的可能性及威胁的严重程度远远超过了在法律框架约束中的谈判。而威胁的经常出现，尤其是严重威胁的出现，使谈判成功的可能性减少，或者说，使谈判濒临失败的可能性加大。从谈判过程的比较中还可以看出，对于参与谈判的双方而言(至少针对其中的一方而言)，在既定法律框架内的谈判失败所导致的损害较小，而在不受法律约束的谈判中，谈判失败所造成损害更大。由于人们普遍意识到如果大家彼此争斗就会两败俱伤，而在保护财产上却可能存在规模经济，因此就需要组建一个用于承认和履行各方产权的政府进行谈判，并达成“社会契约”。

为消除合作障碍而进行谈判的一个确证无疑的结论是，谈判者的权利越明确，他们合作的可能性就越大，而谈判者的权利越模糊，其合作的可能性就越小。产权规则的确立要减少信息成本、监督成本，促成合作。在这方面，只有国家才具有使各方信息公开的权威，又能对各方谈判和协议执行进行有效的监督和控制。简言之，由于用一个机构建立一套保护产权与社会发展的大规模武力系统比建立许多小规模的私人武力系统更有效率，所以用国家的公力救济取代私力救济更能带来规模经济效益。

2. 波斯纳定理

波斯纳定理是由著名的法律经济学家理查德·A. 波斯纳提出来的，该定理是指如果市场交易成本过高而抑制交易，那么，权利应赋予那些最珍视它们的人，而把责任归咎于那些只需付出最小成本就能避免的人。而科斯认为，权利应该配置给那些能够最具生产性地使用权利，并有激励他们这样使用的动力的人。反之，如果没有如此配置的话，将不利于社会福利的最大化。从中可以得出波斯纳定理的实质是：在权利和义务的安排上，按“平等竞争，能者居之”的原则分派权利和义务，是一种体现效率标准的权利安排，要求体现“比较优势原理”。

如以天气预报来说明波斯纳的观点。波斯纳认为，虽然天气预报具有公共性，无法通过出卖这一“商品”从消费者那里得到直接的报酬，但是却可以通过买卖期货合同，借助于“期货”市场来间接地得到补偿并赚得利润。假定天气预报的发布人能够完全预见到未来天气的恶化情况。那么，可以去期货市场，以现时的价格大量购买未来的农产品；当产品收获时，发布人以当时(即未来交货时)的高价格出售农产品，从中取得高额利润。这样，信息商品的私有产权的拥有者通过“曲折”收费完全可以克服公共物品的经济外在性，使私人市场制度的运行避开“市场失灵”的陷阱。

波斯纳定理还有一个推论，“在法律上，事故责任应归咎于能以最低成本避免事故而没有这样做的人”。经济主体在风险偏好、信息拥有量、财产拥有规模和决策能力等方面是有差别的，这些差别作为约束条件影响着权利的运作成本。

3. 政治科斯定理

政治科斯定理即为科斯定理在政治领域中的拓展，即“政治领域中的理性参与人会进行政治谈判直到所有互利交易都已穷尽为止”。① 维热(Vira)认为，在给定的诸如投票权、游说权等政治权利的初始配置下，并在给定的宪法框架中，如果政治交易费用为零，最优的制度产出将会出现，并与政治权力的初始配置无关。政治并不仅仅是针对私人利益的自利谈判，国家行动以及对意识形态和伦理根据的充分讨论自有其独立作用。② 根据政治科斯定理，在交易成本为零的时候，各种替代性决策规则与产权制度的最终结果存在着不相关性。如果产权结构可以由一个独裁者做出初始的配置，所有的个人都可以看作“少数团体”，如果没有交易障碍，任何社会次优的政策都会由于其国民与独裁者之间自愿的讨价还价而消除，直到最后的政策是普遍有效的。政治科斯定理所导致的有效的产权制度是通过政治上的科斯讨价还价(Coasian bargaining)实现的。

在政治科斯定理中，其假设的前提是零交易成本，不能解释正交易成本的世界。在零交易

---

① Dixit, A. and M. Olson. Does Voluntary Participation undermine the Coase Theorem. *Journal of Public Economics*, 2000,(76).

② Vira, B. The Political Coase Theorem: Identifying Differences between Neoclassical and Critical Institutionalism. *Journal of Economic Issues*, 1997,(31).

成本的世界中，一致同意的决策规则与独裁达到同样的最终结果。但在正交易成本的世界中，不同的决策规则不仅有分配性效应（改变一个集团向另一个集团私下支付的方向），而且还有显著的配置结果（如效率）。哪一个决策规则将会是更成功的决策规则呢？决策规则是应该一致同意（把取得其他选民同意的负担加于新政策发起人身上），还是应该把决策的权力授予一人（将贿赂独裁者的负担向公民转移）呢？帕里西（Parisi，2003）认为，如果交易成本高，科斯定理的引申为权利应当以最小化交易障碍的方式分配权利。如果选民的偏好强度严重不对称，复杂多数或一致同意的要求就是合适的。这也是解释公民权利宪法性保护的逻辑。在集团规模不相等，执行集体行动的集团效应有着系统性的差别时，政治讨价还价的负担应当由更有效率的一方承担。

政治科斯定理的成立有一个隐含的假设，政治科斯定理把竞争性市场的私人契约分析扩展到政治方面，即政治市场与经济市场同质。所以，对政治科斯定理是否存在的争议肇始于对政治市场性质的不同观点。直接的障碍是一些人认为政治并不是就私人利益的谈判自利过程，国家的行为、意识形态与社会伦理背景都对最优的制度产生着重大的影响。运用讨价还价交易的逻辑破坏了政治过程的属性。现实政治中，立法机关和政治机构很少像市场一样运转，政治市场类别面临三个挑战：一是在政治行动中，存在着广泛的外部性和“搭便车”的动机。二是现实的政治生活中有太多的人需要谈判，不像传统的经济市场，政治谈判的成本高昂，甚至是禁止性的。第三个原因是将政治理性化为选票的市场并没有获得人们的普遍认同。如果社会承认一些要求权是不可谈判的权利，讨价还价是不允许的，与能否降低交易成本的问题无关。

尽管政治科斯定理具有非现实性，但它仍然可能是一个有用的基准，使我们分析国家的政治决策规则的经济影响力具有重要的意义。政治科斯定理说明，在允许政治谈判且交易成本为零的情况下，集体决策或是采用一致同意、多数规则或是独裁，决策结果都是不变的，政治谈判产生了唯一的制度结果，社会制度取得了稳定的、唯一的均衡，这个制度是一致同意的制度，达到了帕累托最优。

第三节　新产权学派的企业理论

一、新产权学派企业理论的形成

这里说的“产权理论”不同于早期由科斯、阿尔钦等人创立的“产权经济学”。一方面，产权理论用“剩余控制权”这个新概念定义所有权；另一方面，它使用了精巧的数学模型从而成功地成为主流契约理论的一部分，因此称其为“新产权学派”，以示区别。

新产权学派对不完全契约的理解建立在早期交易费用经济学的工作上。它的发展动力是它对交易费用经济学企业理论的不满。新产权学派把对资产的剩余控制权定义为企业的所有权，强调了剩余控制权对兼并一方带来的收益和对被兼并一方带来的成本，从而提出了一个关于企业一体化的理论。新产权学派企业理论的基本逻辑可以概括如下：存在专用性投资的企业之间的契约是不完全的，这会影响各方的事前关系专用性投资，因此应该设计某种最佳产权结构来保证最大化的联合产出。最佳产权结构通常要求将企业的剩余控制权或所有权安排给投资重要的一方，或者投资是不可或缺的一方。

(一)新产权企业理论对交易费用经济学的批判

完全契约理论之后出现的第二个分支——新产权企业理论，主要由格罗斯曼和哈特(Grossman and Hart，1986)、哈特和莫尔(Hart and Moore，1990)、哈特(Hart，1995)等人的重要工作(简称为GHM模型)以及西格尔(Segal，1999)的研究成果构成。新产权企业理论学派对不完全契约的理解建立在早期交易费用经济学工作的基础上。(1)交易费用经济学认为，如果两个企业之间存在较高的专用性投资，则要求一体化以解决这个问题。但为什么一个独立企业主变成另一个企业的雇员时，他的机会主义就会消失或减少呢？一个独立的企业主与一个雇员有什么本质的差别呢？(2)交易费用经济学没有考虑一体化的产权结构，即如果两个企业都具有专用性资产，那么一体化之后，谁应该拥有企业的所有权呢？(3)新产权企业理论学派认为交易费用经济学没有给出一体化的成本与收益的清晰解释，从而难以解释企业的规模问题。

(二)新产权企业理论的几个基本概念

1. 企业所有权

企业所有权是指对财产排他性的占有、使用、收益和处分的权利。

2. 剩余索取权

剩余索取权是指对企业进行团队生产产生的合作剩余(总收入扣除固定契约性报酬)的要求权，或者是对企业总收入中扣除固定契约性报酬(固定工资、固定利息等)后剩余收入的要求权。

3. 剩余控制权

剩余控制权是指没有在契约中明确规定的权利，拥有剩余控制权的一方，有权决定资产除最终契约限定的特殊用途以外的所有用途。

上述三种权利都内在地具有普遍性、排他性、可交易性、可分割性、行为性等产权的基本属性。关于所有权、剩余控制权和剩余索取权的相互关系，存在不同的认识。传统产权经济学将所有权定义为剩余索取权。但是哈特(1995)批判了这一观点，他主张将企业所有权定义为剩余控制权，因为只有企业的所有者才拥有完全的控制权，可以按照不与先前的契约、惯例或法律相违背的方式决定资产的各种用途。剩余索取权和剩余控制权是具有高度互补性的权利，因此应该配置给同一缔约方，否则就会产生激励扭曲，出现"敲竹杠"的行为。有控制权却无收益权，经理人就会缺乏实现最优产出的激励；相反，有收益权而无控制权，经理人就会只顾实现私利最大化而不关心资源的损耗。

二、新产权企业理论的基本思想

新产权企业理论主要是认为企业的边界由产权决定，主要考察在特定交易费用导致的契约不完全的情形下，如何确保当事人的事前投资激励问题，因此称为"产权理论"(property tights theory)。这里所指的"产权理论"不同于早期由科斯、阿尔钦等开创的产权经济学(the economics of property rights)，因为前者用了一个新的概念——剩余控制权(residual control rights)来定义所有权，并且它使用了精巧的数学模型从而成功地成为主流契约理论的一部分，因此又称为"新产权企业理论学派"。

新产权企业理论将对资产的剩余控制权定义为企业的所有权，强调了剩余控制权对兼并一方带来的收益和对被兼并一方带来的成本，从而提出了一个关于企业一体化的理论。新产权企业理论的逻辑思路是：存在专用性投资的企业之间的契约是不完全的，这会影响到各方的事前关系专用性投资，因此应该设计某种最佳产权结构来保证最大化的联合产出。最佳产权结构通常要求将企业的剩余控制权或所有权安排给投资重要的一方（或投资不可或缺的一方）。

三、企业的本质

（一）契约不完全的经济含义

哈特（1995）指出，不完全契约的出现有三个原因：在一个充满不确定性的世界，人们不可能预料到未来将要发生的所有情况；即使能够预料，也无法以一种共同的语言将这些可能的情况写入契约；即使合约各方可以就未来的计划达成一致，也很难将这种契约写入契约且得到第三方（如法院）的证实。假定一个由买者和卖者组成的市场，所谓契约不完全表现为双方会等自然状态实现后，进行再谈判。但由于某些原因，再谈判过程以及对再谈判的事前预期仍然会产生一些成本：（1）双方可能对初始契约条款的修订产生分歧；（2）因双方之间存在信息不对称，他们可能无法达成有效的协议；（3）契约各方预期到可能会被敲竹杠，无法激励各方进行事前关系专用性投资。没有进行专用性投资的一方可以利用其有利地位榨取进行了专用性投资的一方的准租金（即所谓的可占用性准租）。

新产权企业理论在归纳契约不完全的原因时，更强调当事人的有限理性，即当事人对未来不可能是全知全能的，要把或然状态都写入契约变得不可能或者这样做的成本很高。这和交易费用经济学中的有限理性不同，前者认为的理性程度更高，但不是完全理性，一些学者把它定义为“充分理性”。新产权企业理论学派一方面假定双方不可能签订一个让第三方保证执行的完全契约；另一方面，又假定当事人能够计算出他们不能签订的一份完全契约的效用后果。

阅读材料 6－7

仆人是富翁的财产吗?

一个富翁病入膏肓，而唯一的儿子却远在天涯，身边的仆人对他的财产虎视眈眈。于是富翁对仆人说：“如果你精心照顾我，我的财产的一件由我儿子选择，其余的全归你所有。”仆人大乐，很高兴地为他做事。富翁死后，儿子看过遗嘱，要求仆人继续为他做工，仆人喊冤。儿子说：“我选择的财产就是你。”仆人只好从之。

（二）企业的本质：物质资产的集合

格罗斯曼和哈特（1986）认为契约权利有两种类型：（1）具体权利：契约中已经明确规定了对物质资产（physical assets）的权利（对另一方就是责任），如利润分配比例、交货数量、时间等。（2）剩余权利（residual rights，或 residual rights of control，residual control rights）：初始契约中没有规定的所有对物质资产的权利，即剩余控制权。拥有了此权的一方可以按照任何不与先前的契约、惯例或法律相违背的方式决定资产的所有用法。哈特（Hart，1995）将这种物质资产剩余控制权视为所有权，认为只有资产拥有者才应该获得剩余控制权。在不完全契约下，剩余控制权或所有权的配置，也会对当事人的事前专用性投资的激励产生影响。为了使投资激励的歪曲最小化，就应当让一方将剩余控制权购买过去（在一个企业中，雇主就相当于购买剩余权利的一方）。新产权企业理论学派认为，剩余控制权与剩余索取权应当相对应，配置给同一缔约方。一方拥有了剩余控制权就应拥有剩余索取权，否则这样的权利配置就是低效的，因为它会造成"敲竹杠"问题（Hart，1995）。例如，在我国的国有企业中，剩余索取权和剩余控制权没有配置给同一缔约方。一方面，国有企业控制权掌握在国家各政府部门手中；另一方面，国有企业中的人力资本所有者掌握着企业的信息优势而拥有剩余控制权，但却不能获得剩余索取权。结果导致拥有剩余控制权的人力资本所有者不关心国有资产的保值增值，产生国有企业的低效现象，形成真正的"内部人控制"。

对于一个涉及专用性投资的不完全契约而言，代理人能够取得剩余，主要依赖于与初始契约不违背的谈判力（bargaining power）。假设专用性投资（包括人力资本的专用性投资）必须借助某种资产才能实现的话，契约各方谈判力的大小就要取决于谁拥有资产所有权（即剩余控制权）。因为谁拥有控制权，谁就拥有谈判力，并且在分配剩余时占据优势的地位。对于一个企业而言，谁控制了物质资产，谁就相应地控制了人力资产，也就拥有了企业。所以，在新产权企业理论看来，企业是一种所控制的物质资产的集合。这种物质资产包括机器、设备、存货、厂房等，还包括企业价值、专利、客户名单、契约、制度、企业声誉等。

哈特以物质资产来定义企业的原因是：(1)能够正确地理解企业的并购，因为人力资产属于个人所有，如果 A 企业兼并企业，只有兼并非人力资产，A 企业必须拥有粘住被兼并企业工人的价值来源。(2)可以解释企业权威的来源。物质资产的所有者如果对员工不满意，将有权利选择性地解雇任何一名雇员以中止合作关系，并带走全部的非人力资产，但独立签约人只能解除全部关系，且只能带走他的部分非人力资产。由此可见，剩余控制权的功能主要有：(1)决定了资产所有者对于资产在非缔约条款下的使用情况。(2)决定了谁具备使用资产的权利。(3)工人的激励不仅取决于他本人是否拥有物质资产，而且取决于谁拥有物质资产。企业物质资产的所有权配置不仅影响所有者的激励，还影响工人的激励。

四、企业的边界

（一）概述

新产权企业理论认为，企业边界由纵向一体化收益和成本来决定。假设 A、B 两家企业各自拥有对企业物质资产的所有权，是独立的两家企业。如果 A 企业并购了 B 企业，两家企业实现了一体化，企业边界就扩大了。那么，纵向一体化的收益和成本是什么呢？如果 A 企业并购 B 企业，A 企业则拥有了 B 企业的剩余控制权并获得大部分的合作剩余，因而激励 A 企业进行事前关系专用性投资，即投资过剩（overinvestment），这是并购的收益。B 企业则因为预期到一体化后会失去剩余控制权，只能获得小部分的合作剩余，于是减弱事前关系专用性投资，即投资不足（underinvestment），这是并购的成本。只有当拥有控制权的一方提高的生产率超过了被控制方损失的生产率时，纵向一体化才有意义。

如果两家企业的资产具有互补性，一体化后，企业的所有权或剩余控制权应该归属于投资不可或缺的一方，因为如果互补的资产分属于不同的所有者，则任何一方都无法获得最大化的产出。如果 A、B 两家企业的资产同等重要，则应该实行联合所有权。如果 A、B 两家企业的资产互不依赖，没有任何互补性，则会降低联合总剩余，最好保持企业的独立性。因此，新产权企业理论认为一体化的收益高于成本时，企业一体化扩张其边界是有意义的，当一体化的收益低于成本时，企业应维持原有的边界，企业边界由纵向一体化的收益和成本比较而来。

阅读材料 6－8

企业边界如何确定?

假设在一个海岛上有三个人,厨师、船长和大亨,另外还有一艘游艇。其中,大亨是一个非常重要的顾客,并且周围只有他能够频繁地享受得起豪华的乘船巡游服务。为了向大亨提供高质量的服务,厨师在日期 0 先进行了专用性人力资本投资,耗费成本 100 单位,并且假定这种人力资本是不可转移的。厨师的高质量服务带给大亨的效用是 240。而船长的人力资本不具有专用性,大亨或者厨师在日期 1 可以轻而易举地从现货市场上聘请一个船长。假定在日期 0 要在上述三人之间签署一个关于大亨出游服务的完全契约是不可能的,贴现率为 0。

现在来考虑产权结构安排及其对当事人的激励的影响。假定按照对称的比例分享剩余。如果船长拥有游艇,厨师为了实现服务的收益,就需要与游艇的主人船长以及唯一的顾客大亨两个人谈判。那么厨师只能得到 1/3×240 的效用(＜100)。预料到这点,厨师就不会进行专用性投资,因此船长拥有游艇是无效率的。如果大亨拥有游艇,那么现在厨师只需和大亨谈判,厨师将得到 1/2×240 的效用(＞100)。如果厨师拥有游艇的所有权,情况与大亨拥有游艇是一样的。这说明:(1)产权应该安排给投资重要的一方(厨师),或者安排给不可或缺的一方(如大亨,但他没有投资)。(2)如果雇主(大亨)掌握了雇员(厨师)必须使用的工具(游艇),那么雇员就有积极性按照雇主利益行事。

现在修改假设,假定现在船长也在日期 0 进行专用性人力投资(如掌握深海驾驶技术),投资成本是 100,将给大亨额外增加 240 的收益。此时,无论厨师还是船长拥有游艇,另一方都需要和其余两个人谈判,其收益 1/3×240＜100,即总有一方没有激励进行关系专用性投资,从而总产出只有 240。如果大亨拥有游艇,那么厨师和船长的收益都是 1/2×240＞100,从而总产出将达到 480。因此,这种产权安排是有效的。这再次说明,将产权安排给不可或缺的一方可能是有效的。

进一步修改假设,假定厨师和船长都没有进行专用性投资,而大亨进行了事前专用性投资(比如了解海岛的历史),成本是 100,导致他享受旅游的服务价值是 240。假定游艇的船上厨房和船体分别归厨师和船长所有,那么厨师和船长进行专用性投资的条件都是和对方分享收益,而大亨则要与厨师和船长两人分享收益,即 1/3×240＜100。显然,在这种情况下,大亨没有投资激励。如果将整条游艇的所有权给予船长,那么船长进行投资的条件将改善,他无须和别人分享自己进行专用性投资的收益。大亨的投资条件也将改善,因为现在他只需和船长一人分享收益。至于厨师,他的情况没有变好也没有变坏,还是和船长分享收益。如果把整条游艇的所有权授予厨师,情况类似。这说明,将严格互补的资产的所有权集中配置要比分离配置好。

(二)GHM 模型

新产权学派关于企业边界或一体化的理论主要体现在哈特及合作者的两篇开创性论文(Grossman and Hart,1986;Hart and Moore,1990;简称 GHM 模型),使产权理论在契约理论、企业理论、制度经济学和法经济学企业等多个领域产生重要影响和作用。哈特对这一思想进行了概括,这里主要介绍哈特的 GHM 模型。

GHM 模型的基本思想是：由于人是有限理性的，在契约达成过程中，由于预见、缔约和执行契约存在交易费用，因而当事人只能形成一份不完全契约。如果合约方在契约后进行了人力资本或者物质资本的专用性投资，他会面临被对方敲竹杠的风险，这会产生投资扭曲。在不完全契约中，契约方进行专用性投资的激励来自于事后双方的谈判力（外部选择权），谈判力则取决于由物质资产的所有者拥有的剩余控制权。因此，为了最大限度地减少敲竹杠风险，应该将物质资产的所有权配置给对投资重要的一方。简言之，GHM 模型认为应通过产权的配置来激励当事人的事前专用性投资，也称为“新产权理论”。

GHM 模型的基本假设是：(1)资产 a_1 的管理者 M_1 和资产 a_2 的管理者 M_2 之间的契约是不完全的，但双方对任何行为的预期回报具有完全理性；(2)双方信息对称，但第三方无法证实信息；(3)当事人风险中性，且初始财富很大或无限，资产的转移不存在财富约束；(4)拥有资产者，不仅拥有了资产的剩余控制权，而且拥有资产的全部控制权；(5)关系专用性投资体现为人力资本而不是非人力资本（没有合适的人力资本，物资资本就不可能产生高于正常产品的价值）；(6)产权结构不改变谈判过程，但改变谈判力，且假定双方总采取纳什谈判解分享专用性投资所带来的剩余；(7)双方的谈判与再谈判没有交易费用；(8)利率为 0；(9)考虑三种产权结构，非合并型（M_1 拥有 a_1，M_2 拥有 a_2）、一类合并（M_1 拥有 a_1、a_2）、二类合并（M_2 拥有 a_1、a_2）。具体如图 6—2 所示。

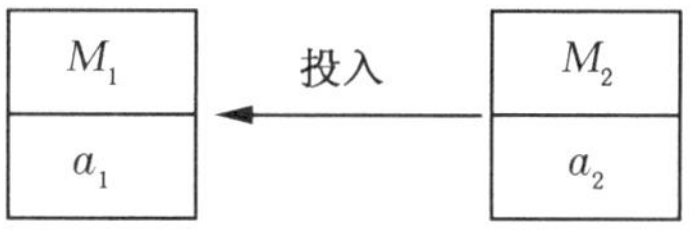

图 6—2　M_1 和 M_2 的关系

在日期 0 双方签订交易契约，但是由于双方无法预见自然状态，即使预见到也很难写入契约，第三方也无法证实他们之间的信息，因此初始的契约是不完全的。在日期 0～1 之间，双方进行事前关系专用性投资，正如基本假设描述的那样，这种投资体现为人力资本而非物资资本。在日期 1/2 自然状态实现后，双方根据科斯定理对初始契约就产品的价格和类型进行商谈。假如谈判成功，在日期 1，产品进行交易；假如双方当事人谈判不成功，事前关系型专用性投资将失去价值。具体如图 6—3 所示。

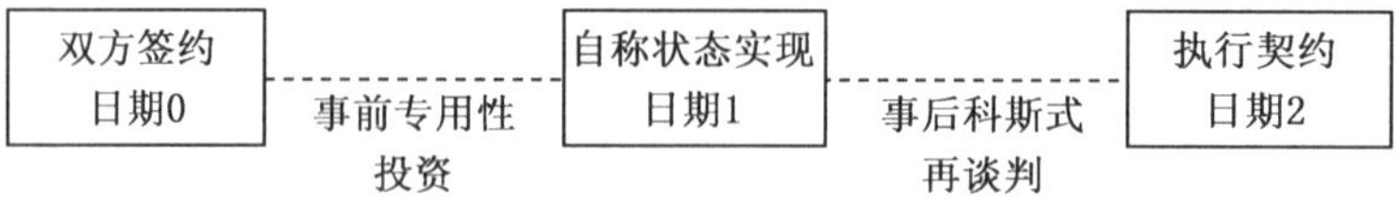

资料来源：卢现祥，《新制度经济学》，武汉大学出版社 2013 年版，第 76 页。

图 6—3　双方契约的时间线

五、公司融资与治理结构

（一）阿吉翁和博尔顿提出最优证券设计理论

阿吉翁和博尔顿（Aghion and Bolton，1992）在哈特等人的基础上（当事人不受财富约束为假设前提），引入了一个更为现实的假设，即当事人（企业家或经营者）缺乏个人财富，以此来研究在不完全契约理论的框架下企业融资契约和公司治理结构的问题。

他们假定：一个企业家和一个投资者都是风险中性的，该企业家拥有一个好的项目，但缺乏自有资本(而不是不受财富约束)。初始契约规定所有的货币收益归投资者所有，但也规定投资者在时期 2 将根据时期 1 的自然状态和时期 2 的业绩向企业家或经理转移支付。因为契约是不完全的，所以只能事后(1 期之后)规定谁拥有剩余控制权。他们研究的主要问题是何种控制权事前配置最能保证事后结果最符合社会效率，以下是三种备选控制权配置方式，即企业家单边控制、投资者单边控制和相机控制。

(1)企业家单边控制：无论出现何种自然状态和现实信号，都由企业家决定应该采取何种行动。

命题 1：如果企业家的私人收益与社会收益呈现单调递增关系，则企业家单边治理不仅有效且是可行的。

命题 2：如果企业家的私人收益与社会收益呈现单调递减关系，则企业家未必会选择社会最佳的行动。

(2)投资者单边控制：无论时期 1 的情况如何，都由投资者决定应该采取何种行动。

命题 3：如果企业的货币收益与社会总收益呈现正相关关系，掌握单边控制权的投资者也能够采取导致社会最优结果的行动。

命题 4：如果企业的货币收益不与社会总收益呈现正相关关系，那么社会最优的行动并不总是被选择。

(3)相机控制：根据信号确定企业家还是投资者掌握控制权。

命题 5：当显示信号(S)与自然状态具有充分相关性时，采取相机控制权配置。当 $S=1$ 时，企业家掌握控制权；当 $S=0$ 时，投资者掌握控制权(限制企业家通过再谈判对租金的剥削)。

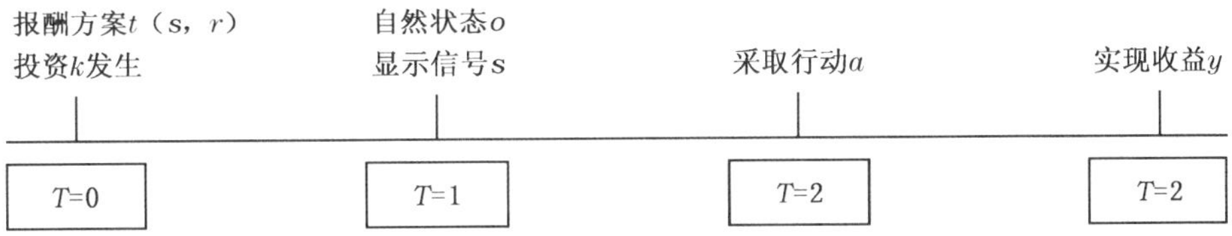

图 6—4 不完全契约的融资契约过程

(二)哈特和穆尔等人的拓展

哈特和穆尔等人(Hart and Moore，1989，1994)拓展了不完全契约的有关企业财务理论。主要观点如下：

(1)引入“企业货币收益流不可证实”假设，将投资者的风险归结为企业家/经营者对企业现金流的盗取。

(2)“硬的债券”在破产清算时将对企业家或经营者施加巨大的威胁。

(3)最佳的破产清算程序：把具有不同要求权的债权人转变成为同类股东，然后再用简单投票表决来决定公司的未来。

(4)在股东比较分散的情况下，接管活动是约束经营者的有效手段。

哈特认为，应关注和准确地体现关于“未清偿债务造成控制权转移”的基本特征，投资者的风险主要是由于企业家或经营者对企业现金流的盗用，因此，可以通过债权人的破产清算对企业家或经营者实施威胁，即长久资产应该由长期负债来支持，短期负债则支持流动资产。

哈特等人还进一步研究了企业不能履行合约时最佳的破产程序，认为企业控制权转移给多种债权人后会使其他们之间展开无效率的竞争，因此需要一个恰当的程序进行指导。该程序的原则是：一是应当严惩经营者，但是不能使其不惜一切代价避免破产；二是最大化债权人的总所得；三是保留债权人的优先索取权。

除此之外，哈特等人还研究了控制权在股东之间的分配。他认为外部接管能有效地约束经理人员的行为。但是，外部的恶意接管（劣质竞争者）存在高价收购高投票权的股份，因此为了防止此种现象的出现，保证社会效率，应该遵循“一股一票”的控制权安排。

六、对新产权企业理论的总体评价

（一）交易成本经济学与产权理论的异同

交易成本经济学强调契约的不完全性导致的交易成本主要在事后的失调，因而应加强事后适应性治理；产权理论认为契约不完全产生的主要问题在于事前的专有性投资激励，因而重要的一点是应事前设计一种机制保护投资激励。就企业一体化而言，交易成本经济学批判产权理论忽略了一体化前后各方在激励密度、信息分布、行政管理和契约法等方面的差别；而产权理论批判交易费用经济学忽略了一体化前后资产所有者在产权方面的激励变化（具体见表 6—1）。

表 6—1　完全契约理论、交易成本理论与新产权企业理论

特　征	完全契约理论	交易成本理论	新产权企业理论
理性程度	完全理性	有限理性	有限理性
交易费用	0	正	正
执行力量	第三方执行	私人秩序	私人秩序
激励	事前激励	事后激励	事前激励
企业定义	契约集	治理结构	资产集
激励程度	不唯一	低能激励	高能激励
合并成本	不唯一	官僚主义成本	激励损失
协调适应	不唯一	强	弱

（二）对 GHM 的评价

（1）GHM 模型认为，当事人的物资资产越多，外部选择权越大（即退出合作时可以得到的机会收益），谈判力越强，分享剩余的比例越高，因此投资激励越大。但由于 GHM 模型考虑的是合作博弈，外部选择权（即当事人退出合作时可以得到的机会收益）不是一个谈判的威胁点，这对当事人的合作行为没有构成约束条件。邱（Chiu，1998）、德梅泽和洛克伍德（De Meza and Lockwood，1998）认为如果采取非合作博弈，那么代理人拥有较少资产时反而有更强的专用性投资激励。哈特和霍尔姆斯特朗（2002）修正了 GHM 模型，他们不再将企业视为一种资产集，而是定义为一种“活动”，这就包含了非物质资产这一要素，使用了“私人收益”这一概念，由此可以分析没有资产的工人和经理。他们指出，两个关联企业之间的合并可以将正的外部性内部化，但将要失去一些私人收益。

（2）GHM 模型所赖以成立的基础是不完全契约理论，但是这一理论的基础受到质疑。它

假定当事人不能完全预测到未来的可能事件并将其写入契约，但同时又假定当事人对双方行为的收益具备完全理性，如此就可以形成一个完全契约。西格尔、哈特和穆尔(1999)认为：当交易过于复杂时，导致不完全契约的原因是由于第三方(如法院)不可证实或证实的成本过高，因此可以签署一个不完全契约。

(3)GHM模型假定拥有资产所有权才是并购决策的制定者，关系专用性投资并非由公司做出而由个人做出，因此，模型没有考虑授权、科层等组织问题，因此它难以分析现代公司。

(4)GHM模型只是强调物资资产的产权，拉俭和津格尔斯(Rajan and Zingales, 1998)认为对任何关键性资源(包括人力、非人力，如创意、天才)的控制权都是权力的来源，管理权也可以作为激励的工具，并可以消除因单纯使用资产所有权带来的负面激励效应。阿吉翁和梯若尔(Aghion and Tirole, 1997)认为实际控制权应该与知识、信息分布相对称，虽然这种权力的范围与空间受到投资人的正式控制权的约束。

第四节　参照点契约理论

契约理论是经济学与组织理论研究的热点，被广为研究。作为契约理论的分支，参照点契约理论是近年随着不完全契约理论研究的深入而提出的。参照点契约理论是基于相关理论研究的现状，借鉴行为经济学的思想与方法，将心理与行为因素引入契约分析，视契约视为现实交易关系中各缔约方判断自身利益得失的参照点。参照点契约理论不仅深化和拓展了不完全契约理论，而且可以帮助人们更好地理解现实中的各种契约关系。

一、参照点契约理论的形成

哈特和穆尔(2008)认为，尽管基于产权视角的不完全契约理论为理解企业边界提供了有价值的线索，但是仍存在这一理论似乎过分强调不可契约化的事前投资这一缺陷，而这类投资未必是组织形态的唯一决定因素。此外，企业内部组织形态问题不适合用这一理论来探讨。其原因在于：在科斯范式下，缔约双方在事后可以通过单边支付和再谈判来实现有效率的产出。那么就很难理解现实中为何存在权威、层级、授权和其他任何产权以外的治理机制。随后，哈特(2009)在《敲竹杠、产权与参照点》一文中从两个方面取得进展：其一，允许敲竹杠和再谈判；其二，研究重点从契约类型的权衡转变为刚性契约。他指出，通常采用固定价格的刚性契约在正常情况下是有效的，但价格或成本的异常波动会使缔约方觉得自身利益受到侵害，从而导致交易终止或敲竹杠行为。研究结果表明，分配产权或签订价格与行业信号相对应的拥有资产，当资产与某一缔约方的人力资本互补时，应由另一缔约方拥有资产。同时，哈特等人还基于契约参照点思想建模分析了企业的规模及内部权威与授权机制等问题。他们指出，因感知自身利益受到侵害而采取的投机报复是交易成本的重要组成，这会对在企业内部还是外部市场交易的决策及初始产权产生重要影响。他们的研究为分析企业边界问题提供了另一种思路。哈特(2011)研究了关于长期契约的效率问题，指出现实中签订长期契约的主要目的是激励卖方投资、保证事后效率、避免投机报复行为等。研究结果表明，界定产权有利于改进契约效率；当契约发挥参照点效应时，这三个目的无法同时实现，因此，缔约方应该在三者之间进行权衡。

根据行为经济学的观点，不同的个体之间存在感知和价值判断等方面的差异：一方面表现为在判断过程中优先考虑自己的利益得失，难以容忍“损己利人”，即自利倾向；另一方面又表现为在自身利益得到保证以后有追求互惠的利他动机，即互惠倾向。哈特(2009)正是把行为经济学关于以上个体差异的观点引入新古典分析框架，从而提出了参照点契约理论。根据参照点契约理论，允许双方就自身利益进行讨价还价，为双方提供议价空间，契约不再是可以完全预设的，而只能为契约双方提供一个符合双方预期的参照点。如果缔约方觉得契约规定有利于自身利益，那么就会积极履行契约；如果缔约方觉得契约规定难以保证自身利益，那么就会消极履约，甚至违约。

二、参照点契约理论的基本思想

（一）理论假设

根据新古典假设，只要缔约双方风险中性且信息对称，通过再谈判必然能实现事后有效率产出的假设总是成立。如果要构建普遍性的契约模型，放弃这一通行的假设成为关键问题。如果需要保留缔约双方风险中性和信息对称假设，那么就要偏离新古典范式。为此，第一，必须放弃关于事后交易是可完全契约化的假设，而假定交易仅部分可契约化，即尽管事后交易的宽泛框架可以契约化，但具体细节无法明确。第二，借鉴行为经济学的方法和内容，在分析中引入了一些重要的行为因素，如参照点。将契约视为一个参照点，即为缔约各方提供了一个判断交易关系中权利得失的参照标准。如果缔约方觉得交易关系中自己享有基本权利，那么就愿意尽心尽力履约以实现完美业绩；相反，就会采取投机报复行为，如减少合作、仅提供敷衍业绩、降低甚至拒绝提供完美业绩等。因此，权利得失的心理感知主要由缔约各方签订的契约决定，这样契约就成了缔约方判断权利得失的唯一标准。

（二）基本原理

通常情况下，契约规定了参与各方的权利和义务，有利于规范参与各方的行为。而参照点契约思想则提供了一个互补性观点，即契约为交易关系提供了一个参照点、一个交易主体判断权利得失的参照点。为了减少缔约主体因感知自身权利受到侵害而采取的投机报复行为对契约执行效率的不利影响，各缔约主体应该在刚性契约与柔性契约之间进行权衡，即当关系专用性资产投资很大时，即使契约刚性可能产生事后效率损失，缔约主体也应选择刚性契约；相反，缔约主体应选择柔性契约。柔性契约是指允许根据未来真实状况进行调整，也可以签订与未来结果密切相关，但当事人对任何结果都不会感到失望的刚性契约，但是可能因一方的投机行为而造成损失。相反地，刚性契约则提供了减少这种损失的方法，但也会降低柔性契约带来的收益。因此，当事人要在柔性契约与刚性契约之间进行权衡。这为签订长期契约奠定了基础，并阐明了事先确定价格、允许雇主分配任务的雇佣契约是最优契约的原因。

三、参照点契约理论的简化模型

（一）基本模型

如图 6—5 所示，假定缔约双方甲和乙在时刻时点 A 相遇，在时点 B 完成交易并实现业绩。在时点 A，市场是完全竞争的，但在时点 B，市场竞争程度急剧下降，双方存在双边垄断关系。在时点 A，因为处于不确定环境下，双方签订柔性契约。到时点 B，缔约双方根据实际情况对契约进行调整，达成交易，提供业绩（敷衍业绩或完美业绩）。假定缔约方提供完美业绩与提供敷衍业绩的成本相差不大，这也可能是因为他们很享受提供完美业绩的过程，只要自己被友善对待，就愿意提供完美业绩，反之则不愿意。当且仅当一方能享有契约赋予的相关权利时，才会觉得自己被另一方友善对待，而且一方一直将契约视为判断权利得失的唯一参照点，即他们的利益诉求没有超出契约权利范畴，这主要是因为契约是在相对竞争的市场环境下签订的。基于以上假定，一旦不能享受契约赋予的相关权利，当事人就会认为自身利益被对方侵害，进而可能采取投机报复行为，从而导致效率损失。

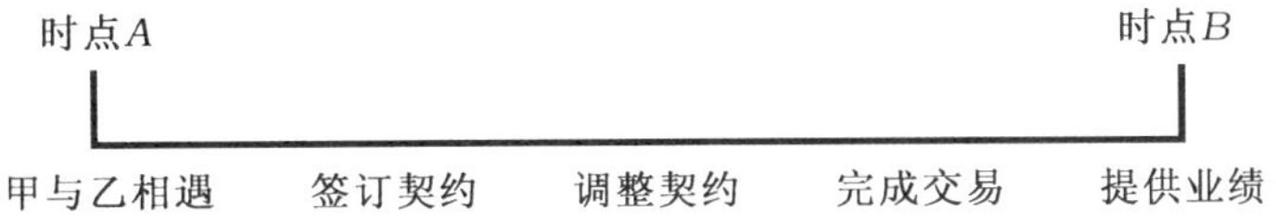

图 6－5　参照点契约理论的简化模型

假设$U_{\text{甲}}$和$U_{\text{乙}}$分别表示缔约双方的总收益，$K_{\text{甲}}$和$K_{\text{乙}}$表示两方受到的侵害水平，L表示单位侵害水平造成的实际损失，满足条件$0<L\leqslant 1$，缔约双方可以通过投机报复来弥补这一损失，$M_{\text{甲}}$和$M_{\text{乙}}$则分别表示对方的投机报复行为给己方造成的损失。于是，双方的净收益分别表示如下：

$$U_{\text{甲}}=u_{\text{甲}}-M_{\text{乙}}-\max\{L_{K\text{甲}}-M_{\text{甲}},0\} \qquad ①$$

$$U_{\text{乙}}=u_{\text{乙}}-M_{\text{甲}}-\max\{L_{K\text{乙}}-M_{\text{乙}},0\} \qquad ②$$

在式①和式②的限定条件下，缔约双方的最优策略是$M_{\text{甲}}=L_{K\text{甲}}$且$M_{\text{乙}}=L_{K\text{乙}}$，则有：

$$U_{\text{甲}}=u_{\text{甲}}-M_{\text{乙}},u_{\text{乙}}=u_{\text{乙}}-M_{\text{甲}} \qquad ③$$

缔约双方同时做出是否投机报复及其强度的决策，由于无法被第三方所证实，这部分内容不可契约化。

（二）实例分析

以上述模型为基础，下面通过一个实例说明契约参照点对契约效率的影响。假定甲在时点A从乙处购买一处房产；在时点A，甲认为该房产的价值为a，而乙付出的成本为b（通常情况下满足$a>b$），不存在不确定性。那么，最优契约是什么呢？根据新古典经济学，由于不存在不可契约化的投资，事前不必签订契约，双方可以到时点A完成交易。此时存在纳什均衡，而且剩余分配比例为1∶1，即双方以价格$p=\frac{a-b}{2}+b$成交。进一步假设在时点A，市场上有一个买家和多个卖家，此时，竞争性均衡是甲获得全部剩余。在这种情况下，乙愿意提前一次性向甲支付$\frac{a-b}{2}+b$，以建立双边交易关系。由于没有签订正式契约，到时点A，以$a\sim b$之间的任何价格都可以成交。但在自利偏好驱动下，甲认为最优价格是b，而乙认为a是最佳的价格。如果交易最终以价格$p(b<p<a)$成交，那么各方都认为自身利益受到侵害，以致采取投机报复行为。甲觉得自身利益受到的侵害为$p-b$，其投机报复程度为$L(p-b)$；而乙觉得自身利益受到的侵害为$a-p$，其投机报复程度为$L(a-p)$。根据式①和式②，买卖双方的净收益分别为：

$$U_{\text{甲}}=a-p-L(a-p)=(1-L)(a-p) \qquad ④$$

$$U_{\text{乙}}=p-L(p-b)=(1-L)p+Lb \qquad ⑤$$

社会总剩余为：

$$W=100(1-L) \qquad ⑥$$

式⑥表明，不管成交价格p是多少，总会造成$100L$的社会剩余损失。相比而言，若买卖双方在时点A签订固定价格契约，则他们在时点B不会存在任何争议，也就不会发生投机报复行为。在这种情况下，社会总剩余为100。可见，刚性契约（固定价格）锚定了缔约各方的期望收益，为他们判断自身权利得失提供了一个参照点。

四、参照点契约理论的实验研究

（一）实验研究概况

契约是否具有参照点效应，有待经验证据的支持。需要强调的是，不完全契约理论中将心理、行为等因素纳入分析，将行为经济学相关方法与内容引入契约分析范式而发展的理论，即参照点契约理论。在哈特和穆尔的研究模型中，部分基本假设与参照点依赖偏好、自利偏好、社会偏好等行为经济学中常用的概念保持一致。由于现实环境中契约关系与行为因素的复杂性，通常很难取得完整的经验证据去验证契约参照点效应。因此，费尔(Fehr)、哈特等人采用行为经济学研究中频繁采用的实验研究方法，来检验哈特和穆尔模型限定的行为假设，并间接验证参照点契约理论。

行为经济学者与实验经济学者们很早就开始关注参照点是否存在及影响因素是什么等问题。海克和拉默斯(Hack and Lammers，2011)运用实验研究分析了在参照点形成过程中期望的作用，研究表明：(1)在交易关系中，期望是客观存在的，并对参照点的形成产生了重要影响；(2)决策者通常更倾向于采用基于期望的参照点价值，而非单一的产出，前者属于整合机制，后者属于分离机制。上述结果为由阿贝勒尔(Abeler，2011)等人的模型得出的相关研究结论提供了证据。费尔德曼(Feldman，2012)等人重点探讨了参照点效应与契约选择的关系，参照点效应会对契约形式和契约执行效率产生影响，通过三组实验室实验得以证实。

（二）实验研究的实施

基于新古典经济学的假设，柔性契约相对于刚性契约能为缔约双方提供更高的达成交易的可能，因为柔性契约设定了交易价格区间，后者刚性契约通常是确定的单一交易价格。当行为因素引入契约后，均衡结果可能会完全不同。哈特和穆尔(2008)的参照点契约理论表明，在采用柔性契约方式时，如果交易价格低于期望，卖方就会产生自身利益受到侵害的心理感知，从而采取投机报复行为。由此，买方要么提高交易价格，要么受到卖方的投机报复，如降低产品质量。显然，任何一种结果都会对买方利益产生负面的影响。因此，买方在事前选择刚性契约反而对自己有利。

为了检验上述理论推断，费尔等人(2011)开展了一组实验室实验。他们分别从瑞士苏黎世大学和瑞士联邦工学院招募了28名学生作为实验参与者，采用随机分配实验角色的方式，其中一半人扮演买方，另一半人扮演卖方，利用Ztree平台开展实验。实验过程分为5节15轮，最终获得805个有效观测样本。结果表明：在采用柔性契约方式时，买方报价较高，而卖方则较明显地采取了投机报复行为。这个结论与上述理论推断基本一致。此外，设置其他实验参数，刚性契约的总收益通常高于柔性契约；从契约的形式看，实验中大多数买方都选择了刚性契约；当柔性契约的交易价格区间缩小后，投机报复行为显著减少。

（三）实验研究的改进

根据参照点契约理论，当契约条款订立和履行的外部环境具有竞争性特征时，刚性契约有利于减少缔约各方的投机报复行为。费尔等(2009)的实验取消了事前竞争性环境约束，结果表明：在契约条款通过非竞争性方式确定的情况下，缔约方的投机报复行为在刚性契约和柔性契约下无明显差异，也就是说，即使在刚性契约下也可能发生投机报复行为。这一结果表明，事前竞争向事后双边垄断的“基本变换”是契约具有参照点效应的基础，对刚性契约和柔性契约的相对效率产生重要影响。可见，履约绩效与效率不仅依赖于契约形式与内容，还依赖于外部履约环境。

尽管上述两篇论文均支持契约具有参照点效应，但存在明显的局限，实验过程没有考虑非正式协议和事后谈判机制的作用，而这些在实际交易行为中普遍存在且发挥着重要的作用。为此，费尔等人(2011)重新设计了两组实验，结果表明，当考虑了非正式协议和事后再谈判机制之后，参照点契约理论的中心行为机制仍然成立。考虑非正式协议后的实验结果表明：如果买方事后选择的价格比事前声明的低，那么卖方的掩饰和欺骗行为会明显增加；如果买方发布低价格声明或不发布价格声明地表达不愿意支付较高价格，那么卖方就会较少地感受到不公平，也就会较少采取掩饰和欺骗行为。同时，包含非正式价格信息的柔性契约下的掩饰和欺骗行为仍然明显多于刚性契约。可见，非正式协议发挥了积极作用，但无法消除各缔约方在刚性契约与柔性契约之间进行权衡的必要性。此外，令人惊奇的是，不发布价格声明与发布低价格声明的结果是一样的，这似乎表明卖方可能将买方不发布价格声明解读为买方不愿意支付较高价格。费尔等人(2011)还考察了再谈判机制的影响，并在实验中考虑了允许买方单方面要求用新契约替代原始契约这一极端情形。实验结果表明：引入再谈判机制后，参照点效应依然存在，原因是买卖双方都不希望结果偏离可行的原始契约；再谈判还增加了不好状态下刚性契约的采用率。此外，作者在上述两组实验中还发现了实验对象新的行为特征，如非正式协议与事后再谈判机制改变了交易主体对事后结果的评价，即使交易主体没有采用这两种机制，也会改变结果评价。

作为现代契约理论的一个分支，不完全契约理论的进展主要体现在以参照点理论为代表的方法论的研究进展。同时，参照点契约理论能够有效突破当前契约理论研究面临的诸多“瓶颈”，深化和拓展了不完全契约理论，但仍有不少问题有待解决。

复习思考题

1. 解释下列名称：产权；外部性内在化；剩余控制权；不完全契约。
2. 简述产权的特征。
3. 试论述产权的起源。
4. 什么是 GHM 模型？
5. 所罗门兄弟公司是华尔街著名的证券公司，它下面有一个赫赫有名的证券交易小组，该小组创造了所罗门公司 1990～1993 年 87%的利润。但是因为某种原因，所罗门公司解雇了该小组的头领约翰·玛利维瑟。玛利维瑟离开之后带走了大批原来的伙伴，成立了长期资本管理公司，成为所罗门公司的强劲对手，给所罗门公司造成巨额损失。请用 GHM 模型分析该案例。

案例分析

“新 59 岁现象”：国有企业老总改制情结与新心病

改制是国有企业老总最渴望的事，越是临近退休，改制的愿望越强烈。无论是谢幕的长虹倪润峰，还是退休的三九集团总经理赵新先，都有一个难舍的情结——渴望改制。这种现象可称为“新 59 岁现象”。有案例表明，一些国有企业老总把改制当成“最后的晚餐”，既能以最少成本捞到可观的股权，又能保住自己的位置。

“急”是“新59岁现象”的最大特征。经过十多年的探索，国有企业改革已真正触及公司制度问题，人们对改制——产权制度改革的认识及改制的环境、气候、政策等条件已逐渐成熟，而一些为公司奋斗多年甚至奉献终生的国有企业老总们却又临近退休，这个情形有点像一位站在已驶入终点列车上的人，急于跳上另一列刚刚启动的列车。

一位已经完成改制的原国有企业老总这样解释“新59岁现象”：改制前，公司高层管理者的任免完全由上级决定，不管你能力有多强、精力有多旺盛，只要到点必须退休。而改制后，只要不是国有控股，公司高层管理者的任免就由出资人与董事会决定，而且任免规则是市场化的，只要高层管理者有能力和精力，就不会受60岁退休的规定所限。

希望改制没有错，但操之过急就会出问题。“新59岁现象”的成因是那些即将退位的国有企业老总希望通过改制持股甚至持大股，而高层管理者持股的最大难题是如何筹措资金。长期低收入的高层管理者如果急于持大股，只有几种可能：要么做小“蛋糕”(做亏、低价评估)，要么隐匿资产，要么转移利润，要么“空手套白狼”，要么资金来路不明，显然，这些做法都是违规甚至违法的。所以，在国有企业老总激励机制尚未健全的今天，高层管理者持股应是长期行为。

一些睿智的59岁左右的国有企业老总在推动改制时，不选择“一口吃成胖子”的办法，而是会选择一条易于操作的现实之路，如保留部分国有股、吸引部分外来投资者、融进部分职工股。只有当他具有足够的能力左右局势时，他才会坚定地选择管理层收购(MBO)或员工持股计划(ESOP)，其目的很明确——在所剩无几的时间内完成改制。

由此看来，仅几年的工夫，高层管理者的心态发生了很大的变化，由褚时健引发的“59岁现象”已发生变异——如果褚时健所代表的“59岁现象”是“恋钱症”的话，那现今流行的“新59岁现象”则是“恋岗症”。

在“59岁现象”刚浮出水面时，经济学家周其仁的“我们拥有世界上最昂贵的公司制度和最便宜的企业家”这句话广为流传，人们认为造成“59岁现象”的主要原因就是国有企业老总的激励和约束机制不足。于是，年薪制、期权、期股等办法相继出台，就连国资委也概莫能外，从2004年起对中央公司老总实行了年薪制。“新59岁现象”的出现，证明“钱”和“岗”不是一回事，靠激励和约束不能全部解除国有企业老总的心病。

“新59岁现象”的出现有一定积极意义。改制后，出资人到位，公司必将建立起一套完善的治理结构，公司高层管理者选择、投资决策等重大事项都将由治理结构(董事会、股东大会)决定，这样中国的国有企业才能真正脱胎为规范的、市场化的公司。

改制的核心不在于股权，而在于把高层管理者与公司的联系从一纸“红头文件”变成了产权联系，这样就必将摒弃过去那种“人选择人”的做法，建立起一种按市场化规则选择和决策的制度。

资料来源：http://www.gzii.gov.cn。

【讨论】

1. “59岁现象”指的是什么？“新59岁现象”的特点是什么？
2. 请用企业产权理论分析国有企业中的“59岁现象”。

第七章　寻租理论：产权理论的一个扩展

学习目标(知识点、技能点)

1. 掌握寻租的含义和特点；
2. 理解寻租产生的原因及其后果；
3. 了解政府经济活动中的寻租；
4. 理解制度环境对寻租活动的影响；
5. 了解新产权理论的主要内容；
6. 理解寻租与腐败的关系。

案例导读

美国汽车工业的游说活动

20 世纪 80 年代早期，美国汽车工业步履维艰。宽敞气派但耗油量大的美国国产汽车的市场需求量锐减。与此同时，相对小巧玲珑而且省油的日本汽车在美国市场却大为出彩，市场份额步步扩大。面对这种局面，美国的汽车制造商、汽车工会以及来自产车州的政治家们联手组成强大的院外活动团队，花费巨资游说立法人员与行政当局通过立法阻止日本汽车进口，保护国内市场。最终，里根政府做出强烈反应，在进行了艰难的讨价还价之后，同日本政府达成了关于汽车进口配额的协议。这一协议使 1981 年到 1983 年期间美国国产汽车的价格每辆上涨了 400 美元，日本生产的汽车在美国市场上的价格每辆上涨了 1 000 美元左右。由于这一协议，仅 1984 年美国各大汽车制造商的利润就增加了 89 亿美元。这 89 亿美元的利润，不是经由技术创新和加强企业内部管理而获得的正常生产利润，而是企业或相关当事人通过投入人力、物力以及财力借得权力东风，阻止正常竞争和市场经济的正常运行所牟取的非生产性利润。这种非生产性利润，以及所有通过借助政府权力所获得的组织和个人利益，均称为“租”。

“寻租”(rent-seeking)这个术语是美国经济学家克鲁格于 1974 年在《寻租社会的政治经济学》一文中最先使用的，在此之前，美国经济学家塔洛克已于 1967 年在《关税、垄断和盗窃的福利代价》一文中研究了相关的现象。寻租理论诞生至今经历了半个世纪的发展历程，它的出现，一方面，把经济学的研究领域从资源在生产领域的配置问题扩展到了生产与非生产领域之间的配置，从人们追求新增经济利益的行为扩展到了追求既得经济利益的行为，把生产性的寻利活动与非生产性的寻租活动区分开来；另一方面，它把政府作为市场经济的参与者来看待，把政府的干预行为市场化，从而把权钱问题纳入了经济学研究的范围。

第一节 寻租概述

一、寻租的内涵

从社会福利的角度来看，经济人追求自身经济利益的活动大致可分为两大类①：第一类是对生产性利润的追求，这包括物质资本和人力资本的投资，技术和制度安排的创新，人们从事的生产活动、研究与开发活动以及在正常市场条件下的公平交易等。这类活动是生产性的、增进社会福利的，它们使得生产可能性曲线向外推移，增加了全社会商品和劳务的供给量。没有这样的利润追求，国民经济不可能增长。第二类是所谓的“寻租”或“直接非生产性寻利”(Directly Unproductive Profit-Seeking，DUP)，这包括谋求特权与优惠的游说活动、权钱交换的腐败行为、偷漏税金、走私放私等非生产性的、有损于社会福利的活动。寻租理论认为，一旦政府开始干预贸易和其他经济活动，人们就会积极行动起来，以使政府制定出有利于自己的政策，从而使政府所创的租金流向从事这些活动的人们。这类活动没有生产出任何商品和劳务，反而白白地消耗了社会的经济资源，从而使生产可能性曲线向内推移，它们导致的是经济停滞而不是增长。

(一)租金

租，即租金或经济租金，是指一种生产要素所有者的收入超过该要素机会成本的剩余。在经济学的发展历史中，租金的外延在逐步扩大：早期经济学家眼中的租金专指地租；传统的李嘉图学派认为，租金是永远没有供给弹性的生产要素的报酬，是使这种生产要素进入市场所必需的最小的额外收益；马歇尔发展了租金的概念，认为租金还包括被称为准租金的、暂时没有供给弹性的生产要素的报酬。此后，租金的概念一直不断地被拓宽，近代的租金已泛指各种生产要素的租金。而在现代经济学中，寻租理论中的“租”被进一步用来表示由于政策干预和行政管制，如进口配额、生产许可证发放、物价管制以及特定行业从业人员的人数限制等，抑制了市场竞争、扩大了供求差额，从而形成的差价收入，即由于政府的行政干预形成垄断所带来的超额收益。

严格来说，广义上的寻租泛指一切寻求利益的活动，因为租金既存在于竞争性经济中，也存在于非竞争性经济中。而布坎南把竞争性经济中的寻租活动，即对生产性利润的追求，称为“寻利”(profit-seeking)，把非竞争性经济中的寻租活动称作真正意义上的“寻租”，即狭义上的寻租。例如，某个企业因开发一项新技术或新产品而使其收入高于其他企业水平，这个企业就会存在经济租金，即享有超额收益。在竞争经济中，租的存在必然会吸引其他企业效仿并生产这一有利可图的产品，从而使产品供给增加、价格降低。当竞争经济处于均衡状态时，生产要素在各种用途上的使用和配置会到达其机会成本等于要素收入的那一点，即使得租金消散(rent dissipation)。这样的一种活动及其结果属于“寻利”的范畴。而如果一个企业为了维护其既有的经济利益去寻求政府干预、阻止其他企业竞争以保护自身垄断地位，使得租金不能消散，这样的一种活动及其结果便属于“寻租”的范畴。企业为了寻租而耗费了社会经济资源，但没有增进社会的福利，因此寻租活动通常被认为会造成社会资源的浪费。

---

① 贺卫：《寻租的政治经济学分析》，上海财经大学博士论文，1999年。

(二)寻租

不同的学者对"寻租"一词有不同的解释,最具有代表性的是塔洛克、布坎南和巴格瓦蒂的定义。塔洛克认为,寻租是那种利用资源通过政治过程获得特权从而构成对于他人利益的损害大于租金获得者收益的行为[①]。塔洛克把寻租视为凭借政府准许的特权取得垄断地位并获得垄断租的一种努力,他认为寻租虽然使某些个人获益,但却给全社会带来了损失,造成资源浪费。布坎南认为,"寻租"一词是要描述一种制度背景中的行为,个人竭力使价值极大化造成社会浪费而不是社会剩余[②]。他认为寻租现象的出现不是由于人与人之间本性的差异,而是由于人们所处的制度背景存在问题。巴格瓦蒂认为,寻租活动带来的收入是直接非生产性的,即这种活动能产生货币收入,但是这种活动不会直接产生传统效用函数中包含的中间产品或劳务[③]。由此,他提出了直接非生产性寻利[④]这一概念,把寻租活动扩大到了更广的范围。

本章内容讨论的主要是狭义上的寻租概念。它可以被认为是为了获得或维护超额利润,即租金,而进行的非生产性活动的统称。一般认为,租金产生于政府对社会经济生活的干预,即政府对经济的管制所造成的垄断。常见的寻租活动,如谋求特权与优惠的游说活动、权钱交换的腐败行为、偷漏税金、走私放私等,不但造成其行为本身的资源非生产性消耗,还会引起市场扭曲而导致效率损失。这类活动存在的原因主要是人们把政府当作建立并保护垄断的工具。因为如果没有政府干预,竞争过程就会不断进行下去,租金将会消散;但当政府借助于法律和行政权威,运用强制性手段直接干预经济活动,租金就会产生,自然就会有追求这种租金的活动。因此,限制寻租的基本方法就是限制政府,寻租理论分析也成为对政府管制问题分析的自然延伸。

(三)寻租活动的特点

典型的寻租活动有五个方面的特点:第一,寻租活动间接造成经济资源配置的扭曲,阻止了更有效的生产方式的实施。第二,它们直接浪费了经济资源,使本来可以用于生产性活动的资源浪费在这些于社会无益的活动上:利用时间、精力和金钱去游说的结果,对寻租者来说可能更有效率,但对整个社会来说没有效率而言。第三,这些活动会导致其他层次的寻租活动:如果政府官员在这些活动中享受了特殊利益,政府官员的行为会受到扭曲,因为这些特殊利益的存在会引发一轮追求行政权力的浪费性寻租竞争,同时,利益受到威胁的地区和企业也会采取行动进行避租以与之相抗衡,从而耗费了更多的社会经济资源。第四,政府部门工作人员为了对付寻租者的游说与贿赂,通常需要大量的时间和精力进行反击。第五,寻租活动有合法与非法之分:企业向政府争取优惠待遇,利用特殊政策维护自身的独家垄断,这类活动属于合法的寻租活动;而行贿和走私等活动则属于非法的寻租活动[⑤]。总的来说,寻租活动可以被看作

---

① Tullock, Gordon, 1980. Efficient Rent Seeking. In Buchanan, James M., Robert D. Tollison and Gordon Tullock (eds.), *Toward a Theory of the Rent-Seeking Society*. College Station: Texas A&M University Press, 97—112.

② Buchanan, James M., Robert D. Tollison and Gordon Tullock (eds.), 1980. *Toward a Theory of the Rent-Seeking Society*. College Station: Texas A&M University Press.

③ Bhagwati, Jagdish N., 1982a. Directly Unproductive, Profit-Seeking (DUP) Activities. *Journal of Political Economy*, 90(10): 988—1002.

④ 直接非生产性寻利活动的定义是:通过从事直接非生产性活动而获得利润的方法,"直接"在于直接产生于权力而不是借助于生产过程,"非生产性"在于这些活动产生金钱收益,但并不生产包括在正常效用函数中的产品与劳务,也不生产投入这些产品与劳务生产的投入品,它不能扩大社会生产规模,甚至还会因垄断而缩小生产规模,所争夺的是现有的生产利润。

⑤ Thomas Oatley. *International Political Economy*. Pearson, 2012: 136.

一场人类社会的负和博弈，亦即一场就社会整体而言损失大于利得的竞赛。

阅读材料 7－1

寻租理论的诞生

寻租理论诞生于 20 世纪 60 年代中期。1967 年，公共选择理论的创始人之一戈登·塔洛克(Gordon Tullock)发表了《关税、垄断和偷窃的福利成本》一文。在这篇开拓性论文中，作者敏锐地看到形成垄断地位也需要投入资源这一事实，指出在垄断形成之前，当事人为达到目的会采取各种方法，包括雇人游说、贿赂官员等，从事这些活动自然需要付出代价、花费资源，而这些资源原本可以用于创造新增财富的生产活动。这样，从全社会角度来看，这部分资源就是一种损失，由此造成的社会福利损失理应计入垄断的总福利损失。因此，垄断造成的社会福利损失远大于人们通常所说的“哈伯格三角形”(见图 7—1 中 *ABC* 部分面积)那一部分，还应加上用于垄断形成过程中的那些资源成本(之后被人们称作“塔洛克四边形”，见图 7—1 中 *PmPcBA* 部分面积)。当事人在垄断形成过程中的活动，实际上就是寻租活动，只是塔洛克在这篇论文中并未使用“寻租”这个词，但是他的整个分析思路和方法就是后来发展起来的寻租理论的基本思想和方法。

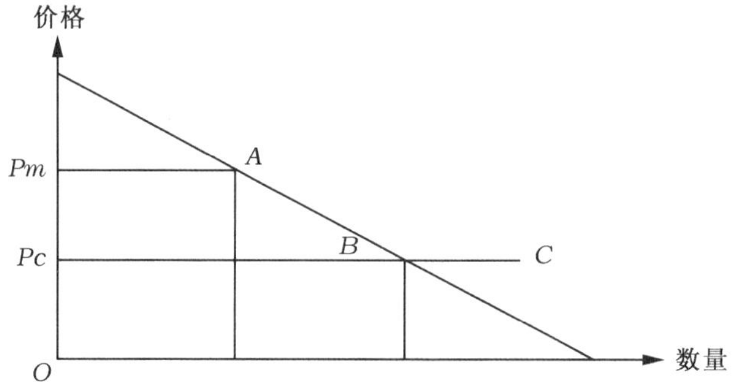

图 7—1 垄断的福利损失

寻租作为一个理论概念，直到 1974 年安妮·克鲁格(Anne O. Krueger)发表《寻租社会的政治经济学》一文才被正式确立。克鲁格的主要研究领域是国际贸易及经济增长问题，她是在探讨保护主义贸易政策对一国经济的影响时提出“寻租”这个概念的，发明“寻租”一词可以说是她研究成果的一个副产品。在《寻租社会的政治经济学》一文中，克鲁格主要致力于对发展中国家贸易战略的选择与经济增长以及就业增长之间关系的研究；而在分析发展中国家限制进口所引发的一系列经济后果中，她发现存在着大量的寻租活动；进而从发展中国家贸易政策对经济增长造成的影响的角度指出了寻租活动会造成社会资源的巨大浪费。

自克鲁格的文章发表以后，经济学界产生了强烈反响，学者们开始对贸易政策的经济效应重新做出估价，寻租理论的基本思路也开始被运用于其他领域的研究，寻租理论遂作为一门独立的经济学研究分支逐步形成。寻租理论为经济研究提供了一个考虑问题的新视角，使经济研究各个学科分支更加从实际出发思考问题。由于它更切合实际，并且从它诞生之时起就与国家政策的效应研究紧密联系在一起，因此，寻租理论也为社会学、政治学、法学、行政管理学等其他社会学科提供了新的研究思路。

二、寻租活动的三个层面

寻租者利用各种合法或非法的手段取得占有租金的垄断权，是寻租活动的主要特点。当有多个参与者时，寻租行为可能会出现层次性、递进性的现象，这种寻求直接的非生产性利润的活动可以在三个层面上分别展开①。由于政府的人为限制或人为制造的差别政策，资源可能同时在三个层面上被消耗掉。

(1)对政府活动所产生的额外收益的寻租。第一层面的寻租是指通过向政府行政官员进行游说、疏通、"走后门"、行贿等手段促成政府对经济的行政干预，从而产生租金并获取该租金。

(2)对政府肥缺的寻租。由于第一层面的寻租活动给政府官员带来了好处，使他们看到了权力的含金量，从而吸引人们耗费精力和钱财去争夺政府行政官员职位，这是第二层面的寻租活动。

(3)对政府活动所获得的公共收入的寻租。政府采取措施将暗租变为明租，如证照拍卖、征收资源垄断税等，使部分或全部租金转化为政府的财政收入。当这些租金收入尚未归还财政预算或尚未以某种无差别的或随机的方式通过预算分配时，各个社会利益集团为了这笔财政收入的分配有利于自己而展开了竞争，这就形成了第三层面的寻租。

阅读材料 7－2

出租汽车营业执照的数量限制

一个城市的政府以防止市内交通拥挤为由，用限额发放营业执照的办法人为地限制出租汽车的数量，那么，市场上的出租汽车数量就少于自由竞争市场的均衡水平，出租汽车业主就可以赚取超额利润，即租金。人们受这种超额收益的吸引，就会想方设法从主管执照发放的政府官员那里获取营业执照。如果执照的发放很大程度上取决于主管官员的个人意志，寻求执照的人们就会争相讨好、贿赂这些官员，从而产生了第一层面的寻租活动。由于这些活动而使官员们享受特殊利益，又会吸引人力、物力和财力为争夺主管官员的肥缺而产生第二层面的寻租竞争。如果部分或全部的出租汽车超额收益以执照费的形式转化为政府的财政收入(如拍卖)，那么，社会上各个利益集团又有可能为了这笔财政收入的分配而展开第三层面的寻租之战。

三、政府经济活动与租金来源

(一)政府创租

寻租理论认为，租金来源于政府对社会经济生活的干预，即政府对经济的管制所造成的垄断。也就是说，租金是由政府干预创造出来的，只要政府不取消垄断，租金就不会消散。在混合经济中，由于存在着严重的市场职能与政府职能之间的协调失灵，从而产生了大量的租金。在市场发育程度较低、行政干预还广泛存在的市场经济发展初期，如西欧 18 世纪重商主义时

---

① Buchanan, James M., Robert D. Tollison and Gordon Tullock (eds.), 1980. *Toward a Theory of the Rent-Seeking Society*. College Station: Texas A&M University Press.

代和当代的一些发展中国家，寻租活动最容易蔓延。一些发展中国家贪污腐败行为盛行和工商界不法活动猖獗的原因就在于政府运用行政权力对企业和个人的经济活动多方面地进行干预和钳制；同时，这种行政特权掌握在政府官员手中，他们具有很大的自由裁量权；所以，这种特权体制的设置，亦即平等竞争规则的破坏，造成了寻租的可能，因此可被称作“创租”活动。总的来说，从政府创租的方式来看，租金的来源可以分为政府无意创租、政府被动创租和政府主动创租三类①：

1. 政府无意创租

所谓“政府无意创租”，顾名思义，不是故意创租，是指政府为解决“市场失灵”而干预社会经济生活时产生了租金，该租金产生于政府良好的主观愿望，是作为政府干预经济的一种副产品而出现的，往往出乎政府预料之外。由于干预的方式方法不当，造成了协调失灵，使该租金无法消散，是一种主观与客观相脱离的表现。这本身不合理，但却是合法的；它构成了政府解决经济问题的潜在代价。

2. 政府被动创租

所谓“政府被动创租”，是指在市场经济发达阶段的民主政体下，政府受利益集团的左右，成了某些利益集团谋取私利的工具并为其所利用，通过并实施一些能给特殊利益集团带来巨额租金的法案，客观上为这些利益集团服务的行为。政府被动创租是在面对政府权威的下降和特殊利益集团影响力的增强时，领导人在最大化自身效用时产生的必然结果。

3. 政府主动创租

所谓“政府主动创租”，是指在市场经济的不发达、不成熟阶段，政府官员利用行政干预的办法来增加某些行业或企业的利润，人为地制造租金，诱使寻租企业向他们进贡以作为获取这种垄断租金的条件；同时，政府官员还会故意提出某项会使一些企业利益受损的政策或规定作为威胁，促使企业割舍一部分既得利益给他们，以求其高抬贵手，放弃制定或实施该项政策或规定，使企业自身利益不再受损，其实质是一种权钱交易。

(二)政府经济活动中的寻租

在本质上，政府规制的不完善为寻租留下了公共政策的空间。一般来说，寻租大多出现在诸如政府定价、政府特许权、政府关税和进口配额、政府订货等政府经济活动中。

1. 政府定价

从本质上来讲，政府每一项政策的实施都是一个利益分配过程。在政府管制的过程中，生产者和消费者的利益是对立的，追求选票最大化的政治家必然将提高某些受管制产品的价格，从而服务于这些利益集团。其最典型的例子就是中国政府对价格实行的行政管制。

对价格实施行政管制，就会使受管制资源出现人为短缺的问题。在短缺的情况下，个人为了获得资源，就必须排队等候；同时，有些人就会为了节约排队等候的时间而高价购买政府限价的资源。政府禁止高价倒卖，这种倒卖就会转入地下，形成黑市。不法分子为了安全且大量地攫取租金，就会向政府工作人员行贿。如果政府组织中有人经不起诱惑，就可能出现政府默许的地下经济，从而出现行政定价通过腐败和黑市转化成市场定价的现象。在这一转化过程中，市场定价和行政定价之差，就是不法分子和腐败分子可能得到的租金。②

---

① 贺卫：《政府创租行为研究》，《上海交通大学学报》（社会科学版），2002年第1期，第64～69页。

② Thomas Oatley. *International Political Economy*. Pearson，2012：136.

2. 政府特许权

政府特许权是指政府对某类商品发放的特别生产许可权和特别销售许可权，如美国政府特许几家公司出口计算机、在交通拥挤的情况下拍卖汽车购买权或驾驶执照、中国政府特许一部分公司拥有出口许可证等。从整个国民经济的角度出发，某些政府特许权是必要的。政府特许权或发放许可证制度可能产生租金，也可能不产生租金，其关键在于这种特许是否会人为制造资源短缺。如果这种特许人为制造了短缺，从而获得特许就可以获得额外利润，那么就可能出现寻租问题。因为获得特许权的单位和个人可以通过其垄断地位获得垄断利润。这时的垄断利润就是寻租者可能寻得的租金。例如，在某一获得烟草专卖十分困难的地区，相应地，从事烟草买卖的单位和个人也将十分有限，因而这些人就会尽力得到烟草专卖许可来达到获得垄断租金的目的。①

3. 政府关税和进口配额

由于各国的生产要素和生产水平是各不相同的，为了充分地利用各国资源，每个国家必定有自己的进出口政策，其中进出口的关税和配额是影响重要的因素。如果不存在关税，那么国际市场质高价低的商品就会自然地流向一国市场。如果存在关税，那么一国国内市场上质次价高的商品就可以在该国市场上与国际市场质优价低的商品平等竞争。政府关税虽然可以保护落后的民族工业，但也人为地设定了租金，使得落后工业长期没有动力去改进生产技术。因此，提高某些商品的进出口关税、控制某些商品的进出口配额也就成为政府外贸部门和公司进行寻租的主要对象，也为走私贩私者设定了租金，使其能够非法获得商业利润。②

4. 政府订货

在市场经济国家，由于政府能力和技术的限制，政府订货是经常的事情，如美国政府所需的军用品的生产和高速公路的建设均由私人企业承包。如果政府订货的竞争不是市场化的，它就可能被某些有权势的利益集团所垄断，从而形成盈利机会稀缺的问题。相应地，这种稀有的盈利机会给那些寻求政府订货者创下了租金。此时，如果负责验收的政府官员不够廉洁，那么承包政府订货的企业更可能从中作弊，通过虚报成本或降低工程与产品的质量标准等来达到寻得租金的目的。在一些西方国家，政治家们来自企业的竞选经费与企业获得的承包额之间往往成正相关关系。

除了这四种主要来源之外，寻租现象还有其他形式。比如国有企业改革进程中出现的以权谋产现象、住房制度改革过程中的以权谋房现象、人事制度改革过程中的卖官鬻爵现象，它们与倒卖批文、争取出口许可证、走私贩私等寻租现象一样，都是寻租者在体制转轨时期利用计划经济尚未完全废除，市场经济尚未完全建立，或者现代政治体制和公共行政体制尚未完善之际存在着的寻租机会。③

四、寻租活动的后果

一般认为，寻租活动是社会交易成本极高的负和博弈，具有巨大的外部负效应。具体来看，寻租活动主要会导致引起社会资源浪费、使经济效率下降、使社会财富分配不公、造成社会公害，以及对制度改革形成阻碍这五个方面的后果。

---

① 陈佳生、徐彬：《政府经济学》，天津大学出版社 2009 年版，第 127～128 页。

② 梁瑞华：《微观经济学》，中国农业大学出版社 2009 年版，第 273～274 页。

③ Thomas Oatley. *International Political Economy*. Pearson，2012：136.

（一）引起社会资源浪费

这主要表现在三个方面：一是寻租者进行游说所花费的时间与精力，以及为疏通层层关系而支出的礼品与金钱；二是政府官员为使寻租者支付的贿金达到自己满意的水平以及为掩人耳目而付出的时间、精力与资源；三是政府为对付寻租者的游说与贿赂而进行反游说、反贿赂所耗费的时间、精力与资源。

（二）使经济效率下降

人们为了争夺租金，耗费了大量的社会经济资源，却不为社会创造出任何财富，寻租造成了资源配置的扭曲，阻止了更有效的生产方式的实施，提高了社会的生产成本，使经济在生产可能性曲线以内运行。获得政府特许的垄断企业往往没有强烈的激励去改进技术、提高产品质量、降低成本、改善服务、增强市场竞争力，从而降低了经济效率。所以当寻租者得逞时，由于政府管制而形成的垄断将使社会付出福利代价。

（三）使社会财富分配不公

寻租活动是一种非生产性活动，并不增加任何新产品或新财富，只不过改变生产要素的产权关系，把更大一部分的国民收入装进私人腰包。寻租和反寻租所耗费的社会资源，如果投入到社会财富的创造中去，如投资于生产或用于研究与开发活动，就能增加社会财富。在寻租社会中，生产者未必能够多劳多得，而没有从事生产活动的寻租者却可能大发横财，这对努力工作的生产者来说是很不公平的，削弱了其发展生产的激励。

（四）造成社会公害

寻租行为孕育商人型政客，降低了行政机构的道德水平。寻租产生极强的传染性或示范效应，造成人们的道德沦丧，社会风气变坏。它破坏了社会的规范体系和正当的价值观念，违反了对诚实努力工作的人进行奖励的社会道德准则，破坏了社会公平的基本原则，扩大了社会不平等。腐败的滋生蔓延，已经严重地影响公民对政务廉洁的信任度，影响公民对政府工作的信心。

（五）对制度改革形成阻碍

寻租活动滋生了社会上的既得利益集团，这些靠寻租起家的利益集团正是社会变革、经济发展的巨大障碍。它们将阻挠国家经济体制和政治体制改革的进程，因为，虽然这些人并不希望回到命令经济中去，但是，他们也反对进行彻底的改革，而愿意保持类似于重商主义时代或原始市场经济的混乱无序的状态，以便自己浑水摸鱼、放手寻租。

阅读材料 7－3

寻租的福利损失

公共选择寻租理论在中国的引入有很强的时代背景。从中国计划经济体制转向市场经济体制的过程中，存在一个两种机制并存的时期，由此形成了双轨价差、利差、汇差和政策差，产生了巨额的租金和大量寻租现象。吴敬琏指出："近年来，在我国经济中，不公平竞争，官倒活动，以权经商，靠差价、利差、汇差发财的活动有所发展，由此引起的分配不公和腐败现象已成为人们的热门话题。"根据胡和立的研究，1988 年，我国受控商品的价差总额在 1 500 亿元以上，银行贷款利差总额在 1 100 亿元以上，进口用牌价外汇汇差总额在 930 亿元以上。三种加和就超过 3 500 亿元人民币，占当年国民收入(11 378 亿元)的 30%以上。而根据万安培估算，1992 年，商品价差租金为 776 亿元，银行贷款利差租金为 1 983 亿元，汇差租金为 1 157 亿元，总额为 3 906 亿元，约占当年国民收入(20 223 亿元)的 19%。尽管 4 年时间价差、利差和汇差租金占比下降幅度较大，但仍占国民收入的较大比例，由此产生大量的寻租。胡鞍钢对双轨制结束后中国租金的分析表明，20 世纪 90 年代末，我国租金主要集中在税收流失、国有经济投资和财政支出流失、非法经济的“黑市收入”和垄断行业租金上，由此造成的福利损失占 GDP 的 15%左右。

托利森(Tollison)从寻租投入方面分析寻租的经济影响，对相关研究进行了归纳，从表 7—1[①] 可以看出，无论是在发达国家还是在发展中国家、无论是在外贸部门还是在一般性部门，寻租都造成了巨大的福利损失。这也是公共选择寻租理论强调通过限制政府权力减少甚至消灭寻租行为的主要原因。而萨缪尔斯(Sumuels)批评公共选择寻租理论过于关注寻租的投入方面，过于强调寻租者为获得租金花费的成本，而忽视了寻租导致的权力与制度变化对经济活动的影响。

表 7—1　　寻租造成的福利损失

研究对象	寻租造成损失(占 GNP 的比例)
1964 年印度	7%
1968 年土耳其	15%(外贸部门)
美国历年	3%(管制造成)
1963～1966 年美国	13%(私人垄断)
1968～1969 年英国	7%(私人垄断)
1980 年肯尼亚	38%(外贸部门)
1980～1981 年印度	25%～40%
1985 年美国	50%

五、制度环境与寻租

(一)企业创建中的制度环境

寻租理论认为，不合理的制度因素，导致行政力量创租，形成巨额利润，在此吸引下，不同个体采用非市场方式进行寻租。在一种假想的完善制度条件下，寻租即为寻利，两者没有任何区别；是制度因素造成了寻租与寻利的差异。也就是说，寻租现象的出现主要不是由于人与人之间本性的差异，而是由于人们所处的制度背景存在问题。而无论是寻租还是寻利，都是出于人们对美好经济前景的向往，两者的区别仅在于人们追求自身利益最大化时对社会造成的影响不同。总的来说，判断一个制度是鼓励人们去寻利而不是鼓励人们去寻租，可以从四个方面去看：

首先，办一个企业是相对容易的。也就是说，没有那种费钱费时的官僚审核制度，人们办实业比较容易，这就需要有良好的金融制度、灵活的劳动力市场等。其次，要有有效的产权制

① Tollison，R. D.，“The Rent-seeking Insight”，in Public Choice Essays in Honor of a Maverick Scholar：Gordon Tullock，eds. Fishback，P. V.，Libecap，G.，Zajac，E.，The Netherlands：Kluwer Academic Publishers，2000，p. 19.

度和合同制度。换言之，人们创造的财富能得到有效的保护，同时，人们从事经济活动所签订的合同能得到有效的实施。再次，政府的制度一定不能支持那些旨在瓜分而不是做大“经济蛋糕”的行为。也就是说，制度要能保证做大“经济蛋糕”比瓜分“经济蛋糕”更有利，则这是一个寻利的社会；反之，就是一个寻租的社会。最后，政府制度必须保证获胜的企业家和大型成熟企业继续有持续不断地创新和发展的动力，否则经济就会陷入停滞，而这需要竞争和贸易的开放性。

阅读材料 7－4

企业开业成本和经营环境比较

从企业开业成本(见表 7—2)来看，中国的企业家需要花费许多时间去与政府有关部门“打交道”。开办企业手续数量包括：为获得许可证和执照，完成所有的登记、证明和开业通知书所进行的往来手续数量。中国的手续数量在 2014 年为 11 项，超过了除巴西、印度以外的发达国家与新兴发展中国家。其中加拿大、新西兰的手续数量只有一项，大部分发达国家的手续数量不到中国的一半。开办企业所需时间是为开办一家企业办理法律手续所需天数。与 2008 年相比，2014 年中国该项指标下降 8.6 天，说明了近几年我国行政效率的提升。但仍高达 31.4 天的总天数超过了除巴西外表中的所有国家。

表 7—2　　企业开业成本

国家和地区	企业开业所要办理的手续数(个)		企业办理开业手续所需时间(天)		企业登记注册费占人均 GNI 比重(%)	
年份	2008	2014	2008	2014	2008	2014
中国	14	11	40	31.4	17.8	0.9
美国	6	6	6	5.6	0.7	1.2
加拿大	1	1	5	5	0.6	0.4
日本	8	8	23	10.7	10.7	7.5
英国	6	6	13	5.6	1	1.2
法国	5	5	7	4.5	1.3	0.9
德国	9	9	18	14.5	5.9	8.8
西班牙	10	6	47	13	16.8	4.6
澳大利亚	2	3	2	2.5	2	0.7
新西兰	1	1	1	0.5	0.2	0.3
中国香港	5	3	11	2.5	2.4	1.4
俄罗斯联邦	8	4.4	29	11.2	12	1.2
巴西	18	11.6	152	83.6	13.1	4.3
印度	13	11.9	30	28.4	53.4	12.2
韩国	10	3	17	4	18.4	14.5

资料来源：世界银行，《全球营商环境报告》(2009 年、2015 年)。

企业经营环境指数排名(见表 7—3)是所有经济体按其企业经营环境的便利程度排名，1 为最佳。该指数是一国在开办企业、申请许可、雇儿童工人、注册财产、获得信贷、保护投资者、缴纳税款、跨境贸易、合同执行和企业破产这10类指标中百分位数排名的平均值。这一排名高说明该国的政策法规环境有利于企业经营。而中国的这一排名只在第90位。企业经营环境指数在一定程度上反映了一国的制度质量。

表7—3　　企业经营环境排名

国家和地区	中国	新加坡	新西兰	中国香港	丹麦	韩国	挪威	美国	英国	芬兰	澳大利亚	瑞典	冰岛
企业经营环境排名	90	1	2	3	4	5	6	7	8	9	10	11	12

资料来源：世界银行，《全球营商环境报告》(2015年)。

(二)制度影响企业家的选择：寻租还是寻利

决定一国企业家多少的关键是体制和制度。资本主义一般可以分为四种类型：国家主导型资本主义、寡头型资本主义、大企业型资本主义和企业家型资本主义。现实生活中很难把哪一个国家的体制归于上述某种纯粹的形态。最能够实现经济长期增长的是一种企业家型经济体制和大企业型经济体制的混合体，因为这种经济体制最有利于技术进步，最有利于新技术的商业化。而国家主导型、寡头型和大企业型经济体制的各种缺陷与问题在当前的中国得到了相当充分的体现，如腐败和寻租极度猖獗、收入分配严重不公及本土企业家创新活动的动力受到限制等。而企业家型资本主义更有利于企业家的产生。

寻租是一种非生产性活动。企业家活动可以区分为生产性活动、非生产性活动和破坏性活动，而企业家才能的配置是理解企业家活动对经济繁荣贡献的关键。一个社会的制度及组织方式会影响企业家才能在生产性活动和非生产性活动之间投入的比例，不同的制度环境决定了不同企业家活动类型的报酬前景，因此，企业家所处的制度环境可能会影响企业家对经济繁荣做出的贡献大小。而才能往往是相通的，相同的企业家才能既可以配置到生产性领域也可以配置到非生产性领域，企业家才能配置的方向取决于社会制度支付给两种活动的相对报酬或激励结构。

以中国为例，从历史和现实来看，社会精英并不少，但是社会精英当企业家的不多。为什么会出现这种现象？其原因主要有以下四点①：

1. 社会是寻利还是寻租是由制度决定的

历史上，西欧社会的寻租和腐败现象也较普遍，但自中世纪后期以来，西欧社会及其经济和政治制度的深刻变迁逐渐对寻租现象产生了遏制作用，为近代科技的产生和发展创造了有利的条件；西方世界的兴起就是制度变迁促使人们进行生产性努力的结果。而超稳定的中国经济政治制度，即中央集权下的官本位和等级制，则为寻租社会提供稳固的基础，人们被迫把精力和资源用在非生产活动和寻租活动上而不是创造性活动上。制度在不同方向上的发展使得中国与西欧之间的差距扩大了。中国人勤劳而不富有，主要与社会经济中过多的寻租活动耗费了财富有关；在一个寻租盛行的条件下，创新及经济发展会受到严重制约。尽管中国和印度都是文明古国，但是造成中国和印度非常贫困的根本原因是寻租的支配地位，两个国家人口中比较有进取心的人士都把寻租作为了经济活动的主要形式。寻租有利造成中国的社会精英把精力放到了非生产性活动上来，从而导致了近代中国的技术和经济进步缓慢。

① 卢现祥、李晓敏：《论制度与企业家活动》，《经济学家》，2011年第5期，第42～48页。

2. 企业家的多少取决于制度决定的生产性报酬与非生产性报酬的差别

比较一下中国的科举制度、欧洲中世纪的骑士制度和政教制度，以及现代各类发达国家与不发达国家，可以发现，所谓企业家资源，即具有开拓精神、富有创造力的精英人才及其才能，在社会发展的各个阶段及经济发展水平不同的各个国家中都是存在的，但这种资源又是有限的、稀缺的。企业家也是在约束条件下追求自身利益最大化的，不同制度为企业家资源的发挥提供的机会不同。如果社会制度为企业家资源的非生产性应用（如科举考试）甚至破坏性应用（如骑士争斗）提供了比生产性应用（如科研、工商经营等）更高的报酬，那么企业家资源就会被引离生产性用途，社会经济发展将因此而停滞甚至倒退。所以，一个社会的生产力发展和科技进步是快还是慢，主要不是取决于该社会企业家资源的多少，而是取决于该社会的制度安排将稀缺的企业家资源引向何处。

同时，人力资本投资也在很大程度上取决于生产性报酬与非生产性报酬的差别。如果在一个社会中生产性报酬大于非生产性报酬，那么人们就会选择生产性专业；反之，就会选择非生产性专业。一个社会是寻利有利还是寻租有利也可以从大学生的专业选择上略见一斑。一般认为，经济增长速度与大学生工程专业人数的比例有正相关的关系，而与大学生法律专业人数的比例有负相关的关系。改革开放后的一段时间内，中国高中生高考后以选择工科和理科居多，当时流行的是“学好数理化，走遍天下都不怕”的口号。但 20 世纪 90 年代以后，经济、管理和法律专业的报考人数呈高速增长，在中国历年高考状元的专业选择中，选择经济、管理专业的人是最多的。而现在在中国高等教育中几乎每所大学都在开办经济、管理、法律专业。并不是说所有经济、管理、法律专业大学生未来都去寻租，对创新和经济增长毫无益处，只是相对于理学、工学、农学和医学类专业而言，经济、管理、法律等文科专业人才并不直接促进技术进步和创新，而且他们进入寻租部门的机会更大。经济、管理、法律专业热与公务员热从形式上并没有联系，但实质上却是有着内在联系的。总之，政府部门集中了过多的社会优秀人才不是一个正常的现象。

3. 社会对人才的评价机制及利益导向也是影响企业家多少的重要原因

中国古代的科举考试可以作为寻租活动的典型案例用来说明寻租活动对资源的浪费。科举考试在本质上就是一种非生产性的追求既得经济利益的活动，即寻租活动。中国的科举制度是一种寻租性机制，它使中国潜在的企业家变成政治企业家，并且形成了一种自我循环的增长机制：潜在的企业家参加科举考试—考试成功后就可以获得包含租金的官职—官员的寻租和腐败引起社会贫富分化—社会动乱和改朝换代—新的科举考试。科举考试制度的寻租性会对中国社会、经济的长期发展产生不利影响。中国古代科举考试主要是为朝廷选择官员服务，它把社会的精英引导到从政上来，从而大大地降低了人们生产性的努力，并且使社会把过多的资源用于非生产性知识的投入和积累。相反，近代欧洲的大学制度、企业制度及实验室制度则把人才吸引到创新性活动和生产性努力中来。

4. 企业家将有限的精力放在非生产性的寻租上

表 7—4 概括了影响人才配置的各种因素。在中国，提高寻租活动吸引力的因素还大量存在，如产权界定不清，政府控制的资源太多和管制较多，一些政府部门在配置资源的过程中有意或无意地采取了设租、寻租方式等，这些会诱使企业家们把一些精力和时间用在寻租上，不利于企业家们面向市场搞创新活动。企业家们是寻利还是寻租，并不是由企业家的主观愿望决定的，更多地是由制度及制度环境决定的。好的制度会鼓励企业家去寻利，而坏的制度则迫使企业家去寻租。在中国新旧体制转轨时期，无论是从宏观层面来看，还是从微观层面来看，

企业家都把过多的时间和精力用在了寻租上。从中国企业开业成本和企业经营环境来看，中国的企业家需要花费许多时间去与政府有关部门“打交道”。这种制度环境必然会产生大量的租金，在这种环境下，企业家不得不花时间去寻租，并且寻租的好处多于寻利的好处。政府控制的资源多、政府的管制多及政府的干预多必然导致寻租的泛化，在这种环境下，企业家也不得不选择寻租。

表 7—4　有利于寻租活动和有利于企业家活动的因素

	提高寻租活动吸引力的因素	提高企业家活动吸引力的因素
市场规模	大量资源被“官方”寻租部门占有，如政府、军队等。产权界定不力，使得财富容易受非官方寻租者的掠夺。大量财富被掠夺，特别是相对比较小的产品市场而言	产品市场大 良好的通信和交通有利于贸易的发展
企业规模	寻租者（政府、军队等）拥有相当的权威和机动权，可以不受法律和习惯的约束收取大量的租金	容易进入和扩张，规模报酬递减不明显 容易利用资本市场
合同	保留大部分已收取的租金的能力 在组织中，可以清晰观察到能产生适当报酬的产量	清晰的产权、专利保护 没有寻租者来掠夺租金 可以开办企业，以收取才能的准租

资料来源：施莱弗、维什尼：《掠夺之手——政府病及其治疗》，中信出版社 2004 年版，第 63 页。

第二节　寻租理论与产权理论的关系

一、早期产权理论的局限性①

从 20 世纪 60 年代后期开始，一批学者开始使用新古典主义的研究方法研究产权的起源问题，其代表人物有科斯、阿尔钦、德姆塞茨、张五常等。人们把这些早期的产权理论称为早期产权理论，因为他们在研究排他性产权的发展时，并没有建立有关社会制度和政治制度的模型。该理论通过比较排他性权利的成本和收益以及众人分享产权的内部控制成本来解释排他性权利为什么被确立或没有被确立。在早期产权理论中，政府的作用是不甚明了的，模型假设政府会创造一个一般的产权框架，使个人能够通过劳动分工和市场交易使社会净财富最大化。在存在较高交易费用的情况下，政府或者将产权直接分配给个人，或者重新用其他方式界定产权以使财富最大化。

（一）早期产权理论的基本特点

（1）早期的产权理论用“成本—收益”分析产权的形成和发展。产权是关于资源和资产的，是作为一个关于确定与实施这类权利的简单的“成本—收益”计算而发展的。当承担界定这类权利的成本变得值得的时候，相对价格或任何形式的相对稀缺性的变化都会导致产权的创立。

（2）早期的产权著作分析的重点常常放在实现产权的效率安排这一问题上，而保持权利有效率的跨时配置和保障合同义务得到满意履行这类更深层次的问题却一般被忽视。

（3）产权经济学的大部分研究主要是探讨具体的合同和制度安排的性质，这些研究深深植根于实际观察中。关于不同所有权安排产生的结果的理论和关于产权演变的理论一般非常严

① 朱巧玲：《寻租理论：产权理论的一个扩展》，《中南财经政法大学学报》，2006 年第 157 期，第 12～18 页。

密，其基本结论是不同产权安排的绩效是不一样的。但是，除了少数研究外，这些理论一般是非数学化的、通过历史证据或一些非正式证据阐述的。

（二）早期产权理论的局限性

（1）无法解释无效产权存在的原因。诺思早期曾在新古典经济学的框架内分析产权及其效率问题，但他在1981年发表的论文中就做出了修正，把政治等因素引入产权分析中，解释了无效产权存在的原因。这些无效性之所以会存在，可能是由于统治者没有强有力的选民与之作对，这种力量如果存在，就会通过实施有效的规则来反对统治者的利益。而早期产权理论是解释不了无效产权问题的。

（2）抽象掉政治、国家分析产权是不完善的，产权理论离不开国家理论。在经济活动中，并不仅仅是寻利行为中的产权形成和转让。如公共选择分析突显出了寻租行为，即靠政治行动而不是市场竞争来重新分配产权。政府主体和企业家们经常通过再分配性的政治干预来谋求特殊利益。

（3）新古典经济学关于产权主体的分析是单一的、“同质”的，这种“隐盖”利益矛盾的分析大大降低了新古典经济学对于现实的解释力。为什么新古典经济学不去分析客观存在的寻租现象？新古典经济学关心的是“同质”资源所有者用其服务换取最终商品的市场过程。企业不过是把这些服务转变成商品的机械的中介。相对应的新古典的政府模型也不外是一个“黑箱”，其中资源所有者的利益被加总起来，市场失灵也可通过它被相应地修正。

总之，早期的产权理论仅仅是微观层次的分析，而忽视了中观层次和宏观层次的分析；重视产权的经济效率分析，而忽视了其产权的社会和政治方面的问题；重视产权规则（市场规则）的分析，而忽视了非市场规则（或非产权规则）的分析。有效的产权制度并不仅仅是在经济市场上形成的，像保持权利有效率的跨时配置和保障合同义务得到满意履行这类深层次的问题必须结合社会政治来分析。

二、引入寻租分析的新产权理论①

（一）在产权分析中引入寻租分析与国家理论

抽象掉利益集团与国家的产权理论即为早期的产权理论，而引入寻租理论、利益集团理论与国家理论的产权理论即为新产权理论。早期产权理论忽视了一个基本问题，即有利于个人或企业的产权选择不一定对社会是有利的，考虑到利益集团及国家以后，个人或企业选择的制度环境已发生变化，寻租的产权选择可能更有利于自身利益的最大化。寻租的产权安排及结构有利于某些个人或利益集团实现自身利益最大化，但不一定有利于全社会利益的最大化，寻租下的产权安排有利于某一集团，可能是以损害其他利益集团的利益为条件的。布坎南将寻租理论视为产权理论的一个扩展。本森证明了两者可以得出完全相同的结论，但他又指出产权理论范例提供了更深入的见解。为什么说寻租理论是产权理论的一个扩展？

寻租理论与产权理论的目标及分析范式具有一致性，都与权利联系在一起。寻租是对特权的一种寻找，这种特权是非生产性利润。而财产权，是外在性的内在化。有效的产权安排会导致寻利的竞争市场和社会环境。而无效的产权安排或产权失灵会导致寻租的社会。特权是对稀缺资源的一种分配，是在政治市场上进行的，产权是对稀缺资源产权的界定，是在经济市

① 朱巧玲：《寻租理论：产权理论的一个扩展》，《中南财经政法大学学报》，2006年第157期，第12～18页。

场上进行的。经济主体对产权的追求是对排他性权力的一种追求，可以解决公共资源使用中的“搭便车”、机会主义行为倾向等，因而具有激励与约束的功能。经济主体对租金（或特权）的追求也是对排他性权力的一种追求，但这种排他性权力的追求与产权排他性权力的追求是有性质上的差别的。张五常认为约束人们行为的规则一般可以分为三类：以规制来限制财产的使用，以“人”本身为界定权利的单位或以等级来分配权利，以资源或物质本身来作为界定权利的单位。经济主体对租金的追求就是对一、二类规则的使用，而对产权的追求则是在第三种规则下进行的。在这三类规则中，第一类规则大大地限制了财产或资源的使用效率，第二类规则是不公平的，更重要的是一、二类规则是无法客观衡量的，并且必然导致市场配置资源的扭曲。用什么来分配权利，这是产权理论和寻租理论要共同探讨的问题，一、二类规则是与寻租理论联系在一起的，而第三类规则则是与产权理论联系在一起的。

具体地说，对资源用途的决策权力的重新界定会引致财富分配和政治权力的变化。可以想象，在权利配置过程中，各人对产权变迁所持的态度将由他们预期能从重整方案中获得的净收益决定。根据这一解释，为什么会存在不同意见、为什么政治上的讨价还价会导致妥协和一个偏离了完全有效率的竞争体系所要求的模式的权利结构的建立就很容易被理解。也就是说，引入寻租理论和利益集团理论后，这种偏离是如何产生的、其根源是什么才可以被解释。由此可见，新产权理论的意义在于，它可以解释诺思提出的一个问题，即为什么历史上人类社会选择的产权大多数是低效的。人类选择产权形式不仅要受产权变化的成本—收益的制约，还要受利益集团及国家的制约。对所有群体（集团）有利的产权形式或制度并不存在，这也是多元产权形式存在的原因之一。对后来的诺思而言，产权的“有效体系”是“使社会产出最大化”或降低交易成本、“促进经济增长”的体系。经济增长的乏力被归咎于“无效的产权”，而无效产权又来自控制国家机构的人的寻租企图和计量以及交易成本问题的存在。

（二）集体行动、寻租与产权

在有秩序的市场结构中，人们力图把根据自己的能力或机会得到的报酬极大化，这种行为称为“寻求利润”。但是，在另外一套机构和制度下，完全相同的行为可能不会产生对社会有益的后果。个人竭力使报酬极大化所产生的非故意造成的结果可能是“坏的”，而不是“好的”。个人竭力使价值极大化造成社会浪费而不是社会剩余，这种行为称为寻租。

纯粹的私有产权加上市场经济的体制是新古典经济学的一种理论假设，在现实中从来没有产生过。事实上，在纯粹的私有产权加上市场经济的体制与国家之间还有一个中观层次，或者说就是奥尔森所说的集体行动，这种集体行动往往会形成利益集团。如果个人或企业追求利益最大化（寻利），这就是新古典经济学所讲的完全竞争市场。事实上，个人或企业还有追求垄断、反对竞争、寻求特权的趋势。换句话说，个人或企业其实有双重动机，一方面有在市场上追求利润最大化（寻利）的动机，另一方面也有追求租金最大化（寻租）的动机。

国家的利益集团或寻租理论是一种广泛用于解释经济史中产权结构变化的方法。该方法集中考察产权变化的再分配效应。一个群体为使产权发生有利于其成员的特殊变化，可能会投资于游说、投资于政治捐款。尽管这种产权安排给国民收入总水平带来负面影响，但情况仍然有可能发生。因此，要理解“观察到的产权模式”，必须分析“经济和制度变迁的成功者与失败者，以及他们在具体政治环境中的相互作用”。设租者与寻租者之间的联盟可以在许多时代和国家得到证明，并可以在集体行动的所有层面上见到。例如，英格兰的伊丽莎白女皇一世、法国的路易四世和其他重商主义的君主都曾把与世界某一地区贸易的垄断权授予联系密切的商人，比如与印度和美洲的贸易权。作为交换，政府同商人们共享垄断收益，其形式是进入国库和他们个人钱箱的资金。

根据奥尔森的"集体行动理论"，提高全社会的效率是要付出代价的，而努力这样做的个人或由他们组成的集团却只能享受少部分成果，且更多的人却可轻易地坐享其成或"沾光"，结果，分利联盟便只求获得更大份额而置社会总收益的下降或"公共损失"于不顾。此时，分利联盟中的个人的行为是最优的；如果把分利联盟视为一个整体，其"行为"也还是最优的。然而令世人甚感悲哀的是，社会（即游离于分利联盟之外的成员）则受到了损害。换言之，寻利是提高全社会的效率之举，但是当存在分利联盟时，亚当・斯密所说的"看不见的手"就会受到限制，他所说的个人追求自身利益最大化的结果并不是社会利益最大化，而是集团利益的最大化。

（三）国家与产权的关系

国家与产权的关系是一个比较复杂的问题，可以主要从三个方面来分析：一是为什么在历史和现实中，有些国家提供了有效的产权，而有些国家不能提供有效的产权？这其中的关键问题是国家与利益集团的关系。二是国家与产权的相互关系，即一方面国家会影响产权的形成，包括产权的保护等；另一方面，产权又会反过来影响国家及其政治制度等。这其中的关键问题是存在国家情况下的社会产权关系。三是怎样建立一个有利于有效产权制度建立的政府。

1. 关于国家与利益集团的关系

假设当利益集团受到控制的时候，政府会提供使产出最大化的产权结构。但现实的问题是，国家控制利益集团是有难度的，在这种情况下，政府难以提供使产出最大化的产权结构。利益集团对产权及产权结构的形成有重要的影响，离开了对利益集团的分析，就很难解释清楚现实一些产业的产权。而关键的问题是，利益集团对产权的形成到底是负面作用大，还是正面作用大，它对一个国家产权规则、产权政策及实际操作会产生什么样的影响。

那么，究竟哪些群体能获得再分配的利益？有如下几种情况：第一种情况是，根据奥尔森的分析，小利益集团在再分配中往往处于有利地位，斯蒂格勒也是这种看法。历史与现实中都可以找到这方面的例子。第二种情况就是平均分配。以东亚为例，这些经济中的政治领导人和官僚不会愿意在分配政治租金时偏向任何一个特定的经济阶层，因为如果这一阶层在将来变得足够强大的话，便可能有朝一日对现在领导者的权力构成威胁。这些凭借对所有经济阶层平均分配增长利益才得以保持控制权的官僚可能由于惯性作用，而不能采取任何可能过多损害任一经济利益集团的激烈措施。第三种情况是，当分利联盟力量较弱时，政府会提供一个与原始产权理论相近的产权结构。换言之，如果存在分利联盟，政府提供一个与原始产权模型相近的产权结构是不可能的。这就可以解释为什么历史上人类社会不是总能选择有利于经济发展的产权。分利联盟的理性选择是寻租。按照奥尔森的分析，在分利联盟力量很弱的时候，产权会充分发挥作用，寻利就是一种理性的选择。如果分利联盟力量很强的时候，产权的作用就会受到限制（或产权失灵），寻租就是一种理性的选择。

2. 存在国家情况下的社会产权关系

诺思在其产权研究中，首先建立探讨政府的理论，这里的统治者是按照他们自己的利益要求设计产权的。这种理论再加上交易费用，就能解释"整个历史进程中……不曾带来经济增长的产权的广泛存在性"。

本森把寻租看作个人或团体对既有产权的一种重新分配方式。政府的作用在于定义或维护产权。人们可以通过正常的市场来处理产权，也可以通过政府来重新定义或分配产权。政府的这种作用可以增进社会福利，如明确界定财产归属，保护市场秩序；也可以损害社会福利，如产生人为垄断，限制竞争。本森主张政府在处理产权时采取保守慎重的态度。因为用行政手段改变产权，会诱使有关的个人和利益团体争相影响政府决策，从而造成社会资源的浪费；而且，某个利益团体追求一种产权的改变，会引发其他团体的形成和抗衡。由于社会对产权改变的要求越来越多，政府机构也相应地越来越膨胀，造成更多浪费。所以，只有当产权的改变仅仅涉及产权当事人的时候，产权的界定才较有效率，政府作为第三者的介入往往会耗费不必要的资源。问题是政府不可能不介入产权及产权规则的制定。

在阿尔钦看来，产权是一种竞争约束规则，给定一组产权约束规则，决定竞争的胜利者和失败者的标准就会出现。当这些规则改变时，这些标准就随之改变。如果竞争的标准改变了，胜利者和失败者的资源配置也将变化。但是非市场决策（或非产权规则）往往会在一些领域替代市场决策（或产权规则），如政府的特许、配额、许可证、批准，这些都意味着由政府造成的任意的或人为的稀缺。稀缺的资源既可以通过产权界定，通过市场的配置来解决，也可以通过政府的管制、发放许可证等方式来解决。前者会导致社会寻利活动，而后者则会导致寻租活动。

3. 建立一个有利于有效产权制度形成的政府

只要政府行动主要限于保护个人权利、人身和财产安全并实施自愿议订的私人合同，那么，市场过程就支配经济行为，并且保证出现的任何经济租金将因竞争性的进入而消失。另外，对经济租金的预期增强了发展、增长和有秩序地变化的能动过程。但是，如果政府行为大大超出由最低限度的或保护性的状态所规定的限度，干预市场调节过程，那么，政府权力的扩大会挤占私人占有资源权力的空间。诺思指出，私有产权可以限制政府的权力，这两种权力之间存在替代关系。不同的产权安排也将对政府官员的行为产生重要的影响，而过大的公共领域必然增加国家对经济的干预，所以，没有国家理论，产权理论是不完整的。建立一个约束政府的法治化社会是建立有效产权制度的基本条件。

三、新产权理论及其对产权改革的启示①

新产权理论并不仅仅限于新古典经济学，而且还引入了寻租理论、公共选择学派理论、利益集团理论及国家理论。寻租理论、公共选择理论及集体行动的逻辑理论可以在更高的层次上考察产权问题。

产权改革思路仅限于早期产权理论是难以使产权改革深化的。从层次上讲，早期的产权理论可以作为一个基本层次分析，新产权理论的突出特点在于引入寻租分析及国家理论。用引入寻租理论的新产权理论研究产权的起源、演化及产权绩效等问题可以大大地提高产权理论的解释力。产权的演变在不同国家、不同时期有不同的特点。从历史与现实来看，早期的产权理论仅仅适应于人类社会早期关于产权形成的分析，一个国家产权的形成及其有效性关键取决于集体行动与国家这个层次。一个国家能否形成对社会寻租的有效制约制度，对一个国家能否形成有效的市场经济体制至关重要。

新产权理论不仅要分析微观层次的产权及其形成，还要分析产业、地方及宏观层次的产权及其形成。随着产权重要的观点被接受，经济学家们越来越多地用数理模型推导各种所有权安排的经济意义，越来越关注产业发展及宏观经济运行中的产权问题，用复杂的计量模型对许多现象的所有权安排的意义进行检验。在施蒂格勒看来，国家是一社会中每个产业潜在的资源或潜在的威胁，国家可以而且确实通过禁止或强制、取走或给予资金等方式有选择地帮助或损害了许多产业。国家具有强制权，可以通过税收获取收入，还可以决定物质资源的运动，影

---

① 朱巧玲：《寻租理论：产权理论的一个扩展》，《中南财经政法大学学报》，2006 年第 157 期，第 12～18 页。

响家庭和厂商的经济决策。这些权力就为某些产业利用国家提高盈利提供了可能性。在有利益集团存在的情况下，国家的产权安排很难达到最优。

新产权理论不仅要考虑效率及其绩效问题，还要考虑产权的公正性及其分配功能问题。转型国家处于产权急剧变化的时期，政府协调好社会的产权关系对改革能否成功至关重要。改革开放以来，中国理论界已经认识到产权改革的重要性，但提出的产权改革思路还是建立在早期产权理论的层次上。一些转型国家在产权改革时，也以新古典的产权理论抓“药方”，导致贫富分化、既得利益集团势力的无限扩大及寻租现象的泛化。中国在改革产权制度的同时，要从根本上防止利益集团的固化和寻租行为的泛化。

第三节 寻租与腐败

阅读材料 7-5

2015 年中国反腐的 20 个“第一”

2015 年刚过立春，中央纪委就打响了 2015 年国企反腐“第一枪”。2 月 5 日晚，中央纪委监察部网站同时公布了对 5 家央企和中国国际广播电台的专项巡视情况。这些巡视情况通报显示，有央企领导在采购、并购环节内外勾结、权钱交易，甚至发生权色交易；而在内部管理上，带病提拔等问题多发，触目惊心。5 家央企分别为中国联通集团、神华集团、东风汽车公司、中国船舶工业集团公司、华电集团，属于 2014 年年底巡视组进驻的 13 个单位中公布专项巡视情况的第一批。根据部署，2015 年中央巡视组将增强力量、提高频次、扩大范围，对包括国有企业在内的单位全面开展专项巡视，精准发现、定点突破。

第一次提“违反政治规矩”：中央纪委通报 4 名副省级领导干部严重违纪首提“违反政治规矩”；

第一次提“权力寻租”：2015 年两会，李克强总理做政府工作报告时首提“权力寻租”；

第一次就追逃组织培训：中央纪委首次就追逃追赃工作专题组织培训；

第一次派驻纪检组：中央纪委首次向党的工作部门和全国人大机关、国务院办公厅、全国政协机关派驻纪检组；

第一个不认罪“老虎”：湖北省政协原副主席陈柏槐是党的“十八大”后落马“老虎”中首个不认罪者；

“红通”落网第一人：潜逃 14 年之久的戴学民成为“红色通缉令”第一个落网者；

第一次列为巡视点：中央纪委首次将中共中央部门机构列为巡视点；

第一次以反腐法规为主题：中共中央政治局集体学习第一次以反腐倡廉法规制度建设为主题；

第一次制定“能下”法规：第一次制定“领导干部能上能下”党内法规；

第一次“点名”违纪当事人：审计报告“点名”部分领导干部及公职人员；

文艺界“反腐第一刀”：顾欣被查，被媒体称为中国文艺界“反腐第一刀”；

第一个现职省委书记落马：河北省委原书记周本顺是党的“十八大”以来第一个被调查的现职省委书记；

第一个通报追责：河南新乡市委原书记李庆贵是第一个因落实主体责任不力被中央纪委

通报追责的地级市委书记；

第一次遣返外逃人员：杨进军是美国向中国遣返的首个外逃人员，他也是“百名红通人员”之一；

第一个被查的现职省长：福建省原省长苏树林是党的“十八大”以来第一个被调查的现职省长；

第一次通报典型案件：中央政法委第一次公开通报5起干预、过问司法案件典型案例；

第一次追逃人数大于出逃人数：“天网”行动共追回外逃人员863人，追逃人数第一次高于出逃人数；

第一个巡视组长被“双开”：山西省委巡视组原组长刘向东是第一个被“双开”的省级巡视组组长；

第一个回国自首：潜逃13年之久的黄玉荣是第一个回国投案的“红通”逃犯。

2015年3月5日，十二届全国人大三次会议在人民大会堂举行开幕会，国务院总理李克强做政府工作报告。在谈到深入推进党风廉政建设和反腐败工作时，李克强指出，腐败现象的一个共同特征就是权力寻租，要以权力瘦身为廉政强身，紧紧扎住制度围栏，坚决打掉寻租空间，努力铲除腐败土壤。这是“权力寻租”首次写进政府工作报告。总结出权力寻租是腐败现象的共同特征，并从权力瘦身、扎紧制度围栏两方面开出打掉寻租空间、铲除腐败土壤的“药方”，凸显了以法治思维和法治方式反腐败的理念。

资料来源：中国共产党新闻网，http://fanfu.people.com.cn/n1/2015/1229/c64371—27991094.html，有删改。

一、腐败与寻租的关系

寻租活动的特点是利用合法或非法手段去取得占有租金的特权。寻租活动在发达国家、发展中国家和处于转型期的国家中各有不同的表现形式。一般来说，在发达国家寻租主要表现为分利集团通过合法的院外游说、政治捐款等活动促使政府被动创租，并争取占有租金的垄断特权；而在发展中国家和处于转型期的国家中，寻租则主要表现为非法的行贿、受贿、索贿，以取得政府无意创租和主动创租所形成的租金。

自20世纪80年代后期西方寻租理论传入中国以来，人们便很自然地将寻租与腐败联系在一起。典型的活动就是行贿，商人通过贿赂政府官员来交换、创造和分配租金。国内许多学者把腐败等价于寻租，把腐败称为权力寻租。中国的腐败恶性循环是通过租金的创造和租金的寻求来更新的，从租金与贿赂的交换中获利的政府官员与商人试图保持或扩大现有的创租权范围，由此导致更多的腐败。但是，尽管寻租和腐败有着先天的密切联系，它们不是同一个事物，而是属于不同范畴的活动。这两者是由于官员能够利用他们创租的权力作为一种索贿的手段而高度地互相联系；与此同时，经济活动参与者们频繁地向官员行贿作为寻租的一种手段。那么，腐败与寻租之间究竟是什么关系呢？

总的来说，在腐败与寻租之间是不能直接画等号的，但是它们之间存在一个共同的交集部分，这个部分被称为寻租性腐败。腐败作为一种社会历史现象，它存在于历史上各种阶级社会和各种不同社会制度的国家之中。一般来说，在西方国家常出现的是利用财富换取政治权力的权力性腐败，也就是说，在发达国家，占主导地位的腐败是“以钱谋权”；在发展中国家则是“以权谋钱”。权与钱交易的主从关系不同，前者是被动腐败，后者则是主动腐败。腐败不完全等价于寻租。腐败首先是一种政治腐败，即公职人员在运用权力过程中的不法行为；其次是经济腐败，也称寻租性腐败，即用政治权力换取金钱；再次是作风腐败，即用政治权力达到个人超常的享乐。

腐败与寻租的共性在于，经济人运用公共权力主动创租与寻租。受贿的官员既是创租者或给租者，又是寻租者。因此，寻租实际上是政府官员与政府以外的利益主体之间的双向寻租。政府官员利用特权的供给和分配创租，其目的在于寻租，而其他想获取特权或想购买特定生产要素产权的利益主体便以与政府官员分享租金为条件，从政府官员处获取租金，政府官员所给的租金中有一部分又会返还回来，成为官员的寻租收入。可以说，没有受贿官员与行贿者的合谋，租金是无法寻觅的。由于腐败是有权者的专利，而有权者独自一方因制度规定使然是无法寻租的，所以，只有官员在有合谋者的条件下的主动创租，寻租才与腐败是一致的（见图 7—2[①] 中的交集部分）。这时腐败与寻租两者的行为主体都是握有公共权力者，且行为一般说来都是非法的，这是它们的相同之处，可以称之为寻租性腐败或经济腐败。

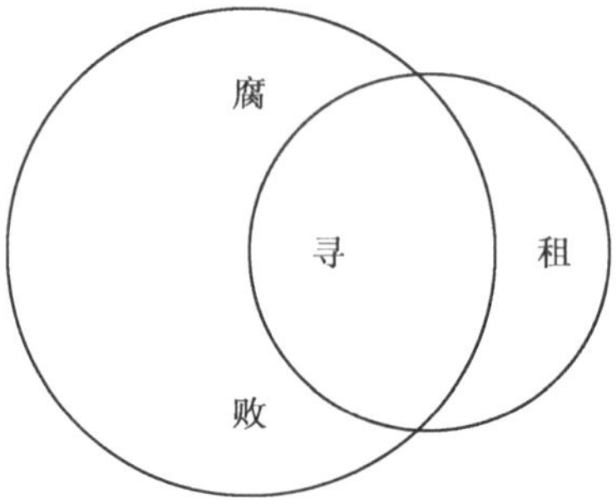

图 7—2　腐败与寻租的关系

相比之下，腐败与寻租的异要大于同。例如，所有无权者的寻租都不在腐败之列；所有合法的寻租，如游说活动等，也都不在腐败之列；腐败者皆为掌权者，而寻租者中有权者、有钱者、有关系者兼而有之；腐败的内涵十分宽泛，而寻租的内涵比较集中；寻租的目标仅在于租金，而腐败的目标则广泛得多，除租金外还有权力、名位、女色等非货币性对象；腐败皆为非法，而寻租则合法与非法兼而有之。

二、寻租性腐败产生的原因

一般认为，寻租现象产生的主要原因是经济人追求自身利益最大化的驱使和制度环境的不合理安排。它既有主观因素又有客观因素，既有体制内的原因又有体制外的原因。以比较典型的“权钱交换的腐败行为”，即寻租性腐败或经济腐败为例，分析寻租活动产生的原因，具体可以分为以下三个方面：

（一）人的自利行为

在市场体制中，个人的行为是理性的，“经济人”首要考虑的是个人效用最大化或利润最大化。在政治生活中个人的行为也是理性的，人们可能宣称是为了谋求集体利益、社会利益、公共利益，但是人们也有其理性的考虑，即如何在官场站住脚并能前途无量。人性中的利己因素则驱使人们寻求自我发展、自我实现。这在有规则的市场经济中，通过市场机制能够实现公共

① 贺卫：《寻租的政治经济学分析》，上海财经大学博士论文，1999 年。

利益。但是在公共领域里，缺乏化私为公的市场机制，却存在许多化公为私的机会。从设租者或创租者的角度来说，人性的自私性一旦胜过了利他性，他就可以利用公共权力牟取私利，其结果就是寻租性腐败。人性中的自私因素加上公共领域的以权谋私机会，腐败将成为必然。[①]

（二）公共领域的漏洞

人有追求自利的一面，“道德人”往往更能克制自己的私欲，而对于“经济人”来说却并不如此。在腐败机会少时腐败活动也会比较少，而在腐败机会较多时腐败活动则相应增大。一般来说，经济转轨时期社会的寻租空间会增大、腐败机会增多，因而导致腐败规模扩大。例如，中国正处于从传统社会向现代工业社会过渡的时期，其改革过程是一个体制转轨与制度创新的过程。随着改革开放和市场经济的深入发展，中国和一些其他发展中国家一样，各类腐败现象迅速蔓延，公费旅游、公款吃喝、权钱交易等经济腐败行为日趋普遍。一些腐败现象已逐渐由隐蔽向半公开、公开化方向发展，而暂无直接目的、将来则有用处的行贿更成了所谓公开的“灰色收入”，且不必冒腐败之名，尤其对行贿者来说更不必冒因行贿罪而受惩罚的风险。

在现实经济生活中，凡是存在短缺，并且缺乏供给弹性、不能任意扩大再生产的资源都存在租金。资源稀缺的原因有些是天然的，有些却是人为的，如政府干预、限制某些产品的价格、人为制造该产品的短缺等，此时黑市就会出现，黑市价与行政定价之差就构成了该短缺资源的租金。天然稀缺的资源存在租金，可以促进稀缺资源的最优配置，是一种好现象；人为短缺的资源存在租金，则会人为地提高经济生活的非生产性成本，导致社会资源的浪费。只要存在完备的市场，不存在垄断现象，资源的人为短缺会逐步通过供求机制的调节自动消除；同时，政府可以运用司法手段惩罚寻租者，如通过反垄断法来消除垄断。但是，当政府运用行政权力形成某些资源的人为短缺而形成的租金时，问题便比较棘手了。

寻租的空间实际上是给政府官员以自由支配的腐败机会，这实际上也意味着他能够运用权力来惩罚他人，或者能够运用权力来分配稀缺的资源。当政府官员拥有巨大的决定权力和微弱的责任心时，从事腐败就有了激励因素。政府控制着重要的获利机会，它就能够从希望获利的公民和企业那里获得租金，两者结合的结果就是寻租性腐败。[②]

（三）社会环境因素

首先，行贿者和受贿官员的腐败行为被揭露和惩罚的外部环境制约过小。根据经济人理性原则，寻租者也会在腐败行为所带来的好处和可能受到的惩罚之间做出权衡。在反腐败力度不足、司法体制腐败、新闻自由度不高的外部环境下，寻租和腐败情况就会比较严重。也就是说，腐败被揭露的程度与司法可预见性、新闻自由度之间呈正相关关系。另外，腐败之风屡禁不止，一个重要原因就是没有形成强有力的监督和制约机制。监督制约机制不在于机构的多少，而在于制度的完善及其合力作用。

政府作为经济人，在外部环境不利的情况下甚至会创租。腐败就往往与寻租和创租有关。寻租空间往往与政策扭曲程度有关，政策越是扭曲，寻租空间越大，腐败自然也越厉害，因此腐败与政策扭曲程度呈正相关关系。从经济的角度看，公务人员工资比私营部门工资越低，失去公职的惩罚就越小，腐败的可能性也越大；而公务员制度越公正，越具有竞争性，以功绩制为基础，加上有效的监督机制，政府官员的腐败就会因为良好的制度环境而得到遏制。[③]

---

① 陈佳生，徐彬：《政府经济学》，天津大学出版社 2009 年版，第 127～128 页。

② 梁瑞华：《微观经济学》，中国农业大学出版社 2009 年版，第 273～274 页。

③ 陈佳生、徐彬：《政府经济学》，天津大学出版社 2009 年版，第 127～128 页。

阅读材料 7－6

中国的改革与寻租

举世瞩目的中国政治经济改革已经走过了四分之一个世纪的历程，在这二十多年的时间里，中国社会发生了翻天覆地的变化，由一个经济体制僵硬、高度中央集权、经济部门畸形发展、经济体系相对独立封闭的社会，走向了经济各部门协调发展、大量经济决策向微观经济主体过渡、多种经济成分并存、富有一定弹性、逐步融入国际经济体系、开放的市场经济体制社会。在这二十多年里，中国先后完成了或正在进行着：(1)农村制度改革；(2)国有企业改革；(3)财政、金融、外汇管理体制改革；(4)社会保障制度的建立；(5)行政体制改革。所有这些改革举措为全面提高中国经济的运行绩效、增强我国的综合国力做出了重要贡献，使得中国经济连续二十多年 GDP 年均增长率保持在 8%以上，超过同期世界 GDP 年均增长率近两倍；人均国民收入由改革之初的 100 多美元增长到人均 1 000 美元以上。人民生活水平显著提高，社会产品极大丰富，消费选择余地成倍扩大，社会各阶层都在不同程度上分享了改革的果实。但是，改革果实的分享在全社会成员之间并不均衡。虽然每个中国人的财富绝对拥有量都提高了，但财富相对拥有量的差距却在扩大，由此造成的一个直接后果，就是处于社会底层受惠于改革较少的普通民众并不满意。造成这种既受惠于改革又对改革结果怨声载道这一社会现象的一个直接原因，就是寻租活动的广泛存在，而且伴随着中国改革的始终。据有关人士估计，20 世纪 80 年代中后期至 90 年代中期，中国每年的寻租总额都有数千亿元之巨，平均占当年国民生产总值的 30%～40%。寻租盛行，加上日趋严重的腐败，差一点就让中国的改革半途“夭折”。在中国的改革进程中出现寻租盛行的情形一点也不奇怪，这是由中国改革的本质特征所决定的。

第一，中国的改革是由传统的高度集权的计划经济走向市场主体分散决策的市场经济体制，由原来国有经济占绝对统治地位走向多种所有制经济共同发展的社会。在这个变革过程中，必然出现国有财富的转移和私人经济部门谋求发展空间的要求，前者有时候甚至直接表现为对共有财富的侵占、瓜分和掠夺，后者则要求政府给予各种政策上的特别优惠，实现这两个目标的途径都只有一个：寻租。而这样的寻租，在改革之前的计划经济时代是绝对不可能发生的。第二，中国的改革选择的是一条渐进的改革路径，由于改革的过程是一个制度创新的过程，国内外没有经验可以借鉴，为稳妥起见，中央在引进一种新制度之前，总是采取先试点、后推广的方式分步实施，在保留旧体制的同时给予新体制一个试验空间。为了保证试验获得预期效果，常常给予试点单位或部门种种特殊的优惠条件，一旦改革试验成功便全面推广，但是原先试点单位获得的优惠条件却一去不复返。经过几次这样的试验之后，地方各部门形成了政策预期，只要中央要选试点单位，便纷纷动用一切手段和资源去争取，只要成功便可以获得各种资助和优惠条件。第三，中国的改革是政府主导型改革，这就决定了中国经济在由传统计划经济体制向市场经济体制过渡的过程中，政府不可能一下子退出经济活动，政府在干预经济的过程中不可避免地会出现无意创租、被动创租、有意设租等行为，从而直接或间接地引发了各种寻租行为。第四，改革本身就意味着创新，而中国的改革是由高度集权的计划经济体制转变成市场经济体制，这样的改革是人类社会历史上从未发生过的，改革过程中出现的新情况、新问题都没有直接可资借鉴的处理办法，这就决定了改革过程是一个不断试错的过程。制度供给始终处于被动状态，始终滞后于制度需求，这就给各种寻租活动留下了广阔的空间，大量共有资产的存在又为寻租的滋生和蔓延提供了肥沃的土壤，寻租活动盛行也就成为意料之中的事情了。

资料来源：刘启君，《寻租理论研究》，华中科技大学博士论文，2005年。

复习思考题

1. 什么是寻租？
2. 寻租现象产生的原因是什么？
3. 租金的来源有哪些？
4. 哪些政府经济活动中存在寻租？
5. 制度环境会对寻租活动产生什么影响？
6. 早期产权理论存在哪些局限？
7. 为什么说寻租理论是产权理论的一个拓展？
8. 寻租和腐败之间是什么关系？
9. 寻租性腐败产生的原因有哪些？

案例分析

中央纪委通报4名副省级领导干部严重违纪首提“违反政治规矩”

2015年2月13日，中央纪委监察部网站公布了中纪委对天津市政协原副主席、市公安局原局长武长顺，黑龙江省人大常委会原副主任、省农垦总局原党委书记隋凤富，河南省人大常委会原党组书记、副主任秦玉海，山西省委原常委、原副省长杜善学4名副省级领导干部严重违纪问题的立案审查结果。4人均严重违反党的政治规矩和组织纪律，严重违纪违法。其中3人在党的“十八大”后仍不收敛、不收手，性质恶劣，情节严重。“违反党的政治规矩”是第一次在中央纪委的通报中出现。

2015年1月13日，在十八届中央纪委第五次全会上，中共中央总书记习近平讲话中的一个词引发外界关注：“政治规矩”。他提出，要“严明政治纪律和政治规矩”“把守纪律、讲规矩摆在更加重要的位置”。“政治纪律”是党内常态话语，经常被提及，但“政治规矩”的提法之前则很少见。

湖北省政协原副主席陈柏槐是党的“十八大”后落马“老虎”中首个不认罪者

2015年4月17日，湖北省政协原副主席陈柏槐因犯滥用职权罪、受贿罪，被福州市中级法院一审判处有期徒刑17年。至此，党的“十八大”后落马的99个“大老虎”中，已有8人被判刑。其中，7名“大老虎”均认罪悔罪，只有陈柏槐当庭翻供，对检方指控其滥用职权、受贿两项罪名全部予以否认。

福州市检察院指控，陈柏槐在担任湖北省农业厅厅长和湖北省政协副主席期间，违反规定，徇私舞弊，授意、批准将农业厅下属单位的国有划拨地非法转让用于经营性开发，给国家造成经济损失6.1亿多元，并利用职务上的便利，收受他人财物共计283万多元。

陈柏槐在庭审中翻供。他认为，起诉书指控其滥用职权没有证据证实，其审批都是依照程序进行，也未给国家造成重大经济损失；其在侦查阶段关于受贿的有罪供述系特定情况下做出的虚假供述，从未利用职务上的便利为他人谋取过利益，认定其受贿没有事实与法律依据。但法庭最终确认了检方的指控。

河北省委原书记周本顺是党的“十八大”以来第一个被调查的现职省委书记

中央纪委监察部网站2015年7月24日消息称，河北省委书记、省人大常委会主任周本顺涉嫌严重违纪违法，接受组织调查。据悉，周本顺是第一个被调查的现职省委书记。

10月16日，周本顺被“双开”。同月29日，中国共产党第十八届中央委员会第五次全体会议审议并通过了中共中央纪律检查委员会关于周本顺严重违纪问题的审查报告，确认中央政治局之前做出的给予周本顺开除党籍的处分。

10月29日，最高人民检察院经审查决定，依法对周本顺以涉嫌受贿罪立案侦查并采取强制措施。

福建省原省长苏树林是“十八大”以来第一个被调查的现职省长

2015年10月7日23时30分，中央纪委监察部网站发布消息称，福建省委副书记、省长苏树林涉嫌严重违纪，目前正接受组织调查。至此，在“十八大”以来落马的省部级及以上官员中，苏树林是第一位现任省长。

身为“60后”官员，苏树林创造了数个“第一”的纪录，他曾是最年轻的中央候补委员、最年轻的省长。另据媒体梳理，苏树林还是党的“十八大”以来落马的7名中央委员中年龄最小的；党的“十八大”以来的元旦、五一、十一、春节等节日期间，发布官员被查消息，苏树林是第一个。

12月27日，全国人大常委会发布第十六号公告，苏树林因涉嫌违纪终止十二届全国人大代表资格。

山西省委巡视组原组长刘向东是第一个被“双开”的省级巡视组组长

2015年12月3日，中央纪委监察部网站发布了一则处分通报：山西省第十届省委委员、省委巡视组原组长刘向东严重违纪被“双开”。他也是党的“十八大”以来第一个被通报“双开”的省级巡视组组长。

经查，刘向东严重违反政治纪律和政治规矩，转移、隐匿大量赃款赃物，干扰、妨碍组织审查；严重违反巡视纪律，泄露巡视工作秘密。严重违反组织纪律，利用职务上的便利在干部选拔任用等方面为他人谋取利益并收受财物；为职务调整拉票贿选，搞非组织活动；隐瞒不报个人房产、股权等重大事项。严重违反廉洁纪律，利用职务上的便利在企业经营等方面为他人谋取利益并收受财物，收受礼金。严重违反生活纪律。其中，利用职务上的便利为他人谋取利益，收受财物问题涉嫌犯罪。

另据最高检12月9日消息，日前，山西省检察院依法以涉嫌受贿罪对刘向东决定逮捕。

媒体公开报道显示，2013年，刘向东出任山西省委第一巡视组组长，并于当年11月带队巡视腐败“重灾区”吕梁。2014年年初，山西省委第一巡视组进驶山西省科技厅开展巡视工作，也是刘向东带队。

【讨论】

近年来，随着我国市场经济环境的完善和反腐倡廉力度的提高，越来越多的“高官”在腐败问题上栽了跟头。通过本章内容的学习，请你对以上案例中提到的高官腐败问题提出自己的见解。

第八章　现代公司治理

学习目标(知识点、技能点)

1. 了解公司科层和市场契约的关系；
2. 掌握公司治理的基本问题和当事人，以及公司的不同当事人在公司治理中的作用；
3. 了解专用性资产与公司治理边界之间的关系；
4. 掌握公司边界、公司治理边界的类型与主要内容；
5. 了解有效公司治理机制及设计原则。

案例导读

万科——现代公司治理最鲜活的标本

从 2015 年 12 月爆发宝能万科之争，到现在华润加入形成新的矛盾冲突，围绕万科的一系列冲突，都回避不开现代交易制度中的核心——产权制度。产权清晰是构建现代商业文明的核心，离开这个点谈企业建设、企业发展、企业规划，都是不成立的。而恰恰在万科的股权之争中，很多人都把这个点给忽略了。

万科作为企业到底是谁的？

所谓企业产权制度，核心就是一句话——企业到底是谁的？他是创业者的？还是股东的？还是经营管理层的？现代企业制度里面其实所有权和经营权往往是分离的，在现代市场经济中，很多公司所有者会因为各种原因事情做不好，不得不聘请职业经理人来进行业务操作，这就产生了委托代理关系。

那么，万科是谁的呢？曾经是王石的创业团队的，但在很多年前王石引入了华润，然后上市变成了公众公司。从这个时候起，王石的创业团队就完成了一个从所有权者到经营权者的转变。所以，成为公众公司之后的万科，已经不是王石所带领的创业团队的了。现代商业制度事实上规定了股东虽然是所有者，但是基本没有分割财产权利的可能性，一般而言只能选择用脚投票，而不太可能实际参与公司运作。一般情况下，股东是通过董事会来行使权利，而董事的选举产生是少数关键大股东博弈的结果，跟绝大部分所谓的所有者(即股民)关系并不大。也就是说，公司的实际所有者应该是谁呢？不是真正由绝大部分万科的股东所有，而是少数核心股东博弈后产生的董事会控制者所有，如过去的万科是由华润加万科团队所有。

宝能进来以后，理所当然获得一定数量的董事会席位，那么董事会的结构会发生变化。在这个过程中，为了对抗宝能，万科引入了深圳地铁重组，本意可能只是对抗宝能，但是却不小心触动了华润的利益，使得华润跟宝能达成了一致立场。

所有权与控制权为什么会背离？

毕竟从真正的产权角度考虑，万科现在的管理层只是接受股东委托代理公司运营的团队，哪怕他们曾经是创始人，也必须接受资本化带来的后果，这个后果就是所有权的变化。公司从出售的那一刻起其实就不是创始人的了，这是商业规则。董事会虽然的确是公司所有权的支配者，但是更应该体现的是股份的意图，否则所有者的边界就容易混乱，显然这是现代商业制度最容易出现瑕疵和争议的地方。董事会跟股东会之间的关系容易被控制力所影响，所有的股权之争都产生在这个危险的领域。

万科其实是典型的所有权跟控制权背离的公司。事实上，股东人数越多、股权结构越分散的公司，就越容易被小部分人控制，此时委托代理关系中最大的问题就容易出现：一帮不是公司真正所有者的人，却能享受管理过程中大量的现实好处，而真正所有者的权益可能无法得到保证。

不管如何，所有权是可以被量化为股份多少的。依照现代公司治理制度，大家都赞同和支持更多的股份所有者为公司的实际所有者。他们对公司的意志必须得到体现，一切否决这种意志的行为，都不太容易被接受。从所有权的角度来看，哪怕大股东的意志再有偏差、再有问题，本质上都是他们自己的事情，与别人无关；管理团队作为受雇佣者，更不能左右和改变这种选择，哪怕看上去再怎么可惜，都是公司所有者自己的选择，要予以足够的尊重。显然，2015年的舆论对王石团队的所有争议，都来自对公司所有者不尊重的基础上，尤其是对宝能的不尊重，甚至是贬低和歧视宝能这个第一大股东，这让市场很失望。而对华润这个默默支持万科15年的公司而言，万科一系列的行为也有不妥的地方，为此傅育宁公开表达了不满，这至少说明万科不太得合伙人的人心。

资料来源：根据网络资料整理。

第一节 公司与公司治理

一、公司的起源与组织形态

(一)公司的起源

公司的起源在理论界大致有三种观点：

1. 大陆起源说

这种观点认为中世纪欧洲大陆的法国、德国、意大利和西班牙等国家的港口城市是欧洲当时的贸易中心，商业较为发达，个体商人在中世纪社会活动中占有十分重要的地位。商人们一般都把自己经营的商号传给自己的亲属、子女，亲属、子女在得到祖传的产业后要分家分产，但又不愿意歇业，于是同一家族的人联合经营、共享盈利、共负盈亏，从而形成了具有浓厚封建传统色彩的家族式经营团体，这种家族式经营团体早在中世纪之初就已存在，曾盛行于法国，这就是后来的无限公司、有限公司的前身。

2. 海上起源说

这种观点认为中世纪海上贸易较兴旺，海运业已具相当规模，但由于海上贸易急需巨额的资本做后盾，又要冒很大的风险。为了分担风险，船舶共有便应运而生。当时的这种公司实际上是一种合伙公司，人与人之间的关系是一种合伙关系，如康枚达(Commenda)。

3. 综合起源说

这种观点认为公司既起源于中世纪的海上贸易，又起源于中世纪的欧洲大陆，由船舶共有、康枚达组织和家族营业团体发展而来。这些观点的共同之处是：公司的起源，从经济上来说，与商业的发展密不可分；从地理位置上说，与地中海地区紧密相连，因为中世纪前，海洋贸易与陆上贸易主要集中在地中海地区；从时间上来说，是欧洲的中世纪。

随着新航线和新大陆的发现，海外贸易日益兴盛。由于海外贸易是掠夺性的，不仅在殖民地遭到被掠夺国人民的强烈反抗，而且国与国之间经常发生矛盾，加之远渡重洋，海盗盛行，因此风险极大，远非个人投资者能力所及。于是，英国、荷兰、法国、丹麦、葡萄牙出现了一批由政府特许建立的、具有在国外某些地区的贸易垄断权的贸易公司。1600 年，英国伊丽莎白女王以特许状批准组织“伦敦商人在印度贸易的公司”，1602 年，荷兰也以特许状设立了东印度公司。此后，荷兰的西印度公司、英国的阿非利加公司、瑞典的商事公司等相继成立。这些公司从内容上看已经具备了现代股份公司的主要特征。如荷兰的东印度公司成立时，资本金总额为 650 万盾，共 2 153 股，56.9%的股票由阿姆斯特丹商会拥有，其余面向全国集资。该公司确立股东大会是最高权力机构，由股东大会选举出 60 名董事组成董事会，另选 17 人组成经理会，主持日常事务。在欧洲大陆的这种企业形式并非都需要得到法律的承认，有的是通过契约或代理的方式创立，缺少法律的监督。

从 17 世纪末开始，资本主义商品经济的发展要求发展金融业和交通运输业，而交通运输业和金融业的发展需要大量的资本，这使得股份公司率先在金融业和交通运输业发展起来。如 1694 年成立的英格兰银行和 1790 年成立的合众国美国银行，均是通过发行股份筹办的。美国独立战争后开始了产业革命，在东北经济发展的基础上，西部地区也迅速发展起来。为了满足大量人口迁徙的需要，修建沟通东西部的铁路和公路成为重要问题。由于筑路需要大量的资本，因此通过发行股份的方式成立的各种筑路股份公司逐渐兴起。

19 世纪末、20 世纪初，资本主义的发展进入了帝国主义阶段，工业生产的集中化程度越来越高，企业从自由竞争转向相互吞并的方式来扩大规模，并最终形成了托拉斯组织。这些垄断组织由于对某一产业具有重大的影响，因此成为关系一国国计民生的大公司。如 1929 年美国最大的 200 家非金融公司的资产都超过 9 000 万美元，总额达到 810 亿美元，约占全国所有企业资产总额的 38%。在汽车工业，通用、福特和克莱斯勒三大汽车公司占据了全美汽车产量的 95%。各种垄断公司在其发展过程中，往往感到国内的活动空间远远不够，于是纷纷向海外扩张，形成了跨国公司。20 世纪 50 年代末 60 年代初，跨国公司在规模和数量上迅速发展，成为国际经济生活中重要的经济力量。

(二)公司的组织形态

企业的组织形态是指企业组织形式的法律规定，或称企业法律形态。这可以分为两层意思：其一，企业法律形态是企业的一种表现形式，是由企业的组织形式、法律资格等方面的内容构成的；其二，企业法律形态必须是由法律确认的企业表现形式。

按照企业法律内在规定性的不同，企业的组织形态分为两种基本类型：自然人企业和法人企业。自然人企业是指业主制企业和合伙制企业。这种企业的法律特征有：(1)企业的民事权利义务与投资者的权利义务合为一体；(2)投资者对企业债务负连带责任；(3)企业纳税后的利润归业主个人所有。法人企业的法律含义是：企业具有独立于组织企业成员的人格，具有独立的民事权利能力和民事行为能力，这种能力和资格不受组成企业成员的能力和资格的影响。

法人是对称于自然人的民事权利义务主体，它是一个社会组织，由法律赋予其人格，独立地承担民事责任和民事义务，并具有相应的权利和民事行为能力。在各国，法人企业仅指公司，一切非公司制或者不符合公司法人规范的企业都属于自然人企业。

佩斯林和杰弗里斯认为，由于公司具有独立的法人人格，所以这种企业制度呈现出以下法律特点：(1)公司具有永恒的连续性，一般来说只有歇业才能使它终止存在，而合伙组织则往往在一名合伙人破产或者死亡时即行解体。(2)公司的财产同股东的财产完全区别开来，股东的变化不会干扰公司的结构。而合伙组织的财产则属全体合伙人所有，合伙人的变化可能会造成合伙人组织的严重混乱。因此，如无协议，必须把死亡者或破产者在合伙组织中的股份剔出。(3)公司可以起诉和应诉，因此它可以对欠债的任何一名公司股东提起诉讼，但是合伙组织只能由合伙人对欠债的另一个合伙人提起诉讼，如果该合伙组织破产，不能与外部债权人争相指控本企业。(4)公司可以用其自己的名义订立契约，从而承担契约责任，而合伙组织契约则是所有合伙人的契约，他们对这些契约负有共同责任。(5)一家公司的股份可以在《公司法》和公司章程限定的范围内自由转让，而合伙组织股份只有在所有合伙人同意后才能转让①。

二、公司治理问题的提出

(一)理论根源

现代意义上的公司治理，产生于所有权和经营权分离以及由此产生的代理问题。在业主制企业和合伙制企业里，业主或合伙人拥有企业并自己直接经营，所有权与经营权合二为一。而在公司制企业，由于规模相对较大，业务比较复杂，需要管理者具有较高的经营水平和管理能力，而股东并不一定能够胜任，因此需要聘用具有专业的管理知识和专门的管理技能的经理人员经营公司业务②。在此情况下，股东拥有所有权，而经理人员拥有经营权，所有权与经营权产生了分离。这也是公司制企业的典型特征③。伯利和米恩斯④对美国 1929 年年末最大的 200 家非金融公司进行了研究，结果发现其中 88 家公司的股权非常分散⑤，只有 22 家公司完全为个人股东控制或个人股东拥有多数股权，针对股权分散的公司，他们提出“经营者支配论”，即公司的控制权掌握在经营者手中⑥。拉纳(Lamer，1966)利用伯利和米恩斯的方法对 1963 年美国最大的 200 家非金融公司的股权结构进行了研究，在与 1929 年的结果对比后发现，股权结构进一步分散经营者控制的公司数量由 1929 年的 88 家上升到 1963 年的 169 家，

---

① 佩斯林、杰弗里斯：《英国公司法》，上海译文出版社 1984 年版。

② 1841 年 10 月 5 日，在美国马萨诸塞到纽约的西部铁路上，两列客车迎头相撞，造成一名列车员和一名乘客遇难身亡，另有 17 人受伤。事件发生后，舆论一致批评由铁路公司的老板和主要股东组成的董事会没有能力领导和管理现代企业。不久，在马萨诸塞州议会的推动下，铁路公司进行了改革，选拔有管理才能的人担任领导，股东作为资本所有者只拿资本红利，不再负责公司具体的经营事务。这就是美国第一家由全部拿薪水的经理人员管理的公司。

③ 部分公司制企业的所有者仍然掌握着公司的控制权，他们的意志能够得到较顺利的贯彻与实施，如微软、戴尔等。但是，上述类型的公司并不是主流。

④ Berle，A，Means，A. *The Modern Corporation and Private Property*. New York：The MacMillan Company，1932.

⑤ 根据伯利和米恩斯的统计，1929 年，美国最大的铁路公司宾夕法尼亚铁路公司、最大的公用事业公司美国电话电报公司、最大的工业公司美国钢铁公司最大股东的持股比例均不超过公开发行股票的 1%，前 20 位股东的持股总和占股份总数的比例分别为 2.7%、4.0%和 5.1%。

⑥ 伯利和米恩斯(Berle and Means)认为，由于股权分散，并没有股东可以依靠自己持有的股权取得控制地位，这时公司的控制权转移到了董事会。对于董事会的选举，股东由于没有具有影响的股份，因此或者选择放弃或者选择将投票权转让给代理(投票)委员会，这时控制权就转移到了挑选代理(投票)委员会的人手中。实际上代理(投票)委员会是由经营者指派的，因此实际的控制权转移到了经营者手中，这种控制被称为“经营者控制”。

资产占200家非融企业总资产的85%[①]，钱德助(Chandler，1977)把股权越来越分散、控制权转移到经营者手中的企业称为"经理式企业"，并发现到20世纪60年代时，在美国经济的一些主要部门中，经理式企业已成为现代工商企业的标准形式[②]。另外，在1970年的日本，最大的29家金融机构中有90%被经营者支配；在1975年的英国，最大的250家公司中有43.75%被经营者支配；在1971年的德国，最大的150家制造业和商业企业中有52%被经营者支配[③]。

所有权与经营权的分离不仅使投资者分散了风险，而且使经营者可以从事更专业化的管理。但是，由于公司经营者与所有者的利益不一致，并且两者之间存在信息不对称，经营者在进行决策时有可能通过损害所有者利益而实现个人利益的最大化[④]，从而产生了代理问题，导致了代理成本[⑤]。为了解决代理问题，委托人需要构建一套机制来保护自己，限制代理人损害委托人的行为，这就是公司治理的起源。因此，所有权与控制权的分离以及由此产生的委托代理问题，是公司治理问题产生的现实根源。

阅读材料8－1

特权消费

代理问题的主要类型之一是特权消费。特权消费或称特别待遇，有时候也称为额外福利，主要由公司经理人的在职消费引起。虽然特权消费的利益由经理人享受，但成本却由股东承担。

特权消费最极端的案例之一是关于美国泰科国际集团(US conglomerate Tyco International)的首席执行官。他的特权消费包括为他的妻子的40岁生日在意大利撒丁岛花费100万美元公司资金，使用1.5万美元购买雨伞架和6 000美元购买浴帘。

[资料来源：Alex Berenson(2004)，'Executives' perks provoke calls for greater disclosure，*New York Times*，23 February，Finance Section，p. 13.]

肯·切诺特(Ken Chenault)，美国运通公司(American Express)的首席执行官曾多次使用公司的喷气式飞机。根据公司股东签署的委托书，他还获得了价值405 375美元的个人旅行时间，以及价值132 019美元的公司轿车的个人使用权。

西方石油公司的伊兰尼从公司获得了价值562 589美元的安全服务。在他带着4.15亿

---

① Lamer，R. *Ownership and Control in The 200 Largest Non-Financial Corporations. American Economic Review*. 1966，56：777－787.

② Chandler Alfred D. *The Visible Hand：The Managerial Revolution in American Business*. Cambridge：Harvard University Press，1977.

③ 云冠平、朱义坤、徐林发：《经营者支配公司之成因》，《经济学动态》，1998年第5期。

④ 亚当·斯密在《国民财富的性质和原因的研究》中最早对这个问题进行了论述：在钱财的处理上，股份公司的董事为他人尽力，而私人合伙公司的伙员，则纯粹是为自己打算。所以要想使股份公司董事们监视钱财用途像私人合伙公司伙员那样用意周到，那是很难做到的……疏忽和浪费常为股份公司业务经营上多少难免的弊端。

⑤ 詹森和麦克林(Jensen and Meckling，1976)认为，代理成本主要包括三部分：第一是委托人的监督成本，即委托人激励和监控代理人，使后者为前者的利益而尽力的成本；第二是代理人的担保成本，即代理人用以保证不采取损害委托人行为的成本，以及如果采用了那种行为将给予赔偿的成本；第三是剩余损失，它是委托人因代理人代行决策而产生的一种价值损失，等于代理人决策和委托人在假定具有与代理人相同信息和才能情况下自行效用最大化决策之间的差异。见Jensen，M. C.，W. H. Meckling. Theory of the Finn：Managerial Behavior，Agency Costs and Ownership Structure. *Journal of Financial Economics*，1976，3(4)：305－360.

美元的薪水回家的那一年，伊兰尼同时获得了公司为其准备的价值 556 470 美元的税款和金融理财服务。[…]

奎斯特公司(Qwest)首席执行官理查德·诺特贝尔特(Richard Notebaert)获得 33.2 万美元的公司飞机个人使用津贴、6.2 万美元的财务和税务咨询服务津贴，以及 5.6 万美元的个人助理雇用和办公室花销费用津贴。而这些特权消费所造成的 19.7 万美元的税务负担由奎斯特公司全额支付。"

[资料来源：Greg Farrell and Barbara Hansen(2007)，A peek at the perks of the corner office，*USA Today*，16 April，Money Section，p. 1B.]

薪水超过 1 亿元的星巴克公司(Starbucks Corporation)董事长在 2006 年得到了总价值 123 万美元的额外津贴，其中包括安全保险和生命保险以及公司的私人飞机使用权。亚马逊公司(Amazon)的创始人杰夫·贝索斯(Jeff Bezos)尽管只有 81 840 美元的薪水，却依然让公司为其支付总价值 110 万美元的安全服务。

[资料来源：Craig Harris and Andrea James(2007)，Top execs rake in the perks. Region's biggest companies shell out for jet use，security，*Seattle Post-Intelligencer*，26 February，News Section，p. A1.]

巴宝莉时尚集团(Burberry)的首席执行官安吉拉·阿伦茨(Angela Ahrendts)得到了价值 610 万英镑的现金、收益和股份。款项中有 43.2 万英镑的额外津贴，其中包括汽车和服饰津贴。

[资料来源：Simon Bowers and Julia Finch(2010)，The Guardian：Blue-chip companies braced for the great boardroom pay rebellion：Shareholders likely to revolt at four meetings Targets of investor anger include M&S and Burberry，*Guardian*，12 July，no page number stated.]

美林公司(Merrill)前首席执行官约翰·泰恩(John Taint)花费 120 万美元翻新了他的办公室，其中包括安装了价值 3.5 万美元的厕所。

2009 年 1 月，陷入困境的花旗集团(Citigroup)接受了价值 450 亿美元的政府紧急救助补贴。在经历了收购风波后，公司迫于舆论压力停止使用价值 5 000 万美元、带有 12 个座位的私人飞机。[…]富国银行(Wells Fargo)在 2008 年得到价值 250 亿美金的不良资产救助计划的资助后，取消了两个高价的拉斯维加斯度假胜地的 12 天休假寓所。

安迪·黑斯特(Andy Haste)，安全巨人 RSA 公司的行政长官，近日也加入到不断狂热的高薪老板选举中，因为他 2009 年的薪水受到通货膨胀的影响上涨了 14%，达到 233 万英镑；而 RSA 公司上一年的利润却下降了 27%，跌至 5.44 亿英镑。[…]RSA 明确指出，虽然上一年安迪·黑斯特的基本薪水提高了 5%，达到 95.5 万英镑，当年他和其他常务董事的基本薪水将不会提高。但是，安迪·黑斯特在上一年获得了 102 万英镑的奖金和 30.9 万英镑的养老金，以及价值 4.2 万英镑的汽车与旅游额外津贴。

[资料来源：Nick Goodway(2010)，Outrage at RSA chief Haste's pay package，*Evening Standard*，12 April，no page number stated.]

(二)现实表现

1. 公司丑闻

美国的证券市场虽然发展时间较长、制度比较完善,但是上市公司舞弊丑闻却时常发生,有的上市公司甚至因此而破产。20 世纪 70 年代先后发生了巨人零售、权益基金、马蒂尔公司等信息披露舞弊事件;20 世纪 90 年代以来,美国信息披露舞弊事件平均每年以 15%的速度增长,上市公司信息披露舞弊丑闻曝光的范围和规模超过了大萧条以来的任何时期,从 1995～2001 年,共有 772 家上市公司公开承认信息披露存在重大错误①。2001 年 12 月,全球能源巨头安然(Enron)公司因会计信息舞弊曝光不得不申请破产保护,并以 498 亿美元资产刷新了美国历史上破产公司规模的纪录。而 7 个月之后,世通(WordCom)公司因信息舞弊丑闻也不得不申请破产保护,再创破产公司规模的纪录。另外,曾经名声显赫的朗讯(Lucent)、泰科(Tyco)、施乐(Xerox)也因涉嫌虚假财务报告而成为信息舞弊企业中的一员。

在欧洲,曾被称为欧洲 IT 龙头企业的比利时莱东努—奥斯比(Lernout and Hauspie)公司因虚假信息披露在 2000 年被从纳斯达克主板市场摘牌;2003 年名列全球零售业第三的荷兰阿霍尔德公司承认他们存在严重的会计违规行为,阿霍尔德在阿姆斯特丹和纽约证券交易所的股价均出现崩溃,分别跳水 63%和 62%;意大利乳品巨头帕玛拉特(Parmalat)公司的财务舞弊丑闻在 2003 年曝光,后因无力偿还债务不得不申请破产保护。

我国证券市场发展 20 余年,上市公司信息披露舞弊屡见不鲜。先是 20 世纪 90 年代初期的深圳原野、长城机电和海南新华三大信息披露舞弊事件;随后 1997～1998 年又发生了琼民源、红光实业和东方锅炉新三大信息披露舞弊事件;2000～2005 年黎明股份、猴王股份、大庆联谊、银广夏、锦州港、碑酒花、新疆德隆、科龙电器等上市公司又接连爆出信息披露舞弊丑闻;近几年的国美黄光裕经济犯罪案、三鹿奶粉质量问题等,也都是信息披露舞弊的悲剧。

阅读材料 8－2

未及时披露信息,ST 黄河科技董事会做检查

2000 年 11 月,ST 黄河科技第一大股东与他人达成国有法人股股权转让协议,在该协议尚未被批准前,为解决公司 2001 年 1 月底资金急需,通过受让方工作,深圳市中达邮轮有限公司愿出面融资 3 800 万元,借给公司使用,但需公司为此笔贷款提供担保。公司董事会认为该公司资信状况良好,为其提供担保风险不大,且此笔贷款与公司利益关系密切,故做出了为其提供担保的决定。为控制风险,在公司要求下,中达邮轮公司向公司出具了反担保协议。但由于 ST 黄河科技近年来经营业绩较差,资信状况不佳,仅由公司担保的这项贷款迟迟不能落实,后由中达邮轮有限公司同时以自身资产为抵押,方才从银行贷到金额为 3 000 万元的款项。公司为其提供的担保期限为 2001 年 3 月 31 日至 2002 年 3 月 31 日。当贷款到达中达邮轮有限公司后,有关各方在这笔贷款的具体使用方式上发生分歧,且有关股权转让协议无法继续执行,此笔贷款也未能如原先设想那样借给公司使用。根据《关于上市公司为他人提供担保有关问题的通知》第一条规定,公司董事会应及时披露上市担保事项,但 ST 黄河科技董事会

① 秦江萍:《会计舞弊的市场反应与识别:理论分析与经验证据》,经济科学出版社 2005 年版,第 3 页。

并没有这样做。对此，董事会在公开检查中的解释是：公司原想在贷款到位后予以披露，但此项贷款落实过程较长，又中间发生一系列曲折，致使公司董事会延长了该项信息披露的时间。公告称，这是公司董事会法制观念不强的表现。目前，为了解除上述担保对公司可能带来的风险，公司正与对方积极联系协商，对方领导也已表示将以提前还贷等方式予以妥善解决。

资料来源：根据网络资料整理。

2. 高管薪酬增长过快

在英、美等国，公司高级管理人员的薪酬持续增长，即使公司业绩增长缓慢甚至不增长，高管薪酬也在增长，这引起了股东和社会的不满。在美国，20 世纪 70 年代 102 家大公司(1940～1990 年销售收入曾列入前 50 名的公司)高管的平均收入，以今天的美元折算，相当于 120 万美元，仅比 20 世纪 30 年代 CEO 的收入高一点点，是美国经济体中普通全职工人工资的 40 倍。但在 21 世纪初，美国 CEO 的年薪平均超过 900 万美元，是普通工人工资的 367 倍。其他高管的薪酬也大增，大公司中位列 CEO 之下的两位高管，在 20 世纪 70 年代的薪水是普通工人的 31 倍，在 21 世纪初则为 169 倍[①]。在英国，从 1981～1990 年 100 家大公司高管的薪酬增长了 351.5%，而同期这些公司的盈利增长只有 106.8%[②]。

阅读材料 8－3

高管薪酬为什么高得越来越离谱?

2017 年 12 月恒大以 1 500 万元的年薪聘请经济分析师任泽平任首席经济学家，这条消息随后刷爆了朋友圈。尽管人们对金融界高管的高薪已经习以为常，但是这次，大家还是对这个天价薪酬表现得目瞪口呆。那么企业的高管薪酬是如何构成的?

其实，对于大量的上市公司而言，无论中外，高管薪酬倒也不是什么秘密。因为，按照证券法规，上市公司排名最靠前那一小部分高管的年薪是必须在公司财报中公开披露的。根据美国 2015 年的一项统计显示，500 家美国薪酬最高的公司高管，其平均薪酬是一名普通美国劳动者的 1 000 倍，这个差距还在持续增大中。

那么，为什么高管的薪酬会高得越来越离谱呢? 让我们从高管薪酬的决定因素来分析。

薪酬的决定方式无非有两种：内部定价和外部定价。内部定价就是要确保内部公平性，某人的薪酬跟组织的平均薪酬水平相比，不能特别高或者特别低；外部定价就是要确保薪酬水平在外部市场上有一定的竞争力，这样才能对外部市场的人才有吸引力，也能避免自家人才被其他公司挖走。要同时保持内部公平性和外部竞争性，除了少数财大气粗的"土豪企业"，对大部分企业来说是一件相当有挑战性的事情。

首先，企业手头的资源有限，这就决定了只能把有限的资源优先使用到最需要的地方去。倘若把有限的薪酬预算像撒胡椒面一样撒给所有员工，内部公平性倒是保证了，但对少数优秀员工就显得不公平了。那么，在内部公平性和外部竞争性之间，企业到底应该偏向天平的哪一边，通常与企业文化有关。比如，很多国企都实行了"限薪令"，对国企高管薪酬封顶，对于那些

① 保罗·克鲁格曼：《美国怎么了? 一个自由主义者的良知》，中信出版社 2008 年版。
② 李维安：《公司治理》，南开大学出版社 2001 年版。

并无这种限制的企业，CEO 们当然希望高管薪酬可以和市场对齐，越高越好。

一个企业在核定高管薪酬水平时，通常会小范围界定一个具有可比性的公司群体，然后来对标这些公司的岗位薪酬。大部分公司在核定高管薪酬水平时，都会对标 50 分位或 75 分位以上，也就是说，比这个群体里 50%或 75%的人的薪酬水平都要高。没有人愿意把自己对标在 50%以下，因为这样做的话，相当于在告诉外界，我的公司连行业平均水平都达不到，这样的企业自然也很难吸引到高管加入。如果每个人在制定薪酬的时候，都把自己定位为 50 分位或以上，同时也因为他们自己本身也在原始的数据池（data pool）中，那么，最后的结果就是自然拉升了整个数据池的水平，反过来再次拉升其中那些处于 50 分位以上的高管薪酬。如此循环往复，最后导致高管的薪酬也节节攀升。

那么，高管薪酬一定与企业绩效相关吗？高管薪酬之所以金额高，除了市场对标的因素之外，还有就是企业希望通过高额薪酬，能够激励高管们为企业带来更大的绩效回报。但是那些拿着高薪的高管们，是否真正帮助企业获得了利益呢？

我们首先来看看短期激励，也就是常说的奖金：奖金的考核指标通常包括企业的短期财务表现，比如利润增长和成本降低等指标。一个不可忽视的事实是，高管们容易在高额奖金的诱惑下，铤而走险，以牺牲公司长期的利益来换取短期财务数字的亮丽，甚至有的不惜在财务数据上造假。2007～2008 年的美国次贷危机就是一个典型的例子，当时美国金融业高管们的高额奖金正是诱发次贷危机的元凶之一，因为这些奖金“刺激了高风险行为”（诺贝尔经济学奖得主约瑟夫·斯蒂格利茨语）。

再来看长期激励：一方面，影响股票价格的因素有很多，既有企业自身发展的原因，也有外部市场波动的原因。另一方面，和奖金一样，高管们同样可能会为了推高自家公司股价而不惜一切手段，通过牺牲企业长期利益来换取短期利益。比如，高管可以操纵公司花大价钱去做股票回购，在短期之内推高股价，而同样的钱，如果用在对产品的研发方面，本来可以对公司带来更加长远和巨大的利益。历史上著名的安然和环球电讯公司事件就是前车之鉴：高管层为了从公司股票的升值中获利，采用包括财务造假在内的各种方法，短期内抬高股价，然后卖出股票从中获益，损害了投资者的利益，并最终导致公司破产。

资料来源：《高管薪酬为什么高得越来越离谱？任泽平 1 500 万年薪是这样算出来的》，www.sohu.com/a/209634303_202972。

3. 公司裁员引起的不满

传统公司运行的基本逻辑是“资本雇佣劳动”，即股东承担公司风险，而员工领取固定工资，因此公司的所有权归股东所有。但是，在 20 世纪 80 年代的兼并收购浪潮中，股东为了自己的短期利益接受并购协议，裁减了大量的员工，极大地损害了员工的利益，彻底摧毁了员工的安全感，使员工认识到所谓的固定工资并不固定，自己面临的风险甚至比股东还要大，并由此产生了不满。

4. 内部人控制问题

所谓“内部人控制”，是指独立于股东或投资者（外部人）的经理人员掌握了公司实际控制权，在公司战略决策中充分体现自身利益，甚至内部各方面联手牟取各自的利益，从而架空所有者的控制和监督，使所有者的权益受到侵害。内部人控制问题是由美国斯坦福大学的青木昌彦针对俄罗斯国有企业股份制改造特有的情况而提出来的，是指从前的国有企业的经理和工人在企业公司化的过程中获得相当大一部分控制权的现象。

内部人控制会导致一系列问题，主要表现在：(1)过分的在职消费；(2)信息披露不规范，既不及时，又不真实，报喜不报忧，随意进行会计程序等“技术处理”，甚至对重大经营活动也不做出应有的解释；(3)短期行为，不是考虑企业的长期利益和发展、企业资产的保值和增值，而是考虑眼前的成绩、地位和利益，并不惜以后者损害前者；(4)过度投资和耗用资产，使国有资产的边际成本降低；(5)工资、奖金、集体福利等收入增长过快，侵占利润；(6)转移国有资产；(7)置小股东的利益于不顾；(8)不分红或少分红，大量拖欠债务，甚至严重亏损①。

5. 机构投资者的兴起

20 世纪 80 年代以来，英美国家公司股东高度分散化的情况发生了很大变化，以养老基金和共同基金为主的机构投资者拥有了越来越多的股份，成为许多公司的大股东。原本分散的股份集中到机构投资者手上，形成了股东机构化、法人化的现象。到 20 世纪 90 年代，在美国，机构投资者拥有公司 40%以上的股权②，由于持股比例高，机构投资者“用脚投票”③会导致市场的剧烈震荡，因此不能做一个安静的持股者。为了保护自己的投资机构，投资者会积极介入公司治理，维护自身的利益。20 世纪 90 年代，美国 IBM、通用汽车、康柏、AT&T 和美国捷运五大公司的董事会正是在机构投资者的压力下先后解雇了首席执行官，迫使公司改变经营战略。

阅读材料 8－4

中兴通讯增发 H 股事件

在 2002 年中兴通讯(000063，SZ)增发 H 股的事项中，机构投资者的表现就显示出了我国机构投资者参与公司管理的积极性。

中兴通讯是深沪两市赫赫有名的蓝筹股，2002 年该公司准备增发 H 股的消息导致股票从 24 元多暴跌至 18 元以下，创一年来最低，流通市值为此蒸发 12 亿元之多。

2002 年 8 月 20 日，尽管遭到众多基金和中小股东的强烈反对，中兴通讯临时股东大会仍以 90%以上的赞成率通过了 H 股发行计划。会场上大股东与流通基金公司之所以反对中兴通讯的增发 H 股方案，是认为该公司增发 H 股导致现有股东的股东权益全面摊薄，侵害了现有股东的权利。机构投资者的这次发难并不是完全没有效力。事实上，中兴通讯新闻发言人曾表示，“中兴这一次感受到的基金经理们的压力之大是前所未有的，中兴不能不考虑他们的态度，希望用股本转增方案补偿此前中兴暴跌给中小股东带来的损失”。

“中兴事件”大大地改变了资本市场对机构投资者的态度。8 月 28 日上港集箱(股票代码：600018)召开了“上港集箱 2002 年上半年度业绩推介会”，就是主要针对证券公司、投资公司、基金公司等机构投资者所关心的问题进行面对面的交流，上港集箱高层领导在会上向 40 多家机构投资者详细介绍了公司上半年的经营状况，就公司目前是否需要募集资金、公司周边港的竞争能力大小等热点问题进行了进一步沟通和交流。

---

① 费方域：《控制内部人控制——国企改革中的治理机制研究》，《经济研究》，1996 年第 6 期。

② 梁能：《公司治理结构：中国的实践与美国的经验》，中国人民大学出版社 2000 年版。

③ “用脚投票”：来源于股市。“用手投票”：在股份公司中，产权是明晰的，投资者以其投入资本的比重，参与公司的利润分配，享有所有者权益；以其股权比重，通过公司股东代表大会、董事会，参与公司的重要决策，其中包括选择经理层。反之，投资者还拥有另一种选择权，即选择离开，理都不理你的“用脚投票”——卖掉其持有的公司股票。现在通常用来比喻对某事的失望或抵触，从而选择离开或者放弃。

"中兴事件"是大股东与流通股股东之间的博弈,传递出了一个积极的信号:机构投资者开始在公司治理中发挥作用。

资料来源:董华春,《浅析机构投资者在改进公司治理结构中的作用(上)》,《金融法苑》,2003年。

基于以上问题,自20世纪90年代以来,公司治理问题越来越受到世界各国的重视,各国证券监管部门、交易所、国际机构等纷纷加入到推动全球公司治理运动的行列,推出了各种有关公司治理的原则、指引和最佳行为准则以及部分国家或地区公司治理准则、原则。

三、公司治理的定义

学者和业内人士对公司治理的定义,多以公司经营主要目标的假设为基础,但对于公司经营的主要目标,尚未达成一致意见。具有代表性的主要有以下几种观点:

(一)基于公司治理存在条件视角的定义

哈特认为,只要以下两个条件存在,公司治理问题就必然在一个组织中产生:第一个条件是代理问题,确切地说是组织成员(可能是所有者、工人或者消费者)之间存在利益冲突。第二个条件是交易费用之大使代理问题不可能通过合约解决。此时,治理结构是一个决策机制,而这些决策在初始合约下没有明确设定,更确切地说,治理结构分配公司非人力资本的剩余控制,即资产使用权如果没有在初始合约中详细设定的话,治理结构决定其将如何使用①。

(二)基于公司治理作用视角的定义

伯利和米恩斯认为,公司治理应致力于解决所有者与经营者之间的关系,使所有者与经营者的利益相一致②;法玛和詹森从代理成本的角度出发,认为公司治理研究的是在所有权与经营权分离的情况下如何降低代理成本的问题,核心是如何降低代理成本③;施莱佛和威施尼(Shleifer and Vishny)认为,公司治理要处理的是公司的资本供给者如何确保自己可以得到投资回报的问题,例如,资本供给者怎样确定经理没有侵吞他们所提供的资本或将其投资在不好的项目上?怎样来控制经理④?米勒认为,公司治理需要解决以下委托代理问题——如何确知企业管理人员只取得为适当的、盈利的项目所需的资金,而不是比实际所需更多?在经营管理中,经理人员应该遵循什么标准或准则?谁将裁决经理人员是否真正成功地使用公司的资源?如果证明不是如此,谁负责以更好的经理人员替换他们⑤?

(三)基于公司治理基本问题视角的定义

考克然和沃提科(Cochran and Wartick)认为,公司治理问题包括高级管理层、股东、董事会和公司其他利害相关者在相互作用中产生的具体问题,构成公司治理问题的核心是谁从公司管理人员的决策行为中获利?谁应该从公司管理人员的决策行为中获利?当两者存在矛盾

---

① Hart. O. Corporate Governance: Some Theory and Implications. *The Economic Journal*, 1995: 31—40.

② Berle, A., Means, A. *The Modern Corporation and Private Property*. NewYork: The MacMillan Company, 1932.

③ Fama, E. R., M. C. Jensen. Separation of Ownership and Control. *Journal of Law and Economics*, 1983, 26(2): 301—325.

④ Shleifer, A., R. Vishny. A Survey of Corporate Governance. *Journal of Finance*, 1997. 52: 737—783.

⑤ Miller, M. Alternative Strategies for Corporate Governance. A Key Note Address for the Conference on Reformability of the State Sector in China, Shanghai, China, July 19, 1995.

时，公司治理问题便随之出现了①。

（四）基于制度安排视角的定义

梅耶认为，公司治理是公司赖以代表和服务于它的投资者的一种组织安排，包括从公司董事会到执行经理人员激励计划的一切东西②。钱颖一认为，公司治理结构是一套制度安排，用以支配若干企业中有重大利害关系的团体，如投资者、经理人员、职工之间的关系，并从这种联盟中实现经济利益。公司治理结构包括如何配置和行使控制权；如何监督和评价董事会、经理人员和职工以及如何设计和实施激励机制③。凯德伯瑞报告指出，公司治理是一个公司如何被指导和控制的制度体系。董事会负责公司的治理，股东负责任命董事和审计人员，保证能够拥有合适的治理结构。董事会的责任包括设定公司战略目标，提供合法的领导权以便公司能够正常运营，监督公司经营活动，并向股东汇报他们集体领导的情况；董事会的行动需要遵守法律、法规和股东大会决议④；经济合作与发展组织⑤认为，公司治理结构是一种据以对工商业公司进行管理和控制的体系，公司治理结构明确规定了公司的各个参与者的责任和权利分布，诸如董事会、经理层、股东和其他利害相关者，并且清楚地说明了决策公司事务所应遵循的规则和程序。同时，它还提供了一种结构，使之用以设置公司目标，也提供了达到这些目标和监控运营的手段。费方域指出，公司治理是一套制度安排，它给出公司各相关利益者之间的关系框架，对公司目标、总的原则、遇到情况时的决策办法、谁拥有剩余决策权和剩余索取权等定下规则，用于代表和服务于出资者或利益相关者的利益，其主要内容是设计控制内部人控制的机制⑥；林毅夫等认为，公司治理结构就是指所有者对一个企业的经营管理和绩效进行监督和控制的一套制度安排⑦。

（五）基于组织结构视角的定义

吴敬琏认为，公司治理结构是指由所有者、董事会和高级执行人员及高级经理人员组成的一种组织结构。在这种结构中，上述三者形成一定的制衡关系。通过这一结构，所有者将自己的资产交由公司董事会托管；公司董事会是公司的最高决策机构，拥有对高级经理人员的聘用、奖惩以及解雇权；高级经理人员受雇于董事会，组成在董事会领导下的执行机构，在董事会授权范围内经营企业。要完善公司治理结构，就要明确划分股东、董事会、经理人员各自权力、

---

① Cochran，P. L.，S. L. Wartick. *Corporate Governance：A Review of the Literature*. Morristown，NJ：Financial Executives Research Foundation，1988.

② Colin，M. Corporate Governance in Market and Transition Economics. The International Conference on Chinese Corporate Governance Shanghai 1995：33－35.

③ 青木昌彦、钱颖一：《转轨经济中的公司治理结构》，中国经济出版社1995年版。

④ 1991年5月，由英国的财务报告委员会、伦敦证券交易所等12名权威成员合作成立了世界上第一个关于公司治理的委员会，主席是阿德里安·卡德伯里（Adrian Cadbury），因此也称为卡德伯里委员会。该委员会于1992年12月发表了题为"Report of the Committee on The Financial Aspect of Corporate Governance"的报告，即所谓的卡德伯里报告。

⑤ 经济合作与发展组织（Organization for Economic Cooperation and Development，OECD）成立于1961年，其前身是欧洲经济合作组织（Organization for European Economic Cooperation，OEEC）。目前经济合作与发展组织共有澳大利亚、奥地利、比利时、加拿大、捷克、丹麦、芬兰、法国、德国、希腊、匈牙利、冰岛、爱尔兰、意大利、日本、韩国、卢森堡、墨西哥、荷兰、新西兰、挪威、波兰、葡萄牙、斯洛伐克、西班牙、瑞典、瑞士、土耳其、英国、美国30个成员国，包括了几乎所有发达国家，国民生产总值占全世界的2/3。OECD的职能主要是研究分析和预测世界经济的发展走向，协调成员国关系，促进成员国合作，经常为成员国制定国内政策和确定在区域性、国际性组织中的立场提供帮助。

⑥ 费方域：《控制内部人控制》，《经济研究》，1996年第6期。

⑦ 林毅夫、李周：《现代企业制度的内涵与国有企业改革》，《经济研究》，1997年第3期。

责任和利益，从而形成三者之间的关系[1]。

(六)基于狭义和广义视角的定义

布莱尔认为，狭义的公司治理是指有关公司董事会的功能、结构、股东的权力等方面的制度安排；广义的公司治理是指有关公司控制权或剩余索取权分配的一整套法律、文化和制度性安排，这些安排决定公司的目标，谁在什么状态下实施控制，如何控制，风险和收益如何在企业不同的成员之间分配这一系列问题[2]。张维迎也认同此观点[3]。梁能认为，狭义的公司治理是指企业所有权和管理权分离的条件下，投资者与上市企业之间的利益分配和控制关系；广义的公司治理是指关于企业组织方式、控制机制、利益分配的所有法律、机构、文化和制度安排，其界定的不仅仅是企业与其所有者之间的关系，而且包括企业与所有相关利益集团之间的关系，包括雇员、顾客、供应商、社区、政府等。李维安等认为，狭义的公司治理是指所有者，主要是股东对经营者的一种监督与制衡机制，即通过一种制度安排来合理地配置所有者与经营者之间的权利与责任关系；广义的公司治理则不局限于股东对经营者的制衡，而是涉及广泛的利害相关者，包括股东、债权人、供应商、雇员、政府和社区等与公司有利害关系的集团。公司治理是通过一套包括正式或非正式的、内部的或外部的制度或机制来协调公司与所有利害相关者之间的利益关系[4]。

总结以上的观点可以看出，学者们对公司治理概念的理解至少包含以下五层含义：(1)公司治理问题的产生，根源于现代公司中所有权与经营权的分离以及由此导致的委托代理问题。(2)公司治理是一种合同关系。公司被看作一组合同的联合体，这些合同治理着公司发生的交易，使得交易成本低于市场组织这些交易时发生的交易成本。公司治理的安排，以公司法和公司章程（合同关系）为依据，用简约的方式（不完全合同）规范公司各利益相关者的关系，约束他们之间的交易，来实现公司交易成本的比较优势。(3)公司治理结构是由股东会、董事会、监事会、经理层等“物理层次”组成的组织架构，及连接上述组织架构的责权利划分、制衡关系和配套机制（决策、激励、约束机制等）等游戏规则构成的有机整体。(4)公司治理的关键在于明确而合理地配置公司股东、董事会、经理人员和其他利益相关者之间的权利、责任和利益，从而形成其有效的制衡关系。(5)公司治理的本质是对公司控制权和剩余索取权分配的一整套法律、文化和制度性安排。

根据上述分析，我们可以将公司治理概括为一套制度安排或者体系，它通过一系列治理结构和约束机制，协调利益冲突集团或者个人之间的关系，防范和制约经营者履行职责过程中的越权和违规行为，以提高公司决策质量和效能，降低或者控制交易成本和代理成本，保护投资者及其他相关利益者的利益。

第二节 公司科层契约与治理体系

公司科层和市场契约都是重要的资源配置机制，企业内安排构成公司的内部治理，而企业

---

① 吴敬琏：《现代公司与企业改革》，天津人民出版社 1994 年版。

② Blair, M. M. *Ownership and Control: Rethinking Corporate Governance for the Twenty-First Century*. Washington: Brookings Institution Press, 1995.

③ 张维迎：《所有制、治理结构及委托—代理关系——兼评崔之元和周其仁的一些观点》，《经济研究》，1996 年第 9 期。

④ 李维安、武立东：《公司治理教程》，上海人民出版社 2002 年版。

外主要由市场力量倒逼企业做出的安排构成公司的外部治理。公司治理是公司当事人以各自在公司中形成的专用性资产为依据，相互博弈而形成的一种妥协均衡体系。这一体系大体包括公司治理主体和客体、公司治理边界和范围、公司治理机制和功能、公司治理结构和形式等因素。公司的当事人既是公司治理的主体也是治理的客体，当事人的博弈均衡是游离于具体当事人之外的制度框架，大家一起制定了规则，自然每个人就要放弃自己的一部分偏好来换取规则所带来的利益。公司治理的边界和范围取决于公司专用性资产的分布状态。公司治理的机制和结构则是互为因果的"内生性"变量。

一、公司科层与市场契约

一个公司能够良好营运，首先需要一个基本的科层组织架构，在这个架构中，信息畅通、指挥到位、上下步调一致才有可能实现组织的整体目标。科层组织是公司良好营运的必要条件，而市场力量的协调则构成实现组织整体目标的充分条件。公司内部的科层主要表现为委托代理关系，而公司外部市场与公司之间则主要表现为契约关系，如图8—1所示。图8—1中，左边竖框表示的是公司内部科层组织关系，科层内的当事人之间主要是委托代理关系。公司与外部市场的联系是以公司法人组织展开的，外部市场主要由要素市场、产品市场和金融市场组成。在要素市场上与公司法人发生联系的市场当事人主要有劳动力、供应商等；在产品市场上与公司发生联系的市场当事人主要有批发商、消费者、客户等；在金融市场上与公司发生联系的当事人主要有债权人、投资者等。要素市场和金融市场中的部分当事人——劳动力、投资者——完成市场交易后特定到具体的公司，转换为特定公司的经理人员、员工和股东。劳动力、投资者在要素和金融市场上作为独立的市场交易一方与公司法人相对平等地进行讨价还价交易，这时公司法人与这些当事人遵循的主要规则是市场契约规则，一旦交易完成，这些人成为特定公司的具体某个角色，他们就被纳入公司科层的规则下运行。

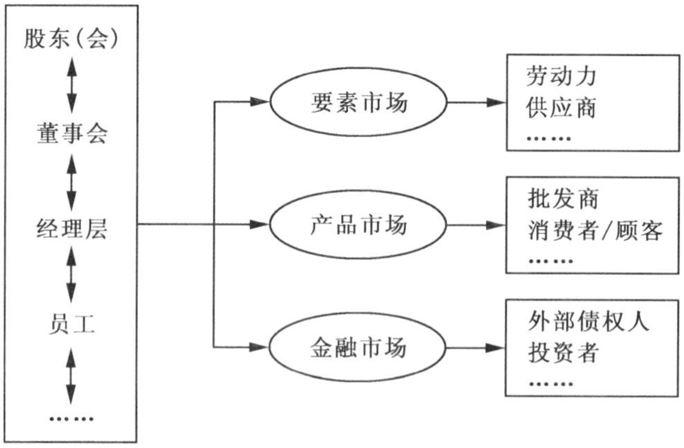

图8—1 公司科层与市场契约

之所以如此，这是因为公司购买的不是纯粹转移价值的物化产品而是活生生的人，他们在劳动过程中创造价值，但他们同样是机会主义者——不可能在没有监督的情况就会贡献全部努力来工作，公司的科层制在很大程度上是为了解决这一问题——弥补市场契约的不足。当然，为了抑制公司内部的科层约束，市场也保留了一定的压力机制，如股票的二级市场和经理人市场都是防止这些资源被套牢在公司科层之中。要素市场和金融市场中的供应商、外部债权人等则更多的是以市场交易者的身份与公司进行交易。从上述公司科层和市场契约过程看,公司治理是既包括科层内部也涉及公司与市场之间的一系列制度安排。与公司有关的所有当事人都希望从公司的经营中获得与他投入相匹配的好处,这些当事人共同博弈形成一般意义上的公司治理,但当事人所处的信息状态并不一样,信息优势者可能利用这些信息来为自己争得更多的好处,因此,公司治理的客体应该是公司当事人中的信息优势者。

二、公司治理涉及的问题

股份公司是由各利益相关者构成的一个契约关系网,公司的持续发展与各利益相关者的利益维护密切相关,而公司的经营者与各利益相关者的目标取向一般都是背离的。在这样一个大前提下,股份公司在运营中产生的治理问题主要有如下几种:(1)为了公司的有效运行,经营者必须拥有足够的余地处理风险、做出战略决策以及不断寻找投资机会,这是他们存在的意义,因为股东远离公司的运作,或许不能做出有依据的决策。但是经营者必须被禁止在运用资源和进行投资时滥用职权以及利用股东的支出来为自己谋取利益。因此,股东需要一种机制来有效地监督和制约经营者。(2)一个拥有大量股份的股东或股东团伙可能会完全有效地监督经营者,但是他们的权利也必须受到制约,以防止他们做出损害其他股东利益的不公平行为。(3)"有限责任"对股东来说是一个优势,但这一原则的滥用也会危害债权人的利益,若一个大股东操纵公司从事与其注册资本不相匹配的业务,产生的经营风险显然对股东和债权人来说是不对等的,保护债权人的利益已经成为一个重要问题。(4)公司当事人在公司中形成数量不同的专用性资产,他们对公司的关心/利益的获得,通过公司治理安排来实现,而这些公司治理安排是当事人以自己的专用性资产为依据相互博弈的纳什均衡。公司当事人博弈行为和他们的专用性资产之间的关系构成关键的公司治理微观行为基础,这一微观基础的表征也是公司治理的重要问题。(5)为了使投资者(或想成为监督者的其他任何人)扮演有影响的监督者的角色,他必须付出更多的各种资源,但许多投资者更希望在他们的投资中拥有流动性和多样性的优势——这一优势不一定与参与监控所付出的始终一致。(6)投资者需要可靠和准确的信息,以对投资做出判断,但经营者往往存在对信息不披露或粉饰业绩的倾向,这就需要设计一套机制来保证投资者能够得到他们应该得到的信息。(7)公司科层与市场契约之间的双向关系对公司治理的调节问题,使公司治理成为一个永恒的主题。

三、公司治理涉及的当事人

从会计角度看公司的资产由所有者权益和债权人权益构成,即:资产=负债+所有者权益。这一会计方程式背后涉及方方面面的当事人,这些当事人在分解公司资产中承担他们各自的专用性资产,因此他们都是公司治理要涉及的当事人,具体可分解为股东、债权人、经营者、雇员、供应商、客户、社区、政府等。除股东之外的公司当事人在公司中有着不同的界定。

(一)债权人、经营者、雇员

公司债权人是以自己的债权向债务人(公司)要求求偿权的。公司的经济活动中形成若干的债权债务关系,与之相关的具体会计科目大体涉及"银行借款""应付账款""应付工资""预收账款""应付债券"等,这些会计科目涉及的经济活动主要是公司贷款、发行公司债、商业赊欠等。在债权人与公司的合约中,由于债权人要承担到期无法收回或不能全部收回本息的风险,因此,债权人对公司拥有监督权,并在特殊情况下拥有控制权,如破产清算。从大的范围来看,经营者和雇员都是公司的员工。经营者处于直接对股东、董事会的第一层委托代理链上,他直接贯彻股东意图控制公司的营运，这一层次上的公司治理主要是寻找能够让经营者像股东一样思想和行为的制度安排。公司雇员则是科层框架中最末一层的代理人，他直接面对的是经营者，在资本雇佣劳动的前提下，由于雇员的初始持有约束，他更多的选择是服从和辞职。随着技术进步的加快，资本雇佣劳动的前提逐渐让位于劳动雇佣资本，这对公司治理安排要产生一些影响，因为这时的经营者和关键技术岗位的雇员被纳入重要的人力资本范畴。从人力资本角度做出的公司治理安排要考虑经营者和雇员的剩余索取权和控制权以及监督权和管理权。

(二)供应商、客户和社区、政府

这三类当事人尽管不一定作为完全的内生变量纳入公司治理，但与公司治理的关系相当密切。如一个公司经常更换总经理，谁还会有耐心去发展稳定的客户和供应商以及建立良好的社区关系等。经营者与供应商、客户和社区的关系最直接，供应商在公司中形成的专用性资产取决于它与公司的交易规模与合约期限。供应商对公司治理的关心更多地考虑他在公司中专用性资产的转换成本，而良好的公司治理也是吸引供应商形成特定公司专用性资产的前提，这之间是互为因果的。客户是公司生存发展的决定因素，将公司做活、做大、做强本身就是公司治理的主要目的之一。客户的流动性特点决定了初始的客户关系取决于良好的公司治理，在网络经济中的客户锁定依赖于达到正反馈的临界值，所有这些都构成强烈外部压力规整公司治理情况。公司与社区之间最有可能形成相互套牢的关系。一方面，公司为社区提供了较好的税源和丰富的就业岗位，公司有要挟社区提供更优惠条件的博弈资源；另一方面，社区的土地、水源和忍受污染的行为又构成社区要挟公司的博弈资源。发展中的社区或者在招商引资阶段①可能更多地容忍公司的要求，而发达社区或者公司入驻社区后则更多地剥削复合准租金。要处理好这些问题，必须设计好公司治理安排。政府是一个特殊的公司治理当事人，公司主要是通过纳税、寻租等手段来购买政府提供的各种公共物品。“政治企业家”效用函数中的经济增长、就业以及他们的个人偏好等变量，构成公司治理的重要考虑因素。

四、公司治理的基本框架

公司治理的基本框架就是遵循上述基本原理，按照说明责任和问责制的规则，由公司当事人以自己的专用性资产为基础相互博弈而形成的体系。

(一)责任说明和问责制

委托代理安排的实施，要求代理人(接受权限、责任委托者，从信息经济学角度则被定义为信息优势者)在行使权限、履行职责时要将其行为的结果向委托人报告，以示其行为的正当性。这是代理人必须履行的义务，因为代理人一般为信息优势者，说明责任也是他与委托人交易的基础。这种原发于委托代理安排中的说明责任和问责制，是指由于代理人利用了委托人的资源并以此获得收益，因此代理人有将自己行为的结果向委托人进行说明报告的义务。从委托人角度来看，他有权要求代理人向其报告行为结果，并追究代理人不负责任的行为。分布于公司治理安排节点上的公司当事人扮演着不同的角色，在委托代理链中，节点上的当事人可能面临双边或多边关系。维持这种关系的基础安排就是说明责任和问责制。在理解说明责任和问

---

① 据调查，这种情况在目前中国的县域经济中非常普遍，招商引资阶段，社区(主要是社区政府)对要投资的公司的所有要求都答应，一旦公司入驻社区，各路“神仙”都来“揩油”。

责制时，关键问题是理解好委托代理关系，在委托代理关系中牵扯的当事人有委托人和代理人，对委托人和代理人的划分主要依据就是看他们是否拥有私人信息。

信息经济学的文献一般将拥有私人信息的博弈参与人称为代理人(agent)，不拥有私人信息的博弈参与人称为委托人(principal)。当然，这种划分的标准是代理人具体的行动、类型和信号。有时在同样的契约中，不同的事件可以使双方的身份发生变化，如表 8—1 所示。

表 8—1　　委托人代理人划分表

代理人的行动、类型或编号	委托人	代理人	归类
防盗措施	保险公司	投保人	隐藏行动道德风险
饮酒、吸烟	保险公司	投保人	
耕作能力	地主	佃农	
工作努力	股东	经理	
工作努力	经理	员工	
经营决策	员工	经理	
项目风险	债权人	债务人	
房屋修缮	住户	房东	
房屋维护	房东	住户	
是否真正代表选民利益	选民	议员或代表	
廉洁奉公或贪污腐化	公民	政府官员	
是否努力办案	原告/被告	代理律师	
市场需求/投资决策	股东	经理	隐藏信息道德风险
项目风险/投资决策	债权人	债务人	
市场需求/销售策略	企业经理	销售人员	
任务的难易/工作努力	雇主	雇员	
赢的概率/办案努力	原告/被告	代理律师	
健康状况	保险公司	投保人	逆向选择
工作技能	雇主	雇员	
产品质量	买者	卖者	
项目风险	债权人	债务人	逆向选择
工作技能/教育水平	雇主	雇员	信号传递和信号甄别
产品质量/质量保证期	买者	卖者	
需求强度/价格歧视	垄断者	消费者	
盈利率/负债率、内部股票持有率	投资者	经理	
健康状况/赔偿办法	保险公司	投保人	

资料来源：本表参考张维迎的《博弈论与信息经济学》(上海三联书店、上海人民出版社 1996 年版)第 401 页内容，以及[美]埃里克·拉斯缪森《博弈与信息》第二版(北京大学出版社、生活·读书·新知三联书店 2003 年版)第 184 页内容。

(二)公司治理的架构

公司治理主要是按照《公司法》所规定的法人治理结构来进行的，可大体上分为内部治理和外部治理。内部治理是《公司法》所确认的一种正式的制度安排，构成公司治理的基础，主要是指股东(会)、董事(会)、监事(会)和经理之间的博弈均衡安排及其博弈均衡路径。公司的外部治理主要是指外在市场的倒逼机制，市场的竞争压迫公司要有适应市场压力的治理制度安排。公司治理结构如图 8—2 所示。

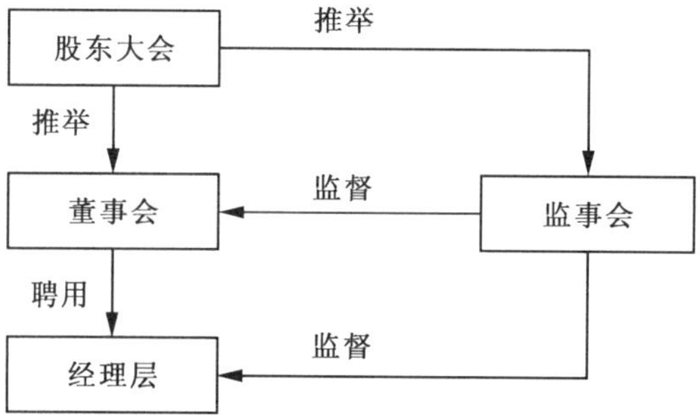

图 8—2 公司治理结构

股东、潜在股东、债权人与公司主要通过资本市场连接起来；经营者、雇员和顾客与公司主要通过劳动力市场和产品市场相联系。竞争市场的压力要求公司有选择良好公司治理安排的激励。政府对市场的部分替代也构成公司的外部治理，它是公司治理的一个重要的外生变量。公司的内部治理主要通过《公司法》确定的"三会四权"来实现。内部治理的主要特征表现在两个方面：第一，自我实现性，主要通过董事会、监事会和股东来实现。第二，在所有者和经营者博弈中注重设计理性，即从股东角度出发设计制度安排来激励约束经营者。公司的外部治理活动场所主要体现为资本市场、产品市场、劳动力市场、国家法律和社会舆论等。如股东在股票市场上"用脚投票"、消费者在产品市场自由选择等迫使公司尽量选择良好的公司治理安排，保持自己在资本市场和产品市场上的吸引力。劳动力市场竞争则迫使在职的经营者和员工减少逆向选择、道德风险等机会主义行为。国家法律则规定了公司赖以活动的基本框架，社会舆论作为非正式的压力机制也可以将公司推向辉煌或者死亡。公司治理根植于不同的文化之中，不同的文化创造了不同的商业规则和商业文明。目前被人们所认可的公司治理模式大体包括亚洲的家族治理模式、日本和德国的内部治理模式以及英美的外部治理模式。这些不同的治理模式都是一种文化的精炼。

(三)公司治理的国际模式①

这里，我们将在分析公司治理的各权益主体的行为以及公司治理的形式基础上，对公司治理的一般模式进行探讨。对于公司治理一般模式的构筑，应遵循以下三个原则：(1)可以对公司治理的不同类别的制度安排做出描述和分析；(2)应能说明特定公司治理安排产生的条件；(3)必须说明一种公司治理安排的不同构成之间的联系，它们与金融体系以及经济系统的其他部分之间的相互关系。一般来讲，公司治理模式大致分为以下三种类型：

1. 亚洲的家族式治理模式

在东南亚国家、我国台湾和香港等地区，许多大型公众公司都是由家族控制的，表现为家族占有公司的相当股份并控制董事会，家族成为公司治理系统中的主要影响力量。这种模式形成的原因至少有两个方面：一是儒家思想文化和观念的影响；二是在三十多年前这些地区落后的情况下，政府在推动经济发展过程中，对家族式企业的鼓励发展政策。这种家族式治理模式体现了主要所有者对公司的控制。在这种治理模式下，主要股东的意志能得到直接体现，这种模式也可称为股东决定直接主导型模式。但其缺点是很明显的，即企业发展过程中需要的

① 李维安、武立东：《公司治理教程》，上海人民出版社 2002 年版。

大量资金从家族那里是难以得到满足的。而在保持家族控制的情况下，资金必然大量来自借款，从而使企业受债务市场的影响很大，始于1997年7月的东南亚金融危机也反映出家族式治理模式的弊病。

2. 日本和德国式的内部治理模式

在日本和德国，虽有发达的股票市场，但企业从中筹资的数量有限，企业的负债率较高，股权相对集中且主要由产业法人股东持有(企业间交叉持股现象普遍)，银行也是企业的股东。在这些企业里，银行、供应商、客户和职工都积极通过公司的董事会、监事会等参与公司治理事务，发挥监督作用。这些银行和主要的法人股东所组成的力量被称为“内部人集团”。日本和德国的企业与企业之间、企业与银行之间形成的长期稳定的资本关系和贸易关系所构成的一种内在机制对经营者的监控和制约被称为内部治理模式。相比较而言，日本公司的治理模式更体现出一种经营阶层主导型模式，因为在正常情况下，经营者的决策独立性很强，很少直接受股东的影响；经营者的决策不仅覆盖公司的一般问题，还左右公司战略问题，且公司长远发展处于优先考虑地位。而德国的治理模式更体现出一种共同决定主导型模式，在公司运行中，股东、经理阶层、职工共同决定公司重大政策、目标、战略等。

3. 英国和美国式的外部治理模式

英美等国企业的特点是股份相当分散，个别股东发挥作用相当有限。银行不能持有公司股份，也不允许代理小股东行使股东权利。机构投资者虽然在一些公司占有较大股份，但由于其持股投机性和短期性，一般没有积极参与公司内部监控的动机。这样，公众公司控制权就掌握在管理者手中，在这样的情况下，外部监控机制发挥着主要的监控作用，资本市场和经理市场自然相当发达。经理市场的隐性激励和以高收入为特征的显性激励对经营者的激励约束作用也很明显。这种公开的流动性很强的股票市场、健全的经理市场等对持股企业有直接影响。这种治理模式被称为“外部治理模式”，也被称为“外部人系统”。虽然英美公司治理模式中，经理层有较大的自由和独立性，但受股票市场的压力很大，股东的意志得到较多的体现。这种模式也被称为股东决定相对主导型模式。

阅读材料 8-5

中国近七成家族企业面临的紧迫问题

家族企业是一种既古老又极富生命力的企业组织形式，至今仍风靡世界各地，对本国或本地区经济发展起着举足轻重的作用。根据克林·盖尔西克等人的研究，认为家族所有或经营的企业在全世界企业中占65%～80%。世界500强企业中有40%由家庭所有或者经营。据调查显示，我国民营企业中约有90%为家族式经营，其经济总量在GDP中的比重超过60%。由此可见，家族企业的传承和可持续发展不仅关乎家族自身的命运，也关乎国家经济发展的全局。另据研究发现，在我国，50岁以上民营企业家占比为67%，这意味着近七成的中国家族企业必须寻找接班人。《福布斯》2015年10月发布的亚洲富豪家族榜中竟然没有一家中国大陆的家族企业。因其上榜条件之一是家族净资产要达29亿美元，更需要家族成员至少延续三代。

无论从时间的紧迫性还是群体的数量看，中国家族企业如何继承及转型已是迫在眉睫的事情。

资料来源：根据《“光荣与梦想·责任与担当”——探究中国民营(家族)企业百年传承、家

业长青之道》论坛活动整理，2016 年 4 月 6 日。

第三节　公司治理边界及其原理

一、现代公司与公司边界

公司治理边界与公司边界有着密切关系，一般而言，公司边界可从如下角度进行界定：

（一）财产边界

公司作为一种成熟的企业形态，是依法设立的具有与自然人相同民事行为能力的独立经济实体。公司以其法人身份拥有法人财产。法人财产以投资者的出资为主要来源，也包括资本金的增值和在经营中因负债而形成的资产。法人财产权则是公司对全部法人财产依法拥有的独立支配的权利，这种权利包括占有、使用、收益和处分等。公司的法人财产具有以下性质：第一，它以独立财产和实体为基础承担相应的民事责任，具有严格的规范条件和法律界定；第二，其独立性表现为占有、支配、使用和处分财产的全部权利，公司的终极所有者不能干预这些权利的行使；第三，法人财产具有永恒的性质，只要其法人身份不变，这种权利就不会改变。可见，法人财产是公司存在的重要物质基础，没有独立支配的财产和财产权，公司便不能存在。因此，公司的财产边界是现代公司以其法人身份所拥有或使用的全部财产所形成的范围，其实质则是公司产权，财产边界也称产权边界。

（一）组织边界

现代公司是依法成立的企业组织。这种组织不仅要有自己的名称、经营场所和必要的财产，而且必须有相对稳定的组织机构和相应的职能部门。公司组织主要包括行使所有权、决策权、监督权和经营权的股东大会、董事会、监事会及高层管理机构和生产经营的职能部门等。从形式上看，公司表现为一个由法人结构规制下的组织实体。如果说法人财产是公司赖以存在的基础，那么，公司组织则是其赖以运行和活动的基础。从公司治理的角度看，公司的组织边界决定于公司的组织特征。

（三）法人边界

法人边界反映公司的人格特征，是公司财产边界和组织边界的最终体现。现代公司是一个人格化的企业法人，作为企业法人，它有别于社会中的其他法人，如学校、医院、宗教团体等；作为法人企业，它又不同于个人业主、合伙制等自然人企业，公司以其独立的法人身份参与市场经济活动，公司的合并、分立、破产、清算也都表现为法人资格的变更与终止。公司作为一个经济实体，法人则是责任的承担者和实体的代表，公司不仅具有与自然人相同的民事行为能力，可以起诉与被诉，并以其全部的法人财产承担有限责任，也因为法人对财产独立的拥有和有限责任原则，决定了不同公司之间的交易与活动可以明确地归属于不同的法人，不论现实中的公司活动多么复杂，法人之间的界限总是清晰的和不容模糊的。因此，可以说，现代公司的活动主要是法人的活动，公司的行为表现为法人的行为，公司的边界也体现为法人的边界。公司边界与公司治理边界既有区别又有联系，公司的参与人为了各自的利益而达成的一种制度安排妥协构成公司的治理框架，不同的公司参与人与公司的关系及其评价是不一样的，这取决于公司当事人在公司中形成的专用性资产的多少。因此，理论上的公司治理边界是公司中所有专用性资产当事人的行为集合。而公司边界主要是从静态上以公司作为视角主体来判断它的财产边界、组织边界和法人边界。当然,有时候公司治理边界在特定条件下可以与公司边界重合。

二、专用性资产与公司治理边界

(一)交易维度差异和专用性资产

不同交易的主要表现维度是资产专用性、不确定性和交易次数。资产专用性是为支持某项特殊交易而进行的耐久性投入,如地点专用性、实物资产专用性、人力资产专用性、专项资产专用性等。如果初始交易没有达成,该项投入在另一用途上或由其他人使用时的机会成本要低得多。这样一来,交易双方的具体身份显然很重要,也就是说,关系的持久性是有价值的。为支持这种交易,各种安排就会出现。

专用性资产的形成,会使合约的性质发生"根本转换"[①]。这种根本转换发生在交易过程中,因为开始时的大量竞价局面并不一定表明在以后仍然会继续存在这种大量竞价局面。事后竞争有效与否取决于所交换的商品或服务是否由交易专用性人力资产或实物资产上的耐久性投资支持。如果没有这种专用性投资,最初的赢标者相对于未中标者并没有取得任何优势。虽然在较长时期内中标者可能继续提供商品或服务,但这只是因为相对于竞争者而言它的标价一直具有竞争力而已。但是,一旦大量交易专用性资产投资发生,相互竞争的供应商就不可能在同一层次上经营了,在这种情况下,中标者相对于竞争者拥有优势。即,在合同执行中开始时的大量竞价局面转化为一种双边供应的局面了。因为如果持续供应关系被终止,经济价值会丧失。如果专用性资产被投入到其他用途,不仅供应商无法获得相同的价值,而且对于一个买方来说,如果他要另换供应商,他还必须诱使潜在的供应者进行相同的专用性投资。因此,双方勉力维持而不是终止交易关系的动力显而易见。对于经济活动的组织来说,这具有重要意义。哈耶克(1945)指出,只有和不确定性相联系,有趣的经济组织问题才会出现。当然,不同的治理结构对扰动做出有效反应的能力各不相同。而所有这些都是有限理性和机会主义造成的,因此,面对要同时解决的有限理性和机会主义的需要,必须对不同治理结构的适应性特征进行比较制度分析。策略型不确定性归因于机会主义,这种机会主义被威廉姆森称为行为上的不确定性。面对公司这样的经济组织,治理的主要问题就是寻找弱化这种行为不确定性的机制。交易次数被用来表征专门治理结构的合理性。当交易次数频繁时,设计专门的治理机制是合算的。在不同交易的三个主要维度上,资产专用性是最主要的。从最广泛的交易角度来推演公司治理的边界,其内在逻辑也取决于资产专用性。

(二)公司的治理边界

公司治理边界内生于资产的专用性[②],这是因为公司当事人由于各自在公司中的专用性资产具有锁定或套牢的特征,由此而产生了各种求偿权的行为,各种各样的行为博弈形成的均衡构成一般意义上的公司治理安排,它所涉及的边界和范围以公司不同当事人专用性资产的累积状态为依据。不同专用性资产的补偿,在一定的法律框架下有先后顺序,这可根据状态依

① 威廉姆森(Oliver Williamson)认为,"根本转换"指的是大量的事前竞价局面在合同执行阶段转化为少数人间的交换关系。参见威廉姆森:《治理的经济学分析:框架和意义》,载《新制度经济学》,埃瑞克·G.,菲吕博顿,鲁道夫·瑞切特编,孙经纬译,上海财经大学出版社1998版。

② 威廉姆森用资产专用性解释垂直一体化治理结构时,得出了三条结论:一是资产专用性低时,市场采购有规模经济和治理优势;二是资产专用性很强时,内部组织有优势,市场不仅实现不了汇总经济优势,而且当资产高度专用时,由于锁定问题,市场治理有风险;三是中等程度的资产专用性导致混合治理。同时,他也区分出四种类型的资产专用性:地点专用性、实物资产专用性、人力资产专用性和专项资产。

存所有权的理念做出一般界定①。设 I 为公司的总收入，且 $0 \leqslant I \leqslant P$，$P$ 为公司最大可能的收入；w_i 为应该支付的各类合同工资，其中 w_1 为支付员工的工资；w_2 为支付给经理人员的工资；r 为应该支付给债权人的本金加利息；π 为股东所追求的满意利润；t 为公司上缴的税费。根据目前各国法律等正式的制度安排，上述不同的当事人索取权的分布为：员工＞债权人＞股东＞政府。

(1)当 $I < w_1$ 时，员工的专用性资产首先得到补偿，其他人都在为员工打工，他们继续保持公司运转是寄希望于公司将来盈利，或者说，这时他们的积极行为是出于对将来的美好预期，当然也不排除有一部分股东在二级市场上由于各种原因没来得及出清而被套牢(这部分人虽然有些无奈但也希望未来是美好的，以下均含这类股东)，这时除了员工以外的公司当事人由于专用性资产的约束，都有对公司治理的高度要求。

(2)当 $w_i < I < w_i + r$ 时，员工和经理人员的利益得到了保障，债权人的专用性资产处在临界补偿状态，这时股东处在资产专用性补偿的边缘。相对来说，政府提供的制度服务具有公共物品的性质，需要借助于强权来实施与公司享受制度服务而必需的支付交换，在公司无利可言的情况下，以利润为基础的所得税就失去了依据，政府没有激励去过分关心亏损的公司。因此，这时真正为公司操心的只是股东，其积极行为的基础仍然是对未来的美好预期。股东对公司治理的要求表现得更强烈。

(3)当 $w_i + r + \pi < I$ 时，股东对未来美好的预期变为现实，股东和国家的利益都有了依据。但由于股东和经理人员依附于公司的黏性更大，他们在公司中的利益和专用性资产比其他当事人丰富。因此，即使在这种情况下，他们仍然有追求公司治理的要求，尤其是股东他们具有专属的超过专用性资产的补偿利益部分，股东对公司治理的要求具有一贯性。基于以上分析，公司治理边界是指公司当事人在公司中专用性资产的维度和半径所形成的范围。在公司中，相关当事人所形成的关系可用图 8—3 表示。

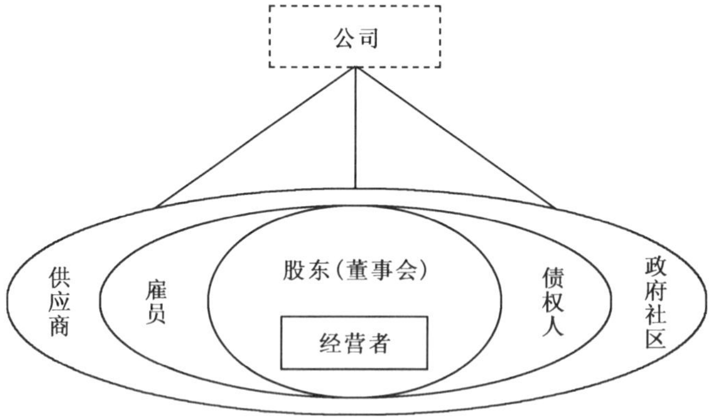

图 8—3 公司的当事人关系图

公司中主要当事人——股东、债权人、经营者、雇员、供应商——都不同程度地形成了特定公司的专用性资产，所有这些当事人对公司治理的要求程度表现为各自专用性资产的函数。

---

① Aghion, P., Bolton, P. An Incomplete Contracts Approach to Financial Contracting. *Review of Economic Studies*, 59:473—494.

而竞争者、社区和政府尽管也在广义上构成公司的利益相关者，但其在公司中的专用性资产表现不明显，因此资产专用性框架下的公司治理边界，不应该将这三类当事人纳入其中。公司治理中政府的作用非常重要，这只是治理边界以外重要的外生变量。

在公司治理边界中的主要内容包括：(1)主要当事人组成的组织结构，在这种结构中他们之间形成一定的制衡关系。(2)董事与董事会是作为股东的代表在相互博弈以及与其他当事人在博弈均衡中实现公司治理。除此之外，接管威胁、代理权争夺、财务结构等博弈形态也成为公司治理的一些内容。

董事会受股东信托负责公司战略和资产经营，监督和制约经营者的主要决策，并在必要时撤换不称职的执行人员。通常有两种类型的公司董事，即执行董事和独立董事。执行董事同时又是本公司的内部行政人员，通常是公司的高级经理；独立董事是在公司中不同时担任行政职务的董事。设置独立董事的目的是为了避免"内部人控制"问题，防止拥有控制权的内部人——经理们利用公司资产为自己谋利益。在美国，大型公司制企业一般采用多数由外部人员组成的董事会形式。对公司实施控制和对公司绩效负责是董事会的职责。董事会一般总要提供这样四项基本功能，即制定战略、确定政策、监督管理者和承担责任。但在具体实践过程中，董事会的活动差异很大。在一个极端，董事会只是任命首席执行官(CEO)并赋予充分的权力，而将干预维持在最低限度。在另一极端，董事会把自己看作最高管理者的管理者，提出或批准所有重要决策。

代理权竞争作为一种治理博弈，是股东"抱怨"(voice)和罢免那些不称职的经营者的基本做法。经理们通常向股东征求由他们代表股东在股东大会上投票的代理权，一般情况下，这些请求会得到满足。但在代理权竞争中，持异议的股东可以通过"争夺"其他股东的代理权委托来投票反对现任的经营者或提出新的候选人。从理论上讲，任何人都可以通过代理权的争夺来向现任经理进行挑战，但这必须受到法律中有关代理权处理规则的约束。代理权竞争是一种可供选择的、低成本的改变公司控制权的做法。争夺代理权与其他接管方法的不同之处在于必须使投票表决的股东相信提议者有能力比现行的经营层做得更好。并且，应法律要求，提议者必须要与经营层所需符合的要求一样来满足众多的申请要求。尽管其他股东很难对这些"另类"提议者的动机和盈利承诺做出准确的判断，但"争夺运动"发动者的大股东(通常是大型的机构股东)身份所显示出的号召力往往会帮助他取得其他股东的支持。一般情况下，只有持有大股份的投资者才愿意忍受其他人"搭便车"行为而花费成本去监督董事会或发起代理权竞争。

所以，股权的集中能显著影响公司的控制。对经理人员来说，大股东的存在是一种威慑，致使他们不敢过分偏离股东意志。因为接管可以使大股东因出售其所拥有的大量股票而获得可观的利润，所以大股东比一般小股东更愿意促进接管活动，从而使接管可能性上升，威胁经理们的职务。另外，大股东还可以通过与在位的经营层进行非正式的谈判甚至直接取得控制权来实施变革，而其成本却比接管和代理权竞争低。正是由于大股东拥有足够多的权益，使得其监督、接管等活动产生的利润增加足以抵补成本，所以他们有足够的激励去实施监督活动，努力促成接管或改革，迫使经理们精心呵护公司的资产。

在大型公司里，公司通过董事会这种内部控制治理实施某种转变往往进展缓慢，或代价太高，没有效率，而接管等市场活动却可以自动发挥作用。只要接管者能看到机会，他们就可以迅速通过标购夺取公司控制权。一般认为，发生在公司控制权市场上的接管是有利于股东、社会及公司组织的。当技术和市场的变化需要公司进行业务调整时，现有的经理却囿于认识而不愿改变既定的策略、组织和管理方式。这时,由外部人员来接管可以迅速地实施转变。债务对经营者来说是一个硬预算约束。公司的控制权或者说企业所有权是一种状态依存所有权(state-contingent ownership)。所以,融资合同实际上起着配置剩余控制权、改变控制权状态的作用。公司向债权人借款,并承诺在某时按某条件做出偿还。如果到时无法偿还,公司控制权就被移交给债权人。这种安排既能防备投资者随意插手和滥用权力,又能防备经营者攫取投资者的投资收益的机会主义行为。

公司治理既要解决准租金的分配问题,又要达到企业决策的科学,保持企业的长期稳定增长。企业的长期稳定增长是准租金产生的前提,这有赖于有效的公司治理。在个体主义的理论上,个人理性往往导致集体非理性,因此,基于权威的科层组织对市场的替代在许多情况下就顺理成章。有效的公司治理是基于企业组织目标对有关当事人的内外部激励和约束而达到的一种均衡状态。

三、公司治理边界的主要类型

(一)有限责任与集团子公司的治理边界

公司的有限责任是公司作为独立企业法人具有的最重要的法律特征,被奉为公司法的经典原则,也是公司成为现代市场经济社会赖以存在的基础和迅猛发展的动力之源泉。然而,随着现代公司的发展,公司与各方面利益关系的复杂化以及由诸如关联交易引起的公司间关系的复杂化,所有者与公司、母公司与子公司之间的关系往往比较微妙,以至于利用公司形式和有限责任的保护来粉饰业绩、欺诈债权人和背离其他利益相关者的利益。也就是说,公司的实际活动往往超越法人边界,公司自身的行为往往忽视法人边界。

(1)有限责任为母公司滥用公司的法律人格提供了机会。在某些情况下,子公司会受到来自母公司的支配与操纵,甚至也可能利用公司的法人资格,借助于有限责任的保护损害子公司债权人的利益而为集团谋取利益,如非法所得、隐匿财产、逃避清偿债务的责任等。

(2)对子公司雇员和股东利益的忽视。如子公司因经营不善而破产,则雇员无法向公司的集团或母公司请求赔偿工资及福利。子公司的股东也不能向其母公司请求利益补偿。

(3)对消费者潜在债务的责任回避。在现实中,往往存在这样的情况,即子公司的行为可能导致消费者利益的损害,使消费者成为债权人。由于有限责任的存在,如果子公司在侵权后因资产不足而倒闭,则消费者作为潜在的债权人其损失也无法向母公司追索。

(4)对政府有关法律和义务的规避。在许多情况下,集团公司也同样利用子公司的法律人格来规避政府的法律。例如,一家公司因其经营业务受到法律许可的限制或注册登记的限制,那么,它就会成立一家新的公司,并实际上拥有和操纵这家公司来进行变相的经营;一家公司还可以通过新设立公司或通过关联交易控制另一家公司,然后通过转移资产、利润的办法来规避税收。公司还可以利用有限责任来规避政府的其他法律,如行政法、劳动法、国际法等。可见,在集团公司治理的实践中,处于被支配地位的子公司的法人边界作为其治理边界是不能反映公司的实际权责关系的。

西方的公司治理和法律实践已经证明,经典的有限责任原则并不是神圣和永久的法则。在许多情况下,需要揭开公司的法人"面纱",扩大子公司的治理边界,通过从属公司的法人"面纱"去透视背后的控制者和支配者,从而平衡公司与其利害相关者之间的关系,显然,在这些情况下,公司治理的边界就需要扩大。图 8—4 描述了企业集团与公司治理边界。

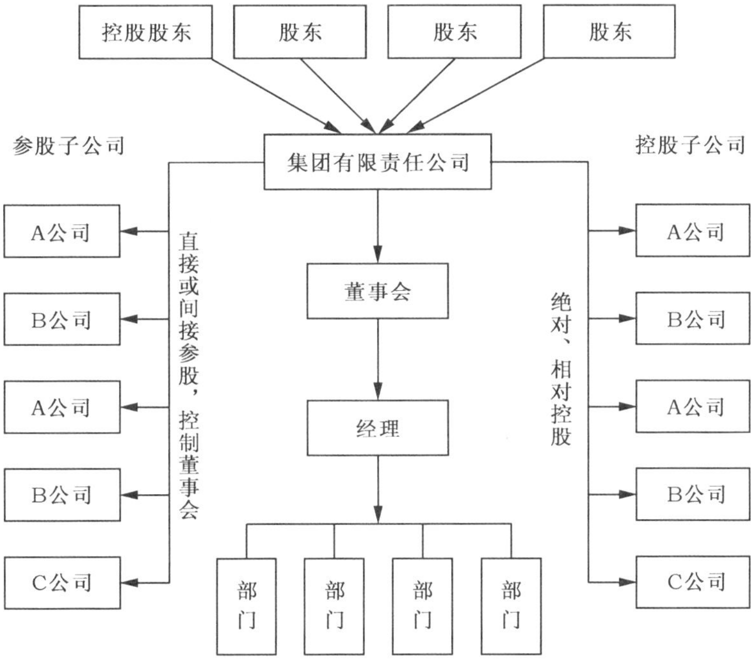

图 8—4　企业集团与公司治理边界

一些西方国家的判例和立法已在相当程度上对这一问题进行了突破:(1)揭开公司法人“面纱”是英美国家的法律对公司特别是在处理关联公司中债权人保护所遵循的主要原则。这一原则最早在 1897 年英国的 Salomon V A Salomon & Co. Ltd. 一案中得到确认。就一般情况而言,控制性公司仅以其投入子公司的财产对子公司的债务承担有限责任,但如果控制性公司无度操纵子公司,从而使子公司实际上丧失独立法人地位时,法律将揭开覆盖在公司之上的法人“面纱”,追溯公司背后的操纵者。控制性公司也可能对从属公司的债务承担责任,维护子公司债权人的利益。(2)在德国的公司法中,对如何处理集团关联公司之间的关系做了相应的规定。在公司集团的关联公司之间,由于交易不是通过竞争的市场在平等的基础上进行的,因此就有可能存在通过虚假交易来粉饰业绩、欺骗利益相关者的情况。德国股份公司法的第三编《关联公司》中规定了有关从属公司债权人保护的专门条款。德国的法律已经认识到了集团关联交易背景下控制公司与从属公司之间关系的复杂性,赋予了从属公司债权人向处于控制地位的公司及其所有者追索债权的权利,在一定程度上突破了有限责任的原则。(3)欧盟第九号指令特别强调了集团公司中的情形,而且赋予了债权人、中小股东及子公司的雇员了解集团其他公司的利益,以及采取行动反对控制公司及其董事会的权利。第九号指令也提出了公司集团中控制与依赖的概念,并建议当依赖性公司资不抵债或破产清算时,其债权人、雇员、少数股东有权向他们的控制性公司进行追索债务与利益,因为损失是由控制性公司的决策造成的,并且这些决策忽视了他们的利益。西方国家的这些实践表明,公司治理不应再局限于公司法人的自主权和公司的边界之内。在许多情况下,公司治理的边界大于公司的法人边界。

(二)集团母公司的治理边界

企业集团的复杂性使得企业集团公司治理具备了双重特征:(1)母公司、子公司以及关联公司分别有治理结构行使治理的职责;(2)企业集团本身又构成了一个统一的治理机制运作系统。同时,企业的社会责任决定了企业集团公司治理的主体从股东扩大到利害相关者。这样就使得企业集团的权力、责任配置以及监督、指导、决策等治理活动超越了企业的法人边界,从而引出企业集团公司治理边界的问题。企业集团中,母公司与子公司是控制权的关系,母公司的决策意志能够充分体现在子公司的行为中,也就是说,母公司决策意志延伸的范围构成了母公司与子公司外延的界限(见图 8—5)。这个界限我们称之为集团治理内边界,它体现了母公司决策权的范围。集团治理内边界超越了母公司的法人边界。虽然在公司法的意义上母公司和子公司都有独立的法人治理边界,但在实际的经济意义上子公司要受母公司的治理,它的行为体现了母公司的决策意志,对母公司要有说明责任。因此,集团治理内边界体现了说明责任的范围。

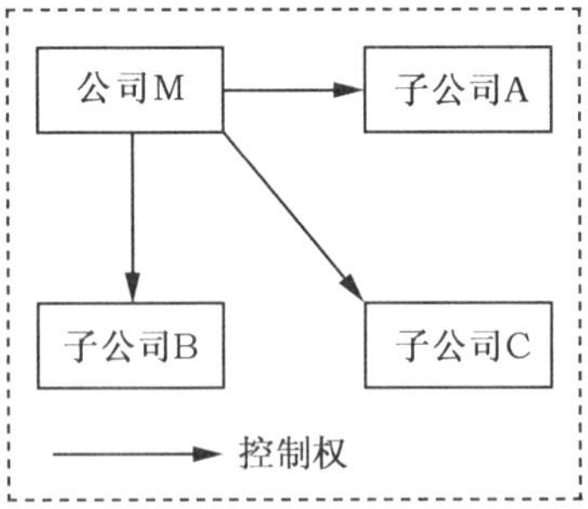

图 8—5　集团治理内边界(控股公司)

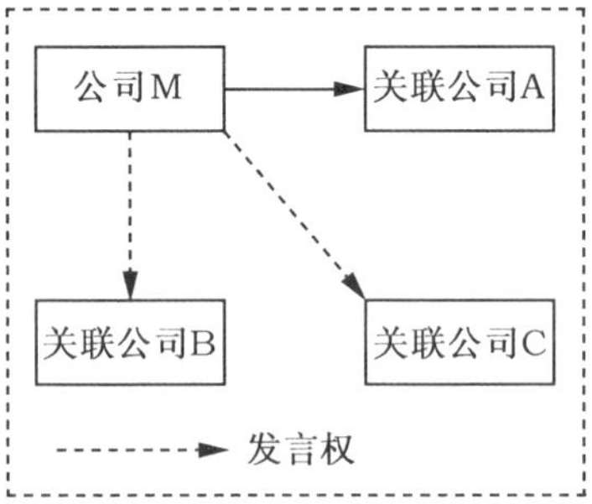

图 8—6　集团治理外边界(参股公司)

在图 8—6 中,公司 M 与关联公司 A、B、C 基于共同拥有市场、共同使用资源等战略目标,通过各种契约而形成关联关系。它们构成的外延界限称为集团公司治理外边界,它确定了母公司在企业集团公司治理中的发言权的范围,即在关联公司治理中有表达自己意志的权利,而一项决策对其意志的体现程度,取决于关联公司董事会成员间谈判的结果。集团治理的外边界体现了有限责任的范围,即集团公司作为关联公司决策者的一员要按其出资份额承担相应的权利和义务。

(三)网络经济中的公司治理边界

网络经济的技术基础是互联网,这种经济形态是人类智慧的伟大结晶。它有着自己独特的运行规则。这些规则主要有:(1)直接经济;(2)超强的正反馈;(3)网络的正外部性;(4)标准化竞争;(5)互补性;(6)信息产品成本的高固定低边际性;(7)消费转移的高成本;(8)注意力经济;(9)系统竞争。

网络经济的基本规则导致了公司治理边界的一些变化:(1)网络经济采用最直接的方式拉近服务提供者与服务对象的距离,将工业时代的迂回经济变成了信息时代的直接经济。这减少了公司治理边界中的中间环节,使过去颇费交易成本的治理过程变为可能。(2)在网络经济形态中,需求方规模经济和供应方规模经济有机地结合起来,结果导致“双重作用”:需求方的增长既减少了供应方的成本,又使产品对其他用户更具吸引力——进一步加速了需求的增长,结果形成超强的正反馈效应,从而导致产业和市场超速发展。反映在公司治理边界上就是产业的迅速扩张,信息通道较短中的治理边界随之扩张。(3)网络的正外部性表明,当我们加入网络时,网络会变得更大更好,对参与双方都有好处。与网络的外部性紧密相关的就是总转移成本。对试图在市场中推出新的、不兼容的技术的公司来说,最大的挑战就是通过克服总转移成本——即所有用户的成本总和——来扩大网络规模,这对单个公司来讲治理的边界和内容必须向合作和兼容方面逼近。(4)受强烈的网络效应影响的技术一般会有一个长的引入期，紧接着是爆炸性增长。这种模式是由于正反馈引起的：随着用户安装基础(installed base)的增加，越来越多的用户使用该产品是值得的。最后，产品达到了临界容量(critical mass)，占领了市场，成为标准。在竞争成为标准，或至少是获得临界容量的过程中，顾客预期是关键。事实上，被预期成为标准的产品将会成为标准。这对公司来讲，“预期”也构成了重要的决定公司治理边界的专用性资产。(5)互联网的应用必须是众多消费者一起使用才能充分获得它的福利。对公司来说，消费者同序偏好的专用性资产达到临界是关键。(6)信息产品的近乎零边际成本和“经验产品”以及注意力经济决定了公司治理边界的自主变量——专用性资产的又一新变化，锁定(lock-in)和消费者的转移成本以及搜索引擎(Web)也被纳入其中。

阅读材料 8－6

移动互联网时代公司治理面临挑战

移动技术、大数据、O2O 模式的发展，对于公司治理以及治理的趋势将产生什么影响呢？学者认为管理创新已经落后于技术创新，同时，公司治理的创新又滞后于管理创新。面对移动互联时代的挑战，需要坚守公司治理思维，也必须直面各种挑战。

技术发展与社会经济转型，推动着公司治理边界拓展，呈现出从公司治理到集团治理、跨国公司治理，进而到网络治理的发展趋势，移动互联技术又进一步强化了这一趋势，表现出新的特点。移动互联网对于公司治理有以下几个方面的影响：

1. 垂直治理转向网络治理

传统的公司治理是垂直的，随着集团治理、跨国治理的发展，公司治理实际上也朝着扁平化、网络化的方向发展。但是，互联网、移动互联网等新技术的出现，使原有的企业内网络、企业间网络和社会网络由于技术的导入发生了革命性的变化。

网络治理表现在两个方面：一是利用网络进行治理，网络是工具。比如当初股权分置改革，我们就导入了网络投票。二是对网络型组织如何治理。现在确实是往这两个方面走了，而且变化是巨大的。因为网络治理的特点不仅更加强化了多元利益相关者参与治理；另外，治理行为的出发点也不只是简单地从自身出发，还有一个协同效应，治理的边界得到了拓展。网络治理使治理行为、治理边界、治理成本、治理风险、治理评价都发生了很大的变化。

移动互联网方面，从 PC 到智能终端，到近年出现的可穿戴设备，发生了很大的变化，对治理带来了什么变化？利益关系变了，信息结构变了，治理成本变了。

2. 弱化了利益主体之间的信息不对称

微信的朋友圈逐渐形成“小而美”的商业业态。微信朋友圈的影响，在中国这样一个重视关系的国家的影响力比别的国家更强。微信的朋友圈改善、弱化了利益相关者之间信息不对称的现象，原来我们的信息披露是层层下来的，你没拿到报纸都看不到，有几个中小股东去订报纸？现在就不一样了。信息面前，人人平等，影响了主体的治理意识和治理资源。

大数据时代也进一步推动着这种变革——数据更多、更广、更杂、更好。这种变革包括刚才讲的互联网金融等这些新的业态出现了。在这种情况下，就为治理提供了新的手段。

移动互联强化了网络治理。除了工具、业态，还催生着新的股东社群、新的网络社区主体。

原来不参与治理的小股东，没有能力、没有成本的参与者，现在都有机会参与了。而且，社群作为外部主体积极参与治理。新媒体、自媒体也积极影响治理。交互在线、实时、不受地域限制的移动互联特征推动了公司治理的“现代化”。双汇公司曾声明微信上有人误解传谣，让他们损失了300亿元市值，需要讨个说法。但是，拿微信打官司不好打，别人在微信上造谣你怎么办？我们原来想到控股股东、经营层，现在一个稍微弱相关的关系，一个利益体，一个谣言传出来，就可以让公司治理陷入危机。

3. 推动治理权力重组和治理模式创新

阿里集团作为网络高科技企业，无论对美国还是中国香港市场来说，都是值得争取的对象。但是，何以阿里上市之路如此坎坷？其核心在于围绕控制权的制度创新——“合伙人制”与外部治理环境的冲突和再匹配。阿里巴巴的合伙人制度其实就是在公司章程中设置的提名董事人选的特殊条款，即由一批被称为“合伙人”的人，来提名董事会中的大多数董事人选，而不是按照持有股份比例分配董事提名权。阿里的合伙人制度本质上类似给予马云等合伙人以控制权优先股，是现有规则难以解释或允许的治理模式创新。

为什么马云等在并未让渡收益权的情况下，雅虎、软银等大股东没有提出相应异议，反而支持合伙人制度顺利通过？在高科技网络组织中，控制权对技术持有者至关重要，是技术能够自由流动、使用和发挥应有效果的保障。沿用“垂直化”治理模式，无法保证对技术持有者的有效激励，难以保持企业发展所需的持续动力。所以，对于高科技网络组织来说，“垂直化”治理模式已经不再适用，需要调整以技术核心为主的管理层在治理链条中的位置，逐渐向“扁平化”治理模式发展。

公司治理是一个过程而不是一次性的行为，伴随着组织发展的始终。移动互联网时代，公司治理还要面临很多挑战，治理也将进入一个新的阶段。

资料来源：上官文复，《移动互联网时代的公司治理》，《服务外包》，2014年第3期。

第四节　公司治理的目标

一、公司治理的任务

（一）委托代理与监督制约

在公司制企业，股东聘用具有专业的管理知识和专门的管理技能的经理人员经营公司业务，因此，股东与经理人员之间产生了委托代理关系。由于股东与经理人员的利益不完全一致，为了保证经理人员从股东的利益出发进行决策，必须对其进行监督。

（二）大股东约束与利益均衡

当公司股权结构分散时，代理问题表现为股东与经理人员之间的利益冲突，但在公司的股权集中到一定程度后，大股东拥有对公司实际的控制，由于大股东与其他股东的利益并不完全一致，因此，大股东有可能为了自己利益的最大化而侵占其他股东的利益[①]，此时代理问题从

① 约翰逊等(Johnson et al.，2000)提出了“利益输送”(tunneling)概念。他们认为，股权集中会造成大股东与中小股东之间的严重代理问题，大股东倾向于利用自己手中的控制权，通过各种“隧道”的方式从公司中攫取资源，从而造成对中小股东的利益侵蚀。见 La Porta，R.，LoPez-de-Silanes，F.，Shleifer，A. Corporate Ownership around the World. *Journal of Finance*，1999，54：471—517.

股东与经理人员之间的利益冲突转移到了大股东与小股东之间的利益冲突。因此，在股权集中的情况下，主要的问题是对大股东的监督和约束，避免对小股东利益的侵害行为。

(三)"股东有限责任"与债务权益保护

"有限责任"对于股东来说是一个优势，但这一原则的滥用也会危及债权人的利益。若大股东操纵公司从事与其注册资本不相符的业务，产生的经营风险显然对股东和债权人来说是不对等的，保护债权人的利益成为一个重要问题。

(四)利益相关者与利益保护

根据利益相关者理论，公司是包括股东、债权人、雇员、顾客、供应商、政府、社区等在内的广大公司利害相关者一系列契约的联结。因此，公司治理的主体不仅要保护股东的利益，还要保护债权人、雇员、顾客、供应商、政府、社区等在内的所有利益相关者的利益。

(五)信息不对称与信息有效披露

利益相关者需要公司的信息来进行决策，但是，经理人员负责公司的日常运作并控制了信息披露，因此与其他利益相关者之间存在信息不对称，而且经理人员为了自身的利益最大化存在虚假披露的倾向，这就要求通过公司治理保证经理人员披露高质量的信息。

(六)关联交易治理与行政——市场双重约束

关联交易是关联方之间转移资源或义务的交易，其主要特征是：尽管交易以市场行为方式进行，但由于一方往往对另一方具有控制或重大影响，交易结果并不一定是公平的，有可能造成一方对另一方投资者利益的侵害，并由此影响投资者的信心和资本市场的稳定。因此，这就需要通过政府的行政权力和市场力量双重制约，以减少不公允关联交易。

(七)内部人控制与制约

所谓"内部人控制"，是指在所有权与经营权分离的情况下，独立于股东或投资者的经理人员掌握了企业实际控制权，在公司战略决策中充分体现自身利益，甚至内部各方面联手牟取各自的利益，从而架空所有者的控制和监督，使所有者的权益受到侵害。由此可知，内部人控制会导致治理结构的扭曲和经理人员损害利益相关者利益的败德行为，造成资源浪费，因此需要对其进行控制与制约。

二、公司治理的目标

关于公司治理的目标，目前主要有以下三种观点：

(一)股东价值最大化

股东价值最大化的观点认为，股东是企业的唯一所有者，同时也是公司治理的唯一主体，公司治理就是股东对经营者进行激励和约束，确保股东能够得到其提供的资金的回报，因此，公司治理的目标就是追求股东价值最大化。但是，在如何实现这一目标上却存在着两种观点。

1. 金融模式论

金融模式论也称金融市场理论。该理论认为，股东拥有公司，公司应按照股东的利益进行管理。公司的价值可以在金融市场得到表现，或者说最大化股票的价值即等同于最大化公司财富创造，其理论基础是有效市场理论，即股票价格完全由金融市场决定并有效地反映该公司的所有相关信息。根据这一理论，金融市场能够比较有效地解决代理问题，特别是在校正公司扩张投资或建立公司管理层对股东的不负责任的行为等方面，因为控制权市场的存在将使价值下降的公司面临被收购的威胁。

2. 市场短视论

该理论认为，金融市场是短视和缺乏忍耐性的，股东们并不了解自身的长期利益，在公司为长期利益进行投资（如在研究与开发以及在市场拓展战略等方面进行持续投资而延期对股东支付）时，股东会通常倾向于卖出股票进而降低股票的价格。因此，该理论认为，来自金融市场的短期压力迫使公司管理层在很多情况下将精力集中在短期业绩上，因此公司可能实际上是在进行低业绩的操作，并导致长期利益和竞争能力的牺牲。

股东价值最大化目标主要存在如下问题：

（1）股东价值最大化的目标容易导致经营者的"道德风险"。股东价值最大化的目标要求股东设计一个最优的可以对经营者行为进行激励和约束的机制，使经营者为其实现财富最大化而努力工作。但是，由于经营者同股东的利益并不一致，并且经营者拥有企业的控制权，在信息非对称的条件下，经营者很容易利用其控制地位，从事有损于股东利益的行为。而债权人、职工等其他利益相关者对经营者也难以实施有效监督，这都为经营者谋取自身利益最大化创造了有利的环境。

（2）企业所有权是一种状态依存所有权（state-contingent ownership）[①]，股东不是企业的唯一所有者，债权人、职工等都可以成为企业的所有者。令 x 为企业的总收入，w 为应该支付工人的合同工资，r 为对债权人的合同支付（本金加利息）。假定 x 在 0 到 x 之间分布（其中 x 是最大可能的收入），工人的索取权优先于债权人，那么，状态依存所有权说的是，如果企业处于"$x \geqslant w+r$"的状态，则股东是所有者；如果企业处于"$w \leqslant x < r+w$"的状态，则债权人是所有者；如果企业处于"$x < w$"的状态，则工人是所有者。进一步，由于监督经理是需要成本的，股东只要求一个"满意利润"（存在代理成本下的最大利润），只要企业利润大于这个满意利润，股东就没有兴趣干涉经理，经理就可能随意地支付超额利润（如用于在职消费）。假定 f 是这样一个满意利润，那么，还可以说，如果企业处于"$x \geqslant w+r+f$"的状态，则经理是实际的所有者[②]。因此，公司治理不能仅仅为股东服务，还要考虑其他利益相关者的利益。

（二）利益相关者利益最大化

利益相关者利益最大化观点认为，企业视为由利益相关者组成的"一系列合约的联结"（nexus of contracts）[③]，公司利益相关者包括股东、经理人员、债权人、政府、供应商、供货商、员工和社区公众等[④]。企业要重视所有利益相关者的利益，使所有利益相关者的总体利益达到最大化。

利益相关者利益最大化目标存在如下缺陷：第一，在实际生活中，不同利益相关者的利益诉求各异，有时可能是相互冲突的，多方共赢很难实现。第二，利益相关者利益最大化目标很容易产生"搭便车"问题。由于利益相关者人数众多，考虑所有利益相关者的利益有可能使部分利益相关者获得与其付出成本不相匹配的利益，降低了参与公司治理的积极性，导致"搭便车"问题。

---

① Aghion，P.，Bolton，P. An Incomplete contracts Approach to Financial Contracting. *Review of Economic Studies*，1992，59：473－494.

② 张维迎：《所有制、治理结构及委托—代理关系——兼评崔之元和周其仁的一些观点》，《经济研究》，1996 年第 9 期。

③ 张维迎：《企业理论与中国企业改革》，北京大学出版社 1999 年版。

④ 格丽特・M. 布莱尔著，张荣刚译：《所有权与控制——面向 21 世纪的公司治理探索》，中国社会科学出版社 1999 年版。

(三)市场约束下的核心利益相关者价值最大化

核心利益相关者价值最大化的观点认为,公司治理不能只考虑股东的利益,也不可能照顾到所有利益相关者的利益,而应该关注核心利益相关者的利益。核心利益相关者是指那些在企业中进行了高专用性投资,直接参与企业经营活动并承担了高风险的个体和群体,其活动直接影响企业目标的实现,没有他们企业将无法生存与发展[①]。根据以上定义,核心的利益相关者主要是指股东、经营者和员工[②]。核心利益相关者价值最大化公司治理目标模式吸收了股东价值最大化目标模式和利益相关者价值目标最大化模式的优点,是两种模式的一种有效嫁接和创新。核心利益相关者价值最大化存在如下优点:第一,股东、管理者和员工共同参与公司治理,可以构建有效的利益制衡机制,形成各利益相关者之间相互制衡关系的有机融合,有效地解决委托代理关系导致的代理问题。第二,核心利益相关者作为公司治理的主体,有利于对企业利益主体形成有效的保护,激励他们为提高企业的长远绩效而努力。

阅读材料 8-7

日韩企业应对公司治理压力改弦更张

亚洲地区掀起企业治理活动之际,一些最大型企业,如日本三大银行和全球最大的汽车制造商,因传统的交叉持股结构饱受诟病也纷纷加入其中。

交叉持股结构通常会导致长期业务伙伴或同集团公司彼此锁定股权,这种结构在日本和韩国很常见。然而随着本月日本企业治理新规生效,加之外资股东反对声渐盛,迫使交叉持股的企业进一步解除这种股权结构,并促使某些企业想办法维持控制权。

为达到新治理标准的要求,日本银行业准备开始出售所持客户企业的股权,该国经济繁荣时期建立的企业联盟将进一步瓦解。不过来自大型银行客户的阻力表明,并非所有日资企业都赞成政府加强对股东响应的新举措。

丰田汽车公司管理层通过了一项发售至多 5 000 亿日元特别股票的计划,该计划将增强长期专注丰田汽车的国内投资者的影响力。海外代理顾问反对这项计划,其中一个顾问称此举将创建一个整体上更听话的股东圈子。

在韩国,公司治理运动催生了反垄断规则,目的是结束家族企业的交叉持股,减少内部交易。包括三星电子在内的公司也上调了股息派发的规模,以响应韩国财政部长和股票交易所运营商发出的将更多现金回馈股东的呼吁。

三星电子目前正就一家子公司拟 80 亿美元收购集团旗下建筑业务一事与美国一家维权对冲基金进行对峙。外界普遍认为这是三星电子让其董事长之子和法定继承人获得这家韩国最大企业集团更多控制权的方式之一。

韩国第二大企业现代汽车公司(Hyundai Motor Co.)成立了一个由独立董事组成的董事会级别的委员会,以期在企业做出合并等重要决定时保护股东利益。这是韩国大公司成立的首个这类机构。在现代汽车召开的年度股东大会上,若干海外投资者曾要求成立这样一个委员会。

---

① 邓汉意、张子刚:《企业核心利益相关者共同治理模式》,《科研管理》,2006 年第 1 期。

② 陈宏辉:《企业利益相关者的利益要求:理论与实证研究》,经济管理出版社 2004 年版。

对日资银行的一大争议在于,它们仍持有市值约16万亿日元的股份,这是一种存在了数十年之久的习惯所产生的影响。在日本,企业习惯于通过交叉持股来加强彼此间的联系。这种交叉持股的形式使企业更容易抵御外部干预,无论是来自其他企业的收购企图,或是对投资者提高回报率的要求。

从某种程度上而言,为了满足更加严格的资本要求,这些年来日资银行一直在剥离这些持股。即便如此,如今它们面临更大的压力要抛售这些股份。根据新的公司治理规定,所有上市公司每年都要对它们的投资予以说明,包括详细解释它们的目的以及缘由。这一规定旨在促使企业更好地利用资金。

丰田汽车的举措虽然并不是对银行上述举动的直接回应,但也是在企业治理环境发生上述转变的背景下发生的。该公司股东自公司于1937年创建以来从未否决过任何一项管理提议。

丰田汽车的大股东包括集团公司、银行和人寿保险商。丰田自动织机股份有限公司持有丰田汽车7.1%的股份,Denso Corp持有2.6%的股份,三菱UFJ金融集团的持股比例则均为1%左右。另外,海外投资者持有约30%的丰田汽车股份,而散户投资者的持股比例在10%左右。

高盛策略师Hiromi Suzuki在上个月发布的一份报告中表示,总体来说,出售交叉持股对日本整体股市有利,这或许能够提高资本的效率,使公众持有更多股票,并支持并购活动。

资料来源:《日韩企业应对公司治理压力改弦更张》,中国公司治理网,http://www.cg.org.cn/n/8239.html#。

第五节 公司治理机制的类型与设计原则

一、公司治理机制的主要类型

公司治理机制主要有三大类,即权益机制、市场机制和管理机制。我们对权益的界定是对专用性资产的求偿权。权益性的公司治理机制主要是与利益相关者的专用性资产相对应,包括股权机制、债权机制、经营者机制、工会机制和消费者供给者机制。考察一个特定公司的生命周期,我们可以做出如下推断:股权构成了公司信息节点最基本的标识源,公司从其诞生的那一天开始就是建立在股权基础之上的,没有一定股权性资金和技术支撑的公司恐怕连诞生的资格都没有。只有在一定的股权之上,债权才有其依附的依据,同样经营者和员工及消费者和供给者的行为也都是在股权和债权基础之上的。但当公司发展到一定程度,尤其是各种权利共同形成企业的资产,权利背后的行为人都在公司形成了一定的专用性资产,相互获取准租金时,股权根本性的地位就会让位于其他权力。当然,这要看各种专用性资产与公司总价值之比,这里牵扯到的一个技术性问题就是各种专用性资产的确认和计量,且这种可以用数量表现的专用性资产又是一个动态的数据。

不同的公司或者同一公司在不同的时期要有不同的治理机制,那种追求模式性的一劳永逸式的公司治理机制是不现实的,公司治理机制如同"持续经营"假设的会计核算前提一样,是一个永恒的话题。历史上曾有过股东利益至高无上的公司治理理念,这种理念应该有其具体的条件和时间约束,当货币资本、实物资本的稀缺性远大于其他资本的稀缺性时,公司的治理范式将建立在资本雇佣劳动的基础上。

但当社会发展到今天这样的情况时，货币资本和实物资本的稀缺性相对于其他资本的稀缺性得到了大大的缓解，特别是网络经济时代的到来，各种资本相互套牢，很难判定谁更重要、谁是次要。强调利益相关者共同利益的公司治理理念应运而生。在利益相关者公司治理理念的框架下，股权机制只能是公司治理机制体系中一个重要的机制而已，一个公司一旦成立，公司法人随即成为一相对独立的信息节点，再加上债权和经营者及雇员的人力资本所形成的资产而增大公司信息节点的能量，股权反过来就要依附于公司法人，资本保全制度的框架使得相当大一部分股权不能流动，从而也就弱化了最初意义上的所有权。公司要保证自己这一信息节点的有效性，首先要保证公司的利益，其次才能考虑其他的利益相关者。在这种状态下，股权机制通过董事会的形式与管理层进行博弈来争取股东利益最大化。

股权机制的实施一般面临的问题有：管理层实际上控制了董事会即所谓“内部人控制”；董事会奉行缺少激励管理层积极创新的政策妨碍了整体福利的提高；大股东损害小股东的利益等。前一类问题在已有的委托代理理论中已做了相当深入的研究，问题的焦点在于信息的不对称和监督成本，特别是再加上董事会一方属于集体行动的范畴，“免费搭车”(free ride)的痼疾不可避免，这就造成了董事会一方很难有像一个人那样的行为意志，因此在董事会与管理层的博弈中，只能是尽量借助于压力机制，两利相较取其大、两害相较取其轻。在董事会有绝对权威的时候注意设计出好的激励机制，激励管理层最大限度地发挥其积极性。后一类问题主要是同一集团内部存在的少数人对多数人的“剥削”，这需要根据风险和收益配比原则借助于压力机制来适当解决，主要强调股权平等的原则。在我国出现的一股独大、屡屡发生、侵害中小股东利益的事件，更主要的原因在于独大的一股是与强势的政府相结合。平等基础上的一股独大相对来说借助小股东的“用脚投票”等压力机制还好解决一些，尤其是机构投资者与小股东联合起来有可能抗衡一股独大问题。

理论上讲，债权依附于股权。债权人之所以将自己的货币或者其他物品出借给债务人，是因为在这一出借过程中可以得到一些好处，同时债权目前拥有的资产等各类信号表明其有很好的发展能力，即使这样，债权人也要承担债务人不能还本付息的风险。为了风险最小化，债权人在出借前和过程中对债务人的监督和信息考核就是不可或缺的，公司治理中的债权机制恰恰也就体现在这里。在长期的债权债务关系中，债权人在本期(t)如果得到满意的回报且根据已有的信号表明债务人状态良好(主要表现在财务方面)，那么债权人就可以在下一期($t+1$)继续与债务人合作。这一机制的良好运行需借助高质量的资讯信号和完备的法律环境等，因此事前的资信评估、事中和事后的监督和信托及其他金融机构的托管制度需要体系化的完善。公司中凭借自己的活劳动来创造财富的阶层被称为人力资本的所有者，实际上这部分人被分为两部分：一是凭借自己的较高专业知识和以往良好业绩的信号显示被推举到经营管理或技术管理与实施层面上的一部分人；二是一般的员工，他们一旦选择某一特定的公司，自身的发展与知识积累就会与公司的实际结合在一起，形成专用性资产形式的沉没成本。这部分人中的第一部分属于奥尔森意义上的小集团，具有一些集体行动的优势，他们凭借自己对公司的管理和技术方面的信息优势对公司治理有着相当重要的作用，形成一个经营者机制。至于一般员工层次的人力资本，和众多的小股东相似属于大集团问题，尽管一般员工采取工会机制在公司治理中发挥作用，但大集团中集体行动的困境在工会中表现突出。因此工会机制在公司治理中处于相对弱势，尤其在中国是这样的。消费者和供给者分布于公司的上游和下游两端，由于较长期的交易往来形成了一定量的专用性资产，如供给者为提供特定的产品而投入的专用性设备、消费者购买到特定产品(如软件产品)需要后续的技术服务或者性能升级等。

他们作为公司的利益相关者尽管不能向股东、债权人等那样直接参与公司的治理，但这一间接机制从两端框定着公司内部的所有机制。

另外，公司依附于市场，市场的繁荣决定于公司信息节点的能量。公司及公司的利益相关者都可以利用市场来作用于公司。公司治理的市场机制主要包括资本市场、劳动力市场（含经理市场）、产品市场等机制。市场机制在公司治理中关键是形成一定的进入和退出机制对部分专用性资产解套，从而压迫不能退出者和不想退出者，设法维护公司这一信息节点有效的信息发散。如我国的上市公司大多不喜欢现金分红，那么股东就以投机方式来套现退出，弱化公司的信息能量，波动整个股市，让所有的上市公司都搭上信心不足的便车，致使投融资渠道萎缩，影响整个经济形势。公司治理中的各种机制背后的行为人集团有着不同的结构，各集团之间、集团内部相互博弈，形成的均衡很可能是个人理性而集体非理性，为使博弈人获得整体的更大利益，管理机制的实施就显得非常必要。公司治理中的管理机制主要是公司治理原则的制定得以贯彻，管理机制要借助于一定的规则或强制或提倡性规范其他机制背后的行为人。这种规则有效的前提就是激励相容，有了这一前提保证再加上强制或提倡性的信息强化，公司治理中的行为人就会在网络正反馈作用下趋同其行为，使公司治理走向良性轨道。

最后，公司的管理机制也非常重要，此处不再赘述。

二、公司治理机制设计的主要原则

公司治理的各种机制都是与具体的行为人及其集团相对应，要发挥好各种机制的作用，需要很好把握行为人的行为模式；公司治理是各种机制体系性共同作用的结果，在时间和空间上的分布也是经常性的。任何一种机制都是在保证行为人都能参加“游戏”的前提下后发而形成的。上述对公司利益相关者行为逻辑的分析，构成了公司治理机制后发形成的基础。公司治理机制是不同的利益相关者在各种变量的压力下相互作用而达成的一种保证各自利益和集体利益的运动规则，而这种机制性规则的目的在于使公司这一信息节点最大限度地发挥其能量。在目的和机制之间存在着机制设计的一般原则，主要包括：

（一）激励相容原则

保持一个机制有效的根本原则就是激励相容，这一原则强调了机制需求者最终目的的一致性，强调了机制设计者和机制需求者最终目的的一致性。机制的形成有两种基本类型：一是行为主体在相互博弈中自发形成的，二是在经济主体相互博弈的基础上由第三者设计的。激励相容原则在第一类机制形成中是自然的贯彻，强调激励相容关键是对第二类机制的形成而言，因为在这类机制形成中，第三者设计机制时很可能陷入信息不对称的圈套，而使设计的目的与机制需求者的目的发生偏离。因此，机制设计必须明确机制需求者的行为基础及其模式。现实中的公司治理机制主要表现为设计的属性，因此贯彻激励相容原则尤为重要。

（二）资产专用性原则

在我们的逻辑中，判定公司利益相关者的依据是资产专用性，这样资产专用性就构成了公司治理的重要原则。所谓“资产专用性”，是指某种资产只能用于某种专门的用途，如果转移用于其他用途，则其价值大大降低，放弃其他用途构成此类专用资产的机会成本。公司的利益相关者都在公司中形成了某一数量的专用性资产，这些能够用数量来表示的专用性资产可以用一定的标准和方法分离出来，而这恰恰成为不同的利益相关者不同行为决策的关键。无论是股东、债权人、经理人员、员工还是与公司具有较长期契约关系的供应者和消费者，都有一定的专用性资产锁定在特定的公司中。设计公司治理机制必须将这一原则放在重要的位置。

(三)等级分解原则

等级分解原则是指使组织的内部结构安排能够克服各当事人的机会主义行为,进一步地说,就是使组织中的决策权和相应的责任进行分解,并落实到每个便于操作的基层单位,从而有助于防止"道德风险",进一步节约交易费用。

(四)效用最大化的动机和信息不对称假设的原则

这一原则是信息范式下研究问题的出发点,效用最大化的动机表明了行为人的行为方向,信息不对称或不完备表明了行为过程中的约束。因此,行为人即使从效用最大化动机出发,由于信息不完备的约束也不见得就能达到效用最大化。我们说公司治理机制体系中的卡尔多改进比帕累托评价标准更现实一些,就是因为最大化的行为动机受制于信息的不对称。

阅读材料 8－8

创维事件:一个糟糕的公司治理样本到现在的创维集团

1. 创维的产生

回溯民营企业和家族企业,使我们想起了创维的历史。1988 年,黄宏生在"下海潮"正热时选择独自创业,在我国香港注册了一个小公司"创维"。但由于不熟悉香港的环境,不久就造成亏损。不久,黄宏生创办了一家遥控器厂,与飞利浦公司的工程师合作开发丽音解码器,但由于丽音广播成本太高,黄宏生又尝到了失败的滋味。

令所有人没有想到的是,搞技术和生产的黄宏生此时从企业并购的资本市场上找到了"救命稻草"。1991 年,香港迅科集团由于高层内讧,将公司拍卖,引来各路富商大竞标,黄宏生却成为这场大战中真正的赢家。因为他把目光瞄准迅科彩电开发部的技术骨干,出让公司 15%的股份将其纳入旗下,创维获得了强有力的技术支持。9 个月后,创维开发出国际领先的第三代彩电,并在欧洲市场一炮打响。

有了第一次的成功,创维更加重视资本市场,1994 年,创维斥资 3 亿港元取得 51%股权,合资成立"深圳创维——RGB 电子有限公司"。彩电年产 40 万台,销售 5.5 亿元。1999 年,创维成功吸纳国际风险投资 3 000 万美元,开创了家电业海外大规模融资新的模式。有了这些基础,2000 年,创维在香港成功上市,募集了 10 亿元的资金。

我们看到今天的创维已经是经过现代公司治理理念的处理后的创维。

2. 创维公司——由于欺诈而"被审"

创维集团有限公司是以香港创维数码控股有限公司为龙头,跨越粤港两地,生产消费类电子的大型高科技上市公司,是中国三大彩电龙头企业之一。创维数码(0751,HK)于 2000 年 4 月在香港主板上市。2004 年 11 月 29 日,其正式成为摩根士丹利资本国际(MSCI)香港小型股指数成分股。其原定 11 月 30 日公布截至 9 月 30 日的 6 个月中期业绩,但 11 月 30 日 9 点 44 分突然遭港交所勒令停牌。随后香港廉政公署传出消息,因涉嫌盗取创维数码 4 837 万元,创维集团董事局主席兼创维数码控股主席黄宏生被香港廉政公署的调查人员拘捕,同时被捕的还有其他九名高管人员。当时,"创维事件"震动香港股市。因为一直以来,创维数码公司在港股中一直被认为是所谓的"基金爱股",其公司治理水平也有良好口碑。但这些都在顷刻间不复存在。

3. 从公司治理的角度来分析创维公司问题产生的原因

(1)董事会为何没有更好地监控公司财务,监事会的职能在哪里?欺诈行为的发生,董事会为何迟迟没有发现呢?

(2)公司的内部控制何在,内部监控机制为何没有及时制止偷窃行为呢?

(3)私人家族企业在治理公司上存在的问题有哪些?

(4)经营者本人的道德风险、逆向选择,以及受本身专业素质的影响有哪些?

4. 创维的解决策略

(1)加强监事会、董事会的监督职能

其高管层在公司面临危机时合理调整公司治理结构。首先,创维迅速改组了董事会,涉案黄宏生仅保留非执行董事一职,其弟则辞去一切行政职务。其次,加强监事会的监理职能,在必要的情况下审阅、查核公司的财务及业务记录,维护公司的正常营运、监管内部管理制度及财务监控系统并建议改善措施。

(2)加强公司内部控制

公司董事会能够独立自主地统筹安排,控制事态发展。公司实行"期权制",上市以后进入企业的职工,只要达到了一定的岗位,就享有期权,而期权是与股市价格挂钩的。这种与股市挂钩的期权制,在保证管理者归属感的同时,也促使其在危机来临时,齐心协力共渡难关,重塑股民信心。创维还分设集团主席,明确行政总裁职责,并设立薪酬委员会及提名委员会,加强对高层领导和员工的业绩评价机制,进一步明确责任和奖惩制度。同时,各集团主席配合监事会监督高层的不规范和对公司有风险的行为。

(3)改变家族企业的管理模式

"创维事件"发生后,创维化危机为机遇,对公司的治理结构进行了更为科学的变革。黄氏家族的高调引退、新任 CEO 王殿甫临危受命、新机构"独立委员会"的成立,构成了创维成立 16 年来公司在治理结构上的一次最为深入的改革。通过改革,公司不仅引入更多的专业人士,为高管层注入"新鲜血液",而且跨过了信心危机,增强了公信力。

(4)提升职业经理人的素质

创维公司努力让职业经理人做到"四能"(即决策能力、执行能力、组织能力、协调能力)、"三素"(道德素质、文化素质、个性化因素)、"双赢"(尽量高薪聘请那些职业能力强的经理人,追求自己和同盟者利益最大化)、"一心"(一心扑在工作上,对事业精益求精,才能使企业优者更优,强者更强)。

5. 总结

如今的创维集团有限公司拥有 3.8 万名员工,是以研发制造消费类电子、显示器件、数字机顶盒、安防监视器、网络通信、半导体、冰洗、3C 数码、LED 照明等产品为主要产业的大型高科技集团公司。经过 27 年的发展,创维已跻身世界十大彩电品牌、中国显示行业领导品牌和中国电子百强第十三位,2015 年创维品牌价值达 658.89 亿元。

但是透过创维历史的治理模式,我们看到了现代中国企业治理模式的一个深层次的问题。哈佛大学经济系教授德怀特·珀金斯在清华大学所做的"中国经济的增长前景及其面临的挑战"的演讲中指出,市场化的方式需要制度规则的支持,包括相应的法律制度;独立、强大而有效的司法体系,是中国面临的一个长期而又艰巨的任务。创维案例对内地股市的一大借鉴也在于此:欲拯救和繁荣内地股市,"功夫在市外",法治建设乃是最根本的基础。但愿"创维事件"的教训能够成为国内企业界永远不会忘却的前车之鉴。只有规范，才能真正成就百年老店，才能从"黄宏生的创维"到"公众公司的创维"。

资料来源：根据寇剑波《"创维事件"——一个糟糕的公司治理样本到现在的创维集团》和创维官方网站 http://www.skyworth.com/cn/default.html 资料整理而得。

复习思考题

1. 什么是公司治理？它包括哪些内容？
2. 分析公司治理的理论根源。
3. 现有的关于公司治理目标的观点有哪些？各有哪些特点？
4. 你是怎样理解公司科层和市场契约的关系的？
5. 公司治理涉及哪些基本问题和当事人？公司治理中当事人在公司治理中所处的地位如何？
6. 试论述有效公司治理的原则。

案例分析

帕玛拉特 v.s. 安然：欧美模式的失败？

2003 年 12 月底爆出的意大利乳业巨头帕玛拉特假账丑闻，在荷兰阿霍德公司假账、美洲航空公司养老金丑闻、纽约证交所首席执行官高薪丑闻等一系列丑闻事件中尤为引人注目。在美国权威财经杂志《福布斯》推出的 2003 年最具影响力的十大动向排行榜中，"公司治理丑闻"排名第二，获得了 14%的投票。

欧洲版安然？

随着调查的深入，帕玛拉特的故事似乎上演了欧洲与美国安然事件最为相似的一幕。一是通过假账手段使大量资产流失。二是两者都在短短 10～30 年内从无名小公司扩张成为行业内大牛，事发前一直表现为上升趋势，使得人们长时间难以觉察到它们的问题。三是公司精心设计的债券和金融衍生品交易，利用涉及众多子公司的复杂海外架构进行关联交易。

不过，安然公司和帕玛拉特公司在造假手法上又有很大的不同，从目前披露的信息来看，安然更加狡猾和复杂。安然通过一系列复杂的互换协议进行远期交易，这些交易有获利的可能性，也有不获利的可能性，一切由市场状况决定。市场不好时，安然在这些交易中亏损很大。但是市场对其期望很高，使得安然公司在业务环境不利的情况下，通过在财务上和关联交易上做手脚，使利润抬上去，满足华尔街的预期。同时，安然设计了许多交易，有的长期合同是虚拟的，有的需要时间限制和其他条件，但是安然把所得一次性记入账内，虚增资本掩盖亏损。安然手下有数目众多的关联公司和信托基金来掩藏债务，通过金字塔式的方式，层层控股，层层借债，这是最后迫使安然破产的主要原因。在帕玛拉特中则是管理层的盗窃和挪用资产一步步掏空公司，他们利用"避税天堂"开曼群岛设立投资基金的方式将资产转入自己的家族企业，结构比安然简单得多。安然和帕玛拉特在财务报表上的造假是截然不同的，安然的虚拟交易体现在负债部分，而帕玛拉特则是资产项目下的一个实体资产的消失。

如果说安然是管理层的核心人物在舞弊的话，帕玛拉特可以说是整个管理层在造假。帕玛拉特是一个家族公司控制的企业，控股股东有绝对的说话权，在董事长卡利斯托·坦齐可能长达

15 年的财务造假中，顺从的管理层帮了很大的忙。安然则是典型的美国公司治理结构，股权分散，经理层主导，追求股东权益最大化，造假是为了维持安然快速增长的形象，抬高股价。

谁之错?

帕玛拉特事件中的一个关键是离岸基金，但是它的问题一直没有被审查出来。《华尔街日报》2003 年 12 月 29 日报道说，自从帕玛拉特开曼分公司在 1999 年成立以来，似乎使用的都是虚假账户。报道援引知情人士的说法，在 1999 年以前，帕玛拉特是利用其他海外公司来粉饰公司的流动性；从 20 世纪 90 年代初开始，这些子公司的财务账目似乎一直都不真实。帕玛拉特的会计审计机构当时是通过帕玛拉特的邮件系统去核实某笔资产的，这与会计准则要求的函证程序独立进行不一致，因为邮件可能在途中被截获而被篡改。一方面，会计机构由于成本和技术上的限制不可能对处在“避税天堂”的分公司进行全面的审查；另一方面，也存在共谋和执业上重大过失的可能性。

虽然帕玛拉特的财务交易难以令人信服，但作为机构投资者的银行还是继续买入帕玛拉特的股票和债券，继续给予贷款并安排那些令人生疑的衍生品交易。很多银行都持有帕玛拉特的债券，大投资者们完全没有利用他们的影响力来改变帕玛拉特的作为。现在他们只能争吵谁的债务可以优先获得偿付。在为衍生品和投机交易搭桥赚取费用，还是行使机构债权人监督角色时候，银行显然选择了前者。帕玛拉特作为一个跨国集团，它同许多知名银行都有业务往来，包括美林银行、摩根银行和花旗银行等。此外，意大利最大的银行联合银行以及意大利资本银行都是它的有力支持者。主开户行和客户走得太近，使得帕玛拉特的财务经理们胆大妄为。然而，这在欧洲并不是意大利独有的问题，在维望迪和阿尔斯通事件中，法国银行都难辞其咎。

欧洲模式的失败?

因为安然事件和帕玛拉特事件而断定美国模式和欧洲模式的失败，是武断的。事实上，没有完美的公司治理机制，各国的公司治理方式还在不断发展中。

在欧洲国家，大量公司被家族控制着。一般来说，与美国公司相比，欧洲公司的所有权集中在少数人手中，因而欧洲公司被认为更能着眼于长期利益，而不像美国的公司经理们时刻盯着股市波动。但是，一个大股东可能因此凌驾于公司之上，损害公司和其他小股东的利益，“有私产者有恒心”，在这里突然变得不适用了。美国模式的最大特点就是所有权较为分散，主要依靠外部力量对管理层实施控制。在这一模式下，由于所有权和经营权的分离，使用权分散的股东不能有效地监控管理层的行为，即所谓“弱股东，强管理层”现象。安然事件就是强力管理层损害股东的一例。

针对美国公司治理的弱点，可以考虑以下方式：一是发展机构投资者，使分散的股权得以相对集中；二是通过收购兼并对管理层进行外部约束；三是依靠独立董事对董事会和管理层进行监督；四是依靠健全的监管体制和完善的法律体系，如公司法、破产法、投资者保障法等法律对公司管理层进行约束和监管；五是对管理层实行期权期股等激励制度，使经营者的利益和公司的长远利益紧密联系在一起。对于欧洲模式，则要削弱大股东权限，加强董事会权力，强化外部监督机制，引入独立董事。

监管机构：没有牙的“老虎”?

和我国相同，意大利采取的是银行、证券、保险分业监管的形式，与一些发达国家的混业监管不同。不能认为出现了混业经营的现象就必须采取混业监管模式，事实上在一定金融水平下，施行分业监管是合适的，特别是监管机构之间建立了良好的信息沟通的话。既然与模式无关，那就可能与监管力度有关。南欧的监管文化比较弱，对违法行为比较宽容，一个例子就是不久前，意大利通过一个法案，把公司披露不实信息的刑事处罚降低为行政错误，虽然后来声名该法案不适用于上市公司，但是已经说明意大利对公司违法行为的宽容度。

帕玛拉特与安然都通过假账手段使大量资产流失，但两者在财务报表上的造假是截然不同的，安然的虚拟交易体现在负债部分，而帕玛拉特则是资产项目下的一个实体资产的消失。

但总体而言，安然和帕玛拉特公司在很大程度上都是因为自身经营问题和过度扩张原因走向财务假账的不归路。帕玛拉特事件对中国企业特别是民营企业的治理结构、监管问题等方面有着重要的教育意义。

资料来源：http://finance. sina. com. cn。

【讨论】

1. 帕玛拉特与安然公司治理失败主要是由哪些原因造成的？
2. 两公司治理的失败能否说明欧洲治理模式与美国治理模式的失败？
3. 我国的公司治理应该从中吸取哪些经验和教训？

第九章　比较公司治理

学习目标(知识点、技能点)

1. 掌握公司治理类型；
2. 了解所有权演变结局的几种情况；
3. 掌握分散的所有权或集中的所有权与弱控制权或强控制权之间的四种组合；
4. 针对四种组合，了解每一种组合都可能引起不同类型的利益冲突问题；
5. 掌握企业货币资本的地位和作用；
6. 了解中国国有企业的改革三个阶段。

案例导读

"绿大地"公司治理问题

《大众证券报》开展的"2011 年十大黑榜上市公司"评选活动，通过对 2011 年度上市公司新闻事件的全面梳理，采用读者投票和专家评选相结合的方式，于年底最终评选出"2011 年十大黑榜上市公司"。其中，中国宝安、星星科技、绿大地和亚星化学等均被列入榜单。下面我们就出现的问题进行分析。

云南绿大地生物科技股份有限公司(以下简称绿大地)前身是云南河口绿大地实业有限公司，成立于 1996 年 6 月，2001 年 3 月以整体变更方式设立为股份有限公司，公司向社会公开发行股票，于 2007 年 12 月 21 日在深圳证券交易所挂牌上市，成为国内绿化苗木行业首家上市公司、云南省首家民营上市企业。2011 年 3 月 17 日，绿大地控股股东、董事长何学葵因涉嫌欺诈发行股票、债券罪被公安机关逮捕，何学葵于次日公告称辞去公司董事、董事长职务。2011 年 4 月 7 日，财务总监李鹏被公安机关采取强制措施，并于 4 月 22 日取保候审。12 月 3 日，公司公布了昆明市官渡区人民法院一审判决书。法院认定，2004 年至 2007 年，被告人何学葵、蒋凯西等利用相关银行账户操控资金流转，采用伪造合同、发票、工商登记资料等手段，少付多列、将款项支付给其控制的公司、虚构交易业务、虚增资产，共计虚增营业收入 2.96 亿元。上市后，绿大地继续实施财务报表造假，2008 年虚增收入 8 564.68 万元，2009 年虚增收入 6 856.1 万元。绿大地"欺诈门"事件暴露了资本市场诚信危机，同时也反映了上市公司在公司治理结构方面出现了问题。

在发达的市场经济体制下，上市公司的治理结构由两部分构成。其一是通过竞争的市场所实施的间接控制，或称外部治理结构；其二是实行事前监督而设计的直接控制，或称内部治理结构。绿大地公司造假说明了其内部治理结构的混乱和外部监管的不完善。

在出事之前，绿大地就出现了许多不合常理的行为。

其一，公司多在年报公布之前更换会计师事务所，先后更换四次。会计师事务所在社会经济中扮演着“经济警察”的角色，它是企业财务状况和经济成果的鉴证者，通过对企业进行审计，对企业的经营管理行为做出评价，以此维护投资人的利益。绿大地频繁更换会计师事务所，明显是外部监管制度的不到位，使其内部治理的问题不能及时被发现，并着力解决。上市公司出现问题不披露，投资人的利益就受到损害，造成经济社会的资源浪费。

其二，公司高管频繁更换、辞职，原始股东忙于套现。2009 年 9 月，绿大地董事黎钢、董事赵国权因股权变动辞职。据统计，绿大地上市前招股说明书上所列的 9 名“董事会成员”目前仅剩下 2 人。由此看出绿大地公司内部治理结构很混乱。董事会制度是公司治理的核心内容，科学的董事会制度是公司治理的关键。对于董事会的频繁变更，可能会降低董事会成员之间的磨合度，产生利益的重新协调，可能会导致一段时间的董事空白，对董事会的决策有较大的负面影响。而且绿大地公司董事与经理人员之间的兼任，使得董事会的监督职能弱化。董事会成员与经理人员的高度重叠，使董事会为内部人员大开方便之门，难以形成正确的决策。

2008 年绿大地曾发布了《云南绿大地生物科技股份有限公司公司治理情况自查报告》。报告中提到："外部人"模式公司治理结构和外部独立董事制度已经成为我国上市公司的公司治理基本架构，公司成立了董事会战略委员会、提名委员会、审计委员会、薪酬与考核委员会，并且在四个专门委员会中除了战略委员会外，其他委员会主任委员均为独立董事担任，独立董事人数占大多数，以保证公平地对待所有股东尤其是中小股东的利益。然而在实施过程中显然没有保证公平，股东同时是董事会成员，多数董事兼任高管，这不利于公司董事会正确发挥其监督决策的作用。

对于绿大地在公司治理结构方面出现的问题及对策，可以从以下机制中得到一些借鉴意义。首先，一个公司的内部出现问题时，就要被及时发现，即加强外部监管作用。然而，如何强化外部监管呢？如今，我国上市公司受到政府监督（如财政、审计、税务、证券监管等部门）、社会监督（如注册会计师、社会舆论等）在内的外部监督体系的监管。可是，这样庞大的一个监督体系由于功能交叉、分散管理、缺乏信息沟通等，其监督效果并不令人满意。鉴于此，对公司进行外部监管，财政、审计、税务等部门应合理分工，建立岗位责任制并注意加强彼此间的信息交流、定期互通情报，形成有效的监督合力；抓好对注册会计师职业质量的监管，使注册会计师的社会监督职责到位，鼓励各新闻媒体对企业违法违纪行为曝光，充分发挥舆论监督的作用。

另外，在公司内部结构上，如果内部董事成员过多，就会失去董事对经理层的监督控制作用。我国《公司法》规定，董事由股东委派，因此非流通股股权才会影响董事会成员结构。绿大地公司的董事与高管兼任，为股东套现提供了便利。因此，提高董事的独立性是解决问题的关键，而独立董事制度的引进为这一问题的解决找到了突破口。具体措施有以下几点：增加独立董事的数量，并且明确独立董事的条件；优化独立董事专业背景结构；提高独立董事的知情权。

第一节 公司控制权与所有权比较

世界各地大型公司控制权都有不同之处，英国和美国的大部分上市公司由公众持有，但其他国家和地区的公司主要由大股东控股，即大股东对公司拥有无可争议的控制权或至少拥有相当大的控制权。由于这些大公司都具有较高的市场价值，因此对大股东——通常为创始人来说，他们面临的主要问题是如何能长期保有公司的控制权。

对于这个问题，大股东们给出的简单答案通常是采取杠杆控制，可以通过相当少的现金流量权控制相当大比例的（有时是全部的）表决权。所有权金字塔就是杠杆控制的一种方法。此外，还有其他方法能够以较低的成本，即通过更低比例的现金流量权或称所有权获得集中的控制权。本节将讨论这几种主要的方法。

更简单地说，本节将要对分散的所有权或集中的所有权与弱控制权或强控制权之间的四种组合逐一进行分析，其中的每一种组合都可能引起不同类型的利益冲突问题。

为简单起见，本节将控制权与所有权的匹配关系划分为强控制权与弱控制权，以及集中的所有权与分散的所有权四种组合，如图 9—1 所示。组合 A、B、C、D 分别对应着分散的所有权和弱控制权、分散的所有权和强控制权、集中的所有权和弱控制权、集中的所有权和强控制权。

所有权 \ 控制权	弱	强
分散的	组合A： 分散的所有权和弱控制权	组合B： 分散的所有权和弱控制权
集中的	组合C： 分散的所有权和弱控制权	组合D： 分散的所有权和弱控制权

图 9—1　控制权与所有权的组合

分散的所有权至少有两个主要优势：第一个优势在于提高了股票的变现能力。随着更多的投资者开始持有股票，有可能形成一个活跃的股票市场。这样，股票的出售者将更容易找到股票购买者，股票购买者也将更容易找到股票出售者。更高的股票变现能力最终会使资本成本更低，这有利于公司整体利益的提升以及市场价值的提高。资本成本的降低意味着潜在投资者需要获得的最低预期回报率降低，结果可能使公司的投资机会增多。分散的所有权产生第二个优势的原因是敌意收购者持续关注公司的表现，因此管理表现糟糕的公司更易受到攻击。也就是说，分散的所有权使经理人受到持续的压力，不得不努力表现，以避免公司股价下跌及敌意收购的发起。集中的控制权和所有权也有一个主要优势，即存在一个有足够控制权（权力）和足够激励（所有权）的股东主动监督公司的经营管理，并确保公司以股东利益最大化原则运营。

但是，与集中的控制权和所有权一样，分散的所有权也有其劣势。分散的所有权最易导致桑福德·格罗斯曼及奥利弗·哈特提出的“搭便车”问题（free-rider problem）。如果一家公司拥有大量的股东，那么可能没有人具有足够的动力来监督公司的管理。例如，当公司的其中一个股东决定花费时间、金钱以及努力来监督公司的管理时，好处将会由所有股东分享，而成本却由执行监督的股东自己承担。那么，对于单一小股东而言，监督成本很可能高于其本应获得的收益。因此，在所有权分散的公司里，管理层很可能只受到很少的监督或几乎没有受到任何监督。在前文中已经讨论了集中的控制权的潜在成本。这些成本来源于大股东对小股东利益的侵占。这表明，虽然大股东确实能对管理层施加足够的权利并影响其决策的制定，但也很有可能滥用这种权利，迫使管理层做出显然对自己有利却损害其他股东利益的决策。

现提供关于以下几种这组合，讨论在每种组合下可能出现的公司治理问题或利益冲突，以此对所有权与控制权的四种组合进行阐释。在开始讨论之前，有必要提出一个经验性的结论，即组合 A 很可能在英国和美国的公司更为常见，而组合 D 很可能在世界其他国家和地区流行。但是，正如将要在下面看到的，在英美两国之外更占上风的是组合 B 而不是组合 D。

阅读材料 9－1

组合 A：分散的所有权和弱控制权

这种组合主要出现在大多数的英美公司。它的优势在于增加了股票流动性及公司被增值收购的可能性，主要劣势在于公司可能缺少来自分散股东的监管。因此，主要的利益冲突潜在于管理层与股东之间。换言之，拥有这种控制权与所有权组合的公司可能会面临经典的委托代理问题。

案例 1 中的英国电信集团(BT Group Plc)(前身为英国电信股份有限公司)是分散的所有权和弱控制权的典型案例。英国电信集团的最大股东是一家机构投资者——景顺公司(INVESCO)，其拥有的股份比例只略高于 11%。英国电信集团的其他大股东也都是来自英国和海外的机构投资者，且股东中的前十位最大投资者持有的投票权比例加在一起也刚超过 36%。

与之相似，可口可乐公司(见案例 2)也是由分散的所有权和弱控制权组成，其最大的股东——伯克希尔·哈撒韦公司(Berkshire Hathaway)只持有不到 9%的股份，并且排名前十位的大股东持有的所有股份加在一起也不及 30%。

案例 1：英国电信集团

表 9－1　　2010 年 10 月英国电信集团的前十位最大股东

投资者名称	持有股份百分比(%)	投资者类型	国　家
景顺资产管理有限公司	11.02	投资经理	英国
贝莱德投资管理有限公司(英国)	4.89	投资经理	英国
安盛投资管理英国有限公司	4.63	投资经理	英国
法通投资管理有限公司(英国)	3.99	投资经理	英国
挪威央行投资管理公司	3.10	投资经理	挪威
M & G 投资管理有限公司	2.08	投资经理	英国
英杰华投资全球服务有限公司	1.99	投资经理	英国
贝莱德顾问有限公司(英国)	1.76	投资经理	英国
道富环球投资顾问有限公司(英国)	1.36	投资经理	英国
标准人寿投资有限公司	1.24	投资经理	英国

资料来源：Based on data from Thomson Financial.

案例 2:可口可乐公司

表 9－2　　**2010 年 10 月可口可乐公司的前十位最大股东**

投资者名称	持有股份百分比(%)	投资者类型	国　家
伯克希尔·哈撒韦公司	8.66	投资经理	美国
先锋集团	3.62	投资经理	美国
道富环球投资顾问有限公司(美国)	3.46	投资经理	美国
贝莱德信托公司(北美洲)	3.29	投资经理	美国
富达管理研究公司	2.80	投资经理	美国
资本世界投资者	2.59	投资经理	美国
太阳信托银行	2.38	投资经理	美国
法耶兹·沙罗菲公司	0.85	投资经理	美国
戴维斯精选顾问公司	0.84	投资经理	美国
GMO 有限责任公司	0.83	投资经理	美国

资料来源:Based on data from Thomson Financial.

组合 B:分散的所有权与强控制权

分散的所有权与强控制权相组合产生了两个主要优势:首先,分散的所有权使股票市场更为活跃;其次,拥有控制权的大股东具有足够的权利,能够防止经理人侵占股东利益的行为发生,但却增加了大股东侵占小股东利益的风险。这种组合主要存在于英美国家之外的大部分公司。案例 3 展示了德国汽车零配件制造商 BBS 股份有限公司的控制权与所有权情况。BBS 公司发行的股票有两种:有表决权股票,其每一份股票代表一个表决权;无表决权股票,其拥有某些优先的权利(如担保股利),但却不具有表决权。两种类型的股票各占公司总权益股资本的 50%。BBS 公司的创立者鲍姆加特纳先生持有 62.5%的有表决权股票。但是,由于有表决权股票只占公司总资产的 50%,因此,他持有的公司股权也只有 31.25%。但是,他所持有的股份能够轻易超过多数表决权,显然是一位控股股东。

案例 3:BBS 公司

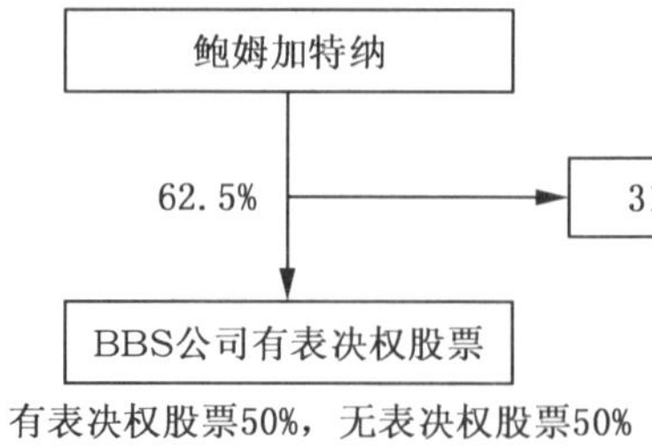

资料来源:*Dividend Policy and Corporate Governance*,Oxford University Press(Correia da Silva,L.,Goergen,M. andL. Renneboog 2004) Figure 8.1,p. 125.

图 9－2　BBS 公司的所有权和控制权

组合 C：集中的所有权和弱控制权

这是一种相当少见的组合。它只适用于世界上的少数公司，包括一些实行表决权最高限额（voting caps），即投票限制（voting limits）的瑞士公司。例如，瑞士食品生产厂商雀巢公司实行 5% 的表决权最高限额（见案例 4）。表决权最高限额所产生的影响是限定了单一股东在股东大会上行使投票权的最大比例。因此，即使所有权可能是集中的，但结果控制权被削弱了。所有权与控制权这样一种组合的优势在于小股东受到了保护，因为没有任何一个股东有足够的权利主导公司的决策。但是，这种组合的不足之处也非常明显，如这种集中的所有权可能导致监督缺失、资产流动性降低和资金成本提高。

案例 4：雀巢公司

没有人可以直接或间接行使超过企业注册资本 5% 的投票权，无论是自己的股份或由代理人所代表的股份。通过资金、投票权、管理或任何其他方式互相关联的法人实体，以及所有的有意联合形成企业财团或为回避这个限制而一致行动的自然人或法人，都被算作一个股东（公司章程第 11 条第二项、公司章程第 11 条第三项陈述了对此投票限制的例外情况）。

资料来源：Nestle SA，2010 Corporate Governance Report.

组合 D：集中的所有权和强控制权

在这一组合方式中，由于大部分所有权被控股股东掌握，因此容易形成很强的监督激励。但是，它的劣势在于降低了资产变现能力和增值收购的可能性。这种所有权与控制权组合的一个最极端例子是德国汽车生产商奥迪汽车股份有限公司。奥迪公司的主要股东是大众汽车股份有限公司，其拥有奥迪公司大约 99% 的表决权，也就是说，奥迪公司是大众汽车股份有限公司的一家子公司。奥迪公司剩余的 1% 股份在 1996 年的收购之后，仍然在股票市场进行交易，并且一直由小股东持有。

接下来，集中讨论一下组合 B 即分散的所有权与强控制权的组合，以及实现这种组合的途径。正如前面所提到的，这是英国和美国之外最常见的所有权与控制权组合形式。

分散所有权和强控制权的实现：金字塔结构

实现组合 B 有很多种方法。这些方法都类似于股东的杠杆控制，即通过较低的所有权股份掌握控制权。实现杠杆控制的主要方法有：所有权的金字塔、代理投票、联合投票、股权分置，以及赋予长期股东附加投票权的公司章程条款等。在前文已经讨论了所有权金字塔。图 9—3 展示了一个简单的所有权金字塔，在金字塔的每一层只有一家公司，它们构成一个控制链（control chain）。现将控制权定义为拥有多数（表决权）股份。在图 9—3 的例子中，焦点是位于金字塔底部的公司 A。与本书的研究重点一致，公司 A 必定是一家上市公司，它的主要股东是可能并没有上市的公司 B，公司 B 持有公司 A 的多数股份。然而，虽然公司 B 是直接持有公司 A 股份的最大股东，但是控制权却不属于公司 B。因为公司 B 有一家控股股东公司 C，而且公司 C 并没有一个大股东或控股股东，因此金字塔以公司 C 为终点。最后，公司 A 的控制权归属于公司 C。假设控制权通过金字塔进行传导，也就是说，公司 C 确实通过公司 B 有效掌握公司 A 的控制权，由此可见，公司 C 仅通过持有公司 A 26.01%（51%×51%）的股份即可拥有其控制权。

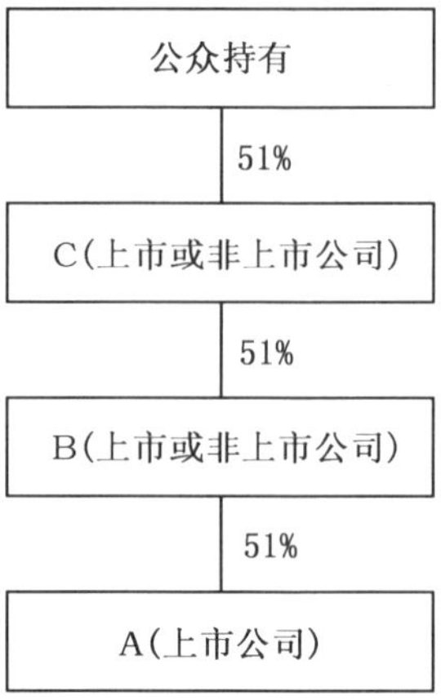

图 9—3　简单的所有权金字塔

虽然图 9—3 是一个相当简单的例子，在金字塔的每一层都只有一家公司，但是实际情况中的所有权金字塔很可能更为复杂。案例 5 提供了一个金字塔的现实案例。这个案例展示了阿涅利家族(Agnelli)的一些持股情况，公司全部的控制权最终都可以追溯至其主要控股公司乔凡尼·阿涅利(Giovanni Agnelli&C. S. a. p. a)。

双重股权结构

双重股权结构(Dual Share Class)也称为二元股权结构、双重股权制，是一种通过分离现金流和控制权而对公司实行有效控制的有效手段。区别于同股同权的制度，在双重股权结构中，股份通常被划分为高、低两种投票权。高投票权的股票拥有更多的决策权。高投票权的股票每股具有 2～10 票的投票权，主要由高级管理者所持有。低投票权股票的投票权只占高投票权股票的 10%或 1%，有的甚至没有投票权，由一般股东持有。作为补偿，高投票权的股票其股利低，不准或规定一定年限，一般 3 年后才可转成低投票权股票，因此流通性较差，而且投票权仅限管理者使用。

由于高级管理人员较理解公司的价值，在与收购公司谈判中，若有高级管理者充当悍卫战士的角色，往往可得高收购金额，有利于目标公司股东。双重股权结构存在一个根本性的缺陷，即其违背现代公司的股东治理结构，不利于股东利益保障，容易导致管理中独裁发生的可能。有学术研究表明，推行双重股权结构的公司，企业领袖往往都会浪费现金流，并且会去追求符合自身利益的目标，而不是为了满足股东利益。一旦他们做出了错误决定，所承担后果也很有限。双重股权结构加剧公司治理中实际经营者的道德风险和逆向选择。

案例 5：Facebook

以 Facebook 为例，通常情况下，互联网公司在完成 3 轮融资后，公司的创始人就不再能够完全掌握公司的控制权了。而 Facebook 经过 10 次融资后，扎克伯格依然牢牢控制公司，以 28%的股权却能掌握 58.9%的投票权，有什么秘诀吗？

这一切均源于其实行的独特双层股权结构，背后的功臣是 Facebook 的联合创始人肖恩·帕克(Sean Parker)。

而根据 Facebook 招股书中所披露，截至 2011 年 12 月 31 日，Facebook 上市前共发行了 1.17 亿 A 级股和 17.59 亿 B 级股(包括此前所有已发行优先股转换的 B 级股，这部分 B 级股占 5.46 亿股)。其中,公司创始人、董事长兼首席执行官马克·扎克伯格(Mark Zuckerberg)持有 5.34 亿 B 级股,占 B 级股总数的 28.4%。

但这个比例并不能确保扎克伯格的绝对控制权,所以,Facebook 在其双层股权结构的设计中还加入了一个表决权代理协议(voting agreement)。根据 Facebook 招股书中披露的内容,此前十轮投资 Facebook 的所有机构和个人投资者,都需要同 Facebook 签订这份表决权代理协议,同意在某些特定的需要股东投票的场合,授权扎克伯格代表股东所持股份进行表决,且这项协议在 IPO 完成后仍然保持效力。这部分代理投票权为 30.5%,加上其本人所拥有 28.4%的 B 级股,扎克伯格总计拥有 58.9%的投票权,从而实现对 Facebook 的绝对控制权。

资料来源:中国电子商务研究中心,2014 年 10 月 23 日。

第二节　企业资本与企业融资比较

公司资产是公司经营的物质基础,它是公司法人能够支配和使用的一切物质财富。公司资本是公司资产的货币价值,在现代市场经济条件下,货币资本是推动一切商业活动的初始因素之一,是公司资本投入使用最原始的形式。企业运营和发展离不开一定数量的货币积累和投入,企业融资就是通过一定的渠道为企业筹集经营活动所必需的货币资本。

一、货币资本与企业融资

企业经营的目的就是以货币投入为起点,经过企业经营者的有效运作,最后取得货币资本的增值。资金即货币在企业资本运动中究竟处于怎样的地位、为什么必须融资、融资的渠道和方式如何,将直接关系到企业最终所能获得的货币增值数量,也就是企业的经济效率。

(一)企业货币资本的地位和作用

在企业的生存与发展过程中,货币资本具有重要的地位和作用。首先,货币资本是企业维持生存和发展的动力。企业在开办之初,需要购买各种生产要素。由于货币是一般等价物,只有它才能充当购买手段,使企业取得所必需的原料、机器设备等生产资料和劳动力。因此,货币是企业的"发动机",没有货币资本即资金,企业就不能启动,更不能持续运作。当然,企业并不是为生产而生产,而是为了盈利,所以,最后还是必须将所生产的商品换成货币,并尽可能获得较大的货币增加额。

其次,货币资本是任何企业资本运动的必经阶段。以盈利为目的的企业有各种类型,以其经营的对象和方式的不同大体可以分为四类:(1)生产性企业。其资本运动形式是:$G—W\cdots P\cdots W'—G'$。这一过程周而复始,不断地循环与周转,从而支撑着企业的成长与发展。(2)商业类企业。它没有生产环节,只进行商品买卖,其资本的运动公式可简化为:$G—W—G'$。(3)商业银行。这类企业既不生产,也不从事商品交易,其主要业务是经营货币,即直接以货币为交易对象取得盈利,因此,其资本运动公式可以进一步简化为:$G—G'$。(4)证券业。这类企业也是金融企业,它与银行的区别在于它不能直接以货币换货币,必须经过证券这个环节,即通过证券交易取得盈利,其资本运动公式可表示为:$G—G_s—G'$,这里以 G_s 代表证券。从这四类企业资本运动的公式中我们可以看出,有的企业资本运动可以不经过生产资本阶段,甚至也可以不经过商品资本阶段,但无论哪种类型的企业都不能避免货币资本阶段。

最后,货币资本是企业的"盈利之本",即企业盈利的物质基础。货币之所以能够增值,不是因为它自身的天然功能,而是因为它可以支配人力资源去创造价值。没有货币资本,劳动力就无法进入生产过程，也就不能创造出任何价值。同时，现金先进的技术设备的取得依赖于大规模的资金。如果货币资本充裕，企业就能使用更先进的技术设备，劳动者就能用同样的劳动创造出更多的价值和利润，从这个意义上说，货币资本虽然不创造利润，但却可以增强劳动力创造利润的能力。

(二)企业的资金来源

货币资金如此重要，任何企业家都不得不高度重视资金的筹集与积累。那么，企业货币资本的来源是什么？

从企业的角度看，企业资金来源有两个：一是内源融资，二是外源融资。所谓内源融资，就是企业通过自己的经营活动，取得一定的利润收入，在做出税收等必要的扣除以后，剩余的部分就构成企业利润，其中的部分利润留存形成企业的自我积累。企业吸收社会其他经济主体的剩余资金，使之转化为企业资金，就形成企业的外源融资。内源融资是企业资金的可靠来源，它具有便利性和自主性的特点，企业可以不受外界资金环境的影响和约束，自主地支配和便利地使用这部分资金。同时，内源融资也是企业能够顺利实现外源融资的有利条件。企业具备一定的内源融资能力本身就是企业经济实力的体现，是企业信誉的重要基础，因此，它有利于企业从外部获得资金。外源融资是企业获得资金的重要途径，它具有灵活性、快捷性和高效性等特点，但企业是否能够以较低成本获得足够的外源融资则受到很多因素的影响。

在现代信用制度的支持下，19 世纪下半期，随着工业革命的深入发展、新技术的发明及其在生产领域的应用，以及竞争的加剧，生产领域也普遍建立起股份制的现代公司制度。商业信用、银行信用以及资本市场的建立和发展，共同为企业提供了广阔的可供选择的外源融资方式。

现代社会发达的信用制度为企业提供了多元化的外源融资方式，企业可以根据自己的需要，灵活地确定融资的期限、数量和渠道，通过直接融资或间接融资的方式，高效率地获得必要的资金，外源融资已经成为大企业主要的资金来源。同时，在现代经济日益货币化和信用化的过程中，信誉较高的大企业主要采取直接融资方式，从而使企业外源融资趋向证券化。

(三)现代企业的主要融资方式

现代企业的融资方式很多，按照不同的标准可以划分为不同的类别。按照企业融资过程中有无中介，我们可以将其划分为直接融资方式和间接融资方式；按照企业资本的性质，我们可以将其划分为股权融资和债务融资。

1. 直接融资和间接融资

(1)直接融资

直接融资方式就是企业直接从资金提供者那里取得资金的方式，主要包括投资者对企业的直接投资、企业通过商业信用取得资金的票据融资以及企业内部公积金转增。

①直接投资。投资者以资金、设备、技术等方式对企业进行投资，直接形成企业资产，这种投资方式直截了当，比较简单。债券和股票融资又称为证券融资，是企业通过资本市场以出售证券的形式取得资金的过程。在发达的市场经济条件下，资本市场制度化建设比较完备，能够确保绝大部分市场信息的公正、公平、公开，从而能够为交易者提供一个相对理想的交易环境。交易者以此为基础集中交易，大大地节约了证券交易的成本，并提高了债券和股票的流动性，在这种情况下，证券市场的直接融资方式对投资者极具吸引力。同时，资本市场通过价格机制及时地反映社会资金的供求状况以及各个企业的经营状态，并以多元化的价格形式表现出来。交易者根据这些情况可以方便地选择和交易，这就使得不同类型的企业都能够便利地从金融

市场取得必要的经营资金，那些经营效果好、信誉较高的企业可以根据市场资金供求状况，选择最有利的融资时间和融资方式，从而取得成本较低的资金。

②商业信用，又称为票据融资。它是企业间在其经营活动中相互提供的信用，具体表现为预付货款或赊销商品。在商品交易活动中，企业暂时资金短缺、无法向对方支付时，可以开立票据，待票据到期后连本带息付给对方，再收回票据。票据融资是企业融资最古老的形式，在信用制度不发达的条件下，票据的流动性较小，从而影响了这种融资方式的发展；在信用制度发达的现代市场经济中，由于商业银行广泛参与票据的承兑和贴现，商业票据的流动性大幅度提高，从而使票据成为企业重要的短期融资工具，工商企业间经常使用票据融资方式解决资金的暂时不足。

③内部公积金转增股本。企业内部公积金转增是企业融资的另一条重要渠道，它是指企业以分红的形式将部分公积金转增为股本金，从而使企业总资本增加。企业公积金包括盈余公积金和资本公积金，它们来源于企业经营利润的积累、新股东缴纳的部分资金、资产评价溢价以及社会捐赠等。公司可以依据法律以股票的形式将这部分资金在股东间分红，从而形成公司资本。

(2)间接融资

间接融资是企业依靠商业银行等金融机构以信贷的形式取得资金，主要形式包括银行贷款、租赁融资等。

①银行贷款。银行贷款是企业间接融资的最主要方式。银行等金融机构是特殊的企业，它以资金为经营对象，与企业融资关系密切。商业银行是企业最重要的经营伙伴之一，它不仅为企业提供所有的流动资金贷款，而且也提供长期贷款满足企业的固定资产投资。商业银行通过自己的负债业务，将社会闲置资金集中起来，然后将一定数量的资金在一定时间内贷放给企业，为企业的发展和经营提供稳定的资金。由于银行贷款过程中存在不可克服的逆向选择风险和道德风险，银行往往采取一定的方式加强对企业的监督和控制，其控制方式取决于企业的信誉以及银行和企业的关系。通常情况下，银行对企业进行分级控制，或者设置一定的限制条款，如要求必要的抵押品、限制贷款资金的使用方向、对贷款资金投资项目建设跟踪监督等。由于贷款的偿还依赖于企业的长期稳定经营，银行趋向于支持企业从事风险小而收益稳定的业务，企业从事风险大、收益大的项目往往会受到贷款银行的限制。因此，企业过分依赖于银行贷款融资，会失去部分经营独立性，从而影响企业效率。

②租赁融资。租赁融资实际上是贷款形式的变异。金融租赁公司根据企业的需要，购置特定的设备，然后出租给企业，企业则以租金的方式返还购置设备的资金及其利息。在租赁期内，金融租赁公司拥有出租设备的所有权，一般情况下，它还负责设备的维修，并向企业提供使用设备的技术指导。融资租赁比单纯的银行贷款更有优势，对企业来说，分期支付租金的方式降低了企业的成本，从而减轻了企业的偿债压力，同时，企业可以在专业技术人员缺乏的情况下使用先进的设备，从而提高了企业的生产经营效率。而对金融机构来说，融资租赁相当于全额抵押贷款，其风险相对较小。基于上述原因，租赁融资在国际上十分流行，近几年来在我国发展较快，成为企业融资的重要形式。

2. 股权融资和债务融资

从资金的性质上看，企业融资可以分为股权融资和债务融资。股权融资是指出资人和企业间形成所有权关系的融资方式，如出资人的直接投资、证券市场上的股票融资等，由此形成公司的权益资本。债务融资是指出资人和企业之间形成债权债务关系的融资方式，包括债券融资、票据融资、银行贷款和租赁融资等,它形成公司的负债资本。负债资本对企业具有刚性约束,即企业必须在债务到期日无条件地偿还债权人的本金和利息;而股权融资则构成企业的永久性资产,股东不能赎回,只有在企业寿命终结时,才退出企业经营。

权益资本和负债资本属于两种不同性质的资本,它们对于企业内外的利益关系、对于企业成本和经营效益等均有着不同的影响,主要表现在以下几个方面:

(1)两种资本对企业控制权状态形成的影响不同

债权人虽然是企业的利益相关者,但一般来说,并不具有企业的决策控制权,而只是在破产清算时才依据法律程序行使一定的控制权。债务融资的出资者是企业的债权人,他与企业之间在法律上形成债权债务关系,只要企业按照事先的约定按时偿还债权人的本金和利息,债权人就无权干预企业事务;只有当企业不按时还本付息时,债权人才有权按照法律程序向企业追索债务。权益资本则不同,其投资人属于公司资产的所有者,他们不仅具有收益的索取权,而且具有对企业决策的控制权。公司所有者有权了解企业日常的经营活动,并对企业经营决策具有合法的参与权。在股份公司中,权益资本所有者即股东可以按照法律程序审议公司重大决策、要求企业及时通报企业的经营状况、对企业的经营管理实施监督等,并在必要的时候采取措施,干预企业经营。因此,一般来说,大量股权投资对于夺取企业控制权具有决定性影响,而负债资本所有者即债权人,无论其持有的数量多大,在公司正常经营的情况下,都对企业控制权没有任何威胁。

(2)融资成本不同

负债资本的融资成本较小,因而有助于企业投资收益率的提高。这是因为:第一,负债资本是企业的借入资本,其利息率水平是事先约定的固定成本,与企业未来的经营收益无关;而权益资本的收益分配是浮动的,它随企业受益的变化而变化,企业受益高,股权资本分配的收益就高,反之就低。第二,负债资本利息的提取计入企业成本,并免征所得税;而权益资本受益是在企业利润中提取,需要上交企业所得税。

(3)负债资本的所有者即债权人承担的风险较小

由于负债资本的收益是固定的,并且债权人在企业受益和资产分配过程中具有优先权,相对于权益资本,其承担的企业风险就小,因此,要求的回报率也相对较低。而权益资本的收益分配是不固定的,它取决于企业的年度收益水平、企业发展战略以及由此决定的分配决策,因而随企业经营收益水平浮动。

(4)负债资本和权益资本对企业经营者形成的压力不同

负债资本及其收益的偿付数量和时间是事先确定的,企业必须按照事先的约定向债权人兑付,债权人的这种权利受到法律的严格保护,一旦企业有违约倾向,债权人可以诉诸法律。负债资本的偿还状况不仅影响企业的声誉,而且决定着企业未来是否能够及时得到必需的低成本资金,从而影响企业的未来收益率。一旦企业无法按期偿还债务,企业将可能面临破产,因此,负债资本对企业具有刚性约束,它给经营者造成的压力较大。股权融资形成企业的权益资本,它一旦进入企业,就成为企业的永久性资金,投资人不能中途抽回。按照法律规定,只有企业终止经营活动后,股权所有者才有可能从企业抽回投资。不仅如此,权益资本的回收是通过企业财务年度的收益分配实现的。受企业经营决策制约,即使企业的年度收益很高,企业也可以通过低分配率,使企业经营利润继续留在企业中,并通过非现金分配方式(股票转增)使资本收益和资本一样成为企业的永久性资本。因此,股权资本给经营者造成的压力相对较小。

(5)负债资本比例较大容易刺激经营者的冒险经营

债权人同企业经营者之间存在着严重的、无法克服的信息不对称问题。如上所述，债权人无权参与企业的日常经营活动，只有公司出现严重的财务问题，企业依照法律进入破产程序时，债权人才有权参与企业资产的分割。这种情况使债权人极易面临道德风险和逆向选择风险，银行信贷的低流通性更加强了这种风险。这种信息不对称状况与经营者的风险经营正相关。由于负债资本的利息率是固定的，而对于项目投资来说，风险与收益正相关，经营项目风险越大，权益资本的实际收益就越大，因此，负债资本的比例较大，会刺激经营者倾向高风险经营，这将不利于企业的稳定发展。

总之，债务融资和股权融资都是企业重要的融资方式，但两种融资方式的性质不同，它们分别以不同的方式影响着企业经营。因此，如何保持两者合理的比例和结构，对企业经营具有重要的意义。

二、资本结构与企业融资成本

资本结构与企业融资成本和企业风险密切相关。不同性质的资本，其成本不同，它们对企业经营的影响也各不相同，从而导致企业资本结构影响企业市场价值。

（一）资本结构

企业融资结构是企业负债表右方的基本结构，主要包括流动负债、非流动负债和所有者权益等项目之间的比例关系，反映企业资产的所有权归属和企业偿还债务保证程度，揭示着企业经营风险的大小。流动性大的负债比例较高，企业偿债压力越大，其经营风险就越大。研究企业融资结构的意义在于，为企业取得一定规模的资金寻找较低融资成本的融资方式，确保企业合理的融资结构。从这一角度看，企业融资结构也可以看作具有不同融资成本的企业资本成分的结构，包括债务融资、股票融资和资本公积转增。如前所述，在实际的企业经营过程中，资本公积实际上是企业的闲置资本，有效率的企业经营不可能保留太多的公积金，其融资数量在整个企业融资结构中十分有限。一般认为，内源融资的成本较低。虽然从投资理论的角度讲，由于股权资本承担较高的风险，它要求较高的预期报酬率。但在企业的实际经济活动中，由于这种预期报酬率对企业并不构成约束，并且这种融资方式不存在额外的手续费，通常认为其成本最低。尽管如此，企业融资的主要来源还是外源融资。

（二）企业融资成本与企业的市场价值

1. 企业融资成本和边际融资成本

简单地说，企业融资成本就是企业使用投资者的资金所必须付出的代价，其中包括投资者要求的预期投资回报率、银行等金融机构的中介费用以及证券发行费，即用资费用和筹资费用。企业融资成本的高低可以用融资成本率表示，其计算公式为

$$\text{融资成本率}=\frac{\text{融资成本}}{\text{融资总额}}\times 100\%$$

投资者投资的目的在于获得一定的收益，如股票红利、债券利息等，这部分收益构成企业融资的主要成本。投资者预期希望取得的利润率称为预期投资回报率，即单位资本的报酬率，它由资本的性质、市场资金供求状况以及企业信誉、企业经营风险和经营状况等因素决定。从投资者的角度看，它反映企业用资成本的高低。如果企业采用证券融资，其发行证券还必须支付一定的发行费用，这也是企业融资成本的构成部分，称为筹资费用。企业通常委托金融机构发行融资证券，因此，需要向融资机构支付一定的服务费，包括发行证券的佣金和其他服务费，其高低取决于企业的信誉、发行总额和代理方式等因素。

企业融资的渠道和方式不止一个，所以，企业融资的成本也不是单项，而是多项。一个企业的融资成本通常是指其所有融资的综合成本，即采用加权平均融资成本率计算的成本。从会计角度看，企业负债及所有者权益构成公司的全部资本，它们的加权平均成本率构成企业的融资成本率。其公式可以记为：

$$K_a = W_j K_j$$

其中，K_a 表示总融资成本率，W_j 和 K_j 分别表示第 j 种融资占总资金的比例和第 j 种融资的融资成本率。

企业融资的边际成本是边际平均资本成本，它是指公司每增加筹集 1 元钱所花费的成本。一般而言，负债数量越大，投资者承担的风险就越大，其资本要求的风险回报率就越高，即事先确定的债务利息率就越高，而由于股票融资方式的成本最高，一旦公司需要增发普通股票或者债权融资超过一定的规模，资本的边际成本就会出现跳跃式增长的趋势，因此，资本的平均成本和边际成本都会随着筹资数量的增加而增加。

2. 融资方式与企业市场价值

企业的市场价值就是企业未来现金流的折现值。企业未来现金流是指在企业经营有效期内，各经营年度企业的各种经营净收益和折旧的总和，即各年度的净现金流量，也可以看作企业未来净收益折现值和企业资产现值的加总。企业未来净收益的折现按照市场平均投资收益率对企业未来净收益的折现计算，用公式表示为：

$$V = \sum \frac{F_n}{(1+R)^n}$$

其中，V 表示企业的市场价值；R 表示资本市场的平均投资收益率；n 表示年度序数；F_n 表示企业第 n 年的净现金流量，它等于企业一年内的经营收入减去经营成本加上折旧，即：现金流＝企业经营收入－经营成本＋折旧。

对于上市公司而言，企业的市场价值就是公司股票的市场价值，即股票价格与总股本的乘积。假设股票价格为 10 元，公司总股本为 800 000 股，则公司的市场价值为：800 000×10＝8 000 000(元)。

企业市场价值最大化也就是股东财富的最大化。从资金的角度说，企业市场价值最大化也就是企业融资成本最小化和资本利用效率最大化，它是企业资本有效运营的标志，有利于企业各种经营目标的实现。这是因为：第一，市场价值最大化本身就是股东财富最大化，因而有利于股东利益的实现。第二，债权人收入固定，并拥有优先偿付权，确保股东财富最大化无疑也就保证了债权人的债券索取权。第三，股东财富最大化可以为雇员讨价还价提供较大的空间，企业剩余越多，企业越有可能提高雇员的工资和奖金。因此，可以说，企业资本利用效率越高，其资本未来收益现金流的价值预期就越大。

三、资本结构理论

尽管债务融资的成本较低，但如上所述，负债资本要求固定的偿还期和收益率，对企业具有刚性约束。负债资本比例过大，将加重企业的经营压力，使企业面临较大的经营风险，这种情况将增加企业再融资的难度，从而提高企业的融资成本。同时，银行信贷经常伴随着一系列的约束条件，从而限制企业的自主经营，影响企业发展。资本结构理论就是研究在一定条件下负债对企业价值的作用和影响，从而寻求企业价值最大化的资本结构。关于资本结构与企业市场价值的关系，经济学家有不同的看法。

(一)传统的资本结构理论

美国大卫·杜兰特将传统的资本结构理论划分为净收益理论、净营业收益理论和介于两者之间的传统折中理论。

1. 净收益理论

净收益理论认为,企业最佳的资本结构就是高负债经营。该理论假设,权益资本的成本 K_e 和负债资本成本 K_d 是固定不变的,由于债务融资成本较低,即 $K_d < K_e$,则提高企业的债务融资比例,就可以降低企业资本总成本率 K_a,从而提高企业的市场价值。即:

$$K=\frac{D}{V}K_d+\frac{E}{v}K_e=K_e+\frac{D}{V}(K_d-K_e)$$

由于 $K_d < K_e$,所以 $K_d - K_e < 0$,当债务资本的比例 D/V 逐渐增大时,企业资本总成本率 K_a 就会相应减少,因此,当企业没有负债资本,即 $D=0$ 时,企业资本成本率最高;随着负债资本的增加,企业的资本成本率将下降,当企业股权资本为 0 时,企业债务融资达到 100%,企业资本成本率最低,市场价值最大。

2. 净营业收益理论

与净收益理论不同,净营业收益理论的结论是:根本不存在企业的最佳资本结构。这一理论假定,企业债务融资成本率和总资本成本率都是固定的。虽然债务融资成本较低,但随着债券资本的增加,企业的经营风险加大,权益资本要求的收益率也将因此而提高,这就抵消了债务融资带来的成本下降。因此,无论资本结构如何变化,企业的资本成本率都保持不变,对企业价值没有影响。

3. 传统的折中理论

折中理论介于净收益理论和净营业收益理论之间。它认为,企业的最佳资本结构还是存在的,在这一结构下,不是最大限度地增加负债资本,而是使负债的实际边际成本等于权益的实际边际成本。传统的折中理论指出:债务融资成本、权益融资成本和总资本成本都会随着资本结构的变化而变化。当债务融资比例在一定限度内时,资本风险不会明显增长,债务融资成本和权益融资成本基本不变,因此,在此限度内债务融资比例的增加将使企业平均资本成本下降,企业的市场价值就会上升;当负债资本超过一定限度时,随着负债资本比例的增加,企业资本风险将明显上升,从而导致企业再融资(包括负债资本和权益资本)成本的提高,在此范围内,负债资本的比例越大,企业风险增加越快,资本平均成本的上升速度也越快,企业的市场价值将随着资本成本的上升而下降。

由于 $K=\frac{D}{V}K_d+\frac{E}{V}K_e=K_e+\frac{D}{V}(K_d-K_e)$,当 $D/E<P$ 时,负债成本率和权益成本率基本保持不变,由于 $K_d<K_e$,$K_d-K_e<0$,K_a 将随着 D/E 的增大而减小,企业市场价值上升,并在此范围内达到最大;当 $D/E>P$ 时,企业风险明显增加,负债成本率和权益成本率都会上升,从而使企业资本成本率上升,并随着 D/E 的增大而加大上升趋势,企业的市场价值就会下降,并出现加速的趋势。

传统的折中理论比较符合客观实际,但它缺少缜密的数学推导。这一缺陷是由现代资本结构理论加以弥补的。

(二)MM 定理

现代资本结构理论的开创者是弗兰克·莫迪利安尼(Franco Modigliani)和莫顿·米勒(Merton Miller)。传统资本结构理论始终不能很好地解释财务杠杆对于公司价值的影响,而

1958年6月米勒和莫迪利安尼在《美国经济评论》上发表文章，通过一系列假设将问题模型化，得出了财务杠杆与公司市场价值无关的结论，即MM理论。他们指出，假如公司的市场价值可以因股票与债券的比例变化而变化，那么，只要有人买下一家公司，通过调整股票与债券，就可以获得有保证的利润，而实际上这是不可能的。因此，在一定的假设前提下，公司的市场价值与资本结构无关，也称为不相关定理。

MM定理依赖于一系列假设前提：

第一，公司经营风险的大小由息税前盈利的标准差衡量；如果公司的经营风险相同，则其所属的风险等级亦相同。

第二，所有投资者对每家公司未来的纳税付息前盈利(EBIT)及其风险有相同的预期。

第三，没有公司及个人所得税。

第四，资本市场完备，无交易成本；个人投资者举债的利率与公司一致。

第五，个人和公司都可以发行无风险债券，不会招致破产。

第六，公司是一家零成长公司，每年的纳税付息前盈利(EBIT)固定，且具有永续年金的性质。

第七，公司只发行无风险债券和风险权益。

第八，公司无破产成本和代理成本。

第九，公司的筹资政策与投资政策相互独立。

在此假定前提下，假定用V_U和V_L分别表示无负债公司U和有负债公司L的价值，E_u表示公司U的权益资本价值，E_L和D_L分别表示公司L的权益资本和负债资本的价值，K_L和K_U分别表示公司L和公司U的资本成本。则：

$$\boldsymbol{V_L = D_L + E_L = \frac{EBIT}{K_L}}$$

$$\boldsymbol{V_U = E_U = \frac{EBIT}{K_L}}$$

由于企业市场价值只与负债资本成本和权益资本成本有关，而它们取决于资本的市场风险；同时，资本的市场风险由企业经营风险决定，企业的经营风险则由息税前盈利的标准差衡量。无论负债与否，任何公司的总价值等于其纳税付息前盈利除以适用于其风险等级的报酬率。因此，企业的市场价值与资本结构无关，经营风险相同的企业处于统一风险等级，它们的息税前盈利的标准差相同，因而其市场价值就相等，即：$V_L=V_U$。这就是MM定理的第一命题。既然企业市场价值不受资本结构影响，则与之相关的命题是企业市场价值不受企业分红政策的影响。

MM定理的第二命题是，由于负债会增加企业的财务风险，并且随着负债比例的增大，企业的财务风险也将增大，这部分将构成企业权益资本的风险增益，权益资本的成本就相应提高，因此，有负债公司的权益资本成本将高于无负债公司的权益资本成本，在MM定理的第一命题的基础上，则有负债公司的权益资本成本与无负债公司的权益资本成本的关系为：

$$\boldsymbol{K_{eL} = K_{eU} + (K_{eU} - K_d)\frac{D_L}{E_L}}$$

即企业的权益资本成本等于无负债企业权益资本成本加上负债的风险成本，而且负债比例(D_L/E_L)越大，权益资本的风险成本就越高，企业权益资本成本(K_{eL})就越大。

上述情况表明，按照MM定理的两个命题，在不存在所得税的前提下，企业的资本结构对企业市场价值和企业资本成本不构成任何影响。由此我们可以看出，MM定理与传统的净营业收益理论的结论是一致的，MM 定理不过是对净营业收益理论的结论进行了数学的逻辑论证。

莫迪利安尼和米勒用反证法推导出 MM 定理，其逻辑推理过程看起来没有问题，但它明显与经济生活的实际情况不相符，导致这一情况的关键在于这一理论的假设前提。MM 定理假设公司经营风险大小由企业盈利的标准差决定；资本市场信息完全，交易无成本，个人和公司都可以相同的利率发行债券，发行的债券有永续年金的性质，其利率无风险；所有投资者对企业未来的收益和风险预期相同；没有公司及个人所得税等，均不符合客观现实。第一，一般债券并无永续年金的性质，公司到期偿还是无条件的，债务负担越重，企业破产的可能性就越大，风险就越大。因此，债务比例与企业的经营风险正相关，有负债的公司和无负债的公司，以及负债比例不同的公司，不可能处在同一风险等级，其盈利的标准差也就不可能相同。第二，资本市场的信息是不完全的，交易是有成本的，并且债券的利率高低取决于企业的一般风险和系统风险大小，而不同的个人或公司间存在着极大的风险差异。基于这一原因，投资者对企业的收益和风险预期不可能相同。第三，各国都存在个人及公司所得税。企业面临激烈的市场竞争环境，其每年的收益都处于变化之中，且必须偿付到期的债券，因而，负债公司确实存在着税收的节约，这种节约会由于负债比例的不同而不同。第四，公司能否顺利地发行债券取决于公司的经营状况，不是所有个人和企业都可以顺利地发行债券，从而可以随意决定企业资本结构；同时，任何债券的利息率中都包含风险收益率和无风险收益率两部分，由于债券的刚性约束，发行债券的企业不可避免地面临着破产风险。第五，公司的筹资政策必须和投资政策一致，只有这样才有可能确保资本必要的流动性，减少企业偿债压力。

由此可见，MM 定理的基本假设前提不符合事实，以此为根据的逻辑推理，即使非常完美，也无法得出正确的结论。按照 MM 定理，既然公司资本结构与企业市场价值无关，那么，企业负债率在不同部门、不同地区应该是随机分布的，但在现实生活中，企业负债率的分布非常有规律。美国的统计资料表明，几乎所有的航空公司、公用事业公司和房地产公司等资本密集型工业公司的负债比例都很高，而制药、广告等技术密集型和劳动密集型行业的公司，几乎完全依赖于自有资金。像发展速度非常快的 IBM 公司，虽然需要的资金量非常大，但其负债比例很低。美国的现行税收制度有利于债券发行，而不利于发行股票。根据税法，公司对债券持有人支付的利息计入成本而免交公司所得税，股息支出和税前净利润则要交公司所得税，这样，公司就可以通过提高负债比率来提高公司的市场价值。比如某公司增发债券 100 万元，用这 100 万元去买回本公司的股份，其结果是尽管负债率增加了，但因减少了支出，从而增加了公司的资产，实现了资本增值。

鉴于 MM 定理提出后引起的极大争议，特别是把税收问题排除在外的不合理假定，1963 年，莫迪利安尼和米勒进一步分析了所得税的影响，并对 MM 定理做了修正，得出了以下两个命题：

命题 1：负债公司的市场价值等于风险等级相同，但无负债的公司的价值加上负债的税收节省收益；后者等于公司所得税税率 T_e 乘以负债总额 D，即 $V_L=V_U+T_eD$，并且负债越多，节约的税赋就越多，企业价值越大。这意味着，在考虑公司所得税因素后，负债公司的市场价值会比负债前高，当公司的负债达到 100%，亦即其资本结构完全由负债构成时，公司价值将达到最大。并且，根据 MM 定理第一命题，未负债公司的市场价值为：

$$V_U=E_U=\frac{EBIT(1-T_C)}{K_{eU}}$$

命题 2：负债公司的权益资本成本等于未负债公司的权益资本成本加上风险补偿。风险补偿的多少由负债程度和公司所得税税率决定。由于 $1-T_e<1$，尽管权益资本成本会随着负债资本的增加而提高，而由于税收的成本节约，其上升的幅度低于不考虑所得税时上升的幅度，因此，公司的负债越多，其加权平均资本成本就越低，企业的市场价值就越大。

MM 定理的修正考虑了公司所得税的影响，指出债务融资有节约税赋的作用，企业的价值会随着负债比例的增加而提高。按此推理，公司应该完全使用债务融资，但事实证明并非如此。为此，米勒(1977)又将公司所得税和个人所得税考虑进来，指出：个人所得税在一定程度上抵消利息的减税利益。在前述假设不变的情况下，负债公司的价值＝无负债公司的价值＋债务的税收节省收益。债务的税收节省收益的多少则取决于：①公司所得税税率；②股票收入的个人所得税；③利息收入的个人所得税。由于各种税率不同，并且大部分延期缴纳，米勒认为，在正常税率条件下，负债的减税利益并不能完全抵消。如果投资者的税收节省超过公司税赋的增加，公司就可以通过发行股票而不是发行债务筹资资本。

如果用 T_e 代表股票收入的个人所得税和资本收入所得税的加权平均税率，则无负债企业的市场价值为：

$$V_U=\frac{EBIT(1-T_C)}{K_{eU}}$$

由于个人所得税降低了投资者的实际收入，在其他条件不变的情况下，个人所得税使企业的市场价值降低。若公司存在债务融资，则公司资本分为负债资本和权益资本两部分。若 I 表示企业每年支付的利息费用，T_d 表示适用于利息收入的个人所得税，企业资本作为具有永续年金性质的现金流量，则可以通过两种资本的分别折现计算出负债企业的市场价值：

$$\begin{aligned}V_L&=\frac{EBIT(1-T_C)(1-T_C)}{K_{eU}}-\frac{I(1-T_C)(1-T_C)}{K_d}+\frac{I(1-T_C)}{K_d}\\&=V_U+\left[1-\frac{(1-T_C)(1-T_e)}{(1-T_d)}\right]\left[\frac{I(1-T_C)}{K_d}\right]\\&=V_U+\left[1-\frac{(1-T_C)(1-T_e)}{(1-T_d)}\right]D\end{aligned}$$

上述模型实际上是 MM 定理的一般表达式，它表明：

(1)若不考虑税收因素，即 $T_c=T_e=T_d=0$，则负债公司的市场价值等于无负债公司的市场价值，也就是 $V_L=V_U$，这就是无税收条件下的 MM 定理。

(2)若忽略个人所得税，即 $T_e=T_d=0$，则得到 MM 定理的修正定理，即考虑税收时：

$$V_L=V_U=[1-(1-T_e)]D=V_U+T_eD$$

(3)若股票收入和利息收入所得税税率相等，即 $T_e=T_d$，则它们对存在负债资本的企业的市场价值的影响相互抵消。

(4)若 $(1-T_c)(1-T_e)=1-T_d$，则 $V_L=V_U$，这意味着，个人所得税正好抵消了企业负债产生的税收节约，在这种情况下，企业资本结构对企业资本成本和市场价值没有影响。

除此之外，米勒模型还表明，有税收条件下的 MM 模型高估了企业负债带来的税收节约利益，因为它没有考虑到个人所得税的抵消作用。但和 MM 修正定理一致，米勒模型也表明，当公司负债达到 100%时，企业市场价值最大。该模型忽视了负债资本比例与企业经营风险的关系以及代理成本对公司收益的影响；而尽管公司可以通过增加债务降低企业融资成本而增加其市场价值，但随着负债率的上升，企业将面临较高的经营风险，从而加大公司陷入财务亏空的概率，甚至导致公司破产，这样财务亏空成本必将使其市场价值下降。同时，模型也没有考虑个人负债和公司负债的风险差异，它假设个人和公司负债的风险一样，实际上，由于个人对负债承担无限责任，而公司对债务只负有限责任，因而个人负债的风险要大得多。一般来说，个人借贷利率较公司借贷利率高。此外，米勒模型也忽略了证券转换的成本，即它假设债券和股票之间的买卖转换成本为零。

（三）平衡理论

克劳斯和雷泽伯格(Kraus and Litzenberger，1973)将公司经营风险纳入企业资本结构的研究中，从而创立了平衡理论。他们指出，尽管根据税法，公司可以通过增加债务而增加其市场价值，但随着负债率的上升，公司风险(公司陷入财务亏空的概率)也在增加，甚至最终会导致公司破产。因此，负债资本比例结构就是平衡税收节省收益与公司财务亏空成本的结果，它既能使企业资本成本最低，又能达到降低企业经营风险的效果，从而使企业价值最大化(见图 9—4)。

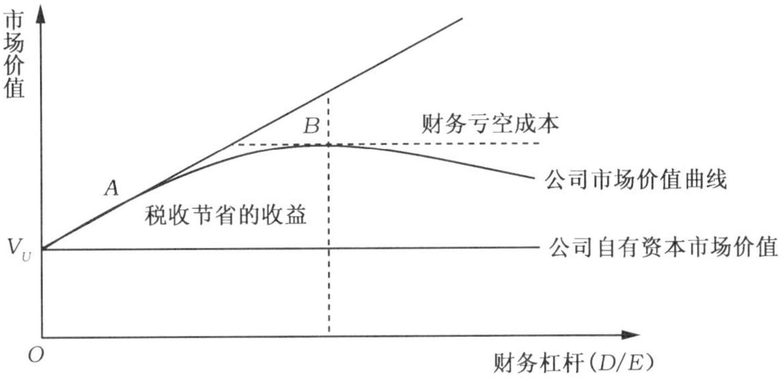

图 9—4　平衡理论关于最佳资本结构的确定

图 9—4 表明，如果公司全部依靠发行股票筹资，即负债率为零，公司的市场价值为 V_U；随着负债率的增加，公司将产生税收的节省效应，其市场价值也随之升高；当负债继续增加，到达 A 点时，财务亏空成本就开始发生作用，但因税收节省收益的增加大于财务亏空成本的增加，此时，公司市场价值仍在上升，公司可以继续增加负债；当到达 B 点时，税收节省收益的增加量与财务亏空成本的增加量相等(边际成本等于边际收益)，这时，公司市场价值达到最大；超过 B 点时，财务亏空成本的增加大于税收节省收益的增加(边际收益小于边际成本)，公司价值开始下降，所以，B 点对应的资本结构就是最佳的资本结构。

这里的财务亏空成本(破产成本)包括直接成本和间接成本，它实际上是由债券持有者承担的。根据公司法的规定，股东对公司只负有有限责任，一旦公司的市场价值小于债务价值，公司便宣布破产，这时股东只损失股票面值而无须以其他财产去抵偿损失。直接成本是指支付给律师、会计师、评估师、拍卖行等的费用，以及由于破产清偿时间过长，存货、设备及厂房发生损耗而贬值等。公司破产时，股票收益为零，债券收益部分下降，公司市场价值也急剧跌落，从而导致公司破产的间接成本，比如破产公司的财产在清理变现时往往以低于本身价值的价格出售；某些公司的破产重组会破坏原有的管理机制和营销网络，使成本上升、销售额下降；企业陷入财务亏空后，很难筹集到新的资金，或者必须付出较高的成本，才能筹集到资金；客户和供应商等担心自己的款项无法收回，为维护自己的利益，他们可能会要求企业改变付款条件、缩短付款期限等，使企业资金更加紧张。所有这些，都会使公司市场价值降低。正是由于这些破产成本，导致公司经营者为防止破产，尽量少发债券而选择股票筹资，用股票价值最大化目标代替公司价值最大化目标。这种次优决策虽能降低企业的风险系数，但同时也减少了公司的市场价值，并且会带来社会净效益损失。总之，由于税收的作用，债务融资可以降低企业的融资成本，但随着负债资本比例的增加，企业的经营风险也相应增加，财务亏空成本不可避免。平衡理论全面考虑了负债资本对企业资本成本和企业经营的影响，清楚地揭示了企业资本结构与企业市场价值的关系。企业负债的增加所带来的企业市场价值变化，理论上等于债务避税与增加的财务困境所带来的破产成本之间的差额。

(四)影响企业资本结构的因素

毫无疑问，资本结构与企业市场价值密切相关。事实上，对于不同地区的不同行业，企业的资本结构表现出相对的稳定性，这说明资本结构不是随意性的。根据已有的研究成果，企业的资本结构大致受以下因素的影响：

1. 企业权益资本收益所得税

MM 修正定理证明，税收对企业收益的影响是明显的，企业权益资本收益所得税越高，负债资本的避税功能越明显。因此，在现实生活中，企业所得税越高，利用财务杠杆的成本节约效果越明显。

2. 公司资产状态

公司资产状态通过影响破产成本，影响公司的资本结构。公司一旦陷入财务困境，无论进入的是正式的还是非正式的财务困境程序，公司都要付出高昂的代价。陷入财务困境的公司资产状态，将影响公司的破产成本。一般性的、专用性程度低的有形资产，由于其变现能力较强，而使企业的破产成本相对降低，例如，土地、一般性建筑物等有形资产比例较大的公司，其资产负债比率较高。以有形资产为主的企业，相对于以无形资产为主的企业，其资产(如厂房、设备等)专用性较低，企业破产后容易转卖，因而可以更多地利用财务杠杆。

3. 公司经营风险

处于高风险行业的企业，其经营收益变动很大，因而其发生财务亏空的可能性和破产的预期成本也很大，这将在很大程度上抵消税收带来的成本节约，因此，为避免高昂的破产成本，在其他条件不变的情况下，高风险行业的企业负债率一般较低。如高科技公司、制药公司等，资产负债率一般较低。低风险行业的企业，经营稳定，发生财务亏空和破产的概率较小，适当提高资产负债比率，利用财务杠杆可以有效地降低资本成本，从而提高企业收益。此外，处于高成长阶段的企业，其销售相对稳定，具有良好的发展前景，能够承担较大的债务负担。相反，处于初创阶段的企业，由于经营的风险性较高，一般会选择较低的资产负债率。

4. 优序理论和高融资能力

在现实生活中，多数企业的融资选择倾向于内源融资—债务融资—股权融资这样的顺序，即优序理论(或称“啄食”顺序理论)。这是因为一方面外部融资成本巨大，公司进行外部融资，必须向投资银行等金融中介机构付出大量的费用；另一方面，由于存在股东和公司经营者之间的信息不对称问题，公司股东因无法估价投资项目的价值而不同意发行股票进行融资。债务融资可以借助金融机构的力量对项目价值进行判断，并对经营者形成一定的行为约束。此外，经理人为回避经营风险，往往倾向于企业的现金积累和低负债水平，即高融资能力。这种情况导致公司实际的资产负债率低于理论上的最优资产负债率。

四、资本结构与企业经营

资本结构影响企业市场价值，不仅反映在企业的融资成本由债务带来的经营压力上，而且还反映在代理成本和企业控制权的控制上。与古典企业制度相比，现代企业的一个重要特征是经营权和所有权的分离，这就不可避免地存在代理成本。

(一)负债资本的代理成本

无论是负债资本还是权益资本，都存在代理成本问题。股权资本的代理成本是由股东和经理间的利益矛盾引起的，负债资本的代理成本是由债权人和企业之间的利益冲突引起的。负债资本的所有者(包括银行和企业债券的持有人)的利益在于按期收回全部本金与利息，企业的利益是最大限度增加企业的收益。企业利用负债资本成本实现预定和固定的特点，通过提高项目风险，赚取比负债资本固定收益更高的投资收益。为减少代理人的投机行为和道德风险，债权人往往在合同中设置附加的保护性条款，以防止企业事后的机会主义行为，并采取措施监督契约的执行情况，从而付出必要的成本。由负债资本引起的代理成本包括以下几个方面：

1. 道德风险成本

由于债权人和企业双方处于信息不对称的地位，企业掌握自身对负债资本使用的方向及增值能力的信息，而债权人不知道或不完全知道这样的信息。在这种情况下，与债权人相比，股东对公司承担有限责任，而其投资的潜在收益无限，因此，为了追求高收益，股东有增加投资风险的动机，从而损害债权人的利益。特别是在债券缺乏流动性的条件下更是如此。因此，负债资本的“道德风险”几乎是不可避免的。这一风险通常出现在下述场合：第一，企业为增加利润而加大财务杠杆，使原有债务风险加大；第二，为取得高回报率，企业向高风险项目投资，加大经营风险；第三，改变股利分配政策，提高股利率，削弱债务偿还基础。

2. 监督和约束成本

债权人为减少道德风险，会通过增加投资交易的限制、保证条款、加强日常监督等方式，约束企业行为。债权人对企业加强监督虽然可以减少企业管理和经营行为给自己造成的损失，但由于企业经营管理活动的复杂性以及债权人对企业信息的不完全和不对称，完全杜绝道德风险是不可能的，因此，在实际的债权发行或银行借贷过程中，债权人往往通过订立详细的债务契约，约束企业的经营活动。表 9—3 列示了典型的债权条款及其应用。

表 9—3　　贷款的限制性条款及其应用

条款种类	公司行为和公司形势	条款理由
财务报告信号 营运资本需求 利息额 最小净值	当公司出现财务危机时，股东不可能要求公司进行高风险投资	股东在破产前失去价值：破产是债权人的损失，较股东损失大得多，投资的扭曲导致风险更大，债权人受损
资产处置的限制 限制股利 限制出售资产 担保和抵押	股东试图把公司资产转移给自己	限制股东把资产转移给自己并私下投资
转换资产的限制	股东试图增大公司的风险	公司风险的增加有利于股东，因投资扭曲导致风险增加，而使债权人受损
稀释 (1)限制租赁 (2)限制进一步的借款	股东发行同等或更优先权的债务	限制对现有债权人的权利稀释

资料来源：斯蒂芬·A.罗斯等，《公司理财》，机械工业出版社 2005 年版。

3. 机会成本

机会成本是由双方共同承担的。一方面,债权人因投资于企业而损失其他投资机会所造成的损失,是由债权人承担的。另一方面,受债务条款的限制,企业会失去某些收益较高的投资机会和经营活动,从而构成企业使用负债资本的机会成本。在现实生活中,企业保持较低的资产负债比率,部分原因是避免经营活动过多地受到债权人的限制。

4. 重组和破产成本

一般而言,公司不能及时支付债务时,就会进入重组或破产程序。如前所述,企业破产和重组的成本分为直接成本和间接成本。一旦公司进入重组或破产程序,股东将失去对公司的剩余索取权和剩余控制权,债权人则要承担包括清算和重组的款项及成本、法律成本以及债务无法足额偿还的损失。此外,企业还必须承担由财务困境导致的企业运营损失。

考虑到代理成本的影响,当债务资本增加后,理论上企业市场价值的变化等于债务的避税减去负债资本的代理成本和破产成本,再加上减少的权益资本代理成本。无论如何,企业资本结构的安排限制在企业经营安全的范围内是必要的,只有这样,才无损于企业长期稳定经营。

(二)融资方式对企业控制权的影响

选择不同的融资方式改变公司的资本结构,从而影响公司内部的控制权,可以遏制内部人控制和减少企业经营中代理成本。如果公司的经营者有了创意,却没有足够的内部资金去实现这些创意,就会产生外部融资的要求。为使外部投资者愿意把资金投入公司,经营者必须对投资者做出承诺:规定在未来某个时间偿还本金和利息,或者取得一定红利。为了降低外部融资成本,有时仅仅为了获得资金,经营者必须使其关于以特定方式使用所筹资金以及偿还投资者的承诺成为可信的承诺。为了提高可信度,他们要么必须确认投资者在特定情形下对公司的资产和现金流量拥有所有权,要么必须放弃对投资决策的一部分控制权。保持距离型融资和控制导向型融资是解决内部人控制、降低企业代理成本问题的两种基本类型。

1. 保持距离型融资

保持距离型融资的主要工具是债券,包括以担保债务的方式筹措外部资金(担保短期债务、担保股权以及长期债券)。在一般情况下,如果投资者得到了合约规定的给付,投资者并不直接干预公司经营,一旦公司无力偿还,目标实现不了,投资者就可通过法院强制清算收回资金。投资者的这种事后清算权可以使公司经营者事前做出的偿还承诺成为可信的承诺。

在保持距离型融资方式下,公司资产的特性与其融资能力之间有着很密切的关系:资产的流动性越高,可以筹措到的资金就越多,或者越便宜。而且,资产专用性越低,价值越高,清算威胁越是有效,保持距离型融资越具有吸引力;当资产价值不佳时,比如经济萧条或行业不振,投资者会要求更多的抵押品,公司可能面临筹资的困难。

2. 控制导向型融资

控制导向型融资的主要工具是控股。在控制导向型融资中,投资者通过自己监控公司来减少代理问题、投资者实施监控的形式多种多样,例如,否定无效率的决策,促使有效率的决策予以实施,等等。另一种形式是对经营者进行改组。股权的相对集中以及大股东的存在有利于形成控制型的股权结构,这是因为:第一,拥有数额较大的企业股权的大股东,其利益与企业经营状况和企业经营策略密切相关,因而有动力加强对企业的监督。第二,拥有相对多数企业股票的股东,使其拥有了较大的股票控制权,从而使大股东对企业享有了事实上的控制权,也就有能力干预企业决策,控制企业经营。他们可以通过股东会或股东特别会议,否定无效率的决策,促使有效率的决策得以实施,减少经理人员工资收入,甚至罢免经理人员等。

这种控制既可由自然人股东直接实施，也可通过金融机构拥有丰富的专业知识的人员实施，他们完全有能力判断企业经营状况的优劣。金融中介（如银行）还可以将股权和债券结合起来对企业实施控制。银行资产负债表的负债方拥有流动索取权，资产方拥有非流动索取权，它可以将不具有流动性的索取权（如投入公司的债权和股权）转化为具有流动性的索取权（如短期存款以及挂牌交易的股权）。企业的资产组合以及资产负债表的结构对控制动因有重要影响。资产组合越是多样化，其控制动因越弱；财务杠杆比例越高，其控制动因越强。

保持距离型融资和控制导向型融资的相对重要性，不仅因企业和行业的不同而不同，而且因国家而异。迈耶（Mayer，1990）的研究证明，在西方主要的工业化国家，内部融资是最重要的融资方式，而在外部融资中，债权融资是最重要的。不过，由于发展程度和制度安排的差异，在不同行业间、不同规模的公司间以及国别之间，金融中介过程的程度和性质都表现出显著的国际差异。伯格洛夫从总体特征、债权人结构和股东结构三方面分析比较了保持距离型融资和控制导向型融资的差异（见表 9－4）。

表 9－4　　金融体系与资本结构

项　目	控制导向型	保持距离型
总体特征		
控制导向型融资比例	高	低
金融市场的深度和广度	低	高
银行资产占金融机构持有的金融资产总额的比例	高	低
控制导向型金融机构比例	高	低
上市可能性	低	高
公司控制权市场的重要性	低	高
债权人结构		
集中程度	高	低
银行信贷占总负债比例	高	低
债券占总负债比例	低	高
持有债权转手率	低	高
股东结构		
集中程度	高	低
银行股东	高	低
公司间持股	高	低
控制份额转手率	低	高

资料来源：青木昌彦、钱颖一，《转轨经济中的公司治理结构》，中国经济出版社 1995 年版。

依赖控制导向型的融资体系，需要更多的控制导向型中介机构和更集中的资本机构，并且债权和股权的转手率较低。公司负债总额中高比例的银行信贷以及公司间的大量交叉持股，也是控制导向型融资的重要表现。紧密的控制关系的存在，可以减弱公司耗费成本谋求上市的动因，从而避免股权的分散。当股权集中时，股东的控制主要通过内部行政手段实施，公司控制权市场在制约经营者方面难以有所作为；而当处于控制地位的所有者未能持有公开上市公司的多数股份时，资本市场的控制作用就通过恶意收购凸显出来。

债务融资和股权融资的性质不同，导致企业不同的代理成本，从而影响企业治理，企业只有选择合适的融资方式和保持适当的资本结构，并结合合理的企业治理模式，才能充分发挥两者的优势，达到节约成本、提高效率的目的。

第三节　公司治理机制的主要类型

尽管公司治理存在着共同的原则性，在制度安排上具有共性，而且，公司治理的内部治理机制和外部治理机制大体相同，但由于世界各国的历史、文化传统以及经济发展水平不同，即使在同一国家，由于企业规模和股权结构等不同，公司治理机制仍然存在着一定的差异。在现代企业的长期发展过程中，已经形成了几种特色鲜明的公司治理类型，主要包括股东控制型治理机制、经理控制型治理机制、主银行相机治理型机制，以及股东和员工共同控制型治理机制等。

一、股东控制型治理机制

在物质资本规模庞大的现代企业尤其是大型股份制企业中，由于物质资本的"依赖性"特征及其在企业生产过程中的重要地位，各国法律都赋予股东以企业控制权，具体权利由股东民主选举产生的董事会代理行使。但真正形成股东控制型治理机制的只有那些股权高度集中的现代企业，特别是家族控制型企业最为典型。

股东控制型治理机制就是股东实质性地掌握企业控制权，经理则负责企业的日常经营活动；股东对经理人员采取有效的监控和适当的激励措施，使经理人员不过分追求自我利益而忽视股东利益，减少企业治理中的代理成本，而对员工的激励则依赖于公司福利和工资收入。在股权集中的企业中，几个大股东掌握着相对或绝对多数的股票，因而能够通过股票左右公司的决策，成为实际的企业控制者。由于大股东在企业中的投资绝对数较大，他们的利益与企业的经营利润关系密切，因而有足够的动力监督经理的经营活动。一旦经理偏离股东利益而过分追求自己的利益，如扩大在职享受、管理无效率、企业盈利水平低下等，大股东就会利用手中集中的投票权，通过股东大会或董事会撤换经理人员。对经理人员来说，失去已有的经理职位，不仅失去了客观的薪金收入，而且信誉会受到严重的损失，这将影响其未来的工作和报酬。为此，经理人员往往能够兼顾股东的利益，而不至于使企业经营目标过分偏离利润最大化目标。在实际生活中，这类企业多表现为家族类企业或规模较小的企业。由于家族是企业的创始人，对企业有特殊的贡献，在企业转化为公众公司时，一般给予企业家族特殊的控制权地位，如通过公司章程规定家族具有特殊的权利，给予家族一股多票的投票权等，确保家族在企业中的影响力；家族成员一方面通过直接参与企业经营，掌握企业控制权，另一方面由于对企业经营业务非常熟悉，并且对企业具有深厚的感情，能够有效地监督企业，确保经理行为符合股东利益。在一些家族企业或规模较小的企业中，大股东往往直接就是经理人员，不仅进行企业重大决策，而且负责企业的日常经营。

家族企业无论是从历史上还是从逻辑上来分析，都属于古典企业。但当代许多家族企业已经不同于那种独资企业或合伙企业，它们属于股份制企业，尽管如此，由于上述原因，家族企业在公司治理结构上仍同古典企业有相似之处。其股东控制型的治理机制带有家长制治理的特征。

现代家族企业的发展在韩国与东南亚国家最为显著，其公司治理的家族特色也最为鲜明。

现代家族企业由古典企业演变而来，其所有权演变的结局可分为几种情况：(1)企业最初是独资企业，在第一代创业者退休或去世后，其所有权传给若干子女，由几个或十几个子女共同拥有；(2)企业的初始所有权属于参与创业的若干兄弟姐妹，第一代创业者因死亡或其他原因纷纷离去后，其所有权由这些兄弟姐妹的更多后代所继承；(3)企业最初是家族成员同家族外成员共同创办的合伙制企业，经过若干年的遗传，企业的所有权分属于原家族内外成员的后代(更多的人数)，但控股权掌握在家族内成员的后代手中；(4)最初的独资或合资企业，为了扩大企业规模，通过上市或非上市途径，演变为股份制企业，但家族成员是最大的股东，或者虽并不处于控股地位，但由于家族是企业的创始人，对企业有特殊的贡献，一般允许企业家族拥有特殊的控制权地位。上述各种情况表明，家族企业通过不同途径走上了现代企业的轨道，企业由单一所有权演变为多元所有权，但控制权或控制权仍然由家族把持。因此，现代家族企业虽然已经是股份制企业，但从股权结构来看，家族仍处于控股地位。

在这些现代家族企业中，不仅最大的股权由家族控制，而且，经营权也大多控制在家族成员的手中，他们不仅掌握剩余控制权，而且连特定控制权也不放过；如果是一个规模庞大的企业集团，那就不仅要控制集团公司的主要权利，而且，下属各子公司的控制权也不愿旁落他人之手。例如，印度尼西亚的盐仓集团，其创始人蔡云辉去世后，董事长由其夫人接替，其长子任副董事长兼总经理，第四子任董事兼第一副总经理，第五子和第六子分别任董事、经理(其第二子、第三子、长女、第四女已亡)，其侄子和外甥分别担任第二、第三副总经理，家族成员几乎囊括了所有高层经营者的岗位。20 世纪 80 年代的韩国现代集团，除集团创始人郑周永掌握集团大权外，其一个胞弟、七个儿子、两个妹夫、长子和五弟的岳父，都分别在集团下属的系列企业中担任经理和会长职务。

现代家族企业的所有权和经营权不仅高度集中，而且集中于家族一体，这就不能不使其治理机制带有家长制的特征。对于东南亚和韩国的家族公司治理机制来说，除股权和经营权集中的因素外，还受中国儒家文化的影响。这个文化的特点之一就是要严格遵守“君君、臣臣、父父、子子”的伦理次序。这种产权制度和文化制度为家族企业的治理打上了深深的烙印。例如，公司的重大决策高度集权于公司的创办人，家族其他成员尽管也居于一定的决策地位，但只能贯彻创办人的决策意图，而不能行使否决权；即使身居高位的其他成员有很高明的建议，也必须得到企业创办人的首肯；如果创办人已经退休，他的继任者的重大决策也得征得前辈的同意，方可实施；假如公司创办人已经去世或不能执事，继任者虽可单独决策(同样是高度集权和独断)，但向左右副手发号施令的能力已经削弱，到了第三代、第四代公司最高领导掌权时，威信就会更弱，决策人之间的矛盾就会凸显。这就是为什么决策效率会代代递减的重要原因。

股东控制型或家族控制型治理机制的最大优点是减少所有权和控制权的矛盾和冲突，从而节约代理成本，但又会加剧大股东和小股东、劳方和资方的矛盾，并且由于决策封闭和独断专行而丧失决策效率。因此，家族制企业的治理机制面临着重大改革。

二、经理控制型治理机制

虽然法律并没有授予经理企业控制权，企业经理只是代理管理企业，但由于经理特殊的地位和作用，在实际生活中，经理人员往往掌握着企业控制权，处于实际的支配地位，股东则主要借助市场机制对经理人员进行监督。这种治理机制类型，以美国最为典型。从表面上看，美国法律赋予公司股东控制权，股东是公司财产的终极所有者，他们通过股东大会选举董事组成董事会，董事会则是公司的常设权力机构，其权利范围受制于股东大会。但由于美国公司相对分散的股权结构，如果缺乏其他有力的机制来加强董事会权利和限制经理权利，公司的控制权就会轻而易举落入经理人员的手中。

首先，美国的大公司一般不设立监事会，董事会由包括经理在内的公司高级主管人员构成，是公司经营管理的核心。最高层经理或称首席执行官（CEO）在其中居于重要地位，甚至本人就是董事长，其权力之大可以想象；外部董事本来应当代表全体股东利益，超然于公司内部人，具有严格的独立性，但是，在许多公司，外部董事经常由经理人员推荐或由经理控制的提名委员会推荐。按照法律规定，股东通过选举自己信任的董事，通过董事会行使对经理人员的监督和控制，但许多公司董事会实际上由经理人员控制。经理人员利用自己的职位征集分散股东的委托投票权，控制股东大会的选举。显然，这些公司的控制权实际掌握在包括首席执行官、总裁在内的高级管理人员手中。

其次，分散的股权结构使小股东放弃了企业控制权。美国大公司股票相对分散，表现为公司股东人数众多，单个股东持有公司少量的股票，大部分是持有少量股票的小股东。小股东往往因监督企业的成本与收益不成比例，而失去了监督的积极性。因为股东要监督企业就必须充分了解企业经营的各个方面，尽可能多地收集企业信息，并掌握相关的知识，才能对企业的经营状况做出准确的判断，并提出相应的决策。由于决策带来的企业效益由全体股东分享，小股东收益有限，这就使他们倾向于“搭便车”，即依靠大股东的监督取得企业效益改进的好处，或者通过发达的二级市场交易回避企业的经营风险。

再次，许多大股东也无心控制企业。从理论上说，大股东具有监督和控制企业经营者的积极性，他们持有数量较大的股票，其投资收益与企业经营效益息息相关。实际上，美国公司中的确存在着持股比例较高的大股东，最大股东比例并不像人们想象得那样低。根据美国经济学家贝克特对美国 6 559 家大企业的调查，持有公司最大股份的平均数为 22.8%，第二大股东的持股平均数为 11.3%，第三大股东的持股平均数则为 7.95%。最大三股东的持股平均数为 32.3%，最大五股东的持股平均数为 39.8%。但在美国的许多大公司，大股东并不掌握公司控制权，其主要原因有以下几个方面：第一，公司规模过于庞大，市场非常复杂，大股东受自身知识结构和知识水平的限制，无力实施对企业的有效监督，也往往倾向于“搭便车”。第二，发达的证券市场为股东提供了回避企业经营风险的重要方式。美国拥有世界上最发达的股票交易市场，股东可以通过市场交易选择购买投资回报率较高的企业股票，卖掉投资回报率较低的企业股票。第三，相关的法律制度鼓励股东的市场化行为。美国制定了规范企业信息披露的严格的法律制度，公司必须定期和不定期地向社会公布其财务状况，企业财务状况要由企业聘请的独立会计师承办的审计事务所负责审计，以保证公司财务信息发布的及时性和真实性，这种制度设置可以使股东及时地了解企业信息，并采取相应的市场行动。同时，美国公司中相当一部分大股东是机构投资者，个人投资者通过养老基金、互助基金、保险基金和投资基金等形式组成机构投资者。但由于我们上面所指出的那些原因，使得机构投资者在单个公司中的持股比例有限（美国法律规定，保险基金在任何一个公司内不得持有超过 5%的股票，而养老基金和互助基金则不得超过 10%），因此，他们与个人股东一样，无法得到与其监督成本相对应的投资回报，而将注意力转向市场。

上述情况表明，美国企业股东对经理人员的监督是消极的，对经理人员的约束主要来自证券市场。这种治理机制一方面使企业资产保持较大的流动性，有利于企业融资和市场资本的有效配置；另一方面，经理人员保持了高度的经营自主权，有利于发挥经理人员的创新能力和工作热情,但也使经理人员损害股东利益成为可能。美国经理人员利用自己的特权扩大在职消费是20世纪80年代企业经济效率低下的重要原因之一。这一时期的收购接管风潮的确给经理人员带来巨大的经营压力,但正如前面所说,并购成功的比例不大,因此,这种并购并未对所有公司的经理控制形成压力。实际上,美国80年代的市场收购最后演绎成一些不法机构操作者通过"造市"对企业进行财产掠夺,收购后的公司并没有通过改善其经营状况而提高效率,而是被简单地包装后重新上市,美国政府不得不通过法律限制这种企业并购。最近几年,美国公司普遍倾向于加强股东对经理的有效监督,已经有少数机构投资者开始利用手中控制的企业股权,通过股东大会参与企业决策,从而实现向股东控制型治理机制的转变。

为了加强股东在公司中的控制权地位,近年来英美各大公司在改进治理机制方面取得了某些重要进展,即在公司内部治理中体现股东特别是大股东的利益,并且尽量使外部治理机制发挥较强的作用。具体来说,可以归纳为以下几点:

(一)通过设立各种职能委员会,强化董事会的作用

为了强化董事会的控制,并且使董事会更加有效地工作,英美各大公司董事会一般都设有一系列的职能委员会。主要有:(1)执行委员会。它是董事会的常设机构,负责执行董事会的重大决策。(2)提名委员会。负责公司董事和聘任经理的提名,以此削弱经理的人事控制权。(3)报酬委员会。在科学评价业绩的基础上,合理决定董事和经理的报酬。(4)审计委员会。帮助董事会了解有关法律和公司内部的审计情况,监督子公司的财务状况和投资状况。此外,还有财务委员会、退休委员会和公共政策委员会等。

(二)增加外部董事,改变董事会的构成

为了加强董事会对经理人员的控制和监督,除设立内部董事外,公司还设立外部董事,由内部董事和外部董事构成公司董事会。内部董事是指在公司内担任或曾经担任一定职务的董事;外部董事则是从公司外部聘请的有一定专门知识和技术的人员,他们与企业没有直接的经济利益关系。这种情况使外部董事在公司决策中更加客观,具有重要的作用,因此,近几年来,外部董事在公司董事会中所占比例呈增加的趋势。在美国制造业中,公司董事会中外部董事的比例,1938年仅为50%,1990年增为86%。1995年,美国100家最大工业公司的董事会中,外部董事平均占60%。由于外部董事比内部董事更具有独立性,因此,一般认为,外部董事对经营者的约束和监督更加有效。公司治理的实证分析表明,外部董事在董事会中所占比例越高,股票市场对公司业绩的反应越是有效。尽管如此,但在美国,由于许多公司中的外部董事同经营者之间千丝万缕的联系,大大减弱了外部董事的独立性,从而弱化了外部董事的功能。

(三)导入外部审计制度

英美公司内部设立的审计委员会,主要为董事会提供咨询服务。真正承担对公司财务进行严格审计的是外部的审计事务所(或会计师事务所)。它们对公司的审计工作独立进行,公司每年的财务报告书都附有主管审计师签发的审计事务所的审计报告。这种独立的、公正的、外部的审计制度,对于维护股东利益、改进公司财务、取得广大股东的信任极为重要。但近年来暴露出来"会计丑闻",如美国的"安然事件""世界通信事件"等表明,即使是外部审计也无法绝对避免公司内外勾结制造虚假信息、欺骗公众的现象。

(四)市场控制力度较大

在外部治理机制系统中,英美国家主要依靠资本市场,这同日本、德国等主要依靠银行机构形成鲜明对照。之所以形成这样的机制，主要是因为英美国家的股权结构过于分散。由于广大分散的小股东既无力量也无兴趣对公司实行控制，他们“参与”企业决策的方式就是在资本市场上“用脚投票”。由于法律的限制，英美国家的银行不可能成为公司的大股东。美国法律一向禁止商业银行持有工商企业股票，即使1996年放宽了商业银行的业务范围，即允许经营股票业务，但仍然不准直接持有企业股票。英国法律虽然不禁止金融机构持有公司股票，但却限制其集中持股。此外，虽然美国机构投资者近年来发展迅速，但由于自身的利益和法律的限制，机构投资者整体持有的股票虽然在公司股权总额中占有很高的比例(拥有各大公司股权的60%以上)，但每家机构投资者在单个公司中的股权比例并不大。因此，机构投资者在公司控制方面也难有大的作为。在这种情况下，控制权市场在加强股东控制方面的作用自然就更加突出。

三、主银行相机治理型机制

主银行相机治理型机制的典型代表是日本，即在公司财务状况正常情况下，经理人员掌握企业的控制权，主银行则通过企业的资金支付结算和向企业派员等方式对企业实施监控。而一旦公司出现严重的财务问题时，主银行就接管企业，掌握企业的控制权。主银行就是与企业之间保持长期的稳定关系的特定银行，企业从该银行那里的借款占该企业借款总额的份额最大，更确切地说，在企业短期贷款中所占份额最大。信贷关系是主银行与企业关系最主要的方面，同时，主银行还垄断关系企业的支付结算、债券和股票发行的代理业务等。除此之外，主银行通常还是企业的大股东之一，它集中对企业进行监控，并在企业发生财务问题时干预企业经营。当代日本大企业股权结构的显著特点是法人相互持股，这是经理在企业财务正常情况下掌握企业控制权的主要原因。

主银行能够监控企业，并在企业出现财务问题时完全控制和接管企业，从而对企业相机治理的主要原因，在于第二次世界大战后日本特殊环境下形成企业发展对银行的强烈依赖性。一方面，银行作为企业的稳定股东参与企业，从而成为企业的大股东；另一方面，银行长期垄断社会融资。例如，1965年，日本公司向银行的借款占全部资金的73%，1971～1975年则高达89.5%，近20年虽然有所下降，但20世纪90年代仍然保持在70%的比例。企业为取得稳定的经济来源，往往与一家或两家主银行保持密切的关系，主银行因此成为关系企业最大的贷款人，通常也是公司的大股东之一。据有关资料显示，主银行排在公司前一、二名股东的占39%，排在前五名的占72%，而不在前20名的只有11%。主银行既是公司最大债权人又是大股东的占57%。

日本这种主银行相机治理型机制在一定环境下是有效的。这首先是因为主银行有充足的动力监督企业，并在企业出现财务问题时实施救助。主银行作为公司的债权人承担着极大的风险，它们最担心公司在运用资金上的浪费和无效率，特别担心公司的机会主义经营行为所带来的道德风险。主银行作为企业大股东对公司实行有力的监控，就可以防止上述问题的发生。其次，银行经营活动的特殊性使它具有一种天然的优势，即比其他任何股东都能及时获得企业经营的各种信息，并且随时有充分的资金可以供给企业使用，因此，它们又有足够的能力加强对公司的治理。同时，企业可以拥有宽松的融资环境，能够在雄厚的资金实力支持下，从事项目开发、研究，进行新项目投资和有效的营销等活动，提高市场竞争力和企业盈利能力。但是，银行治理存在一个不可克服的弊端，即它使公司经营产生“预算软约束”。主银行在特殊情况下对企业的财务救助，大大降低了企业破产的可能性，这就减轻了企业的经营压力，从而鼓励了企业经营的机会主义倾向——经营者倾向于高风险投资项目;同时也使企业失去了按期还贷的压力,不去努力提高经营效率,而把银行资金当作取之不尽的资金源泉,降低资金使用效率。上述情况无疑会加大银行的信贷风险,影响整个社会的资金使用效率。

上述情况表明,由于经营环境和经济状况的变化,主银行相机治理型机制的基础和环境正在发生变化,它必然导致公司治理机制的变化。

四、股东和员工共同控制型治理机制

股东和员工共同掌握企业的控制权,通过民主的方式参与企业决策,并对企业管理者进行监督,专业的经理人员则负责企业的日常经营活动,这种治理机制就是为股东和员工共同控制的民主管理机制。

股东和职工是企业最重要的利益相关者,他们分别是企业物质资本和人力资本的提供者,是企业经营的基础。维护股东和员工的利益,确保他们的长期有效合作,是企业发展的关键。从长远看,股东和员工的利益是一致的,企业稳定的经营将减少股东和员工的投资风险,股东可以获得稳定的资本收益,而员工则可以避免失业带来的损失。但由于股东和员工的收入方式不同——股东企业收益高低取决于企业分红率的高低,而分红率的高低取决于企业利润高低和企业的分配政策,员工收益则主要表现为工资、福利和工作环境。就同一时期而言,职工和股东的收益水平呈反向关系,他们之间存在着明显的利益冲突:工资水平的提高和工资环境的改善必然导致企业经营成本的提高,从而降低企业利润率水平,减少股东的收益;股东当期分红率越高,企业的积累就越少,企业经营的安全性就低,企业经营风险就会增加,员工的利益就得不到保证,这就会挫伤员工的工作积极性。为缓和这一矛盾,一些企业建立起民主治理机制,由股东和职工共同参与企业控制,在协商的基础上进行利益分配。按照民主治理机制建立的基础不同,我们将其分为两类:一类是股东和员工以各自的身份参与企业决策的股份公司治理机制,这类企业在德国比较典型;另一类是股东和员工身份合一的合作制企业治理机制,这类企业的地域分布和行业分布范围很广。

(一)德国股份制企业的民主治理机制

德国企业一般有三大权力机构:股东会、监事会和理事会,它们互相制约,各负其责。股东会由全体股东组成,其任务限于法律和公司章程规定的审批监事会关于公司重大事项,如公司法律形式的变更、公司的扩大或缩小、公司兼并、公司经营方针的改变、选举监事会中的股东代表等,股东会的具体议程由监事会决定。德国公司的股权高度集中在公司、创业家族和银行手中,而且交叉持股的现象很普遍。以银行为首的大股东掌握着股东会,银行不仅持有高比例股票,并且掌握大量投资者的委托股票权。例如,德国三大银行(德意志银行、德累斯顿银行和商业银行)在企业中的投资非常集中,多数超过10%,且都高达30%以上。银行的投票权大大超过它们的股权比例。据1992年一项针对57家排名德国前100位的大企业的调查,德国大银行持有超过50%投票权的占受调查企业总数的45.6%。尽管德国大银行在公司股东会议中具有绝对的控制地位,但在公司最高决策机构中却同员工共同分享控制权。

按照德国的法律规定,大公司实行监事会、董事会双层管理委员会制度。监事会是公司最高决策机构,负责监督和管理董事会工作,审议、批准公司重大决策,任免并控制公司高级管理人员。它由股东、职工和外部专家组成。

(二)合作制企业的民主治理机制

合作制企业的成员既是企业的投资人,又是企业的雇员,这就避免了股东和员工的利益冲突。其决策机构一般采取一人一票制民主选举产生。合作制几乎遍布世界各地，主要集中在专业服务行业，如集中在律师、会计、投资银行、管理咨询、广告、建筑、工程、医药等领域。企业规模也较小，在意大利和法国等国家，合作企业的平均人数一般在 55 人左右，但也有例外，西班牙的蒙德拉贡虽然在建立初期规模较小，但它目前已拥有 20 000 多名社员。合作社企业的治理机构以民主治理为主要特征。下面我们以西班牙蒙德拉贡合作组织的内部治理机制为典型进行分析。

蒙德拉贡内设成员大会、监理会、经理部等管理机构，它们分别相当于股份公司的股东大会、董事会和经理人员。成员大会由全体雇员组成，一年召开一次，采取一人一票制的普选方式，从合作组织成员中选举监管会成员。监管会向全体成员负责；监管会是企业的指导性机构，成员不领取额外的报酬，由成员大会授予职权；监理会又是合作组织的决策机构，决定企业的大政方针，负责聘任和监督企业经理人员。监理会主席是合作组织的法人代表，他有权将一些特殊的工作委托给其他人。经理部由监管会一个或几个经理人员组成，负责企业的日常经营活动。经理部的成员不得兼任监管会成员，可以参加监理会，但无表决权。经理人员除非有重大失误，由监理会正式通告并由成员特别大会批准罢免，否则，最低任期 4 年，中途不得罢免。此外，企业还设立管理事务委员会，由具有特殊经验和技术的企业外部专家组成。其职责是为监理会提供技术咨询，他们可以参加监理会，但无表决权。社会事务委员会由各部门成员选举产生，一般由主席、经理及各部门负责人组成，每月召开一次会议，主要讨论社会福利等问题。监察委员会则是企业的监督机构，相当于股份公司的监事会，由成员大会选举 3 人组成，任期 4 年，每隔两年改选一个成员，经理及管理事务委员会成员及家属不得担任此职。监事会没有实质权利，主要是负责审查经理部的年度报告和验证成员大会的选举结果。蒙德拉贡管理机构的设置充分体现了成员共同参与的民主管理原则，通过一人一票制度避免少数人控制企业，通过专业技术顾问指导、基层组织和管理部门经常性的信息沟通，以及处于企业生产部门管理过程中的成员监督，确保企业的有效经营，避免经理人员对企业的操纵和控制。同时，企业还定期向全体成员报告企业的经营情况，包括企业的现金状况、商品的市场表现、企业盈利状况以及成员可获得的收入等，定期向成员公布企业的发展规划，这样，成员就可以在充分掌握企业信息的基础上行使投票权，使企业达到有效的权力制衡。

民主治理制使企业内部各成员间的利益得到很好的协调。蒙德拉贡通过设计独特的分配制度解决了高成本的问题。首先，企业限制每个成员的投资额，确保成员有相同的风险承担意识和相等的资本收益，体现各成员资本分配的平等性，保证成员在分割资本和劳务收益分配上的一致性。蒙德拉贡有两个剩余分配账户，即个人内部资产账户和集合内部资产账户，企业每年将净剩余按 7∶3 的比例划入两个账户。个人内部资本账户由个人加入组织时缴纳的保证金（相当于 1 年的收入）和员工逐年劳动所得构成。由于集合内部的利率通常较高，为避免成员由于工龄、资历和收入等级的不同造成个人账户余额的巨大差异，企业根据现金情况，定期向账户余额大的职工支付部分现金，缩小各成员的个人账户余额及其利息的差距。同时，这种方式强化了每个成员的所有者意识，有助于成员的自我约束、相互合作和相互监督。成员离开企业时，个人资本账户余额分 5 次支付，以避免集中支付影响企业正常经营。其次，集合内部资本账户作为集体基金不同成员分配，而是作为集体财富由员工代代相传。集合内部资金账户为企业经营提供了风险保证金，减少了个人资本账户的风险，并保证企业始终有充足的资金维持企业正常经营。再次，确定适当的工资级差标准，以体现企业分配公平性原则，激励成员的工作积极性。

此外,蒙德拉贡还通过内部的激励和惩罚机制,确保成员的工作积极性。蒙德拉贡的迅速发展和业务扩大为成员提供了较多的升迁机会,同时企业还建立有差别的社会保障制度,鼓励成员积极工作。由于企业成员利益的一致性和畅通的信息传递系统,成员有足够的动力和有效的途径监督管理层,通过成员大会罢免玩忽职守,从而保证企业经营者的积极性;同时,企业内部制定严明的工作纪律,对违反纪律者,轻者警告、罚款,重者开除。

第四节　路径依赖、公司治理与国有企业改革

在西方发达的资本主义国家对公司治理制度进行调整的同时,原《华沙条约》成员国和中国、越南等传统的社会主义国家开始了向市场经济的转轨。

经济转轨前,尽管各国经济发展程度参差不齐,历史长短不一,规模有大有小,但在制度环境方面是大同小异的,即在意识形态上信奉共产主义学说,在经济上实行以国有制为主导的公有制和按劳分配。这种模式在经济上被称为"计划经济""命令经济""中央集权经济""统制经济"或"斯大林经济"。由于这种经济排斥了市场和竞争,依靠严格的从上到下的中央统一计划和行政命令管理经济,因而显得死气沉沉,毫无活力可言。到 20 世纪 80 年代,这些国家义无反顾地先后走上了经济转轨之路。由于国情不同,改革的路径选择是有差别的。中国国有企业的改革大致可分为以下三个阶段:

第一阶段,从 1979 年开始,首先在四川,然后面向全国,推行了扩大国营工业企业自主权、增加企业留利改革(简称扩权让利),随后又于 80 年代推行了承包经营责任制和厂长(经理)负责制。政府通过一系列改革措施,将企业的经营管理权逐步下放到企业行政负责人手中。当时,生产资料公有制被看作社会主义的基本特征。实行所有权和经营权的分离,在不触动生产资料所有制的前提下,将经营权下放给企业经营,有利于减少改革的阻力,降低改革的成本。

第二阶段,以 1992 年 7 月《全民所有制工业企业转换经营机制条例》颁布和实施为标志,开始进行"转机建制",重点是确定国有企业的法人地位,实行自主经营、自负盈亏、自我发展、自我约束。企业控制权逐步下放到企业,由董事会行使,国家(各级政府)作为大股东,保留了出资人所有权——剩余索取权和剩余控制权。1994 年 7 月 1 日,《中华人民共和国公司法》开始生效。此法明确规定了我国公司的两种基本形式:有限责任公司和股份有限公司;"有限责任公司和股份公司是企业法人,股东以其出资额或所持股份为限对公司承担有限责任,公司以其全部资产对公司的债务承担责任"(第三条);"公司享有由股东投资形成的全部法人财产权,依法享有民事权利,承担民事责任"(第四条);"公司以其全部法人财产,依法自主经营,自负盈亏"(第五条)。此法还规定了公司法人治理结构形式,即决策(董事会)、监督(监事会)、执行(经理人员)"三权分立"。股份有限公司和有限责任公司都要设立董事(会)和监事(会),董事由股东选举产生,监事中必须有一定数量的职工代表,总经理由董事(会)聘任。从此,中国开始了大规模的公司化。

第三阶段,调整国有经济布局。为了从根本上割断政府与企业的联系,减少政府直接治理的成本,从 1997 年开始,国家进行国有经济战略布局的调整。一方面,实行投资主体多元化和股权结构多元化,并从一些行业中战略性退出;另一方面,部分企业由经营者和管理者持股,试图让剩余控制权和剩余索取权一致,以符合"匹配"的逻辑,同时转嫁一部分剩余风险。但在非国有化过程中,发生了企业经营者腐败、国有资产流失等问题,引起了社会的不满。

在这种情况下,2002 年 11 月,中共"十六大"提出,要坚持和完善以公有制为主体、多种所

有制经济共同发展的基本经济制度;要在坚持国家所有的前提下,充分发挥中央和地方两个积极性,建立中央政府和地方政府分别代表国家履行出资人职责,享有所有者权益,权利、义务和责任相统一,管资产和管人、管事相结合的国有资产管理体制;要深化国有企业改革,进一步探索公有制特别是国有制的多种有效实现形式,大力推进企业的体制、技术和管理创新;积极推行股份制,发展混合所有制经济,实行投资主体多元化,完善法人法制结构。2003 年 3 月 24 日,国务院国有资金监督管理委员会(简称国资委)宣布成立。5 月 27 日,《企业国有资产监督管理暂行条例》发布实施。这标志着我国国企改革进入了新的阶段。

到目前为止,中国原有的国有中小企业绝大多数被改造成职工持有股权的股份合作制公司或有限责任公司,部分拍卖转让给非公有制经济,大型国有企业被改造成为国有控股或参股的股份公司,少量特殊法人企业(如烟草等)被改造成为国有独资公司。随着企业的增资扩股和非国有经济的迅速发展,国有经济的股权逐渐被稀释。

中国国有企业的改革是路径依赖的。1979 年的扩大企业自主权作为"历史小事件",将国有企业改革锁定在产权改革的轨道上。尽管现在看来,下放管理权限并不是最优的选择,但在当时的历史条件下,由于受到旧的经济体制的束缚、人们的认知能力的局限和原有的政治法律制度的制约,当事人(改革者)只能做出这样的选择。在扩权让利的过程中,由于行政管理体制尚未改革,政府职能尚未转变,中央下放给企业的权利被既得利益集团层层瓜分了。为避免地方政府和行业组织对企业的干预,中央决定把农村的承包经营引入企业,在全国范围内大力推行。承包制虽然暂时解放了企业生产力,但从长远看导致了机会主义和短期行为。当时,许多企业实行掠夺式经营,竭泽而渔,不考虑企业发展后劲和内部经营机制的转换。当产品供过于求、市场疲软时,企业竞争乏力的弊端马上显露无遗。经过十几年的改革开放,人们的视野开阔了,认知能力有了较大提高,加上三年的经济萧条证明改革之路是不可逆的,当事人不得不借鉴国外的经验,实行股份制,将企业控制权交给董事会,借以明晰产权关系,使企业自主经营、自负盈亏、自我发展、自我约束。由于原有制度结构的惯性作用和利益的内部冲突,国有企业改制大多采用国有独资和国有控股的方式,原来的经理班子和董事会成员基本重合,董事长和总经理一身二任(少数公司除外),"一把手"的权威有增无减,监督机构形同虚设,企业领导人腐败问题频频出现。而且由于一、二把手(甚至三、四把手)是由上级主管部门任命的,企业经营者为了保住官位,不得不四处活动,出现了大量的"寻租"现象。为了从根本上割断政府与企业的联系,减少政府直接治理的成本,国家开始实施股权调整,不过,股权稀释后的国有企业并没有有效地解决代理问题。由于目标不一致,且信息不对称,外部股东和国家利益时常受到损害,资产流失、作假成风、效率低下。有人因此对国有企业失去了信心。于是,公司治理提上了官方的议事日程。

1999 年,中共十五届四中全会通过的《中共中央关于国有企业改革和发展若干重大问题的决定》首次在正式文件中提出了"要明确股东会、董事会、监事会和经理层的职责,形成各负其责、协调运转、有效制衡的公司法人治理结构"。2002 年 1 月 7 日,中国证监会和国家经贸委联合发布《上市公司治理结构准则》,阐明了我国上市公司董事、监事、经理等高级管理人员所应当遵循的基本的行为准则和职业道德等内容。"十六大"报告中又明确提出了"按照现代企业制度的要求,国有大中型企业继续实行规范的公司制改革,完善法人治理结构"的要求。随后,成立了国资监管机构。

到目前为止,中国对国有企业的治理采取了激励与监督并举的方式。在经营者的激励上,采取了年薪制、股份或股票期权奖励、荣誉和政治地位等多种激励手段,它们是西方经验与中国特色相结合的产物；在监督方面，采取了多元监督体制，外部有强制性信息披露（上市公司）和政府职能机构监管，内部有董事会、监事会、工会、党委会制衡。这也是世界多种治理模式与中国特色相结合的产物。以董事会制度安排为例，中国既接受了德国的双重董事会制度：在执行经营职能的董事会之外设立监事会；又受到日本商法的影响：监事会规模不大且处于从属地位；同时借鉴美国经验，引进独立董事；而在实际操作层面，保留了党组织对董事会的控制。

这些安排可能是缺乏效率的：一方面，多元监督增加了监督成本，因为这些监督手段之间有些是替代的关系，而不是互补的关系；另一方面，政治性遗产、制度性遗产和结构性遗产共同造成了路径定型和路径依赖，公司治理沿着原有的轨迹进化，而没有向着预期的更有效率的方向变迁。但这些安排是由目前参与者的认知能力和政治、经济、社会体制决定的。从制度进化的角度看，虽然不是帕累托最优的（瓦尔拉斯均衡），但却是局部最优的（进化稳定均衡）。只有参与者的认知能力提高，制度环境改变，进化路径才能改变，公司治理才能向着最优的方向趋同。

21 世纪开始后，在相当长的一段时间内，企业作为一个复杂系统，将呈现出更加多样化的特征：

第一，由产品的物理和技术特性决定，公有制企业和私有制企业以及各种中间形式将长期并存，不存在谁“吃掉”谁的问题，当然，由于所有制结构处于由非均衡向均衡的演进之中，具体比例会出现一定的变化。

第二，由交易成本、组织成本和竞争程度决定的企业最佳规模会多元化，航母级的跨国公司、多分支单位的钱德勒式企业会和小公司、微型公司同时并存，并实现特定环境下的纳什均衡。

第三，尽管新经济的比重会不断上升，但不会完全替代传统企业，而是会与传统产业“共舞”，共处于同一个竞争平台。

第四，由社会存在决定的社会意识越来越复杂多样，人们的人生观和价值观会随着收入差别的扩大而发生分裂，具有较高技能和自然禀赋的劳动者不会仅仅满足于收入的最大化，而会萌生较强的参与意识，积极追求自我价值的实现。

在此背景下，我国企业的制度安排和制度变迁应该充分体现出“因企因地因人制宜”的特色，以与其所处的技术条件和制度环境相适应。

实际上，公司治理并没有世界通用的模式，甚至在一个国家内，不同类型的企业也应该体现出治理制度的差别。我国是一个转轨国家，历史悠久，环境复杂，不同的文化、体制、理念和利益处在冲突甚至对抗之中，企业的情况更是千差万别，因此，要设计一个统一的模式治理所有的公司并实现有效率几乎是不可能的。针对转型期的具体情况，我国的国有企业改革和公司治理改革应注意以下几个问题：

第一，我国的股份公司大部分是由传统的国有企业改制而来的。由于历史的路径依赖和社会体制的影响，造成了国家持大股或控股。国有经济的完全退出并不一定能使这些公司有效率，关键在于根据不同公司的技术和经济特性合理确定其资本结构（包括股权结构），并根据其所处的具体的制度环境设计治理结构。

第二，制度环境是决定公司治理效率的重要因素。为了节省治理成本，增加治理收益，国家应大力营造适于企业生存的制度环境。一方面，要继续推进政治、经济、社会体制改革，消灭企业发展的制度障碍，努力提高社会成员的认知能力；另一方面，要在全社会大力倡导“诚信”观念和“勤勉”原则，培养和提高各类从业人员的职业道德素质。否则，设计再好的治理制度也会失效，因为毕竟信息不对称是一个客观存在。

第三，我国现有股份公司实行双重董事会制度，既有一个执行经营职能的董事会，又有一个执行监督职能的监事会。但从实践来看，由于董事会监控职能逐步加强，监事会存在的意义已不是很大。为了降低治理成本，提高公司治理效率，应将监事会与董事会合并，并将董事会的监控职能与经管职能适度分离。大公司的董事会可由非执行董事组成，非执行董事主要负责审批和监督（决策控制），执行董事主要负责提议和执行（决策经营）。至于董事长与总经理合并还是分离，应由董事会根据各自企业的具体情况决定，国家不宜强行规定。

第四，鉴于现实中部分公司常常牺牲债权人和职工的利益，盲目追求股东和经营者效用的最大化，因此董事会中应安排一定数量的债权人和职工代表，具体人数由各类公司的性质、规模和资本结构（包括人力资本状况）决定。让代理人监督代理人，把债权人和职工的事后监督变为事中和事前监督，一方面可以调动其积极性，增加其剩余（效用），防止其利益受损；另一方面可以节省股东的监督成本，提高公司治理效率。

第五，为了提高公司治理效率，防止“官僚”董事、“水货”董事和“后门”董事，应严格董事资格认定和业绩评估制度，严禁把董事当作一种荣耀、奖赏或摆设随便送人。党委会、工会、职代会可以派代表作为非执行董事进入董事会，但代表本身要专家化，不能让外行指导内行。从我国的实际情况看，非执行董事应兼具决策、监督、咨询三种职能。

第六，为保护中小股东的利益，应对大股东的有效投票权做出限制，如实行累积投票权制，或将部分比重过大的国有股转化为无投票权的优先股。待条件成熟时，可实行网上投票，以节省中小股东的治理成本，解决“搭便车”问题。

第七，从实践来看，西方的年薪制、奖金制、持股制、期权制等对公司的经营者固然有一定的奖励，但根据美国学者的一项实证研究，股份公司高层管理人员的报酬与其工作绩效之间的敏感性很低，也就是说，货币补偿（包括解雇）的激励作用是有限的，且成本高昂。因此，我国在完善货币补偿激励机制的同时，应积极探索非货币激励方式（如权威、地位、荣誉、声望等），并强化外部市场的治理，如规范产品市场、开放经理市场（含董事市场）、完善公司控制权市场（M&A）等。既要给企业经营者动力，又要给以压力，同时探索和完善经营者进入和退出的正常机制。

在法律和规则的基本框架之内，国家应鼓励各类公司根据自身条件和所处环境，在激励和约束机制上进行大胆创新，以实现治理机制的多样性和多重均衡。

复习思考题

1. 公司治理的类型有哪些？分别具有哪些特征？
2. 请简述控制权与所有权的匹配关系划分的四种组合。
3. 什么是货币资本与企业融资？它的地位和作用有哪些？
4. 简述中国国有企业改革的几个阶段，以及应该注意的问题。
5. 结合本章学习内容，以小组为单位，一般以5～8人为宜，找出目前最有特点的上市公司，对其治理类型、所有权关系、公司改革等方面进行讨论分析，得出结论，形成书面报告在班级中进行分享。

案例分析

温氏集团换股吸收合并大华农

一、交易双方基本情况

(一)合并方:温氏集团

温氏集团是一家拥有30多年创业历史的大型畜牧企业,已经建立了一套一体化的经营模式,产业链不断延伸和完善。公司逐步发展成为全国规模最大的肉鸡养殖企业、全国规模最大的种猪育种和肉猪养殖企业,同时也是全国规模最大的黄羽肉鸡产业化供应基地和国家肉鸡HACCP生产示范基地、无公害肉猪生产基地和国家瘦肉型猪良种工程示范基地。截至2014年12月31日,公司已将“温氏模式”复制至全国23个省(自治区和直辖市),总资产达到2 533 693.03万元,归属母公司所有者权益达到1 454 752.15万元。2012年度至2014年度,公司业务规模稳步增长,实现营业收入分别达到3 345 317.18万元、3 518 705.75万元及3 804 022.69万元。

温氏集团股权比较分散,截至重组报告书签署之日,无持有公司5%以上的单一股东。温氏集团的控股股东及实际控制人为温氏家族,合计持有公司股份507 869 531股,占公司本次发行前总股本的15.92%,持股比例较低,为相对持股,公司其他股东的持股数及持股比例均较小。

(二)被合并方:大华农

大华农是一家集研发、生产和销售为一体的大型动物保健品制造企业。大华农于2011年3月8日在深圳证券交易所创业板挂牌上市,是广东省兽药行业第一家上市公司。

大华农的控股股东及实际控制人为温氏家族。截至重组报告书签署日,温氏家族成员合计持有大华农22.50%股权,大华农的股东中也不存在合计持股比例较高的情况。温氏家族持有大华农股份时间长,持股情况稳定,掌握着大华农的相对控制权。而且,大华农董事会中有超过一半的非独立董事是由温氏家族担任的,而且,在大华农日常管理决策中起到重要作用,温氏家族成员实际上也掌握着大华农的经营控制权。

本次吸收合并前,大华农2014年的总资产为23.9亿元,营业收入为10.18亿元,归属于母公司股东的净利润为1.10亿元;而此次吸收合并之后,新的上市公司的总资产增至276.85亿元,营业收入可以达到387.23亿元,净利润可以提高至29.39亿元,上市公司的每股收益也将从原来的0.21元大幅提高至0.77元,暴增266.7%。

二、交易方案

(一)总体方案

本次交易的总体方案为温氏集团拟以换股方式吸收合并大华农,即温氏集团向大华农的所有换股股东发行股票交换这些股东所持有的大华农股票。本次发行的A股股票全部用于换股吸收合并大华农,不另向社会公众公开发行股票,因此不涉及募集资金用途。本次吸收合并完成后,接收方将承继及承接大华农的全部资产、负债、业务、人员、合同及其他一切权利与义务,大华农终止上市并注销法人资格,温氏集团的股票(包括本次吸收合并发行的A股股票)将申请在深交所创业板上市流通。

(二)估值与作价

本次交易未进行资产评估,只对温氏集团股东全部权益进行了估值。为客观反映温氏集团股东全部权益价值，本次交易中主要以可比上市公司方法、可比交易方法作为温氏集团的估值参考基础，并充分考虑到温氏集团作为非上市公司以及本次交易背景和目的，选择可比公司法计算温氏集团股东全部权益价值，最后估值结果为520亿元（估值基准日为2015年4月23日）。

根据《上市公司重大资产重组管理办法》第20条第3款规定："前二款情形中，评估机构、估值机构原则上应当采取两种以上的方法进行评估或者估值；上市公司独立董事应当出席董事会会议，对评估机构或者估值机构的独立性、评估或者估值假设前提的合理性和交易定价的公允性发表独立意见，并单独予以披露。"

由于收益法和资产基础法不适合用于本次交易估值，因此，中介机构认为本次交易采取的可比公司法和可比交易法的估值方法是契合公司实际情况的，且公司独立董事发表了独立意见并单独披露，因此没有违反上述规定。

参考估值报告，温氏集团本次发行价格为16.30元/股（除息前）。温氏集团2014年年末归属于母公司的所有者权益账面值为1 454 752.15万元，本次估值增值了3 745 247.85万元，增值率为257.45%。

本次估值增值率较大，其主要原因在于账面成本只是反映企业资产的历史取得成本，没有准确反映温氏集团人力资本、管理组织文化、研发创新能力、客户资源、与农户的稳定的合作关系等无形资产。而可比公司和可比交易方法的计算是从企业整体的市场价值出发，不但考虑了企业目前现有的资产价值，也综合考虑了市场、将来收益所能带给企业的价值，包含了以上无法量化的无形资产的价值，导致估值增值较大。

（三）股份发行及换股情况

1. 发行价格及换股价格

温氏集团本次发行的A股股票的发行价格主要以可比上市公司并结合可比交易作为估值区间参考，最终确定为16.30元/股（除息前）。

大华农的换股价格为13.33元/股（除息前），系以本次吸收合并董事会决议公告前20个交易日的交易均价8.33元/股为基准，给予大华农参与换股的股东60%的溢价决定（较本次吸收合并董事会决议公告前一交易日收盘价7.87元/股溢价69.38%）。比较近几年吸收合并整体上市的公司如美的集团、浙能电力、中交股份等多家公司发现，被合并方换股价格较被合并方股票停牌前20个交易日交易均价的溢价幅度平均值为21.7%。大华农本次换股价格为13.33元/股（除息前），较定价基准日前20个交易日的交易均价溢价60%，大幅高于类似换股吸收合并案例的平均溢价比例，充分保护了上市公司的股东权益。

2. 换股比例

本次吸收合并的换股比例为1∶0.8178，即换股股东所持有的每1股大华农A股股票可以换得0.8178股温氏集团本次发行的A股股票。

3. 股份发行数量

本次发行股份数量不低于437 431 620股，且不超过441 072 252股。

（四）双重现金选择权

为充分保护大华农异议股东的利益，本次吸收合并将赋予大华农异议股东现金选择权。行使现金选择权的大华农异议股东可就其有效申报的每一股大华农股份，在现金选择权实施日要求现金选择权提供方以现金对价收购其要求售出的全部或部分大华农股份。本次吸收合并中大华农异议股东现金选择权价格在定价基准日前20个交易日的交易均价基础上溢价

27.49%，确定为10.62元/股(除息前)，符合市场惯例，有效保护了大华农异议股东的权益。下表为2010年以来市场主要换股吸收合并上市公司案例中现金选择权价格设置情况：

交易名称	现今选择权价格(元/股)	转公告前1个交易日收盘价溢价	转公告前20个交易日均价溢价
广汽集团吸收合并广汽长丰	12.31	2.93%	4.23%
中交股份吸收合并路桥股份	10.65	0.00%	5.56%
金隅股份吸收合并太行水泥	0.58	1.05%	5.14%
浙能电力吸收合并东南发电	10.59	15.36%	11.97%
美的集团吸收合并美的电器	8.22	0.00%	−2.17%
申银万国吸收合并宏源证券	6.39	−6.58%	0.00%
中国医药吸收合并填方医药	11.55	−5.02%	0.00%

为充分保护温氏集团股东的利益，本次吸收合并赋予温氏集团异议股东退出请求权。行驶退出请求权的温氏集团异议股东，可就其有效申报的每一股温氏集团股份，在退出请求权实施日获得退出请求权提供方按照每股16.30元(除息前)支付的现金对价，同时，将相对应的股份过户到退出请求权提供方名下。温氏集团异议股东退出请求权行权价格设置符合市场惯例，有效保护了温氏集团异议股东的权利。

(五)本次交易前后股权结构变化

股东比例	换股吸收合并前持有温氏集团		换股吸收合并前持有大华农		换股吸收合并后	
	持股数量(股)	持股比例(%)	持股数量(股)	持股比例(%)	持股数量(股)	持股比例(%)
温氏家族	507 869 531	15.92	120 328 326	22.50	606 274 037	16.71
非温氏家族成员的温氏集团董事、监事及高级管理人员	500 020 582	15.67	71 112 216	13.29	558 176 153	15.39
其他社会公众股	2 182 109 887	68.40	343 447 719	64.21	2 462 981 431	67.90
股本总数	3 190 000 000	100.00	534 888 261	100.00	3 727 431 620	100.00

三、重点问题分析：温氏集团及下属企业是否存在重大违法违规行为

1. 温氏集团及其子公司报告期内受到的行政处罚事项

截至2014年12月31日，温氏集团总资产达到2 533 693.04万元，归属于母公司的股东权益达到1 454 752.15万元，2014年度实现营业收入达到3 804 022.69万元，实现归属母公司股东净利润达到266 397.85万元，公司资产、收入、利润规模较大，因此，按照重要性原则，公司按照金额在10万元以上(不含本数)的标准，披露了报告期内公司及下属子公司合计存在六笔金额10万元以上(不含本数)的行政处罚，罚款金额最高的未超过30万元。

除在报告期内发生的上述六笔行政处罚外，温氏集团及其下属子公司在报告期内还存在部分金额在10万元(含)以下的行政处罚，在当地主管部门出具行政处罚书后，公司已根据当地主管部门的意见完成了整改，且处罚金额很小，并取得了当地主管部门开具的公司在报告期内无重大行政处罚的证明，该等行为不属于《首次公开发行股票并在创业板上市管理办法》第

21条规定的损害投资者合法权益和社会公共利益的重大违法行为。

2. 关于不属于重大违法违规行为及符合《首次公开发行股票并在创业板上市管理办法》第21条的依据

(1)对于六笔金额在10万元以上(不含本数)的行政处罚,在当地主管部门出具行政处罚决定书后,公司也已根据当地主管部门的意见完成了整改,其处罚金额也较小,同时,公司已经取得了当地主管部门开具的公司在报告期内无重大行政处罚的证明,因此,上述行为不属于重大违法违规行为,也不属于《首次公开发行股票并在创业板上市管理办法》第21条规定的损害投资者合法权益和社会公共利益的重大违法行为。

(2)温氏集团的控股股东、实际控制人最近3年内不存在损害投资者合法权益和社会公共利益的重大违法行为。

综上,温氏集团及其控股股东、实际控制人最近3年内不存在损害投资者合法权益和社会公共利益的重大违法行为,本次吸收合并符合《首次公开发行股票并在创业板上市管理办法》第21条相关规定。

3. 温氏集团合法合规运营的制度保障措施

为了加强各分、子公司的合法合规运营,公司已向其下属分、子公司下发了通知,要求其严格按照法律、法规的规定进行畜禽养殖场的建设及经营,使用土地以及房屋均应依法办理相关审批手续,依法办理相关业务经营证照,依法办理环评相关手续及排污许可,禁止将养殖场建设在禁养区或限养区范围内等。同时,公司还制定了包括《温氏集团环保治理工作指南》《温氏集团食品安全责任追究制度》《温氏集团安全生产管理制度》《温氏集团畜禽产品质量安全管理条例》《温氏集团工程项目管理办法》等在内的相关制度,这些制度除了对公司合规合法运营制定了相关标准和要求外,还对各分、子公司及相关工作人员设置了奖惩机制。对认真贯彻执行有关标准和要求的给予奖励,对违反相关规定或给公司造成损失的,将追究责任并给予处罚。上述制度设置及有效执行将为公司未来合法合规运营提供保障。

资料来源:申林平,《案例解析 | 整体上市:温氏集团换股吸收合并大华农》,搜狐财经,2016年12月5日。

【讨论】

整体上市是指上市公司的母公司(集团公司)通过将主要资产注入上市的子公司中,来实现母公司的上市。在实施手段上,整体上市的一般做法是:第一步,集团公司先剥离一块优质资产上市;第二步,通过上市公司大比例的配股筹集资金,将集团公司的重点项目注入上市公司中去;第三步,再通过配股将集团公司的非重点项目注入进上市公司,实现借壳上市。试比较剥离上市与整体上市各自的优势与不足,温氏集团应该如何避免上述问题?设想有一净资产为100亿元的企业准备整体上市,请为它设计一个整体上市的方案并分析其将对证券市场的影响。

第十章　企业家理论

学习目标(知识点、技能点)

1. 了解英法的古典企业家理论及相关代表人物;
2. 了解奥地利学派的相关代表人物及他们提出的企业家理论;
3. 了解当代西方与中国学者的企业家理论;
4. 了解企业家的作用和企业家精神的概念;
5. 掌握新企业形成的条件与影响因素。

案例导读

从清华退学创业的蒋磊

铁血网创始人蒋磊是一位典型的大学生创业者,16 岁保送清华大学,创办铁血军事网,20 岁保送硕博连读,中途退学创业。如今,铁血网稳居中国十大独立军事类网站榜首,铁血军品行也成为中国最大的军品类电子商务网站,年营收破亿元,利润破千万元。

倒回 2001 年,16 岁的蒋磊初入清华园,电脑还没有在这个普通宿舍出现,他只能去机房捣鼓他的网页,他想把自己喜欢的军事小说整合到自己的网页上。他的"虚拟军事"网页一经发布,就吸引了大量用户,第二天就达到了上百的浏览量。蒋磊很兴奋。他把"虚拟军事"更名为"铁血军事网"。

2004 年 4 月,蒋磊和另一个创始人欧阳凑了十多万元,注册了铁血科技公司。期间蒋磊被保送清华大学硕博连读学习了一阵。2006 年 1 月 1 日,蒋磊最终顶住了家庭和学校的压力毅然决定辍学创业,以 CEO 的身份正式出现在铁血科技公司的办公室里。经过 12 年的努力,目前蒋磊的公司拥有员工 200 余人,他创办的网站已成为能够提供社区、电子商务、在线阅读、游戏等产品的综合平台。

据透露,截至 2012 年 12 月,网站已有 1 000 万注册会员,月度覆盖超 3 300 万用户,正处于稳步且高速的增长中。

资料来源:http://chuangye.yjbys.com/gushi/anli/541865.html。

市场经济,也被称为企业家经济。任何一个国家,企业家资源的丰富程度以及企业家才能发挥的程度,不仅决定着企业的兴衰,同时也决定着该国资源在经济中的配置效率、经济发展速度和质量。

企业家理论时代发展的产物，是通过社会分工与市场经济的出现而发育，并随着企业组织的变化而演进的。所谓企业家，英语表述是“entrepreneur”，这一词是从法语中借来的，原意是指冒险事业的经营者或组织者。企业家的理解，可以从以下层面探讨：企业家的内涵是社会经济发展最稀缺要素的所有者；企业家的本质是经济增长生产力的主要来源；企业家的理论研究方法，是从组织研究向历史研究方向发展；企业家理论的学术，可能成为 21 世纪的主流学说。

企业家理论的产生，是企业家阶层发展的必然结果，但归根到底是经济实践发展的结果。在古典经济学孕育和形成的时期，工业革命的开展，使集约化的机器大工业取代了原有的工场手工业。随之而来的，除了生产力的飞速发展、社会财富的不断积累，还有企业家阶层的壮大和力量的增强，他们急切希望自己的地位在对企业管理、决策职能的发挥中，可以迅速提高，并在此过程中获得最优的利润分配。但企业家阶层在古典经济学时期并未获得独立的地位。由于斯密的“工人、资本家、地主”的三大阶级划分及对应的“工资、利润、地租”三大收入形式构成的影响，企业家似乎并未与资本家区分开来，而企业家获得的收入，也未与资本家的收入区分开。

但是，对于什么是企业家？学术界至今还没有一个公认的定义。从历史的视角看，企业家的表述经历了几个世纪的演变。

16 世纪时，企业家是冒险者。当时，人们把领导军队进行远征作战的人称为“entrepreneurs”，与“adventure”相似。到了 17 世纪，企业家作为经营者，“entrepreneur”常指承建道路、桥梁、港口和防卫工程的人，后来也包括了建筑家，其意义相当于“undertake”。18 世纪时，企业家则成为资本家，是指为资本冒险的人，类似的英文单词是“capitalist”。19 世纪时，企业家又被称为经理，萨伊认为产品寻找价值的代理人，与“managementer”相似。20 世纪，企业家则被捧为创新者(熊彼特)，相当于“innovator”。进入 21 世纪，企业家又被认为是决策者。随着企业家理念的发展，其观点不仅仅在企业组织中被应用，而且还被其他管理领域所引用，如在公共管理领域，出现了“企业家政府理论”，即用企业管理中的概念来改革与创新政府管理方式。20 世纪 80 年代到 90 年代期间，企业家政府理论一度成为西方国家政府改革的主导理论。

从 18 世纪 30 年代坎特龙提出企业家概念以后的 200 年间，经萨伊到马歇尔，历经企业家理论早期发展的三个阶段。熊彼特对职业企业家范畴和功能的界定，为把企业家理论纳入现代企业理论奠定了理论前提。现代企业理论的最新发展，特别是契约理论、激励理论的推进，几乎都是以企业家理论为出发点，企业家的激励约束问题与企业的性质和类型、企业的治理结构、企业的资本结构等这些现代企业理论所考察的基本问题密切相关。现代企业家理论已成为现代企业理论的重要组成部分。

第一节　英、法的古典企业家理论及马歇尔综合

企业家在当前社会经济中的影响越来越重要，但是对于什么是企业家，对于企业家的理论，最早起源于英国，之后法国人也开始关注。这与工业革命最早从英、法发端是相关的。

一、托马斯·孟的《英国得自对外贸易的财富》[①]

托马斯·孟(Thomas Mun，1571～1641 年)是英国重商主义代表。他出生于一个传统的

---

① 托马斯·孟：《英国得自对外贸易的财富》，商务印书馆 1959 年版。

商人家庭，青年时主要从事商业活动，1615 年出任东印度公司的董事，后来从政，担任贸易委员会的常务委员。

他的代表作是《英国得自对外贸易的财富》，这是重商主义的经典著作。他提出了成功商人的必备品质。除了常规的语言、航海、天文、地理等知识，还应该具备从事贸易的各项技能和市场发觉能力，这与当时重商主义的背景是相关的。同时他还认为，商人需要得到尊重，他们是国家财产的管理者。

托马斯·孟是最早对企业家的特质进行描述的人。然而在重商主义时代，由于企业组织的发展尚不完备，企业家的组织领导者才能并没能够得到充分的体现。

二、坎特龙的《商业性质概论》①

坎特龙(Richard Cantillon)是爱尔兰人，但他的主要生活经历是在法国，而且他的经济学研究也是以法国社会为对象。坎特龙在《商业性质概论》中对价值、货币、利息、工资、企业家等领域进行了深入研究。坎特龙分析了企业家的经济作用。他认为，相对于一般按时领取工资的人而言，企业家应是冒险者，因为未来具有太多的不确定因素，所有的经济活动在本质上都是有风险的。尽管如此，还是要有一些人需要冒险，以期望将来获得利润。冒险的企业家对于循环的生产过程的良好运作和经济的繁荣是必不可少的。坎特龙赋予了企业家"不确定性承担者"的角色。他认为，企业家是自由市场体系的关键部分，企业家的报酬就是卖出价与买入价之差。如果企业家准确地洞察、把握了市场机会，则可以赚取利润。但他没有区分不确定性和风险，直到近 200 年之后才由奈特解决。

三、重农学派魁奈的企业家②

魁奈(Francois Quesnay，1694～1774 年)是古典政治经济学奠基人之一，法国重农学派的创始人和重要代表。他早期主要从事医学和哲学研究，后来转而研究经济学，他在上述各领域都颇有成果，经济学的成就更高，不仅有许多著作，而且提出了一系列重要的观点学说。魁奈在《谷物论》中讨论土地产出与租地农场主和其他人之间的分配关系时引用了坎特龙的观点。但是，魁奈抛弃了坎特龙关于企业家的风险承担的内涵。他认为企业家是农业家，是一个以固定租金承租土地并生产给定价格和产量农产品的农场主。换言之，企业家更像是一个不参与日常劳动和工作的老板，是一个管理监督者。

四、亚当·斯密的《国富论》③

亚当·斯密(Adam Smith，1723～1790 年)是自由主义经济学家的重要代表，被称为"现代经济学之父"，也有称其为"现代资本主义之父"。

虽然亚当·斯密不是经济学说的开山鼻祖，但是他首次提出了全面系统的经济学说，他的《国富论》是现代政治经济学研究的一个新起点。

与法国的重农学派经济学家不同，以亚当·斯密为代表的学术群体被称为古典经济学家，他们的学术中把企业家和资本家等同起来。斯密认为，企业家是偶尔才出现的。他认为，制造

① 坎特龙：《商业性质概论》，商务印书馆 2009 年版。
② 何予平：《早期企业家理论的历史沿革与发展》，《山西财经大学学报》，2006 年第 4 期。
③ 亚当·斯密：《国富论》，陕西人民出版社 2006 年版。

品的销售价格，除了足够支付原材料代价和劳动工资外，还须剩余一部分给予企业家，作为他把资本投在这家企业而得的利润，显然他认为企业家和资本家是同一个意思；同时，他把商业领域的资本家统称为“商人”。由此可见，斯密其实并没有注意和观察企业与企业家的行为。

五、萨伊的《政治经济学概论》[①]

萨伊(Jean Baptiste Say，1766～1832 年)是法国经济学家，曾经在英国求学，后来担任过纱厂经理、机械师、工程师，其主要著作是《政治经济学概论》。萨伊是以亚当·斯密的《国富论》作为自己的理论出发点的。

在企业家尚未形成为独立的社会阶层的年代，萨伊从经济范畴上对资本家和企业家做了界定。他认为，企业家必须垫付一定量自己的资本，因而他的收入包括两部分：一部分是以经理资格获得的，另一部分则是以资本家资格获得的。之所以把这两种收入区分开来，是因为它们“决定于完全不相同的原则”，即作为资本家所取得的收入，是“利息”，其数量的多少主要依赖于资本投入的多寡和安全性；而企业家以经理的资格获得的收入，则是“利润”，这部分收入依存于企业家施展的技巧程度、积极性、判断力等。他不仅界定了企业家收入的源泉，还明确了企业家的经济范畴。萨伊又把资本家的职能赋予企业家，强调企业家是不确定性承担者，甚至把企业家直接称为“冒险者”。

萨伊认为有两种企业家：一种是资本的提供者(企业的所有者)，另一种是执行指挥、控制、监督、判断等职能的企业家(管理者)。企业家能够把经济资源从生产效益较低和产量较少的领域，转移到生产效益较高和产量较大的领域。萨伊认为在分配方面，企业家不同于资本家——企业家作为协调者按市场价格支付各种投入要素的报酬，企业家自己的报酬是企业的剩余；而资本家的报酬是其投入资本要素的市场价格。

六、约翰·穆勒的哲学与经济思想

约翰·穆勒(John Stuart Mill，1806～1873 年)是英国著名的哲学家和经济学家、19 世纪影响力很大的古典自由主义思想家。他支持边沁的功利主义。1823 年，他进入东印度公司任职，此后便以公务生涯为职，直到东印度公司在 1856 年解散为止。公务员的职业生涯，使他在这段时间有大量的时间从事思想工作。他是真正使用“entrepreneur”意义上的企业家概念，但仍然沿袭了“斯密—李嘉图传统”，即企业家依然是“多面手的资本家”[②]。

七、马克思著作中的资本家[③]

在马克思的著作里，极少出现“企业家”一词。在《1844 年经济学哲学手稿》中，关于资本的积累和资本家之间的竞争，马克思认为，资本家之间的竞争将导致利润趋于下降，货币利息随之下降，因此，大资本家比小资本家处于更优越的竞争地位，从而会使“中等资本家由食利者变为企业家”，转而去“亲自经营实业”。在马克思的著作中，使用较多的是“企业主”“产业资本家”“经理”等词。在这些论述中，马克思眼中的企业家就是资本家，是资本的人格化，但这些“资本家”在马克思的著作中都被认为是追逐利润的“机器”。

---

① 萨伊：《政治经济学概论》，华夏出版社 2014 年版。

② 招锜昕：《企业家的概念界定》，《当代经济》，2013 年第 8 期。

③ 何予平：《早期企业家理论的历史沿革与发展》，《山西财经大学学报》，2006 年第 4 期。

事实上，资本的存在就是为了追逐利润，而企业家或者说资本家则是资本的所有者，他们的投资应当有利润的回报。

八、马歇尔的《经济学原理》[1]

马歇尔（Alfred Marshall，1842～1924 年）是 19 世纪末、20 世纪初的英国及世界最著名的经济学家，也是新古典学派的创始人。通过他的不懈努力，经济学从当时的人文科学与历史科学中分离出来，成为一门独立的学科。在他的影响下，英国剑桥大学成立了世界上最早的经济系。作为经济学的集大成者，马歇尔确立了现代西方微观经济学的基本框架。他的主要代表作是 1890 年发表的《经济学原理》，此书被西方学术界认为是与斯密的《国富论》、李嘉图的《赋税原理》齐名的划时代的著作，其中所提出的供给与需求的概念，以及对个人效用观念的强调，都构成了现代经济学的基础理论。

作为新古典经济学说的杰出代表和西方经济学微观理论的奠基人，马歇尔结合自己所处时代的经济活动特点，十分详细地分析、研究了企业家的特征和存在的意义，以及在经济活动运行中的特殊作用，最后认为企业家在经济发展过程中具有巨大作用。他的观点包括：(1)企业家是高度熟练的产业阶级或者是介于手工劳动者和消费者之间的中间人。为此，他们要承担经营过程中的风险；收集工作所需要的资本和劳动；安排营业计划，并监督细小事情。(2)企业家才能的基本特征是协调者和领导者，前者是监督和管理能力，后者是领导和驾驭能力。(3)提出“四位一体的公式”，即劳动—工资、土地—地租、资本—利息和组织—利润，把利润归结为管理收益。这是马歇尔的经济理论体系中的企业家分配理论。

在《经济学原理》和《工业与贸易》中，马歇尔对企业家的作用进行了阐述，也算是对早期企业家理论的综合[2]。但是，在马歇尔的经济理论体系中，企业家理论和他的均衡理论是脱节的：一方面对企业家的界定太宽泛，尤其是对现代企业中出现的职业企业家的特定作用，并没有进行深入探讨；另一方面，他仅仅是以静态的视角考察企业家的作用，没有探讨经济增长中人的因素。因此，马歇尔在认识到经济过程相互联系的客观性时，又排斥了企业家个人的能动作用。受时代的影响，马歇尔接受了生物学中达尔文的进化论观点，也接受了数学中微分的观念，马歇尔在经济发展中所看见的是它的渐近性和连续性，否定突变和飞跃，这就十分容易抹杀企业家特有的创造性（即打破均衡）作用，也给后来的学者提供了比较完整的分析，特别是在追求数学在经济学领域全面使用的过程中，为产生忽视企业家作用的现象提供了先期的条件。他的这两大缺陷，最后由熊彼特在理论上进行了完善。

第二节　奥地利学派的企业家理论

奥地利经济学派（Austrian School）是近代边际效用学派中最主要的学派之一，产生于 19 世纪 70 年代开始到 19 世纪末、20 世纪初，以奥地利维也纳大学教授门格尔为首，以个人主义的方法论，运用边际效用的个人消费心理分析经济现象并建构其理论。代表人物包括门格尔、维塞尔、庞巴维克、米塞斯、哈耶克等人，但维塞尔、庞巴维克在学术思想中较少涉及企业家理论。学派的成员后来不仅仅限于奥地利，还延续至 20 世纪的美国等地，包括这些学者的学生，

① 马歇尔：《经济学原理》，商务印书馆 1991 年版。
② 谭力文：《马歇尔经济学说中的企业家理论》，《经济评论》，1998 年第 4 期。

他们也继承了奥地利导师的衣钵,包括熊彼特和德鲁克。

奥地利经济学派的研究逻辑出自于人类行为学(praxeology),即认为人类行为原则的经济理论才是真实的。人类行为学的方法使得经济学家们能以此探索适用于所有人类的经济规律,而奥地利经济学派的解释方式则可以用于针对特定的历史时期进行研究。奥地利经济学派长期以来便提倡一种从这种理论所衍生的解释方式,这与古典经济学派类似。

奥地利经济学派延续早期古典经济学家对发展问题的关注,认为市场不是对既有资源进行最大化分配的机制,而是不断地创造出新的财富以满足人们需求的机制,也就是说,市场中的主体是创造财富,而不是分配资源。企业家是经济生活的主角,而不是传统的"理性经济人",企业家才能是主观主义方法论的一个发展。也可以说,企业家才能是奥地利学派经济学的主要概念之一,是奥地利学派方法论个人主义、主观主义和过程思想的集中体现。

一、门格尔

门格尔(Carl Menger,1840～1921 年)是奥地利著名经济学家、现代边际效用理论的创始者之一,也是奥地利学派的创始人。他出身于贵族世家,1859 年和 1860 年先后在维也纳大学和布拉格大学学习法律,1867 年在克拉科夫大学获哲学博士学位。毕业后供职于奥地利内阁新闻局。1872 年,任维也纳大学讲师,次年又升为教授。1876～1878 年,任奥国皇太子经济学和统计学教师。1879 年,返任维也纳大学政治经济学教授。1892 年,曾参加奥国币制改革的讨论和币制调查委员会的工作。1900 年,被选为奥匈帝国议会上议院终身议员。1903 年辞去教授职务,继续从事政治经济学的研究和写作。门格尔的主要著作有《国民经济学原理》《关于社会科学,特别是政治经济学方法的研究》《德国国民经济学中历史主义的谬误》等。

门格尔认为,企业家活动可概括为四个方面:获取经济形势变化的信息,并报告经济情况;在假定生产过程有效性条件下进行经济核算;推进要素投入按生产商品的最优秩序组织生产的行动;执行生产监督,达到尽可能节约的目的。同时,企业家本身也具有一般技术劳动力的特征,因此,企业家也是劳动力的组成部分,这在规模较小的企业中表现得尤为明显;但当企业规模扩大和分工扩展到一定程度后,就需要有企业家脱离一般劳动而专门从事生产经营活动,这种活动对于企业顺利产出是一个不可或缺的条件,在此意义上,企业家也就成为高级财货价值中的一个组成部分。①

门格尔的企业家理论明确表述了经济行为只能通过个人行为的结果来解释,即以个体主义方法论为基础,这种将企业家和社会变迁过程相结合的观点与现代企业家理论观点不谋而合,即创业是一种个体行为而不是集体社会行为。

二、米塞斯

米塞斯(Ludwig von Mises,1881～1973 年)是奥地利经济学派第三代掌门人,他既是 20 世纪著名的经济学大师,也是一位卓越的自由主义思想家;既是激进的市场原教旨主义者、自由意志主义运动的主要代表人物,也是促成古典自由主义复苏的学者,被誉为"奥地利学派的院长"。2000 年,米塞斯被美国《自由》杂志评为"自由至上主义的世纪人物"。

在《人类行为》中,米塞斯详细阐述了他的企业家理论。他认为,人类行为是有目的性的创造性行为,而非机械式的最大化行为。市场过程的推动力量既不是由消费者提供的,也不是由

---

① 曹东勃:《门格尔经济思想的当代价值》,《西部商学评论》,2008 年第 2 期。

土地、资本和劳动等生产要素的拥有者提供的，而是由具有创新精神和预测能力的企业家提供的。同时他指出，经济学在谈及企业家时，不是具体指某个人，而是指一种明确的功能。这种功能是人类行为所固有的。行为总是不确定的，这样几乎人人都可能是创业家（entrepreneurial），从而使创业研究陷入泛化境地。[①]

米塞斯认为，由于所有的市场参与者都面对不确定性，所有的人类行为都包含企业家精神，因此所有的市场参与者在一定程度上都是企业家。企业家有强烈的愿望通过价格差别来获得利润，他们理解力强、目光长远，迫切希望能从生产要素价格和产品预期价格之差中盈利。也就是说，企业家的逐利投机行为就像生产的推动力量一样，这也是市场的推动力量。市场躁动永远不会停止，理想的稳态循环经济模式在现实中并不存在。市场过程是依靠企业家发挥其领导、创新和推动作用而形成的；企业家是市场经济的活力源泉，而不是政府官员。让企业家成为官员（国有企业的领导）或让企业家依附于官员（民营企业的领导），是与市场经济原则背道而驰的。政府的作用不在于命令企业家做这做那，而是为企业家的创新活动营造一个良好的经济政治环境。

三、哈耶克

哈耶克（Hayek Friedrich August，1899～1992 年）是奥地利裔英国经济学家、新自由主义的代表人物 。他是路德维希·冯·米塞斯的弟子，于 1974 年代表自由主义获得诺贝尔经济学奖。哈耶克先后获维也纳大学法学和政治科学博士学位。哈耶克 20 世纪 20 年代留学美国，先后任维也纳大学讲师 、奥地利经济周期研究所所长、英国伦敦政治经济学院教授、德国弗莱堡大学教授等。1938 年加入英国籍。哈耶克认为，企业家就是能够根据不完全信息，以自己独特的才能，发现新的供给或需求机会，推动财富生产得以增长的人。

四、熊彼特

熊彼特（Joseph Alois Schumpeter，1883～1950 年）是一位有深远影响的美籍奥地利政治经济学家，虽然他并非奥地利学派的成员，但由于参加过奥地利学派早期成员庞巴维克的研讨班，其后来的学术主张中有许多奥地利学派的影子，因此，还是把他列入奥地利学派。作为“创新理论”和“商业史研究”的奠基人，熊彼特在西方国家的影响也正在被“重新发现”。据统计，熊彼特提出的“创造性毁灭”在西方国家的被引用率仅次于亚当·斯密的“看不见的手”。

熊彼特认为创新的主体是“企业家”[②]。企业家的核心职能不是经营或管理，而是看其是否能够执行实现“新组合”的企业。这个核心职能又把真正的企业家活动与其他活动区别开来。每个企业家只有当其实际上实现了某种“新组合”时，才是一个名副其实的企业家。对企业家的这种独特的界定，其目的在于突出创新的特殊性，说明创新活动的特殊价值。创新活动之所以发生，是因为企业家的创新精神。企业家与只想赚钱的普通商人和投机者不同，个人致富充其量只是他的部分动机，而他最突出的动机是“个人实现”，即“企业家精神”。熊彼特认为这种“企业家精神”包括：（1）建立私人王国；（2）对胜利的热情；（3）创造的喜悦；（4）坚强的意志。这种精神既是成就优秀企业家的动力源泉，也是实现经济发展中创造性突破的智力基础。

---

① 方世建、秦正云：《2006 年度瑞典创业与小企业研究奖获得者——柯兹纳的企业家发现理论述评》，《外国经济与管理》，2007 年第 29 期。

② 熊彼特：《经济发展理论》，商务印书馆 2009 年版。

企业家要进行创新，首先要进行观念更新。其次，企业家必须具备一定的能力，这些能力包括预测能力、组织能力、说服能力。熊彼特还认为信用制度是企业家实现创新的经济条件，这里所说的“信用”，指的就是企业家能够按照自己的意志随时使用的支付手段。当资本主义经济进入相对发达阶段之后，资本市场的建立和良好运转成为实现创新的基础。

阅读材料 10－1

熊彼特与马歇尔企业家理论的区别

（1）理论基础假定不同。纵观熊彼特的企业家理论与马歇尔的企业家理论，发现两人的理论基础假定明显不同：马歇尔假定市场处于不均衡状态，企业家的作用就是修正这种不均衡状态以促成最后均衡；而熊彼特则假定市场经常处于均衡状态，企业家的作用就是通过创新行为偶然地、间断地打破了市场的均衡状态，并获取利润。也可以说，两人的理论基础是截然相反的。

（2）利润获取形成不同。马歇尔从不断出现的不均衡状态之中发现了企业发展的可能性。在企业家的带领下，企业组织通过克服风险和不确定性而获取利润的过程，也是市场实现均衡状态的过程。马歇尔将利润看成是“准地租”和“复合性准地租”。熊彼特认为利润来源于创新，当创新行为被同行所模仿时，利润就消失了，市场又恢复了均衡状态，这种自动的均衡化是完美的，而市场不均衡状态的短暂性与偶然性决定了企业利润的短暂性与偶然性。

（3）企业家形象不同。熊彼特与马歇尔以两种不同的逻辑思路提出两种截然不同的企业家形象概念。基于均衡假设，熊彼特刻画了一个超越于市场结构之外，同时也超越于企业组织结构之外而存在的企业家形象；相比之下，马歇尔则以稳健的风格塑造了温和的企业家形象，他把企业家机能纳入市场结构的同时，又把它融合于整个企业组织机能之中。

（4）研究方法不同。马歇尔采用实证分析方法，在归纳经验性事实的同时提出和综合自己的观点。熊彼特曾经批评马歇尔的企业家理论未能将企业家活动的基本特征从其他活动中区别开来，而是将其埋没于企业日常的管理事务之中。熊彼特的企业家理论建立在经济模型演绎之上，认为企业家居于核心地位。如果没有对企业家的独到观点，他的经济学理论就不可能有如此深远的影响，但他的确塑造了“神圣的企业家形象”，因此，熊彼特的企业家理论更为人们所熟知。

五、柯兹纳

柯兹纳(Israel Kirzner)是当代奥地利学派掌门人。他1930年出生在英格兰，1940年随家人迁居南非，1947年进入开普敦大学，在最后一学年时迁居美国。柯兹纳1954年从布鲁克林学院毕业后，决定攻读商业硕士学位，潜心学习会计，1955年获得了纽约大学MBA学位。在一次偶遇米塞斯之后，他当即决定放弃会计专业而决心成为一名学院经济学家。柯兹纳在米塞斯的指导下写作学位论文，并于1957年获得纽约大学经济学博士学位。

柯兹纳是奥地利学派经济学在当代复兴过程中最重要的人物，无论是在学术上还是在组织上都举足轻重，他的学识、通情达理及献身真理的精神，都成为老师指导青年奥地利学派学人进入学术世界的榜样。他组织召开了几次关于奥地利学派思想的研讨会，并出版了一些现代奥地利学派发展中最重要的著作。

柯兹纳构筑了企业家发现理论的基本框架[①]，认为企业家精神是所有人类行为的一个方面，而并不仅仅是生意人或冒险商人的特殊技能。人人都具备有目的的行为能力，因此每个人都具有企业家潜质。企业家精神的本质就是对以前未被认识的机会的敏感警觉。

柯兹纳同时强调了市场过程中企业家的角色，认为初始的市场形态总是一种充满无知的状态，也就是个人计划没有得到协调；协调的脱节是不完全知识的结果，而不完全知识恰恰是盈利机会的来源。企业家是面向均衡进行调整的推动者。企业家的作用就是通过发现和扩散新知识，来不断减少人们对市场的无知。

柯兹纳就企业家问题的探索，对于平稳运转的经济体所具有的复杂协调计划之重要性的认识，促使人们重新思考市场的现代理论表达。

六、德鲁克

德鲁克（Peter F. Drucker，1909～2005 年）是 20 世纪后期对企业家理论做出重要贡献的学者，他的理论受到熊彼特的影响较大。德鲁克强调企业家在“繁荣”经济上比资本家更为关键，认为企业家的“创新”是生产要素的重新排列，且更深入地剖析了创新的价值[②]。

他把萨伊—熊彼特的企业家内涵扩展到机会概念，认为企业家并不意味着创造变革，而是善于利用能够引起变革的一切机会。机会的概念后来成为社会企业家理论的一个本质特征。德鲁克首次尝试把企业家概念从纯粹经济领域界定中解脱出来，为以后社会企业家理论的产生提供了思想上的启蒙。德鲁克提出企业家概念并不一定与利润动机相联系，并举例说明现代大学（尤其美国大学）的产生是企业家精神的最好体现，然而大学并不是以营利为目的的企业。

早期的奥地利经济学中对“企业家才能”这个概念的理解，大致可以分为两类：一是强调企业家才能的主要内涵是“承担风险”，这一思想以米塞斯为代表，他认为在现实中，任何人都是企业家，就是因为他看到每个人都生活在不确定的环境中，每个行为都要冒一定的风险。二是强调企业家的“创新”和“想象”等，以熊彼特为代表。之后，柯兹纳提出“纯企业家”的概念，认为企业家只要求感知利润机会，不要求承担风险，也不需要“创新”和“想象”，换句话说，柯兹纳认为企业家只是进行“套利”。

自 20 世纪 70 年代以来，企业家理论的建立与发展是奥地利学派复兴的重要理论成果，并且奥地利学派的企业家理论正在向着与企业理论融合的方向发展。但是，国内外对奥地利学派独特性的认识仍然存在着争议。奥地利学派的学科归属和学术价值仍未明确，其核心观点仍未能被主流经济学所真正吸收[③]。

第三节　当代企业家理论的主要观点

一、彭罗斯、卡森、奈特和莱宾斯坦的观点

彭罗斯（Penrose，E. T）是英国学者，他把企业家分为两种类型[④]：一种是“生产型思维”或

① 方世建、秦正云：《2006 年度瑞典创业与小企业研究奖获得者——柯兹纳的企业家发现理论述评》，《外国经济与管理》，2007 年第 29 期。

② ［美］彼得·德鲁克：《创新与企业家精神》，机械工业出版社 2015 年版。

③ 曹念祖：《现代奥地利学派企业家理论研究》，西北大学硕士论文，2013 年。

④ 何树贵：《彭罗斯的企业家理论及其现实意义》，《南京广播电视大学学报》，2013 年第 1 期。

“生产者思维”的企业家。他们视公司为生产和提供服务的组织，关注其创造的利润和其成长性。另一种类型是“帝国缔造者”的企业家。他们想创建一个强大的覆盖领域广大的工业“帝国”，把企业管理事务授权给企业中的其他人去做，自己则从事兼并和淘汰竞争对手的方式来实现企业的扩张。一个成功的帝国缔造者式企业家必须具有主动性、进取心和聪明才智。他们是商业领域的政治家和战略家。在彭罗斯看来，企业成长与企业家能力直接相关。企业家能力是预见未来和发现生产机会的能力。能不能看到扩张的机会，或愿不愿运用这些机会，或有没有能力对这些机会做出反应，关键取决于企业家能力。企业家能力包括创见的想象力、取得信任的说服力、冷静的判断力、风险的承担力[①]。

卡森(Mark Casson)生于1945年，是英国雷丁大学经济学教授。他早期主要研究企业家理论，后来专注于创业理论。卡森之前的学者大多认为发挥这些作用的人就是企业家，但缺少一条主线进行梳理。卡森则从伦理人假设和有限理性假设出发，运用个人主义和契约理论，通过对以往所有关于企业家的经济理论和心理学、社会学的论述中，概括出企业家行为的性质，建立了一个企业家需求、供给和“企业家市场”均衡的理论框架，并进行模型化。他认为创业的经济理论与交易费用经济学、基于资源的企业理论等与现代企业理论有着紧密的联系，企业家通过中介和内部化两种方式降低交易成本，并改进交易制度，从而促使市场的形成。他的重要贡献是对企业家和企业家职能的界定，认为企业家的功能是企业家判断(entrepreneurial judgment)，企业家是专门对稀缺资源协调做出判断的人。关于企业家功能，他在肯定熊彼特的“创新功能”的基础上，提出两个新的功能，即套利功能和创造市场的功能[②]。

奈特(Frank Hyneman Knight，1885～1972年)是芝加哥学派创始人，也是20世纪最有影响的经济学家之一，他对于经济学发展和经济分析方法的创新做出了多方面的杰出贡献。在《风险、不确定性和利润》[③]一书中，奈特从理论条件下竞争与实际条件下竞争的不一致性出发，即从对完全竞争与不完全竞争的分析入手，通过引入不确定性概念，尤其是通过区分两种不同意义的不确定性概念，即风险与不确定性，揭示了理论上的完全竞争与实际竞争之间的本质区别，从而揭示了利润的来源。在此研究过程中，奈特研究并定义了企业和企业家的性质[④]。他认为企业家就是通过识别不确定性中蕴含的机会，通过对资源进行整合，利用这些机会获得利润，不确定性的存在意味着人们不得不预测未来的需要。奈特在企业家理论方面的贡献，就是在界定了风险、不确定性和利润的基础上，把企业家列为一个独立的特殊群体，肯定了企业家与利润的绝对关联性。

莱宾斯坦(Harvey Leeibenstein，1922～1994年)是一位出生于俄国的美国经济学家。1967～1989年，他在哈佛大学任教，期间他出版了《超越经济人》(*Beyond Economic Man*)一书，这是他在经济理论方面最有名的一部著作，莱宾斯坦把传统的生产要素扩展到包括管理技能和劳工关系。在《企业家精神和发展》一文中，他抨击新古典厂商理论，重新考察了企业内决策制定过程，在决策的制定中引入了个人的心理和生理活动，决策的制定可能依靠习惯、常规、道德规范、模仿或惯性，这常常具有非最大化的性质。他认为企业家的职能就在于克服组织中的低效率；企业家则是通过避免别人或他们所属的组织出现的低效率而最终取得成功的人[⑤]。

---

① 卢伟航、贺小刚：《彭罗斯企业成长内生论及其现实意义》，《南方经济》，2005年第1期。
② 黄泰岩、郑江淮：《卡森企业家理论述评》，《经济学动态》，1997年第8期。
③ 奈特：《风险、不确定性和利润》，中国人民大学出版社2005年版。
④ 姜鑫生：《现代企业理论与经济学的方法论传承——从马歇尔、奈特到科斯》，《上海企业》，2009年第2期。
⑤ 罗文瑞：《哈维·莱宾斯坦的X效率理论》，《企业改革与管理》，2009年第1期。

二、来自社会学与心理学的企业家理论①

阿瑟·寇尔从社会学的角度，对企业家的职能进行研究。他认为一个真正的企业家，不仅能够通过创新来为经济单位创造财富，而且能够通过与非经济机构，如慈善机构、教育机构及文化机构之间，建立积极的互动关系来扮演一个成功的道德角色。

美国哈佛大学的著名心理学家麦克莱兰，对企业家特质进行了大量研究。认为企业家们具有很高的成就需要、较高的权力需要、强烈的成功欲和自我实现的心理需要，其成就欲一般高于普通人群。他们喜欢具有挑战性的工作，敢于承担责任，渴望自己将从事的工作做得更完美、更有成效，他们的存在是企业尤其是中小企业得以存在和发展的社会基础。企业家们作为一个客观存在的特殊社会群体，成就欲与创业行为存在正相关关系，在创办经营企业过程中，需要承担经济风险（投入资金）、职业风险（放弃稳定工作）和家庭风险（投入时间、精力），越是成功欲强烈的人越是愿意承担较高风险，这种对风险的态度和承受力，同时表现出企业家的另一种高度自信的个性特征。

三、社会企业家理论

德鲁克的企业家理论为社会企业家提供了理论来源，威廉·德雷顿（William Drayton）结合德鲁克和霍华德·史蒂文森（Howard Stevenson）的企业家理论提出了社会企业家的概念，突破性地把企业家理论拓展到社会领域②。他认为企业家不应当只关注企业利润或经济的发展，而更应当关心社会的发展，能够以企业家精神为依托推动整个社会走上新的发展轨迹。

迪斯（Dees）③④等提出针对社会企业家的“10个D”，具体如下：

（1）梦想家（dreamers）：社会企业家对自己、组织及社会都有一个憧憬的未来，并有能力去完成。

（2）果断（decisiveness）：社会企业家处理事务不拖泥带水，能很快地下决定，因此这种果断的行为将是他们日后成功的重要因素。

（3）实干家（doers）：一旦社会企业家决定了行动方案，他们便会尽快地完成，并且在行动中随时调整。

（4）决心（determination）：社会企业家会完成其承诺，即使遭遇到一些“瓶颈”和障碍，也不轻言放弃。

（5）奉献（dedication）：社会企业家会完全地投入到自身的探险之旅之中，并且维持与朋友和家庭的适当关系，同时还能不遗余力地工作。

（6）专注（devotion）：社会企业家会爱其所选，当他们遭遇到困难时，热情会支撑着他。也就是说，他们热爱这项使命，并使它能有效地执行。

（7）细心（details）：社会企业家必须是一位非常细心的人。

（8）主导命运（destiny）：社会企业家是一位能主导命运且不依赖主管的人。

---

① 宋克勤：《国外企业家理论》，《首都经济贸易大学学报》，2001年第3期。

② 亓学太：《当代西方社会企业家理论的演进与创新》，《长春市委党校学报》，2007年第3期。

③ Dees J. G. The Meaning of "Social Entrepreneurship". Corporate Governance. *International Journal of Business in Society*，2001(5)：95－104.

④ Dees J. G.，Economy P. Social Entrepreneurship. *Enterprising Nonprofits：A Toolkit for Social Entrepreneurs*. New York：John Wiley & Sons，2001.

(9)有资金(dollars):致富并不是社会企业家的首要动机,但若要持续地维持运作以生存,资金很重要。他们了解资金对于投资事业的重要性并通过勤奋工作来获得经济支持。

(10)分配(distribution):社会企业家会分派责任,并胜任对其事业成功非常关键的股东。而且,他们会使员工具有主人翁精神。

四、中国学者的企业家理论

张维迎将企业家定义为一个责、权、利的统一体:承担经营风险是一种责任,从事经营管理是一种权力,取得经营收入是一种利益。他认为,要使经济富于活力,离不开成功的企业家。所谓企业家,就是承担经营风险、从事经营管理并取得经营收入的企业人格化代表。

他还认为,职业企业家的存在永远以所有者企业家的存在为前提。在私人企业制度下,所有者自己承担经营风险,自主从事经营管理,经营收入归自己所有,所以他无疑是一个完整的企业家。但在股份制企业制度下,承担经营风险和取得经营收入的主要是企业所有者(股东),而从事经营管理的责任主要落在职业经理人身上。因此,在股份制企业制度下,无论是股东还是职业经理人,都不是完整意义上的企业家,他们作为一个整体才能发挥企业家职能。为此,现代企业制度下的企业家分为"所有者企业家"和"职业企业家"。他分别从企业家创新、社会责任、企业家精神等方面多角度对企业家的特征进行了论述。[①②③④]

丁栋虹认为企业家是异质型人力资本的所有者[⑤⑥],包括三种类型:企业家人力资本、特殊性人力资本、专用性人力资本。异质型人力资本经过了财产资本、技术资本、创新资本和信息资本四种历史形式的发展,引发四种主导类型企业家的历史性成长,即业主型企业家、发明家型企业家、经理型企业家和专家型企业家。从这个角度出发,企业家分为四种:黑领型企业家(拥有土地财产资本,这种"黑"与泥土有关)、蓝领型企业家(发明家型企业家,拥有技术资本,这种"蓝"与技术图纸和油漆有关)、白领型企业家(经理型企业家,拥有创新资本,这种"白"与办公室及以纸为主要媒体有关)、金领型企业家(专家型企业家,拥有信息资本,这种"金"与电脑有关)[⑦]。专家型企业家是企业家成长历史进程中的现实主导形式,其基本职能是通过科学决策引导技术发明;在专家型企业家主导下,企业家权能结构正呈现扁平化发展趋势,而企业管理制度也正经历从经理制向专家制的历史性变迁。企业家叙事能力作为处理社会关系的隐性知识实践能力,在创业成功的道路上发挥着重要作用。企业家能力和职能是两个完全不同但又紧密相关的概念。不少情况下,企业家的失败并不是因为企业家总体能力不够,而是能力与职能错位。企业家是企业合约的主导因素。企业家主导下的企业合约模式研究先后经过物质资本合约模式、人力资本合约模式、交易费用合约模式和异质型人力资本合约模式四种主导模式,从物质资本理论,经人力资本理论,向异质型人力资本理论演进与发展。而异质型人力资本合约模式,建立在人力资本合约模式与交易费用合约模式既有成果基础上,并且很好地发

---

① 张维迎:《企业的企业家—契约理论》,上海人民出版社 1995 年版。
② 张维迎:《价格、市场与企业家》,北京大学出版社 2006 年版。
③ 张维迎:《竞争力与企业成长》,北京大学出版社 2006 年版。
④ 张维迎:《市场的逻辑》,上海人民出版社 2012 年版。
⑤ 丁栋虹、刘志彪:《从人力资本到异质型人力资本》,《生产力研究》,1999 年第 3 期。
⑥ 丁栋虹:《从人力资本到异质型人力资本与同质型人力资本》,《理论前沿》,2001 年第 6 期。
⑦ 丁栋虹:《企业家理论研究的历史回顾与世纪发展》,《南京大学学报:哲学·人文科学》,2000 年第 6 期。

展了这两种模式，具有较强的当代先进性。丁栋虹还提出了企业家精神的三大要素[①]，即创新、机会识别和冒险；还发现了另外两个企业家精神元素，即远见卓识和慈善。这为把握一般企业家与优秀企业家精神的本质差异提供了参考，同时也澄清了现实中对企业家精神的一些误解。

杨其静[②]认为企业并不是天然物，而是企业家所创造的一种特殊组织。企业是作为企业家人力资本的"自我定价器"而被企业家创造出来的，而这也正是企业最初的性质。企业家为了自身利益最大化将自愿成为最后的剩余索取者，而将企业残值的优先索取权让渡给外部投资者，即企业家将用自有资本为外部投资者提供某种担保服务。企业家投入的自有资本比例越大，市场对其创意的价值和企业家能力的评价越高，那么企业家让渡给外部投资者的控制权和股权（或者单位投资报酬索取权）就越小，若企业家过早地与风险投资家合作，将导致权利过多的让渡而不利于创业活动的成功。但是，资本市场降低了外部投资者的资产专用性程度，有利于弱化他们的参与条件，从而有利于刺激企业家的创业活动。由此推断，企业家经济的繁荣必须以高度发达的资本市场为基础。风险投资家往往是企业家团队的重要成员。随着企业家成功地将企业家人力资本物化在企业之中，企业家也就转变为一个普通股东，拥有了某种所谓的"资本强权"，只要把企业家作为企业之母，就会发现企业出现并不是对市场价格机制的简单替代，而是弥补了市场缺口，创造并拓展了市场。

贺小刚[③]通过对 6 家高科技企业和 23 家传统型企业的企业家及其他高层管理者进行半结构性访谈及社会调查问卷，确定了测量企业家能力的六个能力因子，即战略能力、管理能力、关系能力、学习能力、创新能力和机会能力。并对企业家能力差异性之根源，以及企业家能力对企业成长的贡献进行了分析。企业家能力的发挥将受到经济结构和企业家背景因素的影响，尤其是后者的影响更为显著[④]；贺小刚也是国内最早对企业家能力建立完整测量体系的学者。贺小刚[⑤]还提出了创业型企业成长模型，即"企业家团队资本—组织能力—经济环境—创业企业成长"，认为企业家团队的抱负水平与创业企业的成长存在正相关，尤其是年龄和在位时间的影响非常显著；企业家团队的决策能力促进了创业型企业的成长，尤其是企业家教育水平的积极作用非常明显；企业家团队的异质性对创业企业的影响作用并不大，但团队成员之间持股的差异性将有助于改进企业绩效；在组织能力较强的制度环境下，企业家团队资本所发挥的功能更加明显。关于企业家的退出机制，贺小刚和他的合作者[⑥]提出了六种企业家退出模式：彻底退出型、弱股东型、弱员工型、决策指导型、幕后操作型和强权控制型。不同的企业家退出行为将对企业成长产生不同程度的影响，要维持企业的可持续发展就必须建立有效的企业家退出机制，企业家退出经营领域之前要将培育组织能力和培养接班人作为工作的重点。

---

① 丁栋虹、赵荔：《企业家精神的三大要素：创新、机会识别和冒险——来自企业家排行榜的证据》，《上海管理科学》，2009 年第 31 期。

② 杨其静：《企业家的企业理论》，中国人民大学出版社 2005 年版。

③ 贺小刚：《企业家能力评测：一个定性研究的方法与框架》，《中国社会科学院研究生院学报》，2005 年第 6 期。

④ 贺小刚、李新春：《企业家能力与企业成长：基于中国经验的实证研究》，《经济研究》，2005 年第 10 期。

⑤ 贺小刚、沈瑜：《创业型企业的成长：基于企业家团队资本的实证研究》，《管理世界》，2008 年第 1 期。

⑥ 梅琳、贺小刚、李婧：《创始人渐进退出还是激进退出？——对创业家族企业的实证分析》，《经济管理》，2012 年第 1 期。

第四节　企业家人力资本与作用

企业产权契约的存在要求以企业家为中心签约人，也就意味着企业家具有企业产权的控制权，企业产权契约的这一特性将企业家的作用凸显出来，在此，有必要对企业家及其性质做一定的梳理。

企业家是市场和企业用契约为载体而相互联系的联结体，因此，企业家具有双重性：一则面对企业内部，完成企业生产性过程的每一个细节；二则面对市场，在信息不完备的条件下达成企业与市场的交易。前者以经营为主，表现为组织、协调、管理而实现企业内部资源的有效配置；后者以逐利为主，表现了企业家是一个在克服市场的不确定性和个人的有限理性之后，开始寻找市场机会，为企业创造财富，挑战风险并承担风险的人。在这两重属性当中，不可缺乏的是企业家精神，即企业家能力的外在表现，同时，不论是企业内部还是市场交易的活动中不变的正是卡森的判断性决策。

企业家以契约形式进入企业与市场，在企业中执行计划、组织、协调、技术创新等职能，而在市场中，企业家作为“中间商”的角色，面对着不确定性与风险进行判断，并做出决策。在处理企业与市场的生产与交易事务中，企业家充分发挥企业家精神，使企业的产品、提供的服务质量优异，不断追逐市场盈利机会。

另一方面，企业家对市场盈利机会的发现、把握促使盈利机会流向产品与服务。这样的一个过程最终以企业价值增值作为企业家作用的根本体现。

概而言之，企业家是这样的一个群体：他们利用人力资本，通过契约形式进入企业和市场，作为企业的代理人，发挥判断性决策的作用，为企业的经营生产进行综合利用，代表企业进入市场交易，以实现企业的长远发展和企业家自身利益的优化。

一、企业家与人力资本

人力资本是指依附人体体力和智力所具有的劳动(包括体力劳动和脑力劳动)价值总和。根据不同的标准，人力资本的分类方式有很多种。基于人力资本的特征进行划分，可分为四种：一般人力资本，即基础性人力资本；技能人力资本，即完成特定工作的能力，能够完成与之适合或相联系的工作；管理人力资本，即拥有管理知识与技能，组织协调资源在特定条件下在一定范围内的配置；企业家人力资本，是企业人力资本的最高形式和最核心内容，决定着企业的生存和发展。

(一)企业体现了人力资本的特殊性

1. 信息悖论

在信息悖论里，企业家在得到某种有获利机会的信息或知识之前，他并不知道这些信息或知识具有价值，也就是说，得到了这类信息就从没有价值变为具有价值的信息了。得到信息或知识后，就无成本地拥有了这一信息，它的传播既是自由的，也是不自由的。

2. 价值难以识别

企业家的人格魅力具有独特性、难以复制的特点，而且并不一定在任何情况下都起作用的不确定性和不稳定性，导致了它的价值难以正确地被估量。

(二)企业是企业家人力资本的间接定价器

企业家人力资本是企业家的资本化，是为了完成企业生产性和交易性的功能，为保证人力、物力的有效利用而具有的利用资本的经营能力和降低交易成本的能力的总称。通过建立企业，企业家主要通过组织和指挥其他人实施其意志，将原本难以被让渡和被买方控制的企业家人力资本变成了一个在法律上相对易于被界定、让渡和控制的特殊资产——“企业”，使其交易变得容易。当企业家将其创意物化为特定的企业、品牌甚至专利等可证实的、易于被法律保护的资产后，就能更好地节约企业家人力资本相关产权的保护、控制、评价、转让等方面的费用。企业家实现其价值的方式有多种——企业及其股票、经营和销售特定商品和服务，而后者更为普遍。

(三)企业家人力资本及其三个维度：精神资本、能力资本和社会资本

企业家人力资本是企业家的资本化，是对不同层次的人力资本进行划分而位于人力资本最高层次的部分。企业家人力资本是为完成企业生产性和交易性功能，并且能动地将人力资本和物质资本进行有效的配置。因此，企业家人力资本可以分为三类：企业家生产性人力资本，是指完成一个生产过程所需的知识、技能、劳动力等；企业家社会人力资本，是指企业立足社会的信誉、声誉、社交网络等动员内外部资源的能力；企业家动力性人力资本，是指影响企业家发挥企业家才能的物质和精神的需求、动力、品质等非智力因素。

精神资本、能力资本和社会资本是企业家人力资本的三个维度，财商、魂商、能商和情商相组合就是企业家资本。在企业家资本中，物质资本是基础性的，可以称为“财商”；精神资本是动力性的，可以称为“魂商”；能力资本是效率性的，可以称为“能商”；社会资本是交易性的，可以称为“情商”。

(四)企业家人力资本的四大特性

第一，企业家人力资本是企业成长首要的要素。与其他生产要素相比，企业家才能要素是一种特殊的生产因素，具有供给的稀缺性、时效性、可积累性等。

第二，企业家人力资本是精神资本、能力资本和社会资本的结构性统一体。三者相互不同形式的整合构成了不同特性的企业家人力资本。

第三，企业家人力资本是不同于企业家物质资本的异质资本。企业家人力资本内涵实现边际报酬递减生产力形态，而物质资本具有边际效益递减特性。

第四，企业家人力资本属于企业家内在具有的属性。企业家人力资本的价值是指维护人力资本再生产所必须花费的一切费用：生活费用、教育费用和学习者自己的学习劳动所创造的价值。

二、企业家的作用

(一)企业家在市场制度中的作用

企业家要保障市场制度，发挥在市场制度中的作用，就要进行制度创新。制度创新在人们现有的生产和生活环境条件下，不断对企业制度进行变革，因而通常也可以称为企业制度再造。企业制度创新的目的是建立一种更优的制度安排，提高企业的效率。社会政治、经济和管理等制度的革新是制度革新的重要内容，而制度创新是把思维创新、技术创新和组织创新活动制度化、规范化。

产权制度、竞争规则、政治制度、意识形态等各种主要正式规则或非正式规则的变革构成了制度创新，也就是说引入了新的制度安排。熊彼特的创新理论说明，创新活动是因为企业家的创新精神而发生的。创新推动中国经济社会跨越式发展，企业家要决定创新决策并执行创新决策，体现在以下过程：

第一，制度企业家的出现是企业耗散性制度创新的基本动机和前提条件。具有独到见解的企业家运用自己的才能获取更多的边际效益，而改变某些制度会更有利于企业发展。企业家的创新成果也要通过法律等合法形式固定下来才能让企业的权益得到保护，才能让企业在不断恶劣的市场竞争中具有竞争力。

第二，制度创新具有破坏性，打破旧平衡，创造新平衡。在先有的制度中，由于认知的不全面、信息的不对称等因素的存在，会有一些模糊地带，企业家则会去发现这个部分，寻找潜在的商机。企业家如此打着擦边球，就会对先有的制度造成破坏，打破原先的平衡状态。制度体系一旦出现动荡，就会有更多的跟随者进入直到新的平衡状态的出现。具有卓越能力的企业家进行制度创新形成了新的制度下的激励机制，激发了企业家进行制度创新的动力。总之，制度创新是一个曲折上升的过程。

第三，制度创新是一个演进的过程，各种不同类型的产权合约的达成即是制度创新的过程。制度创新活动的活跃使得社会和企业都拥有更多的资源，并用更多的方式组织各种资源。而且，创新不只是外部制度的创新，也是企业内部的创新。

（二）企业家在企业中的作用

正确认识和评价企业家的作用不仅有利于企业家认识自我，也有利于社会经济发展和社会进步。企业家主要有以下两方面作用：一是对于企业，企业家作为核心人物，是发展好企业的关键，也能推动社会经济发展；二是推进创新，优秀的企业才能在竞争中长留，优秀的企业自然离不开富有创新的企业家，市场竞争能把有创新能力的企业家保留下来。总之，企业家特别是有创新能力的企业家是推动社会经济长期可持续发展的力量之源。

企业家作为社会发展的中坚力量，发挥着巨大的作用，主要体现在以下方面：第一，企业家的首要责任就是有效经营管理企业，创造丰厚的利润，为股东创造更多的价值，增加股东的利润和分红，提高全体员工的工资和福利。企业获得的利润越高，向国家缴税也越多，对社会的贡献也就越大。第二，企业的未来和发展方向取决于企业家才能，企业家的战略决策行为决定着企业的战略目标、方针和政策。企业家还需要让企业在不断变化的市场中做出迅速的反应，因时而变，因势而动。第三，企业文化建立在企业家才能的基础上，是需要长期积累、相互磨合的，是企业物质文明和精神文明成果的总和，影响着全体员工共同的价值观念、道德信仰、经营理念、做事风格等。一个有能力的企业家具有强大的感召力，能调动企业全体员工的工作积极性，吸引一起可以调动的资源。

（三）企业家的职责

企业家作为现代企业内部组织结构的核心位置，决定了企业的社会文化，企业家的价值观也就充分体现了一个成功企业的核心价值观。

企业家联系着企业和市场，面对企业内部，完成企业生产过程；面对市场，在不完全信息的状态下更好地达成企业与市场的交易，使企业的生产与市场的销售更加顺畅，促进供应链的一体化。企业家帮助企业进行组织、协调、管理而实现企业内部资源的有效配置，对于市场，企业家的主要目的是为企业创造财富，因此需要克服市场的不确定性和个人的有限理性，抓住市场机遇，发挥优势，迎接挑战并承担风险，处理好企业和市场的关系。

（1）一个企业家要想企业更好地生存下去，不仅要对本行业有深刻的了解，还要了解市场，及时调整发展战略，并塑造良好的企业形象和声誉。

(2)企业家不仅要有决策能力，还要懂得简政放权，并加强对中层管理者的监督指导。如果企业家对企业上上下下的决策都事必躬亲，那么企业家则会被认为有管理不深入、不到位之嫌。企业家要认清企业发展的内部规律，尊重规律、遵循规律，做出适当的决策。

(3)认识和把握细节与战略关系是企业家应该重点关注的问题。这是事物的两个极端，细节的把握要求有细致的观察力，战略则要求有远见卓识，要有大局观，能够同时掌握这两方面的能力，对于一个企业的发展十分重要。企业家只有把握战略与细节的定位，才能提高工作效能，确保管理目标的实现。

(4)企业家居于企业管理的最高层，对于战略决策有着至关重要的作用。任何的努力都应该建立在正确的方向之上，企业决策就是企业的发展方向，如果方向错了，其他一切就都会与成功背道而驰。企业能否实现高效经营的目标，关键就在于对经营战略的选择，如果经营战略选择失误，那么企业的整个经营活动就必然会满盘皆输。企业经营战略实际上是决定企业经营活动的一个极其关键的和重要的因素。

企业家作为连接企业和市场的纽带，为了满足市场的需求，制造所需的产品和提供需要的服务，以获取盈利，体现企业家的价值。当然，企业家在面对市场不确定性时，要做出各种决策并承担风险。企业家在这两者之间将生产要素变为产品和服务，最终实现企业价值增值、市场活力增强。

阅读材料 10－2

管理思想史大师丹尼尔·雷恩谈企业家作用

管理思想史大师丹尼尔·雷恩在谈到企业家作用时说，如何看待企业家，存在更普遍的误解，而这种误解，恰恰是来自于以往的历史著作。在工业化时期的美国，经常有作恶多端的企业家消息，如范得比尔特通过贿赂和操纵股票，取得纽约—哈莱姆的铁路控制权；丹尼尔·德鲁给要卖的牛喂盐，使牛喝更多的水；柯林斯·亨廷顿收买国会，甚至自己都抱怨说国会开一次会就要他花 50 万美元；钢铁大王卡内基雇用私家侦探对付工会引发冲突，最后造成了重大伤亡；等等。这些消息都是真实的，如果仅仅看这些资料，很容易使人们产生“天下乌鸦一般黑”的感觉。

雷恩对史实和数据整理归纳认为，企业家并不都是“吸血恶魔”。首先，亚当·斯密所说的自利行为会增进社会福利的推论，在这里并未失效。例如，洛克菲勒的经营使煤油成本大幅度下降，而在使用煤油之前人们是用鲸油照明，煤油的普及拯救了大量鲸鱼；卡内基的钢铁价格大幅度下降，对社会来说就是“最伟大的慈善行为”。更重要的是，即便是从自利出发，如果不是政治权力的寻租，企业家不会行贿。当埃兹拉·康奈尔要捐资办大学时，为了获得办学执照，不得不提供相应的贿赂。从另一个角度看，尽管美国在 19 世纪对企业的捐赠和慈善有严格的限制，但企业家个人的慈善举动却比比皆是。包括臭名昭著的范得比尔特，其遗产也用来办了大学。洛克菲勒和卡内基的基金会，至今世界闻名。所以，企业家既不全是“吸血恶魔”，也不全是“慈善天使”，更多的情况下，他们一身二任。要认识这一点，就要对史料进行全面掌握和辨析，防止片面化。全面、准确地理解企业家，是理解当时管理思想的前提。

资料来源：闻华：《知古以求真——史料学意义上的管理思想》，《管理学家》(实践版)，2011 年第 5 期。

总之，企业家在企业中发挥企业家才能，独立自主地做出经营决策并承担经营风险，利用物质资本和人力资本进行生产制造，并将产品和服务在市场中流通，以实现企业和企业家利益的最大化。

三、企业家精神

（一）企业家精神的概念

"企业家"这一概念由法国经济学家坎特龙（Richard Cantillon）在18世纪30年代首次提出，即：企业家使经济资源的效率由低转高，企业家精神则是企业家特殊技能（包括精神和技巧）的集合。或者说，企业家精神是指企业家组织建立和经营管理企业的综合才能的表述方式，是一种重要而特殊的无形生产要素。彼得·德鲁克承继并发扬了熊彼特的企业家理论，他认为企业家精神中最主要的是创新，企业管理的核心内容，是企业家在经济上的冒险行为，企业就是企业家工作的组织。企业家精神也是表明企业家这个特殊群体的所具有的共同特征，是他们所具有的独特的个人素质、价值取向以及思维模式的抽象表达，是对企业家理性和非理性逻辑结构的一种超越、升华。企业家群体独有的显著的精神特征就和其他群体特征区别开来，人们日常也把它看作成功的企业家个人内在的经营意识、理念、胆魄和魅力，并以此标尺识别、挑选和任用企业家。

每个企业都有一种理念、一种文化，企业家就朝着这个理念努力拼搏，时间长了就会形成一种文化，企业家的成功就是靠他们理念与文化的支持，并以此快速提升自身领导力及管理能力，从而铸就企业家精神。

近十年来，国外企业家精神理论研究在三个方面出现了新进展：企业家精神人力资本行为理论、企业家精神知识溢出理论及企业家精神资本理论。企业家精神人力资本行为理论主要集中在五个研究领域；企业家精神资本理论认为企业家精神资本是一种知识溢出机制，能够促进公司数量的增加，能够促使公司种类的多样化，从而促进区域经济增长；企业家精神知识溢出理论认为知识丰裕的区域环境将产生较多的企业家精神，带来较宽范围的企业家机会①。

阅读材料 10－3

浅谈浙商精神

"浙商"这个名称大家都很熟悉，但浙商精神，一些同志还不一定很了解。在这里，谈谈对浙商精神的理解。

勤奋务实的创业精神

著名经济学家茅于轼深情感叹："与其他沿海省份的人相比，浙江人能吃苦的的确确。"沙漠玫瑰般的浙商像骆驼一样刻苦耐劳，百折不挠，万里行商，苦苦打拼。他们白天是老板，晚上睡地板。如资金雄厚的浙江东冠集团从老板到员工吃住都在工地、车间，风餐露宿，"夙兴夜寐，无一日之懈"。

翻阅浙商"金字塔"顶尖人物的履历，你会发现他们的出身都很低微，"草根性"一览无遗：

① 欧雪银：《企业家精神理论研究新进展》，《经济学动态》，2009年第8期。

“正泰”南存辉是鞋匠，“德力西”胡成中是裁缝，“飞跃”邱继室是农民，“传化”徐冠巨是农民。他们都具有勤奋务实的创业精神，如果没有这一点做基础，他们不可能有后来的辉煌业绩。

“有人的地方就有浙江人”，此言甚切。从种族冲突不断的非洲，到战火纷飞的阿富汗、伊拉克，浙商音容随处可见。他们认为职业无贵贱，生意无大小。打火机利润微薄，温州人却将它做大做强。温州的“五把刀”（菜刀、剃刀、剪刀、鞋刀、螺丝刀）常人不屑一顾，而温州人借此打拼天下。浙商能干常人不肯干的活，能吃常人不肯吃的苦，能赚别人看不起的钱。在浙商的眼里没有办不到的事，他们不等不靠，凭自己勤奋的精神和务实的态度去拼搏，实现一个又一个创业的梦想。

敢为人先的思变精神

有位经济学家曾经这样评价浙商，他说：“当别人还在犹豫的时候，他们已在行动；当别人开始行动的时候，他们已有成就。”这就是浙商精神的体现：敢为天下先，步步领先。改革开放之初，浙商以“舍我其谁”“横刀立马”“敢为天下先”的撼人气势和超凡胆魄，走遍千山万水闯市场，吃了千辛万苦办企业，道尽千言万语拉客户，用放大镜寻商机，用望远镜找市场，用显微镜淘营销，敢“图破壁”，敢“吃螃蟹”，敢“喝头啖汤”，终于成功“杀出了一条血路”。

哪里有浙商，哪里就有市场。人们难以想象，桐乡不出羊毛，却有全国最大的羊毛衫市场；余姚不产塑料，却有全国最大的塑料市场；海宁不产皮革，却有全国最大的皮革市场。这些“无中生有”的行为正是浙商“敢为人先”思变精神的写照，他们用这种创新理念开拓出新天地，取得了新业绩。

抱团奋斗的团队精神

团队精神是指集体合作、共同奋斗的精神。虽然浙商集团最先从血缘、亲缘、地缘结成网络，但这只是基石和起步，不是自闭，而以走出家门、冲向世界为目标指向。浙商相互真诚援助，同舟共济，大大增强了抵御风险的能力。无论是产业匹配，还是商业联盟，无不是在自主自立主体基础上的精诚联合。浙商极少单打独斗，温州街、浙江村遍布全球，哪里有生意做，哪里就有浙江人群落。信息互通，资源共享，生意大家做，赚钱都有份。这种抱团奋斗的团队精神，不仅能使企业上下“道相同、心相通、力相聚、情相融”，和谐奋进，最大限度地调动人的积极因素，最大范围地开发人的聪明才智，最大力度地发挥人的工作效能，而且从经济学的角度看，这种符合良性经济生态平衡的内部条状、外部块状的产业区域、发展模式更具竞争优势，更能互补互赢，实现科学发展，持续发展。

恪守承诺的诚信精神

浙商说一不二，怎么说，就怎么做。他们以诚实交朋友，打天下，争市场。以借款为例，借你的款，说什么时间归还，就什么时间主动归还给你，一般不会逾期，更不会赖账。浙商与政府部门打交道，也非常体现和善的态度和诚实的品德，对政府的要求，会千方百计地执行到位。诚信，不但使浙商在异地他乡创业有了立足之地，而且使企业有了长足发展。

永不满足的创新精神

创新是民族的灵魂，是企业的生命，也是浙商精神的内核。如今的浙商深透体悟到产业转型升级已经成为必然选择。目前已经完成“草根经济”向“创新经济”跃迁的浙商，纷纷整合资源，抢滩新经济领域：IT 产业、现代服务业、能源产业、动漫产业、会展业、文化创意产业等。从不规行矩步的浙商还敢于善于体制、机制的创新，并与技术创新有机统一。“以不息为体，以日新为道”。他们以深邃的目光审视传统发展模式，立即、坚决，彻底扭转不适应、不符合创新发展的种种体制、机制、观念、思路。在浙江，无论是政府主导还是企业自主，勉强改造家族企业大多败北。而正泰老总南存辉则独具匠心。他坚信，家族成员控制的企业不一定是家族企业，不是家族成员控制的企业也可能是家族式管理企业。不管你是多大的股东，如果按制度考核能力不行，就让出经营权；反之，不管是否为股东，有能力就有位置，这使正泰成功地从一家传统的家族企业转型为一个现代的“企业家族”而不崩盘。鲁冠球可算是组织和机制创新的老手。早在1987年，他就在企业内部建立“企业利益共同体”的机制，1988年提出了“两袋投入(职工口袋和职工脑袋)”论；1989年，他通过兼并盘活资产存量，使企业跃上高效、规模经营之路；1992年，他主张“花钱买不管”；1993年，他开始在企业内部实行多种“饭碗”……浙江传化集团董事长徐冠巨认为，企业家要进行观念上的创新，必须从“抓机遇、赚钱”的意识向“打造企业核心竞争力、成就事业平台、谋求企业长远发展”的目标华丽升级。

以上就是浙商精神的概括。浙商精神的形成有其历史、地理、社会的原因，更有其文化的深刻内涵。随着历史的推进、时代的发展，浙商精神将更具魅力，永放光芒。

资料来源：新华网浙江频道，2011年4月19日，有修改。

企业家就是怀着憧憬、指向未来、完成神圣使命的人。企业家必须具备两个要件：创造利润和指向未来。企业家精神由知识素养、创新能力和指向未来三个要素构成。

由于分析视角和研究方法的不同，企业家精神的度量指标呈现多样性，但主要从创新性和竞争性两个角度对其进行度量。对企业家精神的不同理解使不同学者在分析其经济绩效时选取了不同路径，他们分别考察了创新行为、市场竞争度和就业等中间关联变量，以此来研究企业家精神对经济增长的间接影响。对企业家精神的不同理解已经严重阻碍了企业家精神研究的发展，也使其至今不能融入主流经济学的研究范畴。如何准确而全面地理解企业家精神，仍然是未来相关研究的重要方向①。

大多数企业经营者重视创新，善于把握市场机会，而在冒险和挑战意识方面的自我评价相对较低。对企业家精神自我评价越高者，对企业家这一职业角色的认同度越高，勇于承担风险和不断创新的意识越强，更乐于主动捕捉市场机会、拓展外部空间，对未来经济走势的判断更具前瞻性；同时，对其所在企业的现状更为满意，企业的诚信度、综合绩效相对较好。调查表明，外部环境对企业家精神有较大影响，尤其是快速的技术变化和行业增长，对企业家精神影响最为显著，特别是对企业家创新意识和冒险意识的提高有较大的促进作用。此外，政府职能转变、知识产权保护和人力资源环境，对企业家精神的影响也较为明显②。

（二）企业家精神的内容

企业家精神，是一种创新意识，包括新思路、新策略、新产品、新市场、新模式、新发展；企业家精神，也是一种责任，包括敬业、诚信、合作、学习等的责任；企业家精神，更是一种品格，一个优秀的企业家应当具有冒险精神，以及准确判断、果断决策、坚忍执着的个性；企业家精神，还是一种价值观；企业在创造利润的同时，还要奉献爱心，回报社会；企业家精神，是一种文化修养，拥有广博的知识、高尚的道德情操和丰富的想象力的企业家才能使企业更加可持续地发展。

---

① 靳卫东、高波、吴向鹏：《企业家精神：含义、度量和经济绩效的评述》，《中南财经政法大学学报》，2008年第4期。

② 中国企业家调查系统：《企业经营者对企业家精神的认识与评价——2009年中国企业经营者成长与发展专题调查报告》，《管理世界》，2009年第6期。

(三)企业家精神的作用

企业家在其精神的鼓励下对企业核心竞争力起着关键性保障作用,企业家精神通过企业家自身保障了企业核心竞争力的培育与提升。对于中小企业而言,企业家精神尤其重要。王敏(2011)认为企业家精神是中小企业创业成功的智力资源和资本保障,决定企业家经营管理水平和能力,推动企业技术创新和制度创新,培育创业创新文化;企业家精神通过影响机遇、能力和意愿,来推动创业与创新行为的产生;同时,中小企业的创业创新活动也会反作用于企业家精神,促使其自我演进与完善。

第五节　新企业的创立与成长

一、企业的形成

企业一般是指以营利为目的,用生产要素进行生产商品或提供服务,对资源进行合理配置,降低成本,增加收益,以实现投资人、客户、员工、社会各方面利益最大化的实行自主经营、自负盈亏、独立核算的法人或其他社会经济组织。

企业的形成是由于社会生产力水平发展到一定阶段,并随着商品经济的发展而发展。早期企业是企业主雇用工人进行生产,资本家占有生产资料,工人出卖劳动力将生产资料进行再造来提升其价值,资本家付给工人工资作为这中间的劳动报酬。随着技术的进步,企业的形式使资本家可以进一步扩大生产规模,使分工得到明确和细化,提高了劳动效率,节约了生产成本,增加了企业效益。分工协作和流水线生产使工人各司其职,并能熟练掌握该道工序,使经验得到有效传递,有利于劳动工具与设施的改进,对高效完成汽车制造组装等大型任务项目具有重要作用。技术的进一步发展,使社会进入了机器大生产阶段,连贯了生产过程,加快了生产节奏,有效提高了劳动生产率。

随着企业的出现,市场的存在形式也在发生着改变。从企业家的角度来看待这一现象,企业的出现和发展可能是拓展了市场而不是替代了市场。市场通过价格机制指挥人们的生产活动,良好的分工增加了利润又使人们进一步改进生产,在不断改进中催生了企业,企业又进一步拓展市场来满足更大的需求。如此循环,企业能够以更高的效率、更低的价格向市场提供现存商品,而低价又扩大了市场的消费规模,企业和市场相互影响、相互推进。

二、新企业创建

企业的创建(creation)过程是指当创业者创立新企业时出现的一系列事件与活动。其他具有类似含义的描述有企业孕育①(firm gestation)、前组织②(pre-organization)及初创③(start-up)等。学者们从经济学、心理学、人口生态学等多个学科出发对企业的创建进行了研究。

---

① Reynolds P.,Miller B. New Firm Gestation: Conception,Birth,and Implications for Research. *Journal of Business Venturing*,1992,7(5):405—417.

② Katz J.,Gartner W. B. Properties of Emerging Organizations. *Academy of Management Review*,1988,13(3):429—441.

③ Vesper K. H. New Venture Strategies. University of Illinois at Urbana-Champaign's Academy for Entrepreneurial Leadership Historical Research Reference in Entrepreneurship,1990.

企业生成过程的研究应从三个方面来看[①]:(1)企业构想是怎样产生的;(2)第一次生产和销售具有差异性竞争产品的时间和方法;(3)企业致力于具有差异性竞争产品的销售并扩大其影响的时间和方法。这种对高技术企业生成的研究主要是从生成特征的角度进行描述的,进而建立企业生成的线性模型。

企业创立过程是一个从机会识别到第一次销售的线性的、单一的过程。这种线性过程认为事件的累加就会导致新企业的形成。企业生成过程[②]有如下特征:(1)有意识地收集组织建立的信息;(2)努力确立组织边界使创业企业凸显出来,如形成法人组织、建立管理条例、购置办公场所和设施等;(3)获取组织运作的资金;(4)与供应商、顾客进行交换,建立最初的商品或劳务供给。

企业生成过程分为四个阶段[③]:(1)原理证明阶段(proof-of-principle),在这个阶段主要是创业者产生一个构想并对自有技术进行研发;(2)原型产生阶段(protype),在这个阶段主要是创业者将技术转化成产品原型;(3)样品试销阶段(model shop),在这个阶段一定数量的产品被生产出来并试销;(4)企业初创阶段(start up),在这个阶段生产出正式的产品并开始第一次销售。通过案例研究,也可以把企业生成过程分为三个阶段[④]:概念阶段(definition of business concept)、产品技术的产生及建立阶段和产品交换阶段。这种对高技术企业生成的研究主要是基于生命周期对企业生成进行阶段划分,形成企业生成的阶段模型。近年来,出现了一些复杂企业创生理论,认为企业创生是一个非线性的过程。

三、新企业成长及驱动因素

新创企业是指创业者利用商业机会通过整合资源所创建的一个新的具有法人资格的实体,它能够提供产品或服务,以获利和成长为目标,并能创造价值。新创企业的成长是创业研究的重要主题,研究分为两个方面:一是关注企业如何成长。从生命周期角度研究探索企业的成长模式[⑤⑥]。通过对不同寿命、不同规模的企业进行研究,按寿命、规模与成长速度把这些企业分成不同的类型,但没能真正揭示企业的成长模式。二是假定新企业成长会受创业者的创业倾向与成长能力、资源、战略与环境的影响[⑦],做出创立、经营,并使企业成长的决策是个人的职业选择,不但包括物质激励,也包括个人能力、基本价值观及寻找适合自己的职业的动机与需要[⑧]。但这种决策也受个人、组织及经济力量的约束。为了更好地理解小企业的成长,有

① Van d V. A. H., Angle H. L., Poole M. S. *Research on the Management of Innovation: The Minnesota Studies*. Harper & Row, Ballinger Division, 1989.

② Katz J., Gartner W. B. Properties of Emerging Organizations. *Academy of Management Review*, 1988, 13(3): 429—441.

③ Gaibraith J. The Stages of Growth. *Journal of Business Strategy*, 1982, 3(1): 70—79.

④ Bhave M. P. A Process Model of Entrepreneurial Venture Creation. *Journal of Business Venturing*, 1994, 9(3): 223—242.

⑤ Chandler G. N., Hanks S. H. Measuring the Performance of Emerging Businesses: A Validation Study. *Journal of Business Venturing*, 1993, 8(5): 391—408.

⑥ Mcmahon R. G. P. Business Growth and Performance and the Financial Reporting Practices of Australian Manufacturing SMEs. *Journal of Small Business Management*, 2001, 39(2): 152—164.

⑦ Baum J. R., Locke E. A., Smith K. G. A Multidimensional Model of Venture Growth. *Social Science Electronic Publishing*, 2001, 44(2): 292—303.

⑧ Schein E. H. Three Cultures of Management: The Key to Organizational Learning. *MIT Sloan Management Review*, 1996, 38(1): 9.

必要从个人、组织及经济角度研究新创企业[①]。

(一)内部驱动因素

1. 企业文化

企业的核心精神就是企业文化。何谓企业文化?企业文化是指在社会主义市场经济的实践中,结合企业实际情况和企业家才能所形成的全体员工共同认可并愿意遵守的价值观念、理念意识、行为规范、道德标准、目标追求、经营风格等的总和。良好的企业文化有利于能动地激发员工的个人才能为企业服务,能够承担社会责任并回馈社会,将企业的经济利益和社会效益之和维持最优状态。这样的企业才能受到社会、员工、股东的认可,才能在发展前进的道路上越走越远,越走越好。

2. 企业声誉

企业声誉是企业拥有的独特的无形资产,它的形成是产品与服务、企业战略、企业是否承担社会责任等多种因素共同作用的结果,是企业长期、持续的行为在公众中形成的印象。良好的企业声誉是指企业的各方面行为得到社会认可,从而取得社会认可和支持,进而完成价值创造,从而有效地提高了企业的竞争力。当今社会我国经济市场化程度不断提高,卖方竞争日益激烈,再加上互联网推动了企业由线下转入线上,使之信息更加透明化,信息不对称的大幅减弱,买方对企业的信誉则更加重视。因此,作为企业,特别是新企业,更有必要重视企业声誉的培养。如果企业不重视声誉,利欲熏心,不对社会和人民负责,最终会害人害己,被社会淘汰。

3. 企业战略

一个企业的成长离不开明确、合适的战略。企业战略在总结历史、结合现状、预测未来的基础上明确了企业要做什么、不做什么,是企业长期的、综合的、根本的谋划,包含了企业各方面的战略,包括发展战略、营销战略、人才开发战略、技术研发战略等。企业在战略规划中必须重视可持续发展,才能降低各种外在不确定因素的影响,提高产品竞争力,这就需要企业具有社会责任感,通过技术革新来降低污染,节约资源,降低成本。

4. 吸引和留住员工

企业的发展离不开优秀的员工,要想吸引、留住优秀的人才就得从做好企业自身开始。良好的企业形象就要求企业能够履行社会责任,对社会负责的企业必然也会对员工负责。负责任的企业形象不仅能吸引和留住人才,还能增强员工的自豪感和企业内部的凝聚力,给员工提供合适的环境使其才能得到充分发挥,提高员工对企业的忠诚度。

(二)外部驱动因素

1. 政府管制

近几十年来,国家对企业社会责任的履行越来越重视,对于那些只追求利益而不顾人类可持续发展,肆意污染环境、破坏生态、浪费资源的企业,政府实施了相关强制措施进行管制,如制定法律法规,采取一系列强制措施保证社会责任观念的贯彻和落实,制定惩罚措施对那些逃避社会责任的企业进行处罚和制裁。除此之外,政府也制定相关政策、优惠措施扶持主动承担社会责任的企业,创造良好的企业发展氛围。

2. 全球化

在经济全球化的大背景下,世界市场逐步走向一体化,企业想要在更高层次、更广范围内

---

① Wiklund J. *Small Firm Growth and Performance: Entrepreneurship and Beyond*. Internationella Handelshögskolan, 1998.

参与国际分工，就要积极投入到经济全球化的潮流中，主动加入市场规则制定的队伍中。现如今，世界市场的格局的形成要求社会责任不再是一个企业、一个地区、一个国家的事，而是所有置身于经济全球化中所有的企业和个人应尽的义务。

3. 媒体及非政府组织

随着信息技术与人们的生活关系越来越密切，媒体借助各种信息技术也在影响着每一个人。对于企业来说，媒体广泛的影响力和快速的传播力是一把“双刃剑”。一方面，企业借助媒体对自身企业的正面报道，迅速在人们心中树立良好的形象，使品牌深入人心，在市场竞争中占据有利地位。另一方面，如果企业做了一些违背法律和道德的事，就会被媒体想方设法挖出来，并大肆报道让人们知道，可想而知，一旦这种事情发生，后果将不堪设想，也许一个企业几十年积累起来的信誉会毁于一旦。

除了媒体，非营利的非政府组织也在逐渐增强自己的影响力。绿色和平组织在企业保护环境、节约资源上起着监督、推动作用，红十字会积极号召包括企业在内的组织和个人对社会提供各种志愿救援活动。

4. 消费者

“业无信则不兴”，说明获得消费者的信任对于企业来说是需要时刻关注的事，是企业兴盛的重要条件。一个企业要想获得可观的收益，就不仅要提供多样的产品或服务，还要树立良好的声誉来获取消费者的好感和信任。一旦企业让消费者感觉到他们的权益受到侵犯，也许就会做出不利于企业长期发展的事，轻则不再选择该企业的产品或服务，重则采取一些强硬的措施来维权，如联合其他消费者共同抵制、发表一些不利于企业的言论、向相关机构反映、通过消费者权益保护协会维权。

5. 投资者

企业只有在获得投资者的投资后才能更好地发展，投资者在做出决策前肯定会对企业进行全方位的了解，认为企业在各方面都向着利好方向发展，并且财务状况较为可观，有不错的收益的情况下，才会投资一家企业。当然，要想获得长期的利润回报，肯定要深入了解企业信誉等方面的软实力。

四、企业成长过程中的企业家因素

创业是一种复杂的劳动，需要创业者具有较高的智商和情商，具有创业能力是创业成功的必要条件。创业能力是一种高层次的综合能力，可以分解为专业能力、方法能力和社会能力三类能力。新企业的创建与创业者本人背景相关，加特纳(Gartner)等发现创业类型可以分为8种①：(1)离职创立新公司，新公司与原公司不属同行业，新公司也面对激烈的市场竞争。(2)离职创立新公司，产品或服务和原有公司相似，但在流程与营销上有所创新，能为顾客提供更满意的产品与服务。(3)运用原专业技术与顾客关系创立新公司，并且能够提供比原公司更好的服务。(4)接手一家经营中的小公司，快速实现个人创业梦想。(5)创业者拥有专业技术，能预测到未来市场的变迁及顾客需求新趋势，并因此决定掌握机会成立新公司。(6)为了向特殊市场顾客提供更好的产品与服务而离职创立新公司，新公司具有服务特殊市场的专业能力与竞争优势。(7)新公司由原行业精英人才组成。企图以最佳团队组合，集合众家之长，来发

---

① Gartner W. B., Mitchell T. R., Vesper K. H. A Taxonomy of New Business Ventures. *Journal of Business Venturing*, 1989, 4(3): 169—186.

挥竞争优势。(8)创业者为实现新企业理想。在一个刚萌芽的新市场中从事创新,企图获得领先创新的竞争优势,但这类公司的不确定性风险比较高。

社会生产活动中的四个基本要素是资本、劳动力、土地和企业家才能。在生产活动中,企业家需要把前面三种要素进行合理的配置,因此,企业家才能与前三种要素是相互补充的关系。企业家才能包括组织能力、管理能力、创新能力、决策能力等,一个优秀的企业家能将另外三种要素进行有效的组织,用来生产商品或服务,使其效用得到充分发挥并获得较强的市场竞争能力,从而推动企业快速发展。创新能力是企业活力的源泉,企业家往往会参与新产品的规划和设计。市场诡谲,政策多变,企业发展的好坏难以预料,企业家不仅收获着利益,还得承担巨大的风险,每一步的决策都将成为企业发展的关键点。

关于企业家角色的转换,胡潇博提出了"基于企业生命周期的企业成长模型"(见图 10—1)。

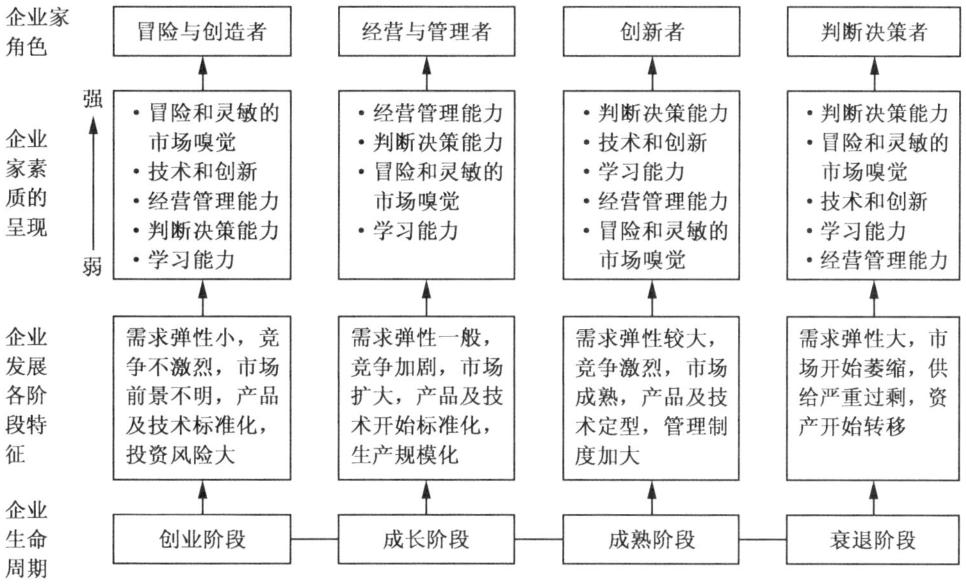

图 10—1　基于企业生命周期的企业成长模型[①]

企业家在促进企业持续成长过程中,在企业不同生命周期、企业的不同成长过程与阶段,企业家所发挥的作用存在明显的差异。一般而言,在创业初期,更多的是冒险精神与市场敏感。在发现市场机会时,敢于承担不确定的市场风险。在这一阶段,企业家的职能以创新、创业为主,并且能把想法转换为创办一个新的企业的魄力,这是最重要的。至于管理能力,则相对次要,也就是说,只有创办了新的企业,企业家才能继续实施他的想法,更多地是以风险承担者出现的。到了成长期,企业暂时获得了一定的市场地位,为了保持这一地位,企业家必须关注产品的性能与质量的提高,企业家运用经营管理能力、公司治理能力去规范企业管理和制度创新,带领企业步入正轨。在这一阶段,企业家的整体人力资本尤其突出,影响企业的可持续发展。等到企业进入成熟期时,企业家的使命就带领企业获得更多利润,或者说是使企业的产品在市场上形成一个壁垒。这时,企业家的学习能力、领导能力就可以决定企业命运。企业家

① 胡潇博:《基于企业生命周期的企业家成长》,《经济论坛》,2007 年第 3 期。

必须通过创造性的破坏，开发新产品、引进新设备、开拓新市场、推行新制度，从而维护企业的市场地位。一旦到企业的衰退期，企业面临转型升级的考验，企业向何方去是摆在企业家面前的首要任务，企业家必须通过深入的市场调查、缜密的市场推演，寻求企业新的投资机会。因此，在这一阶段，企业家的判断决策能力显得尤其关键，一旦决策失误，可能导致企业严重亏损甚至破产。

一个成功企业的文化往往与企业创始人的人格魅力一致，企业家就像是企业的灵魂一样，影响着整个企业的运作，包括员工的做事风格。比如华为一直是以重视研发著称的，而任正非也是一个具有创新精神的人，刚毕业时也从事科技研发的工作。由此可见，企业家的人格魅力会焕发企业的激情与活力。

复习思考题

1. 马歇尔与熊彼特是如何认识企业家的作用的？他们的观点有什么异同？
2. 什么是企业家人力资本？它的三个维度是什么？
3. 什么是企业家精神？企业家精神的内容有哪些？
4. 新企业成长的驱动因素有哪些？
5. 企业成长过程中，企业家有哪些不同的作用？

案例分析

黄恺，“三国杀”“杀”进《福布斯》

黄恺是传说中大学二年级就设计出“三国杀”的桌游奇才，从2006年首次在网上卖自制手工“三国杀”到现在，短短的6年间，他从普通大学生到自己创立桌游公司出任创意总监，2012年更跃身登上《福布斯》中文版30岁以下创业者的榜单。几乎没有人不知道“三国杀”，但却很少有人知道它背后的黄恺。

如果说“天分”这个概念真实存在的话，黄恺一定是有桌游天分的。10岁，在大多数男孩子还在外面灰头土脸疯跑疯玩的时候，黄恺已经开始自己做游戏了。因为父母对黄恺管教很严，不让他玩电子游戏，甚至把他的漫画都封起来禁止他看。在硬件条件不足的情况下，黄恺自己做了很多桌面游戏。他在纸上画地图、画小人，在地图上打仗。这个游戏被他周围几个比较铁的哥们儿从小学一直玩到初中。

上了高中，热爱游戏的黄恺就给自己定了个小计划：以后一定要考一个和游戏相关的专业。但那时国内还没有游戏专业。直到高考时，他发现了传媒大学新出的游戏专业。“就好像被提醒了一样，那个专业好像远远地告诉我，这就是我想要的，很宿命的感觉。”

如愿上了自己从小就喜欢的专业，黄恺开始寻求更广阔的桌游领域。在网上，他了解到了国外桌游的发展，于是主动寻找国内桌游的门路。“但在国外桌游发展的几十年期间，国内是一点都没有发展的。”阴差阳错间，黄恺在大二的时候去了西直门的一家桌游吧，“那有可能是全国最早的桌游吧了”。在桌游吧里，一小撮人玩着国外的桌面游戏，这个场景让黄恺感触颇多。“我当时在想，有没有一款桌游的题材和概念是可以让中国人方便接受的，不会像国外桌游那样难以领会。”

2000年时，“杀人”游戏在国内开始流行起来，但到2007年以后，逐渐开始没落。黄恺看着“杀人”游戏从辉煌到衰败，看着很多“杀人”吧经营不下去，一家家关门，感触良多。“我当时觉得这个游戏不那么耐玩，也有很多局限性。接触了很多国外桌游后，我想设计一款既可以改变“杀人”游戏的局限性，又可以融合本国特色的桌游。”

然而“三国”的题材也不是黄恺一开始就确立的。他之前想过很多题材，甚至想把大学同学、老师、教导主任都作为角色编到游戏里。“但最后放弃了这个想法。类似的想法蹦出了一个又一个，随着想法深入后又不断被否决。在想到‘三国’的题材后，经历了漫长的设计过程。”

一开始把自己做的“三国杀”放到网上去卖，黄恺只是想赚点零用钱而已。“最开始的两个月只卖出去一两套，但是第二个季度就能达到十几、二十套。那段时间的发展速度是比较惊人的。”

黄恺实话实说，这样的好销量一开始是没想到的。但他有一种直觉，一定还有很多像他一样喜欢桌游的人会接触到并喜欢上他的产品。的确，黄恺做的手工“三国杀”在淘宝经历了一段时间的积累，玩的人越来越多，清华、北大、广院的客户纷纷反馈，说非常喜欢这个游戏。

最典型的例子，就是现在游卡桌游的CEO杜斌了。杜斌当时在清华读博，因为一个瑞典朋友，也接触到了桌游。为了了解国内的桌游情况，他随手在淘宝搜了一下，结果搜到了黄恺的“三国杀”。而后杜斌和黄恺一拍即合，成立了桌游创意公司。

本着对淘宝累积销量的反馈，黄恺清楚地认识到，在现有环境下做桌游创意，前景还是不错的。“反正投入的也不多，就算是小小的冒险，也不会赔掉太多，还有很多后路可以走的。”于是在租住的小房子里，黄恺、杜斌和相熟的三四个同学组建了“游卡桌游工作室”。

提起最开始创立工作室的日子，黄恺回忆起来都是满脸的笑：“那个时候最欢乐的就是，大家每天混在一起，除了游戏测试，就都凑在一个小屋里玩儿。包括给我们做卫生的阿姨，那时候也玩得很不错，现在已经是我们公司管库房的资深员工了。”

一直到2008年夏天，加入工作室的人越来越多，杜斌和黄恺终于决定成立公司。但人多的地方就有江湖，黄恺和他的公司成员们经常因为概念或者意见不同引发争执。“因为桌游这个事物太新了，大家都没有什么有说服力的观点，所以就从讨论，到针锋相对，最后演变成唇枪舌剑，甚至会闹一些情绪。但是最后肯定会做一些让步，多半是我让步。”黄恺说完大笑。“因为我有我的理念嘛，我会在一些非常细微的细节上较真，比如我之前接触国外桌游比较多，国外都是顺时针进行，但大家都觉得可能逆时针操作起来会更方便一些……就是这些小细节，我们都会为自己心目中完美的想法去争论。”说完后，黄恺顿了一顿，补充道：“都是为了游戏。”

现在，黄恺手下带领着四五个设计师，在开发新桌游的道路上奔波。现在市面上的桌游产品黄恺也会关注，但是“一些原创的桌游时间都还不够长，都是这几年刚刚做出来的，需要市场和时间的考验，还有很多都有点急功近利了。一款游戏，如果只是为了一个比较古怪的题材，而忽视了游戏内涵、美术、产品包装，这样的游戏是不行的。但是也有一批比较优秀的作品，比如《风声》，我自己就很喜欢。”说到桌游产业，黄恺侃侃而谈。

“衡量一款桌游，最基本的标准就是要公平。”黄恺的公司有一套衡量游戏的标准，每出一款游戏，他们就要按照标准严格打分。“分数比例最高的是包装和产品美术设计，因为这些都是非常直观的东西，能让玩家一眼就喜欢。还有很大一部分是来自于游戏的平衡性和公平性，这也是让玩家持续玩游戏的根源。剩下的比例都不太大。”

“但是每款游戏都有自己的饱和度，‘三国杀’、网游都是这样。”谈到今后桌游的发展趋势，黄恺有自己的担忧，“而且桌游这个圈子现在很小，除了‘三国杀’，其他游戏的流行程度都不太大。”黄恺说，自己要在“三国杀”的品牌上，建立更多的游戏，让“三国杀”成为桌游的桥梁：

“我要利用群聚效应，让不玩桌游的人通过“三国杀”接触桌游，再让已经接触桌游的人多玩一些不同类型的游戏，试着做到让大家不会对某个游戏产生厌烦吧。”

资料来源：http://news.takungpao.com/people/finance/2012—04/24681.html，有删改。

【讨论】

通过上述资料的阅读，思考以下问题：

1. 创业的动机与创业环境的关系如何？
2. 什么是企业家精神？
3. 企业家成长的动因有哪些？

第十一章　资源与能力理论

学习目标(知识点、技能点)

1. 熟悉企业资源理论的概念及意义;
2. 了解企业核心竞争力的概念及要素特点;
3. 理解动态能力的意义及发展前景;
4. 了解资源理论、核心竞争力及动态能力的演变过程;
5. 掌握从资源与能力理论的角度来分析企业间绩效的差异。

案例导读

沃尔玛成功的秘诀

沃尔玛(Wal-Mart)的成功被归功于它所具有的特殊能力,它成功的秘诀依赖于它的深刻的、一系列的战略经营决策,并且这些决策将公司变成一个能力竞争者。沃尔玛的目标定义起来很简单,但执行时却不容易,那就是为消费者提供优质的产品,使消费者无论在何时何地需要时就能得到这些商品。它设计具有竞争定价优势的成本结构,建立并维持具有绝对信赖的声誉。实现这些目标的关键是创造一种手段,使公司的补充库存能力成为竞争战略,这一战略设想可用一个叫作"Cross-Docking"的抽象逻辑完整地表述。在此系统中,货物被连续地运送到沃尔玛的仓库中,且货物从一个装载码头到另一个码头不超过48小时。沃尔玛与行业水平的比较如下表所示。

沃尔玛与行业水平的比较

资　源		低于行业平均成本(%)
有形资源	商店位置	0.3(商店租用空间)
无形资源	品牌声望 员工忠诚度	1.2(广告支出) 1.1(工资支出) 0.7(缩减开支)
能力	内部后勤	1.2(分销费用)

根据波特竞争战略,提出了基于产业环境下的企业竞争的三种一般性策略,即成本领先战略、差别化战略以及目标集聚战略。上述沃尔玛公司作为"天天平价"的廉价零售商,其战略定位为低成本战略。然而波特竞争战略回答了 "企业应该做什么"的问题,本章的核心内容是理

解“企业能够做什么”的问题。

同其他社会科学学科一样，战略管理领域的研究也是围绕着一个核心议题加以展开的。这个议题就是：“为什么一些企业的绩效总是胜过其他企业？”需要说明的是，研究此议题并不意味着要假定企业间的绩效差异是持续存在的。事实上，有的时候，企业间的绩效差异只是昙花一现而非持续存在的。战略管理的这个核心议题只是说明，在某些时候、某些情况下，企业的绩效差异会持续存在。战略管理学者的研究即努力寻求对这种持续绩效差异的理解。

在最广义的层次上，现在文献对上述战略研究的核心议题给出了两种解释：第一种也即比较早些的观点，是由波特最初提出来的，它在很大程度上受到了产业组织经济学中的结构—行为—绩效(structure-conduct-performance，SCP)范式的影响。这种解释强调了企业的市场势力对企业操控市场价格，将其提高到竞争性价格水平之上的能力的影响。对于那些受企业市场势力操控的行业，如果存在着各种各样的进入壁垒，则现实中的绩效差异就能够持续存在。第二种解释，则较少地强调产业结构与市场势力的影响，而更多地强调企业在以更具效率和效能的方式来满足客户需求的能力上的差异。这种解释主要基于新古典价格理论，认为对于那些效率和效能相对低下的企业，如果模仿那些高效能与高效率的企业时面临着高昂的成本，则后者的绩效优势得以持续存在。

关于持续绩效差异的这两类解释并不矛盾。在某些情况下，基于市场势力的解释较为适用。例如，企业作为一个寡头或作为一个受管制的垄断者，市场势力能较好地解释导致企业持续的良好绩效的缘由。在另外一些情况下，基于效率的解释则显得较为适用，比如，当行业竞争水平相对较高，不存在行业进入壁垒或进入壁垒不明显时，效率逻辑能较好地对企业间存在的持续绩效差异做出解释。

在解释某些行业中持续的企业绩效差异原因时，并不否认市场势力的重要性，只是将解释的重点放在另外一些力量上，如从内部视角剖析企业持续绩效差异的效率理论——资源基础理论(Resource-based Theory，RBT)。

第一节　资源基础理论

一、资源基础理论的概念

企业的资源基础论最初是由鲁梅尔特、维尔纳费尔和巴尼建立的。资源论的基本思想是把企业看成是资源的集合体，将目标集中在资源的特性和战略要素市场上，并以此来解释企业的可持续竞争优势和相互间的差异。资源论的假设是：企业具有不同的有形和无形的资源，这些资源可转变成独特的能力；资源在企业间是不可流动的且难以复制；这些独特的资源与能力是企业持久竞争优势的源泉。

资源可被分为四大类：物质资本资源、财务资本资源、人力资本资源和组织资本资源。物质资本资源包括企业使用的有形技术、企业的工厂和设备、所处的区位和取得的原材料等；财务资本资源包括企业的所有收入(包含负债、权益、留存收益等)；人力资本资源包括企业员工与经理作为个体所具有的教育、经验、判断、智力、关系和眼界等；组织资本资源包括与企业相关的一组属性集合，如企业文化、正式的汇报结构、正式和非正式的计划、控制和协调系统、市场声誉，以及存在于企业内部群体间的、企业和外部环境间的非正式关系等。

构建与实施一个旨在创造不完全产品市场竞争的战略必须有资源的支持，战略要素市场为我们了解这些资源成本提供了一个分析的工具。用于构造与实施企业产品市场战略的资源成本是在战略要素市场上决定的，换言之，战略要素市场就是资源的定价市场。例如，如果某企业认为并购可以帮助建立一个不完全竞争的产品市场，它就必须进入公司控制权市场。公司控制权市场作为一个战略要素市场，是指决定并购成本的市场，通过并购，企业付出了相应成本，当然也创造出了一个不完全竞争产品市场。如果并购成本与不完全竞争市场给企业所创造的价值相等，则并购并不能给企业带来超常绩效。

资源基础理论对竞争优势的定义，可被理解为：企业具有竞争优势的表现是，它能比处于同一产品市场边际（收支相抵）的竞争者创造更多的经济价值。①当然，竞争优势的确切含义，有赖于我们如何定义"创造经济价值"。因此，"经济价值"的界定与竞争优势的定义密切相关。

企业创造的经济价值是指在提供产品或服务过程中，商品的购买者获得的感知收益与企业的经济成本之间的差额。

关于此界定，有几点需要注意。首先，这是理解价值创造的净收益法，即剔除掉成本后，企业产出所带来的收益。其次，这个定义中蕴含的价值创造观点与经济学的基本原理完全一致。价值是以感知收益，即消费者的支付意愿与经济成本之间的差额来表示的。这在本质上与经济学中的总的剩余——经济租金（生产者剩余）与消费者剩余之和——是完全一样的。需要说明的是，该定义与产品的价格无关，尽管价格对剩余的分配颇为重要（见图 11—1）。

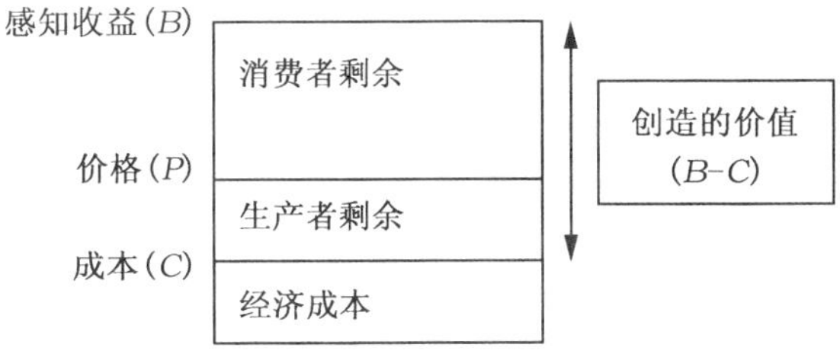

图 11—1　价格决定价值的分配(生产者和消费者)

再次，该定义强调感知收益，说明是消费者的自我感知而非某些人们所认为的品质上的差异在真正发挥作用。这与价值创造的营销观是一致的。

最后，更多的价值意味着更高的效率。要做到比竞争对手创造更多的价值，企业必须或者以同样的成本创造更多的收益，或者以更低的成本创造同样的收益。因此，该定义也对资源基础理论的效率观提供了支持。

上述两个定义结合在一起（竞争优势定义和经济价值定义），提供了关于竞争优势的组成以及它是如何实现的一幅简洁而清晰的画面。竞争优势被表示为创造相对更多经济价值的能力。要做到比竞争者创造更多的价值，企业必须借助差异化和/或低成本提供更多的净收益。用于比较的标杆对象即为边际竞争者。这意味着几个或多个产业参与者都可能同时享有竞争优势，也意味着获取竞争优势可能存在多种不同的路径。取得竞争优势仅需要企业成为卓越的价值创造者即可，有竞争优势的企业并不需要在各个方面都表现卓越。

① Peteraf, M. A. and Barney, J. B. (2003). Unraveling the Resource-based Triangle. *Managerial and Decision Economics*, 24: 309—323.

二、战略要素市场与竞争优势

长期以来,战略管理学者们将企业间绩效的长期差异归因于产品市场竞争的不完全性。这种对产品市场特征的强调有其合理性,因为大部分经济学的逻辑都是说如果产品市场是完全竞争的话,那么该市场中企业的盈利水平将只够支付其资本成本。① 从逻辑上讲,似乎可以得出,如果产品市场是不完全竞争的,则至少市场的某些企业能够获取超额水平的绩效。

在战略管理领域,“五种力量框架”讨论了产品市场中竞争的不完全性,特别是这些不完全性如何被用于创造给企业带来超额回报的种种机会。一个在不完全竞争产品市场中经营的企业有可能取得高水平的绩效,然而,这并不意味着某个通过实施战略来创造一个不完全竞争的产品市场的企业会获得类似水平的绩效。这是两码事。通过采取某些战略来人为地创造不完全竞争的产品市场不一定给企业带来高水平的绩效,最终的绩效水平将有赖于这些战略所需付出的总成本。这个成本不仅包括与实施某个特定产品市场战略有关的具体支出,也包括为构建和实施该产品市场战略所付出的资源开发与使用成本。

由于未能计算出开发战略资源所付出的全部成本,往往会使企业对实施其产品市场战略所创造的收益做出过高的估计。除非特别说明,开发这些资源的总成本常常与其在创造不完全竞争产品市场上创造的价值相等。就竞争的不完全性自身而言,它是否能够作为企业超额绩效的来源,取决于为创造这种不完全性所付出资源的成本。

(一) 完全竞争的战略要素市场

假若寻求通过开发资源来实施某战略的企业(战略构建者)与那些当前拥有或控制这些资源的企业(控制者),在战略实施前,对该产品市场战略的未来价值有着完全一致、精准的预期,那么这些用于构建和实施战略的资源的价格将大体上与它们通过战略实施所创造的价值相等。这显示,在此状态下,企业将只能获取零经济租金,任何基于完全信息竞争的模型都说明了这一点。②在存在完全预期情况下,资源控制者在出价低于价值的情况下绝不会出售任何资源,而战略构建者也绝不会为资源支付超过其战略实施价值的任何价格。在此类市场上,所有产品市场上本可存在的租金都会被各方所预见,并因竞争的存在而被最终耗散掉。

这个结论已在多个不同的战略要素市场上得到了实证检验。例如,研究显示,在公司控制权市场上,如果几家企业为相同的战略目标针对一个标的企业展开并购竞争,则该标的企业的价格会很快提升到与该战略目标价值相一致的水平。③这就是为什么公司控制权市场中的收购方在实施并购战略时往往只是不赚不赔。但是,此结论也适用于其他一些较少得到研究的战略要素市场。例如,假定某企业认为为确保产品市场战略的实施,就必须提高产品的声誉。要做到这一点,需要多项战略资源的支持,如该企业可能需要聘请一些质量管理专家、外部咨询人员,以及雇用有着较强产品品质诉求的员工。当然,也可以加大对现有员工的培训投资来提升企业的品质意识。此外,还需要聘请或培训一些研发专家以便于实现现有产品线的延伸与新产品的开发,聘请或培训营销人员来完成新产品的市场定位,以及聘请或培训营销人员来

---

① Foss, N. J. and Knudsen, T. (2003). The Resource-based Tangle: Towards a Sustainable Explanation of Competitive Advantage. *Managerial and Decision Economics*, 24: 291—307.

② Lippman, S. and Rumelt, R. (1982). Uncertain Imitability: An Analysis of Interfirm Differences in Efficiency under Competition. *Bell Journal of Economics*, 13: 418—438.

③ Jensen, M. C. (1986). Agency Costs of Free Cash Flows, Corporate Finance and Takeovers. *American Economic Review*, 76(2): 323—330.

实现新产品的销售。该企业甚至可能还需要从事各种大规模的推广活动来建立产品的市场信誉。倘若竞争对手们意识到了这一战略，它们也许会以同样的方式参与市场竞争。

开发这些用于实施此新产品战略资源的总成本将是非常可观的，无论这些资源是通过雇用新的员工、培训和重新分配现有员工或是其他投资获得。如果资源控制者预见到他们在未来产品市场战略实施中将扮演着关键角色，他们就会索取与其所控制资源相等的报酬。在此情况下，开发用于实施新产品战略的资源的总成本将等同于该战略在产品市场上所能创造的价值，因此，即便该企业能在产品市场上创造一个不完全竞争的格局，它仍无法获得竞争优势。

(二)战略要素市场中的异质性预期

完全竞争的动态性与战略实施的零租金分析，都是建立在一个非常强的假设基础之上的，即所有的战略构建者和资源控制者对于战略的未来价值都有着完全一致、完全精准的预期。在现实的战略要素市场上，这一假设不太可能得到满足。

更为常见的是，市场上不同战略构建者和资源控制者对某一战略的未来价值有着不一样的预期，这就导致了某些预期比其他预期更为准确，尽管战略构建者和资源控制者在事前对各自预期有多准确基本都不清楚。在不一样预期的情况下，某些战略构建者能通过实施某些战略来创造租金，这一过程需要企业自主开发或购买其市场战略所必需的各种资源，以确保该战略得以落实。

与其他战略构建者和资源控制者相比，对产品市场战略未来价值有着更准确预期的战略构建者的收益情况将是什么样的呢？可能存在两种情形：(1)其他企业可能会过高估计此战略的盈利潜力。一般而言，这种过高估计将导致它们进入战略要素市场展开资源的激烈竞争，并把这些战略资源的价格抬高到高于其在战略实施中所能创造的价值。那么对战略未来价值具有更准确预期的战略构建者会选择不进入战略要素市场。(2)其他企业可能会低估此战略的盈利潜力。在此种情况下，战略要素市场上的竞争将使资源的价格低于其未来实际价值。那么对战略未来价值具有更准确预期的战略构建者会选择进入战略要素市场。

因此，一方面，那些对战略的未来价值有着更准确预期的企业能规避经济损失，因为它们的预期更乐观；另一方面，这些企业也更能预见到战略要素市场存在的任何机会，且能利用这些机会为企业取得竞争优势。通过避免损失和利用租金创造机会，从长期看，这类企业比那些对战略的未来价值预期不甚准确的企业将取得更好的绩效。

(三)战略要素市场的竞争不完全性：可交易性问题

有些企业对于它们正在实施战略的价值创造潜力始终具有比较准确的预期，这些企业有望从长期实施它们的战略中获得竞争优势。这意味着，企业在预期上的差异构成了战略要素市场上竞争的不完全性。由于竞争优势是建立在发展或取得资源来实施产品市场基础上的，因而企业在预期上的差异成为竞争优势的主要根源。

1. 不可分割

有人曾经提出，如果一小部分实施某种战略的企业控制了事实上该战略所需的全部资源，那么战略要素市场就是不完全竞争的。在这种情况下，这些企业无须开发实施战略所需的资源，因而显然会处于竞争优势地位。一个管理高效且独特的、寻求低成本制造战略的企业就是这种“不可分割性”的好例子：该企业基本上控制了实施低成本制造战略所需要的所有资源，与那些必须努力提高效率来实施统一战略的企业相比，前者自然居于优势地位。①

事实上，关于战略要素市场理论存在局限性的观点只是这种“不可分割”观点之一例。他们认为很多与创造不完全竞争战略要素市场有关的资源是无法交易的，因而不会面临战略要素市场中存在的竞争压力。德里克斯和库尔(1989)指出，正是这种不可交易性，而非不完全竞争的要素市场，导致了企业能通过开发自身的资源创造出不完全竞争的产品市场，进而获得竞争优势。② 的确，被企业所控制的某些资源是无法交易的，如某家企业不可能把它的文化卖给另一家企业，某家企业也不能把管理人员间的团队精神予以出售。即便如此，这些资源从个体角度无法交易，并不意味着它们一直都能免于战略要素市场上的竞争压力。

首先，根据德里克斯和库尔与巴尼的观点，某企业当前所拥有的不可交易的资产是长期发展积累而来的。事实上，这类资源的路径依赖性导致了资源间的相互关联，后者被德里克斯和库尔认为是导致资源无法交易的原因之一。但是，在资源开发、积累的这段时期里，需要企业做出长期专注的投入。在讨论基于这些资源的战略所创造的价值的时候，这些投入成本是必须考虑的。如果这些成本大于战略所创造的价值，则即便企业能利用此类资源创造出不完全竞争的产品市场，企业仍然无法获得竞争优势。

资源的不可交易性本身并不是资源能作为竞争优势来源的原因。相反，是培育、发展这些资源的要素市场的不完全竞争性，使这些资源在被用于实施产品市场战略时成为企业竞争优势的来源。

2. 独特性

只有当仅一家企业有能力实施某个战略时，战略要素市场才会展现出竞争的不完全性③。该企业可能有着独特的历史背景或者其他神秘资产组合，因而成为采用某战略的唯一企业。在这种情况下，竞争的动态性就不可能出现，上述这个“独特的”企业就可以通过获取战略资源、实施战略来赢得竞争优势。

但是，如前所述，一个企业的独特性反映的不过是以前的战略要素市场上的预期特性。这样，问题的关键在于：“此战略性企业是如何取得这些独特的资产，并用于实施独特的战略呢?”“那些潜在的战略构建者们要支付什么样的价格才能复制出这些组织资产，以使它们能进入并创造一个竞争性的战略要素市场呢?”以及“使用这些资源来实施战略的机会成本是多少?”如果这些独特资源用于战略实施的当前价值在它们被取得或开发时就被预见，就无法被创造出来。

3. 进入不足

导致战略要素市场不完全竞争的另外一个因素是，那些本来可以进入这个市场、同样也可以成为战略构建者的企业没有进入。然而，与不可分割性和独特性一样，进入不足实际上是企业对战略的未来价值预期的一个特例。至少有三个原因导致了进入不足：首先，那些本可以进入的企业根本就不是依照理论最大化来行事的；其次，潜在的进入企业可能受制于财务资源无法进入战略要素市场来参与战略资源的竞争；最后，那些可以进入的企业可能不知道如何才能进入，因为它们对当前战略构建者实施战略的盈利模式不了解。

(1)利润最大化。有多个原因可能导致企业背离利润最大化的行为准则。例如，出于追求

---

① Porter, M. E. (1980). *Competitive Strategy*. New York: Free Press.

② Dierickx, I. and Cool, K. (1989). Asset Stock Accumulation and Sustainability of Competitive Advantage. *Management Science*, 35: 1504－1511.

③ Arthur, W. B. (1983). Competing Technologies and Lock-in by Historical Small Events: The Dynamics of Allocation under Increasing Return. Unpublished manuscript, Center for Economic Policy Research, Stanford University.

个人利益，管理层可能从事有助于改善其个人境况的活动，尽管这些活动无助于企业绩效的最大化。[①] 另外，管理层可能在决策过程中受某些系统性偏见的影响，基于这些偏见的决策极可能背离利润最大化原则。然而，从长期来看，无法使利润最大化将置企业于生存风险之下。此外，每当企业背离了利润最大化，市场总会以某些重要的方式做出反应：为遏制代理问题引入更多的公司治理措施以及非友善的接管替换掉那些决策失误的经理人。从长期来看，上述那些导致非利润最大化的理由变得越来越站不住脚，但对企业为什么不进入战略要素仍然有一个可能解释是行得通的，即对资源未来价值上的不同预期。在这种情况下，并非企业放弃了追求利润最大化，而是企业间在如何实现利润最大化这一问题上存在根本分歧。这种在实施某一产品市场战略时关于资源价值的分歧导致了进入不足，而非背离利润最大化的行为。

(2)财务实力。另外一个导致战略要素市场不完全竞争的因素是，只有部分企业具有充裕的资金来支持其进入战略要素市场以获取或开发实施产品市场战略所必需的资源。因为只有为数不多的企业围绕相关的战略要素展开竞争，完全的竞争动态性不大可能出现，因此，通过获取的资源来实施某战略就有可能给企业带来竞争优势。然而，即便企业在财务实力上存在很大差异，一般来说这反映的不过是它们在战略要素市场上的预期差异，而非企业间财务实力上本身的差异。那为什么财务实力上的差异代表了企业预期的差异？

在某些情况下，某个战略的实际未来价值对任何实施战略的企业来说都是一样的。在此情形下，倘若资本市场是有效的且对某战略的实际未来价值是完全知晓的，则资金就会流向那些有意进入能产生正的经济租金的战略要素市场的企业。资本供给方将识别到这些可能存在的租金，给那些潜在战略构建者们提供进入所需的任何资金，并成为实际的战略构建者。[②] 同样的逻辑也适用于资源控制者。这样，战略要素市场内的竞争就会扩大、强化，任何可预见的租金终将归零。只有在下述情况才不会发生进入，即资本供给方对企业能否通过资源获取、战略实施来取得竞争优势的可能性(概率)并不知晓。此时，潜在的战略构建者和资源控制者将无法从信息不灵通的资本供应方获得足够的财务支持，因而无法进入战略要素市场。这种进入不足就可能给那些实际进入市场的企业创造了竞争优势。

然而，资本供给方在什么时候有可能在战略实施的预期收益方面遭遇信息不足的情况呢？如果潜在的战略构建者和资源控制者同现实的战略构建者和资源控制者在信息知晓上是同样知情的，则那些推导出收入预期的相关信息就是“公共可知信息”，这些信息就会被资本供给方在做投资决策时予以考虑。因此，只有当现实的战略构建者与资源控制者比潜在的战略构建者和资源控制者具有预期优势时，资本的供给方才会变得消息不灵通。在这种情况下，由资本支持不足导致的战略要素市场进入不足，又一次说明不过是某些企业在战略要素市场上享有的预期优势的一种反映罢了。

在有效率的资本市场上，当战略的实际未来价值并不依赖于由哪些企业来实施这种战略时，企业将缺乏能力吸引足够的财务资源来帮助其进入战略要素市场，从根本上讲，这不过是当前竞争者与潜在竞争者在预期上存在差异的反映。然而，同样优势的战略由不同企业实施所产生的价值会存在较大不同，在这种情况下，同样也在资本市场有效且信息被各方知晓的假定下，资本会流向高盈利潜力的企业，而低盈利潜力的企业则可能无法获得类似的财务支持。

---

① Jensen, M. C. and Meckling, W. H. (1976). Theory of the Firm: Managerial Behavior, Agency Costs, and Ownership Structure. *Journal of Financial Economics*, 3: 305－360.

② Copeland, T. and Weston, J. F. (1979). *Financial Theory and Corporate Policy*. Reading, MA: Addison-Wesley.

财务支持的缺乏起到了阻止进入的效果,并成为导致战略要素市场不完全竞争的一个重要因素。

(3)缺乏了解。导致进入不足的最后一个原因是进入者或许不了解战略背后的价值创造过程。企业是基于它们对战略的创造价值模式的理解来形成对具体战略的收益预期的,即收益预期是建立在企业对组织活动和经济价值之间因果与效应关系的理解基础之上的。这种理解可以是"干中学"(learning by doing)型的,因而是潜在战略构建者和资源控制者所不具备的。如果潜在进入者对于组织活动与经济价值之间的理解无法做到如当今战略要素市场的参与者一样好,潜在进入者很可能错误地估计战略的实际价值。如果潜在进入者低估了战略的价值,则它们就会选择不进入战略要素市场。这又一次说明,缺乏进入和由此可能产生的不完全竞争,仅是企业对战略的经济价值创造潜力不同预期的一种写照。

(四)洞悉战略价值

到目前为止,在完全竞争的战略要素市场上,实施战略所需资源的成本将与战略实施后的净现值大致相等。然而,战略要素市场上的不完全竞争给实施产品战略的企业提供了获得经济租金的机会,但是,这种不完全竞争的存在又依赖于不同企业对某一战略的未来价值存在预期上的差异。导致战略要素市场呈现竞争不完全性的其他表面因素包括不可分割性、独特性、进入不足以及缺乏财务支持,但事实上,它们仅是当前或之前战略要素市场上存在的预期特征的反映。要想在判断战略价值上具有独特的见解,有两种方法可能帮助企业获得这种信息优势:企业的竞争环境分析和企业已拥有的技能与能力分析。

1. 环境分析

作为理解战略未来价值的两种途径之一,环境分析看起来不太可能系统性地帮助我们获得建立竞争优势所需要的预期上的优势。这是因为,无论是信息收集的方法还是分析中使用的概念模型均属公共领域范畴。可以想象,选用众所周知的方法和框架,基于一致的信息,分析同样的外部环境,企业在此基础上得出的战略价值潜力自然是非常相似的,因此,从一般意义上讲,分析企业的竞争环境不大可能产生预期上的优势,因而也不会给企业在战略要素市场上带来基于预期的竞争优势。有人或许会认为,重要的并非环境分析中的数据收集与数据分析的方法,而是使用这些分析方法的技能。具有更好分析技能的企业可以通过竞争环境的分析给企业创造所需的预期的优势。但是,环境分析中的各种技能都可以轻易地从包括投资银行、咨询公司在内的外部机构"采购"到,因此,在竞争环境分析上的技能优势一般来说只是暂时的。

有可能出现这样一种情况,在从企业的竞争环境中收集有关战略价值信息的过程中,某企业可能无意中发现某些可以给其带来相对于其他企业而言的预期优势的信息。然而,如果这种信息是通过系统的应用环境分析技巧而获得的,则其他企业也能获得类似信息,因而该信息就无法成为企业的优势。只有当信息是通过非系统性的方式取得时,这种信息才能带给企业预期上的优势。但由于此类信息并非来自系统的外部环境分析,因而从本质上看是随机的。任何建立在这种方式上的信息优势必然是企业运气的表现,而非它们在评价战略潜在收益上的高超技能。

2. 组织分析

尽管企业无法通过分析所处环境的竞争特征来获得系统的预期优势,但在某些情况下,预期优势却可以通过转向企业内部、通过分析企业各类资产的信息而获得。通常在这类信息上的企业具有其他企业所不具有的优势。如果这些资产具有被用于实施有价值的产品市场战略上的潜力，且大部分竞争对手不具有类似的资产，则它们就很可能成为企业竞争优势的一个来源。上述组织资产的例子包括生产中的技术诀窍、企业经营经验的独特组合以及经理层的团队合作。与其他企业相比，具有这些组织技能与能力的企业在战略的未来真实价值上就占据一贯的信息优势。

三、企业资源与持续竞争优势

在本章开始界定和阐述了战略管理问题：为何某些企业比其他企业有更好绩效？同时也对回答此问题的重要视角——资源基础理论的发展路径进行了回顾。其次，介绍了战略要素市场这一概念，企业能否获得竞争优势不仅取决于战略能否在产品市场上创造不完全竞争，还取决于战略实施的总成本。这个总成本又是由战略要素市场的竞争水平决定的。该观点的主要结论之一是：基于当下所控资源与能力来选择、实施战略的企业，比那些需要在竞争性的战略要素市场上获得资源来支持战略实施的企业更有可能取得竞争优势。

当然，该结论并非是资源基础理论独有的。事实上，作为战略管理领域最古老的分析框架之一，SWOT 分析框架一直将识别并利用一个企业的强项，同时避免其弱项，即扬长避短，视为最主要的特征。SWOT 分析框架（如图 11－2 所示）认为，企业要取得竞争优势，其战略要做到：开放内部强项以呼应环境中的机会，化解外部威胁以及避免自身弱项。多数对竞争优势来源的研究或者聚焦于企业的机会和威胁，或者着眼于讨论企业的强项与弱项，或者讨论如何对它们匹配而选择战略。

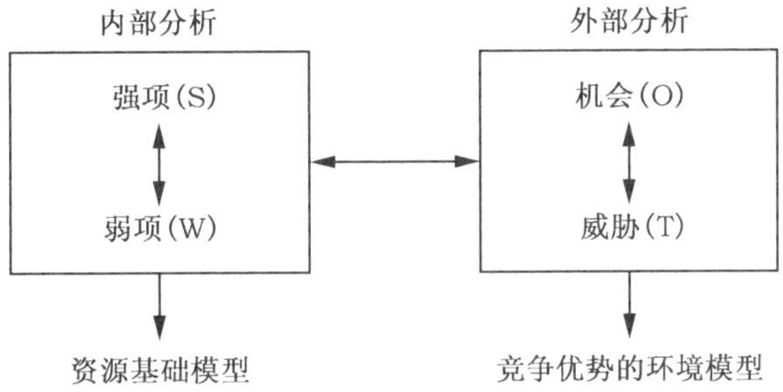

图 11－2　传统的 SWOT 分析、资源基础模型以及产业吸引力模型之间的关系

尽管 SWOT 分析强调了内部资源在战略选择中的重要性，但它至少有一个局限性，即此框架并未告诉我们如何才能识别企业的强项或弱项。例如，SWOT 分析建议企业应采取能有效利用其优势的战略，但对于通过何种机制企业的强项能得以被识别，该框架却未能给出说明。

在实践中，SWOT 分析的应用常常表现为开出一列企业“擅长”和“不擅长”的单子，导致大量的“看单子长短来决策”——有着最长强项列表的战略选择就是最好的战略。这种“看单决策”的方法是很滑稽的。例如，如果你问成功的企业家们他们为什么能成功，从他们那里得到的回答基本上是三个例行答案——努力工作、敢于冒险以及拥有一批好的伙伴。如果问那些失败的企业家到底是什么导致了失败，很可能得到的无奈回答是：“我不清楚，我工作努力，敢于冒险，还有一批好的伙伴，但就是不成功。”如果你问首席执行官（CEO）们，公司的核心优势是什么，他们基本会说是公司的高层管理团队。当然，若你再请他们谈谈竞争对手高管团队的情况，CEO 们会立即说：“他们也真的很不错。”

一名咨询师谈到一个匿名公司的CEO决定保留所有那些能"给公司核心能力做出贡献"的业务单元，分部老总们被要求在几个月内完成开发出有利于培养公司"强项"的办法，结果是平均每个分部列出了超出500多种有助于培养公司核心能力的途径。

解决此问题的一个办法是参考分析企业的环境机会与威胁的研究文献。但是，以波特的五种力量的框架为代表的文献隐含着两个简化的假设：第一，这些环境分析工具假设同一产业内的企业（或同一战略体内的企业）除规模有所不同外，所控制的资源以及所采取的战略不存在区别。第二，这些模型假定即便在某一产业群体内存在资源上的异质性，这种异质性也不会长期存在，因为企业在战略实施中所使用的这些资源具有很高的可流动性，也即，它们可以在战略要素市场上被交易、买卖。

考察企业的内部要素特征与绩效间的关系，显然不能建立在同样的假设基础之上。这些假设有效地排除了企业资源的异质性和非流动性作为竞争优势可能的根源。在分析竞争优势来源时，资源基础理论采用了两个其他假设：第一，处于同一产业（或群体）的企业在其所控制的战略资源上可能是异质的。第二，这些资源在企业间是难以自由流动的，一次异质性可以长期存在。企业的资源基础模型主要考察这两个假设对持续竞争优势来源有何影响。

当然，并非企业的所有资源都有经济价值。事实上，某些企业的特质可能导致企业更难构建和实施有价值的战略，而其他特质则对战略活动没有任何影响。尽管如此，为讨论方便，我们将确实有助于企业构建和实施提升效率与效能战略的资本，包括物质、财务、人力和组织资本的特质，称为有价值的企业资源。

（一）竞争优势与持续竞争优势

竞争优势是指如果某企业比产业中的边际企业（收支相抵企业）能创造更多经济价值，则该企业就被视为具有竞争优势。但是，如说明、解释企业间存在不同竞争优势非常重要一样，讨论这些优势的可持续性同样重要。某些竞争优势是转瞬即逝的，而其他竞争优势则可能是长期持久的。在资源观的逻辑里，企业被称为具有持续竞争优势要满足两个条件：一是它比产业中的边际企业创造了更多的经济价值，二是其他企业无法复制这种战略收益。

与竞争优势这一概念不同，持续竞争优势并非仅指企业相对于其当下产业竞争者的竞争优势而言的，准确地讲，企业所面临的竞争优势除了来自其所有竞争者外，还有来自未来有可能进入该产业的其他潜在竞争者。另外，此时所定义的持续的竞争优势并非必然是从时间长短概念上说明企业享有竞争优势。显示企业具有持续的竞争优势的一个指标是这种竞争优势持续了多长时间，但在某些产业持续的竞争优势无法在一个长的时间区间里存在，在这种情况下，企业的竞争优势也许只能持续相对短的时间。然而，如果这种优势并不能随着其他企业模仿具有该竞争优势企业的战略而被竞争消耗掉，则此竞争优势仍是持续的。

企业在一段时间内享有的竞争优势，与反映竞争优势之可持续性的持续竞争优势之间缺乏令人满意的对接，是因为受到所谓"复制条件"的影响。如果当前的和潜在的企业无法复制成功企业的竞争优势，则企业的竞争优势是持续的。然而，企业具有持续竞争优势并不意味着其竞争优势永远存在。企业运营环境中的技术、需求和制度的变化都有可能使曾经的竞争优势来源变得毫无价值。例如，在被汽车主导的世界中，仅仅作为世界上最好四轮马车的生产商并不是持续竞争优势的来源，同样，在某个政权下拥有竞争优势的政治关系，在该政权被推翻后可能就不再是竞争优势的来源了。在所有这些例子中，持续竞争优势的丧失并非由于其他企业的模仿导致，而是由于技术变革、需求变化和其他变革的发生被替换掉的。

（二）异质、非流动性资源与持续竞争优势

为了解持续竞争优势的来源，有必要建立一个以资源异质性和非流动性为基本假设的理论模型。自然，并非企业的所有资源都能成为持续竞争优势的来源，要做到这一点，某项资源必须具有以下四个属性：(1)必须是有价值的，即能利用环境中存在的机会和/或化解环境中的威胁；(2)必须是稀缺的，这种稀缺性在企业所面临的当前竞争和潜在竞争都是一贯的；(3)必须是不可能完全模仿的；(4)必须能被企业的组织过程加以开发利用。这些属性被看作企业资源在多大程度上是异质性的和难以流动的指标，因此也是了解这些资源在多大程度上能对创造持续竞争优势有所贡献的指示器。

1. 有价值的资源

资源只有在有价值时才可能成为竞争优势或持续竞争优势的来源。如前所述，资源的价值表现在能有助于企业构建和实施提升效率和效能的战略。传统的"强项—弱项—机会—威胁"(SWOT)模型认为只有在战略能开发机会或解除威胁时，企业绩效才能得以提升。企业属性也有可能有其他特征(如稀缺、不可能模仿以及组织能力/过程)使这些属性成为竞争优势的来源，但是这些属性只有在它们开发机会或解除威胁时才是有价值的资源。此分析与竞争优势的定义密切相关。一个有价值的资源能提高企业所能创造的经济价值，通过提高客户的支付意愿，或降低成本，或两者兼顾来实现。

2. 稀缺的资源

由众多存在彼此竞争或潜在竞争关系的企业控制的有价值资源不可能成为竞争优势或持续竞争优势的来源。只有当企业比产业里的边际企业创造出更多经济价值时才具有竞争优势，这意味着，如果某项特定的有价值资源为众多企业所拥有，则每家企业都有能力以同样的方式开发这项资源，实施同样的战略，结果是没有一家企业能取得竞争优势。

同样的逻辑也适用于分析用来构建和实施战略的一组有价值的资源。某些战略需要一组特定的物质资源、财务资源、人力资源和组织资源来支持实施。管理能力几乎是所有战略实施中都需要的一种资源。[①] 如果这组特定的资源不是稀缺的，则众多企业都能构建和实施我们所谈论的战略，因此，它们就无法成为竞争优势的来源，即便我们所谈到的这些资源是有价值的。

认识到竞争优势(无论是持续的还是非持续的)只会为那些拥有有价值且稀缺的资源的企业所享有，并不意味着普通的(即非稀缺的)资源并不重要。相反，这些有价值但普通的资源可有助于企业在产业竞争中获得竞争优势，使企业在竞争中得以存活下去。在竞争优势的情况下，尽管没有一家企业可以获得竞争优势，但企业却能提高它们的生存概率，这一点是毋庸置疑的。

有价值的企业资源到底要多稀缺才有可能给企业创造竞争优势？这是一个难以回答的问题。如果企业的某项资源在所有存在竞争和潜在竞争关系的企业间是独一无二的，则我们可以确认该资源至少能给企业创造竞争优势，也许也可能帮企业创造出持续的竞争优势。并且，如果只有为数不多的企业拥有某项有价值的资源，该资源仍可能产生竞争优势。一般来说，只有拥有某项有价值的资源(或一组有价值的资源)的企业数目少于该产业变成完全竞争状态时的企业数目，该资源才有可能给企业带来竞争优势。

---

① Hambrick, D. (1987). Top Management Teams: Key to Strategic Success. *California Management Review*, 30: 88—108.

3. 不可模仿的资源

不难看出，有价值且稀缺的组织资源可能是竞争优势的来源。的确，拥有此资源的企业往往是战略革新者，因为它们能构建和从事其他企业或者无法构建，或者无法实施，或者既无法构建也无法实施的战略，这是因为其他企业缺乏相应的资源支持。谈到有价值且稀缺的组织资源可能作为竞争优势的来源，其实是具有此类资源的企业可以获得先动者优势的另一种表述。

但是，有价值且稀缺的组织资源只有在它们无法被其他企业通过直接复制或替代的方式获得时，才可能成为持续的竞争优势的来源，换句话说，这些资源是不可能完全模仿的。那么，竞争对手在模仿某资源时为什么会处于成本劣势呢？企业资源之所以不可能完全模仿（或模仿成本高），是受以下三个原因影响：(1)企业获取某资源的能力有赖于独特的历史条件；(2)企业所控制资源与其持续的竞争优势之间的因果关系不明；(3)创造竞争优势的资源具有社会复杂性。

(1)独特的历史条件

除去资源同质性与流动性假设外，多数竞争优势环境模型的另外一个假设是，企业绩效不受特定的历史因素和其他企业异质性特征影响。这些学者很少否认各个企业具有不相同的历史，但他们认为这些独特的历史与理解企业的绩效并无关系。资源基础分析法强调企业不仅内在的是历史的与社会的实体，而且其获取和开发某些资源的能力受制于它们在时间与空间中所处的位置。一旦历史上的这一特殊时期过去了，缺乏时空依赖性资源的企业将无法获得此资源，从这个意义上讲，这些资源是不可能完全模仿的。

并非只有资源基础理论的研究学者们认识到历史在影响企业绩效和竞争中的重要性。传统的战略学者常常以企业创办时的独特历史条件，或新的管理团队接管企业时的独特情景为例，来说明影响企业长期绩效的重要决定因素。此外，多位经济学家指出企业绩效并非仅取决于在特定时点上企业所处的产业结构特征，以及在该产业中的位置，同时也取决于企业以何种历史路径发展到今天的位置。如果企业由于历史上的独特路径获得了有价值且稀缺的资源，则就可能开发这些资源来实施其他企业无法模仿的、能给企业带来价值创造的战略，因为缺乏此历史路径的其他企业无法获得战略实施所需的资源。

各类资源的获取可能取决于企业独特的历史位置。如对于企业的地理位置这种资源而言，若某企业所处位置的价值远高于当初选址时的预期，则我们就说该企业具有不可能完全模仿的物质资本资源。科学家个人人力资本的历史依赖特征有可能使企业获得重大的科技创新，企业拥有这种科学家即拥有一种完全不可模仿的资源。类似地，由创业初期培养而来的独特的、有价值的组织文化也有可能带给企业一种完全不可模仿的优势。

独特的历史条件至少可通过两种方式帮助企业获得持续竞争优势。首先，某特定企业可能是产业内第一个对某机会加以识别并开发的企业，因而具有先动者优势；其次，在事物发展过程中，若早期事件对后续事件有重要影响，则路径的依赖性效能使企业基于早期获取和发展的资源获得当前的竞争优势。

(2)因果模糊性

若企业所控制的资源和持续竞争优势间的关系不为人知或所知甚少，即被认为存在着因果模糊性。如果企业资源与其竞争优势间的关系很难被弄清楚的话，则对于那些试图通过模仿资源来复制成功企业战略的企业而言，这种模仿是非常困难的，因为根本就不知道该模仿哪些资源。模仿企业首先必须知道成功企业的资源大体是什么样的，但是在因果模糊性的情况下，我们不清楚那些能被描述的资源是否就是那些能给企业带来持续竞争优势的资源，或者说，我们无法确定竞争优势是不是一些其他不可描述资源的反映。有时很难理解为何某企业总比其他企业做得更好。因果模糊性是这一问题的核心。面对因果模糊性，模仿者们不知道如何才能模仿那些有持续竞争优势企业的战略。

要成为持续竞争优势的来源，无论是那些拥有创造竞争优势资源的企业，还是那些没有但寻求模仿此类资源的企业，它们必须面临水平因果模糊性的制约。如果拥有资源的企业比那些不具备同类资源的企业对资源之于竞争优势的影响了解更多，则那些没有资源的企业可以通过一系列活动来减少它们在理解上的劣势。例如，通过挖走优势企业的知情人员，或者对其他企业的成功加以系统、仔细研究。尽管取得这类知识通常要花费很多的时间和精力，但一旦企业资源与其实施战略的能力间的关系为众多竞争企业所知，因果模糊性亦不复存在了，因而也不再成为不可模仿的来源。

但是具有竞争优势的企业不比缺乏竞争优势的企业更了解其竞争优势的来源，则这种竞争优势就可能是持续的，因为它并非是容易模仿的。颇具讽刺意义的是，因果模糊性要成为持续竞争优势的一个来源，要求所有彼此竞争的企业对企业资源与竞争优势的联系都缺乏完全的了解。如果某家企业知晓而其他企业不知晓这种联系，长期来看，该信息会在所有竞争者中传播、扩散，因而因果模糊性以及基于因果模糊性的不完全可模仿性就不复存在了。

看起来不大可能具有竞争优势的企业不完全了解其优势的来源。然而，鉴于企业资源与竞争优势间异常复杂的关系，这种"不完全了解"说法也不是没道理的。企业所控制的资源是非常复杂且相互依赖的，通常，这些资源是隐性的，也常为管理层所忽视，因为明确、详细地把它们表述清楚是很困难的。大量资源，无论是和其他资源交互作用，还是独立地发挥作用，对持续竞争优势的创造都有贡献。尽管经理们对哪些资源带来了企业竞争优势有着无数猜想，但这些猜想都无法得到严谨的验证。只要对持续竞争优势间的关系在某种程度上就是模棱两可的，因而就无法知晓该模仿企业的哪些资源。

以下三种情况可能使管理人员无法完全了解竞争优势的来源：①资源和能力是那些想当然的组织特性或无形资产，如高管人员的团队合作、组织文化、与供应商和客户的关系等；②管理人员无法识别企业的哪些资源或能力确确实实创造了竞争优势；③资源和能力表现为个体、团体和技术等彼此间的关系构成复杂网络，即资产存量间的相互联结性和资源积累效率。一旦关于竞争优势来源的信息在人群、区域和企业流程间扩散了，这些竞争优势的来源就变得易于识别和模仿了。

(3)社会复杂性

导致企业资源不可能完全模仿的第三个原因是，这些资源可能是非常复杂的社会现象，以至于超出了企业系统化管理与作用的能力。如果竞争优势是基于此类复杂的社会现象而存在的，则其他企业模仿这些资源的能力将大受限制。很多企业资源表现为很强的社会复杂性，如公司管理层之间的人际关系、公司文化、在供应商和客户中的声誉等。需要说明的是，上述那些复杂的有形技术并不包括在这类不完全模仿资源之中。一般而言，有形技术，无论是表现为工厂中的机器人还是精密机床，抑或复杂的信息管理系统，本身并不是不可模仿的，如果某企业可以买到这些有形的生产技术并实施相应的策略，则其他企业也能采购到这些实物资源，因而这些有形技术不大可能成为持续竞争优势的来源。

然而，对有形技术的利用往往涉及对社会复杂性资源的使用。可能有多家企业同时持有某一有形技术，但只有一家企业具有开发这些技术所需的社会关系、文化和传统等，因而只有该企业才可以安全利用这项技术来实施战略，如果这些复杂社会性资源是无法模仿的（同时假定这些资源是有价值的、稀缺的且不存在替代品），则该企业由于比其他企业能更好地利用有形的技术，就更有可能获得持续竞争优势，即便其他企业也有同样的有形技术。①

（4）可替代性

尽管历史条件、因果模糊性、社会复杂性等都能提高其他企业模仿一个特定企业的资源的成本，但如果这些资源有替代品，且模仿这些替代品的成本并不高，则缺乏资源的企业可以通过以较低的成本模仿那些替代资源来达到模仿目标资源效应的目的。这里谈到的替代是指两种有着相同或类似战略价值的资源，它们可独立地被用于实施相同的战略。

可替代性可表现为两种形式：第一，尽管一个企业可能无法精确地模仿另一企业的资源，但它却可以用类似资源来替代目标资源，构建和实施相同的战略。例如，某企业希望通过模仿另一企业的高效的高管团队来复制后者的竞争优势，通常情况下，这种复制难以达到百分之百的效果，但是该企业发展出自有且独特的高管管理团队也不是不可能的。尽管这两个高管团队是不同的，如不同的人、不同的工作习惯、不同的历史背景等，但它们在战略意义上可能是相当的，可以彼此替代。如果不同的高管团队是战略上的等价物，并且这些可彼此替代的高管团队普遍存在或具有很强的可模仿性，则高效的高管团队就不是持续竞争优势的来源，即便某特殊企业的特殊管理团队是有价值的、稀缺的和不能完全模仿的。第二，彼此非常不同的企业资源同样也可以成为相互的战略替代品。例如，由于魅力型领导的存在，某企业的管理人员对公司前景可能有着非常清晰的认识；而竞争企业里的管理者们也对他们各自所在公司前景有着非常清晰的认识，不过此共同的认识是这些企业系统、全面战略规划过程的体现。从管理层对公司前景有着清晰认识这点，作为企业资源的魅力型领导和同样作为资源的正式规划系统可能是战略意义上的等价物，因而可以彼此替代。如果大量竞争对手有着产生这种共同认识的正式规划系统，则来源于魅力型领导的这种共识不大可能给企业带来持续的竞争优势，即便作为资源的魅力型领导可能是稀缺且不易模仿的。

当然，企业资源的战略替代性始终是一个程度的问题。然而，这些替代资源对企业的影响却颇为相似，从企业构建和实施战略的角度看，替代资源并不需要和被替代资源完全一致，只要它们能帮助企业实施同样类型的战略。如果足够多的企业具有这些有价值的替代资源（即它们不再稀缺），或者如果足够多的企业能取得这些资源（即它们是可模仿的），则这些企业中的任何一个（包括资源被替代的企业）都将无法获得持续竞争优势。

4. 组织

有价值、稀缺且不可能完全模仿的资源只有在企业有组织地利用它们潜力的时候，才能成为持续竞争优势的来源，组织流程成为实现持续竞争优势的第四必要条件。大量组织要素影响企业能否全面地开发资源和能力的竞争潜力，这包括企业的正式报告结构、明确的管理控制系统和企业的薪酬政策。这些要素通常被称为互补性资源和能力，因为它们自身创造竞争优势的能力非常有限，但是，与其他资源及能力联合起来，它们就可以帮助企业完整地实现竞争优势。

例如，卡特彼勒公司（Caterpillar）在重工行业中有持续的竞争优势，这在很大程度上可追溯到第二次世界大战期间，那时的卡特彼勒就已成为盟军的主要设备供应商。但是，如果卡特彼勒的管理活动未能有效地利用第二次世界大战中的这个机会来实施全球化的报告结构、全

---

① Wilkins, A. (1989). *Developing Corporate Character*. San Francisco: Jossey-Bass.

球化的库存和其他控制系统，它的竞争优势潜力可能不会被完全激发出来。卡特彼勒的这些组织特性本身不是竞争优势的来源，即采取国际化的组织形式只有在寻求全球机会时才是一种有效的组织模式。现实中，这种组织模式对于卡特彼勒挖掘其竞争优势的全部潜力是至关重要的。

类似地，沃尔玛公司(Wal-Mart)在大卖场产业里一贯的竞争优势可归因于其率先在美国南部进入了农村市场。但是，如果要充分利用这种区位优势，沃尔玛需要采用恰当的报告结构、控制系统和薪酬政策。购买点(POS)存货控制系统作为沃尔玛的一个组织要素，被包括凯马特公司(K-Mart)在内的众多大卖场企业所效仿，因此，这种存货控制系统不大可能是持续竞争优势的来源。然而，通过降低沃尔玛郊区营业的断货可能性，该系统却使沃尔玛充分地利用它的区位优势。

恰当的组织可以帮助企业充分利用其自身的资源和能力，并最大限度地实现建立在这些资源和能力上的竞争优势；而不恰当的组织妨碍了企业利用其有价值的、稀缺的、难以模仿的资源和能力，施乐(Xerox)就是一个典型的例子。20 世纪 60 年代和 70 年代初期，施乐在一系列极为创新的技术研发上进行了大量投资。为管理这些研发活动，施乐在帕洛阿尔托创建了独立的研究中心——PARC，并组织了一批具有创新性的科学家和工程师在那里工作。这些科学家和工程师开发出了一系列惊人的技术创新成果，如个人电脑、鼠标、窗口型软件、激光打印机、无纸办公及以太网等。现在看来，这些技术的巨大市场潜力是非常清晰的。此外，因为这些技术是在施乐 PARC 被开发出来的，它们是稀缺的。如果施乐能把这些技术转化为产品，施乐可能获得显著的先动优势，并借此提高其他企业对此类技术的模仿成本。施乐拥有在 PARC 开发出来的技术中非常有价值的、稀缺的并且模仿成本极高的资源和能力，但缺乏将这些资源开发利用起来的组织和机构。施乐 PARC 没有任何组织架构能够实现使这些创新被施乐经理人感知的功能。事实上，多数施乐经理人，即使是高级经理，都没有留意到 20 世纪 70 年代中期自己公司的这些技术成果。当他们意识到这些的时候，上述技术中只有少数能够在施乐高度官僚化的产品开发流程中存活下来——产品开发项目在该流程都由几十个庞大的委员会审核。即使是那些存活下来的技术也没能被开发成产品，因为施乐经理人的报酬主要取决于能否最大化目前的收入。然而，短期的盈利性对计算薪酬相对不那么重要，并且与未来销售市场的开发和当期盈利性也不太相关。施乐的正式报告结构、内部管理控制系统以及薪酬政策，都与 PARC 研制出来那些有价值的、稀缺的和模仿成本高的资源的开发需求不一致。因此，施乐不能发展出任何可带来持续竞争优势的资源就不足为奇了。

(三)资源基础分析框架 VRIO

Barney 在 1991 年发表的《企业资源与可持续竞争优势》(Firm Resources and Sustained Competitive Advantage)一文中明确指出，超常的租值在一定程度上可以通过“VRIN”资源来获得。这里，VRIN 的含义如下：

Valuable，即有价值的资源，它是公司构想和执行企业战略、提高效率和效能的基础。

Rare，即稀缺的资源，资源即便再有价值，一旦为大部分公司所拥有，它也不能带来竞争优势或者可持续的竞争优势。

Imperfectly Imitable，即无法仿制的资源，一般需同时具备以下三点特征：历史条件独特，起因模糊，以及具有社会复杂性。

Non-Substitutable，即难以替代的资源，不能够存在一种既可复制又不稀缺的替代品。

1994 年，巴尼对其理论进行了调整，提出 VRIO 分析框架，即价值问题(V)、稀缺性问题

(R)、可模仿性问题(I)和组织问题(O)。该框架的核心思想是:可持续竞争优势不能通过简单地利用环境机会和威胁经营业务来创造。可持续竞争优势还依赖于独特的资源和能力,企业可把这些资源和能力应用于环境竞争中。

图 11—3 概括了资源异质性和非流动性,有价值、稀缺、不可模仿和组织,以及持续竞争优势这三者的关系。这种关系已发展成为一个用于分析企业资源能否成为持续竞争优势来源的框架。该框架不仅明确指出了持续竞争优势存在的理论条件,也指出了在考察特定企业资源与持续竞争优势间的关系之前,需要讨论的具体实证问题。

图 11—3　资源异质性和非流动性,有价值、稀缺、不可模仿和组织,以及持续竞争优势三者的关系

VIRO 框架从资源基础角度提出了分析企业活动的四个主要问题:(1)价值(value)问题:企业的资源和能力能否帮助企业应对环境中的机会或威胁?(2)稀缺性(rarity)问题:企业资源被为数不多的竞争者控制吗?(3)不可模仿性(inimitability)问题:缺乏资源的企业在获取或开发此资源时面临成本劣势吗?(4)组织(organization)问题:企业的其他程序、规章、政策是围绕开发其有价值的、稀缺的、难以模仿的资源来进行组织的吗?

把价值、稀缺性、可模仿性和组织四个问题集合起来,就形成了一个有助于我们理解开发企业资源、能力与盈利潜力间关系的单一框架。表 11—1 对此进行了概括。

表 11—1　VIRO 框架

<table>
<tr><th colspan="5">某项资源或能力</th></tr>
<tr><th>是否有价值</th><th>是否稀缺</th><th>是否模仿成本高</th><th>是否被组织利用</th><th>对竞争力的影响(绩效)</th></tr>
<tr><td>否</td><td>—</td><td>—</td><td rowspan="4">否
↕
是</td><td>竞争劣势(低于正常)</td></tr>
<tr><td>是</td><td>否</td><td>—</td><td>竞争均势(正常)</td></tr>
<tr><td>是</td><td>是</td><td>否</td><td>暂时竞争优势(高于正常)</td></tr>
<tr><td>是</td><td>是</td><td>是</td><td>持续竞争优势(高于正常)</td></tr>
</table>

如果企业所控制的某项资源或能力不是有价值的,则该资源就不能帮助企业选择和实施能利用环境机会或化解环境威胁的战略。开发该资源只会增加企业的成本或减少收入,因而这种类型的资源是企业的弱项。企业在选择和实施战略时,或者需要想办法克服这些弱项劣势,或者需要避免使用这类资源。如果企业使用了这类资源和能力,则与那些没有这些无价值资源的企业或在战略构建和实施中不使用该无价值资源的企业相比,都会在竞争中陷入劣势。

如果某项资源是有价值但不是稀缺的,则在构建和实施战略中开发此类资源会给企业带来竞争均势。使用这些有价值但非稀缺的资源不会给企业创造竞争优势,但若没能利用好这些资源可能会使企业处于竞争劣势地位。从这个意义上讲，有价值但非稀缺的资源可被看作企业的强项。

如果某项资源是有价值且稀缺的，但不是难以模仿的，则开发该资源会帮助企业创造出暂时的竞争优势。在很大意义上，使用这类资源的企业可获得先动优势，因为该企业是第一个开发利用某特定资源的企业。但是，一旦竞争对手发现了这种竞争优势，他们就可以通过直接复制或替代的方式，在无须面临成本劣势的情况下，从外界获得或发展出实施该战略所需的资源。久而久之，先动优势会随着其他企业对资源的模仿而被随之而来的竞争耗散掉。但在企业获得竞争优势(通过利用有价值、稀缺但并非难以模仿的资源得以实现)和该竞争优势被竞争耗散掉(被竞争对手模仿)这一期间，先动企业可以取得超出正常的经济回报。因此，这类资源和能力可被看作组织的一种强项和独特能力。

如果某项资源是有价值的、稀缺的且难以模仿的，则开发该资源会创造出持续的竞争优势。在这种情况下，竞争对手在尝试直接模仿成功企业的这些资源时，不仅在成本上处于明显的不利地位，而且也不存在可以替代这些资源的替代品。如前面所述，这种不利地位可能反映了成功企业的独特历史、在资源模仿对象上的因果模糊性，或者资源和能力的社会复杂性。无论如何，任何尝试把建立在这些资源基础上的竞争优势耗散掉的努力都不会给模仿企业带来竞争优势，即便模仿者可以获取或开发出这些资源，但这样做的成本将非常高，高昂的成本使这些企业与那些已控制此类资源的企业相比，处于竞争上的不利地位。这些有价值的、稀缺的、模仿成本高昂的资源是企业的组织强项和可持续的独特能力。

组织问题在VIRO框架中发挥着调节作用。例如，如果某企业具有一项有价值、稀缺且难以模仿的资源，但却未能有效地开发利用该资源，则其部分潜在竞争优势可能会因无法实现而丧失掉(如施乐的例子)。假若这样，极其糟糕的组织行为可能使本来可以获得竞争优势的企业最终只取得竞争均势，甚至处于竞争劣势地位。

第二节　企业的核心竞争力

一、概念的产生

受“企业资源基础论”的启发和影响，1990年普拉哈拉德和哈米尔(Prahalad and Hamel)在《哈佛商业评论》上成功发表了“公司的核心能力”，自此，“企业核心能力”作为更接近于工商实践的研究一直成为国内外企业战略管理理论研究的热点问题。他们定义了公司“核心能力”的概念：组织的集体学习能力，尤其是如何协调多元化生产的技能和整合多重技术流的能力。在此，学者们聚焦于无形资产，并将其作为选择和实施公司战略以获取竞争优势的基础。

阅读材料 11－1

理论实践背景

企业核心能力理论产生的实践背景有四个方面的因素：

第一，企业面临着日益严峻的市场竞争形势。伴随着经济全球化和区域经济一体化进程的加快，发达国家的企业规模日益壮大，全球商品市场由卖方市场转变为买方市场，生产过剩使企业进入过度竞争的境地。全球市场环境的变化使企业不得不重新审视自己的经营行为。在这种过度竞争的市场环境中,企业逐渐认识到,产品和市场战略只被看作企业生命中相对短暂的表面现象,企业拥有独特的资源和能力才是企业获取持续竞争优势的“秘密武器”。

第二,美国企业受到日本企业强有力的冲击。核心能力理论提出的直接现实基础是美国企业受到日本企业强有力的挑战。20 世纪 80 年代前后,美国企业遇到了真正的挑战对手——来自日本企业的竞争。从 1980 年到 1988 年这 8 年时间内,与施乐公司和克莱斯勒公司的能力组合的经营业务相比,佳能公司增长了 264%,本田公司则增长了 200%。如果说,美国公司的经理们曾经担忧过低成本、高质量的日本进口货的话,那么,在 80 年代中后期,它们则要被日本对手开拓新市场、研制开发新产品以及快速反应的速度搅得不知所措。美国企业界和学术界都在反思、讨论这一来自日本的威胁和挑战,核心能力理论则是这场深刻讨论得出的一个丰硕成果。普拉哈拉德和哈米尔在对美国 GTE 公司和日本 NEC 公司的十年发展进行比较后明确指出,NEC 之所以获得长期的竞争优势,其奥秘在于 NEC 公司远见卓识地培养了其核心能力。

第三,世界产业模式变革新趋势。20 世纪 80 年代末期开始,世界产业模式发生了深刻的变革,表现为三个特点:一是企业之间兼并的同业化趋势,以强强联合来推动企业核心能力的优化和发展。二是分工整合模式。越来越多的企业由传统的做“加法”思路转向做“减法”思路,将自己的产业链精简,除核心环节外,其他的许多业务和职能都委托外单位完成。三是 Wintelism 产业模式,以创新的力量把握核心能力的绝对优势。Wintelism 产业模式指的是某些掌握关键技术、其产品已被视为业内无形标准的公司,将占据业内最大利润地盘,而不需要承担最终产品的生产组装任务。这种产业模式揭示了技术创新的重要性,以及企业应避开最终产品的激烈竞争,转向核心技术与核心产品的竞争,从而获得更大的发展空间和更高的利润。基于世界产业模式新趋势,80 年代后期开始,一些著名的公司纷纷改弦易辙,缩减多元化领域,回归主业,强化自己的核心专长。

第四,信息技术和信息系统对企业能力的支持作用。20 世纪 80 年代之后,由于信息系统与信息技术的广泛使用,带来了企业经营管理过程的巨大变化,促进了企业业务流程的合并与精简,缩短了企业的反应时间,大大提高了企业的运行效率和效益。信息技术也剧烈地改变着企业的经营环境、生产效率的提高、产品生命周期的缩短、基于时间的竞争、知识资本与知识管理方式的形成等。企业组织的变化表现为扁平化、分散化、柔性化、区域独立、授权、团队工作等。在这种经营环境中,企业竞争进入到一个更高、更新的平台,企业必须在新的平台上开发培养出克敌制胜的强大能力,才能最终赢得竞争的胜利。

二、与企业核心能力相关的几个概念

“The core competence of the corporation”一词,在国内有两种常见的译法:一种译为“企业核心能力”,另一种译为“企业核心竞争力”。前者的译法迎合了 20 世纪 80 年代以来的企业能力理论体系,后者的译法更加接近工商管理实践。在我国,自从“核心能力”的概念被引入后,产生了诸多与核心能力相关的名称,如资源、能力、竞争(能)力、实力、特殊能力、核心专长、关键能力、核心能力、核心竞争力、行业一般能力、行业核心能力、板块核心能力等。为了准确识别企业核心能力,有必要对企业核心能力相关的名词进行区分和识别。

(一)资源与能力

在认识核心能力内涵时,首先要将企业的资源(resource)和能力(capability)区分开来。企业资源可以划分为物资性资源、人力资源和组织资源。具体地说,企业资源是指企业所拥有的各种要素,包括有形资源和无形资源。有形资源,如设备、厂房、土地、资金、有力的地理位置等是企业的物质基础,是其他一切资源和能力的载体,但易于被其他企业所购买或复制。无形资源主要是企业的知识与信息要素,是企业在长期实践中以特定方式逐步积累起来的,具有相对稳定性。企业的无形资源可以分为市场资源、知识产权资源、人力资源、基础结构资源等。企业资源是一个相对静态的概念,虽然这些资源有重要价值,但仍然不是能力。

企业的能力是指适宜"做事"的能力或才能,即企业适应、协调、驾驭内外环境,成功地从事经营活动的能力,其本质是组织在某一方面的知识。企业能力包含现实的、潜在的以及待开发的能力或才能。一般按照企业的职能活动进行企业能力的分类,如采购供应能力、研究与开发能力、制造能力、市场营销能力、客户服务能力、战略管理能力、成本管理能力、人力资源管理能力、质量管理能力等。

虽然资源和能力之间有着明显的区别,但是,两者之间也存在密不可分的联系。能力是企业资源按照某种特定关系组合所表现出来的属性,通常与人力资本的作用有关。企业能力对企业人力资本具有高度的依存性,尤其是那些隐含经验类的能力更是以员工为载体,离开人力资本的驱动作用,再多的企业资源也不能转化为企业的能力。能力来源并附着在资源上,不同的资源及其组合所产生的能力往往不同,或者说,企业的资源种类、数量、质量及其之间的组合关系是能力的重要决定因素。企业能力对企业资源也存在反作用。首先,能力可以直接促进资源的积累,如技术能力的发挥还可以间接促进资源的增加,如通过生产、营销等能力的发挥将产品销售出去后,就可以获得资金,添置设备,雇用更多的员工。

(二)能力和竞争能力

中文"能力"一词所对应的英文单词通常有两个:capability 和 competence。capability 是指一般适宜做事的能力、才能,即通常所说的制造能力、营销能力等。而 competence 意为能力、胜任,是指通过一定能力具有获得利益、报酬或奖励的能力,有竞争、奋斗的内涵,是所有成功行为的核心,它对于企业经营之类的竞争性行为尤为重要。在我国,capability 译为"能力"较好,而 competence 译为"竞争能力"或"竞争力"更为贴切。

一般而言,能力通常指某一方面的技能、专长或才能,而竞争能力或竞争力是一个高度综合的概念。竞争能力或竞争力总是以竞争对手作为参照,是企业目前和未来在各自的环境中以比其国内外的竞争对手更有吸引力的价格和质量进行设计、生产并销售产品或提供服务的能力和机会。具有竞争力的企业对外表现为较好的市场吸引力和较高的市场占有率,对内表现为较高的投资收益率和较好的利润回报。具有竞争力的企业就会在市场上赢得竞争优势。

(三)行业一般能力、行业核心能力、板块核心能力

未必只有世界一流水平的能力才可以称为核心能力,核心能力可以根据其能量水平高低分为行业一般能力、行业核心能力、板块核心能力等几个新的层次。行业一般能力(general capability of industry)是指企业从事某种行业的生产与经营所具备最基本的资源与能力,具备了这些能力,企业才能取得在行业市场中求得生存的"入门证"。行业核心能力(core capability of industry)是指企业所拥有的在所处行业中数一数二的优势竞争能力。拥有行业核心能力的企业,尽管其核心能力的覆盖面不够广,但企业能在所处的行业中做到业绩优秀。板块

核心能力(core capability of strategic group)是指企业在行业的细分市场(战略板块)上进行竞争时所具有的数一数二的优势能力。板块核心能力的适应面更为狭窄,拥有如此核心能力的企业在其细分的市场上同样具有超常的竞争优势。“行业核心能力与板块核心能力”观点的提出,有利于众多企业克服对核心能力望洋兴叹的心理。如多数中心企业的核心能力不可能成为世界一流,但可以成为板块一流或行业一流。当然,随着核心能力层次的上升,核心能力的市场价值也在上升。梳理核心能力的层析观,有利于每个企业在自己找准的“地盘”上建立核心能力,通过不断培育壮大,使之在多个战略事业单元(strategic business unit,SBU)或多个目标市场上发挥作用。

(四)核心能力与关键能力

核心能力和关键能力(critical capability)是两个容易混淆的名词。关键能力是指那些对企业生产运作与经营管理过程至关重要的能力,如企业决策能力、人力资源管理能力、财务管理能力、市场营销能力等。核心能力是指与竞争对手打拼过程中,那些超越于竞争对手并为顾客所认可的能力。关键能力可能是单一能力,而核心能力一定是整合性能力。关键能力的不足会使企业失去健康,走向衰败;关键能力的拥有意味着企业拥有健康;而核心能力的拥有意味着企业拥有健壮。当然,企业的核心能力一般是基于对企业若干关键能力的整合,因此,没有关键能力也就谈不上核心能力,对核心能力的识别主要是对关键能力的识别。

(五)核心能力与战略资产

战略资产是指那些在某个具体市场上构建企业成本优势或多元优势的基础资产。可行的企业战略资产包括技术能力、快速产品开发周期、管理创新、对分配渠道的控制、分销渠道的控制、分销渠道的获得、有利的成本结构、购买者与销售者之间的关系、企业的分销网络、研究与开发能力、售后服务组织、声誉、信息技术等。企业对核心能力的理解容易模糊,而对战略资产的把握比较具体。

核心能力与战略资产两者相互依存,核心能力是战略资产形成的基础,是战略资产形成的“催化剂”;战略资产是核心能力的载体。梅约(Meyer)的核心能力平台观认为,核心能力是企业的创新平台。核心能力这种平台创新机制决定了企业战略资产的开发成本、速度和数目。

三、核心能力的纵向关系识别

曼索尔·贾维丹(Mansour Javidan)的核心能力关系观给出了核心能力的关系层次图,如图 11—4 所示,该图能够用来较好地进行核心能力的关系识别。

从图内左边看,自底到顶依次是企业的资源、能力、竞争能力和核心能力。右边表明:从企业的资源到企业的核心能力,其价值水平不断提升,与此同时,其难度也在逐步加大。

(1)第一层次——资源。企业的基础是资源,资源是能力的载体,要强化企业的能力,首先必须获得优质资源。资源数量不足或质量不合要求,将直接影响高一层次的能力形成。

(2)第二层次——能力。企业的能力主要是指企业的职能性的能力,如 R&D 能力、制造能力、营销能力、后勤管理能力、人力资源管理能力等,它是由企业拥有的资源整合而成,这些职能性的能力又是竞争能力形成的基础。

(3)第三层次——竞争能力。企业的竞争能力是企业职能性能力的有机协调和结合(integration),是覆盖多个职能性能力的界面能力(interface),以产品或 SBU 为单位来衡量。例如,某特定的 SBU 在成功地开发新产品上有自己的竞争能力,这样的竞争能力可能是整合其

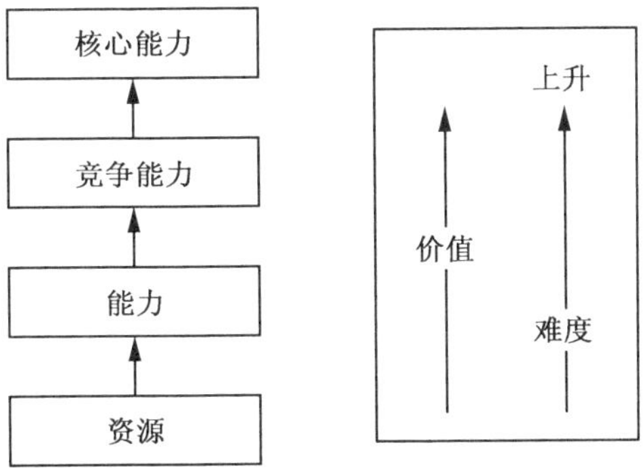

图 11—4　核心能力关系层次图

管理信息系统(Management Information System,MIS)能力、市场营销能力、R&D 能力以及制造能力的结果。如果一个企业只有一种产品或一个 SBU,则这种竞争能力也是企业的核心能力。

(4)第四个层次——核心能力。这是竞争能力的最高层次。核心能力是企业竞争能力的进一步整合,它是跨全部 SBU 边界的能力,是全部 SBU 共享的技能和知识,是组织中的集体学习,是不同 SBU 竞争能力的整合与协调。例如,微型化是索尼公司的核心能力之一,是诸种能力和竞争能力的整合结果,包括市场界面能力,即对特定客户微型化需要的认识和理解;基础设施能力,即通过培训等措施确保技术专家、工程师和市场营销等部门对这种需要有共同的认识理解;还包括微处理器、微型电源、供电管理、包装制造等多种技术能力。

图 11—4 还直观性地说明了核心能力形成的整合规律。企业核心能力的整合不仅体现在水平整合上,即同一层次的各种技能之间、部门和界面之间知识、技能和能力的协调整合;而且体现在垂直整合上,即资源—能力—竞争能力—核心能力的逐级整合。

四、核心能力、核心产品和最终产品的关系

核心能力的关系中,有一种重要的关系是关于核心能力、核心产品和最终产品之间的关系。普拉哈拉德和哈米尔曾经打过形象化比喻,他们把企业比作一棵树,核心能力是树根,核心产品是树干,SBU 是树枝,最终产品是树上的叶和果实。核心能力、核心产品和最终产品之间的关系如图 11—5 所示。

图 11—5 说明了核心能力的具体传导机制,即企业经营实践中,核心能力是如何转化为企业市场竞争优势的:由核心能力生产核心产品;依托核心产品形成多个 SBU;每个 SBU 又能产生多个最终产品。核心能力与核心产品、最终产品之间是有区别的:核心产品是核心能力的物质载体,相对于最终产品它又是中间产品;最终产品是以核心产品为载体开发出来的面向最终顾客的产品族。

现代企业已在三个不同层次上展开竞争:核心能力、核心产品和最终产品的竞争。如果一家企业将全部能力用于生产制成品,核心产品依靠外部购买,它可能会在最终产品市场上暂时击败竞争对手。然而,其经营活动势必对其他公司的依赖性强,易受其他公司的控制,最终产品也不会具有延续发展的能力。反之,如果一家公司在核心能力的竞争中占了优势,比如在某些新技术应用开发上处于持续领先地位,它就能在开发新产品方面击败对手,保持优势的持续

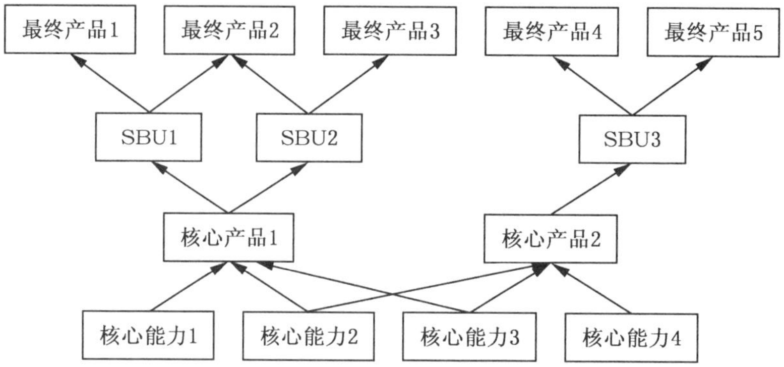

资料来源：Prahalad C. K. & Hamel, G. (1990). The Core Competence of the Corporation. *Harvard Business Review*, *May-June*, 79—91.

图 11—5 核心能力、核心产品和最终产品的关系

发展；如果一家公司在核心产品的竞争中赢得了绝大多数制造份额，它就可以左右最终产品市场的发展与变革，进而击败竞争对手。例如，英特尔公司在核心能力与核心产品的开发战略运用上可谓经典。英特尔公司依靠其微处理器技术方面的核心能力，使其核心产品——电脑芯片不断推陈出新，带动全球个人计算机市场的发展和变革，使部分对手望尘莫及，疲于奔命，而自己则牢牢掌握了市场主动权，雄居芯片"霸主"地位。

阅读材料 11—2

企业科技创新能力

目前，我国已掌握了不少行业的核心技术、关键技术，但这些技术的对外依存度高达50%，而国际公认发达国家的技术对外依存度小于30%。尤其是在一些高端产品的开发方面，70%的技术要靠外源技术，于是便有了这样的结果：当前重要零部件、基础元器件、关键新材料的80%依赖进口。

我国研发投入逐年增加，2014 年占 GDP 的比重达 2.1%，可与发达国家的水平还有一定差距，如北欧一些发达国家的研发投入占 GDP 的比重为 3%～3.5%。我国研发投入绝对数虽大，总额超过 1.2 万亿元，但企业研发投入不足问题较为突出。据有关数据显示，我国规模以上工业企业研发投入约占销售收入的 0.9%，而发达国家企业的这一比例平均为 2%。众所周知，行业不同，企业研发投入强度会有所不同。不过，根据 36 个工业行业的相关统计数据，企业研发投入高于平均值的只占约三分之一。而与国际同行相比，一些优秀企业的研发投入强度已接近，但还有差距。如华为为 8.9%，美国微软为 14.6%，东风汽车为 2.1%，日本丰田为 3.6%，德国大众为 5.2%。

资料来源：《企业研发投入不足问题较突出》，《经济日报》，2015 年 12 月 22 日，已做删改。

五、核心能力的横向关系识别

（一）洞察预见能力与前线执行能力

麦肯锡咨询公司认为，企业核心能力从横向构成看是由两方面构成的：一是洞察预见能力，二是前线执行能力。洞察预见能力能使企业发现或创造一流竞争优势的业绩或模式。该能力来源于：(1)技术或科学知识。它能导致一系列发明，如佳能公司的光学知识和微型化能力。(2)专有数据。如20世纪80年代花旗银行建立信用卡业务的顾客数据和信息。(3)成功的产品创新能力。如迪士尼公司的动画片业务、3M公司的一贯企业行为。(4)卓越的分析与推理。前线执行能力产生于这样一种情形，即最终产品或服务的质量会因前线人员的工作质量而发生变化。如沃尔玛公司之所以成为世界零售业巨头，除了发挥"天天平价"的洞察预见能力外，与公司全体员工优秀的顾客服务能力(前线执行能力)是分不开的。洞察预见能力和前线执行能力可以共存于一个企业之中，但它们要求有各自的管理重点。如麦当劳公司运用洞察预见能力选择理想的销售地点，运用前线执行能力在一个个具体餐馆建立实物传送系统和特有的服务系统。

（二）元件能力与构架能力

能力元是关于企业所涉及的各层次构成元件(如环境元、子公司/职能、学科、技术元、产品子系统、元件等)的知识，为企业核心能力系统的基本构成要素，是掌握与运用能力的基础。例如，关于政府的知识、积极利用政府政策的能力属于经营环境层次的能力元；关于营销这种职能的知识属于企业层次的能力元；关于某单个技术的知识属于技术层次的能力元；关于某产品子系统的知识属于产品层次的能力元；关于某元件的知识属于产品子系统层次的能力元。

能力构架包括两重含义：第一是关于企业所涉及的各层次构成元件之间(如环境元之间、各子公司之间、各职能之间、各学科之间、各技术元之间、各产品子系统之间、各元件之间等)的关系的知识；第二是各层次能力元之间的相互关系的知识。也就是说，它既包括有关各层次构成要素之间关系的知识，也包括运用能力元的能力，能够以创造性的方式整合它们，发展新型能力元与能力构架。

（三）核心知识能力与核心运作能力

核心能力可以分为核心知识能力和核心运作能力。核心知识能力是指对特定商务而言独一无二的专长、知识和技术。它们构成了企业的工作内容和主观条件。如3M公司的核心知识能力是腐蚀剂、基质和胶黏剂的技术知识；尼康公司的核心知识能力是光学技术。核心运作能力是使企业能高速度、高效率地生产高质量的产品和向顾客提高优质服务的过程和功能。与核心知识能力相比，核心运作能力是很多企业获得成功的常规能力，具有无与伦比的高效率。如HP公司的核心运作能力是迅速推出新产品的能力；联邦快递(Federal express)公司和沃尔玛公司的核心运作能力是后勤管理。

六、企业核心能力的特性识别

核心能力是企业持续竞争的动力源泉，核心能力与一般意义上的竞争能力区别开来，其特性主要有以下十个方面：

（一）核心能力的价值性

识别一种竞争能力是不是核心能力，首要的判断标准就是看它是否具有价值。核心能力应当有利于企业效率的提高,能够在给企业创造价值和降低成本方面比竞争对手更优秀;它能够给消费者带来独特的价值。如本田公司在发动机方面的技能就是核心能力,而在处理与经销商关系方面的能力就不是核心能力。因为是本田公司的发动机和传动系统方面的能力给消费者带来巨大的价值,而不是因为本田公司经销人员的客户关系能力才使得消费者在众多品牌中选择了本田汽车。从用户角度看,核心能力有助于实现用户最为看重的、核心的和根本性的利益,而不是那些一般的、短期性的好处。

(二)核心能力的异质性

同竞争对手相比,本企业的核心能力应当是独一无二的能力。如果你的企业有某种能力,其他企业也有,大家做得一样好,那么,该能力实质上是行业的普及性能力,而不是企业的核心能力。"独一无二"并非高不可攀,只要你的企业在某方面的竞争能力比竞争对手领先一步,使竞争对手相形见绌,这种竞争能力就是核心能力。

(三)核心能力的延展性

核心能力的延展性是指核心能力的范围经济性,核心能力给企业带来进入多个潜在市场的方法,并在多个市场具有竞争优势。如果企业的竞争能力仅仅局限于一种产品的市场,既不具有与其他产品的共享性,更不能够使企业借助核心能力打开相关性的多元化市场,那么,该竞争能力就不是企业的核心能力。例如,夏普公司的液晶显示技术就是夏普的核心能力,该能力可以使其在笔记本电脑、袖珍计算器、大屏幕电视显像技术等领域都比较容易地获得一席之地,而不是将其竞争优势限制在很小的范围。佳能公司凭借其在光学、影像和微处理器方面的核心能力占领了照相机、图形扫描仪、复印机和打印机等多种产品的市场。总之,核心能力是覆盖企业的能力而不是局限于具体产品的能力。

核心能力的延展性大小取决于两个条件:一是核心能力的生产力,是指企业能够有效处理多少同一性质的行为活动的能力;二是核心能力的弹性,是指企业能够有效处理不同性质活动的数量。

(四)核心能力的积累性

核心能力的形成并非一朝一夕的事,它是企业长期积累性学习和集体学习的结果,是通过组织学习和知识共享而缓慢积累起来的,绝不是通过要素市场即刻购买的。那些刚刚进入市场的企业,一般只具备基本的能力。现实中,也许有些企业在开始经营时就获得了超额利润,然而,这种超额利润一定不是核心能力带来的,或者它是因为企业获得了稀缺性资源,或者是因为企业幸运地找到新的市场机会。核心能力是企业在实践中逐渐培育和积累起来的能力。

(五)核心能力的路径依赖性和难以模仿性

核心能力的积累性,使得核心能力深深地烙上企业组织的烙印,造成核心能力的路径依赖和"普遍模糊",因而竞争对手难以模仿。如海尔的成长而逐渐发展起来的核心能力,深深烙上了海尔企业的历史特性。

当然,核心能力的路径依赖性是一把"双刃剑":一方面,它能有效阻止竞争对手的模仿;另一方面,由路径依赖形成的"管理遗产"会影响企业未来的行为和战略路径,使企业可能会参与无吸引力的产业部门竞争。这也是伦纳德·巴顿(Leonard Barton)所指出的核心能力刚性化现象,即因核心能力而成功的企业最容易产生抗拒变革的惰性。

(六)核心能力的不可交易性

企业的资源等资产可以在市场上通过交易获得,然而,核心能力则不同,它不能在市场上直接购买。换句话说，凡是能够在市场上直接购买的资源以及其他资产都不是核心能力。因为，核心能力是企业能力的集成，是与企业的员工、组织文化及其特定的行为方式联系在一起的。它可以被企业的员工、企业的顾客和企业的竞争对手所感知，但是无法进行市场交易。企业从市场获取的核心能力携带者——特殊性的高级人才，以及通过兼并收购拥有核心能力的企业，并不能直接产生本企业的核心能力，必须通过企业内部的有效整合后，才能演变为本企业的核心能力。

(七)核心能力的知识性

知识可以分为两大类：显性知识和隐性知识。具有信息特征的显性知识容易被仿制，而具有方法论特征的知识则相对来说较难仿制。如果核心能力必须是异质的，必须是完全不能仿制和替代的，那么核心能力必须以隐性知识为主。正因为隐性知识不公开、内容模糊、无法传授、使用中难以察觉、复杂而又自成体系，核心能力才具有"普遍模糊性"。

(八)核心能力的协调性与整合性

如前所述，核心能力从来不是单一的能力，它是企业诸多资源、技能和能力的协调与整合，是显性知识与隐性知识的整合，是核心知识能力与核心技术能力的整合等。如联邦快递公司的后勤管理核心能力由条码技术、无线通信、网络管理和线性规划等知识和能力整合而成。"协调性"与"构架能力"不是简单的结合和调整，它是系统的一种"构架能力"，是一种具有特别价值的知识。企业离开了高超的协调整合能力，再好的"元件能力"也终究成不了核心能力。

(九)对核心能力投资的不可还原性

由于核心能力具有特殊性(亦称资产专用性)和不可交易性，形成核心能力的投资总的来说是不可还原的。这种不可还原性投资本身构成了企业核心能力的一种保护行为，它对于外面的潜在进入者构成了一种进入壁垒，以保护核心能力带来的垄断利润的获得。同时，核心能力投资的不可还原性对企业本身又构成了一种退出壁垒，这种退出壁垒对企业内部产生了一种近乎一致的推动作用，激励企业员工为共同的奋斗目标而努力工作。

(十)核心能力的动态性

企业核心能力的价值不是一成不变的，在建立之初，核心能力的价值最高，但是，随着产业动态发展、消费者需求的跃迁、管理模式的变革、资源条件的变化、竞争对手进行深度学习模仿或者进行替代性开发，企业已建立的核心能力发生贬值，甚至废弃。例如，20 世纪 70～80 年代，日本汽车公司的质量管理能力无疑是日本企业的核心能力，但是，西方汽车公司花了 10 年多时间缩小了与日本竞争对手的差距，到了 90 年代中期，质量管理能力已经成为汽车制造业必备的基础能力，而不再是核心能力。这样，为保持企业具有持续竞争优势，要求企业必须开发动态性的核心能力。

第三节　动态能力理论

一、动态能力理论概念的产生

20 世纪 80 年代初期，占主导地位的战略管理理论是波特的产业组织理论，随着核心能力理论的快速发展，核心能力的一些局限性也浮现了出来。但在一个动态变化的环境中，企业原有的核心能力有可能成为阻碍企业发展的一个包袱。能力理论遇到前所未有的自身发展障碍，不能解释动态市场上企业如何获取竞争优势以及为什么某些企业具有持续竞争优势。在此背景下，蒂斯(Teece)等人最初提出了改变能力的能力即动态能力的概念，并把动态能力定义为公司整合、构建、重新配置内部和外部能力以应对快速变化环境的能力，但动态能力理论仍然处于探索阶段。动态能力是指企业保持或改变其作为战略能力、基础能力的能力，通过利用资源的吸收与整合以及通过学习、知识管理等方式提升自身的创新能力而获得新知识和能力，并逐步整合和改进现有的能力和提高效率，使企业在动态、复杂、不确定的环境下获得持续竞争优势。认识和解释企业竞争优势来源一直是企业战略管理研究的中心问题之一。从历史上看，人们对企业竞争优势来源的解释经历了一个由内而外再由外而内的往返过程，其中尤以产业组织理论学派和资源观理论(Resource-Based View，RBV)为主要代表。基于"SCP"[(市场结构(Structure)——市场行为(Conduct)——市场绩效(Performance)]范式的产业组织学派竞争优势理论认为，战略设计的目的在于通过恰当的产业定位，使得企业可以提升对上游供应商和下游客户的砍价能力，同时通过构建进入壁垒，阻止现有和潜在的竞争对手对其优势地位的侵蚀。而资源观理论认为，企业竞争优势的来源在于其所拥有的特异性资源和能力，企业通过采取与之相应的价值创造战略获得竞争优势。这两种基本范式的差异主要在于产业组织理论学派以市场定位为基本假设前提，而资源观理论认为企业内部的独特资源才是企业竞争优势的根本来源。20世纪90年代，在资源观基本理论框架内，核心能力理论流派逐步兴起。普拉哈拉德(C. K. Praharad)和哈梅尔(G. Hamel)认为企业核心能力具有适用性、价值性、难模仿性，能够成为企业竞争优势的来源。

尽管资源观理论(包括核心能力理论)在战略管理研究中广泛运用，但是也遭到一些学者的有力批评，而对该理论更大的挑战则来自于企业外部竞争环境的变化，因为动态环境下企业获取持续竞争优势的基本模式已经从获取持续的竞争优势转向持续地获取一系列暂时竞争优势。在超竞争的经营环境下，企业凭借产业定位者资源实力所积累的竞争优势会被快速的技术创新所侵蚀，因此，企业必须迅速响应外部需求，及时调整内部资源配置。在此背景下，基于资源观基础，同时又作为该理论的继承和发展，动态能力理论逐步形成并获得了快速发展。下文旨在对动态能力理论的发展脉络进行梳理并做出评价。

阅读材料 11－3

越来越严峻的动态环境

在经济全球化的今天，顾客需求变化多多，需求动态难以把握，产品寿命周期日益缩短，企业的平均寿命正在急剧衰减。以世界500强为例，有关数据表明，世界500强企业的平均寿命，在20世纪70年代为60岁，80年代为50岁，进入90年代，平均寿命仅为40岁。《财富》杂志每年对世界500强企业的排名都在变化，昔日榜上有名的企业已不再露面，企业辉煌成为明日黄花。对于如此急剧变化的市场环境，可以用更形象的语言来描述：如果把企业比作一条船，把企业的市场环境比作行驶的水路，那么，20世界70年代的企业是在大河中行驶，80年代的企业是在大江中行驶，90年代的企业是在大海中行驶。进入21世纪后，企业这条船已经驶入远海，前途有暗礁、有海盗、有飓风，每条船随时都有被颠覆沉没的威胁。我国的一些企业对此已深有感触：海尔集团的每日"战战兢兢，如履薄冰"、小天鹅集团的"末日管理"，就是对动态环境的积极反映。

二、动态能力理论的特征

(一)动态能力具有开拓性

动态能力理论源自于资源基础论，且吸收了核心能力理论的许多观点，因而在特征上与核心能力有相似之处。但动态能力是改变企业能力的能力，并在创新上具有开拓性动力。创新的动力可能是再生性的或开拓性的，因为倾向于以具有强烈路径依赖的经验性为基础的再生性动力并不能改变能力中的惯性。企业动态能力不仅关注企业特有的组织惯例，其焦点更是放在克服能力惯性的创新和开拓性能力上。在动态环境中，动态能力崇尚建立开拓性学习能力。开拓性学习能力是为了在长期内向企业提供新的战略观念而进行的侧重于变革的学习。因此，为了企业获得持续竞争优势，需要的是能够进行创造性毁灭的能力。

(二)动态能力具有开放性

建立在开拓性动力之上的动态能力呈现出开放性的特征。动态能力是企业整合了内部知识与吸收性知识的产物。因为吸收性知识在企业内部和外部资源与能力之间起到了桥梁作用，所以动态能力理论强调建立从外部途径吸纳知识的特殊能力。这与强调企业能力内部化积累的资源基础论和核心能力论有很大的不同。动态能力由于其开放性而显现出灵活性，从而减少了能力中的刚性之不足。

(三)动态能力具有复杂性和难以复制性

在动态环境下的动态能力具有复杂性，因为动态能力是建立在企业的流程基础上的，而其流程具有复杂性。同时，企业流程的紧密联系性导致组织能力系统在不同层次都表现出一致性，如果改变企业内某些部分流程，就必然会引起其他部分流程的相应改变，在这种情况下，动态能力的复制就变得非常困难了。

三、动态能力形成的影响因素

企业动态能力存在于企业的组织和管理过程中，其形成是由企业的资产地位和发展路径决定的。蒂斯等人(1997)认为企业内外部能力包括组织技能、资源和能力，动态能力置于其管理和组织过程之中，并且构建了动态能力的过程、位置和路径分析框架。[①]动态能力理论是一个正在发展中的理论前沿，当前的重点集中于上述的分析框架之上。动态能力的形成主要是由组织设计和人力资源管理这两个因素决定的。这是因为：一方面企业通过组织设计，建立有中层经理领导的组织，可以促进企业业务多样化的动态能力；另一方面可以通过加强人力资源管理来促进动态能力的形成，并强调人力资源管理从几个方面着手——选人要重视知识的宽度和深度；职位描述概念要详细具体；以培训来扩展员工现有知识的宽度和深度；以及激励成功，宽容失败。

知识形成的动态过程也是动态能力的演变过程。为了回答成功企业如何发展出优越的资源和知识，而企业又是如何建构动态能力长期保持这种优越性的问题，把产品作为能力观的框架中的一个变量，其产品发展由企业的知识系统和学习系统支撑，并增强企业的知识和学习能力。同时从企业知识对动态能力的作用角度看，企业改变能力的过程就是企业追寻新知识的

---

① Teece. D. J.，Pisano，G. and Shuen，A. (1997). Dynamic Capabilities and Strategic Management. *Strategic Management Journal*，18(7)：509－533.

过程。

四、获取动态能力的分析框架

动态能力的获得意味着企业拥有新的有关资源使用知识、新的组合资源的方式，也就是说，企业可以激发潜在于企业原有资源中的服务，企业可以获得外部企业拥有的资源服务，企业将获得新的资源协调整合配置的方式。下面我们提出一个企业获取动态能力的分析框架（见图 11—6）。

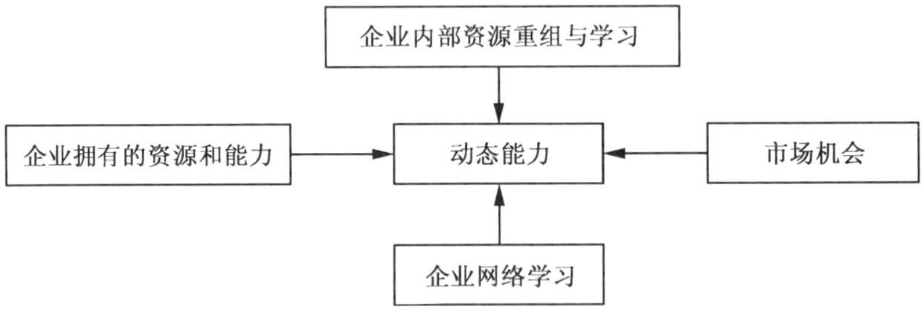

图 11—6　企业获取动态能力与市场机会

企业在成长中开始形成或拥有一系列的资源与能力，而这些资源与能力（如组织资本与技术能力）是在特定的市场机会开发中形成的。在市场变化的情况下，它们的价值是有限的，因此，需要企业对这些资源和能力进行更新，以形成新的动态能力，只有这样才能开发利用新的市场机会，推动企业成长。我们认为，获得动态能力可以从企业的内部与外部两个方面去思考。在内部，可以实行资源重组与学习；在外部，可以通过企业网络学习、整合资源来获得新的资源和能力。

五、动态能力形成机理

动态能力为企业适应动态环境变化的需要，以组织和管理过程、特定资产和发展路径这三个关键要素来形成企业动态能力的机理。下面对组织和管理过程、资产特点和发展路径三个关键要素进行全面阐述。

（一）组织和管理过程

企业持续竞争优势如何有赖于企业组织和管理过程的状况，我们可以从该过程的三个主要作用来加以认识：(1)协调和整合的作用。管理层在企业内组织营运的方式是导致企业在各个领域出现胜任差异的基本原因，而胜任能力是嵌入在独特的协调和组合方式之中的，当一个企业的组织过程具有高度一致性和独特性时，便难以复制。(2)学习的作用。学习是通过重复和试验而能更好和更快地完成任务的过程，它还能帮助企业发现新的机会。组织学习包括学习个人和组织的技能，具有社会和集体的性质。由集体学习所产生的组织知识在于新的活动范式中，存在于“惯例”或新的组织逻辑之中。(3)重构和转变的作用。在迅速变化的环境中，不断重构企业资产结构。这要求企业对市场和技术有一定的警觉和采用最佳实践的意愿。在这方面，标杆竞争作为实现这些目标的组织手段是极具价值的。重构和转变的能力本身就是学习而来的组织技能。

(二)资产特点

企业进行怎样的战略及采用什么样的战略内涵，不仅取决于其组织过程，而且还取决于其特定的有形和无形的资产，包括技术资产、互补资产、财务资产、声誉资产、制度资产、市场资产等。从总体上来讲，这些资源的战略意义在于其特定性，即这些资产的形成在很大程度上是企业内生的，是在企业的经营过程中积累起来的。

(三)发展路径

路径影响企业能力发展的作用是通过路径依赖来实现的。企业能够向何处去，受制于它的位置和前方的路径，而它的位置又是由它走过的路径所塑造的。换句话说，一个企业以前的投资和它所储存的惯例制约着它的未来行为。这是因为学习是局部的，是一个不断反馈和不断评估的过程，所以学习的进行往往围绕着企业正在从事的活动，即学习的机会特定于企业已经从事的活动。由于路径依赖的作用，企业投资行为就会影响企业学习和能力发展的方向。

六、动态能力理论核心逻辑分析

(1)动态能力理论的逻辑思维是：外部环境分析→定义新的创新机遇→制定响应新的机遇的战略→寻找完成新创新机遇的合作伙伴→合作竞争→新的竞争优势并结束现有合作。即在外部环境分析的基础上，发现和定义新的机遇，并制定出响应的战略，选择暂时的、不连续的伙伴来完成特定战略，通过合作竞争，取得新的竞争优势，在完成预定的战略后解散现有的合作，再回到起点去寻找新的创新机遇。通过不断创新来保持企业在超级竞争环境下的持续发展。

(2)基于动态能力理论的战略目标是不断创造新优势。因为在瞬息万变、不可预测的环境下，所有的竞争优势都是短暂的，若固守在保持原有的优势上将导致更大的灾难。只有认真地、不断地和出其不意地打破现有平衡，快速响应机会和企业内外资源的重构，形成一系列暂时的、不相容的新优势，才能保证企业持续的竞争优势。因此，动态能力战略实质是一个创新战略。

(3)基于动态能力理论的战略制定的关键，是分析竞争对手之间的战略互动(strategic interactions)。该理论认为，在超级竞争环境下，竞争对手之间的动态互动明显加快，竞争互动已成为制定战略的决定因素，只有及时正确地预测竞争对手的战略动态，才能保证自己正确地把握时机放弃原有优势，创造新优势。

(4)基于动态能力理论的战略重点，是企业动态能力的培养，不断创造新的核心能力。这种战略是一种动态战略，整个战略实施过程就是按照灵活性、敏捷性的原则动态设计组织结构和系统，企业内外部资源的动态重构，形成有自身风格的系统，用自己的战略行为创造一个发展和盈利潜力大的空间。

(5)基于动态能力理论的战略目标的实现，需要其他组织的合作来实现。但这种合作是基于时间和任务的合作，与其他组织建立的是一种暂时的、不连续的合作关系，只要任务一完成就解除现有的合作关系。然后，又重新发现新的创新机遇，重新寻找新的合作伙伴，开始新的战略实施。

复习思考题

1. 什么是资源？
2. 什么是能力？

3. 资源具备哪些属性才能成为企业持续竞争力的来源？
4. 阐述资源基础分析框架 VRIO。
5. 阐述核心能力与关键能力之间的联系。
6. 阐述资源、能力、竞争能力以及核心能力之间的联系。
7. 识别核心能力有哪些特性？
8. 什么是动态能力？
9. 阐述动态能力形成机制。

案例分析

高通公司发展史及其在我国反垄断的处罚

第一阶段(1985～1994 年):CDMA 初步探索

高通公司(以下简称高通)创立的同年便开始研究码分多址 CDMA 的民用化之路(CDMA 之前为美国军方的安全无线通信技术)。高通第一个变革的地方是交通运输行业,1988 年高通推出 OmniTRACS 卫星定位和传讯服务,主要用于运输行业跟踪卡车车队位置,高通也借此成为 M2M 行业的领先者。一年后,高通从施耐德汽车货运公司获得第一个主要的 OmniTRACS 合同,该业务很长一段时间都是高通的现金流来源,目前该系统已成为运输行业最大的商用卫星移动通信系统。

1989 年,CDMA 开始首次历史性的通话。此时一项名为 TDMA(时分多码)的数字技术已为美国电信工业协会认可,并被业界投票接受为美国第二代移动通信标准。然而这并没有动摇高通的 CDMA 之路,当年春季,高通首先和旧金山太平洋电话公司达成演示 CDMA 技术协议,时间期限只有 6 个月,11 月份 CEO 雅各布在圣迭戈演示时技术团队还处于最后的调试阶段,当然最后高通成功收到百万美元级的资金协议。

1993 年,高通证明 CDMA 上能够提供 TCP/IP 协议服务,高通也成为手机移动网络的早期倡导者。次年 7 月,CDMA 成为 ITA 通信标准,这也为高通的 CDMA 商业模式打开了通向世界的道路。

另外高通还做了一件非常聪明的事,将 CDMA 的研究成果申请了大大小小的专利,而此时 GSM 正大行其道,产品趋向成熟,巨头们正在为专利争得不可开交,没有人注意这个主推 CDMA 的小公司,自然也就没有人与高通争斗 CDMA 专利。

第二阶段(1995～1999 年):“做加法”——CDMA 的全球化之路

1995 年 10 月,高通分别成立 CDMA 专用芯片部门、技术授权部门,高通的“无晶圆厂+专利授权”模式初具雏形,目前来自这两个部门的营收占公司 90%以上。高通正是通过这个“非传统”的技术授权部门设立,促进了 CDMA 技术传播,并为大大小小的厂商提供参与 CDMA 增长机会,创造一个以 CDMA 为载体的技术开发商、设备商以及运营商的生态圈,而反过来高通又能享受 CDMA 的繁荣。

然而现实情况并没有如讲到的这般轻松,当时市场参与者几乎都将注意力放在 GSM 这个成熟的 2G 标准上,为了吸引运营商兴趣以及其他参与者的兴趣,以及让 CDMA 成为世界标准,高通在世界各地做系统演示,证明 CDMA 技术能够打电话、高速不掉线、网络容量高等,自己开发芯片、做运营商、做基站、做终端，几乎涵盖了整个产业链。

随着CDMA生态产品的成熟，先是1995年10月，第一家商用CDMA网络由和记电话有限公司在中国香港部署，1996年贝尔大西洋公司、韩国电信以及西班牙电信(秘鲁)分别部署CDMA商用网络，当年年底全球范围内CDMA用户规模超过100万。

1998年9月，高通推出第一个基于Palm操作系统的智能手机，这也是全球第一款CDMA智能手机；同年12月，高通第一次演示了高数率数据(HDR)技术，也就是目前全球范围内广为部署的CDMA2000 1xEV—DO标准。

第三阶段(1999年至今)："做减法"——专注芯片设计和专利授权业务

1999年国际电信联盟(IUT)选择CDMA2000 1X和WCDMA作为3G标准，到2000年年底，全球CDMA用户突破5 000万。按通常的逻辑，一家公司掌握某个领域的核心技术和专利，拥有自己的设备部门，用户和营收均快速增加，很自然的做法是继续增加投入，把产品做深、做大，但高通却选择一步步卖掉设备业务，手机给了京瓷、基站给了爱立信，只留下核心的芯片研发和专利授权业务。

如果从企业文化的角度看，设备生产是一个低利润率的传统行业领域，而高通一创立便是一家工程师主导的技术企业，通过出售甩掉非主营业务，留下芯片设计和专利授权(技术研发)，成为一家轻公司，发挥工程师核心能力技术创新，而不是制造和销售。

从商业模式上看，高通很早便已确立专利授权的标准输出模式，做设备整系统是开拓市场迫不得已的选择，现在既然完成得差不多了，也就没有必要继续做下去，而设备生产与专利授权本身存在冲突，最后高通留下芯片设计和专利授权，由于在CDMA专利上拥有垄断优势，从而确保了高附加值、高利润率。

2001年日本NTT DoCoMo部署首个商用WCDMA网络，次年韩国电信部署首个商用EV—DO，3G时代开启，2003年5月高通推出第一款WCDMA多模芯片，支持HSDPA/GSM，另外这款芯片支持加强多媒体功能(视频会议/流媒体/音乐回放/游戏/照相/摄像功能)，同年9月Verizon在全美范围内部署CDMA2000 1xEV—D网络。2007年iSupply将高通评为全球领先移动芯片提供商，称其在移动设备3G芯片中占有统治地位。截至2010年4月，全球范围内3G(3G=CDMA2000/WCDMA/TD-SCDMA)用户突破十亿。

高通反垄断案

2015年年初，轰动一时的中国对高通反垄断一案终于落下帷幕，高通将高达60.88亿元(年销售额的8%)的罚款存入指定账户。发改委能够做的做了、该做的也做了，而且做得极其漂亮，剩下工作就是我们的企业要做，因为既然国家给企业慢慢营造一个公平竞争的环境，我们自己的企业要争气，一定要顶上去。

虽然处罚高通取得完胜，甚至打破了高通的收费模式，可是根本没用，因为在整个信息产业当中，中国企业基本上毫无机会。

电子信息产业分上游、中游以及下游，基本上包括了手机以及电脑等。以上游为例，英特尔垄断了全球上游54%的利润，高通垄断了上游30%的利润，而其他的10%由AMD共同垄断。整个上游基本上都被美国的企业所垄断，而整个上游产业的利润率高达25%。

中游基本上是"三分天下"：思科控制了45%的中游利润，华为控制了32%的中游利润，爱立信控制了12%的中游利润，剩下的11%由中兴通信所控制。就专利数目而言，美国控制了1 161个专利，中国控制了1 241个专利，欧盟控制了1 113个专利，韩国控制了1 062个专利，中、美、欧差不多。因此，华为是唯一值得我们谈论的企业，中国只有这一个企业能够在电子信息产业的中游产业链上扮演一个重要的角色。

下游，苹果控制了89%的下游利润，三星控制了9%的下游利润，小米、联想、华为等只控制了2%的利润。

今天我们打击上游的高通，我们有企业能够顶得上去吗？顶不上去！打击下游，我们也顶不上去！

如果我们对于思科或者爱立信以《反垄断法》处罚它们，改变它们的收费模式，营造一个公平竞争的环境，对于华为是有利的，因为中国的企业中，只有华为在中游有话语权，这是唯一能够顶上去的企业，其他则乏善可陈。

因此，对于高通罚款，只能让我们解一口闷气，让我们下游的手机行业多获得一点点微薄的利润，仅此而已。就算我们国家营造了一个比较公平的竞争环境，如果中国的企业自己不争气，还是顶不上去。

资料来源：根据相关报道整理，已做删改。

【讨论】

1. 通过高通的发展史，用资源基础理论或核心竞争力的角度阐释为何其拥有市场垄断地位。
2. 高通反垄断意味着什么？给我国企业怎样的启示？如何提高我国企业的竞争力？

第十二章　战略选择与企业价值

学习目标(知识点、技能点)

1. 熟悉企业战略选择的受制因素；
2. 掌握企业市场战略的概念、类型及理论基础；
3. 了解市场战略创新的重要性；
4. 掌握非市场战略的概念、类型及理论基础；
5. 理解市场战略和非市场战略对企业财务价值创造的影响。

案例导读

沃尔玛:究竟是"天使"还是"恶魔"?

在阿肯色州有一家很大的折扣店,以"低价销售"的方式为消费者提供物美价廉的产品,深受顾客的喜爱。该店于 1962 年成立,创始人山姆·沃尔顿出身于农民家庭,是一个勤奋、诚实、公正、勇敢并热爱自己事业的小镇居民。经过五十多年的发展,该店在全球 27 个国家开设了超过 10 000 家商场,下设 69 个品牌,全球员工总数达 220 多万人,每周光临的顾客约 2 亿人次,目前已成为美国最大的私人雇主和世界上最大的连锁零售企业。

众所周知,沃尔玛有两条著名的顾客服务黄金原则:第一条,顾客永远是对的;第二条,如有疑问,参照第一条。

在这一原则的指引下,沃尔玛员工对于服务顾客的理念有了更清晰的认识,他们的优质服务不仅让顾客感到满意,甚至超越了顾客的期望。有人曾幽默地形容:沃尔玛就像宠小孩那样将顾客宠坏,以至于这些被宠坏的孩子一旦离开沃尔玛便感到不适,最终又回到了沃尔玛的怀抱,并成为沃尔玛永远忠诚的信徒。

沃尔玛之所以能在短短几年间迅速地扩张,领先业界,创造业界标准,这与其总成本战略密不可分。

首先,为获得可靠的送货保证,提高运输效率,沃尔玛建立了自己的配送组织,包括送货车队和仓库,以便公司大量进货,并要求供应商将商品集中大量送至配送中心,然后再由公司统一接收、检验、配货和送货。与之前由供应商负责直接将商品分散送至各分店的做法相比,这一做法更加经济。

其次,为减少信息传输的时间成本,沃尔玛成为第一个发射和使用自有通信卫星的零售公司,并建立了自己的电子信息系统。该信息系统是目前全美最大的民用系统,甚至超过了电信业巨头美国电报电话公司。

然而，有人认为沃尔玛的低价销售策略是建立在压榨员工劳动力的基础上的。英国职业作家和记者安德鲁·毕比(Andrew Bibby)在为工会网络国际(Union Network International, UNI)撰写的文章“世界的沃尔玛化——UNI的全球回应”中提到，沃尔玛能天天低价却仍获利的方法是向工人支付较少的工资，工人在任何别的公司工作都能得到高于沃尔玛的工资。2004年8月，加州大学伯克利分校发布了一份有关沃尔玛工资水平的调查报告，结果显示：沃尔玛的工资严重低于零售业标准水平，沃尔玛工人的平均工资为每小时9.7美元，而大型零售业工人的平均工资为每小时14.01美元，也就是说，沃尔玛工人的工资低于整个大型零售业工人平均工资的31%。之后，沃尔玛便被迅速地被贴上了“工资极低”“福利极差”和“付不起健康保险”的标签。另外，随着经济的全球化，国家间货物和资金的流动更密切，沃尔玛还悄悄地加入到了在发展中国家寻找最廉价劳动力的行列中。

沃尔玛的低成本战略还通过不断压低供应商的产品价格来实现。据一些供应商反映，这种低价的压力已经将他们推到了崩溃的边缘。例如，沃尔玛是大型成衣制作厂“汉索尔纺织公司”的最大客户，2003年，该厂雇用了1 600名工人，多数是女工。车间里机器不停地“嗡嗡”作响，一件件衬衣从流水线上下来，然后贴上沃尔玛的价签——8.63美元，但沃尔玛支付给汉索尔的价钱却仅是每件3美元。为了降低生产成本，又不影响效率，汉索尔只能无奈地选择裁员。数据显示，当年全美国的生产量与3年前一样，但工人的数量却已减少了20%。

对于沃尔玛的企业战略，不同的利益相关者，因站在不同的角度，仁者见仁，智者见智，引发了一系列褒贬不一的评价。对消费者来说，沃尔玛提供了优质的商品和服务，减少了他们的生活成本，就像是一个“天使”；但对于一些员工和供应商来说，沃尔玛的低价策略是以牺牲他们的利益为代价的，是“恶魔”的化身。

资料来源：佘云霞，《沃尔玛案例的启示》，《中国劳动关系学院学报》，2005年第6期。

从沃尔玛的案例中可以看到企业战略制定的不易。在选择战略的过程中，企业会受到来自各方因素的影响，企业制定的战略也难免会出现一个硬币正反两面的情况，这正是对立统一之客观的正常现象，关键在于企业如何平衡各方的利益。因此，企业在制定战略时需要解答以下几个关键问题：企业战略有哪些？战略选择受哪些因素的制约？选择怎样的战略可以最大限度地满足各方利益相关者的要求，并使企业的财务价值最大化？这也是本章的主要内容。

第一节　企业战略选择的受制因素

从本质上看，制定企业战略就是在战略分析的基础上，对各种可实施的战略及其实施方案进行选择的过程。选择一个与企业内部资源、能力、知识、文化相匹配并能适应外界环境变化和发展趋势的战略，对企业获取可持续的竞争优势起着至关重要的作用。反之，则会影响企业的生存和发展。然而，企业在选择战略的过程中会受到很多因素的限制。企业战略理论将企业战略选择时所面临的环境因素分为了内部环境和外部环境两大因素。

一、企业内部环境因素

企业内部环境(enterprises interior environment)是企业内部的物质、文化环境的总和，包括企业资源和企业能力等因素。

企业资源是企业成败的关键，凡是能转化为支持、帮助企业在市场上获得竞争优势的专用性资产都可算是企业的内部资源。它主要包括自然资源、人力资源、信息资源、资本和社会资源这五类。按物质形态，可将其分为有形资源与无形资源两类。有形资源包括企业拥有的土地、厂房、生产设备、原材料、资金、雇员等实体资源，无形资源则是指品牌、企业文化专利权等非物质性的人文资源。

企业资源代表着企业所拥有和控制的资源数量、质量和运作效率，是企业素质的表现。根据企业资源理论（the resource-based theory of the firm），企业所拥有的这些有形和无形资源在企业间是不可流动且无法复制的。也就是说，每个企业所拥有的资源是各不相同、具有异质性的，这种异质性决定了企业竞争力来源的差异，进而制约了企业战略选择的方向。对于内部资源丰富、充裕的企业，它们的创新能力及应对外界环境的能力往往比较强，因而选择经营策略的弹性也较大。相反，对于因资源缺乏而在市场地位、分销渠道、社会形象等方面处于劣势的企业来说，战略选择常常受到限制。沃尔玛之所以能够做到“天天低价”，是缘于其有效的供应链管理能力，而这套能力的背后是其高效的 IT 信息系统资源。另外，苹果公司的知名产品之一 iPad1 在上市之初，当年的步步高公司曾购买了 50 台让公司研发团队研究。研究发现，若让步步高自己做一个一样的产品，其材料成本就已达到了当时 iPad1 的官方售价。这也意味着，受资源的限制，步步高无法像苹果公司一样采取低成本策略为自己构筑模仿的壁垒。

企业内部能力即企业能用来创造或维持竞争优势的各种能力。具体来说，就是指企业配置和整合企业有形资源和无形资源，发挥其生产和竞争作用的能力，包括研发能力、生产管理能力、营销能力、财务能力和组织管理能力等。这种整合能力是建立在企业资源的基础上，经过一段时间的经营活动而逐步积累起来的，它可以反映企业在改进职能活动上的劣势以及进行战略变革所面临的阻力。波士顿咨询公司（BCG）的两位合伙人斯托克（George Stalk）和埃文斯（Philip Evans）曾在他们发表的《以能力来竞争》（Competing on Capabilities）一文中指出，企业的持续成功依赖于企业已拥有的内部能力，而企业战略选择的关键在于它能否以动应变，确立并形成一种他人难以效仿的组织能力①。

在早前的研究中，战略决策过程通常被简化为一个解决收益最大化的问题。于是，在分析企业内部能力时，仅仅考虑了能否合理配置资源及生产技术水平等一般的能力要素，而决策者则被假定为一个理性人，他的能动性和创造性往往被忽略。也就是说，一个最核心的要素——战略领导力被忽略了。实际上，领导者作为组织的灵魂，可通过创造性的决策来应对风险，适应外部环境，化不利为有利，领导组织走出困境走向辉煌。所以，战略领导力是通过谋划和创造性地运用资源来实现企业战略目标的，它是各类能力要素中最具能动性和决定性的要素，也是评价企业能力时的一个重要指标。

从表面上看，企业战略选择受产品和服务的影响，但深入到企业内部层面进行分析，就会发现企业资源和能力的差异是制约企业选择合适的战略来获取竞争优势的根本原因。企业获取竞争优势通常采用以下两种战略：一是低成本战略，通过规模经济降低产品成本，获得更大的利润空间；二是差异化战略，为企业争取更多的定价选择。若企业拥有充裕的资源，可采用低成本战略；若企业具备优质的能力，可采用差异化战略；若企业既无丰富的资源又不具备较强的能力，则在选择这两种战略时都将受到限制。

---

① Stalk G., Evans P., Shulman L. E. Competing on Capabilities: The New Rules of Corporate Strategy. *Harvard Business Review*, Vol. 70(2): 57—69.

二、企业外部环境因素

所谓“外部环境”，是指影响企业生产经营活动和发展的各种客观因素与力量，它既包括了自然环境（如气候、资源、地理条件等），又涵盖了其他社会力量（如国家机关、不同利益群体、习俗和价值观等）。目前，对于企业与外部环境的关系主要有三种观点：决定论、适应论和战略选择论。决定论将适者生存作为评判一个企业是否能在激烈竞争中生存下来的最高法则；适应论则从权变的视角提出企业可通过调整自身的组织结构来适应外界环境的变化；战略选择更重视企业在既定环境下对现实环境的选择利用。虽然这三种观点分别从不同的角度来探究企业与环境的关系，但它们都共同表明了一点：企业作为市场的主体，存在于特定的外部环境中，其经营决策必然会受到环境的制约。外部环境因素的变化会给企业带来大量非独立性、非结构化的问题，进而制约企业的战略选择。

传统的战略管理理论将企业外部环境分为宏观环境、产业环境及运营环境，并认为产业环境与运营环境通过产业结构特征与生产要素供给状况对企业战略起直接的影响，而宏观环境所产生的作用却是间接的，仅对企业发展构成机会和威胁。也就是说，宽泛的企业外部环境即宏观环境是企业无法控制的外生变量，企业只能选择去适应它。但近年来，越来越多的管理者开始从市场环境因素与非市场环境因素的角度来研究企业外部环境对企业战略选择的影响。

（一）市场环境因素

市场是指经济理论中纯粹的交换活动。它是经济学中的核心概念，也是经济理论的一个前提，几乎所有的经济学研究都以市场为研究背景，探讨市场经济中出现的各类问题。所谓市场环境，就是指企业、供应商、分销商和顾客等在自愿的基础上，通过市场或契约性关系进行资源交易时，所形成的一种相互作用的机制。市场环境强调的是企业环境中的竞争压力，这迫使企业在选择战略时充分考虑市场供求条件和其他市场因素，然后对其战略和策略做出不断调整。例如，当企业处于一个发展较成熟的市场，竞争对手间的产品差异较小时，为增加对市场的吸引力，企业会采取促销、降价等策略；若市场规模较小，企业欲在短期内扩大用户的购买量，加大市场占有率，则采取渗透价格策略，使产品的定价远低于产品的经济价值。同样地，企业的并购策略也深受市场环境的影响。当企业在外部市场中的活动不占支配地位，投入物和产出物的数量、价格及交货时间等方面在较长时期内都难以保持稳定时，企业会选择将这些原先受制于外界企业的前后项业务活动内部化，以减少企业的经营成本和风险，因而就产生了企业一体化策略。

企业的市场环境是一个多层次的动态系统，可将其分为企业运营环境、行业环境以及经济和技术环境。

1. 运营环境

在企业生产经营过程中，可直接影响企业生产要素投入及产出（产品、服务）需求的主要因素称为运营环境。前者包括土地、资金、设备、原材料、劳动力等，后者包括目标市场客户特征、年龄和数量，购买行为特征等。运营环境代表企业获得经营所需的稀缺资源及满足客户需求的能力。良好的运营环境有利于企业选择低成本、标准化或多样化的战略来获取竞争优势；反之，则会阻碍企业选择具有竞争力的战略。

2. 行业环境

行业环境是指同一行业内直接影响个别企业市场竞争性质和程度的主要因素。它包括行业的经济特性、竞争的激烈程度、行业变革的驱动因素及未来发展潜力等。不断加剧的行业竞争将导致投资收益的下降，当低于竞争的最低收益率时，资本将会从该行业流出；反之，则会刺激资本流入该行业。若处于毫无吸引力、盈利能力较弱的行业中，企业即使采取再好的战略也仍旧无法获得可观的利润。任何行业都会依次经历导入期、成长期、成熟期和衰退期四个阶段。不同阶段有不同的市场密集度和行业壁垒，对创新的激励程度不同，企业进入、退出行业的条件也存在差异，各阶段相对应的战略自然也有差异。在行业的初创期(一个全新行业的兴起或是一些传统行业的再生)，技术发展具有高度的不确定性，顾客缺乏必要的产品知识，竞争的游戏规则不确定，这些特征使得先期进入这一行业的企业要承担很大的风险，企业主要致力于开辟新用户及占领市场，要建立有影响力的品牌和声誉还需要一定的时间。当行业进入成长期后，新产业的产品已经受到广泛的试用和宣传，赢得了部分消费者的偏爱，市场需求开始上升，投资于新产业的厂商也开始增加，产品逐步从单一走向多样。在此阶段，企业不能单纯地依靠扩大产量、提高市场份额来增加收入，必须依靠提高生产技术、加大新产品的研制和开发力度来获得竞争优势，维持企业的生存。波特在《竞争优势》一书中指出，企业在制定进攻或防御战略前，需先考虑企业生存的整体产业条件，产业发展越慢，企业需付出不断努力以追求自身利益的可能性就越大。

3. 经济环境

经济环境是指一个企业所属或将参与其中竞争的经济体的经济条件和经济特征等客观因素。构成经济环境的要素包括社会经济结构、经济体制、经济发展水平、经济基础设施、社会购买力、消费者可支配收入等。在评价经济环境时主要从四方面来分析。第一，经济周期。一国或地区的经济处于萧条、停滞阶段，还是复苏、增长阶段？不同阶段的市场购买力及增长率是不同的。第二，消费者可支配收入。可支配收入的不断提高可刺激消费者的消费，增大市场需求，为企业带来机会。第三，价格。价格是市场经济中一个敏感的因素，它不仅是市场供求状况的信号，也对市场供求起杠杆作用。企业若不能对价格做出准确的估计，再好的战略也无用武之地。第四，基础设施建设。这里的基础设施主要指一国或地区的运输、能源、通信及商业基础设施的建设完善性和供给效率。它们在一定程度上决定着企业的运营成本和效率，因此在选择战略时就显得尤为重要。

4. 技术环境

技术环境是环境中的技术要素及与技术要素有直接关联的各种现象的总和。它包括国家和地区的技术水平、新产品开发能力、技术政策、技术发展趋势与应用前景等。其中，技术水平和发展趋势决定了欲获取或保持竞争优势的企业的技术投资方向与强度，同时也预示着政府有关技术开发与利用的政策方向。而基于速度的产品创新能力则能迅速改变消费者的消费行为和价值观念，为技术领先的企业在战略上提供竞争优势。技术变化快、变化大、影响面广的特点对企业的战略选择提出了较高的要求。尤其是那些颠覆性的技术创新的出现，如信息技术(互联网＋、物联网)、新能源技术、新材料技术，成了过时技术的颠覆者和终结者。在技术革命的浪潮中，微软、英特尔、谷歌、阿里巴巴、华为、联想等公司的崛起就很好地证实了这一点。

(二)非市场环境因素

事实上，市场是一个极其复杂的社会现象，若将其单纯地看作一个经济问题来处理无疑是过于简单化了。决定企业战略及其成败与否的关键不仅在于企业的产品和服务质量、经营效率、供应链组成和分销渠道等市场因素，企业与政府、利益集团、激进主义分子和社会公众之间的关系也是至关重要的。这些团体可产生一种非市场力量，一方面，可限制产品价格上涨，提高行业的竞争成本，阻止企业进入新市场；另一方面，又可帮助企业发掘新市场，解除政策管制，减少竞争对手，创造竞争优势。

"非市场"一词是由美国斯坦福大学巴伦(Baron)教授于1995年在战略管理领域中提出的。非市场是指与经济交换活动紧密联系的社会结构，包括政治、社会因素等，非市场关系随着市场交易的反复发生而产生。巴伦认为企业所处的环境不仅包括市场环境，还应包括非市场环境，企业与政府、公众、利益相关者等之间的关系不是由市场来调节的作用关系，而是属于企业非市场环境的内容[①]。

非市场环境包括外在于市场交易但与之紧密联系的社会、政治和法律等安排，企业宏观环境中的政治和社会环境都属于非市场环境的范畴。政治法律环境主要是指企业业务所涉及国家或地区的政治制度、政治体制、政治形态、方针政策、法律法规等方面。一般来说，政治环境是不可控和刚性的，具有很强的约束力。在一个政治稳定的环境中，企业易于通过公平竞争获得利益并保持长期稳定的发展。而在一个政治环境动荡不安的地区，企业自身的正当权益易被侵犯，甚至影响其生存和发展。但有时企业可以调整自己的内在策略，通过游说、政治参与等策略化劣势为优势，谋求有利于自身发展的宏观环境。就政府政策而言，它影响着企业的经营活动，对企业战略选择有很大的干预作用。即使在市场经济较成熟的国家，最低工资限制、劳动保护、进出口限制和反托拉斯等政策仍然存在。在选择企业战略时，需对政府政策的长期性和短期性做出判断，对具有长期作用的政策应采取应对策略，对短期性的政策则可视影响程度而定。

社会文化环境是指一个国家或地区的民族特征、文化传统、价值观、宗教信仰、教育水平及风俗习惯的总和。它代表着一定时期整个社会发展的一般状况。这些因素是在人类长期生活和发展中逐渐形成的，它们在推动政治、经济、技术变革的同时也强烈地影响着消费者的购买行为和企业的经营活动。例如，涵盖了人口规模、年龄结构、人口分布、民族构成以及收入分布等在内的社会人口因素将影响一个国家或地区的市场规模、消费者行为、市场进入的渠道和成本等方面。人们的价值观、宗教信仰等文化因素将强烈影响消费者的购买决策和企业的经营行为。由于不同国家有着不同的文化传统、社会习俗、道德观念及价值准则，企业必须在文化因素分析的基础上再对某一市场做出战略选择，否则，由文化差异导致的文化冲突极易产生。

在分析非市场环境时，"4I"模型提供了很好的分析框架。"4I"代表4个分析指标，即问题(Issues)、利益(Interests)、机构(Institutions)以及信息(Information)。非市场问题是指企业与利益相关者之间无法通过契约或市场交易等市场方式来解决，但对企业的业务经营活动和社会声誉造成影响的利益冲突。通常，这些非市场问题来源于价值观的变化(如人们环保意识的增强推动政府设立一系列的环境标准)、利益相关者的活动(如消费者协会和工会扮演着重要的角色)、科技的发展(如PM2.5测量仪的出现促使各国政府设定机动车排放标准)和制度的变化(如烟花爆竹的销量因国家禁止燃放烟花爆竹的政策而受阻)等。利益是指与事件有直接或者间接利害关系的个体或组织。这些个体与组织的身份、状态、特征、采取集体行动的可能性，以及他们与企业之间的关联程度等都会引发企业的非市场问题。机构是指拥有合法权利处理这些非市场问题的国家机关和一些国际组织，通常是正式的公共权力组织，如立法机关、行政机关、司法机关、联合国和世界贸易组织。信息是指企业和利益相关者所收集到的有关非市场的相关知识和消息。信息是非市场环境分析的重要因素，非市场问题多数情况下是

---

① Baron, D., 1995a, The Nonmarket Strategy System. *Sloan Management Review*, 37(1), 73－86.

由于信息不对称、信息匮乏、信息沟通不畅等导致的①。

非市场环境中有三种力量将在很大程度上影响企业进入市场的机会，分别是政府、公众和非政府组织。政府作为国家的权力机构在企业的外部宏观环境中处于核心地位。政府掌控着大量的社会资源，通过政府购买力可改变市场份额、市场结构，其制定的法律规范、税收政策也会影响企业的经营活动。政府可作为一个竞争性的工具帮助企业创造出最有利的环境②。公众是一个庞大群体，对社会有着广泛的影响力。他们通常对企业有一定的社会期望和社会责任标准，企业的活动若符合标准，可在公众的心目中树立良好的企业形象，提升企业信誉，为企业的发展创造一个良好的环境。例如，原本知名度并不高的加多宝集团就因在2008年的汶川地震中向灾区捐款1亿元而受到公众的赞誉。非政府组织也是一庞大的社会群体，它们虽没有类似政府的公权力，但可以作为中间力量影响社会，为企业赢得竞争优势。例如，百事可乐率先响应健康组织的倡议，生产销售减肥可乐和果汁饮料，因而从竞争对手可口可乐公司的手中抢走了市场份额。

非市场环境因素对企业的影响主要集中在企业对非市场资源的拥有与控制上，进而限制了企业的战略选择。非市场资源主要包括以下三类：企业处理与政府、利益相关者、新闻媒体和社会公众之间关系的能力；在满足各利益相关者的要求方面所赢得的声望；企业的结盟能力。通常情况下，这些非市场资源是很难被模仿和复制的，一旦拥有这些独特的资源与能力，企业便易于在竞争中获得优势。即使竞争企业为取得竞争优势，想在引起优势的非市场资源和能力上下功夫，其付出的代价要大得多。因此，如何在多变的非市场环境中保持对非市场资源的控制是许多企业在战略选择时面临的难题。

非市场环境识别了环境中的强制性、规范性与认知性压力。为使自身行为与社会期望保持一致，企业在战略决策时所受到的制约很大一部分是来自非市场环境中的制度因素。首先，经济和政治的急速变化、产权界定不明晰、产权保护制度不健全、正式制度的缺失或难以实施等在政治和行政管理方面存在的不确定性都将增加企业的经营风险，是目前制约企业战略选择最重要的一个因素。此外，规范、文化和伦理等非正式制度的约束也起到一定的作用。尤其在我国，非正式制度在规范企业经济交易的过程中扮演着极其重要的角色。对中国企业来说，企业高管人员与政府的良好关系比与其他企业高管的关系网络更能影响企业绩效。当然，制度大范围的变迁及其变迁后表现出的独特性也会影响企业的战略选择。

由上可知，企业市场环境因素与非市场环境因素共同组成了企业的外部环境因素，对企业的战略选择起到较大的制约作用。下面关于世界知名企业相继撤离中国的案例，很好地说明了企业外部环境变化对企业战略选择产生的影响。

阅读材料 12－1

一些知名外企相继撤离中国的背景

近年来，一些世界知名企业的生产部门相继撤离中国，或迁往东南亚国家，或撤回母国，这一现象引起了广泛关注和议论。日本钟表企业西铁城2015年春节前宣布清算解散在广州的

① Baron, D., 2009, *Business and Its Environment*. Stanford University: Prentice Hall.

② Epstein, E., 1969, *The Corporation in American Politics*. Englewood Cliffs. NJ: Prentice-Hall.

生产基地;微软拟关停东莞和北京的诺基亚手机工厂,加速将生产设备运往越南工厂。此前,包括日本松下、夏普、耐克、三星等企业都在加速把生产业务从中国迁到东南亚和印度。

外资生产企业大批迁离中国,上一次发生在2008年,主要原因是金融危机爆发。这一次,则更多基于企业自身的战略决策。据英国广播公司网站报道,一派意见称这种"撤离潮"是中国经济面临危机的征兆之一,也折射了中国投资环境变差、政府加重保护本国产业的政策取向;另一派意见则认为撤离的大部分是低端生产业务,正合乎中国经济转型、减少过剩产能的大趋势,不足为虑。国内学者分析认为这一现象恰好证明了中国真正开始进入工业化阶段,尤其是生产企业外迁的同时,中国还超越美国成为外资流入量最多的国家。

分析外企撤离中国的原因,主要有以下三个方面:

第一,人工成本高涨是中国失去吸引外资优势的最主要原因。2001年,中国工人的平均月工资为五六百元人民币,不仅低于东南亚国家,而且约是欧美发达国家工人工资的1/20。2014年,中国工人的平均月工资已达到三四千元,"五险一金"更是占到了工资的20%～30%,加重了企业的人工成本。美国波士顿咨询集团(BCG)2014年发布研究报告称,中国制造业对美国的成本优势已经从2004年的14%降到2014年的4%,也就是说,同样的生产,在美国只比在中国贵4%。

第二,中国自身科技的高速发展使外资企业在技术上失去竞争优势。在撤离的这些企业中,有很多是美国、日本、德国等制造强国的企业,主要生产高端产品。30多年前,中国因资金不足,需要通过引进外资、引进技术来发展;现在中国进入工业化阶段,拥有雄厚的资金积累为基础研究、应用技术和创新提供保障,或者企业可选择仅通过海外并购技术原创企业来获得最新技术。

第三,中国政府对本国企业的支持减少了外企的市场机会。路透社发表独家报道说,中国政府采购清单上确定已剔除多个全球领先的技术品牌,同时加入数千家本地品牌。分析认为,中国政府的这一行为一方面是出于国家安全考虑,另一方面也有扶持、培育本国信息技术企业之意。

资料来源:新浪财经相关文章,《知名外企相继撤离中国学者称大势所趋》,2015年2月27日。

市场环境与非市场环境因其构成要素不同,对企业行为的影响机制也不同,因而它们之间存在本质上的区别,主要体现在以下几方面:第一,主体间竞争性关系不同。在市场环境下,企业和消费者是市场的主体,企业根据消费者的需求和选择做出迅速的反应才能获取竞争优势,因而他们之间是一种竞争性的关系;在非市场环境下,主体间保持着一种非完全竞争性的关系,作为公共政策的制定和实施者、公共产品和服务的唯一提供者,国家机关占有垄断的支配性地位。第二,约束规则不同。市场环境中的交易行为都是通过价格机制产生的自愿交易,仅受单一的市场竞争规则的支配;而非市场环境中则存在着多种性质不同的复杂规则,社会主体(个人、企业、国家机关和非政府组织等)按照不同的规则在其公共事务领域内发挥着各自的作用来增加或保护公共利益。第三,合作方式不同。市场环境中企业为实现个体利益通常会自愿以商业契约的方式与产业链、价值链中的利益相关者合作形成利益网络;非市场环境中企业与利益相关者之间更多地是以集体行动的方式建立起利益网络,追求具有公共产品性质的共同利益。但是,在现实中有很多企业即使不参加集体行动最终也可分享集体行动所带来的成果,这就是所谓的“搭便车”现象[①]。

基于以上三方面的比较,可以发现在市场环境和非市场环境下,企业的战略决策具有不同的复杂性。在市场环境下,企业只需考虑产业链和价值链中利益相关者的需求、动机与行为,通常这些利益相关者的需求偏好是同质的,即利润或效用最大化;但在非市场环境下,企业还需考虑国家机关、特定利益集团、非政府组织、大众传媒和社会公众等的需求、动机和行为,加之这些非市场关系的利益相关者的需求偏好是异质的,在非市场环境下的战略决策远比市场环境下的决策要复杂得多。

此外,市场环境与非市场环境在参与者采取的行为、关注点、获得的利益及对企业绩效的评定标准上也存在差异[②],如表 12－1 所示。

表 12－1　　市场环境与非市场环境的比较

因素	市场环境	非市场环境
制度	经济交易制度,决定产权关系	涉及各种公众机构
参与者	市场经济交易的参与者	包括市场参与者、政府官员、利益集团、激进主义、媒体和公众等团体
行为	一般是自愿的	可能是自愿的,也可能是非自愿的
利益	获得私人利益	提供公共利益
关注点	强调资源承诺,关注金钱(业绩)	强调选票(选民)数量
许可性	有些行为是禁止的	有些行为是允许的
企业绩效	以利润和价值为标准	还包括道德原则和责任理念等维度
特点	行业竞争对手的数量、进入和退出的难易程度、行业成本结构、技术进步的性质和速度、行业竞争的需求和层次性质以及市场竞争规则等	事项、机构、利益和信息四个要素

资料来源:Baron,D. ,1995. The Nonmarket Strategy System. *Sloan Management Review*, 37(1).

第二节　企业市场战略与非市场战略

企业在制定战略时,需要根据经营环境和自身实力确定企业的目标,分配关键资源,安排经营活动的方针、政策和方法。自 20 世纪 90 年代以来,企业生存的外部环境变得愈加复杂多变,产品和服务的同质化竞争也愈加激烈,仅凭市场战略来获取竞争优势已无法满足企业自身的生存与发展。于是,更多的战略制定者开始将目光转向非市场环境,关注企业在非市场环境下的行为,通过非市场战略促进企业的可持续发展。

一、业务竞争与组织竞争

20 世纪 30 年代以前,资本主义国家主流经济理论一直认为市场机制这只“看不见的手”可以起到有效配置资源的作用,政府应当采取“自由放任”的态度。在市场中,企业作为以追求效率为目标的经济组织,主要依靠其在业务上的竞争而发展。由于企业之间的业务竞争比拼

① 蔡曙涛:《企业的非市场环境与非市场战略——企业组织竞争的视角》,北京大学出版社 2013 年版。

② Baron,D. ,1995,The Nonmarket Strategy System. *Sloan Management Review*,37(1).

的就是企业的资源投入量和配置效率，所以其本质就是企业产业链和价值链管理效率之间的竞争。在市场领域，企业可通过产品/服务的成本、质量和功能差异化来获取市场竞争力。例如，企业可提高自身产品研发和创新的能力、运营与价值链管理的能力、成本控制和质量管理的水平，也可不断投入人力、资金和技术等资源来建立和维护与供货商、分销商之间的密切合作关系。通常情况下，大企业因占有较多的资源，在市场业务竞争上更具优势，如微软、沃尔玛、联想、华为、保洁等都因其产品受到广泛认可而形成市场竞争优势。

然而，到了20世纪30年代，世界范围内出现的经济大萧条促使人们开始反思传统经济理论与政策，并提出了政府干预以弥补市场缺陷的观点。随着经济迅速的发展、社会政治民主制度深入人心、法律制度的日益完善及多元化价值观受到尊重，政府宏观经济政策、法律制度及各种非政府组织的活动对企业的影响开始广泛出现。此时的企业管理者面临的已不仅仅是单纯解决资金和技术问题，而是需要耗费大量时间和精力去解决与政治、法律和社会有关的问题。例如，经济全球化在促进国家间贸易和投资往来的同时，也让企业陷入到了如何适应国际条约和东道国法律的困境中；在国家制定公共政策时，企业应如何与政府相关人员沟通以表达自己的利益诉求，使制定出的制度有利于本企业的发展等。

此时，企业扮演起了社会组织的角色，它们需要不断地通过组织竞争来取得竞争优势。组织竞争的主要表现就是企业以追求组织合法性来获得良好的社会声誉。这里所指的合法性是指在一个社会的信仰、规范和价值体系中，某一实体的行为被认为是可取的、适当的和正当的①。合法性既包括法律规章层面的合法性，也包括道德层面和认知层面的合法性。制度理论认为，企业要想从利益相关者处获得合法性，其行为必须与利益相关者在认知和情感方面的期望相匹配，并不断地接受和采纳外界的赞许与建议。组织追求合法性可从两方面着手：一方面，企业在管理活动时应尽可能站在利益相关者的立场上思考问题和制定战略，满足他们的利益诉求，使他们认可企业的合法性，给予企业正面、积极的评价；另一方面，当企业与利益相关者的目标不一致时，企业可以通过自身努力使利益相关者改变或放弃他们的利益诉求，影响他们对企业合法性的认知程度，努力以实现企业的战略目标。合法性对于企业的生存和发展起到非常重要的作用。组织拥有合法性，也就意味着企业的目标和行为已获得社会的认可和支持，企业从利益相关者那里获得非市场资源的支持变得较为容易，这为企业在非市场环境下的生存与发展提供了保障。

随着时代的发展，如今企业间的竞争已从业务竞争延伸到了组织竞争。企业的业务竞争有时可以强化企业的组织竞争力，如微软不断更新的计算机软件、苹果公司不断创新的产品都为它们带来了良好的社会声誉、较高的组织合法性认可程度。但是业务上具有竞争优势并不等同于企业组织竞争中也具有优势，现代企业的发展不仅在市场中面临经济绩效的压力，也在社会中受到各利益相关者的合法性约束。若企业的业务竞争力强而社会合法性认可度低，仍然面临被淘汰的风险。所以，现代企业应具备全局意识，不仅需要分析市场环境，制定促进业务快速发展的市场战略，还要分析非市场环境，制定有关组织发展的非市场战略。

二、市场战略理论与工具

企业的市场战略是企业在市场环境中通过提高经济绩效以创造价值所采取的一致性行为和策略。市场战略的制定旨在提高企业经营绩效，增强企业的竞争优势。例如，高效的市场营

① 蔡曙涛：《企业的非市场环境与非市场战略——企业组织竞争的视角》，北京大学出版社2013年版。

销战略可以帮助企业抵抗衰退[①]，更关注市场长期战略的制造商则更容易成功[②]。因此，市场战略的选择与组合是决定企业生死存亡的关键因素之一。

(一)市场战略的基本理论

目前，较成熟的市场战略理论有基于波特竞争理论的市场战略、基于安索夫产品—市场理论的市场战略和 STP 市场战略理论。

1. 基于波特竞争理论的市场战略

基于产业组织理论中结构(S)—行为(C)—绩效(P)的分析范式，哈佛大学商学院教授迈克尔·波特将该范式引入企业战略管理研究之中，并在其著作《竞争战略》与《竞争优势》中提出了以产业结构分析为基础的竞争战略理论。波特认为，获取竞争优势是企业战略的核心，而影响竞争优势的因素主要有两个：一是企业在产业中的相对竞争地位；二是企业所处产业的盈利能力，即产业的吸引力。企业的竞争地位可基于价值链上的某个环节来创造价值，获得提升。产业的吸引力是由进入壁垒、替代品威胁、买方议价能力、卖方议价能力以及现存竞争者之间的竞争这五种力量来决定的[③]。

基于此，波特提出了三种提高企业自身竞争力的战略：成本领先战略、差异化战略和集中化战略。成本领先战略是指企业为价格敏感型用户提供低于竞争对手价格的产品或服务的战略。差异化战略是指企业通过技术和产品创新为价格较不敏感型的用户提供具有独特功能或质量更佳的产品或服务。集中化战略则是指企业将产品或服务的销售目标限定在小范围的用户群体上。

2. 基于安索夫产品—市场理论的市场战略

策略管理之父安索夫(Andoff)于 1957 年提出了“产品市场匹配”的概念，认为企业经营战略的实质就是对四种因素(现有产品、未来产品、现有市场和未来市场)的组合，并提出了四种组合战略，即“安索夫矩阵”，企业可以选择市场渗透战略、市场开发战略、产品延伸战略或多样化经营战略来达成增加收入的目标。市场渗透战略是指企业通过增加产品功能、提高产品质量、扩大生产规模、拓宽销售渠道、加强广告宣传、开发新市场等单一或组合策略，在现有产品和市场的基础上，逐步扩大产品的销量，增加产品的市场占有率。市场开发战略，又称市场开拓战略，是指将现有产品的某些非关键要素进行改变，再经过其他类型的分销渠道或广告媒介将产品销售至新市场的策略。产品延伸战略是指企业在扩大产品的深度或广度后，利用现有的客户基础来推销新一代或是相关的产品，提高市场的占有率。具体做法有向上延伸(在经营原低档产品的基础上增加高档产品的经营)、向下延伸(在经营原高档产品的基础上增加低档产品的经营)和双向延伸(在经营原中档产品的基础上分别增加高、低档产品的经营)三种。多样化经营战略是指企业参与多种商品和劳务的生产和销售活动。在战略实施的过程中，企业既有的专业知识和能力可能会派不上用场，造成资源浪费，所以多样化经营是一种冒险的战略。

企业在选择和制定市场战略时，应首先考虑市场渗透战略，凭借现有产品来增加顾客的购

---

① Pearce, J. A., Marketing Strategies that Make EntrepReneurial Firms Recession-resistant. *Journal of Business Venturing*, 1997, Vol. 12 (4).

② Shaw, V., Successful Marketing Strategies: A Study of British and German Companies in the Machine Tool Industry. *Industrial Marketing Management*, 1995, Vol. 24 (4).

③ 迈克尔·波特：《竞争战略》，华夏出版社 1997 年版。

买量，提高现有市场份额；然后再考虑市场开发战略，预估企业是否能为现有产品开辟一些新的市场；接着再考虑产品延伸战略，看企业是否能再生产若干新产品为其现有市场的发展创造潜在利益；最后考虑能否利用自己现有的技术和优势，根据物资流动方向，拓展经营业务，实现企业的纵向一体化。

3. STP 市场战略理论

企业 STP 市场战略是企业市场战略研究领域的重要理论，S、T、P 分别代表市场细分(Segment)、目标市场(Target)和市场定位(Positioning)。市场是一个综合体，由多层次、多元化的消费需求组成，这些消费需求不可能完全由一家企业来满足，因此企业在进入市场前需先按照消费者的需求和购买力等因素，将市场分为若干个需求相似的消费群，这就是市场细分。然后，企业评估不同细分市场的吸引力，根据自身战略和能力从子市场中挖掘有发展潜力的细分市场作为公司的目标市场，并以此为依据选择为之服务的目标客户。最后，进行市场定位，将所提供的产品/服务介入所选定的目标客户。

(二)市场战略创新

当前，企业间日益激烈的竞争导致行业中大多数企业的战略开始趋同，产品或服务的同质化严重，企业的利润空间开始缩小，最终影响了企业的生存和发展。此时，企业应该对其市场战略进行新的思考，通过战略创新，改变原先的“游戏”规则，来获得持续的竞争优势。百年企业柯达的轰然倒塌、安然公司的破产以及通用汽车的破产及重返华尔街都很好地验证了企业战略创新的必要性和迫切性。

战略创新，是指企业根据不断变化的外部环境，及时、主动、积极地改变那些决定企业发展的关键变量，如创新生产技术、工艺流程、商业模式、经营战略等。作为市场竞争战略的一种，战略创新的目的在于帮助企业在变幻莫测的环境中保持自身的竞争优势。

战略创新包括三大要素，分别是产品创新、技术研发创新和组织与管理创新。产品创新是指企业基于基础性研究和应用研究成果而开展的创新活动，如原理创新、设计创新、原材料创新等，这有利于企业寻找新的利润增长点，紧跟市场和社会的发展需求。产品的创新将对技术研发提出新的要求，这就要求企业在技术、工艺和设备等方面进行创新活动，也就是所谓的技术研发创新。组织与管理创新是指企业从组织管理的角度出发，对组织的结构模式和管理方法进行创新，保证信息能够沿着各管理层级及时、准确地传递，提高管理的效率①。

战略创新可以分为三种不同的类型：领先型创新、跟随型创新和附属型创新。领先型的战略创新往往会产生重大的发明创造或全新的管理理念，因而建立起一个“从无到有”的消费者市场。例如，智能手机的出现就是一种领先型的创新。跟随型创新就是基于已有的创新成果，进行再创新的过程。跟随型创新的风险较小，往往是在别人刚完成“发明”，新市场已初见端倪，市场需求量开始迅速上升时，就进入了市场。例如，施乐公司是复印机行业的领先者，其研制的复印机总是倾向于多功能，以满足不同的市场需求；而后来进入该行业的一些日本厂商，则专门设计满足不同需求的专用复印机，追求最优化，结果抢占了许多复印机市场。附属型创新是指那些以获取较小市场份额为目的，不求行业领导者地位，而开展一些为保障自身特有竞争优势的创新活动。通常附属型创新产品的市场份额有限，不足以吸引其他的竞争者进入，所以创新企业可以在进入时获取全部的市场份额，避免激烈的竞争。但同时，企业扩大生产的余地也较小。

---

① 樊波：《战略创新：企业发展的核心竞争力》，《商场现代化》，2015 年第 14 期。

阅读材料 12－2

知名企业的市场战略创新

面对全球化经营的竞争与挑战，多数国际跨国公司纷纷开始进行市场战略创新，全力提高企业的核心竞争力，力求在国际市场上超越竞争对手，带来超额的利润。

微软公司——“核心技术”战略创新

举世瞩目的超大型企业微软公司，在进入 21 世纪后，积极实施企业的“核心技术”战略创新，以技术领先的优势赢得市场。比尔·盖茨果断地削减了自己在企业中的事务管理权限，将精力集中于未来的技术路线，并为此成立了一支“核心技术”开发队伍，通过对其进行培育和指导，创造适应时代要求的软件产品开发商务模式，更有效地抢占市场。核心技术战略创新使得企业拥有快速的市场应变能力、信息处理能力和领导决策能力。

杜邦公司——“核心主业”战略创新

美国杜邦公司素有“世界化学工业巨人”之称，在化学纤维技术及产品领域居于世界前位。然而随着新经济时代的到来，杜邦公司宣布放弃企业成功经营 65 年的产业战略，重新将企业“核心主业”战略定位在生物科技领域，创造企业的可持续发展。不需自然资源，仅利用生物科技和物理学、化学工程科学及资源科学相结合，研发新的材料与产品，尽可能减少对环境的污染，开发出人类生存的必需品。面对人类共同关注的环境保护问题，杜邦公司勇于放弃原先的市场战略，将战略重新定位在创造可持续发展上，这是杜邦公司战略的一大创新。

可口可乐公司——“核心顾客”战略创新

可口可乐公司认为企业要占据新的市场，必须进行“核心顾客”的战略创新，主攻核心顾客的心理，挖掘稳定的忠诚客户。近年来，可口可乐公司认真研究核心顾客对产品口味、质量及功效等方面的要求，然后对其产品配方进行多次的修改，甚至放弃原有的配方，推出新产品，迎合核心消费者的需求。

资料来源：群山：《中美知名企业归核经营战略创新》，《经济与管理》，2001 年第 8 期。

三、非市场战略

市场战略是企业为“适应”外部环境而被迫做出的决策，但仅仅只适应市场环境并不足以保证企业能在日益激烈的竞争中生存下去。现在越来越多的企业开始意识到，“它们已经步入非市场竞争的时代”，政府的政策和法规、新闻媒体的介入、公众和利益相关者的认可等都是其取得竞争优势的重要来源。多数情况下，非市场环境中取得的竞争优势要比市场环境中的竞争优势更能促进企业的可持续发展。在中国，许多企业每年要花 1/3 的时间和精力在同政府相关部门打交道上，其目的就在于创造有利于企业发展的非市场环境。

（一）非市场战略的概念

学术界对于非市场战略的定义有不同的界定。巴伦将企业在非市场环境中通过改善整体行为以增加价值所采取的一致性行动称为非市场战略。也有学者认为，非市场战略是指企业与政府、社会公众和媒体等利益相关者建立关系的策略。本书将企业为营造有利于自身发展的竞争环境，而在非市场环境中处理非市场事项时所采取的一致性策略称为非市场策略。企业实施非市场战略的行为则称为非市场行为。企业参与各种慈善公益活动、针对大众传媒的公关行为、与环保组织达成环保合作项目等都是企业非市场行为。当然，也有很多企业为创造非市场环境下的竞争优势而做出不规范、不合法、不道德的非市场竞争行为，如商业行贿、损害竞争对手商誉、控制媒体、股权变卖的暗箱操作等。

(二)非市场战略的类型

对于非市场战略的分类有不同的方法，一种是把企业的非市场战略分为缓冲战略和桥梁战略。所谓缓冲战略，是指企业试图将自身与外部干扰隔离，或通过政治游说、社会捐款和宣传广告等手段来影响外部环境，阻止外部对企业内部的干扰。桥梁战略则是指企业为了与外部的期望保持一致，积极地试图达到或超过它所在行业的管制要求的行为。

按照合法性的种类来划分非市场战略是较常见的方法，它将非市场战略分为企业政治战略、社会公众与媒体战略和企业社会责任战略三种。

1. 企业政治战略

企业政治战略是指企业为取得有利于企业经济生存和持续成功的政府资源而主动参与制定“游戏规则”或影响政府政策法规制定的战略。传统的企业战略理论认为，企业无法改变政治环境，只能去迎合它，然而，在这个“政治竞争紧跟经济竞争”的时代，政府对企业的干预有所增多和增强，无论是行业准则还是各种标准，如技术、食品和环境污染标准等都规范着企业的经营活动。因此，更多的企业开始加入到政府决策的进程中，将政府看作一个竞争性工具，可为企业创造有利的环境。很多美国大企业在中心城市设有政府关系办事处，通过游说活动影响议会的决策。国内的企业也存在大量的政治竞争行为，如通过行业协会向政府提出有关提案、赞助学术机构召开研讨会等。

企业采取政治战略可获得以下好处：第一，可形成有利于企业偏好的政府政策，获得重要的资源，如土地、资金等有形资源以及提升企业声誉等无形资源。政府政策的形成过程本质上是政府、企业和相关利益群体之间的博弈过程，企业希望政府决策时能站在自己这边，成为企业利益的代言人，提供所需的政治资源。第二，减小企业的不确定性，降低风险。如通信、交通、公用事业等对政府资源有很强依赖性的企业，通过主动实施政治战略，可减少依赖性带来的不确定性。第三，在政府的帮助下或运用获得的政治资源可提高企业竞争能力，创造竞争优势，达到企业的最终目标，即获得市场地位和改善业绩。例如，百事可乐公司通过求助委内瑞拉、法国、印度和美国的政府从对手可口可乐公司手中重新赢得了国际软饮料的市场份额。美国国内的钢铁生产商通过贸易保护游说等政治战略影响政府对进入美国市场的控制，使其在不断收缩的市场中赢得稳定的价格和利润。类似地，2014 年 9 月 19 日阿里巴巴集团能够成功进入美国资本市场，进行了全美历史上最大的首次公开募股(IPO)，这与阿里巴巴企业采取正确的政治战略有着密切的联系。

当然，除了以上好处外，影响企业实施政治战略的因素是多方面的，包括企业的资源、规模、类型、组织结构、生命周期、领导者的风格等。企业控制着对社会影响较大的资源越多，企业面临的外部不确定性就越大；或者企业的规模越大，企业则更偏向于主动实施政治战略。另外，企业管理者的价值导向影响企业对外部利益相关者的态度，进而影响企业采取政治战略的积极性。

阅读材料 12－3

阿里巴巴登入纽交所的成功策略

阿里巴巴能进入美国市场，登入纽交所，这与其出色的游说团队有密切联系。2011 年，阿里巴巴和其重要股东软银（Soft Bank）通过法律代理人雇用了华盛顿的顶级游说公司 Duberstein Group，发起一场涉及收购雅虎的政治游说行动。2012 年，邀请 Duberstein Group 的公司负责人、原美国贸易代表办公室总法律顾问门德霍尔加入阿里巴巴的游说队伍，帮助阿里巴巴将其名字从 2012 年美国贸易代表办公室的“恶名市场”名单中移除。之后，里根政府幕僚肯尼思·杜伯斯坦也被纳入阿里巴巴麾下，加入游说队伍。而后每个季度，阿里巴巴都会花费 10 万美元用于游说华盛顿政客。2014 年，阿里巴巴集团申请在美国进行历史上最大的首次公开募股（IPO）项目时，美国一个联邦监管机构向投资者发出警告称投资阿里巴巴股票存在“重大风险”（major risk），美国证券监管部门、国会、内阁官员以及阿里巴巴在美国的竞争对手都对阿里巴巴能够保证投资者安全一事表示怀疑。但最终，阿里巴巴在华盛顿没有遇到阻力，这也主要得益于阿里巴巴强大的游说团队。

资料来源：中国电子商务研究中心，《马云：阿里巴巴开启美国梦》，2015 年 6 月 9 日。

目前，对于企业政治战略的分类方法并没有统一的论断。根据交换理论，企业参与公共政策形成的过程中会涉及三种政治战略：企业通过向政策制定者提供关于政策立场偏好的信息和可能涉及不同事项结果成本收益的信息来影响公共政策制定的信息战略；将决策者和企业利益结合起来的财务刺激战略（如为政策制定者或政治党派直接捐款或提供财务支持）；通过赢得选民和公民支持，经过他们将政策偏好表达给政策制定者来影响公共政策的选民培养战略。基于代理理论，可分为七种公司政治战略：游说、报告研究结果、报告调查结果、作证、合法行动、私人服务和选民培养。这七种战略是目前西方企业最常使用的战略。

中外企业的政治战略因所处的政治经济体制不同而表现出显著的差异性。在发达国家，企业的非市场战略是在完善的市场经济环境下形成的，当企业意识到非市场战略可成为企业竞争优势的来源时，便会从以市场战略为主转变为市场战略与非市场战略相兼容的战略。但在中国，经济体制正处于由传统经济向市场经济转型的过程中，各种市场制度还不完善，企业所需的关键性战略资源仍掌握在政府的手中，企业的发展在很大程度上仍依赖于政府的支持，市场机制在中国只能发挥部分作用。可以说，中国企业的非市场战略正是在战略性资源要素市场不完备甚至是不存在的情况下产生的。所以，政府是中国企业外部利益相关者的主力军，企业的政治战略主要包括直接参与策略、代言人策略、信息咨询策略、调动社会力量策略、经营活动政治关联策略、财务刺激策略和制度创新策略这七种。

2. 社会公众与媒体战略

社会公众对企业的影响起到决定性的作用。社会公众对企业的了解和信任程度直接决定企业在市场中的地位，并影响社会公众作为潜在消费者的购买决策。当社会公众接受企业的产品、经营理念、企业文化时，会大力支持这一企业，并将企业信息传递给自己的家人、朋友，或者推荐给自己所在的单位、组织或群体。

在当今信息技术高速发展的时代，信息传播和舆论的形成更多地依赖于媒体。新闻媒体是非市场力量的重要信息来源，可以为公众和利益相关者提供企业发展中的一些非市场问题。

尤其在有了互联网后，微信自媒体、企业微信公众号等新的移动终端传播渠道和手段被广泛运用，企业的任何事件都有可能成为社会高度关注的话题。正如创新工场创始人李开复所言："在这个自媒体时代，谁忽略了社会公众媒体的价值，谁就注定在市场上要吃一顿闭门羹。"所以企业有必要把媒体作为非市场战略的一部分，利用公众和媒体对企业的正面评价和积极报道、宣传来获得认知合法性。例如，针对产品召回事件，采用积极的公众媒体战略可在很大程度上帮助企业渡过难关。2010 年 8 月，无锡松下冷机有限公司就因部分产品存在"冷藏室不冷"或者"冷藏室过冷"不正常现象，向国家质检总局递交了召回报告，决定召回公司于 2007 年 3 月到 2009 年 3 月期间生产的 29 个型号（对象台数为 365 574 台）的电冰箱。事件发生后，公司董事长城阪俊朗在新闻发布会上就召回事件鞠躬道歉，并立刻在公司网站上公布了设计产品的型号，方便顾客甄别，承诺用户可通过电话、电子邮件和网络受理的方式获取松下无偿上门检查和零部件更换的服务，从而尽快消除产品可能存在的隐患。对于此次的召回事件，网友们纷纷给出了好评，认为这是企业负责任的表现，有网民评论道"看到了吧，这就叫诚信。诚信不是评出来的，是做出来的！"也有人说："这个企业负责啊，知错就改，善莫大焉。"

3. 企业社会责任战略

什么是企业社会责任？目前国际社会对企业社会责任的理解还不统一。麦克格尔（McGuire Joseph W.）认为："企业的社会责任意味着企业对社会不仅要有经济和法律义务，还负有超过这些义务以外的某些责任。"[①]戴维斯（Davis Keith）和布卢姆斯特朗（Bloodstream Robert L.）认为："企业社会责任是指企业在追求自身利益的同时，对维护和增加整个社会福利所需承担的义务。"[②]爱普斯坦（Epstein Edwin，M）认为："企业社会责任就是要使企业决策的结果对利益相关者有利而不是有害的影响，企业行为的结果是否正当是企业社会责任关注的焦点。"[③]周祖成（2005）认为："企业社会责任是指企业应该承担的，以利益相关者为对象，包含经济责任、法律责任和道德责任在内的一种综合责任。"[④]

本书将企业社会责任战略定义为企业主动承担社会责任，并采取符合社会期望的行为来获取道德合法性的战略。例如，将社会责任的理念融入企业的愿景与使命中，保障员工的福利和健康、生产绿色环保型产品、保护消费者的权益、积极投身于慈善公益事业等。

为什么星巴克可以说服顾客支付 3 美元的高价购买一杯"有社会责任的咖啡"？正如波特在其《企业慈善事业的竞争优势》一文中所言："企业从事公共事业的目标，从表面上看是为了博得更多的认同和社会影响，而实质上，则是专注于企业竞争力的增强。"首先，企业实施社会责任战略有利于获得社会公众的认可和支持，赢得更大的市场占有率。其次，通过适当地承担社会责任，可以满足利益相关者的需求，维持与他们之间的关系；获得企业发展必不可少的资源，包括股东投入和负债等有形资源和人力资源、品牌资源等无形资源；建立先进的企业文化，为企业的长足发展提供精神动力。再次，获得社会合法性可减少起诉、法律制裁和政府限制的可能性，降低企业经营成本。最后，承担企业社会责任有利于增强消费者的信任度，增加企业价值，吸引投资者的关注。由此可见，企业采取的社会责任战略是提高其竞争力的主导力量。

---

① McGuire，Joseph W. *Business and Society*. New York：McGraw-Hill，1963：144.

② Davis Keith，Bloodstream Robert L. *Business and Society*：*Environment and Responsibility*. 3rd ed. New York：McGraw-Hill，1975：39.

③ Epstein Edwin M.，1987. The Corporate Social Policy Process：Beyond Business Ethics. Corporate Social Responsibility and Corporate Social Responsiveness. *California Management Review*，87(3).

④ 周祖城：《企业伦理学》，清华大学出版社 2005 年版。

（三）非市场战略研究的理论基础

一套完善的市场战略可以为企业创造一个有利的竞争环境，拓展企业的生存与发展空间。那么，企业为什么还要通过非市场战略来获取竞争优势？非市场战略又是如何发挥作用的？现基于资源依赖理论、事项生命周期理论、制度理论、利益相关者理论、社会交换理论、委托代理理论、交易成本理论和社会网络理论，分别从理性、政治和伦理这三个视角来探究非市场战略的内在主导机制。

1. 非市场战略的理性视角

理性视角将企业看作“理性人”，实现经济利益最大化是其追求的最终目标。企业制定与环境相匹配的战略是为了在竞争态势中获取价值，提升企业绩效。例如，企业运用政治策略来影响政府政策的制定就是为了创造有利于企业发展的竞争环境，使企业的利益最大化。由此可见，理性视角强调的是非市场战略的效用，并认为非市场战略的本质就是企业为赢得竞争优势而使用的竞争手段。通常，其研究范围主要侧重于企业与公共政策的关系。

企业实施非市场战略的原因可分别用委托代理理论、社会交换理论和交易成本理论来进行阐述①。根据委托代理理论，政企之间存在着委托代理关系，企业是公共政策的委托人之一，政府则是公共政策的代理人。政企之间的委托代理问题促使企业采取相应的非市场战略。从社会交换理论的角度来分析，企业和政治家之间存在着密切的交换关系。政治家的目标是连任，而企业的目标是获得相应的政策支持来提高业绩，通过非市场战略的实施，政企之间就可形成一种各取所需的资源交换机制：政治家们从企业那里获得有助于他们的资金和财力支持，而企业可从政治家那里及时了解政策的动向和相关信息。基于交易成本理论，政治优势可以看作企业的一项专有资产，企业实施非市场战略可降低企业的交易成本，增加企业的竞争优势。

2. 非市场战略的政治视角

政治视角认为，企业是嵌入在社会这一大背景下的开放系统，员工、供应商、消费者、政府、社区及媒体等众多团体均是企业的参与者或利益相关者。企业处于一张由这些利益相关者编织出的关系网络中，它们之间既存在着资源上的依赖互补，又存在着利益竞争与冲突。非市场战略正是用来协调利益冲突、实现关系网络中的资源共享的途径。

非市场战略研究的政治视角强调企业与其利益相关者之间的权力关系。从利益相关者理论分析，企业所处的社会系统就好比是一个车轮，企业是车轮的轴心，分布在各辐条上的节点都是其利益相关者，企业与这些利益相关者之间相辅相成，如果没有他们的支持企业组织将不复存在。从资源依赖的角度分析，企业为持有不同立场和目标的各方相关者或利益集团提供了一个追求各自利益的博弈场所。这些参与者既为企业的生存提供资源，又对企业行为进行约束，所以企业必须满足各方利益相关者的要求，在获得他们的支持与合作后才能求得自身的生存和发展。另外，还有学者认为企业管理者的职责类似于政府官员，即通过制定政策将企业的资源和权力合理地分配给利益相关者。而非市场战略就是企业制定的一些正式或非正式的政策，旨在实现不同利益相关者之间的均衡与妥协。

3. 非市场战略的伦理视角

伦理视角认为，企业的终极目标是永续发展，所以企业的使命不仅限于创造收益为股东谋利，它对社会的进步也负有不可推卸的责任。企业应该自觉遵守社会道德规范，绝不触碰法律

---

① 林淑、顾标：《企业非市场战略研究前沿探析》，《外国经济与管理》，2007年第29期。

底线。在这一假设前提下,非市场战略成了企业主动承担其在公共政策、自然环境和利益相关者等领域的社会责任,实现企业使命的重要途径。

利益相关者理论和商业伦理理论可用来阐述实施非市场战略的原因。利益相关者理论认为除股东外,顾客、供应商、社区甚至自然环境都是企业的利益相关者。股东作为产权的所有者,只是其中的一部分,应与其他利益相关者享有共同平等的权利,而不该独享优先权。因此,企业应兼顾多方利益,保障利益相关者权益的最大化,而非仅专注于股东利益最大化。与利益相关者理论的侧重点略有不同,商业伦理理论更强调伦理与商业的融合。该理论认为,服务社会,创造价值,自愿平等的价值交换是企业的使命。企业经理人的职责之一就是,在社会效益与经济效益产生冲突时,企业选择社会效益优先于经济效益的行为可培养员工的使命感,促进企业的可持续发展。

由此可见,伦理视角不同于前两大视角,并未着眼于企业的经济效益,仅将其看作企业经营过程中的副产品,而真正驱动企业前进发展的是企业的伦理道德。

(四)非市场战略的制定

建立一个"非市场战略系统"(nonmarket strategy system)用于指导企业与非市场环境的相互作用对现代企业来说是必不可少的。这一系统也被称为非市场战略金字塔(nonmarket strategy pyramid),从金字塔的顶端至底部依次是概念性框架、核心战略、政策、行动计划构成。其中,核心战略的制定起到关键性的作用。

企业非市场战略制定遵循以下基本程序:首先,识别企业所面临的非市场问题并分析企业的非市场环境;然后,预估非市场问题演化为公共问题的可能性;接着,分析并评估企业现有的非市场资源价值及非市场战略管理水平;最后,综合环境分析结果与资源能力状况,制定有效的非市场战略。

通常情况下,企业在制定非市场战略的过程中会涉及以下三方面的问题:选择非市场战略的方式,确定非市场战略的实施层面和选择非市场战略的类型。首先,选择合适的非市场战略方式。企业非市场战略的方式包括交易方式和关系方式两种。交易方式(transactional approach)是指企业在非市场事项出现后,针对该事项制定的一种短期的非市场战略,是一种非常普遍的方式。关系方式(relational approach)是指在非市场事项出现前,企业就已制定一种长期的非市场战略,以保证非市场事项出现时,企业能够及时反应并施加影响。实际上,这两种方式都体现了企业维系与利益相关者之间关系的必要性,只不过交易方式强调的是企业与利益相关者之间建立一种关注短期利益的相互作用和买卖关系;关系方式则强调与利益相关者建立一种更关注长期利益的相互沟通和影响的关系。交易方式比关系方式在维系时间的长短上显得更短。其次,非市场战略的实施层面分析。企业非市场战略的实施可分为两个层面:单独的和集体的。单独行为(individual action)是指单个企业采取非市场活动来影响非市场事项。例如,一个企业通过游说试图影响政府公共政策的制定。集体行为(collective action)是指两个或两个以上企业以联合的方式采取非市场活动来影响非市场事项。例如,行业协会通过游说政府、社会公众和利益相关者建立具有较强竞争性的行业环境。最后,确定非市场战略的类型。企业非市场战略的类型包括政治战略、社会公众与媒体战略和企业社会责任战略。企业在选择战略的时候可以同时采取多种战略,通过非市场战略组合来影响非市场事项处理过程,从而获得有利的外部竞争环境。这部分内容已在前文中有涉及,在此不做详细介绍。

四、市场战略与非市场战略的比较

市场战略与非市场战略存在显著的差异性。首先，针对的主体不同。市场战略作用于与企业有直接交易关系的主体，而非市场战略涉及的主体更为广泛，包括员工、政府和社会公众等利益相关者。其次，作用机制不同。市场战略通过识别有利于企业发展的机会，与之建立相应的机制来维持这些机会从而提高企业竞争力；非市场战略则通过主动参与到影响企业发展的事项中，主动创造企业发展所需的机会以获得一定的竞争优势。最后，对企业的影响效果也是不一样的。市场战略为企业赢得顾客并打败竞争对手起到直接的作用；而非市场战略为企业的生存发展提供了有利的环境，产生的作用多是间接的。

总的来说，市场战略是企业为了应对外部环境而被迫"适应"环境做出来的决策，企业不单单只要适应市场环境就足以生存。相反，非市场战略更多地要求企业能够针对影响企业的非市场因素做出决策，使外部环境更有利于企业的发展，即要使得企业环境去"适应"企业。尽管市场战略与非市场战略各自涉及的领域与对象不同，但它们的目的都是相同的，就是对影响企业的行为进行协同，最终提高竞争力，创造企业效益。因此，越来越多的学者认为在日益激烈的竞争中，企业有必要将市场战略与非市场战略进行整合，营造一个有利于企业取得更大的竞争优势和经济绩效的环境。

五、市场战略与非市场战略的整合

在传统的市场战略制定程序中，分析市场环境对企业战略决策的影响是主要内容，而非市场环境被视为确定不变的外生变量，即企业在既定的市场规则下开展经营活动。然而，社会舆论、道德压力、政府政策与法规等非市场力量都是各利益集团为追求各自利益而相互作用的结果，受企业的非市场战略的影响，所以非市场环境是可以由企业内部各种力量改变的内生变量而非外生变量。市场战略与非市场战略之间常常保持着一种相互支撑的和互动的关系。企业在实施市场战略时，必须将有关非市场的环境分析及战略模式融入战略的设计、制定、执行等整个过程中。例如，企业积极主动地将社会责任战略整合到它们的企业运营中有利于实现商业利益与社会利益的统一，并为企业的可持续性竞争创造优势①。

市场战略与非市场战略之间存在着协同与整合的效应。当一种战略的效应正向外溢到另一种战略，即两者间存在互动性激励时，就出现了协同效应。当市场战略与非市场战略交互发生作用，整合战略的能量大于任何单一战略时，两者之间则表现出整合效应。正是这两种效应构成了企业市场—非市场一体化战略制定的基础。市场战略与非市场战略之间的这种互动关系常在企业的竞争中表现出来。例如，为吸引消费者，抢占市场，企业在采取市场战略的同时，也会采取像专家认定等非市场行为来直接或间接地影响顾客的需求，刺激消费。通常情况下，若价格和质量相近，多数消费者表示他们愿意购买与他们关注的公益事业相关的品牌产品。雅芳公司是全美前500强企业之一，多年来一直视"关怀女性"为它们的责任，除了成立的"雅芳全球妇女健康基金会"等一系列公关行动外，在世界各地，支持和倡导女性在经济、文化和体育等方面的地位，因而消费者在购买其产品的时候，会感受到亲切的关怀，对雅芳具有较好的品牌印象。

---

① Porter, M. & Kramer, M., 2002. The Competitive Advantage of Corporate Philanthropy. *Harvard Business Review*, 12: 57－68.

在多数情况下，企业的市场战略会因非市场因素的影响而无法有效实施，这时企业就需要优先制定非市场战略来消除这些障碍，实现市场—非市场一体化战略的协同和整合效应。当利益相关者控制着企业生产经营所需的关键性资源，对企业业务发展构成很大威胁时，企业就需要制定基于获取关键性资源的市场—非市场一体化战略来获取利益相关者的关键资源支持，推动该市场战略的实施。尤其在一些由国家政府实施管制的行业（如石油、电信、房地产等）中，企业市场战略的实施效果在很大程度上取决于市场战略与非市场战略的协同程度。例如，电信行业的拆分重组和4G牌照的发放等政府政策都直接决定着电信企业的市场竞争力，电信运营商及相关企业必须运用非市场战略影响政府的公共政策，获得政府的优质资源支持，为企业市场战略的实施提供条件。此外，当企业与利益相关者之间产生利益冲突，甚至对企业形成社会压力时，企业需要制定基于消除社会压力的市场—非市场一体化战略。例如，2011年3月国内最大肉制品企业双汇集团因瘦肉精事件被曝光后，企业经济损失高达121亿元，企业的品牌声誉遭受空前危机。为此，双汇集团一方面采取非市场的社会公众和媒体战略来挽回声誉，包括集团总部召开道歉大会、相关部门停产整顿、召回并销毁流通中的不合格产品等。另一方面，双汇集团制定了新的市场战略，包括建立生猪饲养基地，改“抽检、筛选检验制度”为“生猪屠宰逐头检验制度”等。最终，在双汇集团市场战略与非市场战略的协同作用下，企业重拾利益相关者对双汇品牌的信心，企业的业务水平也得到了恢复和很大的改善，并于2013年5月收购全球规模最大的生猪生产商及猪肉供应商史密斯菲尔德，开始进军美国市场。

在全球化的影响下，各国企业开始向国际市场拓展业务，因此部分管理者也开始将企业市场战略与非市场战略的整合工作置于国际环境中。在整合战略的过程中，管治者们通常需要解决三方面的问题：首先，企业需进行“定位分析”，分析市场力量、企业能力等市场因素及东道国文化、政府政策等非市场环境因素是如何影响全球范围内的贸易及投资决策的。然后是“战略分析”，结合之前的环境因素分析和定位分析，选择合适的整合战略。最后，完成“战术分析”，即企业为了达到战略目标而采取的战术，包括市场战术、组织战术及非市场战术等①。

第三节　战略选择对企业财务价值创造的影响

企业战略选择的根本目的是为了营造有利于企业经营和发展的市场环境和非市场环境，创造财物价值，实现经济收益。可以说，企业战略对企业经济价值创造的影响是决定性的。企业战略不同，则资源分配方式存在差异，企业价值创造的模式也不同，所以本小节将分别介绍市场战略与非市场战略是如何影响企业财务价值创造的。

一、市场战略对企业财务价值创造的影响

（一）短期影响

从战略选择的受制因素中可以发现，企业因所处的行业不同，行业内竞争环境和资源禀赋不同，所以企业的市场战略选择也存在差异。总的来看，成功的市场战略都存在以下普遍规律：可促进企业在市场中建立竞争优势，创造收益。例如，企业通过向顾客提供总成本低于行业平均水平的产品和服务，有助于企业形成成本领先的竞争优势，获得规模效益。若企业利用

① Aggarwal，V.，2001. Corporate Market and Nonmarket Strategies in Asia：A Conceptual Framework. *Business & Politics*，3(2).

顾客的多样化需求和对价格的敏感性来生产与众不同的产品，获得差异化的竞争优势，这也可为企业创造收益。如法拉利汽车因价格显著高于通用、丰田和福特等公司生产的汽车价格，在价格上无法形成竞争优势，但法拉利公司非常注重产品的设计，新颖、奇特的车型吸引世界各国的富豪和显贵，如此一来，产品差异化战略为公司创造了巨大的经济价值。

另外，基于价值链制定的战略也可为企业创造财务价值。无论是价值链上的基本价值活动（如材料供应、产品开发、生产运行、市场营销和售后服务）还是辅助价值活动（如人事管理、技术开发和采购管理），只要针对任意一个经营环节而制定的战略都会影响其他环节的成本和收益，进而为企业创造利润。例如，美国著名的球鞋公司耐克，自身并不参与产品的生产制造环节，它将生产外包给那些低制造成本的公司，而耐克之所以成功的秘诀在于对产品的设计和对营销环节的控制、管理。由此可以看出，并不是价值链上的所有环节都需要创造价值，一家企业只需对某一产品的某个环节建立垄断优势，如垄断原材料、生产技术、关键人才、销售渠道等，即可获得竞争优势，为企业创造价值。

（二）长期影响

市场战略的确可以帮助企业在竞争激烈的市场上获得竞争优势，创造财务价值，但这暗含了以下假设：现在的趋势将延伸至未来，行业的增长方式处于稳定状态；行业市场的环境稳定，具有确定的商业模式；企业未来的发展可以预测。但是，在当前的整体经济环境下，外部知识经济、互联网＋、经济全球化等巨大变化引起了市场同质化产品的激烈竞争，企业的市场战略只能为企业创造短期的财务价值，已不再是企业长期发展的动力。

竞争市场的发展是一个不断更新、推陈出新的演变过程，企业只有在创新中才能获得前进，所以战略创新才是企业维持长期竞争优势的动力、创造财务价值的源泉。企业在实施任何一项战略后，都需要深入组织考察实施情况，反馈具体信息，然后再对战略加以修改和微调，必要时还需进行重大调整，这是一个对已有战略进行“再管理”的过程，也是战略创新的过程。组织只有不断地创新战略，才能应对不可预测的外部环境，不断提高组织的认识。另外，根据一份调查报告显示，62％的高级管理者认为，他们所在行业中最成功的企业都是通过改变行业游戏规则来获取成功的；只有31％的人认为这些企业拥有更好的执行力①。由此可见，在当下经济环境下，以改变市场规则为主导的战略创新更能摆脱恶性竞争，使企业获得进一步发展的机会。

阅读材料 12－4

福特公司的市场战略

福特公司认为，企业战略的目的就是为消费者提供产品和服务的同时，创造消费者。20世纪初，美国汽车市场的多数消费者是农民，为满足市场和客户的需求，福特公司特意在产品设计、原材料和生产方式方面做了大量改进，将成本控制渗透到生产经营活动的各个环节，尽量为消费者带来实惠。于是，福特的T型车出现了，并开创了一个人人都可以拥有汽车的新时代。相较于其他车而言，T型车具有简单、坚固、实用和低价的特点，极受消费者喜爱。上市第一年，销售量就突破1万辆，创下了汽车销售的纪录。

① 连忠兴、金占明：《战略创新的思维框架》，《特区经济》，2006年第8期。

随着汽车产业的发展，价格不再是决定顾客需求的唯一因素。消费者们越来越注重质量、款式及厂商提供的优惠服务条件等因素。其他厂商纷纷推出新的汽车款式，改进零部件和内部装潢，添加安全玻璃、空调器、自动变速装置等，制作流水线型车身，此时的汽车已远远超出单纯的运输工具。然而，福特公司在当时仍专注于T型车的大规模生产，除了价格和技术外，忽视了外部市场环境的变化，从未对这个过时的车型进行改进，最终陷入了极大的困境。可以说，T型车是福特公司市场战略成功的象征，但也是公司战略创新的阻碍，影响福特公司在汽车领域获得由竞争优势所带来的长期收益。

资料来源：韩中和：《战略创新的意义——20世纪汽车产业竞争范式转变的启示》，《国际商务研究》，2000年第2期。

二、非市场战略对企业财务价值创造的影响

（一）积极影响

1. 为企业提供产权保护，减少交易费用

我国正处于知识产权制度完善的十字路口，远不到位的保护与尚有缺失的权利限制一直困扰着中国企业的生存和发展。对某些国有企业或集体企业来说，当企业的目标与政府的施政目标不一致，企业的产权受到威胁，甚至出现企业高管或董事与政府官员因产权问题产生利益摩擦时，它们会倾向于采用非市场战略来化解冲突。相对于国有企业与集体企业，民营企业更加注重自身的非市场战略，如通过与政府相关部门建立特殊的联系，以得到某种实质意义上的产权保护。根据产权理论，产权的缺失将增大交易环境的不确定性，导致行为主体的有限理性，从而采取一些机会主义行为，增加了企业的交易费用；相反，清晰的产权可以很好地解决外部不经济，解决企业的交易费用。在企业经营中，知识产权的交易费用是高昂的，也是现实存在的。由此可见，非市场战略有时可作为产权保护机制的一种替代机制存在，在某种程度上实现企业的产权保护，减少交易费用。

2. 帮助企业突破管制壁垒，减少市场进入成本

在改革开放之前，我国实行的是计划经济体制，所有行业的进入、原材料的提供、产量及产品价格的制定等都由政府直接规定。之后的经济体制改革，虽然打破了这种行政垄断的局面，但因体制的惯性，以及对市场机制和政府职能缺乏充分理解，形形色色的行政垄断现象仍然存在，限制了某些企业的生产要素和生产产品的自由流通。尤其在能源、电信、铁路、航空等重要领域，政府管制大量存在，限制着众多企业的市场进入权。在这种环境下，企业的非市场战略就显得尤为重要。企业通过与政府部门建立政治联系，企业家通过进入人大或政协，获得一定的话语权和影响力，将有利于突破管制壁垒，进入具有吸引力的行业，增加企业竞争优势。

3. 帮助企业缓解金融压力，提升企业市场价值

与国有企业相比，民营企业在资本市场融资和银行贷款方面存在很大的劣势。即使有的大型民营企业愿意用抵押品甚至愿意接受较高的利率来获得企业贷款，银行依然不会给予其所要求的企业贷款。这主要是因为民营企业在金融市场上存在交易成本以及逆向选择的风险。相较于上市公司和国有企业，民营企业的相关信息是银行较难获得的，加之社会对其信息的发布也没有什么处罚的成本，所以银行对于民营企业的信息是非对称的。银行不能得到相关的信息来分析民营企业违约风险的概率，这样就容易出现逆向选择，即银行不完全按照民营企业贷款申请额度给予发放贷款。那些致力于与地方政府建立长期交流合作的企业，或者试

图进入人大或政协等政治领域的企业家，更容易获得银行贷款和资本市场的融资。据研究发现，在金融发展越落后、政府侵害产权越严重、法治水平越低的地区，通过非市场战略获得银行贷款的现象越明显。

另外，非市场战略还能提升企业的市场价值。例如，具有地方政府背景的企业，可以更低的成本、更高的发行价以及更快的速度来实现 IPO（首次公开募股）[①]。此外，非市场行为还能明显提高企业 IPO 次年获得补贴收入占利润总额比例。

4. 帮助企业扩大外部经济性，形成竞争优势

企业主动承担社会责任的非市场行为对财务价值的创造起到间接的促进作用。传统企业社会责任理论认为，企业的最终目标仅是利润最大化，在竞争中求生存，并对股东负责，而企业承担社会责任是一种危险的行为，会增加企业的成本，使企业处于不利地位。现代企业社会责任却反对企业一味追求利润会有益于社会的观点。企业承担社会责任可以改善企业自身的外部条件，扩大经济外部性，得到利益相关者的忠诚和支持，提高企业的竞争力。例如，创造就业机会，帮助人们提高生活水平；增大科研投入，为员工提供良好的培训，创造温馨的工作环境；提升社区品位、造福企业所在社区；注重环境保护等行为，在一定程度上都可以为企业带来长期收益。这种收益既可以是有形的商业机会或财务收益，又可以是无形的好处，如企业的知名度、潜在顾客的好感和忠诚度等。例如，丹麦的诺和诺德公司在承担社会责任方面成功地做到了利益与责任的平衡。

阅读材料 12－5

诺和诺德：平衡利益与责任的典范

诺和诺德是一家拥有 90 余年历史，始终致力于创新的糖尿病领域的龙头企业，是全球最大的胰岛素供应商。它的总部位于丹麦首都哥本哈根，截至 2014 年 5 月，已在全球的 75 个国家和地区拥有约 4 万名员工，产品行销 180 余个国家和地区。

在诺和诺德，无论是管理者还是员工都坚信健康的经济、环境和社会是公司取得长期商业成功的根本，他们始终遵循着“三重底线”（TBL）商业原则，在追求股东价值最大化的同时也将利益相关者的需求充分考虑在内，承担其应负的社会责任。在做任何一项业务决定时，诺和诺德都始终综合考虑以下三项因素：这是否在财务、社会和环境层面都是负责任的决定？

诺和诺德的消费者是糖尿病患者，该病的治疗方式一般由个人选择所决定，因此诺和诺德建立了病人协会，与病人保持长久的联系，为他们提供咨询，提供更多样、更便捷的治疗方案，并告知每一选择的风险。因诺和诺德的产品需要不断改进与创新，公司近两万名的客户代表在过去几年里一直拜访患者，搜集意见和建议。同时，诺和诺德一直在努力找出妨碍糖尿病诊断和治疗的社会保障，并带着数据去游说各地方政府，使政府重视某些特殊的糖尿病，帮助患者获得资源。它在非洲、古巴、蒙古等地都设立了基金会，为当地的糖尿病患者提供治疗资金和帮助。

在环境保护方面，诺和诺德于 1975 年首次成立环境部门，进行环境政策规划。1994 年，诺和诺德成为世界首批发布环境报告的企业。2006 年 1 月，诺和诺德公司与世界自然基金会

① 唐亮、黄文峰：《非市场行为对企业行为的影响分析》，《管理世界》，2013 年第 11 期。

签署了一项协议，公司保证从2004年到2014年，公司全球生产的二氧化碳排放量降低10%。诺和诺德是丹麦第1家、欧洲第2家、全球第10家根据世界自然基金会国际拯救气候计划签署此协议的公司。公司在2009年宣布提前5年完成了协议目标。

诺和诺德坚定地遵循着"三重底线"原则，其希望与社会、环境成为一个和谐整体的理念深受人们认可，赢得了人们的尊重和信任。事实也证明效果很好。公司50年来一直非常成功稳健地发展，公司的股票一直在上涨，2007年已经超过了美国和欧洲的制药公司，上涨了54%。公司副首席执行官舒尔茨(Schultz)在2014年时就表示，诺和诺德未来十年将保持现有的增长势头，实现收入翻番。

资料来源：中华人民共和国商务部，《诺和诺德预计未来十年业绩持续增长》，2014年6月26日；《企业的可持续发展需要"三重底线"——对话诺和诺德公司全球执行副总裁 Lise Kingo(金丽飒)》。

(二)消极影响

虽然非市场战略可以给企业带来可观的利益和收入，在企业发展方面发挥着积极的作用。但与此同时，非市场战略也涉及企业多方利益相关者的利益，具有高成本、高风险性，为企业的发展带来消极作用。

1. 耗散企业经济资本与人力资本

社会主义市场经济的一个主要特征，就是市场机制的运行完全处于法律框架之下，所有过程是公开、透明的，而我国仍然处于"权利＋市场"的转型体制中，企业家在投入生产性活动的同时，也积极从事如寻租等非生产性的活动来拓展人脉关系，获取资源。尽管与官员建立友好的关系可以为企业带来潜在好处，但会挤占企业家在生产性活动上所花费的时间和资源。尤其是一些中小企业，在企业经营规模、人力资本和财力资本等方面不如大型企业，提出的政策建议或企业诉求往往很难受到当地政府的重视，于是这些中小企业陷入了不断耗散资金和人力资本来引起政府关注的陷阱中。有研究发现，企业家在满足必要的休闲时间外，会将余下的时间分配在两类活动上：对内经营管理(生产性活动)和对外公关招待(非生产性活动)，也可称为"内治"和"外攘"[①]。这两者之间的时间分配比，则取决于企业所处的制度环境。好的营商制度，如良好的知识产权保护、政府腐败行为的限制、契约的有效执行等，有利于企业家将更多的时间和精力投入企业内部的经营管理，通过生产性活动创造财富；相反，在营商制度不健全的环境下，企业家在对外公关招待上投入的时间更多，通过在政治和司法领域开展非生产性活动(如游说政府、收买官员、争取特殊政策等)来谋取利益。

2. 增加企业经营风险

制度并不是一成不变的，而是开放的，会随时间而发生改变。在行业规制较宽松的环境下，企业会利用制度之外的潜规则来实现目标。但鉴于我国目前的经济形势，政府的行政管理体制将不断趋于法制化与规范化，这些非市场行为将面临更大的经济风险和政治风险。

① 魏下海、董志强、张永璟：《营商制度环境为何如此重要？——来自民营企业家"内治外攘"的经验证据》，《经济科学》，2015年第2期。

复习思考题

1. 企业战略选择的受制因素有哪些？
2. 企业市场环境与非市场环境的联系与区别是什么？
3. 什么是企业市场战略、非市场战略？两者的区别有哪些？
4. 企业市场战略与非市场战略的类型分别有哪些？
5. 分别从理性、政治和伦理三个视角，用相关理论来解释企业实施非市场战略的原因。
6. 市场战略与非市场战略对企业财务价值的创造分别有什么影响？

案例分析

华为的发展战略

华为技术有限公司是一家生产销售通信设备的民营通信科技公司，于 1987 年在中国深圳正式注册成立。华为的产品主要涉及通信网络中的交换网络、传输网络、无线及有线固定接入网络和数据通信网络及无线终端产品，为世界各地通信运营商及专业网络拥有者提供硬件设备、软件、服务和解决方案。从公司成立至今，在短短的二十多年里，华为已从一个当初仅以 2 万元起家的小型民营企业，挺进世界 500 强，成为全球第二大电信设备供应商。

华为是在 20 世纪 90 年代开始进军电信产业的，当时国内外的电信市场已基本被几家龙头企业(如阿尔卡特、朗讯等)垄断。经深入调查后，华为清楚地看到了自身实力与这些业内巨头的差距。但庆幸的是，当时国内主要的电信企业都把业务开发集中到了具有较高消费水平的大中城市，忽视了消费能力虽弱但总量不可小视的广大农村及城郊地区。对此，华为开创了一条新路径：从低端消费群体入手，将农村市场锁定为自己的介入点和立足点，开发适应农村人民生活水平的价廉、实用的产品，并配备良好的产品售后服务。

当然，占领农村市场仅仅只是华为"农村包围城市"战略的一部分。当华为在农村市场取得成功，积累了必要的资本和人脉，研发实力得到大大提升之后，它开始将目光转向城市。一方面，华为集中了大量的人力、物力和财力用于新产品的开发，尽量将自己开发的产品与顾客的需求相结合，希望在技术上赶上竞争对手。另一方面，华为开始从低端市场跨入中、高端市场。例如，华为在 2014 年为高端市场的用户推出了一款名为 Mate7 的手机，该手机的面世将华为的品牌形象打造得更加高大，品牌价值也有大大提升。据统计，截至 2015 年 4 月，华为手机在中国市场中高端档位(3 000～4 000 元)的市场份额已达 33%，超过苹果和三星，并且在过去的几个月中，其市场份额逐步增加，而三星则从 6 月前的 50%降至 25%，苹果也仅维持在 22%。经过不懈的努力，华为终于在竞争激烈的国内电信市场开拓了自己的一方天地，并在 2014 年赶超了中兴通讯股份有限公司，成为中国最大的软件公司。

然而，占有国内市场并不是华为的最终目标，早在 1996 年，华为就已将目光投向了更为广阔的全球市场。当时，华为依旧以其低成本、低价位的战略来赢得海外市场。为规避发达国家准入门槛的限制，华为选择先从经济不发达国家入手，之后再转向发达国家市场。华为进军海外市场的道路并不是一帆风顺的，也遇到过重重阻挠。例如，2012 年 10 月初，美国众议院情报委员会发布了对华为安全威胁的调查结果，认为华为对美国国家安全构成威胁，这份调查引起了不小的轰动，对华为在美开展业务带来了严重的影响。尽管如此，但华为还是凭借其强大的企业核心竞争实力，在全球广泛建立了销售及服务网络。

随着时代的发展，华为在行业中的地位发生了巨大的改变，由最初的行业追随者转变成了如今的行业领导者。除了制定合适的市场战略外，华为还积极主动地承担社会责任，增进其与利益相关方以及社会公众之间的了解、沟通与互动，促进企业的可持续发展。自 2013 年起，华为与赞比亚通信管理局及当地运营商合作，启动了实现偏远地区通信覆盖的“普遍接入”项目。在南苏丹，华为携手运营商 Zain 和联合国教科文组织，帮助当地学校接入互联网，接收到来自全球各地、丰富多彩的信息。此外，华为始终践行“绿色管道、绿色运营、绿色伙伴、绿色世界”的战略理念，在包装材料的选择、制造、使用和废弃等环节严格遵守环保要求，使用对生态环境和人类健康无害、能重复使用和再生的包装。

资料来源：华为控股有限公司，《联接未来——华为 2014 年可持续发展报告》。

【讨论】

1. 华为选择农村市场作为其目标市场的原因是什么？
2. 上述材料中，华为采取了哪些市场战略与非市场战略？
3. 华为的市场战略与非市场战略是如何为企业创造财务价值的？

参考文献

[1]青木昌彦:《比较制度分析》,上海远东出版社 2001 年版。

[2]霍奇逊:《现代制度主义经济学宣言》,北京大学出版社 1993 年版。

[3]布罗姆利:《经济利益与经济制度:公共政策的理论基础》,上海人民出版社 1996 年版。

[4]科斯:《企业、市场与法律》,上海三联书店 1990 年版。

[5]陈郁:《企业制度与市场组织》,上海三联书店、上海人民出版社 1996 年版。

[7]马歇尔:《经济学原理》(上卷),商务印书馆 1997 年版。

[8]亚当·斯密:《国民财富的性质和原因的研究》,商务印书馆 1979 年版。

[9]柯武刚、史漫飞:《制度经济学:经济秩序与公共政策》,商务印书馆 2000 年版。

[10]于全辉:《给予有限理性假设的行为经济学分析》,《经济问题探索》,2006 年第 7 期。

[11]杨小凯:《不完全信息与有限理性的差别》,《开放时代》,2002 年第 3 期。

[12]张茉楠:《从有限理性到适应性理性》,《经济社会体制比较》(双月刊),2004 年第 6 期。

[13]《楚天都市报》,2006 年 7 月 13 日,第 27 版。

[14]卓越、张珉:《新制度经济学的新发展与政治学新制度主义:比较与启示》,《经济学家》,2008 年第 4 期。

[15][德]哥德·吉戈伦尔、[德]彼得·M. 托德:《简捷启发式让我们更精明》,华东师范大学出版社 2002 年版。

[16]阿兰·斯密德:《制度与行为经济学》,中国人民大学出版社 2004 年版。

[17]李惠斌、杨雪冬:《社会资本与社会发展》,社会科学文献出版社 2000 年版。

[18][美]帕萨·达斯古普特:《社会资本——一个多角度的观点》,中国人民大学出版社 2005 年版。

[19]佘云霞:《沃尔玛案例的启示》,《中国劳动关系学院学报》,2005 年第 6 期。

[20]刘启君:《寻租理论研究》,华中科技大学博士论文,2005 年。

[21]诺思:《新制度经济学及其发展》,载孙宽平主编《转轨、规制与制度选择》,社会科学文献出版社 2004 年版。

[22]马尔科姆·卢瑟福:《经济学中的制度——老制度经济学和新制度经济学》,中国社会科学出版社 1999 年版。

[23]杨瑞龙:《企业理论:现代观点》,中国人民大学出版社 2005 年版。

[24]朱光华、曾小龙:《从新古典交易契约到不完全契约——现代契约理论发展述评》,《河北学刊》,2010 年第 1 期。

[25]安凡所:《"伯利—米恩斯命题":公司控制理论的衍生与演化探析》,《广东财经职业学院学报》,2008 年 7 月。

[26]郭毅:《企业理论研究——马克思经济学与新制度经济学的比较》,厦门大学博士论

文,2004 年。

[27]杨慧:《马歇尔的组织结构理论分析》,中国《资本论》年刊,2011 年。

[28]埃里克·弗鲁博顿:《新制度经济学——一个交易费用分析范式》,上海人民出版社 2006 年版。

[29]郭锋:中国资本市场法律前沿系列学术讲座,2005 年 3 月。

[30]刘汉民:《企业理论、公司治理与制度分析》,上海人民出版社 2007 年版。

[31]梁瑞华:《微观经济学》,中国农业大学出版社 2009 年版。

[32]陈佳生、徐彬:《政府经济学》,天津大学出版社 2009 年版。

[33]贺卫:《政府创租行为研究》,《上海交通大学学报》(社会科学版),2002 年第 1 期。

[34]贺卫:《寻租的政治经济学分析》,上海财经大学博士论文,1999 年。

[35]钱颖一:《现代经济学前沿专题(第一集)》,商务印书馆 1989 年版。

[36]卢现祥:《新制度经济学》,武汉大学出版社 2011 年版。

[37]格罗斯曼、哈特、威廉姆森等:《市场制度与市场组织》,上海人民出版社 1996 年版。

[38]胡浩志:《交易费用计量研究述评》,《中南财经政法大学学报》,2007 年第 4 期。

[39]沈满洪、张兵兵:《交易费用理论综述》,《浙江大学学报》(人文社会科学版),2013 年 3 月。

[40]汪大海:《中国社会组织交易费用测算的实证研究——基于 2007～2011 年的数据分析》,《中国地质大学学报》(社会科学版),2013 年 1 月。

[41]亚当·斯密:《国民财富的性质和原因的研究》,上海三联出版社 2011 年版。

[42]叶尤刚:《学习时报》,2014 年 12 月 1 日,第 004 版。

[43][美]史普博、贺小刚等:《企业理论——企业家、企业、市场与组织内生化的微观经济学》,格致出版社 2014 年版。

[44][美]R. 科斯、A. 阿尔钦、D. 诺斯等著,胡庄君译:《财产权利与制度变迁——产权学派与新制度学派译文集》,上海三联书店、上海人民出版社 1994 年版。

[45]贺卫、伍山林:《制度经济学》,机械工业出版社 2003 年版。

[46]高鸿业:《私有制、科斯定理和产权明晰化》,《当代思潮》,1994 年第 5 期。

[47]A. A. 阿尔钦:《产权:一个经典注释》,载[美]R. 科斯等著《财产权利与制度变迁》,上海三联书店 1994 年版。

[48]阿兰·鲁福斯·华特斯:《经济增长与产权制度》,载[美]詹姆斯·A. 道、史迪夫·H. 汉科、[英]阿兰·A. 瓦尔特斯编著《发展经济学的革命》,上海三联书店 2000 年版。

[49][美]德姆塞茨:《关于产权的理论》,载[美]R. 科斯等著《财产权利与制度变迁》(中译本),上海三联书店 1991 年版。

[50]斯韦托扎尔·平乔维奇:《产权经济学》,经济科学出版社 2000 年版。

[51]约拉姆·巴泽尔:《产权的经济分析》,上海三联书店 1997 年版。

[52]科斯等:《财产权利与制度变迁:产权学派与新制度经济学派译文集》,上海三联书店 1991 年版。

[53]卢现祥、李晓敏:《论制度与企业家活动》,《经济学家》,2011 年第 5 期。

[54]施莱弗、维什尼:《掠夺之手——政府病及其治疗》,中信出版社 2004 年版。

[55]朱巧玲:《寻租理论:产权理论的一个扩展》,《中南财经政法大学学报》,2006 年第 157 期。

[56]蔡曙涛:《企业的非市场环境与非市场战略——企业组织竞争的视角》,北京大学出版社 2013 年版。

[57]迈克尔·波特:《竞争战略》,华夏出版社 1997 年版。

[58]樊波:《战略创新:企业发展的核心竞争力》,《商场现代化》,2015 年第 14 期。

[59]林淑、顾标:《企业非市场战略研究前沿探析》,《外国经济与管理》,2007 年第 29 期。

[60]连忠兴、金占明:《战略创新的思维框架》,《特区经济》,2006 年第 211 期。

[61]韩中和:《战略创新的意义——20 世纪汽车产业竞争范式转变的启示》,《国际商务研究》,2000 年第 2 期。

[62]唐亮、黄文峰:《非市场行为对企业行为的影响分析》,《管理世界》,2013 年第 11 期。

[63]魏下海、董志强、张永璟:《营商制度环境为何如此重要?——来自民营企业家"内治外攘"的经验证据》,《经济科学》,2015 年第 2 期。

[64]周祖城:《企业伦理学》,清华大学出版社 2005 年版。

[65]佩斯林、杰弗里斯:《英国公司法》,上海译文出版社 1984 年版。

[66]云冠平、朱义坤、徐林发:《经营者支配公司之成因》,《经济学动态》,1998 年第 5 期。

[67]秦江萍:《会计舞弊的市场反应与识别:理论分析与经验证据》,经济科学出版社 2005 年版。

[68]保罗·克鲁格曼:《美国怎么了?一个自由主义者的良知》,中信出版社 2008 年版。

[69]李维安:《公司治理》,南开大学出版社 2001 年版。

[70]费方域:《控制内部人控制——国企改革中的治理机制研究》,《经济研究》,1996 年第 6 期。

[71]梁能:《公司治理结构:中国的实践与美国的经验》,中国人民大学出版社 2000 年版。

[72]青木昌彦、钱颖一:《转轨经济中的公司治理结构》,中国经济出版社 1995 年版。

[73]费方域:《控制内部人控制》,《经济研究》,1996 年第 6 期。

[74]李维安、武立东:《公司治理教程》,上海人民出版社 2002 年版。

[75]林毅夫、李周:《现代企业制度的内涵与国有企业改革》,《经济研究》,1997 年第 3 期。

[76]吴敬琏:《现代公司与企业改革》,天津人民出版社 1994 年版。

[77]张维迎:《所有制、治理结构及委托—代理关系——兼评崔之元和周其仁的一些观点》,《经济研究》,1996 年第 9 期。

[78]张维迎:《企业理论与中国企业改革》,北京大学出版社 1999 年版。

[79]格丽特·M. 布莱尔著,张荣刚译:《所有权与控制——面向 21 世纪的公司治理探索》,中国社会科学出版社 1999 年版。

[80]邓汉意、张子刚:《企业核心利益相关者共同治理模式》,《科研管理》,2006 年第 1 期。

[81]陈宏辉:《企业利益相关者的利益要求:理论与实证研究》,经济管理出版社 2004 年版。

[82]杰伊·B. 巴尼、德文·N. 克拉克等著,张书军、苏晓华译:《资源基础理论:创建并保持竞争优势》,格致出版社、上海三联书店、上海人民出版社 2011 年版。

[83]吴价宝:《企业核心能力形成机理及应用研究》,东南大学出版社 2006 年版。

[84]Aghion, P., Bolton, P., An Incomplete Contracts Approach to Financial Contracting. *Review of Economic Studies*, 1992, 59(3):473-494.

[85]La Porta, R., LoPez de Silanes, F., Shleifer, A. Corporate Ownership around The

World. *Journal of Finance*, 1999, 54:471—517.

[86]Vira, B. The Political Coase Theorem: Identifying Differences between Neoclassical and Critical Institutionalism. *Journal of Economic Issues*, 1997, (31).

[87]Dixit, A. and M. Olson. Does Voluntary Participation undermine the Coase Theorem. *Journal of Public Economics*, 2000, (76).

[88]Stalk G., Evans P., Shulman L. E., Competing on Capabilities: The New Rules of Corporate Strategy. *Harvard Business Review*, Vol. 70(2):57—69.

[89]Baron, D., 1995a, The Nonmarket Strategy System. *Sloan Management Review*, 37 (1), 73—86.

[90]Baron, David., 2009, *Business and Its Environment*. Stanford University: Prentice Hall.

[91]Epstein, E., 1969, *The Corporation in American Politics*. Englewood Cliffs. NJ: Prentice Hall.

[92]Pearce, J. A., Marketing Strategies that Make Entrepreneurial Firms Recession Resistant. *Journal of Business Venturing*, 1997, Vol. 12 (4).

[93]Shaw, V., Successful Marketing Strategies: A Study of British and German Companies in the Machine Tool Industry. *Industrial Marketing Management*, 1995, Vol. 24 (4).

[94]McGuire, Joseph W. *Business and Society*. New York: McGraw Hill, 1963:144.

[95]Berle, A, Means, A. *The Modem Corporation and Private Property*. New York: The MacMillan Company, 1932.

[96]Lamer, R. Ownership and Control in the 200 Largest Non-Financial Corporations. *American Economic Review*, 1966, 56: 777—787.

[97]Chandler Alfred D. *The Visible Hand: The Managerial Revolution in American Business*. Cambridge: Harvard University Press, 1977.

[98] Davis Keith, Bloodstream Robert L. *Business and Society: Environment and Responsibility*. 3rd ed. New York: McGraw-Hill, 1975:39.

[99]Jensen, M. C., W. H. Meckling. Theory of the Finn: Managerial Behavior, Agency Costs and Ownership Structure. *Journal of Financial Economics*, 1976, 3(4):305—360.

[100]Epstein Edwin M., 1987. The Corporate Social Policy Process: Beyond Business Ethics. Corporate Social Responsibility and Corporate Social Responsiveness. *California Management Review*, 87(3).

[101]Porter, M. & Kramer, M., 2002. The Competitive Advantage of Corporate Philanthropy. *Harvard Business Review*, 12: 57—68.

[102]Aggarwal, V., 2001. Corporate Market and Nonmarket Strategies in Asia: A Conceptual Framework. *Business & Politics*, 3(2).

[103]Tollison, R. D., "The Rent seeking Insight", in Public Choice Essays in Honor of a Maverick Scholar: Gordon Tullock, eds. Fishback, P. V., Libecap, G.., Zajac, E., The Netherlands: Kluwer Academic Publishers, 2000, p. 19.

[104]Bhagwati, Jagdish N., 1982a. Directly Unproductive, Profit-Seeking (DUP) Activities. *Journal of Political Economy*, 90(10): 988—1002.

[105]Hart. O. Corporate Governance: Some Theory and Implications. *The Economic Journal*,1995: 31 —40.

[106]Berle ,A. ,Means,A. *The Modern Corporation and Private Property*. New York: The MacMillan Company,1932.

[107]Fama,E. R. ,M. C. Jensen. Separation of Ownership and Control. *Journal of Law and Economics*,1983,26 (2): 301—325.

[108]Shleifer,A. ,R. Vishny. A Survey of Corporate Governance. *Journal of Finance*, 1997. 52:737—783.

[109]Miller,M. Alternative Strategies for Corporate Governance. A Key Note Address for the Conference on Reformability of the State Sector in China,Shanghai,China,July 19, 1995.

[110]Cochran,P. L. ,S. L. Wartick. *Corporate Governance: A Review of the Literature*. Morristown,NJ: Financial Executives Research Foundation,1988.

[111]Colin,M. , Corporate Governance in Market and Transition Economics. The International Conference on Chinese Corporate Governance,Shanghai,1995:33—35.

[112]Thomas Oatley. *International Political Economy*. Pearson,2012:136.

[113]Buchanan,James M. ,Robert D. Tollison and Gordon Tullock (eds.),1980. *Toward a Theory of the Rent-Seeking Society*. College Station: Texas A&M University Press.

[114]Tullock,Gordon,1980. Efficient Rent Seeking. In Buchanan,James M. ,Robert D. Tollison and Gordon Tullock (eds.),*Toward a Theory of the Rent-Seeking Society*. College Station: Texas A&M University Press,97—112.

[115]Aghion,Philippe,Patrick Bolton. An Incomplete Contracts Approach to Financial Contracting. *Review of Economic Studies*,1992,59: 473—494.

[116]Arthur,W. B. (1983). "Competing Technologies and Lock-in by Historical Small Events: The Dynamics of Allocation under Increasing Return", Unpublished manuscript, Center for Economic Policy Research,Stanford University.

[117]Arthur,W. B. (1984). "Industry Location Patterns and the Importance of History: Why a Silicon Valley?",Unpublished manuscript,Center for Economic Policy Research,Stanford University.

[118]Bain,J. S. (1941). The Profit Rate as a Measure of Monopoly Power. *The Quarterly*,50(3):329—366.

[119]Bain,J. S. (1956). *Barriers to New Competition*. Cambridge: Harvard University Press.

[120]Barney,J. B. (1986a). Strategic Factor Markets: Expectations,Luck and Business Strategy. *Management Science*,32: 1512—1514.

[121]Tomer,J. F. (1987). *Organizational Capital: The Path to Higher Productivity and Wellbeing*. New York: Praeger.

[122]Wernerfelt,B. (1984). A Resource-based View of the Firm. *Strategic Management Journal*,5: 171—180.

[123]Wilkins,A. (1989). *Developing Corporate Character*. San Francisco: Jossey Bass.

[124]Williamson,O. E. (1975). *Markets and Hierarchies: Analysis and Antitrust Implication*. New York: Free Press.

[125]Zucker,L. (1977). The Role of Institutionalization in Cultural Persistence,*American Sociological Review*,42: 726—743.

[126]Teece. D. J. ,Pisano,G. and Shuen,A. (1997). Dynamic Capabilities and Strategic Management. *Strategic Management Journal*,18(7): 509—533.

[127]Scherer,F. M. (1980). *Industrial Market Structure and Economic Performance*, 2nd ed. Boston,MA: Houghton Mifflin.

[128]Rumelt, P. P. (1987). "Theory, Strategy, and Entrepreneurship", in D. J. Teece (ed),*The Competitive Challenge*. Cambridge,MA: Ballinger Publishing,pp. 137—158.

[129]Prahalad,C. K. and Hamel,G. (1990). The Core Competence of the Corporation. *Harvard Business Review*,June: 79—91.

[130]Porter,M. E. (1985). *Competitive Advantage*. New York: Free Press.

[131]Porter, M. E. (1981). The Contribution of Industrial Organization to Strategic Management. *Academy of Management Review*,6: 609—620.

[132]Porter,M. E. (1980). *Competitive Strategy*. New York: Free Press.

[133]Barney, J. B. (1991a). Firm Resources and Sustained Competitive Advantage. *Journal of Management*,17(1):99—121.

[134]Becker,G. S. (1964). *Human Capital*. New York: Columbia.

[135]Cool, K. ,Dierickx, I. ,and Jemison, D. (1989). Business Strategy, Market Structure and Risk-Return Relationships: A Structural Approach. *Strategic Management Journal*,10(6): 507—522.

[136]Copeland,T. and Weston,J. F. (1979). *Financial Theory and Corporate Policy*. Reading,MA: Addison-Wesley.

[137]Demsetz,H. (1973). Industry Structure,Market Rivalry,and Public Policy. *Journal of Law and Economics*,16:1—9.

[138]Dierickx,I. and Cool,K. (1989). Asset Stock Accumulation and Sustainability of Competitive Advantage. *Management Science*,35:1504—1511.

[139]Foss,N. J. and Knudsen,T. (2003). The Resource-based Tangle: Towards a Sustainable Explanation of Competitive Advantage. *Managerial and Decision Economics*,24:291—307.

[140]Hambrick,D. (1987). Top Management Teams: Key to Strategic Success. *California Management Review*,30:88—108.

[141]Itami,H. (1987). *Mobilizing Invisible Assets*. Cambridge,MA: Harvard University Press.

[142]Jacobson,R. (1988). The Persistence of Abnormal Returns. *Strategic Management Journal*,9:41—58.

[143]Javidan, M. (1998). Core Competence: What Does it Mean in Practice? *Long Range of Planning*,30(1): 60—71.

[144]Jensen,M. C. (1986). Agency Costs of Free Cash Flows,Corporate Finance and

Takeovers. *American Economic Review*, 76(2): 323—330.

[145]Jensen, M. C. and Meckling, W. H. (1976). Theory of the Firm: Managerial Behavior, Agency Costs, and Ownership Structure. *Journal of Financial Economics*, 3: 305—360.

[146]Lippman, S. and Rumelt, R. (1982). Uncertain Imitability: An Analysis of Interfirm Differences in Efficiency under Competition. *Bell Journal of Economics*, 13: 418—438.

[147]Peteraf, M. A. and Barney, J. B. (2003). Unraveling the Resource-based Triangle. *Managerial and Decision Economics*, 24:309—323.

[148]Porter, M. E. (1979). How Competitive Forces Shape Strategy. *Harvard Business Review*, March April: 137—156.